パクス・ブリタニカと植民地インド

―イギリス・インド経済史の《相関把握》―

今田秀作　著

京都大学学術出版会

目　次

序章　インド植民地支配史研究に関する方法論的考察：本書の課題と方法　1
　　　――M. D. モリスとインド・ナショナリスト史家との論争を中心として
　序-1　はじめに　1
　序-2　モリスの経済成長論　5
　序-3　インド・ナショナリスト史家の経済類型論　12
　序-4　本書の研究課題と方法　19
　序-5　本書の基本構成　25

第1部　産業革命期イギリス東インド会社の動態とインド支配体制の展開

第1章　総督ウェルズリによる英領インド帝国の建設と貿易独占権修正　33
　1-1　序　33
　　(1)　東インド会社概略史と従来の諸研究　33
　　(2)　第1部の研究における方法　38
　1-2　ウェルズリのベンガル総督就任と彼の政策課題　40
　　(1)　ウェルズリのベンガル総督就任　40
　　(2)　ウェルズリの政策課題　41
　1-3　ウェルズリによる英領インド帝国の建設　43
　　(1)　会社による領土的支配の拡大　43
　　(2)　会社の統治機構の肥大化および財政構造の変化　46
　　(3)　会社貿易における困難　49
　　(4)　本国における会社の財政収支　51
　1-4　英印貿易の発展と在インド私商人　58
　　(1)　問題の所在　58
　　(2)　私商人の成長　60

(3)　私商人の「送金問題」　61
　　(4)　在インド私商人と諸外国のインド貿易との結びつき　63
　　(5)　膨張政策と送金問題　65
　1-5　インドにおける領土的支配拡大と在インド私商人　66
　　(1)　グジャラートおよびアワド地方に対する征服過程　67
　　(2)　会社と私商人との相互依存性の諸局面　71
　　(3)　貿易独占権修正の結果——英印間私貿易の発展　73
　1-6　小　括　75

第2章　1800年前後における東インド会社経営論争　81

　2-1　序　81
　2-2　ピット・インド法と東インド会社　81
　2-3　東インド会社の人的構成とその変化　85
　　(1)　会社取締役の人的構成　85
　　(2)　会社株主の人的構成　95
　2-4　会社取締役会の提起する路線　98
　　(1)　膨張政策に対する取締役会の態度　98
　　(2)　貿易独占権修正に対する取締役会の態度　100
　　(3)　小括　102
　2-5　本国政府の提起する路線　104
　　(1)　ウェルズリと本国政府路線との一致　104
　　(2)　貿易開放および会社消滅に対する慎重な態度　106
　　(3)　インドからの富の収奪と東インド会社　107
　　(4)　インド統治費用負担と東インド会社　115
　　(5)　ウェルズリの本国召還と取締役会による通信文草稿の帰趨　118
　2-6　1813年の特許状更新と取締役会の態度変化　121

第1部のまとめ　129

第2部　西部インドにおける地税政策の展開と農村社会経済構造の変容

第3章　植民地化に先立つ西部インド農村社会経済構造の特質　137
- 3-1　序　137
- 3-2　デカンにおける農村社会経済構造　142
  - (1)　農民の存在態様と村落共同体の構造　142
  - (2)　郡郷共同体あるいは地域社会の構造　148
  - (3)　政府直轄地および知行地にもとづく封建的国家構造　150
  - (4)　デカン封建社会の構造的特質　152
- 3-3　グジャラート・コーンカンにおける在地領主制および中間的地主制の展開　155
  - (1)　グジャラートにおけるタールクダールおよび分有農民　156
  - (2)　コーンカンにおけるコート　161
  - (3)　在地領主制および中間的地主制の構造的特質　164
- 3-4　植民地化に先立つ西部インド農村社会経済構造における変化の方向性　166

第4章　19世紀中葉ボンベイ管区における地税政策の展開　173
- 4-1　序　173
- 4-2　改革以前の地税制度　176
  - (1)　マラータ時代までの特徴　176
  - (2)　イギリス支配開始後の変遷　178
- 4-3　地税制度改革に込められた基本的政策志向　180
  - (1)　三つの基本的政策志向　180
  - (2)　ボンベイ管区における地税制度の特徴と自由主義・功利主義　181
- 4-4　デカンにおける地税制度改革に伴う政策実態　191
  - (1)　地税制度確定における基本原則　191
  - (2)　全体に対する徹底した検地　193
  - (3)　査定単位の設定　193

  (4) 査定額の決定 194
  (5) 30 年間の査定額固定 208
  (6) 一般的規則の尊重と特権・例外規定の不承認 209
  (7) 土地所有権移転の促進 214
  (8) 世襲役人の統制 216
 4-5 在地領主制および中間的地主制支配地域における政策実態 223
  (1) タールクダール村落における政策実態 224
  (2) 分有村落における政策実態 226
  (3) コート村落における政策実態 228
  (4) 中間的土地所有支配地域における政策実態 230
 4-6 地税制度改革に伴う諸政策結果――小括 232
  (1) ボンベイ管区地税制度改革における政策実態 232
  (2) 地税制度改革と政府歳入確保 237

第 5 章 植民地期西部インド農村社会経済構造の変容 249

 5-1 序 249
 5-2 19 世紀中葉における経済膨張 250
  (1) 経済膨張の特質 250
  (2) デカン農民騒擾と農村経済の変容 253
 5-3 1880 年以降の経済構造変化 257
  (1) 農民的商品経済の発展 257
  (2) 土地所有権移転の活発化と小作制の拡大 259
  (3) 社会階層分化 262
 5-4 小　括 267

第 3 部 植民地インドにおける綿花開発と世界市場統合

第 6 章 インド綿花開発における諸困難と開発の本質 273

 6-1 序 273
  (1) インド綿花開発の諸前提と第 3 部の研究の目的 273

(2) インド綿花開発の諸経緯　277
　　(3) 第3部の研究における方法　278
　6-2　綿花開発の諸困難と農民経営構造　284
　6-3　綿花開発の諸困難と国内流通・市場構造　291
　　(1) 綿花・綿製品に関わる在来の市場構造と現地綿工業　292
　　(2) 綿花・綿製品をめぐる在来の流通構造　295
　6-4　綿花開発の諸困難と世界的市場構造　299
　　(1) イギリス綿工業によるインド産綿花需要構造　300
　　(2) リヴァプール綿花市場におけるインド産各綿種に対する価格評価　303
　6-5　カーナックによる外国綿種移植政策に対する評価　308
　　(1) カーナックによる外国綿種移植政策に対する否定的評価　308
　　(2) カーナックによる在来綿種品質改良の提起　310
　6-6　綿花開発の全体構造と本質　311

第7章　農民的商品経済の発展と国内綿花流通構造の再編　317

　7-1　序　317
　7-2　カーナックによる現状評価と開発展望の基本線　318
　7-3　農民的商品経済の発展と地税制度改革　322
　7-4　奥地綿作地帯に至る鉄道建設と綿花流通構造の再編　326
　　(1) 綿花輸出港への輸送の便宜拡大　326
　　(2) ヨーロッパ系商社の奥地綿作地帯進出と買付方式の変化　327
　　(3) ヨーロッパ系商社による綿花整俵工場の設立　332

第8章　綿花・綿製品市場構造の再編と現地綿工業の動態　341

　8-1　序　341
　8-2　国内綿花・綿製品市場に関する現状認識と期待　342
　8-3　鉄道建設とイギリス産綿製品の流入　345
　　(1) 19世紀初頭の現地綿工業と綿花飢饉の影響　345
　　(2) 鉄道建設とイギリス産綿布流入　346
　8-4　インド産綿花輸出およびイギリス産綿製品流入の
　　　　停滞と現地綿工業の動態　353
　　(1) 綿花海外輸出の低迷　353

(2)　現地綿紡績業の動態　356
　　　(3)　現地綿織布業の動態　359
　8-5　インド産綿花の世界的市場構造に関する展望と市場動向　367
　　　(1)　カーナックによる世界的市場構造に関する展望　367
　　　(2)　19世紀後半におけるインド産綿花をめぐる世界的市場動向の変化　371
　8-6　在来種粗綿花栽培の復活と拡大　374
　8-7　中央州域外貿易構造の変容と小麦生産・貿易の推移　377
　　　(1)　中央州域外貿易構造の変容　378
　　　(2)　小麦生産・輸出の推移　387

第9章　インド産綿花貿易における国際的商業・金融組織の変容　395
　9-1　序　395
　9-2　19世紀後半における綿花輸出商人の変容　397
　　　(1)　綿花飢饉前後におけるインド産綿花輸出市場の状況　397
　　　(2)　ボンベイ綿花輸出商人の構成の変化　398
　9-3　19世紀後半インド産綿花貿易における
　　　　国際的商業・金融組織の変容　405
　　　(1)　委託販売制度の衰退　405
　　　(2)　「交通革命」と注文取引＝積地売買の発展　410
　　　(3)　ヨーロッパ系商社のインド進出　413
　　　(4)　植民地銀行の進出と荷為替信用制度の発展　416
　9-4　小　括　418

第3部のまとめ　423

終章　19世紀インド植民地支配の本質と世界史的意義——総括　431

あとがき　444

索　　引　448

カバー図版
1887年インドで催されたヴィクトリア女王即位50周年記念式典を描いた絵画．出典については東田雅博氏の御教示による．（出典：*The Graphic*, 19 March 1887）

パクス・ブリタニカと植民地インド
―イギリス・インド経済史の《相関把握》―

今田秀作　著

序章　インド植民地支配史研究に関する方法論的考察：本書の課題と方法
M. D. モリスとインド・ナショナリスト史家との論争を中心として

序-1　はじめに
序-2　モリスの経済成長論
序-3　インド・ナショナリスト史家の経済類型論
序-4　本書の研究課題と方法
序-5　本書の基本構成

序-1 ｜ はじめに

　広大なユーラシア大陸の西側に僅かに離れて位置する島国イギリスと，同じくユーラシア大陸の南部に突き出た巨大な半島を形成するインドという，地理的に遠く隔たった両国が歴史的交渉を本格化させるのは，1600年におけるイギリス東インド会社の設立に遡る．18世紀後半になって，イギリスはインドにおいて従来にも増した大規模な軍事行動を展開し，それを通じて本国の数倍に達する領土を手中に収め(1765年のベンガル領有)，ここにイギリスによるインド植民地支配が開始された．その後約1世紀のうちに，イギリスの支配領域はインド半島全域を包摂するのみならず，その周辺地域にまで及んだ．イギリス支配は1947年のインド独立まで継続され，18世紀後半のベンガル領有以来200年弱に及ぶことになる．

　かくも広大な領域を持ち，かつ長期に亘った植民地支配は，当然のことながら，その創出時より，すでにその存在が消滅して50年を経過する現在に至るまで，一貫して，世界史上の重大事象として多くの人々の関心を引き，様々に論じられてきた．それは，領域の広大さと期間の長期性によるのみならず，支配・被支配の

関係を担ったイギリスおよびインドという当事国がいずれも，世界史上に巨大な足跡を残してきたという事情にももとづいている．われわれは，両国の歴史に刻印された次のような諸特質を想起するだけで，すでに思い半ばに過ぎるものがある．すなわち支配を受けたインドは，人類文明の発祥地の一つにも数えられ，太古より長年に亘って独自で高度な文明を築いてきた，世界有数の「伝統国」であること．またインドの反英闘争および独立達成が，その後に展開される世界各地における植民地解放の大波のシンボルとなり，それを通じて独立後のインドが「第三世界」勢力結集に指導的役割を果たしてきたこと．他方で支配を行ったイギリスは，インド支配開始後たちまちにして世界で最初の産業革命に突入し，いち早く近代的資本主義国家としての全容を整えつつ，19世紀中葉には自国を世界の中心に据える，かの「パクス・ブリタニカ」と呼ばれる世界秩序を創出し，人類史上に「イギリスの時代」を築いたこと．

　こうした諸事情を想起する時，われわれの脳裏にはたちどころに次のような疑問が沸き上がってくる．太古以来高度の文明を誇ってきたインドの命運は，植民地支配によってどのような転換を被ったのか．インド植民地支配はイギリス資本主義の発展・展開にとっていかなる意義を担ったのか．あるいはイギリスの創出になるパクス・ブリタニカという世界秩序のなかにインド植民地支配はいかなる位置を占め，またその存在はパクス・ブリタニカにどのような特質を付与したのか．総じて18世紀末には世界の最先進国となっていたイギリスと，世界有数の伝統国インドとの植民地支配−被支配関係を通じた接触の実態・本質とは何であり，その世界史的意義はどこにあるのか．本書の研究テーマは，経済史研究にもとづいた，インド植民地支配の実態・本質の解明である．

　このような巨大な研究テーマを掲げる際，問題関心・分析対象・分析方法の厳密な限定が必要であることはいうまでもない．というのも，インド植民地支配の実態とは，一見したところ，きわめて多面的で複雑に構成された諸要素・諸連関の厖大な集積にほかならず，かかる研究対象に対して何らの方法的限定も持たず立ち向かうことは，およそ不可能であるのみならず，かえってそこから何らの知見も得ることができないと思われるからである．そして本書における方法的限定を明示するに当たっては，このテーマが過去に厖大な研究蓄積を有していることに鑑み，それら研究蓄積に一定の検討を加えつつ，従来の諸研究との対比において，本書の方法を示さねばならない．この点では，1960年代末に行われたインド

経済史研究史上に著名な論争を紹介・検討することが有益であると思われる．

　周知のように，インド植民地支配の本質をめぐっては，すでに植民地時代，とりわけ19世紀末より20世紀初頭にかけて，イギリス人を中心とする特定の欧米系論者とインド人論者との間で，それぞれのナショナリズム的感情，および植民地支配を眼前にして否応なく選択を迫られた政治的・実践的立場の相違にも強く媒介されつつ，相反する理解が展開され，激しい論争が巻き起こされていた．ここにいう欧米系論者がイギリス植民地支配の開明的役割を強調し，イギリス支配を擁護する論調を見せたのに対し，インド人論者はイギリス支配の抑圧的・搾取的特質を強調し，イギリス支配ゆえにインドは長年沈滞・貧困に陥ってきたと主張して，植民地支配に強い批判を浴びせたのであった[1]．こうしたインド植民地支配をめぐる同時代的論争は，まさしく古典的論争として，その後現在に至るまでのインド植民地支配史研究に根深い影響を与えてきたといって良い．というのも，この論争が，極度の実践的緊張感に漲りつつ，植民地支配の本質，あるいはその歴史的意義を真正面から問題とするものであっただけに，不当な等閑視を許さない重みを与えてきたからである．そしてこの論争が，今日までの，およそ先進国－途上国関係を問題とする諸議論に多くの示唆を与え，その意味で当該問題に関わる広範な社会科学的認識においても古典的位置を占めていることは周知のところである．

　以下に検討する1960年代末の論争とは，上の同時代的論争を引き継ぎつつ，この時期に新たに普及しつつあった近代化論的歴史解釈の方法をインド植民地支配史研究に持ち込み，同時代的論争に新たなレベルで決着を図ろうとした，アメリカ人歴史家モリス（M. D. Morris, 当時ワシントン大学に在籍）の問題提起に端を発する．ここではイギリス支配が確立・成熟してゆく19世紀のインド経済史をどのように把握すべきかが論争のテーマとなった．今モリスの議論の当否を問わないとすれば，彼の問題提起は独立以前の論争を真正面から受け止めつつ，当時にあって斬新な分析視角・分析基準の提起を通じて，論争に学問的洗練度を加え，もってインド植民地支配史研究に新たな地平を切り開こうとする主観的意欲に満ちており，当時の研究状況に大きなインパクトを与えたのであった．そして彼の力点が，とりわけ従来のインド・ナショナリスト（以下単に「ナショナリスト」と呼ぶ）的理解の批判に置かれていたため，彼の議論は，なおそうした理解の積極性を評価する論者からは，直ちにきわめて強い反発を呼び起こしたのである．

独立前の同時代的論争に込められた問題関心は，かつての実践的緊張感が薄れはしたものの，モリスによって学問的洗練度を増しつつ新たな活力を与えられ，以後大きな波紋を描いていくのである．その後現在に至るまでのインド植民地支配史研究の推移を振り返るなら，まずモリスの問題提起を積極的に受け止め，彼の提起した分析視角や分析基準をより個別の研究対象に適用し実証性を高めようとする研究が陸続と登場してきたことが指摘されねばならない．他方でナショナリストの厳しい植民地支配批判の見地を堅持しつつ，植民地時代インドの「沈滞」・「衰退」をより実証的に描き出そうとする研究も数多く生み出されてきた．さらには，モリスおよびナショナリストが繰り出した諸論点をともに吸収しつつ，各自の判断により取捨選択し，いわば折衷的に組み合わせて史実に迫ろうとする研究にも事欠かない．例えば，本書にとって主要な検討対象となる西部インド地域に関する研究をとってみれば，第1の方向としてマカルピン (A. McAlpin)，第2の方向としてグーハ (S. Guha)，第3の方向としてチャールズワース (N. Charlesworth) による，それぞれ現時点で最も充実したというべき三つの研究業績を挙げることを許されよう[2]．いずれにせよ，インド植民地支配の実態・本質に触れた現在に至る研究の多くに，モリスおよびナショナリストによって繰り出された論点の継承・展開・修正形態がちりばめられていることが認められる．従って，従来の研究業績を整理・検討し，それを通じて本書における方法的限定を明示する上では，そのための基準として何より，モリスの問題提起をめぐって行われた論争を検討せねばならない．

　とはいえ，もちろんインド植民地支配史に関わる従来の主要な研究動向は，上記論争およびその派生形態のみをもって，すべて尽きているわけではない．わたくしは今後，本書で扱われるいくつかのより個別的な研究テーマに即しながら，他の研究動向にも適宜言及していくつもりである．そこには，わが国における「比較経済史学」や，近年関心を集めている，イギリス帝国史に関わる「ジェントルマン資本主義論」も含まれる．それでもここで敢えて次の点を申し述べておきたい．すなわち近年わが国において，ヨーロッパとアジアとの関係史研究は改めて強い関心を集め，数多くの研究が着実に積み上げられている．とはいえ仮にそれらが従来の研究史から不当に距離を置いたり，あるいは時々の「流行理論」のみを意識して行われ，結果的に上記論争のような，誰もがその存在を知りながらも，長年に亘って十分な解決を見ていない，またおよそ史学方法論上の本質的問題ま

でを含む大きな問題が等閑視されるとすれば，そこでの研究の発展は一面性を免れないのではなかろうか．本書を上記論争の検討をもって始める所以の一つが，ここにある．

序-2　モリスの経済成長論

　モリスは 1963 年アメリカの学術雑誌『経済史雑誌』Journal of Economic History に，「19 世紀インド経済史の再評価のために」と題する論考[3]を発表し，このテーマに対する自らの研究視角を開陳した．その後数年を経て，インド社会経済史研究に関して世界的に権威ある学術雑誌『インド経済・社会史評論』The Indian Economic and Social History Review が，モリス論文の重要性を認め，1968 年 3 月号において上記論文を再掲載し，加えて 3 名の世界的な研究者によるモリス論文への論評を掲載する小特集を企画した．3 名とは，当時デリーのヒンドゥー・カレッジに在籍し，後に J. ネルー大学に移るとともにインド歴史会議 (Indian History Congress) の会長となるチャンドラ (B. Chandra)，当時デリー大学に在籍し『評論』の編集長であったライチョウドリ (T. Raychaudhuri)，およびわが国の松井透氏（東京大学）である．また同『評論』は，同年 12 月号において，モリスの 3 名の論評を受けた再論を掲載した[4]．本章では主にこれら諸論文にもとづき，また松井氏の優れた考察からも大きな示唆を受けつつ，モリスとチャンドラの議論を中心に検討したい．

　モリスの基本的な主張は以下の諸点にまとめられる．

　①インド植民地経済史研究に対して経済理論にもとづく分析方法が積極的に適用されるべきである．モリスによれば，従来の研究が方法的に無自覚で，しっかり確立された経済学的基礎を持たなかったことが，理解の様々な不一致を生み出す重要な原因となってきた．彼が適用しようとする経済理論的分析とは，「1 人当たり生産・所得」の数量的把握を最重要指標として，経済構造の特質を究明していく手法である．これは，W. W. ロストウの『経済成長の諸段階』をはじめとして，当時普及しつつあった「経済成長史学」・「数量経済史学」の基本的考え方を踏襲したものである．

②以上の分析基準に照らした時，19世紀インドにおいては「1人当たり生産・所得」の着実な上昇が見られ，その意味でこの時代を「沈滞」・「衰退」の時期と見ることはできず，明らかに「発展」・「成長」の時期として理解せねばならない．すなわち19世紀インドにおいては，かなりの「経済発展」あるいは「経済成長」が達成されたのである．

③植民地支配期のインド経済史は，それに先立つインド社会の発展段階との相関において検討されねばならず，上の分析基準を適用すれば，イギリス支配に先立つインド社会は，500年前のヨーロッパ中世末期に匹敵すべき低い発展段階にあったと判断される．そこから「イギリスは産業革命の条件が熟した社会を継承したのではなく，またそこでの社会発展を挫折させたのでもない[5]」ことが主張される．

④19世紀における着実な成長にもかかわらず，現状(1960年代)のインドが「工業化社会」に至っていないことは事実であり，その説明理由としては次の2点が考慮されるべきである．第1に，高度かつ持続的な経済成長の開始を告げる産業革命の前提条件が成熟するには，それに先立つ「長期の懐妊期間」long gestation[6]が必要であるが，植民地支配以前について上のように段階規定されるインドにとっては，19世紀の1世紀では「懐妊期間」として短すぎた．第2に，インド植民地政府の経済政策は，19世紀のイギリスで適当と見なされた「レッセ・フェール」・「夜警国家」・「均衡財政主義」などの諸原理にもとづく消極的なものにとどまり，そうしたものとしては十二分に機能したものの，反面以上の諸原理のために影響力に限界があり，結果的にインドに産業革命の前提条件をもたらすには至らなかった．

⑤全体に亘る論点であるが，19世紀インド経済史を検討する上では，イギリスによるインパクトのみに関心を集中してはならず，むしろインド社会の「内的ダイナミズム[7]」を重視した研究を行うべきである．

以上の諸論点について，補足的説明とともに，わたくしなりの検討を加えたい．

第1にモリスの社会構造分析の方法についてである．彼は，①や⑤の主張が示唆するように，やにわにイギリス支配政策の功罪といった問題を議論するのではなく，まずもってインド経済の構造変化を客観的に捉えることの重要性を指摘している．その際彼にあっては，構造変化の最も基礎的な指標として，「1人当たり生産・所得」の水準という，およそ歴史貫通的な，概念的には量的に比較可能な

指標を基準として各時代を計ることが提起されている．とはいえ，「１人当たり生産・所得」が社会発展に伴って何らかの程度で増大していく傾向にあることを認めるとしても，松井氏も指摘されるように[8]，植民地時代インドを対象としてこの指標を測定することが技術的に困難であること，およびこの指標を基準とすることの有効性に少なからぬ疑義が生じることは否定できない．まず植民地時代における生産量・額や人口数に関する統計がかなりラフであることを認めねばならない．また農民経済・村落経済が多かれ少なかれ自給的であったとすれば，統計数字に反映しない経済活動も少なからずあったといえよう．さらにモリスは，19世紀を通じて年平均人口増加率が比較的低かったことから，「インド経済は高率の人口増加による負担を背負わなかった[9]」と述べて，人口増加率の低さを経済成長のプラス要因として手放しで位置づけている．しかし人口増加率の低さの重大な要因が，周期的に襲う大規模な不作や飢饉にあったことは疑いない．「１人当たり所得」を計算する際の分母となる人口数が，世界的にも類例の少ない悲惨な不作や飢饉の頻発によって減少し，そうして数値が上昇したとして，それは「経済発展」を意味するのであろうか．

　しかし他面で，「１人当たり生産・所得」を，社会が実現している生産力水準を何らかの意味で表現するものと捉え直すならば，この点への着眼は積極的な意義を持っている．なぜなら，いうまでもなく，社会の実現する生産力こそは，社会発展の最奥の最もダイナミックな契機であり，ある時代は先行する時代の生産力を受け継ぎ，その時代特有の諸条件にもとづいて新たな生産力を実現しつつ，それを次の時代に譲り渡すという意味で，それこそが「人間の歴史に連続性を与え，それを一つの人類史に生成せしめるもの[10]」だからである．

　社会の実現する生産力とは，何より，人間が労働を通じて自然に働きかけ，社会の存続にとって必要な物質的富を生産する能力，すなわち生産過程における労働の力能によって規定される．この意味で社会の生産力とは，まずもって，労働の社会的生産力である．生産過程は，大きく二つの契機によって構成され，労働の社会的生産力とはその合成力にほかならない．一つは物的生産諸条件，すなわち土地自然および二次的自然としての生産手段（労働対象および労働手段）である．そのうちの主導的契機は，自然に関する知識を前提に，それが対象化された労働手段の体系＝「技術」である．もう一つは人的生産条件，すなわち労働力の態様である．労働力は，特定の技術に規定されつつ，それに応じた労働力の質的

規定性と量的比例性とを伴って編成される特定の労働組織を通じてその力能を発揮する．この2契機は相互規定関係を持ちつつ結合する．今この結合のあり方を「生産の編制」と呼ぶとするなら，それが生産力の存在形態であり，構造であるといえよう．他方で特定の技術と結合した労働組織は，すでに技術との照応関係において，生産に関わる人間相互の社会的関係，すなわち生産関係を含んでいる．そして各歴史時代に特有な生産諸手段の分配＝所有関係が，直接労働する諸個人と生産諸手段の所有者との特有の社会的関係（生産関係）を生み出すことによって，生産手段および労働力のあり方に，従って「生産の編制」に独自な社会的性格を与える．生産諸手段の分配＝所有関係は，他のあらゆる生産関係を主導的に規制する生産関係である．こうして生産の物的条件と人的条件（生産手段と労働力）との結合は，自らが生産関係を規定するとともに，他方で生産関係からの規定を受けつつ，各時代特有の生産力を発揮することになる．すなわち生産力と生産関係は，第一義的には生産力が規定的役割を果たしつつ，同時に両者は相互浸透的な規定関係を持ちながら，「生産の編制」のなかに分かちがたく融合しているといえよう．こうした「生産の編制」の持つ自然改造能力こそが労働の社会的生産力である．そして「生産の編制」は社会構造全体を構成する他の諸構造を第一義的に規定し，同時にそれらと相互規定的な関係を持ちつつ，社会構造全体の最奥の基底として各時代において特有の実体を持つのである．以上のように生産力を捉えるとすれば，われわれはその変化を検討するためには，労働手段と労働組織の結合形態に，生産諸手段の分配＝所有関係に主導的に規定された生産関係が相互規定的に融合したものとしての「生産の編制」を具体的に明らかにする必要がある[11]．

ではモリスは生産力の変化を具体的にどのように捉えたのか．まず彼は，「1人当たり生産・所得」の明確な数値を算定することによって，その上昇を実証したのではない．彼には当該論文を通じて，人口数について若干の言及があるものの，少なくとも生産・所得に関する具体的な数字は一切挙げられていない．それは先述の方法的困難性によるものといわざるをえない．代わって彼の「論証」方法とは，以下のようなイギリス支配下に進展した諸事実（と彼が考えるもの）を羅列的に指摘し，そこから1人当たり実質的生産・所得の「相当の増大があったと考えるかなり確実な証拠がある[12]」と述べることでしかない．彼がより羅列的に指摘した「諸事実」をわたくしなりに若干整理して示せば，次のようになる．①イ

ギリスが達成した政治的統合，およびそれに伴う政治支配の安定・効率的統治の実施．②農業構造に関わって，耕地面積の拡大・商業的農業の発展・農業集約化・作物種類の高価値作物への移行・灌漑の広がり・農産物価格上昇および地税査定改定による実質的地税負担の軽減．③鉄道・道路・電信網の建設による運輸・通信手段の改善，それに促された国内商業・外国貿易の拡大，その商業・貿易の拡大より看取される農産物生産の地域的分化・特化の傾向．④工業生産に関わって，綿工業・ジュート工業・石炭業などにおける近代的工業生産の発展，および在来手工業生産の維持と成長．ここで上記モリスの基本的主張③について一言すれば，彼は植民地化以前のインド社会構造を論じるに当たって，これらの諸事実のまさに裏返しというべき諸事情を，これまた羅列的に指摘することを通じて，「1800年以前において1人当たり所得は比較的低かったと結論して良い[13]」と断じている．

　以上に指摘された諸事実については，まず事実認識自体の当否が検討される必要があるとともに，先に示した生産力に関わるわたくしの理解からすれば，それらはおよそ社会構造全体のうちの，きわめて多様な諸構造・諸側面をアト・ランダムに，かつそれらの相関に何ら顧慮することなく，単に羅列したものでしかない．われわれは，社会構造全体の基底をなす経済構造＝下部構造を，まずもって「生産の編制」における生産力と生産関係との融合の具体相を解明しつつ，それとの相互規定関係の観点から他の経済諸構造を位置づけることによって明らかにし，その上で①に示された政治構造などの上部構造の意義を究明せねばならないであろう．これはいうまでもなく，社会構造を構成する諸要素のうち，抽象的・一般的なものと具体的・特殊的なものとを区別しつつ，前者より出発して諸要素に分析を通じた規定を加えながら上向し，最終的に具体的総体を解明するという，社会構造把握にとって当然の方法にほかならない．そしてわれわれはこうした方法にもとづきつつ，人類史上の社会経済構造が，大きく，古代奴隷社会・封建社会・資本主義社会等の概念によって区別されることを知っている．本書第3章で示されるように，植民地化前夜におけるインド社会は，基本的に封建社会の段階にあったと考えられる．わたくしは第3章において，西部インド地域を対象としつつ，当該期において小農民経営が広範に成立し，かつ村落および郡郷共同体がそれを包摂するとともに，国家を含めた封建的支配者層が上級土地所有権にもとづいて小農民の生み出す剰余生産物を封建地代として収取していたことを示すつ

もりである．従って植民地時代におけるインド社会構造の変化を捉える上での基本的視点は，こうした封建的社会構造がいかに維持され，あるいはそれがどのように衰退・解体しつつ，代わって資本主義的諸構造・諸関係がいかに発展したかの検討に置かれねばならない．モリスの指摘した諸事実を含め，こうした視点にもとづいて社会構造を構成する諸要素・諸側面が分析・総合される時，生産力の発展に基礎づけられた社会構造変化が正しく理解されることになるといえよう．

　モリスの基本的主張に関わって次に検討すべきは，彼にあってイギリス植民地支配の本質・意義がどのように捉えられているかという問題である．まず彼は基本的論点⑤で，イギリスによるインパクトのみに関心を集中すべきではなく，インド独自の内的ダイナミズムを重視することを主張している．この主張は，まずもって，植民地時代を沈滞・衰退期と捉え，その導因を挙げてイギリス支配に求めるナショナリストの論調に対する批判を意図したものである．そしてそれを，インドの歴史的推移を見る上でイギリスのインパクトとインドの内的ダイナミズムとの両者を視野に入れて検討すべきだという主張と理解する限りでは，そこには積極的な提起が含まれている．植民地時代インドの歴史的推移は，まさしく両者の絡み合いの産物にほかならないからである．だが，モリスの真の主張はその点にあるのではない．むしろそれは，イギリスのインパクトはきわめて限定的で控えめなものにすぎず，それがいかなる方向性を持つとしても，ナショナリストが想定するような決定的な影響を与えることはなかったという主張にこそある．この主張は，以下のようなインド植民地国家・政府に関する二重の理解より導き出されている．そしてこの点の理解こそが，本書が問題とすべき植民地支配の本質・意義に関するモリスの理解の枢要点をなしている．

　第1に，国家・政府の一般的本質についての理解である．すなわち彼が「われわれにとって必要なのは，政府を，資源を供給および需要し，そうすることで経済システムの機能に影響を与える主要な経済主体（economic actor）として取扱うことである[14]」と述べ，さらに「間違いなく，イギリス植民地政府の一般的な目的は，インド社会の厚生 welfare（の増進）であった[15]」と主張する時，ここには彼が理解するところの国家・政府の一般的本質と，その本質がそのままインド植民地政府にも当てはまるとする彼の考えとを読み取ることができる．すなわち彼にあって国家一般とは，他の諸経済主体と並び立つ主要な経済主体の一つにすぎず，かつそれは住民の厚生を目的に活動するという，きわめて控えめで穏やか

なものとして理解されている．いわば「消極的」・「中立的」国家論ともいえようか．そこからまた，基本的主張④に込められた，国家が経済発展に対して主導的役割を果たしうる可能性を顧慮せず，またヨーロッパの事情を一方的に基準にとりつつ，インドの経済発展には「長期の懐妊期間」が必要であるといった傍観者的把握も生じたのである．

　第2に，19世紀におけるイギリス政府の特質に関する理解と，それがインド植民地政府の特質をも規定したとする考えである．すなわちモリスは基本的主張④において，インド植民地国家の特質を，19世紀におけるイギリス本国の支配的思潮である「レッセ・フェール」原理にもとづいた「夜警国家」であることに求め，そこから政府の影響の「限定性」を主張している．以上の二重の理解にもとづいて，インド植民地国家の役割はきわめて矮小なものとして捉えられることになった．同時にこうした「消極的な」国家が果たした具体的な活動としては，上記の経済成長の「論証」に用いられた「諸事実」に含まれていた，成長促進的な諸側面のみが指摘されることになる．総じてモリスによってインド植民地国家は，インドの歴史的推移に対する「責任」を大幅に免じられ，かつその限定された役割においては成長促進的であったと結論されたのである．そして独立時までにインドが「離陸」しえなかった基本的理由をモリスに尋ねるとすれば，それは結局，植民地化以前から持ち越されたインドの抜きがたい後進性にあったということになるであろう．

　まずモリスの国家一般に関する理解がきわめて皮相なものであることは言を待たない．彼の言うような穏やかな国家であれば，およそインドのような伝統的大国に対する植民地支配は存在しなかったであろう．またインド植民地国家＝「夜警国家」論に関して，実はここではモリスの基本的主張と相違して，インド植民地政府の特質がイギリス本国の事情から一方的に規定されるという関連で捉えられていることが指摘できる．他方で彼は，インドが経済発展を遂げたという認識を基礎に，そのことと，植民地政府の役割が全体として成長促進的であったこととを同一視しているようである．しかし松井氏の指摘にもあるように[16]，経済成長の有無からいきなり，政府の役割が全体として成長促進的であるかどうかの問題に判断を下すことはできない．この点の考察には，政府活動と経済的基礎過程との連関が具体的に検討される必要がある．総じてモリスにあっては，植民地政府の役割が矮小化して捉えられるとともに，きわめて一面的な評価が下され，さ

らに植民地政府の本質もイギリス側からの一方的規定性において論じられた．こうして結局のところ，モリスによっては，インドの歴史的推移の導因としての，イギリスのインパクトとインドの内的ダイナミズムもしくはレスポンスとの「絡み合い」は十分に捉えられなかったのである．植民地政府は本国政府に主導されるために本国からの規定性を受けるとともに，それがインドで活動する以上インド社会からのレスポンスにも規定されざるをえない．つまり植民地政府の活動は，両方からの規定性の絡み合いの所産なのである．同時に上の植民地国家論は，次のような重大な認識の欠落を招くことになった．すなわち植民地支配の最も本質的な側面，それが外国による強権を伴う支配であるという事実，従って植民地政府は本国の国益を植民地において実現することを主要な目的とし，また強権にもとづく支配－従属の関係を植民地住民に強いるものであることが，完全に隠蔽されたことである．

序-3　インド・ナショナリスト史家の経済類型論

　ここではチャンドラの主張を中心に検討したい．チャンドラは独立以前のインド・ナショナリストが展開した基本的論点を支持し，それを発展させようとする立場から議論を展開している．その意味でチャンドラをナショナリスト史家と呼ぶことが許されよう．なお彼は，ナショナリストを反帝国主義者（anti-imperialist）と呼び，それに対立する論者を（親）帝国主義学派（imperialist school）と呼ぶのが適当であるとしている[17]．まず彼は，ナショナリストの議論の出発点をなす問題意識が有効であることを強調している．すなわち「反帝国主義者の提起した問題は余りにも基本的で，かつ深く考えられたものであるので，簡単に放棄したり片づけることはできない[18]」．結論的にいえば，チャンドラを含むナショナリストの議論は全体として，その出発点となる問題意識に強く規定されたものであった．ではチャンドラの言う「インド近代経済史研究者の前にある基本的問題[19]」とは何か．それは以下の諸問題を含む．①なぜインドは1947年においてこんなに後進的であったのか．②なぜ1818年から1947年の間にインドとイギリスとの経済的較差が広がったのか．③合衆国・フランス・ドイツ・カナダ・

イタリア・ロシア，そして日本さえ経済発展を遂げた時期に，なぜインドでは経済発展が生じなかったのか．ここでは，現状（独立時）インドの特質が何より後進性において捉えられ，かつ現状を規定した直前の時期である植民地時代については，その時期の経済発展が，イギリスその他諸国の推移と比較して余りに遅かったという認識に主眼を置いて理解されている．従ってチャンドラによれば，現状の後進性をもたらした「植民地時代インドにおける経済発展の他諸国と比べた遅さ」の要因の究明こそが，主要な研究課題とならねばならないことになる．

確かに植民地時代インドがこれら諸国以上に顕著な発展を遂げたとはいえないことから，こうした研究課題は，比較史的観点を含みつつ，植民地期インド史研究における重要な課題であることは疑いない．だがここでさしあたり「経済発展」の中味を問わないとしても，チャンドラとモリスとがその有無について相反する見解を示す際に，両者にとって発展を認識する基準が異なっていることに気づかされる．すなわちモリスは植民地化以前のインドを基準とし，それとの比較において，その後に経済発展が生じたと主張した．他方チャンドラにあっては，発展か衰退かに関わる基準は，比較史的観点にもとづく他諸国の発展に置かれている．こうして両者にとって基準が異なっている以上，両者の議論はすれ違っているといわざるをえない．同時にインド経済史研究にとってみれば，両者が設定した課題はいずれも重要な問題たりうる．その意味で両者の議論はともに一面的であるといえよう．

次に，チャンドラは何をもって「経済発展」あるいは「経済成長」（両者ともに economic development および economic growth と表現している）の指標としたのかが問われなければならない．それは，モリスが概ね捉えたともいえる社会的生産力の発展であったのか．チャンドラが結論的に「イギリス支配は経済成長を生ぜしめなかった」と述べる時，そこには彼のどのような基本的分析視角が貫いていたのか．まず彼は，モリスによる「1人当たり生産・所得」を主要指標とする手法に批判的である．かかるモリスの手法に対するチャンドラの見解を引用すれば，以下のようになる．まずモリスの検討は1人当たり所得や国内総生産に関わる「数量的・単線的動向」の把握に終始し，それは「まったく無意味ではないにしろ，より意味が小さい[20]」．他面でモリスは「経済構造を，あるいは構造変化と経済発展過程との関連をまったく論じていない[21]」．またモリスは「総生産・総所得の増加をすべて経済発展として捉えている」が，われわれは「経済過程の質」

を問題とせねばならない[22]．このようにモリスを批判しつつチャンドラは，「工業化およびそれを最低限の伸び率で継続させる能力」をもって，「経済発展の最も重要な試金石」とすべきであると主張する[23]．ここから「産業革命すなわち経済発展過程[24]」という理解が導き出される．同時に「成長 (growth) だけではなく，厚生 (welfare) についても分析されねばならない[25]」．この点では，「農業の生み出した余剰を誰が領有したか[26]」という問題をはじめとする分配の問題が重要である．総じてイギリス支配は「経済成長も厚生も殆ど生み出さなかった[27]」．以上のチャンドラの論述をまとめてみると，彼にとって「経済発展」・「経済成長」とは，まず「工業化＝産業革命の展開」であり，かつそこに「インド住民の厚生の増進」が伴われねばならないということになる．またこうした「経済発展」はモリス流の数量的方法では把握できず，「構造分析」が主体とならねばならないというのである．モリスが「経済発展」の指標を概ね社会的生産力の発展に置いたとするならば，この点でも両者の議論は嚙み合っていない．

ではチャンドラはこうした見地に立ちつつ，いかなる「構造分析」を行ったのか．彼が「インド経済の構造的特質」として指摘するのは，以下の諸内容である．①農業構造について．高い課税，地主制（小作制）の発展，金貸業者の跳梁，それらを通じて余剰が農民の手元に残らなかったこと，農業技術の停滞，耕地の細分化，商業的農業は余り前進しなかったこと，商業的農業は農村から富を流出させる手段となったこと，農民負債の増大，欠乏や飢饉の頻発，以上の諸内容にもとづいて農民が貧困のうちに沈んでいること．②工業構造について．機械制大工業の欠如もしくは発展の乏しさ，在来手工的綿業の衰退．③鉄道建設について．連関・示威効果に乏しく，一部の飛び地経済を形成したにすぎず，インドに対する搾取手段となったこと．

わたくしはすでに，「1人当たり生産・所得」を指標とする経済成長史学の持つ方法的困難性を指摘した．この点ではチャンドラの理解に同意できる面もある．そしてチャンドラの指摘した「構造的諸特質」については，モリスの「諸事実」同様，まずもって事実関係そのものが検証されねばならないとともに，「生産の編制」を規定的要素とする社会構造把握にもとづいて，それらの諸特質が再度位置づけ直されねばならない．チャンドラの重視する分配関係も，「生産の編制」における規制的生産関係としての生産諸手段の分配関係に強く規定されている．そして社会構造把握の要点が，前近代的諸構造の衰退・解体と資本主義的諸構造への

移行の把握にあるとすれば，産業革命の展開以外の諸変化をすべて「後進性」の継続と捉えるチャンドラの理解は受け入れがたい．この理解は，先に見た他諸国の発展を基準とする問題意識に規定されたものである．さらに経済発展には住民の厚生増進が伴われねばならないという理解は，事実上，チャンドラが「住民の厚生増進を伴う経済発展」という，経済発展の一つの「類型」を提起したものとして読み替えられねばならない．

　結局のところ，チャンドラは論述が進むにつれて，彼自身の主観的意図が何であれ，モリスの提起した「経済発展の有無如何」という問題から離れ，事実上，植民地期インド経済の「類型的特質」の指摘に傾斜している．すなわち彼の構造分析の結論は，植民地期インド経済を「近代的植民地経済構造の典型[28]」という表現で特徴づけることである．あるいは彼は論述の最後を，「イギリス支配は植民地経済を生み出すことによってインドの経済的後進性の原因となったという伝統的反帝国主義者の基本的見解は，修正されることはない[29]（傍点は引用者）」という言葉で締め括っている．ここに至ってチャンドラは，「植民地経済」という経済類型をもってインド「後進性」の表現としたのである．だがいうまでもなく，社会の類型的特質と発展段階（発展の有無）とは異なった論理次元にある側面である．経済構造の類型的特質は，構造変化における特定時期に現れた特質として指摘されるならば積極的な意義を持つが，同時にそれを余りに固定化して捉えるならば，その類型に適合しない諸変化が見逃されることになる．先に示したチャンドラによる，モリスとおよそ対照的な構造的諸特質の指摘は，むしろ固定的に捉えられた特定の類型的特質を具体化したものであって，それらのうちに構造変化のあらゆる側面が網羅されているとはいえないであろう．

　続いてチャンドラの言う「植民地経済」の本質についての検討を進めよう．その本質は，実は一方で彼が植民地期を通じた絶対的な生産力の発展を承認しつつも，他方でそれを切り返す形でインド経済の特質を述べている箇所に最も良く表現されている．まず彼は「農業生産の増加」を認めつつ，しかしそれはインドをして，「自国の農業的後背地」，あるいは「イギリスの製品・資本にとっての市場，およびイギリスにとっての原料・食糧供給地」に変えたいとするイギリスの願望の反映であると主張する[30]．また彼は「経済的後進性」を説明しつつ，それは「諸資源が低い開発水準（underdeveloped）のままに置かれているというより，諸資源が市場条件の許す限り急速かつ十分に開発されながら，現地の住民が除け者に

され，開発過程に十分参加できないことにもとづく(31)」と述べている．ここでチャンドラはインドが開発を受けたことを承認しつつ，他方で「開発類型」の峻別こそが重要であり，かつその区別のポイントは，本国と現地住民との，どちらが開発のイニシアティヴをとるかにあると主張している．さらに彼は，植民地政府による鉄道・道路等のインフラ建設が経済発展の有力な要因となったとするモリスの議論に反駁しつつ，「近代的植民地経済を導くインフラと，（真に）発展的な経済（developing economy）に貢献するインフラとを区別せねばならない(32)」と述べ，インフラ建設における類型的区別を主張している．ここで前者の類型の特質が，本国の主導性の下に本国の利益のために建設されたことに置かれていることは疑いない．総じてチャンドラのいう「植民地経済」の本質は，植民地住民の意向・利害を無視して遂行される，本国の主導性による本国の利益実現のための諸経済政策を通じた，その諸政策の貫徹形態としての経済構造変化にあるといえよう．この点からすれば，先に見た「住民の厚生増進を伴った経済発展」とは，彼が現実に進行したと捉える経済発展類型に対する逆類型にほかならず，その本質は，インド住民主導によるインド住民の利益実現のための諸経済政策の実行を通じた特定の経済構造変化にあるということになる．経済発展の定義としてそうした類型のみを認めることは，経済発展を実現できるのはインド住民だけであるという主張を含むものであり，この点にチャンドラのイギリス支配の存在そのものに対する徹底した批判と強いナショナリズム的熱情とを窺うことができる．実際彼は，かかる類型の経済発展を「国民的経済成長」national economic growth(33)と呼び，その担い手であるべきインド人資本家階級・都市中産階級・農民・労働者からなるインド住民の多数派の利害は，「イギリス支配が破棄されることを望んだ(34)」としている．その上で，これらの理解に関わって，次の２点に留意しておこう．まずチャンドラにあっても，植民地化以前と比較した何程かの生産力の絶対的上昇が事実上承認されていること，従って先の構造分析もかかる観点から再検討されねばならないこと．次に彼にあっては，イギリスの経済政策目標とインド経済の客観的構造変化とは，基本的に一体のものとして，すなわちインド経済の構造変化はイギリスの政策目標の貫徹形態として理解されていること．

　以上に見てきた独自の構造分析にもとづいて，チャンドラの問題関心は，イギリスの主導する諸経済政策に，従ってイギリス支配そのものに集中されることになる．元来彼の最大の問題関心は，イギリス支配の役割・意義を見定めることに

あった．すなわち「1858年以降のイギリス支配は経済発展にとって阻害的か促進的か[35]」という問題であり，あるいは「イギリスの政策，統治および政治構造，そしてインド経済社会構造に対するインパクトと，経済発展との間の関係如何[36]」という問題である．この点において彼の問題関心は，植民地期を通じた「経済発展の有無」の問題に集中するモリスのそれとは対照的に，格段にイギリス支配の本質に焦点を合わせるものであった．われわれもモリスの余りに皮相な「植民地国家論」を見た上では，なおさら，チャンドラのかかる問題関心を積極的に評価せねばならない．

まず彼はモリスの「夜警国家」論や「均衡財政主義」論を批判する．チャンドラによれば，植民地政府は，鉄道建設・茶やコーヒーなどのプランテーション導入促進・綿花の栽培および輸送の改善・地税政策・通貨政策などの領域において積極的な干渉を行った．また財政支出についても，軍事をはじめとして治安維持・鉄道建設には巨費が投じられた反面で，教育・衛生・灌漑，あるいはインドにおける近代的工業の発展促進のためには僅かの支出しか費やされなかった．すなわち植民地政府は特定領域においては積極的な干渉と財政支出を行ったのであり，政府の諸活動をなべて「夜警国家」や「均衡財政主義」で特徴づけることはできない．その上で彼は，問題はむしろ，いかなる領域において積極的な政府活動が展開され，逆にどのような領域に対して政府が冷淡であったかを見定めることにあり，それこそ植民地政府の，ひいてはイギリス支配の本質に迫る課題であるとする．このように問題を捉えたチャンドラにあって，それに対する答えとは，先の類型的区別における特質と対応しつつ，「イギリス支配の基本的特質は，インドの利害をイギリスの利害に従わせることにある[37]」というものである．すなわち植民地政府はイギリス本国の利益のためには積極的な活動を展開したが，それ以外の領域，あるいはインドの利益に適う活動においては，きわめて冷淡であったと理解された．

そしてかかる植民地国家論を基軸に据えつつ，彼のイギリス支配の本質についての結論が導かれる．すなわちその本質は，先述した「インドの利害の犠牲においてイギリスの利害を図る」ことにあり，同時に「帝国主義的 imperialistic（収奪的 exploitive・工業化阻止的 anti-industry）[38]」という表現で示されるものであった．植民地期インドの歴史的推移は，この本質の作用を受けて，イギリス支配によって「抑圧され」arrested[39]，「流産させられた」absorbed[40] 近代化・工業

化であったと結論された．総じてイギリス支配の本質は，本国の利害をインドに押し付けることによって，インド住民が望み，自らの利益とした経済発展類型を，収奪と工業化阻止政策を通じて抑圧し，流産させたところに見出されたのである．

こうしたチャンドラの植民地国家論およびイギリス支配本質論においては，植民地国家を消極的・中立的なものと捉え，結果的にイギリス支配の最も本質的な側面である支配—従属関係を隠蔽したモリスと対照的に，かかる側面を明るみに出し，剔抉することをもって最大の課題とする姿勢が見られる．われわれは，チャンドラのこうした分析視角を積極的に受け止め，それを発展させる見地に立たねばならない．だが他方で，わたくしがモリスの理解を批判しつつ提起した別の分析視角，すなわちイギリス支配の本質を，イギリスによるインパクトとインドからのレスポンスとの絡み合いの分析を通じて見定めるという課題は，チャンドラにあって十分果たされているであろうか．この点では，既述のように，チャンドラがインド経済の構造的諸特質を指摘するに際して，それらをイギリスの政策意図の貫徹形態としてのみ捉えたことが想起されねばならない．彼には，本国の利益をインドにおいて実現しようとする植民地国家の主導的役割を強調するあまり，植民地政府によって繰り出された支配諸政策が，インドからのレスポンスにも規定されながら展開し，それらの相互規定関係を通じて特定の構造変化を生み出すという，一連のプロセスを十分検討せず，支配政策意図をもって直ちに客観的諸結果と見なした嫌いがなかったであろうか．従ってそこでは，とりわけ支配政策に対する現地社会からのレスポンスが軽視され（おそらくレスポンスは，政治的反英抵抗・闘争の局面に比重を置いて捉えられたのであろう），そのため彼にあっても，インパクトとレスポンスとの絡み合いは十分把握されなかったのではないか．とはいえ，この点の不十分性は，すでにチャンドラ自身によって意識されていたようである．というのも，彼には以下のような記述があるからである．「全般的な経済沈滞を生み出すことは，帝国主義にとっての経済的利益とはならない．とはいえそれは諸政策の間接的な結果であるかもしれず，従ってそれは帝国主義における矛盾の一つである[41]」．すなわちイギリスはインドの何らかの経済発展を意図していたが，現実にはそれは達成できなかったという理解であり，従ってここではイギリスの政策意図と現実の諸結果との乖離の可能性が示唆されている．また彼は論文末尾で従来のナショナリストの議論にも多くの弱点があったことを認めつつ，そのなかに「イギリス帝国主義自体における内部矛盾[42]」の

検討が欠けていたことを挙げている．後者の指摘は，政策意図と客観的結果との関連が具体的に検討されねばならないことのみならず，イギリスがインドに押し付けようとした国益や政策意図を推定する際にも，より立ち入った分析が必要であることを示唆したものといえよう．

序-4　本書の研究課題と方法

　以上のチャンドラの論述全体をまとめてみると，まず彼はモリスの提起を受けて「経済発展の有無如何」という問題から出発した．とはいえ彼は，比較史的観点に規定されつつ，「経済発展」にモリスと異なる独自な定義を与え，結果的に「経済発展の有無」よりもインド経済の「類型的特質」の指摘に傾斜した．そして類型の特質を，「イギリス利害の押し付け」，すなわちイギリス支配の存在そのものに見出しつつ，関心をイギリス支配の本質論に集中した．そこでは別の経済発展類型（「国民的経済成長」）との対比において，イギリス支配が厳しく批判された．このようにチャンドラの論理展開を理解する時，われわれはまず，モリスとチャンドラの議論が幾重にもすれ違っていることに気づかざるをえない．両者の間には，問題設定・重要概念の定義・分析の基準・論述の強調点といったものに大きな懸隔がある．従って両者の諸主張を相互に突き合わせ，それぞれについて白黒の決着をつけることは至難の業である．むしろわれわれは，そうであるならかえって，異なった問題関心や分析方法に導かれながら彼らが提示している「諸事実関連」を独自に検証しながら，それらを積極的に利用するという姿勢を持つべきであろう．というのも，両者の問題設定がすれ違っているがゆえに，両者の分析には部分的に正しい事実関連が示されている可能性があるからである．両者に「帝国主義者」あるいは「民族主義者」といったレッテルを貼ることで彼らの議論のすべてを片づけ，細部に亘る彼らの事実認識に何らの顧慮も払わないという態度は採るべきでないと思われる．このことは，両者のみならず，両者の分析視角・分析基準を受け継ぎつつ，それらをより個別の研究対象に適用し，実証性を高めようとした諸研究についても当てはまる．その際，すでに示唆したように，包括的な社会構造把握のためには，「封建社会より資本主義社会への移行」という構造

変化の基本的枠組に沿って，諸事実が位置づけられねばならない．こうした方法的視角を通じて，従来の諸研究が見出してきた「諸事実関連」も，正しい意味づけを得ることができるであろう．

　その上で，われわれには，モリスとチャンドラの議論をともに検討することによって，より明確にしえた諸点がある．それはとりわけ，彼らの論争のまさしく焦点をなした二つの問題，すなわち一つは「植民地期インドに経済発展があったか否か」という問題，他は「イギリスによる植民地支配の本質をどう捉えるか」という問題に関わる．第1の問題に関しては，チャンドラにあってさえ，植民地化以前と比較した社会的生産力の発展という意味での，何らかの程度の経済発展が事実上承認されていることが判明した．他面では，モリスの主張にもかかわらず，同時にチャンドラにおける比較史的観点の有効性を認めつつ，その発展が決して急速なものではなかったことも言いえて誤りないと思われる．こうしてわれわれは，松井氏とともに，この問題に関して次のような大まかな見通しを得ることができよう．すなわち「全体としては多少なりとも経済的発展があったものと一応考えておくのが，むしろ自然のように思われる[43]」．「インド経済が19世紀を通じてある程度の成長を見せたとしても，それがきわめて急速なものであったといいがたいことは，まず異論のないところである[44]」．ただし，この見通しに関わる具体的な実証作業は今後の課題である．

　第2の問題に関して，すでにわたくしは，両者がイギリス支配の本質を，イギリスによるインパクトとインドからのレスポンスとの絡み合いとして十分捉えることができなかったことを指摘した．すなわちモリスは「発展の事実」を指摘し，そこから無媒介にイギリス支配を全体として「発展促進的」であるとした．チャンドラは「植民地経済」の「類型的特質」を指摘し，そこからこれまた無媒介にそれを「支配政策意図の貫徹形態」と捉えた．こうして両者いずれも，イギリスの支配政策意図および支配政策の形成——現地からのレスポンスにも規定された支配政策の展開——特定の客観的構造変化という，インパクトとレスポンスとの絡み合いを含んだ一連のプロセスとして，イギリス支配の展開過程を分析することがなかったのである．わたくしはイギリス支配の本質を論じる上では，かかる一連のプロセスを具体的に検討することが是非とも必要であると考える．このことは，これまでのモリスおよびチャンドラの議論の検討を通じて明瞭になったと思われるが，いま一度インド植民地支配の基本的属性に立ち返りながらこの点を

確認するとともに，このプロセスの解明がいかなる検討諸課題を含むかについて考察してみたい．

インド植民地支配の属性は様々あるが，何を措いても，それが他国政府（イギリス政府）による軍事力を背景にした政治的支配権の掌握であることを指摘しないわけにはいかない．そして植民地支配は本来的に現地住民からの民族的感情にもとづく反発・抵抗を招くことも相まって，そこには少なからぬ強権的・統制的性格が伴われる．それは支配政策形成における本国政府の強いイニシアティヴにも表現される．すなわち支配政策の形成においては，本国イギリスの自律性・主体性が強いのである．この意味でも，イギリス支配は，「イギリスによるインパクト」と表現されるべき特質を持っている[45]．以上より，さしあたり本国の自律性より発する支配政策の展開を辿ることをもって，植民地支配の本質に迫るという分析視角は，十分根拠を持っているといえよう．従ってわれわれはまず，本国における支配政策の形成過程を分析せねばならない．

では支配政策はどのように形成されるのか．ここでは本国における政策形成，すなわちその細部に亘る内容ではなく，基本的な内容，いわば「基本的政策志向」が問題となる．本国にとって植民地支配を遂行する最大の目的は，何と言っても，植民地支配を通じてイギリスの「国益」を実現することである．従って基本的政策志向とは，何よりイギリスの国益を内容とする．今基本的政策志向の形成過程において植民地よりもたらされる各種情報を顧慮しないとすれば，それはイギリス国内においてインド植民地と関わりを持つ多様な諸利害・諸政策方針の間の対抗と調整を通じて形成される．インド支配がイギリスにとって重要であればあるほど，その対抗・調整過程は，イギリス資本主義の構造的特質を反映したものにならざるをえない．従ってわれわれは，基本的政策志向を明らかにするためには，ある程度イギリス資本主義の構造分析に踏み込まねばならない．従来のインド植民地支配史研究においては，インドに対して要求されるイギリスの「国益」とは何かについて，かなり曖昧な形で理解されてきたのではなかろうか．19世紀に関しては，漠然と「イギリス産業資本の利害」といったものが措定されてきたように思われる．だが近年のケイン（P. J. Cain）およびホプキンズ（A. G. Hopkins）による「ジェントルマン資本主義論」にもとづく問題提起が示すように[46]，19世紀イギリスの対外政策を主導した主体や利害に関しては，安易な予断を許さない複雑さがある．われわれは，イギリス資本主義の構造的特質を踏まえつつ，本国

側におけるインド支配体制について改めて検討し，それを推転させた基本的政策志向・利害・主体の変化を見定める必要がある．なおここで一言断っておけば，わたくしは基本的政策志向の形成を分析するに際して，それを本国側固有の事情のみから一方的に説明するものではない．その形成に当たっては，インド側の事情が，より一般的な内容ではありながら，すでに何らかの形で反映されていたことを認めねばならない．わたくしはこの点を踏まえた上で，具体的な政策展開とは区別される，基本的政策志向を析出する．

　こうして基本的政策志向について検討した後には，その具体化・実行・展開過程，すなわち「政策実態」が分析対象となる．それは基本的政策志向と現地社会経済実態との「絡み合い」の分析にほかならない．現地社会経済実態は特有の構成原理・発展段階・発展方向，すなわち特有のダイナミズムを持っている．政策実態は，こうしたダイナミズムに規定されて，場合により現地社会経済構造の大幅な編成替えを必要とすることもありうる．同時に植民地支配が本来的に伴う現地住民からの反発や抵抗もまた，現地社会のダイナミズムを構成する要素である．この点では，政策実態はまずもって「植民地支配の維持」と両立できるものでなければならない．すなわち妥協や懐柔の要素を含まねばならない．こうして政策実態は，これらの諸側面において，現地社会のダイナミズムにもとづくレスポンスとの「相克」・「対抗」に直面するであろう．つまり基本的政策志向は，現地社会経済実態に関する認識やそれとの接触を通じて，再検討・修正・妥協といった調整を含んだ政策実態を生み出すのである．

　そしてかかる調整の必要性は，インド植民地支配の持つ以下の諸特質によって，大きなものとなったと考えられる．①基本的政策志向が主として，本国政府からの一方的イニシアティヴによって形成されたこと．すなわちその形成過程において現地住民の意向や利害が反映されず，むしろしばしばそれらを踏みにじる内容が含まれたこと．②イギリスとインドとは本質的に異なった社会原理を持ったこと．すなわち当時の最先進資本主義国イギリスにおいて形成された基本的政策志向を，前近代的諸関係をふんだんに含んだインドにおいて実現していくことには，様々な紆余曲折が予想されること．③本国にあってインドの諸事情を知ることに大きな困難が伴ったこと．すなわち本国における基本的政策志向の形成に際して，何らかのインドからの情報が判断材料となったことは確かであるにしても，当時の交通・通信手段の発達程度，巨大な人口数を持つインドをきわめて少人数の文

武に亘るイギリス人統治官僚によって統治しているという支配の実態，あるいは支配の強権的性格までもが，本国への情報伝達に強い制約を与えたこと．こうした諸事情にもとづいて，現地社会経済実態との接触は，まさしく「植民地からのレスポンス」というべき状況を生み出したのである．以上より，基本的政策志向の具体化過程＝政策実態は，現地社会経済実態との相関を通じて，貫徹・変容・妥協・修正・挫折等のプロセスを含みつつ展開されたといえよう．われわれはかかる諸展開を分析せねばならない．

　その上でこうした政策実態の展開の「帰結」が，インド社会経済における客観的構造変化として分析されねばならない．またその帰結は，それがイギリス資本主義にとって持った意味の観点からも検討される必要がある．すなわち，イギリスおよびインドの社会経済構造は，政策実態より生み出された諸帰結を，それぞれ自らの構造的特質の一環に含んでいる．

　以上総じて，インド植民地支配政策は，それが持つ特有の諸事情をも通じて，本国イギリス資本主義の構造的特質に規定されたインパクトと，それに対するインド社会経済構造が持つダイナミズムに規定されたレスポンスという，さしあたり区別される二つのベクトルの方向性を際立たせる形で展開したといえよう．とはいえ二つのベクトルは併立し，分離したままであったのでは決してなく，疑いなくそれらの合成力こそが，植民地支配政策実態であり，その帰結が植民地支配のもたらした諸結果であった．この意味において，イギリスによるインド植民地支配の本質とは，その経済的側面において，「イギリス資本主義と植民地インド経済との相関」，あるいは同じ内容であるが，「イギリス・インド経済史の相関」にほかならず，われわれはかかる本質を見定めるためには，主要な経済的支配政策の形成・展開・帰結を含む一連のプロセスを分析しなければならない．

　さらに，イギリス支配の特質理解に関わって，モリスとチャンドラとの論争の焦点となり，また解明されるべき重要問題をなす，「イギリス支配は成長促進的であったか否か」という問題もまた，こうした一連のプロセスを検討することを通じて，解答に近づくことができると思われる．すでに両者の議論の検討から，イギリス支配がその政策意図においても，またそれがもたらした結果においても，「成長促進的」＝「開発的」と「成長阻害的」＝「収奪的」との両側面を持っていたと考えて誤りないであろう．ここで重要なのは，開発的側面と収奪的側面とが，相互に別々に分離して追求されたのではなく，おそらく特定の政策をとった場合

でも，その政策意図・政策実態・帰結を通じて，この両側面が様々に絡み合っていることが多かったと思われることである．われわれは両者を二項対立的に捉え，どちらかだけをもってイギリス支配を特徴づけるのではなく，それら両側面が含まれていたことを認め，なおかつ両者の絡み合いを具体的な政策展開に即して分析する必要がある．この問題はこうした複雑さを持つがゆえに，なおさら，政策展開の一連のプロセスを検討することが肝要なのである．

　最後に，われわれは，イギリスによるインド植民地支配の世界史的意義をどのように捉えるべきであろうか．モリスおよびチャンドラの議論においては，インドの歴史的推移の特質は何であり，またそれに植民地支配がどのような影響を与えたかという問題に関心が集中され，それに加えて僅かにイギリス資本主義の特質について関説されるにすぎなかった．わたくしは，彼らの提起した問題の重要性を承認しつつも，なお彼らの議論が基本的に「インド一国史的視野」に限定されたものであったことを指摘しないわけにはいかない．だがイギリス側から見た時，インド植民地支配は，明らかに自国が展開する世界戦略の一環に位置づけられていた．そしてイギリスは 19 世紀において，まず，世界で最初の産業革命の達成にもとづく近代的生産力の構築に支えられて，自国を中心とする新たな世界市場編成を生み出していった．それは，近代的工業生産力に規定される，その意味で近代的世界市場というべきものであり，同時に「パクス・ブリタニカ」と呼ばれるイギリスを中心とした新たな世界秩序の基礎構造にほかならなかった．インド植民地支配の展開もまた，こうした「近代的世界市場」・「パクス・ブリタニカ」創出の重要な一環をなしていた．かかる近代的世界市場の創出を通じて，従来の後進諸地域は初めて本格的に世界市場に組み入れられ，内部編成の構造変化を被るとともに，世界市場において特定の位置づけを持つことになる．すなわちインド植民地支配もまた，そこに開発的側面と収奪的側面の両面を含みつつも，全体としてイギリス支配を通じたインドの「世界市場への組み入れ」・「世界市場統合」を重要な本質としていたといえよう．そしてパクス・ブリタニカの変容とともに，イギリス支配に規定されるインドの世界市場における位置も変化する．総じてイギリス支配の本質を見定めることは，それがいかなる具体相を伴いつつインドを世界市場に組み入れることになったか，またインドの世界市場における位置が，パクス・ブリタニカの変容に伴ってどのように変化したかという問題の検討を重要課題として含んでいる．われわれは，「イギリス資本主義と植民地インド経済と

の相関」を，さらに幅広い視点より，すなわち近代的世界市場の形成・変容過程という世界史的文脈のなかに位置づけなければならない．その意味で本書の最終的な研究課題は，「パクス・ブリタニカと植民地インド」の分析である．

　以上総じて，本書は次の 3 点をもって，主要な方法的特徴とする．①インド植民地支配の本質を，「イギリスによるインパクトとインドからのレスポンスとの絡み合い」，別言すれば「イギリス資本主義と植民地インド経済との相関」に見出しつつ，その内容を，特定の経済的支配政策の展開に伴う，「基本的政策志向─政策実態─政策の帰結」という一連のプロセスの分析を通じて明らかにする．②その分析内容を，さしあたり「インドの世界市場統合」の側面に重点を置きながら，イギリスを中心とする世界市場編成の創出・変容過程のうちに位置づける．③インド社会経済構造の変化を，「封建社会から資本主義社会への移行」という基本的枠組に沿って把握する．

序-5　本書の基本構成

　以上に示された課題と方法に従い，本書では次のような構成をとりつつ検討を進める．

　まず本書は全体として，中心的な検討時期を 19 世紀に据えるとともに，以下の 3 点を主要な検討テーマとする．①産業革命期を中心とし，かつ 19 世紀中葉までを展望した，イギリス本国におけるインド支配体制の展開．②西部インドにおけるイギリス直轄領=「ボンベイ管区」Bombay Presidency における地税政策の展開および現地社会経済構造の変容．③インド中央部に位置する，同じく直轄領「中央州およびベラール」Central Provinces and Berars における綿花開発政策の展開と帰結．こうして本書では，本国側におけるインド支配体制の展開を検討するとともに，具体的な政策展開を検討すべき主要な支配政策として，地税政策と綿花開発政策を取り上げる．

　第 1 部では，産業革命期より 19 世紀中葉に至る時期において，なおインド支配の主要な担い手となっていたイギリス東インド会社が遂げた動態的変化の本質の解明が主要な課題となる．すなわち重商主義時代よりいわゆる産業資本主義段階

に至る体制的転換期におけるイギリス資本主義の構造変化を踏まえつつ，当該期東インド会社が遂げた動態的変化の本質，およびそれを推進したイギリス本国における基本的政策志向・利害・主体の変化を明らかにする．

　第2部では，インド植民地支配政策全体のなかにきわめて枢要な位置を占めた地税政策の展開を，上述したインパクトとレスポンスとの絡み合いの観点より具体的に分析する．ここでは検討対象地域をボンベイ管区に絞りつつ，まず植民地化に先立つ現地社会経済構造の特質を明らかにする．続いて19世紀中葉にようやく体系的に確定された地税制度について，それに込められた基本的政策志向を確認しながら，それと現地社会実態との絡み合いを通じて形成された地税制度の具体的内容を示す．それは，地税政策の局面における具体的な政策実態にほかならない．またそこでは，地税制度が，現地社会実態の地域的相違に規定されて，地域によってかなりの偏差を伴ったことが実証される．次に，20世紀初頭に至るボンベイ管区農村社会経済構造の変容を検討することによって，地税制度が果たした現実的役割とその帰結について考察する．そして以上の諸検討全体を通じて，地税政策とインドの世界市場統合過程との関連が分析される．

　第3部では，産業革命期以来イギリスの基軸的産業となってきた綿業資本の強い要請を受けて，19世紀中葉に植民地政府によって積極的に推進された，インド綿花開発政策の展開と帰結を検討対象に据える．ここでもまた，基本的政策志向と現地社会実態との絡み合いとしての具体的な政策実態が示される．同時にその際，検討対象の持つ関連領域の広がりを踏まえつつ，綿花開発政策をめぐる全体構造を，それぞれ綿花に関わる，①農民経営構造，②インド国内の流通・金融・市場構造，③世界的な流通・金融・市場構造の三つの構造に区分し，それぞれにおける政策実態を相互に比較することを通じて，綿花開発政策の展開と帰結より窺われるイギリス支配の特質を大きく摑まえる．そしてその特質を，インドの世界市場統合の観点より意味づける．

　最後に終章において，以上の三つの主要テーマの検討より導かれた諸理解を総合し，19世紀インド植民地支配の本質および世界史的意義についてのまとめを行う．

序章　註

(1) 前者の代表的著作には次のものがある．J. R. Seeley, *Expansion of England*, 1883. J. Strachey, India : Its Administration & Progress, 1903. L. C. A. Knowles, *The Economic Development of the British Overseas Empires*, Vol. 1, 1926. また後者の代表的著作には次のものがある．Dadabhai Naoroji, *Poverty and Un-British Rule in India*, 1901. R. C. Dutt, *The Economic History of India*, 2vols, 1901, 3. L. L. Rai, *England's Debt to India : A Historical Narrative of Britain's Fiscal Policy in India*, 1917.

(2) この3名の主要著作は次のものである．M. B. McAlpin, *Subject to Famine : Food Crises and Economic Change in Western India, 1860-1920*, 1983. S. Guha, *The Agrarian Economy of the Bombay Deccan 1818-1941*, 1985. N. Charlesworth, *Peasants and Imperial Rule : Agriculture and Agrarian Society in the Bombay Presidency, 1850-1935*, 1985.

(3) M. D. Morris, 'Towards a Reinterpretaion of Nineteenth-Century Indian Economic History', *Journal of Economic History*, Vol. XIII, No. 4, December 1963. 以下 M. D. Morris, 'Towards a Reinterpretaion' と略記．

(4) モリス論文にコメントした3名の論文は次のものである．B. Chandra, 'Reinterpretaion of Nineteenth Century Indian Economic History'. T. Raychaudhuri, 'A Re-interpretation of Nineteenth Century Indian Economic History ?'. T. Matsui, 'On the Nineteenth-Century Indian Economic History—A Review of A "Reinterpretation"'. それぞれ，*The Indian Economic and Social History Review*, Vol. V, No. 1, March 1968 に掲載．松井氏の論文は『評論』に寄稿後日本語に書き直された．松井透「19世紀インド経済史研究の方法論的考察——M. D. モリスの諸説をめぐって」『アジア研究』第13巻第4号，1967年．本章では主として『アジア研究』掲載の論文を参照した．モリスの再論は次のものである．M. D. Morris, '*Trends and Tendencies in Indian Economic History*', The Indian Economic and Social History Review, Vol. V, No. 4, December 1968. 以下 M. D. Morris, 'Trends and Tendencies' と略記．

(5) M. D. Morris, 'Towards a Reinterpretaion', p. 6.
(6) *Ibid*., p. 14.
(7) M. D. Morris, 'Trends and Tendencies', p. 65.
(8) 松井透，前掲論文，7, 12, 13 ページ．
(9) M. D. Morris, 'Towards a Reinterpretaion', p. 7.
(10) 尾﨑芳治『経済学と歴史変革』，1990年，194 ページ．
(11) 以上の生産力・生産関係・生産の編制等をめぐる理解については，同上書，184-219 ページ参照．

(12) M. D. Morris, 'Towards a Reinterpretaion', p. 11.
(13) *Ibid.*, p. 6.
(14) M. D. Morris, 'Trends and Tendencies', p. 87.
(15) M. D. Morris, 'Towards a Reinterpretaion', p. 12.
(16) 松井透，前掲論文，24 ページ．
(17) B. Chandra, 'Reinterpretaion of Nineteenth Century Indian Economic History', p. 36.
(18) *Ibid.*, p. 38.
(19) *Ibid.*, p. 41.
(20) *Ibid.*, p. 39.
(21) *Ibid.*, p. 39.
(22) *Ibid.*, p. 55.
(23) *Ibid.*, p. 55.
(24) *Ibid.*, p. 36.
(25) *Ibid.*, p. 46.
(26) *Ibid.*, p. 51.
(27) *Ibid.*, p. 48.
(28) *Ibid.*, p. 62.
(29) *Ibid.*, p. 75.
(30) *Ibid.*, p. 52.
(31) *Ibid.*, p. 51.
(32) *Ibid.*, p. 70.
(33) *Ibid.*, p. 73.
(34) *Ibid.*, p. 73.
(35) *Ibid.*, p. 38.
(36) *Ibid.*, p. 41.
(37) *Ibid.*, p. 69.
(38) *Ibid.*, p. 42.
(39) *Ibid.*, p. 41.
(40) *Ibid.*, p. 62.
(41) *Ibid.*, p. 52.
(42) *Ibid.*, p. 74.
(43) 松井透，前掲論文，14 ページ．
(44) 同上論文，7 ページ．
(45) 以上の特質は，本国において，インド植民地が，カナダ・オーストラリア・ニュージー

ランド等の白人居住植民地（colonies）と区別されて，従属植民地（dependencies）と呼ばれる領域に属していたことに対応している．

(46) P. J. Cain & A. G. Hopkins, *British Imperialism*, 2vols, 1993. 竹内幸雄他訳『ジェントルマン資本主義の帝国Ⅰ・Ⅱ』，1997年．

第1部
産業革命期イギリス東インド会社の動態とインド支配体制の展開

ロンドンのレッドゥンホール・ストリート (Leadenhall Street) に面した東インド会社本社の建物 (18世紀末)
(出所: J. Keay, *The Honourable Company : A History of the English East India Company*, 1991)

第1章　総督ウェルズリによる英領インド帝国の建設と貿易独占権修正

1-1　序
1-2　ウェルズリのベンガル総督就任と彼の政策課題
1-3　ウェルズリによる英領インド帝国の建設
1-4　英印貿易の発展と在インド私商人
1-5　インドにおける領土的支配拡大と在インド私商人
1-6　小　　括

1-1 序

　本書の検討対象時期をなす19世紀が始まった時，イギリスによるインド植民地支配は，イギリス東インド会社（以下「東インド会社」，あるいは単に「会社」と表現する）によって担われていた．第1部の課題は，1600年以来イギリスの対アジア交渉を一手に引き受けてきた東インド会社が，18世紀末から19世紀初頭にかけて，どのような動態的変化を遂げ，またその変化のうちに，イギリス本国におけるインド支配体制のいかなる展開が含まれていたかを明らかにすることにある．

(1)　東インド会社概略史と従来の諸研究

　東インド会社は，1600年代表的なロンドンの商人達による請願にもとづいて，国王エリザベスⅠ世より特許状を下付されることによって設立された．会社は特許状によって，「喜望峰からマゼラン海峡に至る」範囲の貿易独占権を与えられた，特許貿易独占会社であった．以来会社は，対外的にはポルトガル・オランダ・フ

ランス等ヨーロッパ諸列強との間に東インド（＝インド以東のアジア）貿易の支配権をめぐる角逐を続け，また国内的にはピューリタン革命前後以降の体制的混乱のなかに幾多の動揺・危機を経つつも，18世紀初頭には一応安定的な商業会社としての自己を確立した．まず会社は，クロムウェルによる特許貿易独占会社としての存続決定を前提に，1709年「合同会社」成立[1]によって組織的再生を果たした．次に貿易活動において会社は，当初の貿易目的地である香料諸島よりインド・中国に活動拠点を移しつつ，地銀の持ち出しを通じて主にインド産綿製品および中国茶を購入し，それらをイギリス国内で販売し，かつ大陸ヨーロッパ等へ再輸出することを基本的活動内容とした．こうして会社は，18世紀前半において，いわば純然たる商業会社として順調に発展していった．他方で会社は，インドにおける商業活動の拡大を通じて現地政治諸勢力との接触と深めつつ，1757年のプラッシーの勝利を経て，1765年ムガル皇帝よりベンガル・ビハール・オリッサ地方（以下3地方をまとめてベンガル地方と表現する）に対するディーワーニー（diwani, 徴税権）を獲得し，ベンガル地方における事実上の政治的主権者となった．以後会社は，従来の商業活動に加えて，本国イギリスを遙かに上回る広大な領土を擁する統治機関としての機能をも果たすことになった．そして会社は，それよりおよそ1世紀のうちに，インド亜大陸全域のみならず，その周辺地域にまで領土的支配を広げつつ，1858年のインド直轄化とともに消滅した．

　こうして東インド会社のおよそ250年に亘る歴史は，前半の純然たる商業会社としての歴史と，後半における領土的支配者としての機能をも兼ね行った歴史とに二分されるのであるが，19世紀中葉における会社消滅までを視野に収めつつ，会社後半史を概観すれば，そこには以下の三つの主要な変化が進行したことが明らかである．

　第1に，会社は，インドにおいて征服戦争を重ねることによって，領土的支配を拡大し，それに伴ってインド統治機関としての機能を肥大化させたこと．

　第2に，従来東インド貿易から排除されてきた商人その他からの貿易開放要求が高まり，会社は徐々にその要求を受け入れていったこと．すなわち，1793年の譲歩[2]を皮切りに，1813年にインド貿易が開放され，続いて1833年残る中国貿易が開放されるとともに，会社は自らの商業活動を停止した．

　第3に，会社活動に対する本国政府の干渉・統制が強まっていったこと．従来政府および議会は，数十年に1度の特許状更新時に会社活動を様々に審査するこ

とを除いて，会社の活動に恒常的に干渉する制度的経路を持たなかった．政府の会社に対する統制権は，1767年の「配当制限法[3]」を嚆矢としつつ，73年の「ノース規制法」North's Regulation Act[4] を経て，84年の通称「ピット・インド法」Pitt's India Act（以下単に「ピット法」と表現する）によって制度的に確立された．後述のように，ピット法は1858年の会社消滅まで，政府と会社との関係を規定しつつ存続し，その意味で本国側におけるインド支配体制は1784年以降，ピット法を中核として形成された．その後1858年の「インド統治改善法」Act for the Better Government of India の成立によって，インドは本国政府の直轄植民地となり，会社はインド統治任務を解かれつつ，事実上消滅することになった．会社は以後1874年まで配当受領団体として形式的に存続したものの，その間がもはや会社の活動期間でないことはいうまでもない．

　以上に示された3点の主要な変化を含む東インド会社後半史を，本国イギリスにおける歴史変化と重ね合わせるなら，まず後半史が開始される時期は，イギリス産業革命の開始期にも当たり，他方で会社の消滅は，産業革命を完了したイギリスが，「ヴィクトリアン・ブーム」の最中にあって，まさに経済的絶頂を謳歌していた時期に相当する．すなわち東インド会社後半史の100年とは，イギリス本国にとって，産業革命の開始・展開・完了という経済変化を基礎過程としつつ，「重商主義的国家体制」より「完成された資本主義的国家体制」へと移行し，それに伴って対外的には，自国を「世界の工場」とする「近代的世界市場編成」を生み出すとともに，政治的覇権を含めて自国を中心に据える，かの「パクス・ブリタニカ」なる世界秩序を構築していく時期に当たる．こうした世界史上に特筆すべきイギリスの体制的転換期を通じた東インド会社の動態の本質は何であり，またそこにいかなるインド植民地支配体制の展開が見られたのか．

　ここで，まずわが国における従来のイギリス東インド会社史研究について，若干振り返っておこう．

　第1に，われわれの検討対象をなす東インド会社後半史については，とりわけ研究蓄積が手薄であったことが指摘できる．その大きな理由は，上に示された3点を含めて，会社がその後半史においてきわめて多面的な動態的諸変化を遂げたために，それらの諸変化を整理・総合しつつ，後半史における東インド会社の本質を提示することが大変困難な課題となってきたことにある．わが国における優れた一研究が，当該期のイギリス国内における会社をめぐる諸状況を検討しつつ，

「インド問題はこのようにいわばどこから手をつけて良いのか見当もつかない複雑な政治課題であった[5]」と評しているのは，まことに無理からぬところである．こうした研究状況を通じて，わが国における東インド会社の通史を描いた代表的な著作[6]においても，叙述の比重は会社前半史に置かれ，後半史のそれは手薄いものとなっている．

　第2に，前半史を含めた東インド会社史全体に関する通説的イメージを作っているのは，今なお，東インド会社＝「前期的商業資本」説であると思われる．この学説は，周知のように，大塚久雄氏の研究をはじめとする，いわゆる「比較経済史学」が，イギリス資本主義発展を独自に類型把握したことに対応して編み出されたものであった．これらの研究において，イギリス資本主義発展は，「中産的生産者層」の全般的成立とその順調な両極分解を基本線とする，いわゆる「小生産者的発達の経路」を辿ったものとして類型把握され，それに伴ってイギリス資本主義発展が「自生的」・「内発的」に進行したことが強調された．こうした理解においては，元来絶対王政による庇護の下に，一部の特権的商人によって設立され，以来一貫して遠距離国際貿易を担ってきた東インド会社の歴史は，近代イギリスの本来的発展コースの埒外に置かれるとともに，むしろイギリス資本主義発展に対する「障害物」・「対立物」として理解されることが多かった．東インド会社の歴史的存在としての巨大さに加えて，以上の理解が従来通説的位置を占めてきたこともまた，これまでわが国における東インド会社史研究を低調なものにとどめてきた要因であった．また上の通説的理解は，会社後半史に関して，次の諸理解を含んでいた．①政治的諸活動を含めたあらゆる活動が「前期的商業資本」という規定性より説明され，従って会社によるインド征服戦争も，「前期的資本としての仮借なき暴力的性質[7]」の現れとされたこと．②会社後半史は，もっぱら，成長を遂げるイギリス産業資本およびその同盟者との角逐・闘争を通じて，会社が一方的に敗北・衰退する過程として描かれたこと．③以上の諸理解は，かの『国富論』におけるアダム・スミスの東インド会社批判を下敷きとし，会社の一方的没落を語ることを通じて，スミスの提起する「自由貿易主義にもとづく国際協調路線」が，会社の抵抗を排しつつ貫徹されたことを主張していること．これらの通説的理解に沿って東インド会社史論を展開された松田智雄氏は，イギリスのアジア進出が帯びた特質を，端的に次の言葉をもって表現されている．「内に生産力，外には貿易の開放と自由，その障害・東インド会社の除去[8]」．

以上の通説的理解については，何より，それが会社史に関する丹念な実証的検討に必ずしも裏付けられたものでないことを指摘しないわけにはいかない．またそこでは，250年に及ぶ東インド会社史の特質が，「前期的資本」という単一の規定性より一貫して固定的に把握され，会社の「動態」を捉えようとする視点が欠如している．他方で近年，「比較経済史学」に対する批判的再検討の機運とも相まって，各国資本主義発展における「国際的契機」解明への関心が高まってきている．とはいえそうした研究潮流においても，現在のところ，イギリス東インド会社史に対する全面的な再検討は果たされていない[9]．

　次に諸外国における研究を一瞥するなら，まずともにネーミア学派の議会史の手法を踏襲し，イギリス政界における東インド会社問題を多彩な党派・人物の利害・縁故関係の交錯のうちに描いた，サザランド（L. S. Sutherland）およびフィリップス（C. H. Philips）の著作[10]が，国家支配者層の動向という高みより会社問題全般を鳥瞰し，東インド会社時代における本国側のインド支配体制を論じる上で，今なお最もスタンダードな研究をなし，わが国においても参照されることが多い．とはいえ，ネーミア学派の手法に終始した両書から，会社史の動態を首尾一貫して説明する論理を読み取ることは困難である．

　次に，現在わが国においても広く関心を呼んでいる，ケインおよびホプキンズによる「ジェントルマン資本主義」をキイ概念とする研究[11]に触れておきたい．まず彼らの研究全体を通じた方法的特徴は，いかなる利害集団が国家政策の形成に当たって主導的役割を果たしたかを重視し，その集団の比較的個別的な利害をもってイギリス資本主義の全体的特質へと敷衍していく点にある．彼らの結論的主張は，イギリス近・現代史を通じて，「ジェントルマン資本家層」（地主，専門職従事者，金融・貿易業者）に主導された「非工業的な」「サーヴィス部門」がイギリス膨張の推進主体となり，他面で産業資本家層は，一貫して国策形成過程の中枢から排除されてきたというものである．また「ジェントルマン資本主義」には二つの段階があったとされ，それは1850年を境として，地主階級および18世紀に台頭した金融業者・専門職従事者に主導されるものから，シティ金融資本を中核とする金融・サーヴィス部門に主導されるものへと移行したとされる．次にインドは，こうした推移を通じて，「ジェントルマン的諸力の最重要事例[12]」として位置づけられた．ジェントルマン資本家層を受益者とする本国送金ないし投資収益確保がインド植民地支配政策における最優先事項となり，綿業資本を中核と

する産業資本家層は，インド植民地支配に多大な利害関係を持ちながらも，「経済政策を主導することには成功しなかった[13]」．

　以上のインド植民地支配全般に亘る理解に重なりつつ，彼らによる東インド会社史論は，次の2点を要点としている．まず会社は，「疑いなく，18世紀の土地と金融との同盟の海外における最も明瞭な体現物である[14]」とされる．つまり会社は，「前期ジェントルマン資本主義」の典型的構成物として理解された．続いて彼らは，会社の「衰退」・「消滅」過程について，それがシティと地主階級との同盟の，「マンチェスタとその同盟者による，進歩的な『産業資本の支配』に対して敗北していく[15]」過程では決してないことを強調した．その過程は，「後期ジェントルマン資本主義」への移行に沿いつつ，旧来の会社体制に宿っていた「古き腐敗」old corruption[16] を克服し，インドからの送金および投資収益確保を一層大規模かつ組織的に進めることが目的となって生み出されたものと解釈された．こうして彼らにあっては，インド植民地支配の規定的目的が一貫して，ジェントルマン資本家層を受益者とする「インドからの富の汲み出し」の維持・拡大にあったとする理解にもとづいて，東インド会社時代とそれ以後の時期との関連が，「継続性」および「発展性」に比重を置いて捉えられることになったのである．

　本書第1部の結論的主張は，まずこうした「継続性」・「発展性」を重視する点において，ケイン・ホプキンズの理解に重なり合う部分を持っている．とはいえ以下の研究は，第1に，東インド会社史に関して，彼らによる断片的な諸指摘に対比して，一面で対象時期を絞り込みつつも，他面で詳細かつ総体的な実証研究を行ったこと，第2に，19世紀初頭から中葉に至るイギリス史の推移に関して，彼らとは異なった理解を与えうる内容を含んでいる点において，大きな独自性を持っている．

(2) 第1部の研究における方法

　以下の研究における方法的特徴の一つは，1798年から1805年まで，インドにおける会社活動の事実上の最高責任者であるベンガル総督 (Governor-General)[17] の地位にあった，リチャード・コーリー・ウェルズリ (Richard Colley Wellesley) の諸活動を検討の中心に据えることにある．わたくしがウェルズリの諸活動に着目するのは，それが，先に挙げた会社後半史における三つの変化にそれぞれ対応

する，注目すべき事実を含むからである．第1に，ウェルズリの指揮する間断のない征服戦争を通じて，会社史上最も顕著というべき大規模な領土拡大が達成されたこと．第2に，ウェルズリによって会社の貿易独占権に対する重大な修正が施されたこと．すなわち在インドのイギリス人私商人による英印貿易への参入が許されたこと．第3に，上の2点を柱とするウェルズリの諸政策が，本国政府からの強い支持と，逆に会社本来の最高経営管理機関である会社取締役会からの厳しい非難を受けたこと．当該期は，これら三つの事実を含むことによって，会社後半史の動態にとって決定的に重要な時期，あるいはその動態を何程か凝縮的に表現する時期であるように思われる．わたくしはまず，ウェルズリの諸活動を詳細に跡づけながら，とりわけ大規模な領土拡大と貿易独占権修正とがウェルズリにあっていかに結びついていたのかを明らかすることを通じて，統治機関としての肥大化および貿易独占権喪失・商業活動停止へと向かう会社後半史の動態の内実に迫りたいと思う．

　以下の研究におけるもう一つの着眼点は，ピット・インド法の現実的機能をいかに捉えるかという問題への止目にある．既述のように同法は，1784年の制定より1858年の会社消滅まで本国政府と会社との関係を規定しつつ，本国側におけるインド支配体制の骨格を構成した．従ってわれわれの重要な課題は，ピット法にもとづく「1784年体制」＝「ピット法体制」の内実を見定めることでなければならない．他方同法は，後に詳細に検討されるように，本国政府と会社取締役会とを二つの権力機関として並立させる，「二重支配体制」を生み出した．とはいえ，さしあたり同法の条文内容による限り，二つの権力機関の相互関係は決して分明とはいえず，むしろ折衷的性格の濃いものとなっていた．従って「ピット法体制」の本質は，同法の条文内容自体からよりも，二つの権力機関が特定の具体的な政策に対して，それぞれいかなる対応を示し，かつ両者の対応がどのように調整・決着されていったかのプロセスを検討することによって，一層明瞭になると思われる．わたくしは，会社後半史の動態の基本線に重なり合うウェルズリの諸政策をめぐる，本国政府と会社取締役会との対応，および両者の間の路線対立とその帰結を分析することによって，上記課題に接近したい．

　本章においては，ウェルズリの諸活動における筋道を追うことを課題とし，続いて次章で，ピット法の条文内容を検討しつつ，ウェルズリの諸政策をめぐる「東インド会社経営論争」について検討したい．

1-2 ウェルズリのベンガル総督就任と彼の政策課題

(1) ウェルズリのベンガル総督就任

　ウェルズリは 1760 年，アイルランドに広大な所領を持つ土地貴族ギャレット・ウェルズリ (Garret Wellesley, 初代モーニントン Mornington 伯爵) の長男として生まれた．ウェルズリは名門パブリック・スクールからオックスフォード大学へ進学しつつ，1781 年父の死に伴って，2 代モーニントン伯爵となった (本書では以下，彼のことを「ウェルズリ」と表現する)．彼は 1784 年イギリス下院議員となり，国家財政委員会委員 (Junior Lord of Treasury) を経て，1793 年，ピット法にもとづいて設立され，東インド会社の活動を監督する政府機関であった，通称「監督局」Board of Control の専門委員補佐 (Assistant Commissioner) に就任した．ここに彼と東インド会社との結びつきが生まれた．
　ウェルズリがベンガル総督に任命されるに至った経緯は次のものである．監督局総裁 (President) ダンダス (H. Dundas) は，前任者ショア (J. Shore) の退任に当たり，まず前総督であるコーンウォリス (C. Cornwallis) に再度の就任を要請し，一旦彼の内諾を得た．他方で，コーンウォリスが元来就任に乗り気でないことを見た首相ピット (William Pitt, 小ピット) は，「彼の友人である[18]」ウェルズリに，マドラス知事就任を打診するとともに，コーンウォリス辞退の場合には，彼を推すことを約した．結局コーンウォリスは，会社取締役会との方針の不一致を理由として辞退し，すでにマドラス知事就任を受諾していたウェルズリが，弱冠 37 歳にしてベンガル総督の要職に就いたのである[19]．彼は 1797 年 10 月イギリスを離れ，翌年 5 月カルカッタに到着した．
　以上のウェルズリの経歴およびベンガル総督就任時の事情より，次の諸点が窺われる．まず彼が有力土地貴族の出身者として，若き日より国政に参画し，これまで一貫して本国政府の側からインド問題に当たってきたこと．次に，彼のベンガル総督就任が，首相ピットをはじめとする本国政府側の意向にもとづいて実現

されたこと．この点に関しては，ピット法によって，ベンガル総督への社外人登用の途が開かれていたことが前提条件となった．彼は，コーンウォリスに次ぐ，2人目の社外人出身のベンガル総督であった．そしてコーンウォリスの就任辞退は，時として本国政府と会社取締役会とが鋭い緊張関係に陥ることがあったことを示している．

（2） ウェルズリの政策課題

「商人と主権者という相矛盾する性格の間の妥協のシステムが，東インド会社の体制をなしている（傍点は引用者，以下同様）[20]」．
「会社がこのように広大，人口稠密で，繁栄している国の主権者たる権威を代表する限り，その主権に伴う職務は，会社の商業的利害・観念に優越するものと見なされねばならない[21]」．
「主権者たる会社政府にとって最も不可欠な職務は，軍事力の保持である[22]」．

以上のウェルズリの発言には，彼が会社の本質をいかに捉え，また会社の活動を通じて何をなそうとしたかが明瞭に語られている．彼は，会社の本質を何より，広大な領土を擁するインド統治機関としての性格において捉え，また会社の使命を，統治活動，とりわけ軍事活動を商業活動に優先して遂行することに求めている．その上で，統治活動と商業活動とが矛盾関係にあるとすれば，彼は商業活動の犠牲において，統治活動を展開しようとしたことになる．いうまでもなく，統治活動と商業活動とは，1765年のベンガル領有以来，会社活動の二本柱となってきたものであるが，そのなかで会社の最高責任者の一人によって，統治活動の優位性が公然と宣言されたことは，会社史上に画期的な意味を持つと思われる．これらの発言は，会社史がある新たな段階を迎えたこと，あるいはそこに，たとえ僅かではあれ，会社の消滅さえ予感されていることを感じさせる．以下，これらの発言を一つの導きの糸としつつ，会社活動の分析を進めていきたい．

ここで上の発言からも示唆を受けつつ，ウェルズリが何をもって自らの主要政策課題としたかについて検討しておこう．まず上の発言が明瞭に示すように，彼の課題は何より，精力的な軍事活動を展開し，会社の領土的支配を飛躍的に拡大させることにあった．ウェルズリにあってこの征服戦争は，一面で，当時世界的規模で展開されていた英仏抗争の一環に位置づけられていた．周知のように，英

仏両国は18世紀初頭以来,「英仏第2次百年戦争」とも呼ばれる,インドに対する支配権争奪を含めた,長期の重商主義的角逐を続けていた.そして当該期は,「革命フランス」が大陸諸国を次々と制圧しつつ,1793年にイギリスに対して宣戦布告し,これに対応してイギリスも「対仏大同盟」の盟主となって,対仏戦に全力を注いでいた時期に当たる.ウェルズリがインドに着任した翌年には,ナポレオンが第1執政に就任し,いよいよフランスによるイギリス侵攻も間近いものと思われていた.つまりウェルズリの在任期とは,重商主義戦争うちで最も苛烈で,かつそのクライマックスをなす「ナポレオン戦争」のまさしく渦中にあった.ウェルズリが対仏戦を強く意識していたことは,例えば,一時フランスの影響下にあったニザム (Nizam) 領での巻き返しに成功した際,彼がその戦果について,「インドにおけるフランスの影響力を粉砕するために努力するという,われわれの政策のすべてを最も良く表現するもの[23]」と述べたことに窺われる.また彼は,ナポレオンのエジプト遠征に対抗して,会社軍をロゼッタまで派遣している.こうして当該期の間断のないインド征服戦争は,「ナポレオン戦争」によってクライマックスを迎えたヨーロッパ諸列強間の重商主義的角逐に強く促迫されたものであった.

とはいえ他方で,ウェルズリにとって,英印貿易の動向もまた,領土拡大に劣らず重大な関心事となっていた.彼はこの点に関わる自らの政策課題を,次の言葉をもって表現している.すなわち「ロンドンをして,アジア物産の世界の中心市場とすること[24]」,あるいは「会社のインヴェストメント (investment) にとって必要でないインド物産をできるだけ多くインドからロンドンへ輸出すること[25]」.ここでインヴェストメントとは,会社が本国へ持ち帰るべきインド物産を買付けることを意味する.つまりウェルズリにとって英印貿易の動向に関わる政策課題とは,インドからイギリスへの輸出貿易をできるだけ拡大し,もって他のヨーロッパ諸列強が営むインド貿易との角逐に勝利しつつ,インドよりヨーロッパに至る輸出貿易をイギリスが支配することにあったといえよう.ところでこの政策課題は,そもそも1600年の設立に際して会社が政府より付託されたものであり,以来一貫して東インド会社に課されてきた国家的要請にほかならなかった.ヨーロッパ各国は16世紀末以来,競って自国独自の「東インド会社」を設立しつつ,アジア物産の買付およびそのヨーロッパへの輸入をめぐって激しい角逐を展開してきた.持ち帰られたアジア物産は,自国の需要を賄うだけでなく,世界諸

地域を販売市場とする再輸出を通じて，巨額の利潤を自国にもたらすことが期待された．ヨーロッパへのアジア物産の輸入貿易こそは，各国を巻き込んだ重商主義的国際商業覇権闘争における主戦場にほかならなかったのである．従ってインド領有拡大の意図もまた，何らかの程度で，イギリスによる欧亜貿易支配という政策目標に結びついていたといえよう．

　総じてウェルズリは，インドにおけるイギリス領土の拡大，およびイギリスによる欧亜貿易の支配をもって，自らの政策課題の柱に据えた．それらは，元来会社設立に際して国家より要請された政策課題の延長線上にあり，従って基本的に，ヨーロッパ諸列強間の重商主義的角逐を前提として構想されたものであった．われわれは，ウェルズリの政策課題を，基本的に「重商主義的植民地建設構想」として捉えることができる．そしてそれは，折からのナポレオン戦争によって大きく増幅されたのである．

1-3　ウェルズリによる英領インド帝国の建設

(1)　会社による領土的支配の拡大

　ウェルズリ在任期を特徴づけるのは，何より間断のないインド征服戦争であり，それに伴う会社による領土的支配の飛躍的拡大である．第1-1表は，この間の領土的支配拡大の主要な経過を，第1-1図は，ウェルズリ着任時および離任時における会社の支配領域を示したものである．表から窺えるように，ウェルズリはほぼインド全域に亘って軍を進め，残存する現地勢力の殆どすべてを制圧の対象とした．その結果，図に示されるように，まず会社直轄地が南インドおよび北インドで大きく拡大し，また西部インドでも新たに獲得された．次に会社の保護国とは，会社との間でいわゆる軍事保護条約（subsidiary alliance treaty）を結んだ現地勢力をいう．この条約は，現地勢力の「保護」を口実としつつ，会社軍を駐留させ，かつその費用を現地勢力に負担させることを基本的内容とした．また条約は一般に，それに加えて以下の諸点を定めていた．①イギリス人駐在官（resi-

第1-1表　領土的支配拡大の経過（1798-1805）

1798.	6	ニザムと軍事保護条約締結
99.	6	マイソールから領土獲得、残りを保護国とする
	10	タンジョール地方併合
1800.	5	スーラト併合
	10	ニザムとの軍事保護条約改定
01.	3	エジプト遠征軍出発
	7	カーナティック領併合
	11	アワドから領土獲得
		デンマークの植民地領、トランキバール・セランポール占領（後返還）
02.	3	ガイクワード侯と軍事保護条約締結および領土獲得
	12	ペーシュワー侯（宰相）と軍事保護条約締結および領土獲得
03.	11	ボーンスラ侯から領土獲得
04.	2	シンディア侯と軍事保護条約締結
	4	ホールカル侯との戦闘開始
	9	ムガル皇帝を保護下に置く
05.	3	ウェルズリ本国召還
	11	シンディア・ボーンスラ侯に領土返還
		シンディア侯との軍事保護条約不更改

dent）を現地勢力に対する監視役として各宮廷に配置する．②植民地政府による軍事・外交権の掌握．③イギリス人以外のヨーロッパ人の雇用禁止．軍事保護条約にもとづく支配はこれまでも実行されてきたとはいえ，ウェルズリはそれを，「広く普及させ，実に巧みに運用し，システムを完成させた[26]」と評されている．保護国となった現地勢力は，その後さらに領土を削られつつ，たいてい藩王国（princely state）と呼ばれる属領として，長らく植民地政府の支配下にとどめられることになる．こうしてウェルズリは，僅か7年の在任期を通じて，直轄化および保護国化の二つの形態をとりつつ，会社の領土的支配を飛躍的に拡大し，それは今やインド全域に迫るばかりとなった．オーウェン（S. Owen）の言葉を借りれば，「以前はインドのなかにイギリス帝国があった．しかるに今や，会社はインド帝国そのものを得たのである[27]」．ウェルズリ在任期を抜きに，インドの植民地化過程が語れないことは明白である．

第1-1図　イギリス支配領域の推移

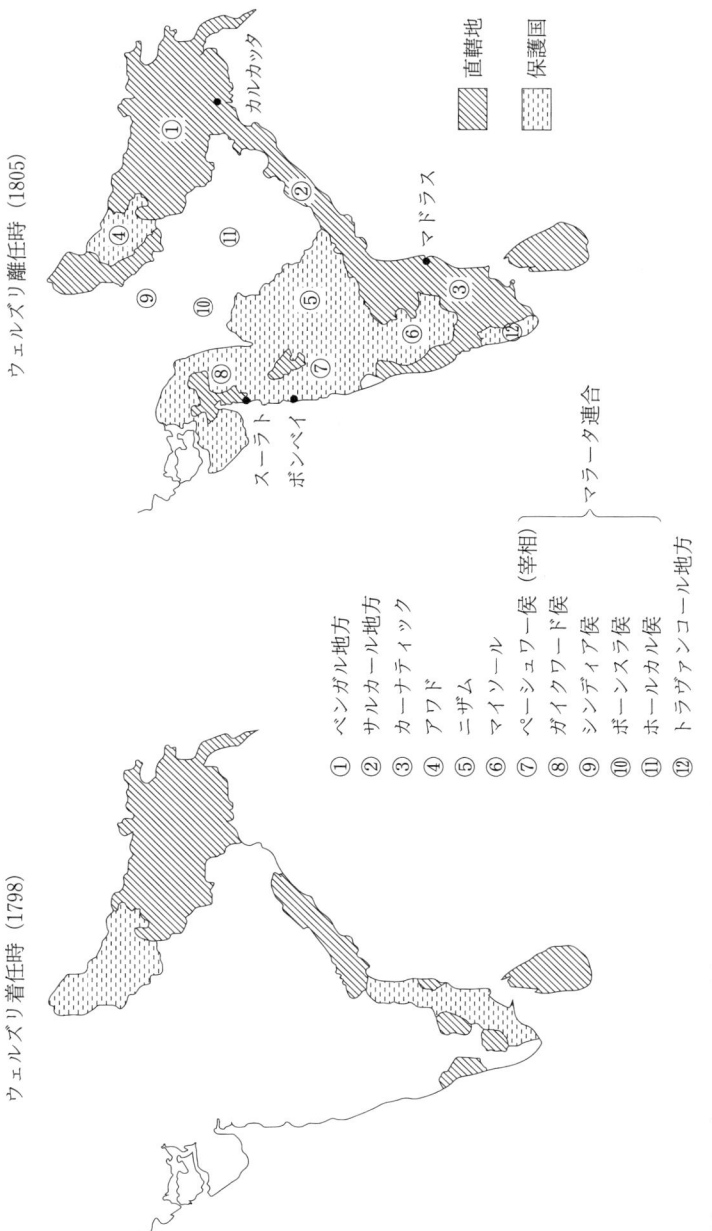

ウェルズリ着任時（1798）

ウェルズリ離任時（1805）

凡例：
- 直轄地
- 保護国

① ベンガル地方
② サルカール地方
③ カーナティック
④ アワド
⑤ ニザム
⑥ マイソール
⑦ ペーシュワー侯（宰相）
⑧ ガイクワード侯
⑨ シンディア侯
⑩ ボーンスラ侯
⑪ ホールカル侯
⑫ トラヴァンコール地方

⑦〜⑩　マラータ連合

注）ウェルズリはマラータ戦争の混乱のなかで本国に召還されたので、右図ではその後継者によってマラータ連合との和平が実現された時点での支配領域を示した。
「――地方」と表記されたもの以外は現地勢力の名称を指し、また直轄地のうち③については、その旧支配者名を表示した。

第1章　総督ウェルズリによる英領インド帝国の建設と貿易独占権修正　45

(2) 会社の統治機構の肥大化および財政構造の変化

次にこの間の領土的支配拡大を，会社の機構および財政構造の変化のうちに跡づけよう．第1-2表は，最大の管区であるベンガル管区における会社職員の配属状況を，1794年および1808年の両年に亘って示したものである．この表では，原表で一般行政・司法・徴税部門とされたものを「民政部門」としてまとめ，かつ「軍事部門」と併せて「統治部門」全般とする．他方で商業・海運部門を併せて「商業部門」全般とする．このように各部門を区別しつつ，それぞれの人数および全体数に占める割合を示すと，会社は1808年時点で，厖大な数の現地人職員を含めて3万6千人を「民政部門」に，また6万3千人を「軍事部門」に配置し，両者を併せた「統治部門」全般に，全体の85％の人員が含まれている．統治部門は1794年に比べて，人数で3倍近くに膨張し，かつ割合も上昇している．逆に商

第1-2表 ベンガル管区における会社職員の配属状況

			1794年				1808年			
			ヨーロッパ人職員	現地人職員	合計		ヨーロッパ人職員	現地人職員	合計	
			人	人	人	％	人	人	人	％
統治部門	民政部門	行政	166	2,088	2,254		283	3,132	3,415	
		司法	177	5,189	5,366		285	28,315	28,600	
		徴税	83	2,206	2,289		96	4,460	4,556	
	小計		426	9,483	9,909	21	664	35,907	36,571	31
	軍事部門		3,623	24,251	27,874	60	7,058	56,686	63,744	54
	小計		4,049	33,734	37,783	81	7,712	92,593	100,315	85
商業部門	商業		138	8,296	8,434		186	16,400	16,586	
	海運		20	313	333		62	408	470	
	小計		158	8,609	8,767	19	248	16,808	17,056	15
総計			4,207	42,343	46,550	100	7,960	109,401	117,371	100

注）一部推計を含む．
出所）*Second Report from the Select Committee on the Affairs of the East India Company*, 1810, pp. 329, 30, Appendix, No. 61 より作成．

業部門は割合を下げている。とはいえすでに 1794 年時点で，統治部門に全体の 81％の人員が配置されていたことにも注目せねばならない。

ウェルズリは，以上に示された統治部門の肥大化に表現される統治機能の拡大を受けて，専門的民政官僚の養成を目的とした，イギリス人会社職員の研修機関を設立した。それはカルカッタにおける会社所在地の地名に因んで，Fort William College と呼ばれた。ウェルズリは，「会社職員はもはや商業組織の代理人とは見なされえない。彼らは実際には，強大な主権者の大臣であり，官吏である[28]」と述べつつ，この研修機関において，会社職員をして，インドの言語・習慣や，

第 1-3 表　インドにおける会社財政

(単位：1,000 ポンド)

年　度	ベンガル総督	① 歳入合計	② 歳出合計	③ インド以外の植民地への送金	④ 利子支払	⑤ 最終結果 剰余	⑤ 最終結果 欠損	⑥ インド負債	⑦ インドにおけるインヴェストメント額
1793- 4	ショア	8,276	6,066	40	526	1,642		7,305	1,989
94- 5		8,026	6,083	62	484	1,392		6,798	1,619
95- 6		7,866	6,474	104	414	872		7,135	1,945
96- 7		8,016	7,081	101	426	406		7,142	2,049
97- 8		8,059	7,411	163	603		118	10,866	1,864
98- 9	ウェルズリ	8,652	8,417	120	721		607	12,584	1,015
99-1800		9,736	8,998	171	957		390	13,999	1,890
1800-01		10,485	10,405	156	1,062		1,139	16,610	1,208
01-02		12,163	11,023	241	1,386		487	18,403	994
02-03		13,464	10,965	196	1,361	940		19,572	1,787
03-04		13,271	13,001	304	1,394		1,428	22,121	2,151
04-05		14,949	14,548	372	1,566		1,537	25,626	1,132
05-06	コーンウオリス・バロー	15,403	15,561	250	1,860		2,268	28,502	994
06-07		15,535	15,283	179	2,224		3,152	30,244	1,274
07-08	エリオット	15,669	13,624	128	2,225		309	32,007	1,140
08-09		15,525	13,151	158	2,241		26	30,876	1,195
09-10		15,655	13,609	122	1,925		1		

注) 1809-10 の数値は推計。
出所) ①〜⑤は，*Second Report from the Select Committee on the Affairs of the East India Company*, 1810, pp. 78, 9, Appendix, No. 2.
　　⑥は，*Second Report*, pp. 94, 5, Appendix, No. 7.
　　⑦は，*Third Report from the Select Committee on the Affairs of the East India Company*, 1811, p. 314, Appendix, No. 14.

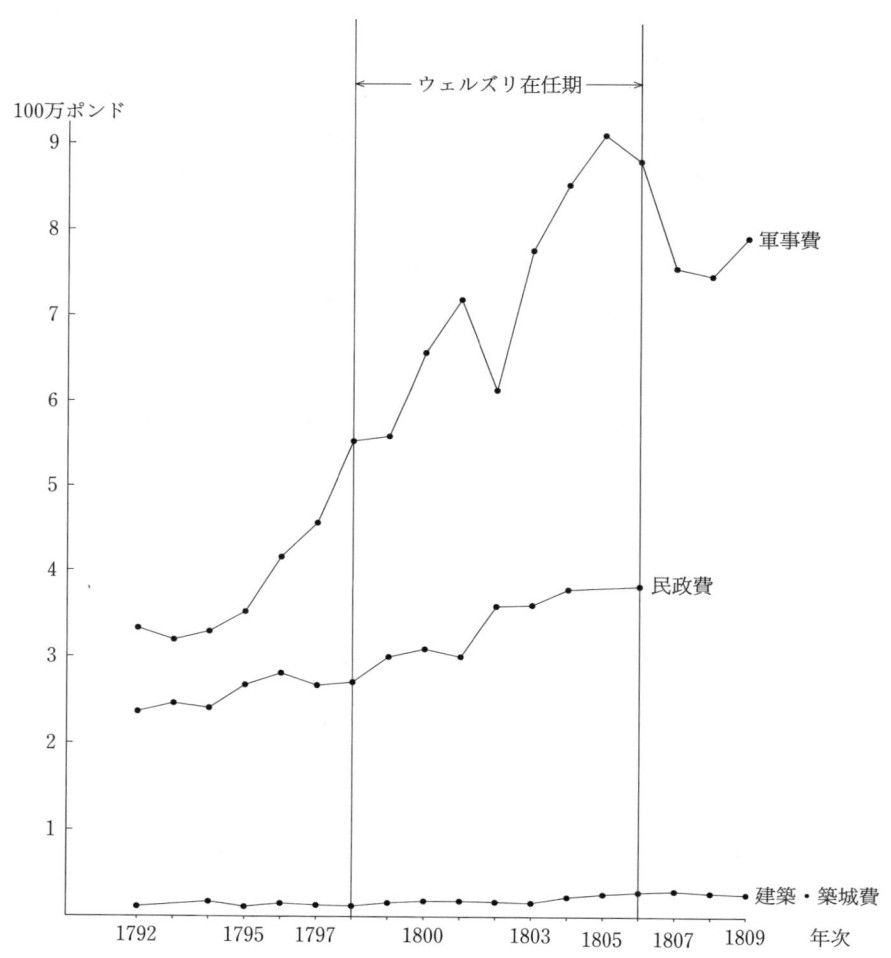

第1-2図　会社の統治活動に関わる支出の内訳の推移（1792〜1809）

出所）桶舎典男「インドにおける東インド会社の財政収支」『アジア研究』第13巻第4号，1967年1月，90ページ，*Second Report*, pp.86, 7, Appendix, No.6より作成．

統治活動に関わる法律・諸規定の勉学に取り組ませたのである．

続いて，第1-3表を手懸かりとして，インドにおける会社財政について検討しよう．なおこの表における①歳入合計・②歳出合計には，商業活動に伴うものは含まれていない．まず地税を主体とする領土的歳入合計は，ウェルズリ着任時の約800万ポンドより，離任時の約1,500万ポンドへとほぼ倍増している．前後の時期に比べて，彼の在任期がひときわ大きな増加を達成した時期であることが分かる．1804年の1,500万ポンドという数字は，ミッチェル (B. R. Mitchell) の統計数字を参照すれば，同年のイギリス国家財政総収入の35％[29]，また1801年のイギリスの国民所得の6.9％[30]に相当する巨額なものである．

統治活動に関わる歳出も同様の膨張を示し，また歳出の内訳を第1-2図において見れば，精力的な征服戦争遂行を反映して，軍事費の伸びが他を圧倒している．ウェルズリ在任期を通じて，軍事費は年平均670万ポンドに達し，歳出全体の約6割を占めていた．他方で，商業活動に関わる支出の太宗をなす，⑦インヴェストメント額は，むしろ減少傾向にあり，かつ1797-8年に1：4であった統治支出との比は，1804-5年には1：13となり，両者の較差が大きく拡大している．

以上に示された会社の人員配置および財政構造の変化は，この時期会社がインドにおいてますます大規模な統治官僚機構および軍事組織を構築し，莫大な領土的歳入を基礎に，広範な統治活動を展開したことを如実に表現している．その一方で会社の商業活動は，会社の活動全体に占める比重をますます小さくしていった．われわれは以上の事情のうちに，ウェルズリが会社を第一義的には統治機関として捉えた客観的根拠を見ることができる．

(3) 会社貿易における困難

(a) インドにおける会社の財政難

では会社による領土的支配の拡大は，その商業・貿易活動にいかなる影響を与えたのであろうか．ここでは，ウェルズリが会社における「商人と主権者との矛盾」と呼んだものの内容が問題となる．まず領土的支配の拡大は，さしあたり可能性としては，会社の商業活動に大きな便宜を与えるものである．というのは，第1に，アジア物産買付資金を領土的歳入によって賄うことが可能となるからである．そうした買付は，商業資本としての会社にとって最も有利な「前貸なき貿

易」の実現である．第2に，政治的諸権力を商業活動の便宜拡大のために行使することができるからである．そして現実に，ベンガル領有以降，領土的支配はこれら諸点を概ね実現することによって，会社の商業活動に多大な便宜を与えてきた．それは，ベンガル領有以降本国からの地銀流出が殆ど途絶え，また貿易額も顕著な拡大を示してきたことより窺われる．

　ではウェルズリ在任期においてはどうであろうか．前掲第1-3表に即して分析を進めよう．まず歳入合計から②～④の諸支出を差し引いた剰余が，領土的歳入より商業活動に回されうる額をなす．しかしウェルズリ期においては，⑤が示すように，商業資金を留保する以前に，統治活動自体においてほぼ一貫して多額の欠損が計上されている．これに対し，非膨張政策が採られた前任者ショアの時期（1793/4～97/8年）には，⑦のインヴェストメント額と比較して，その8割以上に及ぶ剰余が計上され，ウェルズリ期と鮮やかな対照をなしている．こうしてウェルズリ在任期においては，商業資本としての会社にとって最も有利な「前貸なき貿易」は殆ど実現されえなかったのである．つまり，ウェルズリが会社の統治活動と商業活動との矛盾と呼んだものの中心的内容とは，領土的歳入の使途に関して両者が競合関係にあったことを指していたのであり，実際には，領土的歳入は統治活動において使い尽くされ，会社は従来のような形での商業資金調達を阻まれたのである．

　統治費用の不足分および商業資金は，結局，インドでの借り入れ，および本国からの価値移転によって調達されることになる．前者については，⑥がインドにおける負債残高を示している．ウェルズリ着任時に1,100万ポンドであった負債は，離任時までに2,500万ポンドへと2倍以上に膨張した．後者の額は，当時の会社資本金600万ポンドの4倍以上に相当する．その結果，④が示すように，会社はインヴェストメント額にも匹敵する利払を強いられたのである．そして先に確認されたインヴェストメント額の減少傾向は，こうしたインドにおける会社の財政難を主因としていたと考えられる．というのも，ショアの時期との対比において，歳入剰余額とインヴェストメント額との対応関係が明白であるとともに，ウェルズリ期においても，剰余を計上した年および欠損の少ない年は，より多額のインヴェストメントを実現しているからである．こうして会社のインドにおける商業活動は，精力的な膨張政策がもたらした厳しい財政難のために，活動の基本となるインヴェストメントを，前任者の時期に比して減少させるという事態に

陥ったのである．

(b) インド産綿製品の本国輸入の衰退

　以上に見た膨張政策の影響とは別に，会社のインド貿易はもう一つの要因によっても困難に晒されつつあった．その要因とは，会社のインド貿易に依然として大きな比重を占めていたインド産綿製品の本国輸入が，イギリス綿工業の躍進を受けて，急速に衰退に向かったことである．それはウェルズリ在任期の後半以降顕在化する．インド産綿製品（キャラコ・モスリン等）は，17世紀以来まさしく会社貿易を成り立たしめてきた商品であり，18世紀中葉以降も，中国茶と並んで，会社貿易の根幹を担う商品となってきた．ウェルズリ在任期においても，年平均で本国における会社のインド物産売上高の6割，中国貿易を含めた売上高全体の3割が，インド産綿製品で占められていた．しかるに，イギリス綿工業の躍進を通じて，インド産綿製品はまずイギリス国内市場から殆ど姿を消し（1804-6年に輸入されたキャラコの95％までが再輸出された），また主要な再輸出市場であった大陸ヨーロッパでも，急速に輸出を拡大しつつあるイギリス綿工業，およびフランス綿工業との競争に際会するようになっていた．さらに1806年から始まるフランスによる貿易封鎖は，大陸ヨーロッパへの再輸出に著しい障害を与えた．こうした諸事情によって，第1-3図が示すように，本国での会社競売を通じたインド産綿製品の売上高は，1798/9年をピークとして，以後急速な低落を開始し，それに比例してインド物産の売上高全体も落ち込んでいった．同時に会社は，かかる事情を前にして，生糸・インディゴ・砂糖・コーヒーなどの，綿製品に代わるヨーロッパ市場向けインド物産の開発を試みていたものの，開発政策はインドにおける財政難によって大きな制約を課せられていた．

(4) 本国における会社の財政収支

　会社はこの時期インドにおいて広範な統治活動を展開したとはいえ，なお依然として，自らの存立基盤を，本国における商業利潤の実現に置いていた．すなわち会社は，その存立基盤の観点より眺めれば，なお一商業企業・一株式会社[31]にほかならず，従って会社は，持ち帰ったアジア物産の販売を通じて，本国において商業利潤を実現し，そこから株主に配当を払うことによってのみ，存立するこ

第1-3図　会社貿易によるインド物産売上高およびインド産綿製品売上高（1793/4〜1809/10）

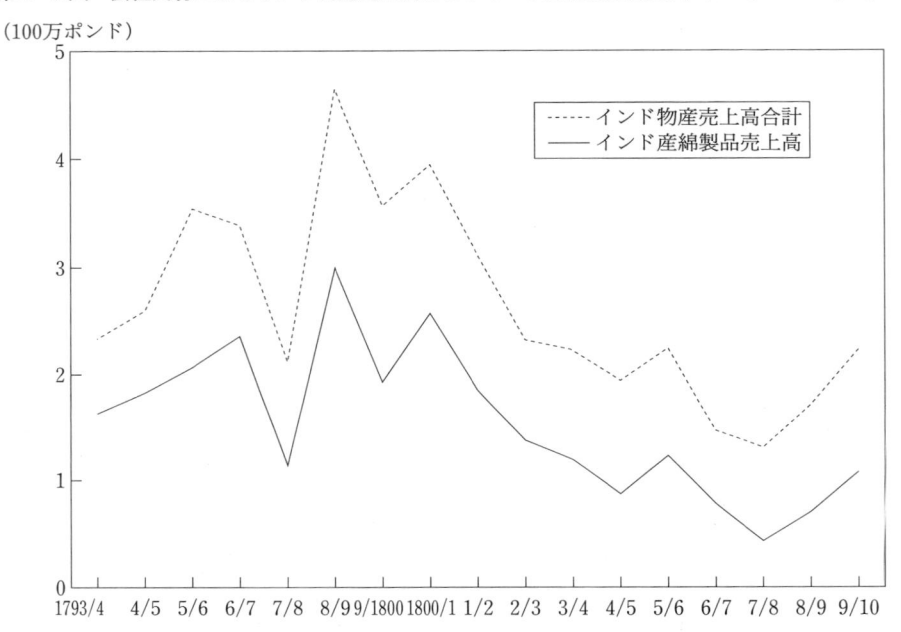

出所）　*Fourth Report from the Select Committee on the Affairs of the East India Company*, 1812, pp.492,3, Appendix, No.24, およびpp.494,5, Appendix, No.25より作成．

とができた．では会社の存立そのものを左右するというべき，本国における会社の財政収支はいかなる状況にあったのか．

　ところでわたくしにとって主な史料の一つをなすイギリス下院特別委員会報告書には，会社の財務内容を示す数値が数多く収録されているとはいえ，そこでの記帳方法は現代の企業簿記のそれとは著しく様式を異にし，基本となる貸借対照表や損益計算書を再構成することさえ，なかなか困難である．加えて会社が統治機能をも担ったという事情は，会社の帳簿内容を一層複雑かつ難解なものにし，特別委員会自身でさえ，この点の処理に苦慮している．これに対してわたくしは，上の課題に照らして，アジアにおける資金勘定とは区別された，本国における資金勘定を，最も原初的な収支計算という形で示したいと思う．ここでは，資産・資本の変動や貸借計算などを除外し，いわば年々の短期的な資金の出入のみを扱

い，かつそれを，損益計算書に擬した形で表示してみた．第1‐4表はこうした試みである．

　諸項目のうち収入に当たるのは，①・⑪・⑬である．それ以外の支出項目のうち，②アジアへの価値移転は，その内訳として，③アジアへ輸送された，現地での販売を目的とする商品および会社の用いる備品の価額，④移送された地銀の価額，⑤アジアで振り出された本国取締役会宛為替手形に対する支払額を含んでいる．会社の商業機能の観点からすれば，①会社が持ち帰ったアジア物産の売上高より，②および⑦他の営業経費，それに⑧運賃，⑨一般管理費を差し引いた⑩は，本国での勘定を独立に扱った上での，「営業損益」に近いものといえる．次に⑪・⑫は利息収支をなし，また⑬統治に関わる収入とは，会社のナポレオン戦争参加に伴う経費を本国政府が払い戻した額を指し，⑭同支出は，統治活動に用いられたことが明記された支出額を示している．続いて⑮関税を控除した⑯は，敢えていえば，「当期利益」に相当するであろう．会社はこの利益のなかから，⑰配当支払，⑱本国政府への上納，⑲インド負債の元利償還という形で，「利益処分」を行ったのである．

　続いて分析に移ろう．まず基本となる「営業損益」は，この表の前半期においてほぼ200万ポンド前後の黒字で推移していたが，1801-2年に黒字額は98万ポンドに減少し，翌年回復するものの，以後急激に落ち込み，赤字を計上する年も現れている．この悪化の要因は何であろうか．支出項目を見ると，一般管理費に大きな変動はなく，運賃も当初の2年を除きほぼ150万ポンド前後であることから，その主因は売上高とアジアへの価値移転額との差額が減少したことにある．この表における売上高には，インドおよび中国貿易の両方のそれが含まれているが，その動向は，年々小さからぬ変動を含みつつも，期間を通して500〜700万ポンド台で推移している．ただしここでは，次の2点が留意されねばならない．第1に，売上高のピークは1798-9年にあり，以後それを上回ることはなかったことから，売上高は全般的に停滞を続けたといえる．第2に，既述のように会社のインド貿易は衰退に向かっていたのであるから，この停滞は，会社貿易がインド貿易の衰退を中国貿易への一層の傾斜によって補おうとした結果である．また売上高に対する「原価」をなす，⑥インヴェストメント額も，売上高と同様の動向を示している．他方でアジアへの価値移転額について見ると，ショアの時期に200万ポンド前後であったものが，ウェルズリ着任後300万ポンド台に上昇し，400万ポ

第1-4表 本国における会社の収支

		1793-4	1794-5	1795-6	1796-7	1797-8	1798-9	1799-1800	1800-01
	（営業損益）								
①	売上高	4,485	5,455	6,344	6,519	6,202	7,908	7,471	7,536
②	アジアへの価値移転	1,332	1,878	2,141	2,114	2,268	3,088	3,703	3,123
内訳 ③	商品・備品	1,074	1,206	1,228	1,301	1,101	1,239	1,768	1,918
④	地　銀	10	0	0	106	268	1,225	750	222
⑤	手　形	248	672	913	707	899	624	1,185	983
⑥	インヴェストメント額	(2,257)	(2,884)	(3,230)	(2,994)	(2,318)	(3,621)	(3,496)	(3,797)
⑦	他の営業経費	15	434	65	37	62	48	70	69
⑧	運　賃	897	807	1,251	1,424	1,352	1,606	1,524	1,553
⑨	一般管理費	340	333	498	591	440	463	578	585
⑩	（営業利益）	1,901	2,003	2,389	2,353	2,080	2,703	1,596	2,206
	（営業外損益）								
⑪	受取利息	50	36	36	36	36	36	36	36
⑫	支払利息	185	83	78	97	138	153	88	87
⑬	統治に関わる収入					530	209	200	
⑭	統治に関わる支出	171	163	229	475	204	301	274	308
⑮	関税支払	623	594	678	981	782	761	700	98
⑯	（当期利益）	972	1,199	1,440	836	1,522	1,733	770	1,749
	（利益処分）								
⑰	配　当	566	620	644	621	630	641	635	627
⑱	本国政府上納	250	250						
⑲	インド負債元利償還	1,009	933	509	557	503	478	621	797
⑳	（最終収支）	−853	−604	287	−342	389	614	−486	325
㉑	本国での社債発行残高	3,208	2,179	2,030	1,520	1,356	1,825	1,332	1,532

注）①売上高は，インドおよび中国物産の売上高，私貿易物産販売手数料を含む．
出所）⑥は *Fourth Report*, pp. 494, 5, Appendix, No. 25 より計算．
　　　⑨および⑭は *Third Report*, p. 414, Appendix, No. 46 および *Fourth Report*, pp. 517, 8, Appen-
　　　㉑は *Fourth Report*, pp. 490, 1, Appendix, No. 23 より抽出．それ以外の項目は *Fourth Report*,

ンドを超える年も現れている．その内訳を検討すると，まず商品・備品は，当初の100万ポンド余りより，ウェルズリ期以降200万ポンド前後となり，ほぼ倍増している．この増加に関しては，アジアでの商品販売額が大きく増えたとは考えられないことから，主として軍事物資を中心とする備品の増加によると思われる．次に手形支払額は，ショア期の年平均68万ポンドより，ウェルズリ期の85万ポンドへと増えているが，その増加額はさほど大きくない．他方でウェルズリ期に大きく増加し，この時期の顕著な特徴をなしているのは，地銀流出額の激増であ

(単位：1,000ポンド)

	1801-02	1802-03	1803-04	1804-05	1805-06	1806-07	1807-08	1808-09	1809-10
	6,591	7,146	5,699	5,839	6,384	5,635	5,185	6,115	6,329
	3,756	3,238	4,413	4,151	3,872	3,755	3,568	3,810	3,190
	2,015	1,983	2,232	1,763	1,771	2,271	1,999	1,763	1,785
	655	630	1,527	1,539	1,304	514	0	207	0
	1,086	625	654	849	797	970	1,569	1,840	1,405
	(3,094)	(2,875)	(2,960)	(2,647)	(3,042)	(2,664)	(2,576)	(2,736)	(2,727)
	66	36	14						
	1,276	1,600	1,525	1,232	1,655	1,569	1,583	1,691	1,102
	509	544	549	593	450	397	596	497	394
	984	1,728	−802	−137	407	−86	−562	117	1,643
	36	36	36	36	36	36	36	36	36
	76	73	81	81	126	143	146	216	249
	41		1,000		1,000	1,000	170	1,580	80
	483	393	435	485	576	492	506	631	566
	161	116	88	166	131	88	70	102	100
	341	1,182	−370	−833	610	227	−1,078	784	844
	628	633	627	625	629	628	627	627	631
	476	312	253	22	45	64	20	178	694
	−763	237	−1,250	−1,480	−64	−465	−1,725	−21	−481
	1,494	1,461	1,749	1,845	2,412	2,598	2,898	4,221	4,870

dix, No. 48 より計算.
pp. 517, 8, Appendix, No. 48 をもとにした.

る．既述のように地銀流出は，ベンガル領有以降殆ど途絶えていたのであるが，彼の在任期には年平均で94万ポンドが流出し，ショア期の8万ポンドに対して12倍にも膨れ上がっている．またその価値移転額全体に占める割合も，4％から26％へと上昇した．ではウェルズリ期における地銀流出激増は何を意味しているのか．それは次の諸点を要因としていたと思われる．まずインド負債が累増し，かつ負債はインドの貨幣市場の狭隘さのために高利を伴うのを常とした．従って本国側としても，これ以上のインド負債の増加は避けたいところである．とすれ

ば，インヴェストメントを確保するためには，本国からの価値移転を増やさざるをえない．とはいえ第1に，商品輸出はやにわに増えるものではなかった．第2に，本国における会社の財政難は，アジアからイギリスへの送金を希望する者をして，本国取締役会宛手形の購入をためらわせることになった．こうして本国側は，インヴェストメントを確保するために，移送費用の点で不利な地銀輸出に踏み切らざるをえなくなったのである．地銀流出の激増は，会社の本国・インドを通じた財政難を象徴する現象にほかならなかった．

　ここでアジアへの価値移転額とインヴェストメント額とを比較すると，ショア期にはすべての年において後者が前者を上回っているが，ウェルズリ期以降では，2カ年を除いて，逆に前者が後者を上回り，かつ両者の差額も拡大している．最も差額の大きい1803-4年には，後者は前者の67％にすぎなかった．つまりウェルズリ期以降では，本国からの価値移転額でさえも，その相当部分が統治活動に費消され，結果的にインヴェストメント額の停滞と，それに伴う本国における営業損益の悪化がもたらされたのである．

　続いて「営業外損益」以下の諸項目について簡単に検討したい．まず⑬本国政府からの軍事費払い戻しは，期間を通じて580万ポンドに上っているとはいえ，⑭の統治支出合計に対してその87％を占めるにすぎない．ましてやインド財政に計上された軍事費に対しては，1ポンドたりとも払い戻されることはなかったのである．⑮関税支払は，1798年の関税改革によって大きく削減され，1800-1年以降会社の負担をそれだけ軽減した．次いで「利益処分」について見ると，まず⑰配当は，10.5％の高率で一貫して保証されている．これは1767年の「配当制限法」以来，配当率が議会法によって定められたことにもとづいている．とはいえこの配当率は，上記の営業成績からして，異例の高率であるといわねばならない．この点の含意は，後に立ち返って検討する．本来会社に課せられていた，⑱本国政府への上納は，さすがに，当初の2カ年を除いて行われていない．また⑲インド負債の元利償還については，当初相当額が充てられていたものの，営業成績の悪化を反映して急速に減少し，1804-5年からの4年間では微々たる額にとどまっている．すべてを勘案した⑳最終収支は，通算18年のうち12年において赤字となっているが，1803-4年以降では赤字が継続し，かつその額が大きく拡大した年も現れている．同時にこの表の後半期における赤字が，関税削減の恩恵を受け，かつインド負債償還を差し控えた上でのものであることにも注意せねばならない．

ウェルズリ在任の7年間では，4カ年が赤字で，最終収支をさらに総合すれば，通算280万ポンドの赤字となる．本国側は，地銀を移送し，かつインド財政に巨額の負債を担わせることで危機を切り抜けようとしたと思われるが，それでも⑳本国における社債発行残高も1803-4年から増加に転じ，1809-10年には490万ポンドに達している．

　以上総じてウェルズリの導いた精力的な統治活動は，会社に未曾有の財政難をもたらした．それは第1に，インヴェストメント額および本国における売上高の低迷として現れ，第2に，インドにおける会社資本金の4倍にも上る負債の累積，および会社の本国における年々の収支の大きな赤字を生み出した．前者は，会社が営む貿易規模の停滞を，後者は会社の存立自体が危機に瀕したことを意味する．会社貿易の不振は，とりわけインド貿易において顕著であった．こうした事態をウェルズリの構想実現の観点より捉え直せば，まず会社貿易の拡大をもってイギリスのアジア貿易発展を図ることができないということ，のみならず，会社という，統治活動の担い手でもあり，およそ彼の全活動の主要な立脚点をなす機構が大きく動揺していることを意味する．すなわち，ウェルズリの積極的なインド支配構想に対して，会社は一面で，自らを統治機関として大きく発展させることによって，この上ない貢献を果たした．しかし他面で，ウェルズリが「統治と商業との矛盾」として捉えたように，余りに精力的な征服戦争は，会社財政を未曾有の悪化に導きつつ，会社貿易の低迷と，加えて会社の存立自体の危機を生み出した．こうして会社は，ウェルズリの構想実現に対して，一面で積極的な貢献をなすとともに，他面で役割の限界性を露呈したのである．

　ではこの限界性は，どのようにして克服されねばならなかったのか．会社のインド貿易の不振は誰によって補われ，また2,500万ポンドに及ぶインド負債を引き受けて会社の存立を支えたのは誰か．実は，こうした役割を果たすものとして登場したのが，インドに居住する，いわゆるイギリス人私商人であった．わたくしは続いて，彼らと会社との関係を分析し，ウェルズリが彼らを英印貿易に参入させることになった事情を検討したい．

1-4 英印貿易の発展と在インド私商人

(1) 問題の所在

　前節における検討対象となった精力的な膨張政策と並んで，ウェルズリの諸政策のうちでとりわけ注目されるのは，彼による貿易独占権の修正，すなわちインドに居住するイギリス人私商人による英印貿易への参入が許されたことである．この政策は，会社が18世紀末以降徐々に貿易独占権の緩和・喪失の過程を辿るなかで，それに一段階を画したものである．

　ここで「私商人」という言葉について若干説明しておこう．当時東インド会社自体の活動および会社に直接雇用される職員と区別して，それ以外の諸要素には「私的」private という表現が与えられた．すなわち会社職員以外の者で経済活動を行ったのが「私商人」private merchant であり，また彼らによる貿易活動および会社職員が自己勘定で行う貿易活動は「私貿易」private trade と呼ばれた．会社が従来通り貿易独占権を保持する限り，イギリス人商人は自由にアジアで活動することを許されず，彼らは会社よりライセンスを得てはじめてアジアへ赴くことができた．またライセンスを得た者であっても，イギリスとアジアとの直接貿易へ参入することはできず，その貿易活動はアジア内部に限定された．他方イギリス本国にあってアジア貿易への参入を求めていた者も，同じく私商人と呼ばれた．こうして私商人には，アジア（主にインド）に本拠を置く者と，本国に本拠を置く者との2類型があった．ウェルズリの政策は，さしあたりインドに居住する私商人をして英印貿易へ参入させるという，貿易独占権に対する部分的修正を内容としていた．その後1813年の会社特許状更新時に，本国に本拠を置く私商人もまた英印貿易参入を許されることになる．なお以下では，インドに居住するイギリス人私商人を，「在インド私商人」，あるいは単に「私商人」と表現する．

　次にウェルズリによる貿易独占権修正に先立つ，1793年における最初の修正について説明しておこう．この修正の内容は，会社船（会社がチャーターした船舶）

の積載量のうち，年間最低3,000トンを会社以外の者に開放するというものであった．この修正の特徴は，社外人の物産を輸送するのがあくまで会社船に限定されることにあり，その意味で私貿易を会社の強い規制下に置くものであった．なお社外人の物産の会社船による輸送はそれ以前から，僅かな量ではあるが，次の形態を通じて行われてきた．すなわち会社船乗組員に与えられた，自らの物産の積み込みを許されるという特権 (privileged tonnage) の一部が，社外人に販売されることである．乗組員は輸送に際して高額の手数料を受け取った．ウェルズリの政策は，在インドの私商人が自ら所有する船舶で自由に英印貿易に参入することを許した点で，1793年の修正を大きく踏み越えたといえる(32)．

　本節および次節の課題は，在インド私商人と会社との間で展開された諸関係の検討を通じて，ウェルズリが貿易独占権修正に踏み切った事情を明らかにすることにある．わたくしはこの課題を果たす上で，精力的な膨張政策と貿易独占権修正との関連の分析に重点を置きたい．この関連の解明によって，ウェルズリの活動の筋道が全体として明らかにされる．またこの関連の検討は，イギリス人のアジアにおける活動が，会社の活動と私商人のそれとの両者からなっていたことから，イギリス人の活動の全体像を示すことにもつながるであろう．本節では，英印貿易の発展というウェルズリの政策課題に照らして，貿易独占権修正が必然化された背景を検討する．

　ここで，先に紹介した東インド会社＝「前期的資本」説にもとづいた，会社と私商人との歴史的関係についての通説的理解を紹介しておこう．その理解は，私商人を会社と対極的な「近代的」・「平和的」な資本として類型把握しつつ，両者の関係を，もっぱら相互対立とそこでの会社の一方的な敗北・没落をもって描くとともに，私商人の「勝利」の過程のうちに，イギリスによるアジア支配の「暴力性」＝「前近代性」より「人道性」＝「近代性」への転換の具体的表現を見出したのである．しかし本章で果たされる両者の歴史的関係の再検討は，以上の理解に重大な修正を迫りつつ，イギリス産業革命期におけるイギリスのアジア進出に関わる，通説とは対照的な事態の進行を実証するものである．

　前節において明らかにされたように，ウェルズリの積極的なインド支配構想に対して，会社は一面で重要な貢献を果たしつつも，他面で自らの役割の限界性を露呈していた．ウェルズリの二つの主要な政策課題のうち，英印貿易を発展させるという課題に照らした時，彼は眼前に次の二つの事情を見出していた．一つは，

会社のインド貿易が,財政難による圧迫およびインド産綿製品貿易の衰退にもとづいて不振を余儀なくされていたことである.他は,在インド私商人がこの時期までに大きな成長を遂げ,英印貿易を遂行する潜在的能力を高めつつ,実際に英印貿易参入を強く要求していたことである.そしてウェルズリにあっては,会社貿易の不振が昂じれば昂じるほど,私商人の貿易活動にますます期待せざるをえないという関係を通じて,二つの事情が結びついていた.従ってわれわれはまず,「会社のインド貿易の不振」および「私商人の成長」をもって,貿易独占権修正の背景として位置づけなければならない.ウェルズリの以下の発言は,両者の結びつきを実証するものである.すなわち1800年会社が財政難のためにインドでのインヴェストメントを削減せざるをえなくなった時,彼は次のように述べつつ,私商人参入政策を実行した.

「今季私商人が市場で会社の代役を務め,会社の資金によっては実行できないインド製造業に対する支援(ここで支援とは,主に現地生産者に対する商業的前貸を指す ── 引用者)が私商人を通じて可能になるように,彼らにあらゆる便宜が与えられねばならない[33]」.

この発言からは,私貿易を,不振に陥った会社貿易の補完物として積極的に位置づけようとするウェルズリの姿勢を看取することができる.他方で会社貿易不振の主因の一つが,精力的な膨張政策にもとづく会社財政難にあったとすれば,以上の諸事情より,会社の精力的な膨張政策→会社財政難→会社貿易の不振→貿易独占権修正という関連を導き出すことができる.つまり精力的な膨張政策が貿易独占権修正を促す要因となったのである.わたくしは以下,私商人の成長およびそれと貿易独占権との間に生み出された矛盾について具体的に検討し,上の関係を含めて,会社の膨張政策と貿易独占権修正との関連について多面的に考察していきたい.

(2) 私商人の成長

ここでは私商人の成長を物語るいくつかの指標を,会社の活動規模との対比に留意しつつ示し,併せて私商人の活動の概略を紹介したい.

まず彼らの人数について見ると,活動の中心地ベンガルにおいて1790年代初頭に1,300人程に達したとされ[34],その数は,1794年にベンガル管区に所属した会

社職員および本国政府軍人を含めたイギリス人の約3割に相当する．

　私商人の活動領域は，主に次の3部面よりなっていた．①海上貿易，②内陸商業，③各種金融活動．まず海上貿易において彼らは，東は中国（広東）より西は紅海・アフリカ東岸に至る広大な領域に貿易網を広げ，そのうち最も比重の高かった中国貿易について，その貿易規模を会社のそれと比較すると，1790年代を通じて広東からの輸出額において会社貿易の5割，輸入額で6割に達した[35]．また海上貿易の遂行手段である船舶の所有状況を見ると，カルカッタの私商人は1800年4月時点で，計32隻・総トン数2万トン弱の「欧亜貿易にも運行可能とされた船舶」を所有し[36]，他方で会社が当該期インド・中国貿易に対して用船契約を結んでいた船舶が計73隻・総トン数77,842トンであった[37]ことから，上のカルカッタ私商人所有船舶のみで，トン数にして，すでに会社船舶の26％に及んでいる．さらに私商人はカルカッタにおいて造船業にも手を染めていたが，そこで建造された船舶は，1784年からの20年間に35隻・17,020トンであったものが，次の5年間のみで，75隻・32,507トンへと急増し[38]，1800年前後における造船業・海運業の大きな発展を示している．

　次に私商人は内陸商業において，前貸や各種融資を通じて現地生産者を自らの商業活動のために組織し，また現地人商人との取引によって，自身の海上貿易に供するインド物産の調達を果たした．最後に金融活動としては，銀行業・保険業・手形取扱業などを挙げることができる[39]．

　以上に示された僅かな事実だけをもってしても，私商人は今やアジアにおいて会社に伍する経済組織を構築しつつ，インド物産の調達よりその本国向け輸出に至る独自のルートを組織する潜在的能力を高めていたといえよう．

(3) 私商人の「送金問題」

　以上に概観した私商人の成長と貿易独占権との間の矛盾は，私商人のいわゆる「送金問題」という形をとって，中心的に顕現した．この問題は，私商人の成長の端的な表現であったとともに，それへの対処如何が，英印貿易発展に対する重要な鍵を提供した．ここで「送金」とは，会社・会社職員・私商人がアジアにおいて獲得した貨幣的富（さしあたり銀形態）を本国代理人に送付することを意味している．私商人のなかには，いわゆるネイボップ(nabob，インド成金) 神話に

心躍らされつつ，一攫千金を夢見てアジアへ来航した者が多かったことから，本国送金こそは彼らにとって存在理由(レーゾン・デートル)ともいうべきものであった．送金に当たっては，ヨーロッパにおける銀評価の低位性に加えて，貿易利潤を付加しうるというメリットから，銀を直接送付するのではなく，一旦銀でアジア物産を購入し，それをヨーロッパで販売すること，つまりヨーロッパ向けの商品輸出貿易に媒介される形態が選好された．会社貿易もまた，ベンガル領有以降，領土的歳入の剰余をこうした形態で本国へ「送金」することをもって，その基調としてきた．かかる「送金貿易」に対しては，周知のように，その後インド・ナショナリストによって，インドからの「富の流出」Drain of Wealth にほかならないという強い非難が浴びせられた．確かに，会社による領土的歳入剰余の送金のみならず，後に示されるように，私商人もまた領土的支配より多くの便宜を引き出しつつ蓄積した富を送金したのであって，当時の英印貿易が，両国間の対等な貿易というよりも，領土的支配を梃子として「略奪的に」獲得された富の本国送金をもって，その重要な特質としたことは否めないところである．そのなかで，当該期私商人の手に蓄積された富の送金は，その額からして，すでにヨーロッパへの「富の流出」における主要経路の一つとなっており，従ってそれがいかなるルートを辿りつつ本国代理人の手に及ぶかは，ヨーロッパ各国間の商業戦にとって，侮りがたい重要性を持った．こうして私商人の「送金問題」は，ウェルズリの支配構想の観点からも，看過しえない重要な問題となっていたのである．

　他方で私商人の送金は，会社が保持する貿易独占権の下では，会社貿易に媒介されなければ果たされえない．従来それは，主に次の二つの形態をとってきた．

①会社手形による送金

　私商人はアジアの会社当局に銀を払い込み，代わりに本国会社取締役会宛の送金手形を受け取る．この手形は私商人のロンドン代理人に送付され，彼らは会社の売上よりポンドをもって支払を受ける．この形態は，会社がアジアで私商人より商業資金の融資を受け，その資金にもとづいた本国での売上より返済することを内容とする．

②会社船への物産積載にもとづく送金

　この形態は，私商人が買い付けたアジア物産を，会社船に積載しつつ本国へ輸送し，会社がロンドンで実施する競売を通じて価値実現を図ることを内容と

する．私商人は，会社に対して運賃・保険料・手数料を支払わねばならなかったものの，それらを上回る売上と買付原価との差額を実現しえた点で，この形態は手形による送金よりも有利であった．この形態には，(a)会社船乗組員の特権を購入するものと，(b) 1793 年の貿易独占権修正にもとづくものとがあった．

　以上の両形態に共通する特質は，送金経路が会社の強い規制下に置かれているために，私商人の送金要求にストレートに結びつかないことにある．というのは，送金に関わる諸条件が会社自身の貿易計画によって強く左右されたからである．すなわち手形による送金に関わっては，手形発行額・為替レート・手形支払期限が，また会社船利用の場合には，会社船の積載量・その航行時期・運賃・手数料が，それぞれすべて，会社の貿易計画に規定されつつ，会社側の決定権に委ねられていたのである．
　在インドのイギリス人私商人は，1801 年本国監督局に宛てて，英印貿易参入を求める請願書[40]を提出している．そこでの主張を仔細に検討すれば，彼らの 1793 年の措置に対する不満は，次の 3 点に要約される．①会社から提供される積載量が一般的に不足している．②会社からの提供を待っていては，市況に敏速に対応できない．③運賃および保険料が割高である．
　以上の請願内容が示すように，当該期私商人の蓄積する富は顕著な増大を遂げつつあり，同時に彼らはそれを従来よりも有利な条件で送金することを願った．こうしてここに，会社の提供する送金手段をもってしては私商人の送金要求を満足せしめないという意味での，私商人の「送金問題」が発生した．私商人は，一方で従来の送金経路の量的拡大および諸条件の改善を求めたが，他方当該期においては，自らの潜在的貿易遂行能力の高まりを自覚するがゆえに，送金問題を根本的に解決するとともに，自身の全活動に一大跳躍を与えるというべき方策，すなわち自ら所有する船舶による英印貿易への自由な参入を求めたのである．

(4) 在インド私商人と諸外国のインド貿易との結びつき

　では送金経路に窮した私商人は，会社貿易に包摂される送金手段以外に，従来いかなる方法で送金を果たしてきたのか．その方法とは，イギリス以外のヨーロッパ諸国が営むインド貿易の拡大に貢献する形のものであった．この方法には，

主に次の2形態があった．

① 外国商人に銀や物産を手渡し，代わりに外国商人のロンドン代理人宛送金手形を受け取る．すなわち外国商人に対する信用供与．
② 自らの船舶の国籍を偽りつつ，コペンハーゲンやリスボン等の大陸ヨーロッパの港へ航行させる．すなわち航海条例違反．

以上の形態を通じた送金がどれだけの額に達するかは，これらの行為が非合法のものであったことからも，史料による確定は困難である．ここではファーバー (H. Furber) の挙げる数字を示すにとどめる．彼によると，まず当該期より若干遡るとはいえ，1785年から90年にかけて，フランス東インド会社のロンドン代理人に対し76万ポンドの手形が差し出された[41]．また1783年からの10年間に，デンマーク東インド会社がインドで振り出したロンドン払手形が86万ポンド[42]，加えてデンマーク人私商人を通じた送金が210万ポンドあった[43]とされる．以上の数字を年平均にすると，フランスおよびデンマークによる貿易に対してだけで，すでに年間45万ポンドが商業資金として貸し与えられたことになる．他方この時期のイギリス東インド会社のインドにおける商品買付額は年間100-150万ポンドであり，また諸外国の買付額はイギリス会社のそれを上回るものではないことを考慮すれば，上の額だけでイギリス会社の買付額の最低3割を占めるとともに，フランスおよびデンマーク両国の買付額の相当部分を賄ったことは疑いない．さらにイギリス人私商人とアメリカ人商人との結びつきについて，上記の請願書は次のように述べている．

「現在のところ，こうした浸食に最も成功しているのは，アメリカ人商人であると思われる．彼らは自らの資本も，インド市場に見合った商品も殆ど持ち込むことなく，たいていイギリス人の資本と信用に依拠して，あのように繁栄した貿易を営んでいるのである[44]」．

ウェルズリもまた，以上の諸事情を十分に知悉しつつ，そこから，およそ貿易独占権が持った歴史的意義に関して，次のような発言を行っている．

「従来英印貿易を規制してきた原則（会社による貿易独占を指す——引用者）が，実際にはそれがまさに避けることを意図してきた事態を生み出したことは，驚くべきことである．この誤った原則が，インドの港を外国船舶で満たし，また

ヨーロッパとインドとに亘って，諸外国をして，多くの品目において，わが社と競り合うことを可能にし，……（アジアにおける）われわれの商業的・政治的利害の基礎を脅かした[45]」．

以上の発言は，貿易独占権が持った歴史的意義に関する，次のようなウェルズリの理解を示唆している．①元来貿易独占権は，イギリスがインド貿易を支配するという国策に沿って，会社に与えられた保護措置であったこと．②しかるに今や，従来例外的存在にすぎなかった私商人の成長によって，同じ政策目標に照らして，貿易独占権が目標実現の反対物を生み出していること．ここで確認できるのは，まずウェルズリにあっては，貿易独占権の設定が，当初より国益を蹂躙した，会社の個別的利益のみを図るための政策とは捉えられていないことである．彼が示しているのは，欧亜貿易を支配するというイギリスの一貫した国家的目標に対して，当初積極的な意義を持った貿易独占権が，ある時点より桎梏に転化し，そのある時点とは，まさに当該期にほかならないという理解である．この理解は，貿易独占権の歴史的意義を一貫して否定的に捉えてきたわが国の通説とは著しく異なり，貿易独占権および会社史全体を評価する上で，きわめて示唆に富むものといえよう．総じて，今や諸外国が営むインド貿易の発展に貢献するほどに私商人が成長を遂げたこと，これがウェルズリをして貿易独占権修正に踏み切らせた基本的背景である．

(5) 膨張政策と送金問題

ここで次のような問題を設定してみよう．すなわち，私商人の送金問題を解決するに当たり，ウェルズリには貿易独占権修正に踏み込む以外に方策はなかったのかと．この設問に対して検討されるべきは，従来の送金経路の拡大をもって事態に対処しえないかということである．この点の検討からは，送金問題への対処という局面において，精力的な膨張政策が，従来の送金経路を一段と細めるように作用し，貿易独占権修正をそれだけ促したことが明らかになる．こうした関連は，膨張政策が会社貿易の不振を昂進させたことの，別の表現である．

第1に，会社手形の発行増加についてはどうであろうか．手形発行は，会社がインドで商業資金の融資を受けることを内容とするがゆえに，財政難に喘ぐ会社にとって本来積極的に利用すべき方策をなしている．しかしこの方策に対しては，

次の障害が存在した．それは，年々の収支において赤字を計上するに至った会社の本国における財政難である．本国における財政難は，会社の手形支払能力の減退を意味し，それによって会社手形は，為替レートや支払期限等の発行条件において，私商人にとって不利なものとなることを余儀なくされ，そのため外国商人の振り出す，より有利な手形に対抗できなくなった．さらに財政難を一要因として，会社がインド産綿製品に代替するヨーロッパ向けインド物産の開発に十分成功していないという事情は，たとえ会社手形を購入しようとする者が多数あったとしても，会社貿易の規模がそれらを吸収するに十分であったことを疑わせるものである．

　第2に，会社船利用の便宜拡大はどうであろうか．この点においても，精力的な軍事活動がもたらした次の諸影響が認められる．①本国政府による軍事徴用にもとづく会社船の数の減少．②きわめて割高な戦時運賃・保険料の設定．フィリップスの示す数字によれば，対仏戦争中，デンマークやアメリカといった「中立国」の船舶が欧印貿易に対して平均でトン当たり20ポンドの運賃を課したのに対し，会社船は35ポンドを課していた[46]．③戦争の影響によって，会社船の出航・到着時期が不正確となり，また航路変更も頻発したこと[47]．

　こうして英印貿易発展に対する重要な鍵を提供した，私商人の「送金問題」への対処という局面においてもまた，膨張政策→貿易独占権修正という関係が浮かび上がり，すでに述べた，私貿易が不振に陥った会社貿易の補完物として位置づけられたことと併せて，次のような，会社の命運に刻印された，いわばパラドキシカルな関係を提示することができる．すなわち，会社は膨張政策の担い手となることによってイギリスによるインド植民地支配を格段に強化したこと，まさにそのことによって，ここではいわば否定的・消極的に自己の独占的地位からの転落を招いたことである．

1-5　インドにおける領土的支配拡大と在インド私商人

　だが，膨張政策と貿易独占権修正との関連はそれだけにとどまらない．本節の目的は，次の2点の論証にある．①貿易独占権修正の基本的背景をなした私商人

の成長が，実は多分に，会社による領土的支配より多くの便宜を引き出しつつ達成されたこと．その意味で会社は，いわば積極的に，貿易独占権修正の要因を創り出したといえること．②会社の統治活動は，今や多くの点で私商人に支えられてはじめて可能になり，総じて会社と私商人とは多側面に亘って相互依存関係を有していたこと．

(1) グジャラートおよびアワド地方に対する征服過程

まず膨張政策発動の具体的事例として，グジャラート（Gujarat）およびアワド（Awadh）両地方に対するそれを概観してみよう．グジャラートは西部インドのキャンベイ湾を囲む地方を，またアワドはベンガル管区に対して北西に位置する地方を指している．以下，両地方に対する征服戦争が，現地で活動するイギリス人私商人からの要請を一つの導因として遂行され，また現実に彼らは，会社による領土的支配を足場に大きな成長を遂げたことを示したい．

(a) グジャラート地方に対する征服過程

最初にグジャラート地方に関する事情について検討しよう．従来マラータ連合（Maratha Confederacy）の支配下に置かれてきた同地方は，18世紀後半以降，会社貿易が中国茶の本国向け輸出に傾斜していくに伴って，その対価となる綿花の産地として注目されるようになった[48]．綿花の中国への輸出を担ったのは，主にボンベイに拠点を置くイギリス人私商人であった[49]．彼らは現地人商人を通じて綿花を入手し，自らの船舶で広東へ運んだ．彼らは綿花を中国人商人に手渡しつつ，その売上を広東の会社財務局に払い込み，代わりに本国会社取締役会宛，あるいはインド植民地政府宛の送金手形を受け取った．

こうした私商人による中国向け綿花輸出業務にとって，綿花が会社領以外から現地人商人を通じて調達されたことは，それに伴う諸困難を彼らに与えることになった．彼らの主張に耳を傾けるなら，困難は次の諸点にあった．①現地勢力が，内陸関税を含め様々な名目の下に，彼らに多額の税を課したこと．②現地勢力の支配下にある港湾への出入りが制限されたこと．③現地人商人が，私商人の弱みにつけ込みつつ，綿花の輸送を遅らせたり，その品質を低下させたこと[50]．④海賊の跳梁．⑤ヒンドゥーとムスリムとの対立を背景とする綿花生産者の暴動．⑤

何より，上記の不正・混乱を取り締まるどころか，かえってそれらに加担している現地勢力の存在自体．

他方で，ボンベイに拠点を置く私商人のうちで有力な者は，その多くが会社職員でもあり，彼らは私商人としての利害を背負う一方で，会社の政策決定にも関与できる立場にあった．そのなかで例えば，主計将校にして綿花商人でもあったフォーセット（H. Fawcett）は，現地人商人による綿花の粗悪化を嘆きつつ，それを防ぐ方策は，会社が積出港を領有し，かつ綿花の粗悪さの程度に応じて没収や罰金徴収を課すような規則が作られることにあると訴えている[51]．また彼は，会社によってグジャラートの一部地域が併合された際のことを，後に本国議会で次のように述懐した．

「これらの地域の一部が……会社に割譲された時，非常に大きな，かつ根拠のある願望を懐きました．その願望とは，綿花の粗悪化をくい止め，その品質を向上させる上で有効な方策が，適当な規則の制定と裁判所の設置によって実施可能になるであろうというものです[52]」．

この時期ボンベイの会社当局は，グジャラート征服をウェルズリに対して再三打診していた．その背景には，フォーセットをはじめとして自ら私貿易を行う会社職員，および私貿易において彼らのパートナーをなした私商人からの要請があったことは疑いない．これに対してウェルズリは，1802-3年に第2次アングロ・マラータ戦争を敢行し，その勝利によってグジャラートの一部地域を会社領に併合した．その結果，1805年には北方からボンベイに運ばれる綿花の1/4以上が会社領で生産されたものとなり，加えて積出港を領有したため，今やこの地方における綿花の生産・流通に対するイギリス人の支配力は，以前に比べて格段に強化されたといえよう．

(b) アワド地方に対する征服過程

続いてアワド地方に対する征服過程について検討しよう．会社領とアワド地方との交易は1790年代より急速に拡大し，ここでもその主役を務めたのはイギリス人私商人であった．彼らの活動の主軸は，アワド産の綿製品・綿花・インディゴ・砂糖などをベンガルに持ち込むことにあった．こうした彼らの商業活動にとって，アワド全体の支配者（ワズィール wazir）および様々な徴税請負人（ザミーンダール zamindar・アミール amil 等）の課す関税は，その重大な障害となっていた．

ワズィールは域外輸出関税を課し，またザミーンダール等が課す局地的な内陸関税（通行税）は，1県当たり100以上あったとされる[53]。あるイギリス人商人は，こうした事情に対して，次のような憤りを口にしている。「きわめて多様な」関税は，「それらを合計すると，余りに多額に上るために，商売に引き合うものとはならない。それらは結果的に商人を破滅に追いやるものである[54]」。また私商人のなかには，所有する物産を現地人支配者によって略奪される者もあった。例えば，オール（Robert Orr）なるイギリス人商人は，インディゴを略奪され，まずアミールに訴えたが埒があかず，続いてラクナウ（Lucknow）の会社商館に掛け合ったが甲斐がなかった[55]。

　以上の諸事情を背景としつつ，会社軍は1800年アワドに侵攻した。会社側の勝利によって，アワドの半分以上の地域が会社領に併合され，また残りの地域に対しても新たな軍事保護条約を通じて会社の支配権が強化された。そのなかで，現地の関税問題については，ベンガル税務局の文書に次のような記述がある。

　「ドーブ（Doab）地域（会社が併合した地域——引用者）における綿花栽培を奨励するために，あらゆる通行税が廃止され，また綿花がベンガルに輸入される際には，1マンmaund（＝約37.3キログラム）当たり4アンナanna（＝1/4ルピー）の税が課される。他方会社領以外から輸入される綿花には，8アンナが課される。この措置は，会社領における綿花栽培に対する奨励策として機能する[56]」。

　こうして会社は，新たに獲得された政治的権限の行使によって，私商人の不満を取り除くとともに，アワドにおける綿花栽培の促進を図ろうとしたのである。

　アワドに対する政治的支配の強化を境として，アワドからベンガルに持ち込まれる物産が量的に大きく拡大するとともに，その商品構成が根本的に変化した。まずベンガルへの輸出額は，併合前の1795-6年において500万ルピーであったものが，併合後の1803年には1,340万ルピーとなり，2倍以上に増加した。次に商品構成においては，前者の年に60％を占めていた綿製品が，後者の年には僅か13％にまで割合を減少させ，代わって綿花が全体の73％を占めるに至った[57]。つまりアワドからベンガルに持ち込まれる物産の太宗が，綿製品から綿花へと変化したのである。第1-5表は，カルカッタから中国へ輸出された綿花量の推移を示している。この表によれば，まさにアワド侵攻に勝利した時点を境として，中国への綿花輸出量が劇的に増加している。またアワドは，本国へ輸出されるインディ

第1-5表 カルカッタから中国へ輸出された綿花量

年度	梱数
1800	15
01	77
02	9,026
03	26,923
04	38,861
05	60,000

出所) R. Mukherjee, 'Trade and Empire in Awadh 1765-1804', *Past and Present*, No. 94, 1982, p. 98 より作成.

ゴの主要な産地ともなった.

　以上は限られた事例であるとはいえ，われわれはここから，会社による膨張政策が，私商人の要請に導かれた側面を持ち，事実私商人は，領土的支配拡大から多くの便宜を引き出すことを通じて，自らの成長を果たしていったことを確認できる．つまり会社による領土的支配の拡大は，停滞的な会社貿易よりも，むしろ私貿易の発展に結びついたのである．この意味で，会社は自ら，いわば積極的に貿易独占権修正の要因を生み出していったということができよう．

(c) **イギリスのアジア貿易の構造転換と私商人**

　以上の点に加えて，グジャラートおよびアワド地方に対する征服過程に含まれた諸事情は，この時期のイギリスが営むアジア貿易全体に関わる，ドラスティックな構造変化の一端をなすものであった．ここで構造変化とは次の2点を意味している．①インド産綿製品の本国向け輸出の衰退，およびそれに伴う代替的インド物産開発の必要性の増大．すなわちインドからの輸入貿易における，工業製品（綿製品）輸入から一次産品輸入への移行．②中国茶の本国向け輸出の拡大．すなわちイギリスの営むアジア貿易が，中国までを含んで一層グローバルな展開を遂げつつあること．第1-6表は，当該期会社がロンドンで実施したアジア物産の競売における商品構成を，会社貿易と私貿易とを区別しつつ示したものである．この表によれば，まず会社貿易額全体の半分以上が中国茶によって占められている．次にインド産綿製品もなお，それに次いで30％弱を占めている．他方この両者を除いた商品は，すべてを併せても，20％余りにすぎない．これに対し私貿易においては，インディゴ・砂糖その他が全体の6割近くに達し，私貿易による輸入の太宗を占めている．また私貿易による輸入額が，会社貿易のそれと比較して，すでに年平均で37％に達していることにも注意せねばならない．さらに会社の中国貿易には，中国茶購入の対価となる商品を見出しがたいという点に重大なアポリアがあったが，そのなかで私商人が持ち込むインド産綿花は，アヘンと並んで，

中国が受け取る主要商品となっていた．

以上の諸点は，上記構造変化の進行において，私商人がその重要な担い手として登場しつつあったことを示している．つまり私貿易は，新たな展開を見せるイギリスのアジア貿易全体において，いよいよその基軸的位置を占めつつあったのである．しかしこれまでの

第1-6表　会社の競売における売上の商品構成
（1798/9－1804/5の年平均）　単位：1,000ポンド

品　　　　目	会社貿易 価額	%	私貿易 価額	%
茶	3,431	51.1	238	9.6
綿　製　品				
インド産	1,841	27.4	612	24.5
中国産	62	0.9	23	0.9
生　　　糸	451	6.7	51	2.0
香　　　料	446	6.6	61	2.4
インディゴ・砂糖他	263	3.9	1,452	58.2
硝　　　石	213	3.2	32	1.3
コーヒー	12	0.2	27	1.1
合　　　計	6,719	100.0	2,496	100.0

出所）*Fourth Report*, pp. 492, 3, Appendix, No. 24 より作成．

検討から，会社による領土的支配拡大が，私商人の成長の条件となってきたことが明らかにされた．他方で私商人の成長は，一面で貿易独占権修正を促しつつも，同時に会社自身の商業的利害からしても必要とされる側面を持っていた．というのは，私貿易は次の2点においてそれに貢献する役割を果たしたからである．第1に，上述したところの，今や会社存立の基礎となった中国茶貿易における対価の提供．第2に，会社競売における物産を豊富化し，もってロンドンをして「アジア物産の世界の中心市場」に近づけつつ，会社自身の物産の有利な販売を図る上での役割．以上の諸事実より浮かび上がってくるのは，会社と私商人とがまさに相互依存的関係を持ちつつ，そのうちにイギリスの営むアジア貿易の一層グローバルな展開が果たされたという事情である．

（2）　会社と私商人との相互依存性の諸局面

両者の相互依存性は，以下の諸局面においても捉えることができる．

(a)　会社公債の引受

前節で確認されたように，会社はインドにおいて巨額の債務を累積させていた

が，その債務を引き受けたのは，主に私商人と彼らを代理人とする会社職員であった．例えば，ベンガル管区は1801年1月時点で約1,000万ポンドの債務を負っていたが，そのうち780万ポンドが彼らによって引き受けられた[58]．従って今や，会社の統治および商業活動は，私商人および会社職員，すなわち会社＝公的セクターに対する私的セクターの蓄積に依存することによってのみ可能となったといえよう．他方で彼らは，領土的歳入の1割に当たる，120万ポンドにも及ぶ利払を会社から引き出したのである（前掲第1-3表参照）．

(b) **会社の統治活動の直接的分掌**

私商人はその商業・運輸活動を通じて，軍事物資をはじめとする様々な物資を会社に納入し，また兵員や軍事物資の戦場との間の輸送を担った．さらに彼らは，その金融活動を通じて，会社による管区間の送金等を仲介した．これら会社と直接結びついた活動は，私商人の活動全体に小さからぬ比重を占めたと思われ，従って会社の統治支出の一定部分が，こうした活動を通じて私商人の手に渡ったといえる．私商人による請願書には，彼らが会社の遂行する征服戦争に貢献したことを裏付ける，次のような記述がある．

「従来インド諸勢力との戦争において，軍事目的に貢献する船舶の不足がどれだけ深刻に感じられてきたか．そして最近のすばらしい，完全な成功に対して，われわれの所有するインド建造船がどんなに大きな貢献を果たしたことか[59]」．

(c) **会社職員の貯蓄の私商人への預託**

元来会社職員には私貿易を行う権利が与えられてきたが，18世紀後半以降における会社の統治機能拡大に伴って，彼らの私貿易を禁止し，彼らを純粋な統治官僚へと性格転化させる方針が打ち出された．こうした性格転化は，とりわけベンガル管区でいち早く進展した．他方で会社職員もまた，従来の私貿易による利益のみならず，しばしば法外なものといわれた俸給，および様々な手数料収入からなる貯蓄を，本国代理人に送金することを願った．これらの貯蓄の源泉が，概ね領土的歳入にあったことはいうまでもない．彼らの送金方法は，本国宛会社手形の利用に加えて，私貿易を禁じられた後には，私商人に資金を融資し，私貿易が本国で実現した売上から本国代理人に返済させるというやり方にあった．つまり

私商人の貿易資金のなかには, 領土的歳入を源泉とする会社職員の貯蓄も含まれていたのである.

以上に示された会社と私商人との諸関係は, 会社が獲得した巨額の領土的歳入が次のような流れを辿ったことを示唆している. ①領土的歳入は, 会社の統治活動において費消されることによって, 一旦会社の手を離れ (会社の財政赤字), 他面で公債・手形発行による再吸収過程を含みつつも, 結局のところ, 私商人および会社職員からなる私的セクターに相当部分が蓄積され, 私商人の成長の資金的基礎となった. ②従って, インドにおける会社の財政赤字は, 領土的歳入が本国へ流入しなかったことを意味するのではなく, 財政赤字を前提すれば, むしろもっぱら私的送金ルート (会社手形の購入および私貿易) を通じて, 多額の流入があったと見なされるべきである.

(3) 貿易独占権修正の結果 —— 英印間私貿易の発展

ウェルズリによる貿易独占権修正の結果, 彼の在任期を通じて, 英印間の私貿易は顕著な拡大を遂げた. 第1-7表は, 私貿易の量的推移を示したものである. まず私貿易もまたインドからの輸入貿易に圧倒的な比重を置いていたことが分かる. 次にウェルズリ期以前における輸入は, 主に会社船積載量の分与にもとづくものであり, その4年間の年平均輸入量は4,290トンであった. これに対して, ウェルズリ在任の7年間の年平均輸入量は11,325トンに達し, 上記量の2.6倍に拡大している. 続いて第1-8表は, 本国に来航した在インド私商人所有の船舶数, およびそれによる輸入量の推移を示している. 私商人所有船舶の来航は, ウェルズリ期以前においてはきわめて例外的な行為にすぎなかったが, 彼の在任期には年平均で7隻が来航している. ウェルズリ在任期のうち私商人所有船舶の来航があった6年間に, それらは年平均で6,675トンの輸入をもたらし, その量は同期間における私貿易の年平均輸入量全体の53％に当たる. またこの6年間の年平均輸入量の, ウェルズリ期以前の4年間のそれと対比した増加量のうち, 78％が私商人所有船舶来航による輸入量増加にもとづいていた. こうして貿易独占権修正は, 私商人所有船舶の本国来航を促し, それを通じて私貿易による輸入量を格段に増加させたのである. 次に第1-9表は, 会社競売におけるインド物産の売上高を, 私貿易と会社貿易とを区別しつつ示したものである. 私商人所有船舶によっ

第1-7表 英印間の私貿易の量的推移
(単位:トン)

年　度	インドへの輸出	インドからの輸入
1793-4	919	
4-5	40	2,424
5-6	31	6,817
6-7	252	4,190
7-8	—	3,727
8-9 ｜ウェルズリ在任期｜	374	14,679
9-1800	196	9,782
1800-1	130	14,348
1-2	536	14,862
2-3	1,872	14,717
3-4	820	6,866
4-5	1,382	4,022
5-6	1,174	7,062
6-7	773	6,818

出所) *Supplement to the Appendix to the Fourth Report*, p. 113.

第1-8表 本国に来航した在インド私商人の船舶数およびそれによって輸入された物産量
(単位:トン)

年　度	船舶数	物産量
1795	—	
96	1	485
97	1	1,271
98	—	
99 ｜ウェルズリ在任期｜	11	9,973
1800	3	2,369
01	9	7,977
02	11	8,604
03	14	10,341
04	1	785
05	—	—
06	1	565
07		

出所) *Fourth Report*, p. 515, Appendix, No. 46.

て持ち込まれた物産もまた，会社の主催する競売に付されたと思われる．ただしその売上高は，「会社の売上高」とは別物である．この表によれば，会社貿易による売上高が低迷する一方で，私貿易のそれは顕著に拡大している．その結果，カッコ内の数字が示すように，会社競売に占める私貿易の割合は，ことインド貿易に関しては，会社貿易と肩を並べるどころか，それを上回る年さえあるほどに高まった．こうして今や，ロンドンのインド物産市場を支える中軸は，従ってインドより富を汲み出す主要な経路は，私貿易に移りつつあったといわねばならない．ここに至ってイギリスは，私貿易に依存することによってのみ，アジア貿易における優位性を確保しうる見通しを得ることができたのである．

第1-9表　会社の競売におけるインド物産売上高

(単位：1,000ポンド)

年　度	私貿易	会社貿易	総　計
1795-6	863(19.6)	3,543	4,406
6-7	954(21.9)	3,396	4,350
7-8	940(31.0)	2,097	3,037
8-9	1,330(22.2)	4,663	5,993
9-1800	2,118(37.3)	3,565	5,683
1800-1	2,113(34.7)	3,979	6,092
1-2	1,993(39.2)	3,087	5,080
2-3	3,043(56.8)	2,316	5,359
3-4	2,176(49.3)	2,236	4,412
4-5	2,424(55.4)	1,953	4,377
5-6	2,451(52.1)	2,252	4,703

（8-9から4-5までウェルズリ在任期）

注）カッコ内の数字は私貿易の総計に占めるパーセントを示す．
出所）会社貿易は *Fourth Report*, pp. 494, 5, Appendix, No. 25，私貿易は同 p. 514, Appendix, No. 45 より作成．

1-6　小　　括

　本章における検討を通じて明らかになったのは，以下の諸点である．

　①ウェルズリにあっては，膨張政策と貿易独占権修正とは，まさに密接不可分の関係にあった．本章で論証されたのは，膨張政策が積極的・消極的いずれの意味においても，貿易独占権修正を促す重大な要因となったことである．この点を踏まえれば，ウェルズリの諸活動における全体的筋道は，次のように表現される．すなわち，インドにおける領土的支配の拡大を含む，一層徹底したアジア支配構想を持って登場したウェルズリは，会社を自覚的に統治機関として位置づけ，会社をして構想実現の主軸を担わせつつも，他面で会社が構想実現に対して役割の限界性を露呈するなかで，私商人の活動をもってそれを補完しようとした．彼に

よる貿易独占権修正は，こうした私商人に対する従来にない積極的な位置づけの端的な表現であった．

　②以上の筋道を貫いている，会社と私商人との歴史的関係として確認されるべきは，両者の多側面に亘る相互依存関係である．この点の確認は，両者の関係をもっぱら相互対立において捉えてきた通説の一面性を論破するものである．同時にそこから，もはや私商人を「平和的」な資本として特徴づけえないことも明白である．なぜなら私商人とは，悲惨を極めた征服戦争を自ら要請し，かつそれに直接貢献しつつ，他方でその「果実」を享受することによって成長を遂げた存在にほかならないからである．

　③上の諸考察を前提すれば，われわれは会社の動態的変化の本質について，次のような理解を与えることができる．まず動態の本質は，会社の一方的な敗北や没落の過程でもなければ，また単なる私商人による会社の打倒過程でもなかった．会社の動態を規定したのは，会社がインドにおける統治機関として，また主に中国貿易の担い手として，イギリスによるアジア支配の前進に積極的な役割を果たし，もって国際商業戦・植民地争奪戦におけるイギリスの勝利に貢献すればするほど，会社は一方で財政難の昂進を通じて自らの存立の基礎をますます掘り崩され，他方で前にも増して，やがて自らにとって代るものとしての私商人を，自身の手で育成せざるをえなくなるという関係，これであった．会社が背負わされていた命運とは，会社にとってまさしくパラドキシカルなものであった．次に以上の関係展開の背後に進行し，その推進力となったものが，決してイギリスによるアジア支配の「平和主義」・「人道主義」への移行ではなかったことも十分明瞭である．逆に，主に東インド会社に依拠しつつ，同時に会社の持つ限界性を超えて（すなわち在インド私商人を巻き込みつつ），アジアに対する一層徹底した「暴力的支配」を貫徹しようとしたこと，ここに当該期のイギリスのアジア政策における本質があった．ウェルズリによる貿易独占権修正とは，かかるアジア政策の本質を証明するものだったのである．

第1章　註

(1) 1698年，従来の東インド会社（「ロンドン東インド会社」The Governors and Company

of Merchants of London Trading to the East Indies) による貿易独占が破られ，旧会社に敵対的な新会社，すなわち「イギリス東インド会社」The English Company Trading to the East Indies がホイッグ党の影響下に設立された．旧会社はスチュアート朝との結びつきが強かったため，名誉革命によって政治的打撃を受け，他面でそのライヴァル達が革命を機に，新国王ウィリアムⅢ世の支持を取り付けて，新会社設立を実現したのである．両会社はその後暫く激しい角逐を展開したが，角逐のために両社ともかえって貿易利潤の減少に苦しみ，それは政府への上納金の減少にもつながった．そのため政府によって両社の合同が斡旋され，1709年両社が合併して「合同東インド会社」The United Company of Merchants of England Trading to the East Indies が設立された．この会社は1858年まで存続した．本書で検討対象となるのは，この「合同会社」である．

(2) 1793年の譲歩の内容については，後述第3節(1)参照．

(3) この法律制定によって，会社株式配当率は2年間1割に限定された．髙畠稔「インドにおける植民地支配体制の成立」『岩波講座・世界歴史』第21巻，1971年，140ページ．またそれ以後も，配当率を規定する法律が継続的に制定された．

(4) ノース規制法にもとづいて，会社の本社組織およびインドの会社機構に関わる改革が行われた．同法は，本国政府の統制権限については，会社取締役会に対して，インドにおける民政・軍事・徴税に関わる報告を一定期限内に本国政府に対して行う義務を課したにとどまった．同上論文，142ページ．

(5) 同上論文，140ページ．

(6) 西村孝夫『イギリス東インド会社史論』1960年，浅田實『東インド会社――巨大商業資本の盛衰』1989年．

(7) 松田智雄『イギリス資本と東洋』1950年，55ページ．

(8) 同上書，1ページ．

(9) 金子勝「『安価な政府』と植民地財政」『福島大学商学論集』第48巻第3号，1980年，および同「段階論と『世界市場』の再検討」『社会科学研究』第34巻第6号，1983年3月は，東インド会社時代とそれ以後に一貫するイギリスによるアジア進出の強権的・暴力的性格を強調された点で，注目すべき研究である．だが氏にあっても，東インド会社の全体像が明確にされているとは言いがたい．

(10) L. S. Sutherland, *The East India Company in the Eighteenth Century Politics*, 1955. C. H. Philips, *The East India Company 1784-1833*, 1940.

(11) P. J. Cain and A. G. Hopkins, *British Imperialism: Innovation and Expansion 1688-1914*, 1993. 彼らによる19世紀初頭より第一次世界大戦期に至るインド植民地支配論は，主として同書第10章で与えられている．

(12) *Ibid*., p. 348.

(13) *Ibid*., p. 336.

⒁　*Ibid*., pp. 321, 2.
⒂　*Ibid*., p. 317.
⒃　「古き腐敗」とは,「国債とパトロニジに依拠した 18 世紀の癒着の構造」を意味する.竹内幸雄・秋田茂訳『ジェントルマン資本主義の帝国 I』, 1997 年, 24 ページの訳注による.
⒄　会社はその領土的支配の拡大に伴って, 直轄支配領域をベンガル・マドラス・ボンベイの 3 管区 (Presidency) に区分し, それぞれに知事 (Governor) を置いて各管区の責任者としてきた. これに対して 1773 年のノース規制法は, ベンガル管区に他管区を統制する権限を与え, それに伴ってベンガル知事は, ベンガル総督 (Governor-General) と改称された. 従ってベンガル総督とは, インドにおける会社の最高責任者の地位を指している.
⒅　C. H. Philips, *op. cit*., p. 93.
⒆　ウェルズリは, インドから帰任後, インドでの功績により侯爵に叙せられるとともに, 外務大臣およびアイルランド総督を歴任した. なお彼の弟, アーサー・ウェルズリ (Arther Wellesley) は, インドにおいて兄を手助けする役割を果たしつつ, 帰国後イギリス軍を率いてワーテルローにナポレオンを破り, その後首相となったウェリントン (Wellington) 公爵である.
⒇　Letter from Wellesley to Right Honorable Lord Castlereagh, 25 July 1803, in S. J. Owen (ed.), *A Selection from the Despatches, Treaties, and other Papers of the Marquess Wellesley During his Government of India*, 1877, p. 591.
(21)　*Ibid*., p. 591.
(22)　*Ibid*., p. 592.
(23)　*Historical MSS. Commission. Report on the MSS. of T. B. Fortescue … at Dropmore*, Vol. IV, p. 384, quoted in P. E. Roberts, *India under Wellesley*, 1929, p. 35.
(24)　Letter from the Governor-General to the Court of Directors, 30 Sep. 1800, in *Supplement to the Appendix to the Fourth Report from the Select Committee on the Affairs of the East India Company*, 1812, p. 35.
(25)　*Ibid*., p. 36.
(26)　P. E. Roberts, *op. cit*., p. 35.
(27)　S. J. Owen, *Wellington's Despatches*, Introduction, p. xlvi, quoted in *ibid*., p. 194.
(28)　The Governor-General's Notes with respect to the Foundation of a College at Fort William, 10 July 1800, in S. J. Owen (ed.), *A Selection from the Despatches …*, p. 722.
(29)　B. R. Mitchell, *Abstract of British Historical Statistics*, 1962, p. 392 より計算.
(30)　*Ibid*., p. 396 より計算.
(31)　この場合の株式会社とは, その先駆的な形態としての合本企業 (joint stock company)

(32) 1793年の特許状更新により，上の内容の修正を含んだ貿易独占権が以後20年間存続することになったので，私商人は，自らの船舶の参入を合法的なものにするために，それらが一旦会社によって雇われ，その後私商人に貸し与えられるという形式をとるよう会社に要求した．ウェルズリの措置は，そうした形式に従ったものであった．

(33) Letter from Govenor-General to Select Committee, 9 April 1801, quoted in A. Tripathi, *Trade and Finance in the Bengal Presidency 1793-1833*, 1956, p. 64.

(34) 松本睦樹「ベンガルにおけるAgency Houseの形成」同志社大学『経済学論叢』第32巻第3・4号，1984年，207ページ．

(35) 松本睦樹「広東貿易と決済問題1775-1837」同志社大学『経済学論叢』第29巻第1・2号，1980年，202ページおよび205ページの表より計算．

(36) An account of ships fit for the English trade sailing from Calcutta, Fort William, 4 April 1800, printed in S. B. Singh, *European Agency Houses in Bengal (1783-1833)*, 1966, pp. 308-12 より計算．

(37) J. Sutton, *Lords of the East*, 1981, pp. 166-8, Appendix 9 より計算．

(38) S. B. Singh, *op. cit.*, pp. 19, 20.

(39) 1770年代から80年代にかけて三つの銀行（Bank of Hindostan, Bengal Bank, Cental Bank of India）がイギリス人によってカルカッタに設立され，また1804年にイギリス人の経営する保険会社がカルカッタに六つあった．

(40) Memorial of Merchants, Agents for Persons Residing in the East Indies, to the Right Honorable Commissioners for the Affairs of India, 8 june 1801, in *Supplement to the Appendix to the Fourth Report from the Select Committee on the Affairs of the East India Company*, 1812, pp. 63-7.

(41) H. Furber, *John Company At Work*, 1951, p. 50.

(42) *Ibid.*, p. 123.

(43) *Ibid.*, p. 135.

(44) Memorial of Merchants …, in *Supplement to the Appendix to the Fourth Report*, p. 67.

(45) Letter from the Governor-General to the Court of Directors, 30 Sep. 1800, in *Supplement to the Appendix to the Fourth Report*, p. 34.

(46) C. H. Philips, *op. cit.*, p. 106.

(47) 次節で見るように，ウェルズリの政策に反対した会社取締役会でさえ，次の点を承認せざるをえなかった．「会社の遂行する戦争および政治的諸活動の結果，会社船は到着・出航の時期が不正確となり，航路変更も多い．また船積を準備する時期が，私商人にとって時宜に適わぬことが多く，加えて積載量も著しく不足し，……ために商人は右往左往し，

落胆させられる（傍点は引用者）」．*Report of the Special Committee, to Whose Consideration the Letter from Mr. Dundas was Refferd*, 1801, in *Supplement to the Appendix to the Fourth Report*, p. 10.

⒂ 1775年から1800年までの間にインドから中国に輸出された商品の半分が，グジャラート産の綿花であったといわれる．P. Nightingale, *Trade and Empire in Western India 1784-1804*, 1970, p. 128.

⒆ 1775年から1800年までにインドから中国へ輸出された綿花のうち，1/22のみが会社勘定であった．*ibid.*, p. 129.

⒇ 中国貿易はモンスーンを利用するもので，綿花は適当な時期までに洗浄され，港へ運ばれねばならなかった．こうした事情を知る現地人商人は，価格のつり上げを狙って，しばしば洗浄や輸送の遅延を図り，また彼らと結びついたマラータの役人もそれを手助けすることが多かった．さらに綿花に種子や木の葉などの雑物が混入されることもしばしばあり，現地商人は重量を増すために綿花を水に濡らすことさえあった．*ibid.*, p. 18.

㉑ *Ibid.*, p. 205.

㉒ *Supplement to the Appendix to the Fourth Report*, p. 192.

㉓ P. J. Marshall, 'Economic and Political Expansion : The Case of Oudh ', *Modern Asian Studies*, Vol. 9, No. 4, 1975, p. 472.

㉔ G. Ousley's evidence, 20 June 1806, quoted in *ibid.*, p. 472.

㉕ P. J. Marshall, *op. cit.*, p. 473.

㉖ Bengal Board of Revenue Proceedings, 1 Nov. 1804, quoted in R. Mukherjee, 'Trade and Empire in Awadh 1765-1804', *Past and Present*, No. 94, 1982, pp. 96, 7.

㉗ 以上のアワドの輸出貿易に関する数字については，*ibid.*, pp. 95, 6 参照．

㉘ St. George Tucker's Minute on transfer of debt, 22 June 1801, Home Misc. 370, p. 769, quoted in A. Tripathi, *op. cit.*, p. 81.

㉙ Memorial of Merchants …, in *Supplement to the Appendix to the Fourth Report*, p. 67.

第2章　1800年前後における東インド会社経営論争

2-1　序
2-2　ピット・インド法と東インド会社
2-3　東インド会社の人的構成とその変化
2-4　会社取締役会の提起する路線
2-5　本国政府の提起する路線
2-6　1813年の特許状更新と取締役会の態度変化

2-1　序

　本章の課題は，ピット・インド法を一つの手懸かりとしつつ，前章で検討されたウェルズリの諸政策をめぐって表面化した，本国政府と会社取締役会とによる会社経営に関わる路線対立とその帰結について検討することにある．かかる検討を通じて，本国側におけるインド支配体制の特質解明に接近したい．まずピット法の条文内容を紹介しつつ，その内実を見定める上での論点を提示する．続いて会社の主要な関係者をなす，会社取締役および株主の人的構成およびその変化を検討することによって，会社を取り巻く諸利害の具体化を図る．その後，本国政府と会社取締役会との間の路線対立とその帰結を分析する．

2-2　ピット・インド法と東インド会社

　元来会社は，一般に「合本企業」joint stock company と呼ばれる先駆的な株

式会社形態をとりつつ，自己に所属する株主総会 (General Court of Proprietors) および取締役会 (Court of Directors) とを主要な権力機関として運営されてきた．それに対し，既述のように 1760 年代以降本国政府による会社活動に対する統制が進展し，その統制は 1784 年の通称ピット・インド法 (Pitt's India Act, 24 Geo. III. Sess 2, C. 25) によって制度的に確立された．ピット法は，会社消滅まで会社活動を規定する大綱となり，その意味で会社は以来，イギリスのアジア支配に関わる「1784 年体制」＝「ピット法体制」の下に置かれたといえる．従って，産業革命期の東インド会社の動態を考察するというわれわれの課題とは，言い換えれば，ピット法体制の内実を見定めることでもある．

ピット法の基本的内容は次の点にある[1]．ピット法は，「貿易独占権を保持する東インド会社を通じたアジア支配」という旧来の枠組を維持しつつも，会社の「統治活動」と「商業活動」とに区別を設け，新たに設置された本国政府機関＝通称「監督局」Board of Control に，前者に対する相当強力な統制権限を付与し，他方で株主総会の権限を縮小しつつ，総じて本国政府＝監督局と会社取締役会とを二つの主要当局として並立させる「二重支配体制」を生み出したことである．

以下ピット法の条文内容にもとづいて，上の内容をいま少し詳しく紹介しておきたい．まず監督局[2]は，「東インドにおけるイギリス領の民政・軍政・徴税」を「監督 superintend, 指揮 direct, 統制 control」するものとされた（第 6 条）．ここにいう「民政・軍政・徴税」すなわち「統治活動」と，残る「商業活動」とを区別し，前者に関してのみ監督局の「統制権限」を認め，後者については従来通り会社の最高経営管理機関である取締役会による運営に任せるというのが，ピット法の基本原理であった．

次にベンガル総督以下の会社職員の任命権は，基本的に会社取締役会の手に残された（第 17・23・26 条）．他方でベンガル総督および他管区の知事，並びに彼らを取り巻く管区参事（councilor）の罷免・召還については，国王・国務大臣・会社取締役会の 3 者の承認が必要とされた（第 22 条）．

続いて，監督局の「統治活動」に対する「統制権限」が相当に強力なものであったことが，次の諸内容から窺われる．まず取締役会は，自らおよび株主総会における統治活動に関する証言・決定・議事録の写しを監督局に提出することを義務づけられた（第 22 条）．また一般的に，取締役会は監督局の下す「命令・指示」を「遵奉し，それに規定・制約される」べきことが定められた（第 22 条）．より

具体的には，経営管理権の核心というべき現地への命令権限に関わって，以下の諸規定が設けられた．①統治活動に関して取締役会が現地へ書簡・命令・指示を発する時には，事前に監督局の承認を受けなければならず，監督局が承認しない場合には修正が指示される．取締役会はこれに抗議できるが，監督局がなお修正を指示すればそれに従わねばならない（第12条）．②監督局が現地に送付すべき通信文書の提出を取締役会に要求した後，仮に取締役会が14日を経ても，これを拒否する場合は，監督局は自ら現地に対する命令文書を作成して取締役会に手渡し，取締役会はこれに抗議できるものの，最終的には監督局の意思通りの文書を現地に送らねばならない（第13条）．③インドでの軍事・外交活動に関しては，監督局の意思の一層ストレートな伝達が保証された．すなわち監督局は機密命令を作成することができ，その命令は3名の取締役からなる機密委員会（Secret Committee of Directors）に送付され，機密委員会は内容を公表することなく，その趣旨に沿った命令を現地に下さねばならないとされた（第15条）．

最後に，株主総会の権限縮小について，株主総会は，監督局が承認した取締役会決定に対する覆決権を持たないことが定められた（第29条）．

従来わが国において，ピット法によって制度的確立を見る本国政府による会社活動に対する統制については，次のような解釈が与えられてきた．第1に，前章で紹介された東インド会社＝「前期的資本」説を前提としつつ，本国政府の統制を，いわばアダム・スミス流の「自由主義原理」および「国際平和理念」に対して会社が屈服していく過程の一経過点として説明するものである[3]．第2に，ピット法の下にある会社を，一面で自己の計算で貿易を行う独占商人でありながら，他面で本国政府によって指揮される植民地支配機関でもあるという，単純な二面性において把握する理解である[4]．しかしわたくしには，上に示されたピット法の条文内容は，それ自体をもってしては単純な理解を許さない，ある種の不明瞭性や折衷的性格を持つように思われる．わたくしはむしろピット法のこうした性質に注目し，ここでさしあたりピット法の条文内容に即していくつかの疑問を提示しつつ，後の検討を待つことにしたい．

第1に，会社の「統治活動」と「商業活動」との区別の現実的意味が問題となる．というのは，両者は現実には，いたるところで絡み合い，相互に規定し合う関係にあるからである．例えば，「統治活動」は「商業活動」の遂行に様々な便宜を与えることができるとともに，他方で会社存立の基礎がなお本国における商業

利潤実現に置かれているがゆえに,「統治活動」は「商業活動」の状況如何からも強く規定される．これらの関係は,先に示した単純な「二面性」把握にもとづく理解に対して再検討を要請している．従って「統治活動」と「商業活動」との区別が現実にいかに機能したかが,条文の文言とは別に,実態に即して検討されねばならない．続いて,本国政府の統制権限について,なぜ政府は会社の「統治活動」のみを統制しようとしたのか．そしてピット法の条文によれば,監督局の統治活動に対する統制権限が相当に強力なことは疑いないが,それはなお「統制」権限にとどまり,取締役会に統治活動に関する発議権が留保されている．本国政府の統制権限がこうした一見複雑な構成をとったのは,おそらく「統治活動」と「商業活動」との区別における独自な性質に関連すると思われるが,その性質とはいかなるものであったのか．

第2に,スミス流の「国際平和理念」の実現に関わって,確かにピット法第34条は,「インドにおいて征服および領土拡大の計画を追求することは,イギリスの願望・名誉・方針に反する」と述べているものの,他面で同条が会社の戦闘行為を可能にする多様・多義的な留保条件を付加していることにも注意せねばならない．第34条が列記している留保条件とは次の3点である．①取締役会および機密委員会の命令ないし承認のある場合,②実際に戦闘に入っている場合,③(敵国によって)会社の直轄領および保護国に対する戦争を開始すべく準備が実際に進められている場合．とりわけ②は,一旦戦闘が開始されれば,本国側はそれを追認せざるをえないことを述べたとも理解されうるし,③に関しては,その判断基準が曖昧たらざるをえないことはいうまでもない．

以上の検討にもとづけば,ピット法が会社活動をどのように規定したかという問題を解明するためには,もはやピット法の条文内容自体にとどまらず,会社の実態に即したピット法の具体的な運用のあり方を検討せねばならないことになる．とりわけピット法に含まれる二大特質というべき,監督局と取締役会との並立関係,および会社の「統治活動」と「商業活動」との区別について,それらの内実が見極められねばならない．ウェルズリの諸政策をめぐる,監督局と取締役会との動向および両者の間の路線対立は,ピット法の現実的意味を理解する上できわめて示唆に富む事例をなしている．本章の後半以降でこの点を詳細に検討したい．

2-3 東インド会社の人的構成とその変化

　本節の目的は，会社本来の主要な権力機関である取締役会および株主総会が，それぞれいかなる人々より構成され，またその構成がどのような変化を遂げつつあったかを検討することにある．この点の検討は従来わが国において殆ど試みられることがなかったが，その重要性は次の諸点にあると考えられる．第1に会社の本質理解に関わって，従来それが，「前期的資本」というきわめて抽象的な規定性において捉えられてきたのに対して，会社を構成する諸個人のレヴェルにまで分析を進め，そうした抽象性を克服することである．それによって，会社とイギリス社会との様々な接触面が具体的に浮かび上がって来るであろう．第2に，本国政府との路線対立を検討するに際して，会社関係者（取締役と株主）の主張する路線の客観的意味を，個人レヴェルの諸利害からも照射することである．本節では総じて，会社の本質が，会社貿易と直接的取引関係を持つ商人および海運関係者に支配された組織より，インド領有の開始を契機に，インドがもたらす巨額の領土的歳入に寄食する，膨大な数の収奪者の隊列へと次第に変容を遂げつつあったことを示したい．

(1) 会社取締役の人的構成

　ここではパーカー（J. G. Parker）およびブーン（J. M. Bourne）による研究[5]を主要な手懸かりとする．パーカーの研究には，1754年から90年までに在籍した138名の取締役の個人的経歴に関する豊富な記述が含まれている．またブーンの研究は，インド会社勤務者の任命権（パトロニジ）を主要テーマとしつつも，1784年より1858年までに在籍した135名の取締役のリストおよび彼らの個人的経歴を掲載している．
　会社取締役の定数は，18世紀中葉より会社消滅に若干先立つまで，24名であった．1773年のノース規制法以降，取締役の任期は従来の1年より4年に延長され，また株主総会における選挙によって，毎年6名の交替が行われた．取締役に就任

した者の数は，1754年から1858年までを通じて延べ230名に上った．いうまでもなく，会社の最高経営管理機関である取締役会の人的構成は，会社をとりまく諸利害の主要な集約点をなしている．取締役は，さしあたり取締役会入りに先立つ経歴によって，大きく5つのグループに分けられるのが妥当である．5つのグループとは，(a)商人・金融業者，(b)会社海運関係者，(c)インド会社勤務の文官・武官出身者，(d)私商人出身者，(e)その他，からなる．以下まずそれぞれのグループの特質および会社に対して持った利害を考察し，その後全体の推移について検討したい．

(a) 商人・金融業者

商人・金融業者とは，殆どがロンドン，とりわけシティの商人層からなる．第2-1表は，彼らの社会的属性を理解するために，パーカーの研究に含まれる66名に関して，会社取締役以外に彼らが従事した業種を兼業を含めて数え上げたものである．これらの業種は必ずしも網羅的ではないと考えられるが，基本的趨勢を知る上では役立つ．まず全体数において最多を占める「織物貿易」は，会社の主要輸入品である綿・絹織物の国内販売および再輸出において，また会社の主要輸出品である毛織物の会社への納入において，会社と取引関係を持った，すなわち会社貿易と直接結びついた可能性の高い業種である．またそれに次ぐ数を占める

第2-1表 商人・金融業者出身取締役の個人的営業

業　種	全体数	1764年以前	1765年以後	業　種	全体数	1765年以前	1765年以後
織　物　貿　易	17	13	4	州　長　官	3	2	1
政　府　契　約	15	5	10	ポルトガル貿易	2		2
保　険　業	13	7	6	バルト海貿易	1		1
銀　行　業	11	6	5	茶　貿　易	1		1
他の特権会社役員	9	6	3	木　材　貿　易	1		1
公　債　引　受	7	5	2	鉛　貿　易	1	1	
西インド貿易	7	4	3	戦利品取引	1		1
マデイラ・ワイン商	5	3	2	大　砲　企　業	1	1	
レバント貿易	3	1	2	ロンドン市長	1		1

出所) J. G. Parker, 'The Directors of the East India Company 1754-1790', Ph. D. thesis, Edinburgh University, 1977, Section 1 の記述より作成．

「政府契約」とは，対外戦争を遂行するイギリス軍に対して，兵器や糧食等の物資を納入することを意味する．全体数においては，これら2業種を含めた外国貿易業，および金融業が主体となり，他方で産業資本的営みは例外的である．彼らのうち25名，38％が国会議員であり，6名が準男爵（baronet）または騎士（knight）の称号を有し，また他の特権会社役員が9名に上るように，彼らの多くがきわめて富裕な，シティを代表する商人であった．

1765年のベンガル領有は会社史の大きな節目となったが，シティ出身の取締役にも，この時期ある変化が認められる．上表の「全体数」の右側に，新たに取締役に就任した時期を1765年で区分した上での業種の分布が示されている．前期においては，織物貿易が13名と抜きん出て多く，明らかに多数派をなし，次いで保険業・銀行業・特権会社役員などが相当数を占めている．これに対し1765年以降では，織物貿易が4名へと激減し，代わりに政府契約が10名となって首位を占め，銀行業・保険業は依然として相当数を数えている．ここでは，とりわけ織物貿易の激減と政府契約の急増との対比が際立っている．同時に後期においては，取締役の従事する業種数が増加し（12業種から16業種へ），それだけ彼らの社会的属性が多様化したことも大きな特徴となっている．

二つの時期を通じて，シティの主導的な商人が取締役となったことに変わりはなかったであろうから，上の変化は，18世紀後半までに生じた，シティ商人全体を取り巻く環境変化を背景としていたと思われる．その主要な内容は次の2点にあったと考えられる．

第1に，いわゆる重商主義的植民地帝国の肥大化と，それに伴うイギリスの貿易構造・再生産構造の変化である．名誉革命体制とは，恒常的な対外戦争の遂行体制にほかならず，対外戦争は18世紀中葉より以前にも増して大規模に展開される．まずこれらの戦争によって，軍事物資への膨大な需要，すなわち政府契約の拡大が生み出され，シティの商人はかかる取引に積極的に関わっていった．上表における「政府契約」の増加は，こうした事情の反映である．上表のうち政府契約を獲得した時期が示されている者を拾い上げると，「アメリカ独立戦争に際して」が4名，7年戦争が2名，1750年代が1名，60年代1名，70年代2名となり，アメリカ独立戦争の比重が高い．

次にそうした積極的な対外進出を前提条件として，デーヴィス（R. Davis）の言うところの「商業革命」commercial revolution[6]が進行し，イギリスの海外貿

易規模が飛躍的に拡大するとともに，貿易パターンの転換が生じた．後者については，まず輸出において，従来圧倒的な比重を占めた毛織物の大陸ヨーロッパ諸国向け輸出の重要性が低下しつつ，より多様な商品が新大陸やアジアを含めた広範な世界諸地域に向けて輸出されるようになった．他方輸入では，リンネル・ワイン等大陸ヨーロッパ産の伝統的輸入商品の比重が低下しつつ，砂糖・タバコ・コーヒー・茶など，新大陸・アジア産の植民地物産の比重が増大した[7]．こうした「商業革命」の反映は，上表において次の諸点に現れている．①織物貿易の減少，②政府契約を含めた場合の，新大陸・西インド貿易の比重増大，③バルト海貿易商や茶商人といった新種の商人の参入，④他の特権会社役員の減少．

他方で戦費調達のために大量に発行された公債は，世紀初頭以来の特権会社への依存を脱し，「商業革命」を通じて致富を進めつつあったシティの商人・金融業者を請負人としつつ，発展するロンドン貨幣市場より資金提供を受けるようになった．他面でその請負・引受業務は，多額の手数料・利子収入を彼らにもたらした[8]．会社取締役のうちの数名は，当初織物商人として出発しつつ，後年政府契約および金融業務に進出した者であった[9]．

こうして18世紀後半までに，シティの主導的商人に対しては，大陸ヨーロッパ以外の諸地域との多様な商品の貿易，軍事物資の取引および各種金融業務が新たな活動領域として大きく開かれていった．その結果，従来基軸的活動をなしてきた大陸ヨーロッパ向けの織物貿易の意義が低下した．シティの主導的商人が取締役となった限りにおいて，上表に示された，取締役の従事する業種における推移は，こうしたイギリスの対外関係の変化を反映したものであった．

第2に，インド領有の開始もまた，シティの商人をして新たに取締役会入りを懇望させる事情となったと思われる．というのは，織物商人のような，従来通り行われる会社貿易と取引関係を持つ者が減少し，代わって一層多様な人々が取締役となったのであるから，それは会社をめぐる新たな状況，すなわちインド領有の開始に導かれたといわざるをえないからである．実際後述されるように，インド統治官僚の任命権より派生する役得は，次第に取締役の主要関心事となり，それこそ取締役の報酬の主要部分をなすといわれるようになった．従って新たに取締役となった人々の間では，インドがもたらす巨額の領土的歳入の分け前に対する期待が強かったといえよう．こうして，伝統的に取締役会の主流を占めてきたシティ出身の取締役にあっても，その会社に対して持つ利害は，インド領有開始

を境に，会社貿易との直接的取引関係が希薄化するという変化を遂げつつあったのである．

(b) **会社海運関係者**

　会社海運関係者として取締役となったのは，多くが会社船の船長（captain・commander）および広東の貨物上乗人（supercargo）出身者であった．とはいえ彼らの背後には，船主（shipowner）・船舶管理人（husband）・造船業者（shipbuilder）・船舶整備業者（fitter）といった，ロンドン海運界の広範な利害関係者が控えていた．

　会社海運関係者は，会社に独自な用船システムも与って，結束力の強い利害集団を形成していた．以下，海運関係者について簡単な説明を加えておきたい．会社は17世紀半ばより用船システムを採ってきたが，東インド貿易が船舶に対して要請する特殊な諸条件にも規定されて，用船の船主および船長に対して，会社との契約関係がいわば権利として固定化される傾向があった．こうしてまず一旦用船契約を結んだ船舶には，一定数の航海が保証されるとともに，退役に当たっては旧船主による新規提供に優先権が与えられた（'permanence of bottoms'）．また各船舶の船長にも継続的な雇用が約束された（'perpetuity of command'）．こうした慣習の根強さは，これらの権利が売買の対象となったことからも窺われる．かかる慣習によって，会社と当該海運関係者との結びつきは通常以上に緊密なものとなり，また海運関係者相互の結束力も強くなった．

　この時期海運関係者は一般に，船舶管理人によって束ねられていた．当時の船舶所有は，1/16ないし1/32に分割された所有権を分有する形態をとる場合が多かったが，それら船主のなかに，「建造・艤装・配船を差配し，帳簿を管理する[10]」，いわば機能資本家としての船主＝船舶管理人が含まれていた．彼らは通常，相当数の船舶を管理する専門業者であった．彼らがロンドンの海運関係者全体に及ぼす影響力はきわめて強く，その影響力は「テムズ川の有名な造船業者から，船舶にビスケットを納める小さな仕出し屋にまで及んだ[11]」とされている．そのうち会社と結びついた船舶管理人は，その背後に控える海運関係者全体を束ねることを通じて，会社経営に対しても勢威を振るった．例えば1760年より73年まで会社船を含む24隻を指揮したレイモンド（C. Raymond）は，「自ら（東インド会社）の取締役リストを作る[12]」とまでいわれた．

次に船長資格は、当時5,000～10,000ポンドで売買されたといわれるが、他方で船長には私貿易を行う権利が与えられていたために、彼らはそれを上回って余りある報酬を獲得することができた。すなわち「1回の航海は8,000～10,000ポンドの利潤を生み出すのが普通であり[13]」、「3-4回の航海は、いかなる人をも相当の資産家に仕立て上げた[14]」とされている。広東の貨物上乗人についても同様の事情を指摘しうる。

　会社海運関係者は、以上に示した諸関係を通じて相互に緊密に結びつきながら、きわめて結束力の強い利害集団（'Shipping Interest'）を形成していた。彼らはまず、会社に独自な用船システムも与って、会社に対する船舶提供をほぼ独占した。次に彼らは、その独占的地位を利用しつつ、会社船の建造・乗組員の手配・船舶の整備や備品の納入・運賃設定などに関わって、自己に有利な条件を会社に押しつけようとした。彼らはまさに海運を通じて会社貿易と直接結びついた利害集団であり、また彼らこそ、会社貿易独占権の最も断固たる擁護者にほかならなかった。他方で彼らのうち船主・船舶管理人はたいてい商人階層出身者であり、また船主は実際に他に兼業を持つ商人であることが多く、さらに船長・貨物上乗人も退役後には船主となったり、あるいは保険業などを営んだので、彼らは社会層としてはシティの商人と重なり合う側面を持った。とはいえ彼らは、会社海運との結びつきを持つ限りにおいて、それとは区別される独自な利害集団を形成したのである。

(c) インド会社勤務の文官・武官出身者

　インドにおける会社勤務の文官（Indian Civil Service）および武官（Indian Military Service）出身者は、19世紀に入ると次第に取締役会の主流を占めていくが、それは直接的には、会社による領土的支配拡大に伴ってインド統治業務の経験を持つ取締役が必要とされたこと、および一旦取締役に就任した者が同僚・後輩を引き入れたことによるとされ[16]、総じて会社のインド統治機能の肥大化、および会社の全体的な人的構成において、文・武に亘る統治官僚の比重が増大したことの反映である。19世紀前半においてインドに派遣された会社職員数は、年平均にして、文官（writer）35名（1834-52年の平均）、武官（cadet）253名（1800-52年の平均）、医師（assistant surgeon）41名（1800-52年の平均）であり[17]、これらを単純に合計すると329名となる。

第 2-2 表　インド会社勤務の文官・武官の出自

	文官		武官
	人数	割合(%)	割合(%)
ジェントルマン	39	9.2	5.6
商人・銀行家・製造業者	53	12.4	5.8
専門職従事者			
東インド会社職員	148	34.7	21.0
牧　師	40	9.4	8.5
政府軍人	36	8.5	11.7
法律家	15	3.5	2.9
医　師	14	3.3	6.8
政府文官	11	2.6	3.3
（専門職従事者小計）	(264)	(62.0)	(54.2)
国会議員	3	0.7	1.4
農業経営者	1	0.2	―
小売商人	―	―	3.2
その他	―	―	4.5
不　明	66	15.5	25.5
合　　計	426	100.0	100.2

注）文官は，1809年より1849年までの10年ごとの5年間についての，武官は，1796年より1854年までのトータルについての数字．

出所）文官は，B. S. Cohn, 'Recruitment and Training of British Civil Servants in India 1600-1860' in R. Braibanti(ed.), *Asian Bureaucratic Systems Emergent from the British Imperial Tradition*, 1966, p. 107．
　　　武官は，J. M. Bourne, 'The Civil and Military Patronage of the East India Company', Ph. D. thesis, Leicester University, 1977, p. 187．

　インド会社勤務出身の取締役の出自をパーカーの記述に尋ねれば，26名中14名について判明する．その内訳は，商人・金融業者6名，会社海運関係者3名，政府軍人2名，会社職員・医師・画家各1名である．ここでは商人・金融業者および会社海運関係者を出自とする者が主体となっている．なお彼らは主に18世紀前半にインド勤務に就いた人々であった．これに対して第2-2表は，19世紀前半におけるインド会社勤務者自体の出自を示したものである．この表において，会社職員・牧師・政府軍人・法律家・医師・政府文官の6種類の出自を「専門職」

profession 従事者として一括すると，その割合は文官で 62.0％, 武官で 54.2％に達する．不明分を考慮すれば，それらの割合は一層高いものとなろう．他方「地主階級（ジェントルマン）」および「商人・製造業者・銀行家」という，より上位の社会階層に属する者を多く含む家系の出身者はそれぞれ，文官 9.2％・12.4％, 武官 5.6％・5.8％であり，ともに一定割合を占めているとはいえ，決して多数を占めてはいない．つまり 19 世紀前半におけるインド会社勤務者の主要な供給源は専門職従事者にあり，従って彼らのうちでは，地主階級やシティの有力商人よりも社会的に下位に属する，いわば中間階級 (middle class) の出身者が主体となったといえよう．当該期におけるインド会社勤務出身取締役の出自の動向については詳かにしえないが，おそらく上の趨勢と同様の傾向にあったと思われる．総じて取締役会においてインド勤務出身者の比重が高まることは，取締役の個人的背景として，シティの商人・金融業者および会社海運関係者に結びついた要素が薄らいでいくことを意味したのである．

　他方取締役一般にとって，インド会社勤務者の任命権（パトロニジ）は，次第にその大きな関心事となってきた．18 世紀末以降ともなれば，その掌握こそ取締役会入りの主要動機であり，また任命権より派生する役得こそ取締役の主要な報酬をなしたといわれている．彼らは近親者・知人のインド会社勤務志願を叶え，また売官によって利得した．この点は同時代の多くの証言・文献が指摘するところである[18]．例えば 1809 年の会社職員の任命権に関する下院調査特別委員会は，文官への任命が 3,500 ポンドで，また武官への任命が 100-150 ポンドで売買された事例を紹介している[19]．売官が先に示した年間任命数にどれだけの割合を占めたかは不明であるが，取締役の年間手当が 300 ポンドであったことから，僅かな数の売官によっても，年間手当を上回る報酬が得られたことは間違いない．ブーンは，「取締役はパトロニジがなければ無である．それがあれば王侯である[20]」とまで言いきっている．このことの背景には，インド会社勤務者に与えられた法外な俸給や様々な役得，およびその職位に伴う社会的威信が，当時多くのイギリス人をしてインド会社勤務を志願させるだけの魅力を持っていたという事情があった．ブーンは，インド会社勤務の持つ魅力について，「上流階級 (gentility) に加わろうとする野心を満足させつつ，自らとその家族のために社会的ステータスを得る手段[21]」，あるいは「ミドル・クラスの生活の社会的・経済的実現[22]」という表現を用いている．以上の諸事情は，インドで実現される領土的歳入に寄食する

インド統治官僚群と，彼らがインド財政より引き出した収入の派生形態に吸着する取締役とが，ますます会社関係者の主流を構成しつつあったことを示唆している．

インド会社勤務出身の取締役は，長年のインド滞在を経て年配となって帰国したこともあって，船長と異なり，一般に帰国後のビジネスには消極的であった．その傾向は，専門職家系出身者の増加によっても強められたと考えられる．18世紀前半にインド勤務に就いた者に関わるパーカーの記述においてさえ，25名中僅か3名についてのみ，そうした活動が認められるだけである．ブーンもまた，「取締役の地位はますます専門職の一つと見なされるようになった．とりわけ退職した会社職員の間でそうである[23]」と述べている．こうして彼らの多くが，インドでの貯蓄によって郊外の地所を手に入れ，また会社より年金を受け取りつつ，「取締役専業」として活動したのである．

(d) 私商人出身者，および(e) その他

私商人出身者とは，アジアにおける私貿易での成功にもとづいて取締役に昇った者を指す．また「その他」には，会社の本社勤務職員・法律家・本国政府役人・劇作家などが含まれるが，両者とも少数にとどまり，また彼らと会社貿易との関係は希薄である．

＊

では以上のように5つのグループに分類された取締役は，全体のなかにどのように配分され，またその配分は時代とともに，いかなる変化を辿ったのか．上で考察された各グループに属する取締役の個人的利害を参考にしながら，取締役会全体の利害状況の推移について検討しよう．

第2-3表は，上のグループ分けを行いつつ，1754年より1858年に至る2年ごとの取締役会の構成を示したものである．まずシティの商人・金融業者は，18世紀中葉より1813年のインド貿易開放まで，10名前後以上で推移しつつ，一貫して最多数を占め続けた．とはいえ，彼らは1813年を境に顕著な減少を示している．会社海運関係者は，多少の変動を含みつつ，また多数派とはならないものの，1840年代までの長期に亘って良く一定数（5～10名程度）を保っている．次にインド会社勤務出身者は，1760年代より若干増加しつつ，インド貿易開放前後より，そ

第2-3表　取締役会の人的構成の変化（1754～1858）

年	1754	56	58	60	62	64	66	68	70	72	74	76	78	80	82	84	86	88	90	92	94	96	98	1800	02	04	06
C	13	10	11	8	8	9	11	12	7	10	8	10	10	10	11	12	10	12	8	7	10	8	13	10	10	10	
S	7	6	6	8	7	8	6	3	5	3	10	7	7	5	5	4	6	6	6	4	4	1		4	3	4	
I	2	4	4	4	4	3	6	7	5	6	7	4	4	6	5	6	4	4	7	6	6	7	5	8	6		
P		1	1	1	1	3			1	1			1	1	1	3	3	3	2	3	2	5	4	4	5	2	4	3
その他	3	3	2	3	2		1	4	3	2	2	2	1			1			1	1			1			1	
合計	25	24	24	24	23	24	25	22	23	25	25	23	22	23	25	24	25	23	24	24	24	24		24	25	23	

年	08	10	12	14	16	18	20	22	24	26	28	30	32	34	36	38	40	42	44	46	48	50	52	54	56	58
C	9	9	8	3	4	5	4	6	6	6	4	6	4	5	3	2	5	4	5	4	4	4	5	2	2	2
S	5	5	6	4	5	7	8	8	6	4	6	5	6	6	4	6	6	6	5	4	4	3	2	1	1	1
I	8	10	9	12	11	10	11	8	10	12	11	10	11	10	11	10	12	13	13	12	13	16	13	13	13	14
P	1	2	1	2	1		2	1	2	1	2			1	2		1	2	2	2	1	2	1			
その他			1	2	3	3	2	2	2	2	1	3	3	5	4	3	2	3	2	1	2	2	3	1	1	1
合計	23	26	25	23	24	25	27	25	25	24	24	25	24	25	25	26	27	25	23	24	27	24	17	17	18	

注）C……シティの商人・金融業者，S……会社海運関係者，I……インド会社勤務の文官・武官出身者，P……私商人出身者．その他には不明も含まれる．
出所）1754年より1790年までは，J. G. Parker, op. cit., Section 1, 1790年より1858年までは，J. M. Bourne, op. cit., pp. 313-23，のそれぞれ取締役リストより計算．

れまでの5～8名程度から一気に10名を超えるまでに増加し，最多数を占めるに至った．そして会社消滅に近づくほど，彼らの比重は高まり，最終的には取締役会は殆ど彼らの独占するところとなる．私商人出身者は，1800年前後に4～5名が取締役となったのをピークとして，それ以外の時期では概ね1～3名程度にとどまっている．その他（不明を含む）は，全期間を通じて1～3名程度である．

　各グループにおける以上の動向を組み合わせた全体構成の推移については，それを三つの時期に区分するのが妥当であると思われる．

　第1期は，インド領有開始以前である．そこでは，織物商人と会社海運関係者とを併せたものが圧倒的な多数派を形成し，従って取締役の多数が会社貿易と直接的取引関係を持っていた．

　第2期は，インド領有開始より1813年のインド貿易開放までの時期である．そこでは，まずシティの商人・金融業者が依然として最多数となりつつも，そのう

ちに織物商人が占める比重が低下し，同時に彼らの社会的属性が多様化した．次にインド会社勤務および私商人出身者という，ともに「インド帰り」の取締役が増加し，両者を併せた数はシティの商人・金融業者の数にほぼ匹敵するようになった．他方で会社海運関係者は概ね従来通りの数を保った．これらの諸変化を通じて，取締役の個人的利害の主体は，会社貿易との直接的取引関係より，インド会社勤務者の任命権を中心とする，インドの領土的歳入の分け前に対する期待へと移りつつあった．われわれの研究対象はこの時期にある．なおパーカーも，次のように述べつつ，1760年代以降取締役会の構成に重大な変化が生じたことを指摘している．「1754年より1790年まで取締役会で断然多数を占めたのは，商売上東インド貿易に結びついたシティの商人であった（傍点は引用者）」が，「1760年代に会社問題をめぐる新たな闘争の幕が開き，東インド会社本社において諸党派の跳梁が見られた．こうしてそれまで取締役会を支配し，代表 (Chairman) や指導的取締役を輩出してきた商人階層の権力は，新参の諸党派からの挑戦を受けた[24]」．

第3期は，インド貿易開放以後の時期である．そこでは，「取締役専業」であるインド会社勤務出身者によって取締役の多数派が形成され，また取締役の個人的利得の対象はパトロニジにほぼ限定された．

(2) 会社株主の人的構成

(a) 会社株式保有構造

会社資本金は，産業革命期に大きく増額され，合同会社成立以来の320万ポンドより，1786年に400万ポンド，89年に500万ポンド，93年以降では600万ポンドとなった．こうした資本金増額に伴って会社株主数も増加し，それは1773年時点の2,800余名[25]より，1800年前後には4,000名余りになったと推定される[26]．会社が先駆的ながら「株式会社」の形態をとったことは，その通則として，多数に及ぶ株主をして経営管理の実際面から遠ざけることになったが，東インド会社においては，その点に加えて，産業革命期に至って次の二つの事情が生じたことにより，その傾向が一層強められた．一つは既述のピット法による株主総会の持つ権限の縮小である．他は1767年の「配当制限法」以来，会社株式の配当率が議会法によって定められたことである．配当率は，1778年以降8％に，また93年以

第2-4表 1,000ポンド以上株主の称号および保有額分布

称　　　号	£10,000以上	£6,000以上	£3,000以上	£1,000以上	合計
貴　　族(lord以上)	3	6	9	36	54(2.4)
準男爵・騎士	4	1	18	45	68(3.1)
エスクワイア(デイム)	28	40	188	809	1,065(47.8)
聖　　職　　者	1	3	4	50	58(2.6)
軍　　　　人	4	8	27	127	166(7.4)
ミスター(ミセス)	14	12	118	675	819(36.7)
合　　計	54(2.4)	70(3.1)	364(16.3)	1,742(78.1)	2,230(100.0)

注) カッコ内は，人数合計に対するパーセントを示す．
出所) A List of the Members of the United Company of the Merchants of England, Trading to the East-Indies, Who Stood Qualified as Voters on the Company's Books, the 11th April 1809 (Gold Smith Library 所収) より計算．

降では10.5％に定められ，後者の率は1874年の会社解散まで維持された．こうして会社株主とは，インド財政より定まった利子収入を引き出す，「インド国債」保有者に近い地位にあったといえよう[27]．

　第2-4表は，総会における投票権を伴う1,000ポンド以上の株式を保有する株主について，株式保有額規模および「称号」を区分しつつ，人数の分布を示したものである．まず保有額規模について，ここでは1,000ポンド以上株主総数2,230名のうち1,742名，78.1％が，1,000～3,000ポンド層に属している．すでにこの数字からして，会社株式には寡頭制的保有構造は見られなかったことが窺われる．この点を一層確実に理解するために，上表における保有額規模の四つの区分に即して，それぞれの資本金総額に対する保有額割合を試算してみよう．ここでは各保有額規模の最低額（1,000ポンド以上層であれば1,000ポンドとする）を基準にとりつつ，それと所属人数とを掛け合わせ，もって各規模の株式総額を計算し，かつそれらを資本金総額600万ポンドで除すと，各区分について次のような割合が得られる．10,000ポンド以上層9％，6,000ポンド以上層7％，3,000ポンド以上層18％，1,000ポンド以上層29％．実際にはそれぞれの割合はより大きなものであったと思われるが，会社株式保有に関わる上述の特質は明らかである．以上より会社株式は，一定の配当が確実に保証された単なる金融資産としての性格を強め，高い流動性を持ちつつ，広範かつ多様な人々によって適当額が保有されるものとなっていたといえよう．

(b) 会社株主の社会的属性

　続いて株主の社会的属性について，さしあたり表の「称号」を参考にしつつ検討しよう．まず大土地所有貴族は，人数・保有額とも大きな比重を占めていない．次に，全体人数の半分近くが「エスクワイア」esquire（および「デイム」dame）の称号を持つ者によって占められ，また同じく4割弱が「ミスター」（および「ミセス」）と呼ばれた人々からなっている．とりわけエクスワイアはどの保有規模においても，満遍なく相当数を占めている．両者を併せた人数は，1,000ポンド以上株主全体の85％に達する．この二つの称号は，何らかの具体的な社会的属性を示すというより，身分や資産規模において社会的上位にある者に与えられた，一種の「敬称」である．その際エスクワイアの方がより上位の称号をなす．実際この時期1,000ポンド以上の余裕資金を持つ者といえば，相当の資産階級を意味した．他方で当時のイギリスにおいて社会的上位に属する者とは概ね，大土地所有者か，あるいは外国貿易商を中心とする富裕な商人・金融業者であった．そして当時，相当規模の土地資産を持つことがなお社会的ステータスの中心的内容をなし，それに伴って富裕な商人・金融業者がたいていかなりの土地資産を所有していたことは，今日良く知られた事実である[28]．また上表の2,230名の居住地を調べると，その74.4％までがロンドンおよびその周辺 (Middlesex, Surrey, Hertfordshire) に居住していたことが判明する．それ以外のイギリス国内に居住する者は，17.2％であった[29]．以上の諸事実を総合すれば，ここで「エスクワイア」および「ミスター」とされた者は，土地資産をも所有する，ロンドンの富裕な商人・金融業者を中核としていたと考えられる．そしてそこには，地方ジェントリや専門職従事者の上層も部分的に含まれていたであろう．総じて会社株主は主として，大土地所有者と社会的に融合した，ロンドンの富裕な商人・金融業者を中核としつつ，地方ジェントリ・専門職従事者の上層を含めた，いわば資産階級の上層部分からなっていたといえよう．

＊

　これまでの検討は，次のようにまとめることができる．東インド会社は，インド領有開始を画期として，それまでの会社貿易と直接的取引関係を持つ商人および海運関係者に支配された団体より，致富と栄達を求めるインド勤務の文官・武官，確実な配当のみを期待する会社株主，パトロニジによる役得を主要関心事と

する会社取締役，これら3者を主体とする，まさにインドがもたらす領土的歳入に寄食する，膨大な数を擁する利害集団へと変容していった．こうした会社の動態＝変容は，イギリスが18世紀を通じて継続的に対外戦争を遂行し，それに伴って重商主義的植民地帝国を構築したことの，東インド会社における反映をなしている．また以上の3者よりなる会社関係者における利害の集約点は，会社海運関係者の利害を除いて，会社貿易による商業利潤実現を通じてであれ，あるいは会社職員の個人的な送金によるにしろ，結局のところ，インドの領土的歳入をいかにして本国に持ち込み，またどのようにその価値実現を図るかという点にあった．こうした「本国送金」確保の観点からすれば，彼らの主要な利害は，すでに例えばインド産綿製品のような特定商品の輸入にあくまで固執するというものではなく，むしろ何らかのヨーロッパで需要されるアジア物産の輸入・再輸出の維持を通じて送金確保を図ることにあったといわねばならない．とはいえ当該時点までは，「本国送金」は確かに，会社貿易を基軸に据えて行われてきたのである．

2-4 会社取締役会の提起する路線

(1) 膨張政策に対する取締役会の態度

では1800年前後において，会社本来の最高経営管理機関であり，またピット法の下での一方の当局をなす会社取締役会は，ウェルズリの諸政策に対していかなる対応を示し，またそれは，イギリスのアジア支配に関わる，どのような路線を提起していたのであろうか．本節では，ウェルズリの膨張政策および貿易独占権修正政策という二つの政策への対応に絞り込みつつ，検討を行いたい．

まず取締役会は，ウェルズリの最初の「戦果」である対マイソール（Mysore）戦争の勝利に対して，次のコメントを送っている．

「このすばらしい偉業は，インドのわれわれの領土に対して，平和が久しく，途切れることなく続くであろうという見通しを与えた．この見通しにもとづいて，インド政府は，……歳出を削り，負債を減らし，歳入を増し，インドの内陸商

業を発展・拡大させることができるであろう．そしてやがて政府は，ヨーロッパ向けのインヴェストメントを増やすことができるであろう．インヴェストメントの増加は，会社の本国における繁栄にとって最も本質的な重要性を持っている（傍点は引用者，以下同様）[30]」．

　以上のコメントより次の諸点が窺われる．①取締役会がインヴェストメントに高い価値を与え，かつ戦争という，およそ会社にとっての最重要事を主にインヴェストメント増加の観点より論じていることは，彼らの基本的利害が，「会社の本国における繁栄」，すなわち本国におけるアジア物産売上および商業利潤の増大にあることを示し，ここで取締役会は，いわば会社本来の商業的利害の体現物として現れている．②取締役会は，このたびの戦勝に対して「すばらしい偉業」という最大級の賞賛を与えており，上のコメントには明示されていないとはいえ，その根拠は，領土的支配による会社の商業活動に対する促進作用への期待にあったと考えられる．すなわち政治的諸権限の行使による多大な便宜の提供，および領土的歳入のインヴェストメントへの充用の可能性である．征服戦争をもっぱら「前期的資本」の暴力的性質より説いてきた通説が洞察したのは，この関係であった．③だが他方で取締役会は，明らかに，戦争継続への戒めを説いている．彼らは上の点を期待しつつも，同時に逆の連関 ── 戦争継続が歳出を増やし，負債を拡大させ，インドの内陸商業を衰退させ，結局インヴェストメントが削減されること ── への危惧を表明している．総じて，長年の懸案を解決したこのたびの戦勝は高く評価するが，今後は獲得された便宜を利して暫く商業活動拡大に専念せよ，これがマイソール戦争終結時における，取締役会の膨張政策に対する態度であった．

　しかしながら，マイソール戦争はウェルズリによる精力的な膨張政策の口火にすぎず，以後彼は間断なく征服戦争を遂行していく．そうした経過を辿るなかで，取締役会の態度は膨張政策批判へと一面化されていった．このことを明示するのが，1805年4月3日付のベンガル政庁宛通信文（dispatch）の草稿[31] ── 監督局に提出すべきもの ── である．この文書において取締役会は，まずピット法第34条に対する厳格な解釈を通じて，膨張政策批判の立場を明確にする．

　「法はすべての現地勢力に対する穏健・正義・誠実の原則を規定しているだけでなく，明確に征服や勢力拡大の企みを禁止しているにもかかわらず，この健全な規則の精神は明らかに犯され，会社はかつてなく戦争に没入している．それらの戦争は，ここでその性質なり結果なりを問わないとすれば，総督の側での

勢力拡大の企みがなければ，起こりえなかったものである⁽³²⁾」．

同時に取締役会は，アワドに対する征服過程に関説しつつ，「この交渉に関わるやりとりを読むのは苦痛である．もしまったく驚くべき内容を持つ脅迫に伴われた要求を，交渉と呼ぶことができるならば⁽³³⁾」と述べ，いわば「人道主義」の見地からの批判を展開している．ここでは，「前期的資本」の堡塁というべき取締役会が，かえって人道主義を標榜している点が興味深い．とはいえ，先のマイソール戦争勝利に対する最大級の賞賛からしても，彼らは決して本来的な「人道主義者」であったはずもなく，果たしてその後，監督局によって草稿が無効を宣せられ，両者の間に激しい応酬が繰り広げられるなかで，取締役会はついに次のような「本音」を口にすることになった．そこではウェルズリの召還が暗示されつつ，以下のように述べられている．

「取締役会は，公的支出における約束された節約がウェルズリによって実行されることを願い，もって彼の留任を希望する限りにおいて，自らの感情を抑えてきた．だがウェルズリは，こうした希望に応える代わりに，不必要にも，戦争に結びつかざるをえない大規模な外交計画に乗り出した．その計画は，……取締役会の見解によれば，多くの重大な弊害を生み出したのである⁽³⁴⁾」．

こうして取締役会は，主にインド財政破綻＝会社の商業的利害の侵害を理由として，膨張政策批判へと転じたのである．以上の経緯は，会社と膨張政策との関わりに含まれる，次の関係を示唆している．すなわち会社の商業的利害は，それに適う限りにおいては，膨張政策を要請するものの，他面でそれと背馳するまでに膨張政策が急テンポに遂行されることは，これを認めないということである．逆に表現すれば，会社がその商業的利害に主導される限り，膨張政策遂行のテンポには，一定の限界があるということである．

(2) 貿易独占権修正に対する取締役会の態度

続いて貿易独占権修正に対する取締役会の態度について検討しよう．ここでは，前章で確認された関係 ── 精力的な膨張政策が，多くの点で貿易独占権修正を促す作用を持ったこと ── を前提として考察を進める．また本節で検討素材とするのは，監督局総裁ダンダス (H. Dundas) からの問題提起を受けて，取締役会が特別委員会を設けて検討を重ねつつ，1801年に議会に提出した二次に亘る報告書，

およびらの議会における証言である(35)。結論的にいえば，この時点での取締役会の態度は，イギリスの営むアジア貿易を発展させるという，設立以来会社に課せられてきた課題の実現と，従来の形態での貿易独占権（会社船の積載量の一部を社外人に開放するという1793年の譲歩にとどめること）とが両立しうると強弁しつつ，独占権修正を拒否するものであった(36)。彼らの論述を通じて，こうした態度の論拠とされたものは次の四つに整理される。①諸外国が営むインド貿易の発展の否定(37)。②私貿易の今後の発展性に関する否定的見通し(38)。③会社が従来果たしてきた積極的役割の強調(39)。④こうした修正を認めることが，将来の貿易完全開放および会社消滅に結びつくのではないかという危惧(40)。これらの論点は，その後貿易独占権の存廃が問題となるたびに，取締役会が繰り返し持ち出すものである。以上の論点のうち，①・②は彼らの「推定」でしかなく，③はおよそ論拠となっていないのに対して，④こそは彼らの意思が最も率直に語られているものである。総じてここに示された取締役会の意思とは，貿易独占権に執着するがゆえにウェルズリの政策を認めないというもの以上ではないというべきである。

同時に取締役会は，彼らの意思が可能になるには，ある条件が必要であることを忘れていなかった。わたくしは，次のような主張が，貿易独占権維持の要求に関わって行われていることに注目したい。

「取締役会は，次の諸点が実現されるべきであると考える。まず現在の高水準にあるインド負債がこれ以上増大しないことである。そして商業目的のために充用しうる資金・信用が限度に達するまで，商業活動を行うという点で，私商人が享受しているのと同じだけの自由が，会社に対しても与えられることである(41)」。

後段の主張は，自らの商業活動発展のために誰憚ることなく邁進している私商人と同様に，会社をして，その商業的利害にもとづいて活動せしめよという要求を意味している。これは，前段のインド負債への言及と合わせて，先に示した自らの商業的利害の観点からする膨張政策批判の基調の再現である。ではなぜ彼らは，こうした主張を貿易独占権維持に関わって持ち出しているのか。その理由は，前章で確認されたように，膨張政策と貿易独占権修正とが密接不可分の関係にあるとすれば，彼らは貿易独占権維持のためにも，膨張政策に歯止めを掛けねばならないという点にある。ここですでに確認された両者の関係を踏まえて，取締役

第2章　1800年前後における東インド会社経営論争　101

会の主張の含意を代弁すれば，以下のようにいうことができる．①過度の膨張政策への歯止めは，資金面をはじめとして，会社を様々な「重荷」から解放することによって，会社貿易の拡大を可能にする．会社はそれによって，本来の使命をそれだけ果たすことができる．②膨張政策が与えてきた，私商人の送金を会社貿易に包摂することに対する障害が，その抑制によって緩和される．③膨張政策が私商人の成長に結びついているとすれば，その抑制は，私商人の致富をも抑制し，結果的に彼らの送金問題をそれだけ緩和する．

　以上の諸考察にもとづけば，イギリスの営むアジア貿易を発展させるという国家的要請に対する取締役会の展望とは，膨張政策に一定の歯止めを掛けつつ，最大限会社貿易の拡大をもってアジア貿易の発展を実現することにあったということになる．また取締役会による膨張政策批判は，自らが体現する会社の商業的利害を防衛するためのものであると同時に，貿易独占権維持の条件でもあるという，二重の含意を持っていた．逆にいえば，彼らは会社の商業的利害と両立し，かつ現状の貿易独占権を侵害しない限りでしか，膨張政策を認めないというのである．

　総じてわれわれは，ウェルズリの二つの基軸的政策に対する取締役会の態度の検討より，彼らがこの時点で提起していた，およそイギリスによるアジア支配の枠組に関わる路線を，次にようにまとめることができる．すなわちその路線は，会社の商業利潤獲得を第一義的目的とし，会社の商業的利害と既存の貿易独占権とによって画される範囲内で，英領インド帝国の建設とイギリスの営むアジア貿易の発展とを図ろうとするものであった．

(3) 小括

　①イギリスは，18世紀を通じて，対外戦争を継続し，重商主義的植民地帝国を建設することを通じて，巨大な軍事機構を構築し，外国貿易を拡大させ，さらに国債制度を基軸に近代的信用制度・租税制度の礎石を築いた．この過程は同時に，外国貿易商，金融業者，政府軍人等の専門職従事者，あるいは金利生活者といった社会層の致富と社会的台頭を伴うものであった．イギリス東インド会社は，まさにこうした過程の一環として，18世紀中葉インド領有を開始し，会社職員としての厖大な数のインド統治官僚群を形成し，また高率配当を保証された株主の輪を一層広げ，さらに取締役にはパトロニジより派生する役得を提供しつつ，総じ

て会社関係者をして，インドの領土的歳入に寄食する巨大な利害集団へと変容させていった．こうした変容は，その後長らく英印関係を特徴づける，イギリスによるインドからの「富の収奪」体制の，端緒的な形成でもあった．

②会社関係者の利害の主要な集約点をなした「本国送金」は，これまでのところ，圧倒的に会社貿易を基軸として行われてきた．その限りで会社関係者は，会社に対して，できるだけ多くの歳入剰余（surplus revenue）を計上し，それをもってアジア物産を買い付けつつ，本国でより多くの貿易利潤を実現することを期待していた．他方で取締役会には，会社海運関係者の独自な利害もまた根強く反映され，総じて上に示された取締役会路線は，会社貿易に依拠して送金を果たそうとする，現時点までの会社関係者の総意にもとづき，それに海運関係者の利害が加味されつつ，生み出されたものであった．こうしてイギリスは，インド領有開始を契機として，厖大な数のインド寄食者の隊列を出現させ，さしあたり会社に依拠しつつ，従って上の路線を内実として，インドからの富の収奪を含むアジア支配の前進を達成してきた．この路線の特質は，取締役会が会社経営管理を専一的に主導しつつ，会社がイギリスによるアジア支配の唯一の担い手となり，また従来の形態での貿易独占権が維持されることと表裏一体の関係にあり，従ってそれは，産業革命の本格化に先立つイギリスのアジア政策の重要な特質をなしていた．そしてこの路線は，次節で検討される，当該期の現実の主導者であった本国政府路線の特質理解のための基準をも提供する．

③とはいえ，会社関係者の個人的利害と，会社自身の利害とは，必ずしも同一ではない．海運関係者を除いて，会社貿易との直接的取引関係を薄め，インドの領土的歳入に対する寄食者としての性格を強めた会社関係者にとって，会社貿易は，「本国送金」の媒体となる限りにおいて，積極的な意味を持ったにすぎない．これまで二つの利害は調和的に推移してきたとはいえ，当該期以降会社貿易の困難は一層昂じていく．従ってその後，会社関係者によっても，会社貿易との関係が，従って貿易独占権のあり方が見直される可能性があるといわねばならない．

では，ピット法の下におけるもう一方の当局をなす，監督局＝本国政府は，ウェルズリの諸政策に対していかなる対応を示したのか．また取締役会の態度は，その後どのような展開を辿るのか．これらの点の検討を，次節以降において果たしていきたい．

2-5 本国政府の提起する路線

(1) ウェルズリと本国政府路線との一致

　以下では，1784年の創設時より1801年まで監督局総裁を務め，その間本国政府側における東インド会社問題の実質的責任者となってきた，ヘンリー・ダンダス（Henry Dundas）の見解および動向を中心に据えて検討する．1784年のピット・インド法は，「殆どダンダスの手になるものであり，彼が1781年にインド問題委員会[42]の座長に就任して以来暖めてきた構想にもとづいていた[43]」といわれ，また当時本国政府側においては，「（会社に関わる）最重要問題は首相ピットとの合議によって決められたとはいえ，事実上すべての場合において，専門家であり担当『大臣』であるダンダスの見解が容れられた[44]」とされている．

　第1に，ウェルズリの精力的な膨張政策が，本国政府の意向と緊密に連携しつつ展開されたことは明白である．まず監督局が会社の統治活動に強い統制権限を持つこと，および後述のように，本国政府がウェルズリの召還に踏み切りつつも，その際取締役会からの批判を斥けて，彼の膨張政策を擁護したことが，両者の結びつきを示唆しているが，ここでは，ダンダスが領土拡大に意欲を燃やし，またウェルズリが彼の忠実な「下僚」として振る舞ったことを物語る，以下のやりとりを示しておこう．ダンダスはマイソールの領土が1/3を余して併合された際，「私はより多くを望んでいた[45]」と不満を漏らし，これに対してウェルズリは，その後の「戦果」を踏まえて，次のように書き送っている．

　「もし閣下がいま少しの忍耐力をお持ちであるなら，ニザムNizam（現地勢力の名称，以下カタカナで表記されたものも同様──引用者）の滅亡によって，わたくしは閣下の領土と要塞に対する飽くなき食欲を満たすことができると思います．セリンガパタム（Seringapatham，マイソールを指す──引用者）は閣下の胃袋に暫くとどまるはずです．もちろんタンジョール（Tanjore）とポリジャン（Polijan）地方もそうでしょう．それでも閣下が空腹であるとおっしゃる

なら，わたくしはいずれ，アワド（Awadh）とカーナティック（Carnatic）というディナーを差し上げることができると思います[46]」．

続いて貿易独占権修正の実行に当たっても，ダンダスとウェルズリとの間で合意が形成されていたことは疑いない．ダンダスは，1801年9月21日付取締役会代表宛の書簡において，ウェルズリの措置について，「大変賢明な政策であり，問題の要点を直截突いている[47]」と評し，またウェルズリがダンダスに宛てて政策内容を説明した書簡を取り上げつつ，「それは取締役会に対してわたくしが示した見解の根拠を，明確かつ巧みに記したものであり，わたくしの見解の正しさを証明している[48]」と述べて，自らとウェルズリとの一致を公言した．なお後の表現より窺われるように，ダンダスは自ら取締役会に対して独占権修正を慫慂したと思われる．ジョーンズ（E. B. Jones）の研究によれば，ダンダスはすでに1795年前後にこの政策の採用を取締役会に打診し[49]，またウェルズリに対して，取締役会の反対にとらわれることなく政策を実行せよとの命令を下したとされている[50]．従って貿易独占権修正政策についても，そのイニシアティヴはダンダスにあったといわねばならない．こうして精力的な膨張政策および貿易独占権修正はいずれも，ウェルズリがダンダスより指示を受けて，それを実行に移したものであったということができる．

以上より，ウェルズリの諸政策は監督局＝本国政府の志向するアジア支配路線に導かれたものであり，その路線は取締役会の志向するそれとは異なる部分を持っていた．われわれは，本国政府路線を，会社取締役会路線との対比において，次のように表現することができる．すなわちそれは，会社の商業的利害を大きく侵害するまでに，同時に貿易独占権に制約された枠組を突き破るほどに，一方でインド領有を前進させ，他方で英印貿易の拡大を目指すものであった．会社の商業的利害と貿易独占権とによって画される枠組の範囲を超えて，強権的な領土的支配を主軸とするイギリス支配を前進させること，ここに本国政府路線の重要な特質があった．言い換えれば，イギリスが進めようとする積極的なアジア支配構想は，この時期に至って，会社を唯一の担い手としてきた従来の枠組に納まり切れないものとなり，このことが，本国政府の明確な主導性，財政難による会社存立の危機，および会社の貿易独占からの一層の後退に結びついたといえよう．この意味で，当該期における貿易完全開放およびインド直轄化＝会社消滅への接近は，決してスミス流の自由主義・平和主義への移行過程として一面的に捉えられ

るべきではなく，およそそれとは対照的というべき，従来以上に強権的なアジア支配への突進をも重要な内実としていたのである．本章の検討対象をなす会社取締役会と本国政府との路線対立こそは，イギリスのアジア政策が，産業革命期に入って，従来以上に積極的・強権的なものとなったことの端的な証明である．

(2) 貿易開放および会社消滅に対する慎重な態度

とはいえ他方で，本国政府路線は，一面で事態を貿易完全開放および会社消滅へと接近させながらも，他面で当該時点において，これ以上の貿易開放を認めず，また会社を消滅させるつもりのないものであった．この点は，ダンダスの次の諸発言より明白である．彼はまず，「統治の表向きの形態，および会社職員の任命権については，現状のままでなければならない[51]」と述べ，ピット法にもとづく会社の存立形態に何らの変更も加える意思のないことを公言した．次に貿易独占権修正に関しては，これを「独占権行使における修正[52]」と表現して，従来の形態の貿易独占権とは区別しつつも，他面でそれが僅かな修正にすぎないとの理解より，取締役会宛の書簡においては，「わたくしは，会社の手に引き続き貿易独占権を保持させることの妥当性についても満足している[53]」とまで言いきっている．こうしたダンダスの姿勢は，本国政府にとっての会社の位置付けについて，何を物語っているのか．この点の検討が以下の課題である．

東インド会社の貿易独占権に対する攻撃は，18世紀末ともなれば，社外商人による貿易参入要求の一層の高まりに加えて，産業革命を主導するイギリス綿工業の成長によって，新たな高揚を迎えた．イギリス綿業資本は，1780年前後に重要な技術革新を重ねることを通じて，インド綿工業に対する自らの肉薄を自覚したがゆえに，かえってそれへの本格的な対抗を企図するようになっていた．こうして彼らは1780年代末より，インド産綿製品の輸入制限およびインドからの綿花輸入を求めて請願を開始した[54]．

しかしながら，貿易開放の実現はむしろ漸進的に進められていった．この過程は，1793年の譲歩を皮切りとして，当該期における独占権修正の試みを経つつ，1813年のインド貿易全面開放へと至る．そして残る中国貿易開放によって貿易独占権に終止符が打たれるのは1833年であり，この間40年が経過している．他方でインド直轄化＝会社消滅については，すでにベンガル領有後ほどなく国王ジョ

ージⅢ世が強硬に主張したところであるが，その後ピット法体制が長らく続き，およそ1世紀間の係争を経て，ようやく1858年に実現される．こうした貿易完全開放およびインド直轄化に至る過程の漸進的性格は，どのように理解されねばならないのか．従来の研究では，こうした事情には特に注意が払われることなく，過程は自由主義原理による前期的資本克服の歩みとして一色に染め上げられてきた．とはいえ，産業革命期東インド会社の動態をテーマとするわれわれの研究にとっては，こうした事情もまた積極的な検討に値すると思われる．本節では以下，ダンダスのアジア支配構想に即しつつ，この事情をもたらした背景として主に次の2点を指摘したい．①イギリスがインドからの富の収奪を一貫して追及し，その利害の観点より，会社貿易およびインド産綿製品輸入に一定の意義が与えられたこと．②本国政府がアジア支配に伴う経費を最大限会社に負担させようとし，その方針が，会社の存続，および会社貿易に対する一定の配慮を要請していたこと．またダンダスの構想には，いくつかのディレンマが含まれていたことも指摘したい．

(3) インドからの富の収奪と東インド会社

(a) 富の収奪の拡大と会社貿易

　ダンダスは，1800年時点で，インド領有の経済的意義に関わって，次の見解を表明している．「われわれの東インド帝国は，相当程度に確実な販売市場である」．その市場は，長年に亘って徐々に拡大し，また最近の領土拡大の結果，かなりの成長を見せつつある．しかしながら，現地の気候，習慣，とりわけ在来（綿）工業の存在が，市場拡大を阻害している．それゆえ，「われわれは，この帝国の重要性を，イギリスの生産物および工業製品が現地で消費されることにもとづく富の増加よりも，送金がイギリス資本に対して与える巨額の付加によって，計るべきである（傍点は引用者，以下同様）[55]」．この発言では，インドの販売市場としての意義が明確に認識されながらも，なおその意義を上回って，インドからの「送金」＝「富の収奪」に，インド領有の第一義的目的が与えられていることが明らかである．

　第1に，上の見解は，1800年前後という時期が持った歴史的過渡性の産物である．既述のようにイギリス綿工業は当該時点において，なおインド産綿製品の輸

入阻止に精力を傾けている段階にあり，インド市場への奔流のごとき輸出を開始するのは1820年代以降である．従って当該時点以降時期が進むほどに，販売市場としての意義がより強く認識されることになるといえよう．

第2に，とはいえ，上の発言は，すでに1786年の英仏通商条約締結に関与し，かつインドの販売市場としての重要性を明確に認識していたダンダスにあってさえも，なおインドからの富の収奪にきわめて大きな意義が与えられたという文脈で理解されるべきである．

ではその後，インドからの「送金」＝「富の収奪」はどのような推移を辿るのであろうか．それは，綿製品を中心とした，イギリスからインドへの工業製品輸出がいよいよ増加していくなかにあっても，縮小するどころか，一貫して拡大することになる．当該期の送金には，大別して，①東インド会社が本国において支払義務を負う費目に充当するもの，②会社職員および私商人による私的な送金，の2種類があった．前者は，株式配当，本国の施設・スタッフの維持経費，会社職員の年金・退職金・賜暇金，アジアにおける非商業的活動経費（軍事支出を中心とする），インド負債の元利償還費などが含まれていた．その後これらの費目は，「イギリス支配に対するインド住民による経費負担」を名目とする，著名な「本国費」Home Charges として制度化される．「本国費」の額については，時期や論者により様々に計上・推計されてきた．ヴァーキル（C. N. Vakil）は，上の諸費目や，19世紀中葉以降増大する鉄道建設投資に伴う利子・配当支払を含みつつ，概ね「インドがイギリス本国において支払義務を負った諸経費」というべき額の変化を推計している（第2-5表）．彼の推計を「本国費」として捉えれば，それは19世紀中葉より20世紀初頭まで一貫して増大し，かつ文字通り桁違いのものへと膨れ上がった．それは年平均で19世紀中葉にすでに300万ポンド以上に達していたが，1920年代ともなれば，3,000万ポンドという途方もない額に膨張する．また私的な送金額も，同時期を通じて，相当の拡大を見せたことは疑いない．

第2-5表　本国費の推移

（単位：100万ポンド）

年　　次	絶対額	年平均額
1834—1856	75.7	3.3
1857—1860	28.4	7.1
1861—1874	146.6	10.5
1875—1898	357.8	14.9
1899—1913	283.4	18.9
1914—1920	167.7	24.0
1921—1924	122.9	30.7

出所）C. N. Vakil, *Financial Development in Modern India 1860-1924*, p. 322.

他方イギリスからインドへの輸出額を見ると，それは1830年代より60年代後半まで順調に拡大し，その後70年代前半まで停滞するものの，70年代後半から80年代にかけて新たな拡大を達成していった．ミッチェルの統計によれば，輸出額は1834年に320万ポンドであったものが，1880年には3,050万ポンドとなり[56]，この間に10倍近く拡大している．次にイギリス産綿布のインドに対する輸出量は，1840年にすでに1億4千5百万ヤードに達していたが，1880年にはその12倍強に当たる18億1千3百万ヤードまで増加する[57]．こうして1830年代以降の英印貿易関係においては，インドへの輸出増加と，インドからの富の収奪の拡大とが，並行的に達成されていったのである．

　ここで，当該期における会社貿易を通じた本国送金について一瞥しておこう．第2-6表は，前掲第1-4表にもとづきつつ，会社の本国における収支について，ウェルズリ在任の7年間をひとまとめにし，かつその年平均を計上したものである．この時期の議会資料による限りでは，「本国費」の項目はいまだ現れず，それに近い諸費目は概ね，他の商業的経費等と並んで掲載されている．ここで注目したいのは，表の諸支出項目である．この項目の検討から，会社貿易が持った，以下の諸特質が明らかになる．

　第1に，会社貿易は，インド会社勤務者・船主・株主という，前節で触れられた主要な会社関係者の個人的利益を実現する手段となっていた．それは次の諸点に表現されている．①手形支払およびインド負債の元利償還は，インド会社勤務者・私商人による本国送金の実現を意味すること．両者の支出を併せると，支出合計の17％に達する．②私貿易に比べて割高といわれた運賃が，支出合計に相当

第2-6表　本国における会社の収支
(1798/9〜1804/5の年平均，単位：1,000ポンド)

	項　目	金　額
収入	会社物産売上高	6,884（96.6）
	統治に関わる収入	207（ 2.9）
	受取利息	36（ 0.5）
	合　計	7,127
支出	商品・備品代金	1,845（24.5）
	運　賃	1,474（19.6）
	地銀送付額	935（12.4）
	手形支払	858（11.4）
	株式配当	631（ 8.4）
	一般管理費	546（ 7.3）
	インド負債元利償還	423（ 5.6）
	統治に関わる支出	383（ 5.1）
	関税支払	299（ 4.0）
	支払利息	91（ 1.2）
	他の営業経費	43（ 0.6）
	合　計	7,528

注）カッコ内は合計に対する割合（％）を示す．
出所）前掲第1-4表より作成．

の割合（19.6％）を占めつつ，船主に保証されていること．③株式配当が，営業成績の悪化や負債の累増にもかかわらず，議会法で定められた配当率（10.5％）に従って，一貫して株主に与えられていること．

　第2に，上の諸点と関連しつつ，会社貿易は，商品流通の媒介によって利得する通常の商業資本の運動とは異なった，まさしく「送金貿易」としての独自な内容を持っていた．①前貸（商品買付）額の相当部分が，在アジアのイギリス人からの借入金（手形支払額に相当）よりなっていたこと．ここで特異なのは，彼らの会社に対する融資の主な目的が，融資に伴う利子の取得ではなく，本国送金にあったことである．この借入額（手形支払額）は，当該期の会社インヴェストメント額の27％に達した．②商業活動に必要な，あるいはその結果として伴われる経費や支出ではなく，商業活動の状況如何とは無関係な，いわばア・プリオリに定められた「経費」が相当額に上ること．こうした経費には次のものが含まれる．(a)前もって固定された株式配当．(b)アジアに運ばれた商品・備品のうちで，軍用品など，実際にはもっぱら統治活動に用いられた物資の代金．(c)当初より「統治に関わる支出」と銘打たれた費目．(c)には，1811年の議会報告書において，他の諸支出とは区別された別表[58]が充てられ，かつその名目は「インドの領土に対して課せられるべき経費」となっている．その内容は，「政治的」politicalおよび「軍事的」militaryという表現を付された航海・輸送費用や，「将校の賜暇金・退職将校の年金」などである．この経費は当該期の年平均で38万ポンド余であった．ここからは，会社の商業活動とはまったく区別され，インドの領土的歳入より直接支払うことが明記された費目，すなわち「本国費」の原型ともいうべきものが，なお少額とはいえ，すでに形成され始めていたことが窺われる．またこの費目と(b)の費目とは，対外戦争の主導者である本国政府が本来支払義務を持つべきものであることはいうまでもない．以上に示された商業活動の状況とは無関係な，ア・プリオリに定められた支出とは，当該期における名目はどうあれ，実質的に，会社貿易を手段として本国で実現される，高い優先順位を持った，インドの領土的歳入に対する直接的請求権ともいうべきものであるといわねばならない．

　このように会社貿易はすでに，インド領有がもたらした年々1,000万ポンド以上に及ぶ領土的歳入を，その分枝をアジアで蓄積したイギリス人と，本国政府および会社諸関係者を含む，本国にあっていち早くそれへの分有権を獲得した者とに，配分し実現する手段としての性格を強めていた．会社は，こうした諸関係者

の利害の形成を通じて，アジア物産の売上によって実現される，年間数百万ポンドにも及ぶ「送金義務」を課せられていたのである．この意味で会社貿易とは，利潤獲得を目的とした貿易というより，むしろ「すでに獲得された『利潤』の送金手段」であった．総じてダンダスにおける本国送金の重視は，以上のような，本国政府自体をも小さからぬ享受者とする，インドからの富の収奪体制の漸次的形成を反映したものであった．

　本国送金は，すでに私商人の送金に関して述べられたように，インドからの商品輸出貿易に媒介されて行われた．従ってインドは，送金の必要を満たすために，輸出商品を確保・開発し，かつ商品貿易において厖大な黒字を稼ぎ出すことを要求された．「インドからの富の収奪」は，東インド会社によるインド領有開始によって端緒を与えられ，かつその後も継続的に拡大するのであるから，インドによる輸出商品の確保・開発，および出超構造の維持は，会社時代に限定されることなく，その後を含めたイギリス支配における一貫した主要政策課題であったといわねばならない．

(b) 本国送金利害とイギリス綿工業保護の利害との矛盾および両全

　他方で1800年前後という時期は，送金貿易にとっての重大な転換点をなしていた．というのも，既述のように，長らく送金の主要な媒体となってきたインド産綿製品貿易が急速に衰退していったからである．ではこうした事情は，ダンダスにとって何を意味したか．それはダンダスをして，あるディレンマに陥らせたといわねばならない．ディレンマは次の2点の間にあった．すなわち一方での，ヨーロッパにおいてインド産綿製品に対する何らかの程度の需要が存在する限り，この商品輸入をなお送金の媒体として維持していきたいとする願望である．次に他方での，イギリス綿工業が占めつつある国民経済上の中軸的位置を考慮した時，インド産綿製品に対する高率保護関税賦課という綿業資本の要求もまた拒否しえないことである．ここで本国政府は，明らかに，送金確保の利害とイギリス綿工業保護の利害との矛盾・相克に直面したといえよう．

　次のような政府の姿勢の動揺は，こうしたディレンマを例証するものである．すなわち1793年ピットおよびダンダスは，イギリスにおけるインド産綿製品の販売を厳しく制限せよとのマンチェスタからの請願に対し，「会社の輸入を制限することは，イギリスの商業を犠牲にしつつ，貿易を外国の経路に移すことにしかな

らない⁽⁵⁹⁾」と答えることで，要求を一旦拒否した．しかし政府は，僅か4年後の1797年より，インド産綿製品に対する輸入関税の矢継ぎ早の引き上げに着手していった．インド産綿製品輸入に関する措置の経過については，金子勝氏の研究によって，以下の諸点が明らかにされている⁽⁶⁰⁾．①「キャラコ論争」以来の捺染綿織物に対する輸入制限に加えて，産業革命期以降新たに無地白色綿布に対する輸入関税賦課が定められた．②輸入関税は1783年に密輸の防止を目的として一旦削減されたが，1787年に再度引き上げられた．③その後関税は10年間据え置かれたものの，第2-7表が示すように，1797年以降急速に引き上げられていった．またこれらの輸入関税はいずれも，綿製品が再輸出される場合には，かなりの部分が控除された．

「インドからのあらゆる種類の原料輸入を促進するために，すべての可能な手段を尽くすことが，政府および会社の職務である⁽⁶¹⁾」．これが，上のアポリア解決のためにダンダスが指示した方針であった．こうして中国茶輸入の拡大とともに，

第2-7表　インド産綿製品に対する輸入関税率

年＼品目	東インド産の白色キャラコ (1反当たり)			東インド産の白色キャラコ (従価%)			東インド産モスリンおよび南京木綿 (従価%)			東インド産の染物
	s.	d.		£.	s.	d.	£.	s.	d.	
1787	5	3	&	16	10	0	18	0	0	輸入禁止の継続
1797	5	9	&	18	3	0	19	16	0	
1798	5	9	&	21	3	0	22	16	0	
1799	6	8	&	26	9	1	30	3	9	
1802	6	8	&	27	1	1	30	15	9	
1803				59	1	3	30	18	9	
1804				65	12	6	34	7	6	
1805				66	18	9	35	1	3	
1806				71	6	3	37	7	1	
1809				71	13	4	37	6	8	
1813				85	2	1	44	6	8	
1814				67	10	1	37	10	0	

注）従価税率（Percent ad val.）は，100ポンド当たりの税率を表す．
出所）金子勝「段階論と『世界市場』の再検討」『社会科学研究』第34巻第6号，1983年3月，7ページ．

インド産のインディゴ・砂糖・コーヒー・カシミア・亜麻等の，綿製品に代替すべき物産の輸入促進および開発が積極的に図られることになる[62]。

では当該期におけるイギリスのアジア貿易全体は，いかなる状況にあったのか．第2-8表の左半分は，前掲第1-6表の内容と重なりつつも，それに中国貿易とインド貿易との区別，および会社貿易と私貿易とを併せたアジア貿易全体に関わる数値を加えたものである．前章でわたくしは，当該期のインド貿易について，会社貿易の衰退に対する私貿易の発展という傾向を確認したが，ここでは別の角度より数値を検討してみたい．というのは，この時点の貿易状況は，インド産綿製品輸入，およびそれを依然として主軸に据えた会社のインド貿易が，富の収奪の経路として，なお小さからぬ役割を果たしていたことをも示しているからである．すなわち，インド産綿製品は，会社貿易によるインド物産売上の60％余を占め，また会社のインド貿易も，会社貿易額全体の45％，およびイギリスのアジア

第2-8表　会社の競売におけるアジア物産売上の商品構成

(単位：1,000ポンド)

品　目	1798/9―1804/5の年平均						1807/8―1809/10の年平均					
	会社貿易		私貿易		アジア貿易全体		会社貿易		私貿易		アジア貿易全体	
	価額	％	価額	％	価額	％	価額	％	価額	％	価額	％
中国貿易												
茶	3,431	51.1	238	9.6	3,669	39.9	3,671	65.2	313	14.5	3,984	51.0
綿製品	62	0.9	23	0.9	85	0.9	64	1.1	16	0.7	80	1.0
生糸	225	3.3	25	1.0	250	2.7	252	4.5	82	3.8	334	4.3
小計	3,718	55.3	286	11.5	4,004	43.5	3,987	70.8	411	19.0	4,398	56.3
インド貿易												
綿製品	1,841	27.4	612	24.5	2,453	26.6	755	13.4	85	3.9	840	10.8
生糸	225	3.4	26	1.0	251	2.7	253	4.5	82	3.8	335	4.3
香料	446	6.6	61	2.4	507	5.5	194	3.4	29	1.3	223	2.9
インディゴ・砂糖他	263	3.9	1,452	58.2	1,715	18.6	247	4.4	1,559	72.0	1,806	23.2
硝石	213	3.2	32	1.3	245	2.7	197	3.5	0	0	197	2.5
コーヒー	12	0.2	27	1.1	39	0.4	0	0	0	0	0	0
小計	3,000	44.7	2,210	88.5	5,210	56.5	1,646	29.2	1,755	81.0	3,401	43.7
総計	6,718	100.0	2,496	100.0	9,214	100.0	5,633	100.0	2,166	100.0	7,799	100.0

注）生糸については区分が不明瞭なので中・印両貿易に均分した．
出所）*Fourth Report*, pp. 492, 3, Appendix, No. 24 より計算．

からの輸入貿易額全体の33％を担っていた．他方で私貿易においてさえ，インド産綿製品は全体額の24％を占め，またイギリスのアジアからの輸入貿易額全体の27％がインド産綿製品からなっていた．政府は一面で，貿易独占権修正によって会社のインド貿易に打撃を与え，かつその貿易が今後ますます衰退するであろうとの見通しを持っていたことは事実である．しかし他面で政府は，送金確保政策に照らして，インド産綿製品輸入が，従ってそれに優位を持つ会社のインド貿易が，イギリスのアジア貿易全体になお小さからぬ比重を占める限りにおいて，それらに何らかの配慮を加えざるをえなかったのではないか．この点に関わって，まずダンダスは自らの政策内容を，「規制された独占」regulated monopoly[63]と呼んで，政府が状況次第によって独占権を柔軟に運用していくことの重要性を示唆している．またウェルズリは，物産の種類に従って，会社貿易と私貿易とが分業関係を構成することが望ましいと述べている[64]．従って彼らの脳裏を占めていたのは，会社貿易と私貿易とのどちらを選ぶかといった，二項対立的な構図ではなく，本国送金重視を前提とし，かつ様々な状況に現実的に対応しながら，会社貿易と私貿易との両者をもって，イギリスにとってできるだけ有利な貿易体制をいかに作るかという問題であったと思われる．そして当該時点では，会社のインド貿易が占めていた比重に鑑みて，さしあたり会社貿易の基軸的位置を保ちつつ，私貿易をもってそれを補完させることに，政府の基本方針が置かれたといえよう．こうした方針にもとづいて，この時点では，本国商人の参入を含めたインド貿易の完全開放は問題とならなかったのである．

その後イギリスのアジア貿易は，1830年代に完成する，いわゆる「アジア三角貿易」の形成に向かって構造変化を遂げていくことになる．そこでは，一方で綿製品を中心とするイギリス産工業製品のインド向け輸出が伸長しつつも，他方で私貿易を通じてインド産アヘンが大量に中国に持ち込まれ，それを対価として中国茶のイギリス向け輸出がさらに拡大し，またインドが中国貿易より獲得した貿易黒字が，イギリス産工業製品輸入に対する支払手段となる[65]．さらに英印貿易においても，イギリスは従来の綿製品に代わって，インドからの原料・食糧輸入を拡大することになる．当該時点においてダンダスが直面していたディレンマは，その後「アジア三角貿易の成立」および「インドからの原料・食糧の輸入増加」によって突破され，「インドの販売市場化」と「インドからの富の収奪」とが両全されることになる．この経過は，一面で確かに，貿易開放が私貿易の発展を促し

た結果であったが，他面で会社によるインド領有拡大を条件として促進された，アヘン・インディゴ・綿花等に亘る開発政策の産物でもあった．当該期は，以上の経過が前進していく上での過渡期に当たり，そのことが，本国政府によるインド産綿製品輸入に対する一定の執着＝インド貿易開放への躊躇を生み出したと考えることができる．総じて当該期のアジア貿易問題に対する本国政府の姿勢は，送金確保の利害とイギリス綿工業保護の利害との，どちらかを一方的に優先し，他方を切り捨てるというものではなく，両者の一時的な矛盾・相克関係を受け止めつつ，何とかそれらの両全を図るべく，貿易構造の転換に努力するという点をもってこそ，その特質としたといわねばならない．

(4) インド統治費用負担と東インド会社

次に，アジア支配に伴う経費負担問題に関わる本国政府の対応について検討しよう．本国政府は，軍事費の膨張をはじめとして肥大化する統治諸経費を，どのようにして賄おうとしたのか．以下では，ダンダスおよびピットが関与した，経費負担をめぐる二つの問題を取り上げたい．

(a) 「宣言法」の成立と軍備増強問題

第1に，本国政府は1788年，インドに派遣される本国政府軍の活動費用を，会社（＝インド財政）に負担させる法的保証を得た．以下それに至る経緯を紹介しよう[66]．従来インドにおけるイギリス軍は，本国政府軍と会社軍との2系統より構成され，前者の費用負担は本国政府に課せられてきた．とはいえまず1781年の法律により，「会社の要請にもとづいて」インドに派遣された本国政府軍については，会社が年間2万ポンドの費用を提供することが定められた．その後1787年本国政府は，オランダ植民地におけるフランスの策動に備えることを名目として，本国政府軍4連隊のインド派遣を決定しつつ，費用負担問題との兼ね合いもあって，取締役会に承認を求めた．取締役会は僅かの票差をもって一旦これを承認したものの，そのうち当面の危険は去ったとの認識が広がったことから，取締役会は先の承認を覆し，派遣の取り止めを決議した．こうして本国政府と取締役会との間で方針の対立が生じたが，その対立の中心的論点は，本国政府軍派遣費用の負担問題にあった．取締役会は，本国政府軍派遣の決定権が政府にあることを承

認しつつも，費用負担については，81年法の規定に従って，このたびの派遣が会社の要請によるものではないことを理由に，自らの負担義務を否定した．これに対して本国政府は，ピット法により与えられた政府統制権限の強さを強調するとともに，取締役会は一旦派遣を承認したのであるから，費用は会社が負うべきであると強弁した．両者はともに譲らず，問題は膠着した．そこで政府は，本国政府軍の費用負担問題に全面的な決着を与えるべく，新たな法案を作成して議会に上程した．この法案にもとづいて成立した法律は，いわゆる「宣言法」the Declaratory Act，正式には「英領インドの安全にとって必要と判断された軍隊を派遣し維持する費用を，インドの歳入より支払うことを命じる，監督局の権限を確認する法律[67]」であった．

　本国政府は，議会での審議を通じて，法案の妥当性の根拠をさしあたりピット法に求めた．首相ピットは法案の趣旨説明において，次のように主張した．すなわち1784年のインド法は，監督局に会社が獲得する歳入に対する統制権限を与えている．従って監督局は，会社に対して，軍隊を派遣し，かつその費用を負担するように命令を下すことができる．またダンダスは，「いくぶん猛り狂い，怒りに満ちた[68]」演説において，ピット法は監督局に，必要とあれば，会社のインヴェストメントに何らの残額も与えることなく，すべてのインド歳入をインド防衛のために費やすことのできる権限を与えているとまで発言した．こうした本国政府の主張に対抗して，取締役会の利害を代表する議員からは，それではなぜピット法は会社に，インドにおける商業活動に対する統制権限を認めているのであるかという問いが投げ返された．このように論戦の主題は，ピット法の核心をなす条文内容をめぐる解釈問題に行き着く気配を見せた．とはいえ，わたくしが第1節で指摘したように，条文内容自体は，こうした具体的問題に解決を与えるだけの明晰さを欠いていた．従って議論はここでも平行線を辿った．そのうちこれまで政府を支持してきた議員の間からも，会社を余りにないがしろにする政府の発言に対する反発が生まれ始め，法案の成立が危うくなった．ここに至ってピットは，取締役会を懐柔する必要性を認めた．その内容は，取締役会の反発の別の理由をなしていた，政府権限の一層の強化に伴って取締役会の保持する軍人に関わるパトロニジが削減されるのではないかという危惧を取り除くことにあった．ピットは，この法律によっては取締役会のパトロニジに何らの変更も加えられない旨を修正案に盛り込むことによって，ようやく法案を成立させることができた．

以上の経緯をまとめると，まず本国政府軍の費用負担問題は，本国政府と取締役会との深刻な対立を生み出した．両者はともにピット法に関する独自な解釈を根拠として自己の主張を展開したが，ピット法の持つ不明瞭性のために，解釈問題によっては決着がつかなかった．そこで本国政府は，様々な政治的駆け引きを駆使することによって，いわば力ずくで自己の主張を押し通し，ここに自らが指揮するインドにおける軍事活動の経費負担から逃れつつ，それを会社（＝インド財政）に押し付ける法的保証を得ることに成功した．

　第2の問題とは，ウェルズリによって提起された軍備増強要求をめぐるものである．ウェルズリは1800年，本国政府に対して，当時1万4千人からなっていたヨーロッパ人将校を3万人にまで増員する大幅な軍備増強要求を行った[69]．これに対しダンダスは，以下の諸発言を行いつつ，要求量の相当の削減を命じた．

　「わたくしの現在の信条は，あらゆる新たな企画は，それがどれだけの費用を要するかを十分計ることなくしては，企てられないということにある[70]」．

　「わたくしとしては，大きくなりすぎ，手に負えなくなったインド負債は，われわれの唯一の致命傷になりかねないと考える[71]」．

　「もしインドにおける戦争遂行のために，本国財政が頼りにされることになれば，インドはその栄光の大半と世評の半分とを失うことになるであろう[72]」．

　ここでダンダスは，インド負債の累増に強い危機感を持っていることを表明し，かつインド財政の悪化が本国財政に跳ね返ることによって，後者からの支出を強いられることを何にも増して恐れるという姿勢を露わにした．

(b) 積極的なアジア支配構想実現と会社財政均衡との矛盾

　以上の二つの経費負担問題に関する本国政府の対応を重ね合わせると，本国政府のこの問題に対する基本方針が次の点にあったことが明らかである．すなわち，インドにおける統治費用および負債をできるだけ会社の負担・名義に押しつけ，同時にそれらを何とか会社財政の処理しうる範囲にとどめておくことである．またこの方針が，「会社の存続」を必要な前提条件として含んでいることも明瞭である．以上の方針は，ダンダスが当時ピット内閣の陸軍大臣（Secretary for War）を兼任し，内閣側にあってナポレオン戦争を指揮する立場にあったことを考慮する時，良く理解できるものである．1793年以来の長期に亘る対仏戦争は，イギリスに膨大な戦費負担を強い，本国国家財政はとみに逼迫の度を加えていた．従っ

て，本国にあって対仏戦争全体に責任を持つべきダンダスにとっては，一方でアジアにおける戦勝の積み重ねを切望しつつも，他方で本国財政の負担をこれ以上増やさないことが至上命令となっていたといえよう．

ところで現行ピット法体制は，既述のように，結局のところ，会社が本国において一定の商業利潤を実現することによって，すなわち会社の商業活動をもって，なお体制存立の基礎条件とするものである．同時に，本国政府にとって，「本国費」の一部をなす自らの取り分を確保する上では，会社の商業利潤増大は望ましいものでもある．こうした事情からすれば，本国政府が自らの政策代行機関としてではあれ，会社に依拠する限りは，会社の商業活動に何らかの配慮を加えざるをえないことになる．総じて本国政府路線は，積極的なアジア支配構想の実現と会社財政の均衡との間のディレンマを孕み，一方で会社の商業活動の資金的基礎を奪い，かつその競争者の参入を許しながらも，他方で会社に依拠する限りで，その商業活動に配慮を払わざるをえないものであった．本国政府が貿易独占権の即時完全撤廃を否定した別の背景が，以上の関係にあったといえよう．

(5) ウェルズリの本国召還と取締役会による通信文草稿の帰趨

さしあたり在インド私商人の英印貿易参入という修正にとどめつつ，現体制に最大限依拠するという本国政府路線の本質は，ウェルズリを，この路線に対する「逸脱者」として本国に召還することになる．以下，ウェルズリ召還に至る経緯，および前節で検討された，1805年4月3日付の取締役会によるウェルズリ弾劾の通信文草稿が，その後いかに扱われたかを辿ることによって，本国政府路線の特質を再度確認しておきたい．

戦争の継続および負債の激増が，取締役会におけるウェルズリ批判の勢いをますます強めつつあった一方で，ウェルズリは1802年12月より，残る最強の現地勢力であるマラータ連合への干渉を開始した．彼はまず，宰相ペーシュワー (Peshwa) との間に軍事保護条約を締結することにより，インド中央部に広大な保護領を獲得した．その後1803年8月ウェルズリは，マラータ連合との全面戦争に突入した．これを知った取締役会は，翌年代表ボザンケット (J. Bosanquet) を通じて，監督局にウェルズリ召還を要請した．とはいえこの要請は監督局によって拒否された[73]．マラータ戦争は，1804年5月に一旦休戦を迎えたが，同年8月ホー

ルカル (Holkar) 侯との間で戦端が開かれ，ここで会社軍は苦戦を強いられるとともに，会社財政はいよいよ窮迫の度を加えた．取締役会代表エルフィンストン (W. Elphinstone) は，ホールカル戦争勃発を機に，再度ウェルズリ召還を要請した．本国政府側では，ピット，ダンダス，および当時の監督局総裁スチュアート (R. Stewart) による協議が行われ，結局このたびの召還要請に対して同意を与えることが決せられた[74]．以上の経緯より，次の2点が窺われる．第1に，ウェルズリ召還が一旦却下された点に，取締役会路線と本国政府路線との相違が明示されていること．第2に，本国政府といえども，自らの依って立つ基盤の崩壊は，これを許すことができなかったこと．

　その後ウェルズリ弾劾の通信文草稿を受け取った監督局は，5カ月間返答を保留した上で，草稿を無効とし，自ら文書を作成して取締役会に手渡した．この文書は，ウェルズリ解任が決定された後のものであるだけに，本国政府の観点によるウェルズリ統治の総括をなすといえる．この文書を検討したロバーツ (P. E. Roberts) の整理によれば，その主要論点は次の内容にあった[75]．①ウェルズリの統治が独断的・専制的で，法規からの頻繁な逸脱を含むことを承認した．②とはいえ，全体として叱責の語調を和らげ，可能な限り賞賛の言辞を交えた．③軍事保護条約および過去数年間の征服・領土拡大に対する非難を削除した．こうして本国政府は，草稿の前半で展開されたウェルズリの比較的些末な「逸脱」については，これを概ね認めて，彼の召還の妥当性を示唆するとともに，他方で結論的に彼の遂行した征服戦争のすべてを肯定し，もって自らの路線と取締役会路線との本質的相違を改めて明確にしたのである．

　総じてピット，ダンダスによって推進され，現実のイギリスのアジア政策にほかならなかった本国政府路線は，一方で会社の商業的利害に主導され，貿易独占権を旧態のまま維持していこうとする路線と，他方で貿易の完全開放およびインド直轄化＝会社消滅を一気に断行しようとする路線の両方を排し，インドからの富の収奪とイギリス綿工業保護との間に，そして積極的なアジア支配構想実現と会社の財政均衡との間にディレンマを孕みつつも，従来の枠組を超えた領土拡大および貿易伸張を，できるだけ会社の名義・負担の下に，従って漸進的な貿易開放過程に伴われつつ，図ろうとするものであったと総括できる．単純に言えば，本国政府の企図する従来以上に積極的なアジア支配構想実現のための「道具」となったこと，ここに産業革命期における東インド会社の本質の重要な内容があった．

同時に，以上の本国政府路線が，すでに紹介されたピット法の内容にきわめて適合的・親和的であり，むしろピット法が，こうした路線を保証する制度的枠組をなしたと考えることができるのではないか．ピット法が，会社の統治活動と商業活動とを区別しつつ，取締役会に後者に対する専一的管理権を留保させたことは，会社の存続を前提として，取締役会が会社活動の最終的な責任を引き受けることを意味する．というのは，会社の存続が認められる以上，ピット法体制は，自らの存立の基礎を，なお会社の商業活動に置くことになるからである．他方で，本国政府の権限があくまで「統制」や「監督」にとどまることは，統治活動と商業活動との区別が非現実的であることの反映であるとともに，その権限が細部に至る規定を欠くことと相まって，政府責任を条文上は曖昧なものにした．しかし現実には，政府はむしろ，そうした曖昧さ・非現実性を衝いて，自らの意思を貫徹すべくピット法をできるだけ自己に引き寄せて解釈・運用する．総じて，会社の存続と政府責任の不明瞭性こそが，アジア支配活動に伴う責任および負担を最大限会社に押し付け，逆に政府のそれらを軽減することによって，かえって政府の意思を自由に貫徹させることになるということ，ここにピット法の重要な内実があったといえよう．他方で，取締役会の保持する経営管理権の実質は，インド歳入に対する一定の分有権に矮小化しつつあったが，他面でそうしたものとしては強い保証が与えられた．さらに，ピット法における膨張政策に関わる二面的規定が，当該路線に含まれた，膨張政策遂行上の積極性と限定性との二面的性質にほぼ符合していることも了解されるであろう．もっとも，こうしたピット法の運用が，いつからそのように意図され，あるいはどの程度意図的であったかは，別に検討されねばならないが，少なくとも結果として，ピット法は上述の本国政府路線を保証する制度的枠組として機能したといえるのではなかろうか．

　とはいえこの体制は，以上の本質を貫きつつも，次第にその現れ方を変化させ，結局体制の終焉へと接近していくものであった．すなわち以上の考察は，この体制の存立根拠が，つまるところ，会社貿易の持つ本国送金の媒体としての意義にあることを示したが，その意義はイギリス綿工業の躍進およびイギリス人私商人の成長によって，ますます脅かされていったからである．従ってそれらの事態の進行によって，会社をめぐる体制も変化せざるをえない．次に，そうした展開の一経過点として，1813年の会社特許状更新について検討したい．

2-6 1813年の特許状更新と取締役会の態度変化

　ウェルズリ召還（1805年）後の会社をめぐる重大な変化は，インド産綿製品輸入がもはや瓦解ともいうべき低落に陥ったことである．ウェルズリの後任にコーンウォリスが再度任命され，膨張政策を手控えつつ財政再建が図られたが，他方で1803年以降のインド産綿製品に対する差別的保護関税の一層の強化，およびナポレオン戦争激化による海外市況の悪化（とりわけ1806年11月の大陸封鎖令以後）もあって，綿製品輸入はいよいよ減少し，結果的に会社貿易全体に占めるインド貿易の意義が一段と低下した．この点を前掲第2-8表によって確認すれば，ウェルズリ期に会社の輸入貿易全体のうちに価額にして184万ポンド，割合にして27％を占めていたインド産綿製品は，1807/8年からの3年間では，76万ポンド，13％へと急減し，それに伴ってインド貿易の比重も45％から30％へと低下した．またインド産綿製品の値崩れによって，インド貿易の収益性が大幅に悪化した．

　1813年における会社特許状更新問題は，上の状況に伴われつつ，議会での審議を経て，大略次の3点をもって決着した．①会社によるインド統治の継続．②インド貿易の完全開放．③中国貿易に対する貿易独占権の維持．会社取締役会は，今回の議会討論においても，すでに紹介した論点を繰り返しつつ，貿易開放に抵抗する姿勢を見せた．とはいえ，彼らが結局インド貿易開放を受け入れたこと，またとりわけ以下に示される，議会討論に先立つ会社と政府とのやりとりは，事態が会社側の一方的な譲歩というにとどまらない側面を持つことを示唆している．第1に，交渉の発端をなす政府のインド貿易完全開放提案に対して，取締役会が「インド貿易は，利得の対象としては，会社にとっても個人にとっても意義を失いつつある（傍点は引用者）[76]」と述べたこと．第2に，彼らが1812年3月という比較的早い時点で，輸入港のロンドン限定という条件を付した上でのインド貿易開放を，監督局総裁ロバート・ダンダス（R. Dundas，ヘンリー・ダンダスの息子）との間で一旦合意していたこと[77]である．

　まず第2の事実より，取締役会は貿易独占権にあくまで固執したとは言いきれ

ないことになるが，第1の事実と重ね合わせれば，結局ここで取締役会は，会社のインド貿易が決定的な苦境に陥ったことにより，それを立て直す展望を失い，むしろインド貿易を見限りつつ，収益性に優れた中国貿易に特化する方向性を打ち出したものと考えられる．こうした方向性は，取締役会に集約される会社関係者における利害状況の推転と結びつけて考えるならば，良く理解できるものである．既述のように，会社関係者の利害の主体は，インド領有開始以来，会社貿易との直接的取引関係より，インド歳入を源泉とする本国送金確保へと次第に移行しつつあった．後者の利害の観点からすれば，彼らにはインド産綿製品という特定物産の輸入に固執する必要がないばかりか，会社貿易自体をも，その状況如何によっては，見限ることのできる可能性があった．というのは，送金確保の目的は，彼らが私商人に対して融資を行うことを通じても，果たすことができたからである．実際彼らは，会社貿易活動停止後において，会社をして英印間の為替業務を独占させることによって，私貿易を通じた送金を実現した．それには次の二つの形態があった．①輸入決済やインドへの投資を行う商人に対して，本国においてインド会社当局宛手形を販売すること．②会社が在インド私商人に対して輸出金融（前貸）を提供し，かつ自ら彼らの物産を輸送しつつ，本国において前貸金の返済の見返りに，物産を彼らの本国代理人に引き渡すこと．後者は担保前貸制度（hypothecation system）と呼ばれた．この形態は会社海運関係者の利害にも適うものであったことが注目される．とはいえそれは，会社船による輸送という点を含めて，私商人にとって制約が多かったために批判が強く，1850年に廃止された．こうして会社貿易の意義は，取締役会にその利害を反映させた会社関係者にとってさえ，低下する傾向にあった．

　では，本国政府は事態をどのように見ていたのか．ここでは，1812年3月より監督局総裁となったホバート（R. Hobert）の態度が注目される．フィリップスによれば，彼は当初中国貿易の開放をも意図していた[78]が，議会報告書に記載された次の事実を考慮することによって，インド貿易開放にとどめたという．その事実とは，会社が中国貿易を通じてかなりの利潤を実現し，その利潤から配当，本国での諸経費，および会社がインドで振り出した手形の支払を行っているという事情であった[79]．

　総じて1813年の特許状更新は，会社のインド貿易が，本国送金の媒体としての，および会社の存立を支える基盤としての意義を著しく低めたがゆえに，これを開

放し，他方で中国貿易がなお会社の存立基盤としての意義を保つ限りで，その貿易独占を維持するものであった．今時の特許状更新は，会社が本国政府路線遂行の「道具」としての意義を低下させたことを物語るとともに，同時にその限りにおいて，本国政府路線の本質を貫徹させるものであり，従ってその路線の当該時点における「展開形態」にほかならなかった．その後イギリスによる領土的支配がいよいよインド全域を包摂し，他方で私商人の一層の成長が，彼らによる会社貿易に対する代替可能性をますます高めるなか，1833年の会社貿易停止がもたらされるのである．

第2章　註

(1) 以下ピット法の内容を紹介するに当たっては，A. C. Banerjee (ed.), *Indian Constitutional Documents 1757–1947*, Vol. I, 1961, pp. 71–92 に抄録されているピット法の各条文を利用した．また高畠稔「インドにおける植民地支配体制の成立」『岩波講座・世界歴史』第21巻，1971年も参照した．

(2) ピット法第1条によれば，監督局の人的構成は次のように定められた．イギリス政府の主要国務大臣および大蔵大臣を含む枢密院顧問官6名以内をもって，勅任の「インド問題担当委員」Commissioner for the Affairs of India とし，彼らによって，執行機関たる「(監督)局」Board が構成される．また第3条は，委員のうち1名が，監督局「総裁」President となることを定めている．

(3) 例えば，信夫清三郎氏は次のように述べられる．「この『将来の政治家および立法者』となってスミスの理念を実現させた者こそ，かの小ピットとダンダス(監督局初代総裁，後述参照――引用者)であった．彼らがスミスから受けた深い影響は史家が等しく指摘するところであるが，その影響を彼らはインド法案に盛り込んで東インド会社の独占貿易を実地に批判したのである(傍点は引用者)」．信夫清三郎『ラッフルズ伝』，1943年，34ページ．

(4) 高畠稔，前掲論文，152ページ．

(5) J. G. Parker, 'The Directors of the East India Company 1754–1790', Ph. D. thesis, Edinburgh University, 1977. この学位論文は，先述したサザランドおよびフィリップスの研究における観点・手法を踏襲しつつ，取締役の個人的経歴や人的つながり，および取締役会内の諸党派（faction）・利害集団（interest）の対抗と連衡の様を，両者の研究以上の精緻さをもって描き出したものである．全460ページのうち372ページを割いて，取締役1人1人の経歴および取締役会内の人的つながりが詳述されている．またブーンの

次の学位論文も参照した．J. M. Bourne, 'The Civil and Military Patronage of the East India Company 1784-1858', Ph. D. Thesis, Leicester University, 1977.

(6) R. Davis, *A Commercial Revolution*, 1967.

(7) 貿易パターンの転換の具体相については，R. Davis, *op. cit*., および川北稔『工業化の歴史的前提』，1983年，第Ⅱ章参照．

(8) 詳しくは，川北稔，前掲書，第Ⅲ章，稲富信博「イギリス国債投資の展開とロンドン証券取引所の成立」『金融経済』第185号，1980年12月，岡本英夫「コンソル国債成立前史」東北大学研究年報『経済学』第41巻第3号，1979年12月参照．

(9) パーカーの記述によれば，Z. P. Fonnereau, R. Jones, J. Payne, E. Wheler の4名がそれに該当する．

(10) L. S. Sutherland, *A London Merchant 1695-1774*, 1962, p. 83.

(11) *Ibid*., p. 86.

(12) J. G. Parker, op. cit., p. 405.

(13) Ibid., p. 415.

(14) Ibid., p. 414.

(15) パーカーの記述においては，32名中21名について個人的営業を見出しうる．

(16) J. G. Parker, op. cit., p. 368.

(17) 以上の人数については，J. M. Bourne, op. cit., pp. 336-8, Appendix 8 の諸表より計算．

(18) ボンベイ知事であったマルコム(J. Malcolm)は1811年の著作で，「取締役はパトロニジを俸給としている」と述べている．J. Malcolm, *Political History of India*, 1811, p. 120. また，1813年の会社特許状更新時の株主総会における議論には，パトロニジの配分への参加こそ，取締役に加わろうとする「主要な動機」であるとする陳述が含まれていた．J. M. Bourne, op. cit., p. 54.

(19) *Report from the Committee Appointed to Inquire into the Existence of Any Abuses in the Disposal of the Patronage of the East India Company*, 1809, pp. 3-12.

(20) J. M. Bourne, op. cit., p. 164.

(21) Ibid., p. i.

(22) Ibid., p. i.

(23) Ibid., p. 51.

(24) J. G. Parker, op. cit., p. 343.

(25) A List of the Names of all the Proprietors of East India Stock, 1773 (Gold Smith Library 所収) より計算．

(26) 後掲第2-4表が示す，1809年時点における1,000ポンド以上株主の総数は，2,230名である．他方ファーバー(H. Furber)は，1783-91年時点における株主総数をおよそ4,000

名と推定している．H. Furber, 'The United Company of Merchants of England Trading to the East Indies, 1783-96', *Economic History Review*, Vol. X, No. 2, 1940, p. 138. また彼は，18世紀末において，「1,000-2,000ポンドの保有が一般的であった」と述べており（H. Furber, *John Company At Work*, 1951, p. 271），1,000ポンド未満保有者がむやみに多かったとは思われないので，上の1,000ポンド以上株主数からしても，当該期の株主総数を4,000名余りとすることは許されるであろう．

(27) 実際利率においても，イギリス国債と大差なかった．イギリスにおいては，ペラム（H. Pelham）による低利借換・国債整理事業により，1751年以降3％コンソル国債が国債制度の主柱となるが，アメリカ独立戦争時以降の金融逼迫により発行条件が悪化し，実際の発行利率は額面利率を上回って4.5％程度となった．他方で会社株式の市場価格も上昇し，株式は1770年代に額面の1.3～1.7倍で取り引きされたものが，1790年代となると1.6～2.2倍で売買された．従って会社株式は表面利率においてコンソル国債にかなり接近していたといえる．稲富信博，前掲論文，83ページ，および H. Furber, 'The United Company of Merchants …', p. 139 参照．

(28) 川北稔，前掲書，第III章参照．

(29) それ以外では，外国居住者が6.0％，会社在外勤務者1.4％，不明0.9％である．

(30) British Museum. *Addit. Mss.* 13,393, p. 97, quoted in P. E. Roberts, *India under Wellesley*, 1929, p. 55.

(31) Copy of a Proposed Dispatch to the Bengal Government, dated 3 April 1805 (Gold Smith Library 所収).

(32) Ibid., p. 4.

(33) Ibid., p. 63.

(34) India Office, *Home Misc. Series*, 486, p. 581, quoted in P. E. Roberts, *op. cit.*, pp. 283, 4.

(35) *Report of the Special Committee, to Whose Consideration the Letter from Mr. Dundas was Refferd*, 1801. *Second Report of the Special Committee Appointed to Take into Consideration the Letter from Right Honorable Henry Dundas*, 2 April 1801. Minutes of the Court of Directors of the 4th February 1801, Containing the Resolution of the Special Committee, Adopted by the Court. それぞれ *Supplement to the Appendix to the Fourth Report from the Select Committee on the Affairs of the East India Company*, 1812 に所収．

(36) まず取締役会もまた「イギリス人の資本にもとづいて外国に持ち込まれている商品が本国に持ち込まれること」（*Supplement to the Appendix to the Fourth Report*, p. 27）を願望している．そのために「既存の諸手段に加えて，彼らをして物産を本国に送らせるのに十分な，あらゆる諸手段を与えること」（*ibid.*, p. 28) の必要性に疑問の余地はない．

(36) しかし「その目的のためには，ウェルズリの提案する方策は不要である．会社は自身で……かかる目的が必要とする船舶を余さず提供することができる」．*ibid.*, p. 22. すなわち，彼らの物産輸送のために「特別な船舶が会社によって建造される」．*ibid.*, p. 25.

(37) 取締役会の依拠する統計によれば，「外国人の営むインド貿易が発展し，かつ密貿易が拡大しているという主張には根拠がない」．*ibid.*, p. 26. ここで取締役会は，当のウェルズリの政策を通じて，英印貿易が拡大し，外国人の営む貿易がそれだけ縮小したことを考慮に入れていない．

(38) 「ヨーロッパ産の工業製品のはけ口は自然的・道徳的諸要因によって制限されている」．*ibid.*, p. 17. また綿花・砂糖・コーヒー等の「新たな物産の輸入が大きく拡大し，もって諸個人に商業利潤がもたらされることに，合理的確実性を見出すことはできない」．*ibid.*, p. 26.

(39) 「会社は，これまで長年単独で，領土獲得に結実したところの，様々な費用や危険を，負担し犯してきた」．*ibid.*, p. 21. また「会社の原則は，インドの農産物・工業製品生産における生産力拡大に対する自由な余地と，本国よりもたらされる商品に対する自由なはけ口とを与えることに置かれてきた」．*ibid.*, p. 17.

(40) 「こうした譲歩が国民の一定部分に与えられたとすれば，残りの国民が同様の要求を掲げることがないとは考えられない」．*ibid.*, p. 22. 従って貿易独占権修正は，「2国間の交渉を累進的に完全開放へと近づけ，もって偉大にして事態に適合した媒介者である東インド会社の除去へと向かわしめるであろう」．*ibid.*, p. 29.

(41) *Supplement to the Appendix to the Fourth Report*, p. 25.

(42) ここでいうインド問題委員会とは，「カーナティック戦争原因調査特別委員会」the Select Committee to Investigate to the Causes of the War in Carnatic のことである．

(43) H. Furber, *Henry Dundas First Viscount Melvile 1740-1811*, 1931, p. 29.

(44) E. B. Jones, 'The Imperial Ideas of Henry Dundas and British Expansion in the East 1783-1801', Ph. D. thesis, Duke University, 1963, p. 59.

(45) Dundas to Wellesley, 1 Nov. 1799, quoted in ibid., p. 234.

(46) Wellesley to Dundas, 25 Jan. 1800, quoted in ibid., p. 235.

(47) Dundas to Wellesley, 18 March 1799, in S. J. Owen (ed.), *A Selection from the Despatches, Treaties, and other Papers of the Marquess Wellesley During his Government of India*, 1877, p. 700.

(48) Dundas to the Chairman of the East India Company, 21 March 1801, in *Supplement to the Appendix to the Fourth Report*, p. 29.

(49) E. B. Jones, op. cit., p. 126.

(50) Ibid., p. 129.

(51) Dundas to the Chairman of the East India Company, 2 April 1800, in *Supplement*

to the Appendix to the Fourth Report, p. 3.
(52) *Ibid.*, p. 4.
(53) *Ibid.*, p. 3.
(54) 高畠稔氏は綿業資本の動きが顕在化するのは1788年のことであるとされ（高畠稔，前掲論文，152ページ），またトリパティ（A. Tripathy）は，彼らが1788年国家財政委員会および商務省に対して，本文に記した内容の請願を行ったと述べている。A. Tripathy, *Trade and Finance in the Bengal Presidency 1793-1833*, 1956, p. 24.
(55) Dundas's Memorandum to the Cabinet, 31 March 1800, quoted in E. B. Jones, op. cit., p. 63.
(56) B. R. Mitchell, *Abstract of British Historical Statistics*, 1962, pp. 314, 24 より計算。
(57) T. Ellison, *The Cotton Trade of Great Britain*, 1886, repr. 1986, p. 63.
(58) *Third Report from the Select Committee on the Affairs of the East India Company*, 1811, p. 414, Appendix, No. 46.
(59) Minutes of a Conversation between Mr. Pitt, Mr. Dundas, and Several Gentlemen from Manchester, 20 March 1793, quoted in E. B. Jones, op. cit., p. 120.
(60) 金子勝「段階論と『世界市場』の再検討」『社会科学研究』第34巻第6号，1983年3月，5-11ページ。
(61) Minutes of a Conversation between Mr. Pitt, Mr. Dundas, and Several Gentlemen from Manchester, 20 March, 1793, quoted in E. B. Jones, op. cit., p. 147.
(62) その具体相については，さしあたり H. Furber, *John Company At Work*, 1951, pp. 284-302，および E. B. Jones, op. cit., pp. 142-7 を参照。
(63) Dundas to Francis Baring, 16 Feb. 1793, quoted in E. B. Jones, op. cit., p. 184.
(64) 「私貿易は，砂糖その他の付加価値の低い物産（gruff goods）の買付において，会社貿易の域により近づいている。インド政府は，これらの物産の輸送に当たってインド建造船を用いるのでなければ，それらの貿易を有利に行うことはできないであろう。会社によって買付られた，より価値の高い物産（綿製品・生糸などを指すと思われる――引用者）は，常に会社の正規船で運ばれることによって，有利に輸送される」。Wellesley to the Court of Directors, 30 Sep. 1801, in *Supplement to the Appendix to the Fourth Report*, pp. 36, 7.
(65) 本国送金は，英―印―中をめぐる三角貿易のみならず，イギリスの対米（合衆国）入超を前提に，アメリカの茶商人が振り出すロンドン宛手形の購入によっても果たされた。なお19世紀中葉における英―印―中，およびアメリカを含めた多角的決済にもとづく送金の実態については，濱下武志『近代中国の国際的契機』，1990年，第3章，および中里成章「ベンガル藍一揆をめぐって(1)」『東洋文化研究所紀要』第83巻，1981年を参照されたい。

(66) 以下の叙述は，C. H. Philips, *The East India Company 1784-1834*, 1940, pp. 54-60 にもとづく．

(67) An Act for Removing Any Doubt Respecting the Power of the Commissioners for the Affairs of India, to Direct that the Expenses of Raising, Transporting and Maintaining such Troops as may be Judged Necessary for the Security of the British Territories and Possesions in the East Indies, should be Defrayed out of the Revenues Arising from the Said Territories and Possesions. 28 Geo. III, c. 6.

(68) C. H. Philips, *op. cit.*, p. 57.

(69) P. E. Roberts, *op. cit.*, p. 261.

(70) R. M. Martin, *Despaches, Minutes and Correspondence of the Marquess Wellesley*, Vol. V, 1836-7, p. 171, quoted in P. E. Roberts, *op. cit.*, p. 261.

(71) Quoted in P. E. Roberts, *op. cit.*, p. 261.

(72) Dundas to Wellesley, 4 Sep. 1800, quoted in E. B. Jones, op. cit., p. 180.

(73) C. H. Philips, *op. cit.*, p. 137.

(74) *Ibid.*, p. 141.

(75) P. E. Roberts, *op. cit.*, Chapter XXIII.

(76) Letter from Court to Board, 17 Jan. 1809, quoted in C. H. Philips, *op. cit.*, p. 181.

(77) *Ibid.*, p. 181. なおここで取締役会が輸入港のロンドン限定を主張したことは，ロンドンにより多くのアジア物産を集積することによって，会社自身の物産の有利な販売を企図したものであるが，今後会社のインド貿易が一層衰退することが予想されるなかでは，こうした主張も厳しいものとはなりえないというべきである．

(78) *Ibid.*, p. 184.

(79) *Ibid.*, p. 186.

第1部のまとめ

　前2章に亘る検討は，これまでの会社史像に修正を迫る，いくつかの論点を提起した．

　第1に，産業革命期イギリスのアジア政策は，決してスミス流の「自由主義原理」あるいは「国際協調路線」へと一路傾斜していくものではなかった．現実を主導した本国政府路線の特質は，何よりもインド領有への強い意欲にあった．本書の研究の示すところによれば，確かに「前期的商業資本」も「暴力的」であったが，本国政府は「それ以上に暴力的」であったということになろう．従来東インド会社によって推進され，さらにその枠組を超えて進行するインドに対する暴力的・強権的支配．

　第2に，わが国の通説のように，東インド会社を前期的商業資本という規定性において一貫して固定的に捉え，かつ会社後半史を，もっぱら産業資本およびその同盟者との角逐を通じて，会社が一方的に敗北・没落していく過程として描くのは，一面的である．会社後半史を理解する上では，何よりその動態を捉える視点を持たねばならない．そして会社の動態は，ピット法にその制度的表現を持ち，いくつかのディレンマを孕みつつも，会社を国家的目標達成の手段として最大限利用しようとした，本国政府路線の特質において理解されねばならない．

　第3に，総じて産業革命期イギリスのインド政策は，次の3点をもって基本的政策志向としたと考えられる．①本国の財政負担を回避したインド植民地建設．別言すれば，会社（インド）財政の均衡に配慮しつつ進められるインド領有の維持・拡大．②インド領有開始以来，本国において「送金利害関係者」の輪を広げつつ，次第に英印関係の主軸を占めていった，インドからの富の収奪の維持・拡大．③近代的生産力を体現しつつ登場したイギリス綿工業による，インド産綿製品の輸入阻止およびインドの販売市場化という要求を満たすこと．より一般化して表現すれば，イギリス産業資本による販売市場開拓および原料調達確保の要求．この要求は産業革命の進展に伴って強まる．これら三つの基本的政策志向をいかに調和させるか，そして3者を三つながらに全うする体制をどのように作るか，

これこそ産業革命の進展とともに，イギリスのインド支配政策のうちに重要性を加えていった本質的課題であり，また東インド会社の動態を深部で規定する要因であった．

　すでにこれまでの分析に明らかなように，これら三つの基本的政策志向の間の関係は，相互媒介と相互対立との両面を孕む複雑な様相を呈していた．まず精力的な膨張政策は，一方でインド財政の悪化と，それを通じた既存の送金経路である会社貿易の困難をもたらしつつ，他方で送金額を膨張させた．なおイギリス産業資本の利害とインド領有拡大との関係については，これまで十分検討されえなかったとはいえ，少なくとも産業資本が領有拡大を，インドの販売市場・原料供給地化にとっての有利な条件の形成として捉えていたこと，また現実にその後，かのインドに対する「自由貿易の強制」を含めて，領土的支配がそれら課題実現の重要な促進要因となったことは疑いない．次に，膨張した送金額は，新たな送金経路を渇望しつつも，なお既存の経路（インド産綿製品輸入）への執着を生み出し，その限りでインド販売市場化を阻害した．またインド産綿製品輸入に対する高率保護関税賦課は，さしあたり既存の送金経路に困難を与えた．最後に，送金の新たな媒体となるべき物産の開発にとっての便宜が，領土的支配拡大に期待されていた．

　1800年前後における東インド会社をめぐる状況とは，以上の諸基本的政策志向に照らして，会社が依然として基軸的位置を与えられつつも，同時に会社のみをもってはこれらの政策課題を担いきれないこと，すなわち会社の歴史的役割が積極性より限界性へと転化しつつあることを示していた．ピット法および本国政府関係者の会社に対する態度に見られる，ある種の不徹底性・妥協性とは，会社史がこうした転換点にあることの表現であった．そして当該期以降イギリスは，一方でインド領有を完遂するとともに，他方で会社貿易と私貿易との関係調整を進めつつ，アジア貿易の構造転換を通じて，インドからの富の収奪とその販売市場化とを両全させることになる．こうして東インド会社は，以上の諸基本的政策志向の，従ってそれらを主導するインド支配に関係する諸利害の，相互の妥協および両全の過程によってこそ，自らの動態を規定されたのである．会社衰亡の契機となった極端な財政難も，確かに会社にとっては「赤字」であったとしても，イギリス国民経済にとっては，大変な「黒字」であったといえよう．会社は，インド支配諸利害関係者に利益を配分する「道具」として最大限利用されたあげく，

打ち捨てられた存在であった．

　以上に解明された諸点は，一方でわが国における東インド会社史に関わる通説に重大な修正を促すものであるとともに，他方でケインおよびホプキンズによる理解に孕まれた諸制約をも示唆している．最後に，彼らの諸理解について改めて検討することを通じて，以上の論点を深めていきたい．

　①わたくしは彼らと同様に，東インド会社時代とその後とに一貫する，「本国送金および投資収益確保」政策の基軸的意義を強調するものである．しかし同時にわたくしは，産業革命進行に伴って現れた，「送金利害」と「産業資本利害」との「相克」および「妥協」の様相にも注目しつつ，二つの利害が組み合わされながら，アジア貿易の構造転換が促され，やがて二つの利害がなお何らかの対抗を孕みつつも，基本的に「両全」されていくことを強調した．こうした観点からすれば，ケインおよびホプキンズの理解は，わが国の通説とは逆の一面化を通じて，東インド会社およびそれを取り巻くインド支配体制における「動態的変化」や「構造変化」を正しく捉えることができなかったといわざるをえない．彼らは「送金利害」の継続・発展の側面のみを一面的に強調するにとどまり，他方わが国の通説は，それを「前期性」の所産と捉えつつ，その否定のうちにイギリス資本主義発展の本質を見出した．

　②ケインおよびホプキンズの理解における以上の特質は，彼らの方法的観点そのものとも密接に関連している．彼らの方法的特徴は，まず「国家政策の主導者は誰か」という問題への一面的なこだわりにある．同時にそれは，「ヘゲモニー」を掌握する「ジェントルマン資本家層」の特質を，その「個別利害」・「行動理念」・「人的ネットワーク」・「生活スタイル」といった側面において，社会の基礎構造に関する法則的認識との関連抜きに把握しつつ，「ジェントルマン資本家層」の他階層と区別された独自性を際立たせたことにもある．こうして彼らによるインド支配構造を含めた社会構造分析における軸心は，むしろ「ジェントルマン資本家層」の「ヘゲモニー」がいかに社会の基礎構造にまで貫徹したかという点の実証に置かれることになり，結果的に，そこでの構造変化や諸利害の複雑な交錯を，それ自体として客観的に分析することが困難になったのではなかろうか．

　③19世紀中葉イギリス資本主義の特質に関わって，イギリスがその時期においても「送金利害」を追求したことの根拠は，イギリスが「ジェントルマン資本主義」であったことよりも，むしろイギリスがインドを領有し続けたという事実そ

のものに重点を置いて理解されるべきではないか．つまりイギリスは，重商主義的角逐に促されつつ確保したインド領有をその後も維持したことによって，重商主義的国家体制を脱し，基本的に自由主義原理をもって国家政策の基調に据えた後にあっても，なお「送金利害」を自らの構造的一環に抱え込むことになったという方が，史実に適っていると思われる．

ケインおよびホプキンズは，19世紀中葉における「富の収奪の継続」を，もっぱら「イギリスがジェントルマン資本主義であったこと」に根拠づけるとともに，「富の収奪」をもって当該期インド植民地支配の全体的特質とした．こうした彼らの理解に関しては，次の2点に亘る妥当性が問題とされねばならない．第1に，19世紀中葉のイギリスを「ジェントルマン資本主義」として捉えること自体の妥当性である．第2に，「富の収奪」をイギリス側固有の事情から一方的に説明することの妥当性である．

前者についてわたくしはすでに，産業革命の進行とともに，「産業資本利害」が「送金利害」との対抗および両全のうちに，インド支配政策に対する規定性を増していったことを指摘した．またわたくしは，続く本書第2部・第3部において，「産業資本利害」が世紀中葉に展開された地税政策および綿花開発政策を強く主導したことを示すつもりである．こうしてさしあたりインド支配政策の主導者を検討する限りでも，当該期イギリス資本主義をもっぱら「ジェントルマン資本主義」という規定性において把握することには重大な疑義が生じるといわねばならない．彼らは19世紀中葉のインド支配政策に対するイギリス産業資本の規定性を，明らかに過小評価している．

後者の妥当性の問題については，実はイギリス綿業資本でさえ，植民地政府に対して，インド財政に寄生した鉄道建設や各種公共事業を強く要請した[1]ことが想起される必要がある．つまりインドからの富の収奪に寄生した人々は，彼らのいう「ジェントルマン資本家層」に限定されるものではなかった．従って「富の収奪の継続」という事実は，必ずしもインド支配政策に対する産業資本の規定性を否定しない．それゆえ「富の収奪」の実行を，本国にそれと親和的な特定の利害関係者が存在したという事情のみから一方的に説明することはできない．むしろインド支配に何らか関与した者はすべて，多かれ少なかれ「富の収奪」の享受者となったともいえるのではなかろうか．とすれば，問題はインド側の事情とも関連させて考えられねばならない．この点では，巨大な人口からなるインド農業

社会が，従来強大な諸王朝を存立せしめるほどの膨大な剰余生産物を生み出してきたという事情が重要である．イギリスはこうした特質を持つインドを領有したからこそ，年々の巨額な収奪が可能になったのであり，またこの特質に規定されつつ，本国政府および産業資本を含んだ広範な「収奪関係者」およびその「収奪利害」を，いわば再生産していくことができたのである．この意味で「富の収奪の継続」もまた，イギリスの支配政策意図とインドの社会実態との絡み合いの産物であった．従ってケインおよびホプキンズにあっても，この両者の絡み合いはきわめて不十分にしか捉えられなかったといえよう．

　総じてイギリスは，さしあたり重商主義的角逐に促迫されつつインド領有拡大を果たした．重商主義的国家体制は，産業革命を温室的に推進しつつ，同時にインド支配に関わって，送金利害関係者に主導されるインド収奪体制を創出した．産業革命完遂後イギリスは，いよいよ産業資本利害を基軸に据えつつ，より完成された資本主義的国家体制へと接近した．とはいえ他面でインド領有の継続・拡大を通じて，一方で産業資本利害にもとづいた，インドの販売市場・原料供給地化を目指す政策志向とともに，他方で従来の送金利害が温存された上での，より広範なインド収奪利害が生み出された．インド収奪利害は，産業資本利害を基軸に据える 19 世紀中葉イギリス資本主義に対して，その構造的一環に定置された．こうしてイギリスのインド支配体制は 19 世紀中葉までに，重商主義期に創出されたインド収奪利害の継承および発展形態，並びにインドの販売市場・原料供給地化を目指す政策志向の両者を併せ持つものへと推移したのである．

　わたくしはこれまで，産業革命期東インド会社史の動態把握を通じて，その動態およびインド支配体制展開を深部で規定した，さしあたり三つの基本的政策志向を析出することができた．とはいえ，上の③の観点が示唆するように，これらの基本的政策志向もまた，決して本国側固有の事情のみから一方的に形成されたのではなく，東インド会社によるインド領有の進展に規定されながら，次第に発展し，明確化されていったものであることが銘記されねばならない．そしてこれらの基本的政策志向は，イギリスがインドを領有し続ける限り，19 世紀中葉においても，相互媒介と相互対立との両面を含む複雑な関係を孕みながら，会社時代同様，インド政策を強く規定していったものと思われる．こうしてわれわれは，本国側における基本的政策志向の形成に際しても，すでにそこに支配対象地域の側の事情が反映していることを確認することができる．とはいえここで捉えられ

た現地の事情とは，単に「イギリスによるインド領有」あるいは「インドからの富の収奪」といった表現で示される，きわめて抽象的な内容にとどまっている．それらは，さしあたり基本的政策志向を明らかにするという課題に対応して問題とされた内容にすぎない．そしてそれらの基本的政策志向が現実化されるに際しては，現地社会実態との緊密な絡み合いが展開されつつ，後者の持つダイナミズムが強い規定性を発揮することになる．続いてわたくしは，検討時期を19世紀中葉以降に定め，また検討対象を「地税政策」および「綿花開発政策」に絞り込みつつ，「基本的政策志向と現地社会実態との絡み合い」の分析に，従って「イギリス資本主義と植民地インド経済との相関」の一層具体的な分析へと進みたい．

第1部のまとめ　註

(1)　綿業資本によるインド財政への寄生傾向を指摘した文献として以下のものがある．R. J. Moore, 'Imperialism and "Free Trade" Policy in India, 1853-4', *Economic History Review*, 2nd series, Vol. VII, No. 1, 1964. A. Silver, *Manchester Men and Indian Cotton 1847-1872*, 1966. P. Harnetty, *Imperialism and Free Trade : Lancashire and India in the Mid-Nineteenth Century*, 1972. 熊谷次郎『イギリス綿業自由貿易論史』，1995年，第3章．秋田茂「『自由貿易帝国主義時代』のインド支配」広島大学『史学研究』第161号，1983年．

第2部

西部インドにおける地税政策の展開と農村社会経済構造の変容

西部インドにおける現在の農作業風景
(写真提供:応地利明氏)

第3章　植民地化に先立つ西部インド農村社会経済構造の特質

3-1　序
3-2　デカンにおける農村社会経済構造
3-3　グジャラート・コーンカンにおける在地領主制および中間的地主制の展開
3-4　植民地化に先立つ西部インド農村社会経済構造における変化の方向性

3-1　序

　第2部では，序章に述べた方法的観点にもとづき，インド植民地支配政策全体のなかにきわめて枢要な位置を占めた地税政策の展開を検討する．第2部で検討対象となる地域は，西部インド（Western India）の主要部分をなし，植民地時代にボンベイ管区（Bombay Presidency）と呼ばれるイギリス直轄領となった地域である．上記課題を果たす上で本章は，この地域における植民地化に先立つ農村社会経済構造を概観することを目的とする．地税政策は特定の農村社会経済構造を歴史的前提とし，そこに働きかけ，またそれが含むダイナミズムに規定されながら展開した．従って本章の内容は，地税政策の具体的展開を検討する上で必要な前提をなすものである．同時にわたくしは第3部において，中央州およびベラールを地域的対象として綿花開発政策を検討する予定であるが，当該地域とボンベイ管区との農村社会経済構造には少なからず共通する諸側面があったことから，本章の内容は，綿花開発政策の具体的展開を検討する上でも多くの示唆を与えてくれる．本章では，当該期の一次史料にもとづいた詳細な考察を行うのではなく，主にこれまでの内外における諸研究の成果を素材としつつ，そこに独自な

整理・検討を加えることによって，課題に接近したい．なお本書では以下，現地人政府とイギリス植民地政府とを含めて，政府が，土地所有権に関わって徴収した国家歳入を「地税」land revenue と呼ぶことにする．

　まず第3-1図によって，植民地時代におけるボンベイ管区の地理的事情を確認しておこう．西部インド地方は，自然的・歴史的条件その他により，大きく四つの地域に区分できる．まず北方にカーティワール半島およびキャンベイ湾沿いからなるグジャラート（Gujarat）地方[1]があり，その南方は，アラビア海に沿って南北に走る峻険な西ガーツ山脈によって，海岸沿いの南北に細長い平野部と，内陸の広大な高原部とに分けられる．前者はコーンカン（Konkan）地方，後者はデカン（Deccan）地方と呼ばれた．またデカン高原の南部は，カルナータカ（Karnataka）地方または南マラータ地方（Southern Maratha Country）と呼ばれ，北方のデカン＝マハーラーシュトラ（Deccan Maharashtra）地方と区別される．英領時代，直轄領である管区内には県（district または collectrate）と呼ばれる行政区分が設定された．それ以外の地域は，形式的には独立を認められながら，植民地政府に対する強い従属下にあった，いわゆる藩王国諸領である．第3-1図が示すように，ボンベイ管区では，グジャラートに5県[2]，マハーラーシュトラに6県，コーンカンに4県，カルナータカに3県の合計18県が設置された．ボンベイ管区の北方にはラージャスターン地方の多数の小藩王国群が，東方には中央州およびベラールという直轄諸領とともに広大なハイデラーバード藩王国が，南方にはマドラス管区およびマイソール藩王国が，それぞれ取り巻いていた．現在において旧ボンベイ管区の範囲はほぼ，グジャラート州，デカンとコーンカンが合わさったマハーラーシュトラ州，および南方のカルナータカ州の3州に含まれている．

　13世紀初めまでに北インドを席巻したムスリム勢力は，14世紀には西部インドに進出し，以後当地を支配領域とするムスリム諸王朝が隆替するとともに，北方よりムガル帝国の勢力浸透が見られた．まず16世紀後半グジャラートがムガル帝国領に併合されるとともに，17世紀後半までにデカンのムスリム諸王朝がムガル帝国に征服された．とはいえ他方で，すでに17世紀の中葉よりヒンドゥー勢力の独立運動が開始され，シヴァージー・ボーンスレーの指導下に，1674年マラータ（Maratha）王国が成立した．王国は，現地のムスリム政権やアウランゼーブ帝率いるムガル帝国との激しい戦闘を経つつも，18世紀初頭よりムガル帝国が衰退の一途を辿るに伴って勢力を強化・拡大していった．その後王国内では，国王に

第 3-1 図　ボンベイ管区略図

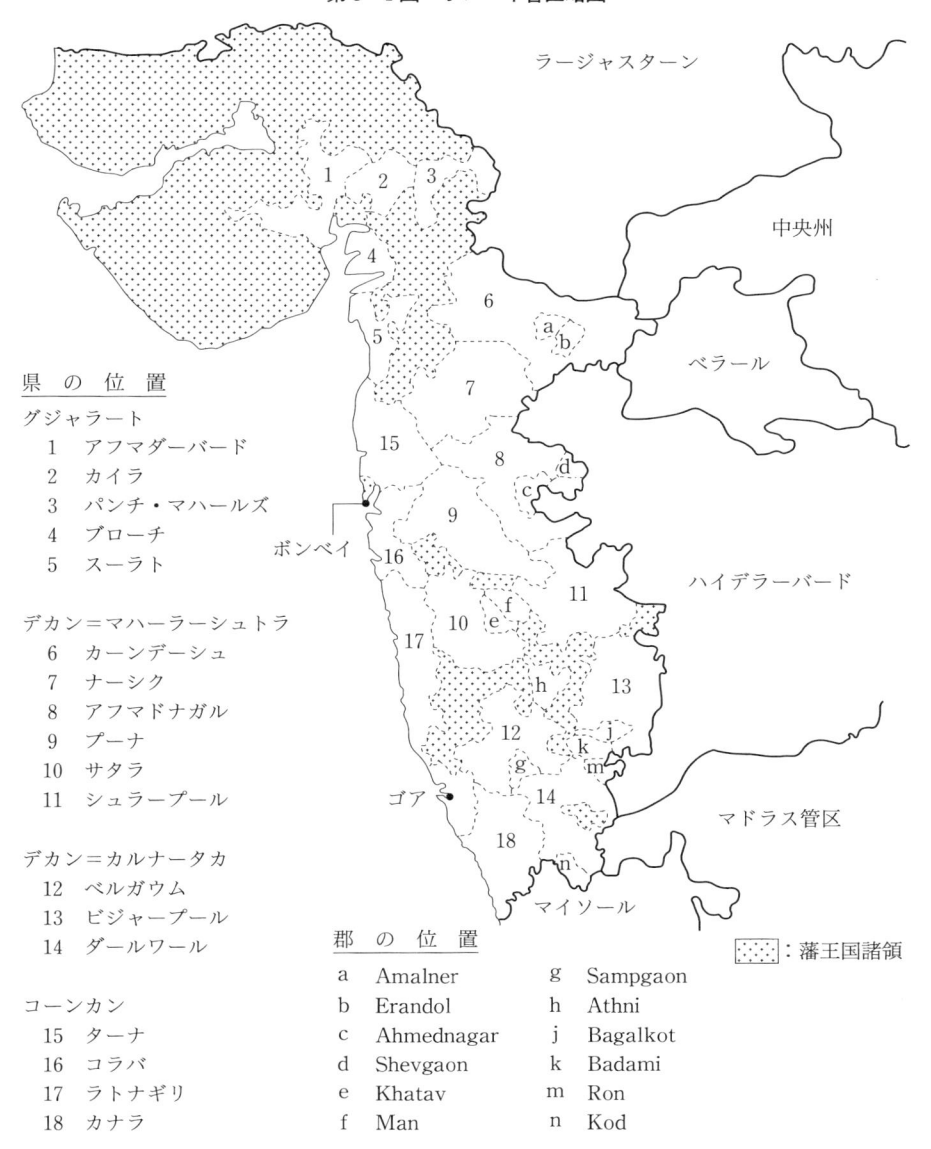

県　の　位　置

グジャラート
1　アフマダーバード
2　カイラ
3　パンチ・マハールズ
4　ブローチ
5　スーラト

デカン＝マハーラーシュトラ
6　カーンデーシュ
7　ナーシク
8　アフマドナガル
9　プーナ
10　サタラ
11　シュラープール

デカン＝カルナータカ
12　ベルガウム
13　ビジャープール
14　ダールワール

コーンカン
15　ターナ
16　コラバ
17　ラトナギリ
18　カナラ

郡　の　位　置

a　Amalner
b　Erandol
c　Ahmednagar
d　Shevgaon
e　Khatav
f　Man
g　Sampgaon
h　Athni
j　Bagalkot
k　Badami
m　Ron
n　Kod

⣿：藩王国諸領

注）郡の位置については，第4章第5節参照．
出所）M. B. McAlpin, *Subject to Famine : Food Crises and Economic Change in Western India 1860-1920*, 1983, p.118 にもとづいて作成．

第3章　植民地化に先立つ西部インド農村社会経済構造の特質

代わって宰相（ペーシュワー Peshwa），バーラージー・ヴィシュワナート・バットが実権を握るようになり，以来彼の家系がプーナの宰相府より王国を支配するようになった．勢力拡大に伴ってインド各地に派遣されたマラータの武将たちは，いくつかの半ば独立の侯国[3]をつくり，18世紀前半にはプーナ宰相府を盟主とする「マラータ連合」Maratha Confederacy が形成された．その版図は西部インドに加えて，東はベンガルに接するインド中央部全域に亘り，マラータ連合は弱体化したムガル帝国に代わって最強の現地勢力となった．しかし18世紀後半ともなると，財政難が昂じるとともに内紛が相次いで勢力に陰りが見られ，今やマラータ連合をインド全域の制圧に至る最大の難敵と見なしていたイギリスにつけこむ隙を与えた．イギリスはまず1775-82年に第1次アングロ・マラータ戦争を遂行し，続いて1802-3年ウェルズリ指揮下の第2次戦争を通じてグジャラートの一部領土を併合し，さらに1817-8年の第3次戦争によって最終的にマラータ連合を打ち破った．イギリスは宰相の領土を中心として直轄領を設け，他の西部インドの領土と併せボンベイ管区を設立するとともに，残りの諸侯領を藩王国としてイギリスの従属下に置いた．本章では，マラータ時代を中心としつつも，部分的にそれ以前のムスリム時代にも遡って検討したい．

　ここでインド史の大まかな時代区分について若干言及しておくなら，まず深沢宏氏によれば，紀元前4世紀初頭から紀元2世紀末に至るマウリア朝は「高度に中央集権的な官僚制国家」であったが，その後のグプタ朝（紀元4世紀初頭より6世紀中葉）あたりから「封建化への萌芽」が生まれ，その動きは12-3世紀のムスリム侵入・征服頃に成熟に達するとされる[4]．また小谷汪之氏によれば，「インド中世社会」は，13世紀頃までに一応の輪郭を整えつつ18世紀一杯まで続き[5]，従って16世紀のムガル朝成立以降は「インド中世後期」に当たる[6]とされる．両者ともに，12-3世紀のムスリム支配開始頃をもって「インド中世封建社会」がほぼ確立したと見る点では共通であり，また小谷氏の見方に沿えば，本章の検討対象となる時期は「インド中世後期」に相当することになる．わたくしも両氏の理解を念頭に検討を進めていきたい．

　先述のようにボンベイ管区には四つの地域区分が認められるため，以下の検討においてもこの区分に従うが，そのうちデカン＝マハーラーシュトラとカルナータカはかなり共通した特質を持っていたので，「デカン」としてひとまとめに扱うことにする．ここで3区分における自然条件および農業生産に関わる大まかな特

徴を述べておこう．デカンは，降雨の少ない飢饉頻発地域であり，人口は比較的希薄であった．農産物は雑穀（ジョワール jowar・バジラ bajra など）を主体とする乾燥作物が中心で，各農民の保有地規模は大きく，粗放的な農業が行われていた．カルナータカではそれに加えて綿花栽培が盛んであった．またデカンはプーナの宰相府に近く，マラータ王国の行政的中心をなしていた．次にコーンカンは降雨に恵まれ，米をはじめとする湿性作物が栽培された．農業経営規模は比較的小さかったが，他面で経営の集約性が高かった．また人口は稠密であった．グジャラートは，デカン同様降雨に乏しかったが，他面で肥沃な黒土に恵まれ，そのため綿花・タバコ・砂糖黍などの乾燥作物を栽培する商業的農業が早くから発達した．また穀物では，雑穀のみならず小麦も盛んに栽培された．これらの結果，人口密度は高かった．

　われわれの検討対象をなす農村社会経済構造は，いうまでもなく，農村における主要な生産活動の場をなす農業構造に強く規定されている．農業構造は一般に，農業経営構造と土地所有構造との合成物である．当該農業経営構造における直接的生産は，基本的に小農民経営によって担われた．そして小経営農民は，村落共同体および郡郷共同体に包摂され，これらの共同体諸関係に規定されながら農業経営を行った．さらにこれら農民および在地共同体の存在態様を前提として，農民が生み出す剰余生産物を収取する支配諸階級がその上に君臨していた．小農民経営，共同体諸関係，支配諸階級による剰余生産物の収取関係はすべて，特有の土地所有構造によって規定されていた．わたくしは，農業経営構造と土地所有構造の2側面に留意しながら，農民・共同体諸関係・支配諸階級のそれぞれの存在態様を順に検討することを通じて，農業構造およびそれに規定される農村社会経済構造の全体的特質に迫ることにする．ただしこれまでの諸研究が一致して指摘するのは，農業における直接的生産過程，従って農民の存在態様に近づけば近づくほど，史料的制約のために実態の解明が困難になることである．そこから従来の諸研究は，支配諸階級の存在態様や国家構成の全体的枠組の検討に比重を置いて行われてきた．わたくしの検討もまた，この点の制約を受けざるをえない．まずデカン地方について考察しよう．

3-2 デカンにおける農村社会経済構造

(1) 農民の存在態様と村落共同体の構造

　最初に農民の存在態様に関わって，デカン地方を含めボンベイ管区全域に亘って，植民地化に先立って小農民経営が広範に成立していたと考えることができる．それは例えば，デカンにおいて，家族形態として単婚小家族形態が一般的となり[7]，各小家族は集村形態をとる村落内に家屋・宅地を個別に占有し，かつ家族ごとに耕地としてひとまとまりの土地を割り当てられていた[8]ことから窺われる．あるいは耕地は耕区（タル thal）に区分され，耕区ごとに最初の植民者の子孫たちからなる大家族＝家族集団（ジャター jatha）に因んだ名前が付けられていたが，タルを単位とする家族集団内の土地の授受＝共有関係は，植民地化に先立ってほぼ解体し[9]，それだけ各個別家族の自立性が高まっていた．さらに家族集団を単位とする土地共有関係の解体に関わって，1830年代後半よりボンベイ管区における統一的な地税制度確定に携わったゴールドスミッド（H. E. Goldsmid）とウィンゲート（G. Wingate）は，デカン農村について，村落自治制度や地税納入の連帯責任制は存在したものの，そこから土地の共同所有関係を推定することはできず，土地は各個別農民ごとに保有・耕作されたと証言している．

　「われわれは地税納入の連帯責任制から，村落の土地における共同所有関係を推定することはしない．……一般に村落内には数多くのタルやティッカ（ticka, タルと同様の内容を指すと思われる —— 引用者）が存在している．……この『タル』や『ティッカ』に含まれている各々の畑（each field）は，それぞれ他と区別される，周囲から承認された保有者によって保有されている．各畑にはそれぞれ定まった地税査定額が設定され，各々の保有者の納入責任が限定されている．……地税納入の連帯責任制は政府の定めた地税納入方法がもたらした結果であって，所有関係の問題とはまったく別の問題である[10]」．

　総じて各小家族は，自己が個別的に占有する耕地を自らの家族協業によって耕

作することをもって，再生産の基本的条件としていたといえよう．小谷氏は，デカンに関する 17 世紀の諸史料から，各個別農民の経営規模としては，15 ha から 90 ha あたりまでの幅を持ちつつ，30 ha 位が多かったとされている[11]．19 世紀までには農民保有地の平均面積はこれよりかなり小さくなっていたと思われるが，それでもデカン農民の保有地が相当に広いものであったことは疑いない．ここには先述のように，デカン地方が人口希薄で可耕地に十分余裕があり，かつ農業技術の低水準に規定されて生産が相当に粗放的であったことが反映されていると考えられる．また彼らは，村落の共有地である牧草地・放牧地を利用して，乳牛飼育を主体とする牧畜をも兼ね営んだ．こうして太古以来持ち越されてきた本源的な共同労働・共同所有の関係は，この時期には小家族によって担われる小農民経営を自立させるまでに後退し，それらは村落共同体および郡郷共同体諸関係として存続するという段階に達していた．従って，いわゆる共同体の「固有の二元性」は，小農民経営の一般的成立とそれを取り巻く共同体諸関係という形態において，当該期の表現を持っていたといえよう．以上の存在態様を持つ農民を前提とし，彼らより特有の土地所有関係を通じて剰余生産物を収取する支配諸階級が存在する当該農村社会を，封建的農村社会と特質づけることは誤りではないであろう．われわれは当該農業構造を，地域特有の諸特質が含まれることを承認しつつも，基本的に，封建的農業構造と見なすことができる．

　村落において耕作を行う農民には 2 種類があった．一つは，農民の多数を占め，村落共同体の正規の成員として世襲的耕作権を持つミラースダール (mirasdar) と呼ばれる農民である．ミラース (miras) とは，アラビア語で家産・相続財産を意味し，同じくアラビア語で故郷・郷土を意味するワタン (watan) とともに，「共同体によって承認された世襲的職務と権利[12]」を指す言葉である．従ってミラースダールは，ワタンダール (watandar) とも呼ばれ，ともに世襲的な権益享受と義務遂行を伴う村落共同体の正規の成員を意味した[13]．なおミラースおよびワタンという言葉は，後述する職人階層の世襲的営業権や世襲役人の職務・役得を含めて，共同体によって承認されたあらゆる世襲的権益・義務を表現するものとして用いられ，その意味で「ワタン体制」とは，カースト制度と並んで，当地における村落および地域レベルでの共同体諸関係の基本的編成原理をなした．また 19 世紀初めのデカン農村に関する諸記録によれば，ミラースダール農民は概ね自ら耕作を行う小経営農民であった[14]．

もう一方の農民とは，特定村落共同体の正規の成員ではなく，従って定住権を持つことなく，1年ないし数年期限で，「消滅家族地[15]」や「荒蕪地」などの村落の遊休地を賃借・耕作しつつ，有利な条件を求めて村から村へ移動するウパリー（upari，よそ者の意）と呼ばれる農民である．ウパリー農民もまた，農耕手段を私有し，家族協業にもとづいて耕作する小経営農民であったと思われる．彼らは村落に対しミラースダール農民の地税負担より軽い地代支払義務を負ったが，当該期地税徴収が村落一括査定にもとづいて行われていたために，ミラースダール農民はむしろ積極的にウパリー農民を招いて遊休地を耕作させ，自らの地税負担の軽減を図った．ウパリー農民についてはなお不分明な点が多く，十分な解釈を下すことができないが，従来の諸研究による限り，かつて農村社会が斉一的なミラースダール農民のみから構成され，そこから没落したミラースダール農民がウパリー農民と呼ばれつつ堆積されていったという理解は成り立たないようである．両者は長期に亘って共存し，「区別は経済的というより社会的であった[16]」といわれている．この点に関わって，次の指摘は傾聴に値する．すなわち共同体の正規の成員によって主要に担われる共同体内分業関係において，天災や成員の何らかのライフ・サイクル上の変動を通じて，時に分業関係に欠落が生じることがあった．その際欠落を埋め，分業体制を維持する上での安全弁としての役割を果たしたのが，これら「よそ者」であり，その意味で彼らは，封建的社会構造の安定的再生産にとって必要不可欠な存在であったとする理解である[17]．インド以外の諸封建社会においても，農村において共同体の正規の成員以外に多様な住民態様が多かれ少なかれ含まれていたことは今日広く認められるところであり，上のように理解することで，ウパリー農民（および職人）を，封建社会における異物ではなく，それと整合性を持った存在として理解することができよう．

　次に，農民のなかにあって村落共同体を統括する機能を果たしたのが，いわゆる村役人層であり，彼らは村落レベルでの世襲役人であった．村役人は，何より村長（パテール patel）をその代表格とし，続いて村書記（クルカルニー kulkarni）が有力者として知られていた．村長は農民カースト（クンビー Kumbi・カースト）から上昇分裂したマラータ・カーストに，村書記は知的素養を持つブラーフマン・カーストに属するのが通例であった．それ以外では，村長補（チョーグラー chaugla）や市場地の長（セーテー sete）・書記（マハージャン mahajan）などがいた．村長は村落の最も由緒ある家系の代表者によって世襲的に担われ，その機能は主

に次の2側面において捉えられる．第1に，村落の繁栄に責任を持ちつつ，村落内の諸問題や係争を管理・調停し，あるいは村落を代表して政府を含めた上位支配者と交渉するという，村落自治の代表者としての機能である．第2に，上位支配者の意思を村落に伝えるという，上位支配者の代理人としての機能である．後者の機能では，村落一括査定を受けて，村長が村落全体の地税納入に責任を負い，かつ査定額の各個別農民への割り振りを差配したことが重要である．村書記は，政府との間の出納や村落の収支に関わる帳簿のほか，村落のあらゆる帳簿・文書を筆記し，かつそれらを保管する役割を果たした．そのために彼らは，村落の実状を知悉し，それにもとづいて強い発言力を持った．こうして村落の運営に強い影響力を持った村役人は，平均的農民よりも広い保有地を持ち，また正規の地税を免除あるいは軽減された土地の保有を認められた．こうした正規の地税を免除あるいは軽減された土地は，現地では一般に「恩給（イナーム inam）地」と呼ばれた．こうした土地種類は，イギリス支配に入った後においても存続し，その際植民地政府はこうした土地を，正規の地税を賦課される「政府地」government land と区別して，「除外地」alienated land と呼んだ．以下マラータ時代までの地税減免地を「恩給地」，イギリス支配時代のそれを「除外地」と表現する．村役人が保有した土地のうち，自ら耕作に携わる土地を超えるものは小作地とされたと思われる．それ以外に村役人は，村落住民の剰余生産物の一部を様々な得分（ハック huk，権利の意）として徴収することができた．これら諸得分は名目的には何らかの共同体的職掌と結びつけられていた．従って村役人は，自らの小作地において小作農民の生み出す剰余生産物を彼らから直接収取するとともに，村落共同体の自律性を規定している共同体的土地所有を総括する権能から，村落全体の剰余生産物の一部を収取する権利を持ったといえよう．

以上に見た村長の権威と重なり合いながら，村落集会(ゴータ gota あるいはパンチャーヤト panchayat) が係争処理の場として用意され，それは村落自治機能の重要な構成要素の一つをなしていた．村落集会は，村役人によって召集され，彼が司会を務めつつ，共同体の正規の成員の多くが参加して行われた．そこでは明確な組織原則や成文化された手続法なしに，農民のなかから選ばれた 4-5 人の係員が係争者の議論に耳を傾け，証拠を検討した上で，慣習的に適当と思われる裁定を下し，その実行を村長に委ねた．村落集会での決定は，政府や支配諸階級といえども，これを尊重すべきものであった．村落集会については，審議が遅い

ことや，裁定の実行が村長の個人的権威に委ねられていること，あるいは裁定内容が場合により食い違うといった弱点がイギリス人役人より指摘されていたが，他面でそれは，「係員と係争者との価値観の一致[18]」という強みを生かして，住民の信頼を勝ち得，現地社会に良くなじんでいたことも事実である．

　ここで村落における工業（およびサーヴィス業）に関わる活動について一瞥しておこう．一般に封建的小農民は，自ら自給的な家内副業的手工業生産を兼ね行うのであるが，インドの中世農村においては，ヨーロッパや日本のそれと比べて，これらの活動が農家家内副業というより，村落成員による独立した職業として営まれる割合が高く，かつそれらはカースト制度やワタン体制と結びついた固定的な共同体内分業を構成していた．こうした職人階層には，小谷氏の理解によれば[19]，主に二つの存在形態があった．一つは商品交換関係を含むことなく，村落を職域として，村落によって雇用・扶養される職人たちであった．彼らはいわゆる「村抱え職人」であり，当地においてはバルテダール（bultedar）と呼ばれた．村抱え職人の職種は，大工・鍛冶工・陶工・皮革工・床屋・洗濯人などの10数種（彼らは慣習的に「12種のバルテー職人」と呼ばれた[20]）に固定され，彼らはそれぞれ異なったカーストに帰属しつつ，世襲的な営業独占権（ワタン）を保証された．彼らの営業は，商品交換関係を含まない，村落共同体内の計画的分業＝「直接に社会化された分業」を構成していた．また彼らが受け取る報酬は，農民より徴収される現物・現金，全村民から多様な機会に多様な名目で支払われた種々の役得，そして僅かな恩給地の保有からなっていた．その際報酬は，サーヴィスを受けた農民が個別に支払うのではなく，村落全体より全バルテダールに一括して支払われ，その後職種別に伝統的に承認されてきた較差を伴いつつ，各バルテダールに配分された．なおバルテダールとは，村落共同体によってワタンを保証された正規の村抱え職人であり，それ以外に臨時的に職務を遂行し報酬を受け取るウパリー職人も存在した．

　第2の存在形態は，農民との間に一定の商品交換関係を含む営業形態であり，いわば「商品生産者兼販売者」としての職人である．これには搾油人・パーン屋・織工・花卉栽培人・裁縫師などが含まれていた．この形態は，村抱え形態からの転化ではなく，分業の展開や商品経済の発展に伴って，従来農家家内副業として営まれてきた生産活動が専業化したものであったといわれる[21]．とはいえ彼らは決して商品生産者としての自由や独立性を十全に享受したのではなく，カースト

制度とワタン体制とを通じた，強い共同体規制の制約下に置かれていた．すなわち特定の職種が専業化する際には，それを営む人々が属する別のカーストが新設されるとともに，職種ごとに営業独占権（「二次的ワタン」）が与えられ，営業活動はこれらの枠組に従わされ，それ以上の自由な展開を阻止された．従ってかかる形態の職人の「独立性は完全なものではなく，広義のデーミウルギー的なものにとどまった[22]」．こうして共同体諸関係は，成長しつつある商品経済を自己のうちに取り込みつつ，より以上の発展を抑制する仕組みを伴っていたのである．

　以上に見た村落内における工業生産の態様は，植民地化以前の現地経済における商品経済の浸透の程度について一定の示唆を与えてくれる．第1に，農民を含めた住民の日常的な生産・消費の部面において，商品経済の徐々なる浸透が見られたことである．それは上に見た「商品生産者兼販売者」の叢生に加えて，地税や諸得分の納入が金納によって行われる場合が少なからずあったことや，封建的剰余生産物や特産物の交易の中心をなした伝統的な都市市場と並んで，住民の日用品を売買する，村落内の「村市場」や地域に点在する「定期市」などが相当数存在したこと[23]からも窺われる．従って，村落経済の自給性ないし閉鎖性を著しく完結的なものと捉えることは明らかに誤っている[24]．第2に，とはいえ「商品生産者兼販売者」に対してカースト制度およびワタン体制にもとづく強い規制が課せられたことは，先述したように，決して商品経済の自由で急速な発展が保証されたのではないことを示している．そして当時の交通・通信手段がきわめてプリミティヴで，一定地域範囲を超えた交易には大きな困難が伴ったこと，また支配的に存在した小農民経営にあっては，家内自給的生産・消費の局面が相当程度に残存せざるをえないことを考慮すれば，商品経済は，一方で特産物・封建的剰余生産物の共同体を超えた交易を発展させつつも，他方で農民経済を巻き込んだ日用品交易のレベルでは，村落ないし地域社会を範囲とする自給経済に対する補完物としての役割を果たすにとどまったと考えねばならない．最後に土地売買について一言すれば，ミラースダール農民は，自らのワタンを，地域住民からの確認を得ることを条件として販売する自由を有していたが，周囲に遊休地が豊富に存在すること，また彼らが連帯責任制を伴う重い地税支払義務を負っていたという事情から，現実には土地売買はきわめて不活発であった[25]．

(2) 郡郷共同体あるいは地域社会の構造

　デカン地方では，数十から百カ村程度の範囲を単位として，地域社会におけるある種の地縁的まとまりが形成されていた．その範囲はほぼ，ムスリム王朝成立以来の村落を超える行政区分であるパルガナ(pargana, 郡または郷)に相当する．パルガナという区分は，ムスリム支配以前から存在したヒンドゥー土着の地域共同体的まとまりを祖型として，ムスリム王朝によって設定されたものである[26]．以下ではかかる地域的まとまりを，小谷氏に倣って「郡郷共同体」あるいは「地域社会」と呼びたい．村落共同体の自律性はそれらを上位にあってまとめる郡郷共同体の存在によって補完され，その意味で「『地域社会』こそ，中世マハーラーシュトラ社会の基本的構成単位だった[27]」という指摘もある．

　第1に，郡郷共同体は，カーストの区別にもとづく人間集団が「第一次集団」として結集する場であった．すなわち同一カーストに属する人間集団は，各村落にまたがって存在しつつも，まず郡郷共同体を地域的範囲として強い結合関係を形成していた．各カーストはこの地域的範囲において，カーストの「頭」(メータル mhetar)によって統括され，またカーストが持つ内婚集団たろうとする強い傾向は，婚姻関係を一般に郡郷内に限定させ，さらに「第一次集団」としてのカースト内の係争は，この範囲において開かれる「カースト集会」によって審議された．カースト集団は，かかる「第一次集団」としての結合を前提としつつ，隣接する他の郡郷の同一カースト集団との間に，いわば二次的な結合関係を形成することになる[28]．また郡郷共同体は，住民の経済的再生産活動にとっても，一定の自律性を持った地域的範囲をなしていたと考えられる．というのは，カースト制度は職業の排他的世襲制を伴うことによってワタン体制とともに共同体内分業原理を構成し，また先述した「商品生産者兼販売者」がそれぞれ別のカーストに編成されていたことを想起すれば，かかる商品生産者を構成要素とする共同体内分業の主要な範囲がまた，郡郷共同体にあったと思われるからである．従ってこうした商品生産者によって担われる商品経済関係の浸透にもまた，郡郷共同体を範囲とする，ある種の地域的制約が伴われたのではないかとの推測を持ちうる．

　第2に，郡郷共同体にはその共同体首長というべき支配階層が存在し，共同体は彼らによっても統括されていた．彼らはムスリム侵入以前から存在したヒンド

ゥー土着の在地支配者であり，その時期より国家によって何らかの意味で在地の世襲役人として位置づけられていたようである．デカンでは，かかる世襲役人＝郡役人のうち，郷主（デーシュムク deshmukh）と郷書記（デーシュパーンデ deshpande）とが主要なものであった．郷主はマラータ・カースト，郷書記はブラーフマン・カーストに属していた．グジャラートにも郷主・郷書記にそれぞれ相当する，デサイー（desai）およびマジュムダール（majumdar）と呼ばれる世襲役人が存在しており，郡郷共同体にもとづく地域的まとまりはボンベイ管区全域にかなり普及していたと思われる．ムスリム王朝以降の諸政府は，彼らの支配領域をパルガナという行政区分に再編しつつ，従来の王朝同様，彼らを様々な行政機能を果たす在地の世襲役人として位置づける一方で，彼らが従来保持してきた共同体的職掌を名目とする諸権限・諸権益については，これを概ねそのまま承認した．こうして郡役人は，一方で共同体諸関係によって承認された地域社会の代表者として，上位支配者に対する何らかの抵抗における指導者であったとともに，他方でその地位を国家によっても安堵されることを通じて，権力機構の一端に位置づけられたのである．

　郷主は各自の居住する町や村に砦を構え，数十名から数百名に及ぶ手兵を持ち，郡内の治安・警察業務を担うとともに，王命による参軍の義務を負った[29]．また彼らは政府や知行領主（後述）による徴税業務に関わって重要な役割を果たした．他方で彼らは役得として，まず郡内にいくつかの，村落全体に亘って地税を減免される「恩給村」を保有し，また他の村落における若干の恩給地を保有した．郷主は恩給村・恩給地において地税の任意徴収権を持ったとされ[30]，そこで生み出される剰余生産物の殆どを獲得することになった．郷主の保有する恩給村はデカンにおいて，村落総数の1割程度を占めたと思われる[31]．それ以外にも，郡内の各村から，多様な共同体的職掌を名目とする，現金・現物に亘る諸得分を徴収した．小谷氏が掲載されている郷主得分の一覧表[32]によると，諸得分はほぼ村落を単位とし，かつ農民と各種職人とを区別しつつ，それぞれ一定の量・額が割り当てられていた．従って郷主得分は，名目としては村役人の得分とは別に，直接住民に課せられたのである．他方郷書記は，地域集会の裁定書・保証書を筆記し，また郷主と共同で徴税業務に関与することなどを主な職務とし，郷主と同様の内容ながら，その半分程度の諸役得を与えられた．総じて郡役人は，管轄＝支配地域における封建的剰余生産物の収取を内容とする諸権益，およびその住民に対す

る治安・警察機能を含めた何らかの人身的支配権の安堵と引き替えに,「王に対する忠誠と勤役の義務[33]」を負ったのであり,そこから彼らがある種の封建的在地領主というべき性質を持っていたと考えることができる．そして郡役人は,とりわけ恩給村に対しては,地税の任意徴収権に加えて,村役人への役得の任意授与権をも有していたとされる[34]ことから,一円領主支配権に近い権限を持っていたといえよう．

　他面で彼らの領主権は,上位支配者および村落共同体の両方から制約を受けていた．第1に,上位支配者からの制約としては,マラータ時代,恩給村および恩給地を除く支配地について,地税の査定・徴収が基本的に,上位支配者である政府あるいは知行領主が派遣した徴税官（マムラトダール mamlatdar）と村役人との協議を通じて行われ,徴税は郡役人の協力なしには殆ど不可能であるといわれたとはいえ,彼らはあくまでその協議における調停者にとどまったことである．それ以外にも,上位支配者は郡郷に対して諸代官を派遣し,住民に対する一定の直接的な支配を遂行した．第2に,村落共同体からの制約として,郡役人は,既述のように村落集会の決定を尊重せねばならなかったことに加えて,村役人が持つ既存の権限や役得を侵害してはならないとされた[35]．村役人の権限もまた,郡役人のそれ同様に,王権による保証を支えとしていた．こうして郡役人の領主権は,上位支配者と村落共同体とがなお直接的関係を保持していた限りにおいて,両者によって上下から制約を受けたのである．

(3)　政府直轄地および知行地にもとづく封建的国家構造

　マラータ時代,デカンにおける郡郷共同体の首長＝郡役人の上位に君臨する支配階級とは,マラータ宰相政府そのものに加えて,宰相政府配下の高官・武将からなる知行領主（ジャーギールダール jagirdar）であった．マラータ王国に先行するムスリム諸王朝およびムガル帝国は,その国土を大別して2通りの方法で支配した．第1に,王権が直接徴税を行い国庫より直属の官僚に給与を支払う「王の直轄地」（ムスリム諸王朝）あるいは「国庫収入地域」（ムガル帝国）である．第2に,臣下である高官・武将に対して,その官職を基準として,一定地域範囲に亘る地税を分与しつつ,その地域を支配させる「知行地」である．これらの諸王朝においてはいずれも,「知行地」が支配領域の大部分を占めていた．ムガル帝国

においては，帝国直轄領の7-9割が知行地であったといわれる[36]．マラータ王国は，17世紀後半の創設後暫く，創設者の強力な方針にもとづいて，官僚・武将に原則として知行を与えず，きわめて中央集権的な軍事国家を目指していたが，その後内紛の収拾過程や支配領域の拡大を通じて，知行制度が拡大されていった．やがて王国は，インド各地に派遣されたマラータの武将によって支配される諸侯国の連合体（「マラータ連合」）となるに当たって，これら諸侯に対し，プーナ宰相府に対する伺候・貢納・参軍の義務を課す代わりに，所領の殆ど完全な自治を認めた[37]．また諸侯領とは区別される宰相政府の支配地であるデカンにおいても，政府は配下の高官・武将に対して知行地を提供した．知行地は，デカンにおける宰相支配地の1/4から1/3を占めたといわれる[38]．そして従来の諸王朝が知行地の世襲化を原則として認めず，知行領主の短期交代を旨としたのに対し，マラータ王国では知行地の多くが世襲的権利として与えられた．深沢氏によれば，宰相の支配地には100家族余りの高官・武将からなる知行領主がいたとされ[39]，それぞれの知行地の大きさは多様であったものの，なかには郡郷の範囲をはるかに超える広さを持つ知行地も多かったと思われる．こうしてデカンにおいては，宰相政府直轄地と並んで，知行地も相当の範囲を占めていたのである．

　デカンにおける知行領主は宰相政府との間で，以下のような諸関係を結んだ．まず知行領主は知行地からの収入の18-25％を宰相政府に納入することを求められた．それ以外にも，宰相政府から臨時的な貢納要求が行われた．そして彼らは定められた量の兵馬を養いつつ，宰相の命によって参陣する義務を負った[40]．以上の関係において，宰相と知行領主とは，まさしく封土の授受にもとづく封主－封臣の関係にあったといえる．そして宰相支配地以外のマラータ連合所領全体を考慮に入れるなら，宰相と諸侯もまた封主－封臣関係にあり，さらに諸侯も自らの支配地の一部を知行地として臣下に与えたと思われ，封主－封臣関係はいたるところで重層化していたと考えられる．いうまでもなく封土の授受とは，一定範囲の土地に関する領主的土地所有権＝封建的剰余生産物収取権の重層化にほかならず，こうしてマラータ連合の政治的上部構造は，領主的土地所有権が支配諸階層の間に身分制的・重層的に配分された，すぐれて封建的国家構造というべきものであった．

　他方政府と知行領主とは，支配下の住民に対して，同様の支配様式をもって統治に当たった．その際知行領主も一般に官職に伴う国家的諸任務を有していたの

で，彼らの間で完全に在地化する者は少なく，政府と同じく諸代官を派遣して住民を支配した．まず政府・知行領主は支配地内の農民から地税・諸貢納・夫役を徴収し，商工業者には営業税を課した．村落住民からの諸徴収については，既述のように，政府・知行領主は自らの家産官僚である代官＝徴税官を村落に派遣し，郷主や郷書記の関与を受けつつも，村役人との協議の上に彼らに納入責任を負わせつつ徴収を行った．その一方で彼らは，地域社会以下の共同体諸関係によって承認された世襲役人の既得権益を侵害することを許されず，また地域社会や村落における人民集会が下した判断を尊重することを求められた．その意味で政府・知行領主の領主裁判権を含めた住民に対する支配権限は，地域社会および村落共同体の持つ自律性によって，何らかの程度で制約されていたといえよう．

(4) デカン封建社会の構造的特質

以上わたくしは，植民地化に先立つ，デカンにおける，農民の存在態様および共同体諸関係の編成より国家構造に至るまでの社会経済構造を概観してきたのであるが，ここでかかる社会経済構造が基本的に封建的なものであったことに鑑みて，農民および職人という小経営にもとづく直接的生産者の生み出す剰余生産物がいかに収取されていったかを再度整理しておきたい．この点の整理は，とりわけ封建的剰余生産物を収取する支配諸階級の編成を示すことによって，当該封建社会の全体的構造を明らかにする上での一助となろう．以下では簡単化のために，封建的剰余生産物の圧倒的部分をなす，農民的剰余生産物の収取について主要に検討する．

まず封建的剰余生産物の収取は，基本的に，領主的土地所有権にもとづいて行われる．領主的土地所有権は，農民的土地所有権（耕作権）を基底としつつ，その上にともにゲヴェーレ的土地所有権として重層し，上級土地所有権＝封建地代収取権を構成する．領主的土地所有者（封建領主）は，何らかの住民に対する人身的支配を梃子に，経済外強制を通じて剰余生産物を収取する．同時に封建領主は，農民的土地所有が一定の土地共有関係＝共同体的土地所有に媒介されているため，かかる共同体的土地所有を保証し統括する機能をも果たし，その機能に付随する，多様な共同体的職掌を名目とする諸得分をも獲得する．その意味で領主権は，上級土地所有権＝封建地代収取権と共同体的土地所有を統括する権能とが

渾然一体となったものである．従って封建地代も，上級土地所有権にもとづく収取と共同体的土地所有を統括する権能に付随する収取とが合体したものである．そして両者の合計としての封建地代は，基本的に，小経営農民を従前通りの態様において存続させる水準，すなわち全剰余生産物を収取する水準に定まる．

第3-2図は，以上の諸観点より剰余生産物の収取関係を整理したものである．まずデカンにおいて封建的剰余生産物を収取する社会階層には，村役人，郡役人，知行領主，マラータ宰相政府の4階層が存在する．そのうち村役人は自らの恩給地農民から，郡役人は自らの恩給地・恩給村農民から，それぞれ封建地代を収取するとともに，管轄する住民全体より，共同体的職掌を名目とする多様な諸得分を徴収する．従ってまず恩給地・恩給村に関しては，世襲役人がその支配領域より，ほぼ全剰余生産物を収取している．もっぱら封建地代の収取によって自己を維持している階層を領主階級と規定するなら，郡役人以上を領主階級に含めることができよう．その意味で郡役人はある種の在地領主である．これに対して村役人は恩給地より封建地代を獲得するとはいえ，自ら耕作を行う者が多かったことからして，むしろ農民階級の最上層に位置づけられる．他方で村役人および郡役

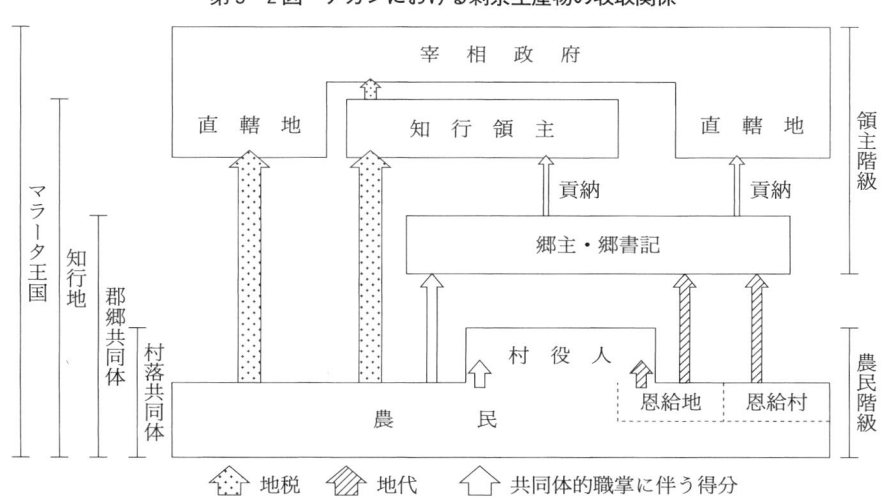

第3-2図 デカンにおける剰余生産物の収取関係

第3章 植民地化に先立つ西部インド農村社会経済構造の特質 153

人が保有する恩給地・恩給村は，デカンの国土全体のおそらく2割以下を占めるだけである．それ以外の土地（以下「一般農地」と呼ぶことにする）については，彼らは共同体的職掌を名目とする諸得分に限って，ごく一部の剰余生産物を獲得するにすぎない．従って一般農地については，世襲役人は十全な領主的権利を確立していない．またこれら世襲役人による住民全体からの収取が，あくまで，具体的な共同体的職掌を名目とするものに限定されることは，村落および郡郷共同体がそれなりの自律性を保持し，そのことを通じて世襲役人の領主的権利を制約したものと考えられる．他方で郡役人は上位支配者に対して，諸権益安堵の見返りの一つとして，僅かな貢納を行うとはいえ，それは剰余生産物の主要な収取関係を構成しない．

　一般農地で生み出された剰余生産物は，その大部分が，宰相政府による直轄地農民からの地税徴収に加えて，知行領主による知行地農民からの地税徴収と，そこから知行領主取り分を除いた残余の宰相政府への納入という諸経路を通じて収取される．これらの地税は，上述した二つの収取を含んだ封建地代である．そして知行地においては，知行領主の領主的土地所有権と宰相政府のそれとが重層している．またこれらの地税収取の方法は，在地化しない知行領主および宰相政府が代官を村落に派遣しつつ，世襲役人の関与を受けながらも，自ら村落を単位とした地税査定を行い，その査定に従って，その意味で農民から直接的に，封建地代を収取することにある．こうした地税収取の方法に端的に示されるように，国土の大部分を占める一般農地に対する領主的権利は，世襲役人よりも，知行領主および宰相政府によってはるかに強く掌握されていた．ただその権利は，世襲役人の共同体的職掌に伴う諸得分権による，および在地共同体の自律性にもとづく，それぞれ制約を受けていたのである．

　以上総じて，知行領主と宰相政府とを含めてそれらが在地化しないという意味で「中央権力」と規定できるとすれば，デカン封建社会の構造は，「農民／在地共同体」と「中央権力」との直接的関係が濃厚なものであったと特徴づけられる．この特質を通じて，中央権力は，在地領主権を矮小なものにとどめつつ，農民および村落・郡郷共同体に対して直接的に支配権を及ぼし，他方で村落・郡郷共同体はそれぞれ，かなりの自律性を保つことによって，在地領主権を制約し，同時に中央権力をも制約しつつ，直接後者につながっていった．この意味でデカン封建社会の特質は，中央権力が持つ在地社会支配力の強さと在地共同体の自律性の

高さに，従ってそれらにもとづく「在地領主制展開の弱さ」にあったといえよう．
　こうした特質を生み出した背景については，とりわけかかる特質形成に至る具体的経緯を詳らかにできないものの，デカン地域特有の事情に関わって，後述する他地域との比較においても，少なくとも次の2点が重要であると考えられる．第1に，デカンがプーナ宰相府の支配地であり，また宰相府と地理的にも近かったことにもとづいて，中央権力の支配権限が比較的強く行き渡った地域となったこと．第2に，デカンが人口希薄で，農産物としては雑穀を主体とし，さらに依然として広大な遊休地を残していたことから窺えるように，当地の農業生産力が比較的低位にあり，従って剰余生産物を生み出す余地がそれだけ限定されていたと思われることである[41]．後者の点は，換言すれば，広大な遊休地の存在という条件の下で，生産拡大が人口増加を伴いつつ，農業経営の集約性を高めるよりも，遊休地に対する粗放的経営の外延的拡大によって達成される傾向にあったことを意味する．この二つの背景が重なり合いながら，在地領主制の展開を制約していたものと思われる．

3-3 グジャラート・コーンカンにおける在地領主制および中間的地主制の展開

　以上に見たデカン封建社会の特質と対比して，グジャラートおよびコーンカン地方の一部においては，植民地化に先立って，在地領主制あるいは中間的地主制の展開が明瞭に認められた．両地方において，これらの土地制度が展開された地域以外は，基本的にデカン型の村落（「農民村落」）によって構成されていた．ここで中間的地主制とは，中央権力の土地所有と農民的土地所有との中間にあって，一方で中央権力に地税を納めるとともに，他方で農民を小作人の地位に置きつつ，彼らより地代を収取する土地所有をいう．本節で在地領主とするのは，グジャラートにおける「タールクダール」talukdarであり，また中間的地主とするのは，同じくグジャラートの「分有農民」およびコーンカンの「コート」khotである．なおタールクダールがムガル支配以前における在地領主階級の末裔であったのに対し，分有農民・コートは，それ以後農民階層より台頭したこと，およびタールクダールが掌握したほどの人身的支配権＝領主権を持たなかったことによって，

さしあたりタールクダールと区別される．とはいえ後二者もある程度の領主権を保持したのであり，当該期において「領主権」と「地主的権利」とは截然と区別されるものとはなっていなかった．またグジャラートにおける中間的地主としては，分有農民以外の諸形態も存在したと思われる．以下グジャラートおよびコーンカンの社会経済構造を検討するに当たり，これら上級土地所有者の存在態様について中心的に考察する．というのも，両地域における農民の存在態様や在地共同体の構造については，デカンとかなり共通した特質が見られたとともに，それらに相違がある場合，相違は上級土地所有者の独自な存在態様のうちにも反映していると思われるからである．

(1) グジャラートにおけるタールクダールおよび分有農民

グジャラート地方においては，8世紀頃からラージプート系の地域諸王朝が隆替を続けた後，14世紀初めよりムスリム支配が開始され，16世紀後半当地方はムガル帝国の征服を受けてその領土に編入された．その後18世紀前半を通じてマラータ支配の浸透が見られ，当地方はプーナの宰相政府とダボイ（後にはバロダ）に拠点を置くマラータのガイクワード (Gaikward) 侯とによって，半分ずつ支配された．19世紀初頭イギリスが当地方に対する支配権を確立した時，グジャラートの平野部の約1/3は直轄支配地＝「英領グジャラート」としてボンベイ管区に編入されるとともに，残りの地域については大小様々な藩王国をして統治させることになった．以下，後にイギリスの直轄支配地となった地域を中心に検討する．

(a) タールクダール村落

まず「タールクダール村落」について検討しよう．タールクダールという呼称は，様々な由来を通じて多様な現地呼称を有してきた在地領主層の総称として，19世紀初頭のイギリス人統治官が便宜的に使用し，後に法制化された語である．その語は本来「所領の保持者」を意味し[42]，他地域において大土地所有者が概ね「ザミーンダール」zamindar と呼ばれたことに対応している．タールクダールは一般に，ラージプート諸王朝をはじめとするムガル支配以前の諸王朝によって村落を分与された貴族・軍人・高官の子孫であった．各タールクダールの支配領域は，1村から数十カ村までに亘り，規模において多様であったが，それらはいず

れも村落を単位として領有された．タールクダール村落は，グジャラート北部，とりわけアフマダーバード（Ahmedabad）県南西部に集中的に存在したとされる[43]が，同時にそれらを含めてグジャラート全体に対してかなりの割合を占め，当地方の主要な土地制度の一つをなしていた．以下深沢氏の研究[44]を参考に，タールクダールの存在態様を概観しよう．

氏族制を残していたラージプート出身のタールクダールの場合，ほぼ郡ごとに異なった氏族によって領有され，氏族を構成する各家族が氏族内での序列に従って異なった数の郡内村落を領有した．元来彼らはラージプートの王に対して貢納と軍役の義務を負いつつ，自らの所領については強い領主的権限を認められていた．ムスリム支配開始後，彼らは軍役義務を解かれた反面，所領を大きく削減された．残った所領については概ね政府への貢納義務が課せられたが，一部の所領は恩給村・恩給地とされた．他方でムガルおよびマラータ政府によるタールクダール所領への直接的干渉は，貢納要求を除いては殆ど行われなかったといわれている[45]．タールクダールの領主的権限は，村民に対する人身的支配権，村落管理機能，および村落剰余生産物の収取様式などに良く表現されている．まず彼らは所領内に砦を構え手兵を保持しつつ，警察機能のみならず，村民に対する裁判権をも掌握していた．また彼らは村民から結婚許可税や自らの慶事に対する祝儀を徴収し，村民から「主君」（ダルバール）と呼ばれて敬意を集めていた．次にタールクダール村落には元来村長・村書記といった村役人が存在せず，他村落において村役人が果たすべき村落管理機能はタールクダールによって掌握されていた．ムスリム政権は自ら村長を任命したものの，その権限は貢納確保を目的とする耕作に対する監督に限定され，村落管理機能全般には及ばなかった．

最後にタールクダール村落では，耕地が次の三つに区分されていた．①自らの家僕に耕作させる直営地（全体の20％程度を占めたといわれる），②支配下の農民に耕作させ，刈分物納制を通じて地代を納入させる一般耕地，③自らの権限にもとづいて宗教関係者や村職人に対して与えた恩給地．このうち最も割合の高い一般耕地の生産物については，タールクダール取り分のみならず，政府への貢納分，および村職人の得分等の多様な共同体的職掌に伴う諸手当をも含んで，すべて一旦タールクダールによって農民より徴収され，その後貢納・配分された．生産物に対する諸徴収の比率は，タールクダールと農民との間で慣習的に取り決められ，中央権力の干渉は排除されていた．こうしてタールクダールは，支配下の村落に

対し，人身的支配権を含んだ一円領主支配権を掌握し，かかる一円領主支配権にもとづいて農民的剰余生産物の殆どを一旦獲得しつつ，しかる後に中央権力に対して貢納を行ったのである．その意味でタールクダールは在地領主と特徴づけるに相応しい存在であった．これに対して中央権力は，タールクダールの一円領主支配権を承認しつつ，その上に貢納徴収権にほぼ限定される領主的土地所有権を重層させたにすぎなかった．

(b) **分有村落**

続いて「分有農民[46]」によって領有された「分有村落」について検討したい．分有村落は，特定の血縁集団が地主集団として，他の農民を小作人の地位に置きつつ，村落の多くの土地を保有し，同時に彼らの保有地に血縁にもとづく独自の区分が存在した村落である．かかる区分にもとづいて保有された土地が「分有地」であり，その主体が「分有農民」であった．分有村落はイギリス支配開始時点で，カイラ（Kaira）・ブローチ（Broach）両県を中心に英領グジャラートに五百数十カ村あったとされる[47]．まず深沢氏の研究[48]にもとづいて，土地区分の原理＝「分有原則」を示そう．分有村落では同一の血縁集団に属する農民によって，元来家族ごとに村落の耕地がいくつかの「大区分」に区分されて保有され，同時に「大区分」においても，世代が進むにつれて均分相続の原理にもとづき，耕地が多数の「小区分」に区分されていった．とはいえ「小区分」が創出されていく過程においても，当初の「大区分」によるまとまりがなお機能し，それを通じて分有農民の子孫たちの間における一体性と村落管理の共同性が保たれていった．すなわち当初の「大区分」保有者から代々長子として保有地を引き継いだ者が，「小区分」を含んだ「大区分」の代表者となり，これら「大区分」の代表者たちによって村長職が合同で担われるとともに，区分された土地の保有者は，区分される前のまとまりにおいて相互に地税納入の連帯責任を負い，かかる連帯責任は区分を遡りつつ，最終的には「大区分」相互間における村落全体の連帯責任に至った．マラータ政府による地税徴収に際しては，村長を相手とする村落一括賦課が行われ，上述の連帯責任制を伴いつつ，その一括賦課額が区分のレベルごとに均分されることを通じて，各分有農民の割当額が決定された．

われわれにとって重要なのは，かかる村落において「分有原則」にもとづく土地所有関係が見られたことよりも，むしろ分有農民が自分たち以外の農民を事実

上の小作人の地位に置き，自らの保有地を耕作させたこと，すなわち彼らが概ね小作人を従えた小地主であったことである[49]．また分有農民たちにとって村長は「同輩中の第1位」にすぎず，分有農民たちが平等な発言権を持ちつつ，共同で村落管理機能を担ったのに対して，小作農民はそれへの参加を強く制限され，分有農民たちとの間に大きな社会的格差が保たれていた．さらに分有農民が小作農民に対し，地代のみならず，居住地における「宅地料」や，他地主の土地を小作する際の「無礼料」の支払を強制し，かつ若干の無償労働の提供を求めたように[50]，小作農民との関係にはある程度の人身的支配が含まれていた．こうして分有村落においては，分有農民をして血縁にもとづいた何らかの一体性を保った地主集団とするところの，かつある程度の人身的支配関係を含んだ，地主―小作関係が展開されていたのである．分有農民は，小作農民より地代を収取するとともに中央政府に地税を納入する中間的地主として概ね特徴づけられるが，それが僅かとはいえ人身的支配権をも行使した限りにおいて，何らかの領主的権限を有していたと見ることができよう．また分有農民は，きわめて広大な恩給地をも保有し[51]，それだけ多くの農民的剰余生産物を獲得した．

　以上に示された分有村落における地主―小作制がいかにして形成されたかについては，余り明らかになっていない．とはいえこの点に関わって小谷氏は，次の諸点を示唆されている．まず分有農民は，商品作物栽培の発展と密接に関連しつつ，古来の農民コミュニティ（クンビー・カースト）から上昇分裂して生まれたとされる[52]．とすれば，分有村落の形成はさほど旧くには遡りえないことになる．チャールズワースもこの点に関して同様の理解を示している．「分有村落システムは，（植民地化時点からして）近年発展したように思われ，……またその構造はイギリス統治初期において固まった[53]」．さらに彼は，カイラ県における分有村落の分布が，気候・土壌に恵まれ，商品作物栽培が盛んな南西部に偏っていたことを指摘している[54]．次に小谷氏は，深沢氏によって示された分有原則は，新たに建設された村落においては明瞭に現れたであろうが，旧くからの「分有村落」については必ずしもそうとはいえないとされる[55]．この理解にもとづけば，地主制と分有原則との対応関係は余り厳密なものではないと考えられる．他方で小谷氏は，グジャラートにおける地主（領主）制の形成は分有村落に限られないとの理解を示されている．その例証として，15・6世紀頃から南グジャラート地方において，それまで農耕に従事していたブラーフマン・コミュニティの一部から，「在地領主」

というべき階層が台頭したことが指摘される．小谷氏によれば，彼らは周辺部族民を動員しつつ新たに耕地を開墾し，保有地を拡大するとともに，商品作物栽培を積極的に推進した．やがて彼らは，デカンにおける郷主に相当するデサイーの職位に就き，それに伴って広大な恩給地を与えられた．彼らは部族民を奴隷的労働者（ハーリ hali）として包摂しつつ直営地耕作に当たらせるとともに，恩給地農民を小作人の地位に置き，地主―小作関係を形成していった[56]．

ここで重要なのは，小谷氏も指摘されるように[57]，グジャラートがデカンに比べて，土地生産性が高く，また商品作物栽培もより発達していたことから，一定範囲の土地から生み出される農産物が，デカンにおけるそれより，大量かつ高価値であったと思われることである．すなわちグジャラートの集約的で生産性の高い農業経営構造は，より多くの農民的剰余生産物を生み出し，それだけ地主制の存立条件を整備したと考えられる．従って以上の諸理解を総合すれば，次のようにいうことができる．すなわちグジャラートでは植民地化に先立つ数世紀のうちに，耕地拡大や商業的農業の発展などを通じて，何らかの程度で農業における生産拡大および生産性上昇が達成され，それらを主導的に担ってきた農民のなかから，より大量に生み出されてきた剰余生産物を存立条件として，地主的土地所有を集積していった人々が現れたと．

さらに農民的剰余生産物の帰趨については，グジャラートの著しい特徴として，マラータ時代において，恩給地の割合がデカンよりはるかに高かったことが注目される．剰余生産物がそれだけ多く在地にとどまることは，地主制形成を促す条件の一つとなったと考えられる．チャールズワースによれば，グジャラートにおける恩給地の割合は，その割合が高いとされる南マラータ地方と比べてもさらに高かった．次章で示されるように，これら恩給地はイギリス支配下においても，その殆どが「除外地」として温存されることになるが，パンチ・マハールズを除くグジャラート4県で1855年に除外された地税額は約300万ルピーと推定され，その額は1850年の管区全体における除外額の1/3を超えるものであった[58]．他方で19世紀初頭の記録によれば，先述した中央権力によるタールクダール所領に対する干渉の消極性は，ムスリム支配開始以来タールクダールが中央権力に対して「常に反抗的であった」ために，中央権力が治安維持を目的として，彼らとの間で「妥協」を行った産物であるとされている[59]．従ってタールクダールの存立は，中央権力が自らの意志通りに彼らを制圧できなかったことにも依っていたと

いうことになる．とすれば，恩給地割合の高さについても，その理由を十分詳かにはできないものの，それを中央権力の権威がグジャラートに関して比較的制約されていたことの反映として捉えることができよう．かかる制約は，マラータ時代をとってみれば，グジャラートがプーナ宰相府より遠く隔たっていたこと，およびマラータ時代に先立って当地が多様な支配者による複雑な統治過程を経てきたことにもとづいていると考えられる．

　以上わたくしは，分有原則形成の由来を解明することはできなかったとはいえ，小谷氏の理解に沿いつつ，中間的地主制は必ずしも厳密な分有原則に伴われることなく，より広範に展開したのではないかという見通しにもとづいて検討を進めてきた．そして中間的地主制展開の重要な背景として，植民地化に先立つ数世紀において何らかの程度の農業発展が達成されたこと，および中央権力の統制が比較的弱かったこと，この2点を示唆した．そして後者の事情は，タールクダールを存立させる条件ともなってきたと考えられる．

（2）コーンカンにおけるコート

　次にコーンカンにおけるコートについて検討しよう．コーンカン地方は，14世紀初頭より，デカン高原に興亡したムスリム諸王朝によって支配されていたが，1660年頃マラータ王国がこの地方をムスリム勢力より奪取し，自らの領土に加えた．その後当地方はマラータ高官の広大な知行地となってきたが，18世紀中頃知行領主と宰相の間に争いが起こり，宰相は知行領主を打ち破りつつ，コーンカン地方の殆どすべてを宰相直轄地とした．

　コートとは，当地方の一部で19世紀前半までに中間的地主としての地位を確立していた階層の呼称である．この呼称の語源については今のところ不明となっている[60]．コートは，村落の他の農民を小作人の地位に置きつつ，彼らより地代を徴収し，その一部を地税として政府に支払った．またグジャラートの分有農民同様，彼らは住民に対してある程度の人身的支配権を掌握していた．コート村落は，コーンカンのなかでも南部のラトナギリ（Ratnagiri）県において最も普及していた．1880年の記録によれば，当県の村落には次の四つの類型があった．①農民が個別に農地を持ち，一定の地税を村長を通じて納める「農民村」（約16％），②農民が地税を村長を通じて納める領域と，コートによる地主的支配地とが併存して

いる「混合村」（約30％），③コートによる地主的支配に包摂されている「コート村」（約45％），④恩給村（約9％）[61]．こうして当県では，コートが支配力を及ぼしている村落は全体の75％に及んでいた．

　コート村落は，①の祖型としての「農民村落」＝「デカン型村落」より変化を遂げつつ成立したものである．チャールズワースが紹介している，あるイギリス人統治官の報告書は，コーンカンにおいては元来，村長と村抱え職人とを伴った，多かれ少なかれデカン・モデルに等しい村落システムが存在していたと述べている[62]．またベーデン・パウエル (B.H. Baden-Powell) によれば，かつてそこで耕作農民となっていたダーレーカリー (dharekari) 農民の諸権利は，デカンのミラースダール農民のそれにきわめて類似していたとされる[63]．こうしたデカン型村落がコート村落へと移行する主要な契機は，農民階層のなかから特定の有力者（＝コート）が台頭してきたことにあった．すなわち彼らは，ダーレーカリー農民の権利を徐々に押しつぶし，それらを小作人に変えていくとともに，村役人および郡役人の職位に付随する権能・役得を自らの掌中に集積していった．コートは当初農民階層の上層を占めるマラータ・カースト出身者が多かったが，後にブラーフマン出身者が買収や抵当流れ等を通じてコート権を集積していったとされている[64]．

　現在までの諸研究は次のように教えている．すなわちコート制の原型は遅くとも16世紀後半には存在し，その後コートは地主的土地所有を次第に拡大しつつ，18世紀末以降急速に中間的地主としての自己を確立していったと．以下ではさしあたり，深沢氏の研究[65]にもとづいて，18世紀中葉から後半にかけてのコートの実態を要約してみよう．コートはまず，政府との関係において，納税に責任を持つ世襲役人として位置づけられていた．すなわち彼は，村落あるいはその一部範囲を対象として，政府との間で契約した地税の納入に責任を負い，また地税の一部を手数料として受け取るとともに，政府の命を受けて治安維持その他の任務を遂行した．次に収入に関してコートは，地代から地税を差し引いた自らの取り分，および上述の手数料に加えて，住民より現物・現金に亘る諸得分を徴収し，また「一時小作人」からは夫役労働をも徴発した．さらに彼には，自らが耕地化した土地の一部が恩給地として与えられていた．それは，自らの支配地であっても，政府より地税を課せられる一般農地とは明確に区分されていた．続いて村落管理機能に関して，まずコート村落では「村長は機能を失って一般の小作農民と同様

の状態に零落して⁽⁶⁶⁾」おり，コートが本来村長職に付随すべき権能・役得を掌握していた．こうした事情は，上述のコートによる住民からの諸得分徴収や恩給地保有からも窺える．またコート村には一般に村書記が存在せず，その機能もまたコートによって担われた．さらに郡役人（郷主・郷書記）の職位の大多数も，郡内の特定の村のコートによって占められていた⁽⁶⁷⁾．以上よりコートはまず，デカン型村落における村長の権能と役得を完全に掌握していたことが明らかである．同時にコートの権能と役得は，デカンの村長のそれを大きく上回っていた．第1にコートは，デカンの村長と異なって，従来政府との直接的関係を保持してきたダーレーカリー農民の地権を押しつぶして，その中間に支配地全域に亘る地主的土地所有権を確立していた．第2にコートは，共同体諸関係の統括者および世襲役人としての地位に付随する権能・役得に関して，村長および村書記のそれのみならず，郡役人の権能・役得をも自己の掌中に吸収していた．この両者にもとづいてコートは，支配領域に対して強力な諸権限を持つ中間的地主として君臨していたのである．

　他面でマラータ中央政府は，この段階においては，デカン型村落の特質を継承しつつ，コートによる一円的支配権を認めることなく，コートの所領に対して一定程度の直接的支配を及ぼした．すなわち政府は，コート村落に立ち入りつつ，地税の査定・無主地や荒蕪地の処分・農民の身分替えなどにおいて権力を行使した．こうして深沢氏の言にあるように，「政府の行政機能が正常に機能した限り，コートの村には二様の支配者がいた⁽⁶⁸⁾」ことになる．しかし他方で，「政府の行政権が弛緩し，混乱し，コートの村々に及ばなくなると，この1村両主制はただちに1村1主制に転換し得た⁽⁶⁹⁾」のである．

　以上に示された諸事実にもとづけば，コート制成長の背景として，グジャラートの一部地域において分有農民が台頭しつつ，同じく中間的地主制が形成されていった事情と，本質的な点で共通したものがあると推測しても誤りないであろう．すなわち第1に，地主制を存立せしめるに足りる農民的剰余生産物の産出である．チャールズワースも，コート制形成の背景としてこの点を指摘している．「コーンカンは地主制成長にとっての前提条件を満たしていた．すなわち人口が稠密であること，および集約的農業によって相当の剰余が伝統的に形成されてきたことである⁽⁷⁰⁾」．第2に，中央権力による統制が比較的弱いことである．この事情は，上述のように，18世紀末以降のマラータ中央政府が遂行する行政機能の弛緩が，コ

ートの台頭に拍車をかけたこととともに，コーンカン全体を見た時，プーナ宰相府との距離がより近く，交通の便も良い北部のコラバ (Kolaba)・ターナ (Tana) 両県に比較して，プーナに対してはるかに隔離されたラトナギリ県において，コート制が一層普及し，かつ強固な形態をとったこと[71]からも窺われる．

(3) 在地領主制および中間的地主制の構造的特質

　以上わたくしは，グジャラートにおけるタールクダールと分有農民，およびコーンカンにおけるコートについて検討してきたのであるが，ここでデカン封建社会の特質を考察した際と同じく，これら上級土地所有者による農民的剰余生産物の収取関係について整理しておこう．ここでは村落を単位として検討されるが，それは，これらの上級土地所有者が概ね一定数の村落を対象としてそれぞれの土地所有を展開したことにもとづいている．これらの土地所有に包摂される村落は，グジャラート・コーンカン両地方全域において地域的な偏在を示しつつ，それぞれの村落総数に対して小さからぬ割合を占めていた．またここでは知行領主の存在の有無を十分確認できなかったので，これらの在地領主および中間的地主の上位に君臨する支配者については，マラータ宰相政府を含んで「中央権力」と表現する．

　第3-3図―(A)・(B)・(C)は，以上の考慮にもとづき，3類型の村落における収取関係を示したものである．まずタールクダール村落においては，タールクダールが一円在地領主支配権にもとづいて農民的剰余生産物の殆どを一旦収取し，しかる後にその一部を中央権力への貢納および郡役人の役得として支出した．次に分有村落においては，分有農民が中間的地主として小作農民より封建地代を徴収するとともに，村長職に付随する得分をも収取し，それらの収入のなかから中央権力の課した地税を支払った．また分有農民は広大な恩給地を保有し，それが生み出す剰余生産物の殆どを収取した．なおここでの郡役人の得分の収取関係については判然としないが，農民が小作人の地位に零落したことを考慮すれば，得分は小作農民からではなく，分有農民から郡役人に支払われた可能性が高いと思われる．同時に小谷氏の理解にもとづけば，グジャラートには，分有農民以外に，郡役人の職位を保持する中間的地主も存在した．最後にコート村落においては，コートが中間的地主として小作農民より封建地代を徴収するとともに，彼らは村役

第3-3図　3類型の村落における剰余生産物の収取関係

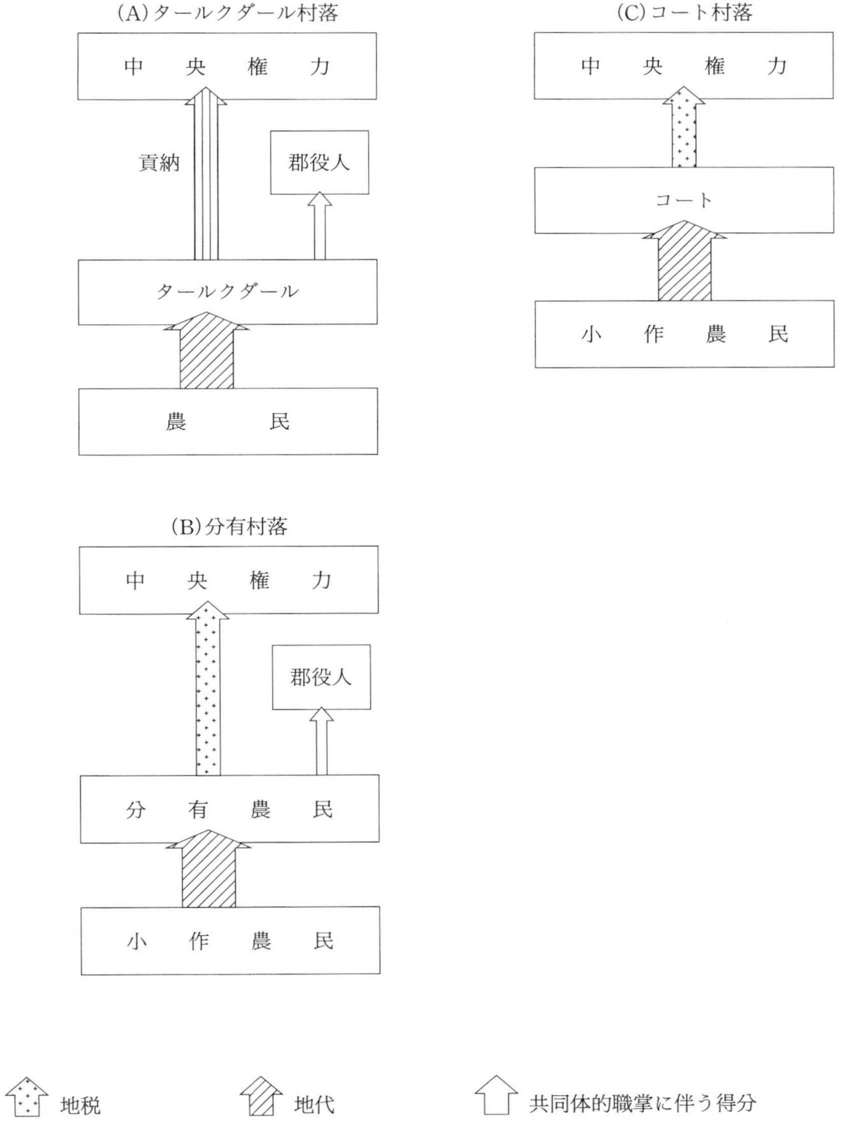

(A) タールクダール村落

```
        中 央 権 力
          ↑↑↑
          貢納        郡役人
                       ↑
        タールクダール
          ↑
         農 民
```

(C) コート村落

```
        中 央 権 力
          ↑
         コート
          ↑
        小 作 農 民
```

(B) 分有村落

```
        中 央 権 力
          ↑
                     郡役人
                       ↑
        分 有 農 民
          ↑
        小 作 農 民
```

⇧ 地税　　⇧ 地代　　⇧ 共同体的職掌に伴う得分

第3章　植民地化に先立つ西部インド農村社会経済構造の特質

人の得分のみならず，郡役人の得分をも収取した．また彼らは恩給地からその剰余生産物の殆どを収取したが，恩給地の割合は分有村落におけるそれよりも小さかったと思われる．コートはこれらの収入より中央権力の課した地税を支払った．

以上のように3類型の村落における農民的剰余生産物の収取関係を整理してみると，大摑みに次の2点において，これらの村落に共通な，かつデカン村落とは異なる特質が見て取れる．第1に，これらの上級土地所有者がいずれも，中央権力の土地所有権と農民的土地所有権との間に，支配領域全体に亘る中間的地主（あるいは領主）的土地所有権を形成し，それに伴って農民的剰余生産物の殆どを一旦自らの掌中に収取する地位にあったこと．第2に，世襲役人が享受する共同体的職掌を名目とする諸得分の収取関係において，彼らはすべて村長職に伴う得分を掌握し，さらに郡役人の得分を掌握した者もあったこと．総じてこれらの上級土地所有者によって領有された村落は，中間的地主（領主）的土地所有権の全域に亘る形成，共同体的職掌に伴う諸得分のこれら土地所有者への集積，そしてこの両特質にもとづいて，彼らを構成員とする強固な在地支配階級が形成されたことをもって，デカン村落とは区別されるのである．

3-4 植民地化に先立つ西部インド農村社会経済構造における変化の方向性

最後に，以上に示されたデカン地方と中間的地主（領主）的土地所有に包摂された地域との間の相違を手懸かりとしつつ，植民地化に先立つ，西部インド全体の農村社会経済構造における変化の方向性について検討してみよう．まずこれまでの考察より，中間的土地所有を存立せしめた重要な条件として，①その存立を可能にするだけの農民的剰余生産物が産出されること，②中央権力による在地社会に対する統制が比較的弱いこと，の2点が浮かび上がってきた．この二つの条件は，タールクダール・分有・コートという3類型の村落を存立せしめる上で，それぞれ異なった程度において実現され，また異なった比重を持って作用したと考えられる．とはいえここで重要なのは，相当の地域的偏差を伴いつつも，西部インド全体を通じて，次の二つの事情が進行したことである．第1に，植民地化以前の数世紀においてある程度の農業発展が達成されてきたであろうこと．第2

に，マラータ中央政府の権威が18世紀末以降とみに低下していったこと．これらより，西部インド全体に亘って，しかし相当の地域的偏差を伴いつつ，中間的土地所有形成の諸条件が次第に成長していったと推測することができる．とりわけグジャラートの分有村落およびコーンカンのコート村落の形成過程は，いずれも概ねデカン型村落を出発点としつつ，そこに特定の農民階層出身者が台頭し，彼らの主導によって中間的地主的土地所有が形成されていった点で，きわめて示唆的である．すなわちこの2類型の村落における変化は，上の二つの条件がデカンに先立ってより十全に実現されたことにもとづいていたと考えられ，その意味で西部インド全体の植民地化に先立つ社会構造変化の波頭に立つものであったと理解できる．このように植民地化に先立つ社会経済構造変化の基本的方向性を中間的地主的土地所有の形成において捉えるとすれば，この方向性は，社会変化の最奥の基礎をなす生産力発展との関連において，次のように特徴づけられる．すなわち当該期における生産力発展は，農民層の近代的分解や封建的土地所有の私的土地所有への移行に表現される，封建社会の崩壊およびその資本主義社会への移行を促したというより，既存の封建的土地所有構造に新たな中間的地主的土地所有がつけ加えられることによって生産力発展が吸収されつつ，全体としてなお封建社会としての枠組を維持するものにとどまっていた．総じて植民地支配開始時点で西部インド社会は，概ね封建社会の枠内において，社会構造を変化させる段階にあったといえよう．

第3章 註

(1) グジャラート地方には広狭二つの意味があり，ボンベイの北方キャンベイ湾を臨む平野部が「本来のグジャラート」，その西側に突き出したカーティワール半島および北方のカッチ地域を含めた領域が「大グジャラート」と呼ばれている．

(2) 第3-1図においてグジャラートに含まれるとされた5県のうち，パンチ・マハールズ (Panch Mahals) 県を除く4県は1800-17年の間に設置されたが，パンチ・マハールズ県については以下の経緯を辿った．すなわちこの地域は，1853年に一旦イギリス支配下に入ったものの，その後暫くシンディア (Sindia) 藩王国の統治に委ねられた．さらに1861年イギリス支配下に復帰しつつ，正式にパンチ・マハールズ県が設立されたのは1877年である．

(3) ナーグプルに拠点を置くボーンスラ侯，グワリオールのシンディア侯，バロダのガイクワード侯，インドールのホールカル侯など．
(4) 深沢宏『インド社会経済史研究』，1972 年，93 ページ．
(5) 小谷汪之『インドの中世社会』，1989 年，ⅴページ．
(6) 小谷汪之「インド封建社会論」『中世史講座』第 5 巻所収，1985 年，108 ページ．
(7) 小谷汪之『インドの中世社会』，57 ページ．
(8) 同上書，8，56 ページ．
(9) N. Charlesworth, *Peasants and Imperial Rule : Agriculture and Agrarian Society in the Bombay Presidency 1850-1935*, 1985, p. 22.
(10) H. E. Goldsmid & G. Wingate, *Report made to the Revenue Commissioner, under date 17 October 1840, Selection of Papers Relating to the Revenue Survey and Assessment (India), British Parliamentary Papers*, Vol. LXXV, 1852/3, p. 367.
(11) 小谷汪之『インドの中世社会』，55 ページ．
(12) 同上書，387 ページ．
(13) クマールによれば，ミラースダール農民の特権には以下のようなものがあった．(1)村の重要事項を決定する村会のメンバーシップ，(2)共有地での家畜の放牧権，(3) 1 軒の家屋に限り家屋税の免除，(4)結婚税の免除，(5)村の儀式においてウパリー農民（後述）より上席を占める．R. Kumar, *Western India in the Nineteenth Century : A Study in the Social History of Maharashtra*, 1968, p. 21.
(14) 深沢氏は，以下のような，植民地統治初期のイギリス人統治官僚によるデカン農村に関する観察記録を紹介されている．まず 1827 年までデカン特別行政区長官およびボンベイ管区知事として統治責任を担ったエルフィンストン（M. Elphinstone）は，「すべての村民は耕作者である．そして，農業労働者はほとんどいない」と述べている．またエルフィンストンのボンベイ管区知事就任後デカン特別行政区長官を引き継いだチャップリン（W. Chaplin）は，次のような記述を残している．「ミラースダールは，通常，地主であると同時に耕作者であると見なされて良い．なぜなら，地税は，普通，地主の地代をすべて吸い取るほど高いので，ミラースダール自身が土地の耕作を実施しない限り，余剰利益はほとんど残らないからである」．深沢宏『インド社会経済史研究』，237，8 ページ．
(15) 「消滅家族地」とは，所有者家族が流亡ないし死滅して，所有主の消滅してしまった土地をいう．
(16) R. Kumar, *op. cit*., p. 20.
(17) 小谷汪之『インドの中世社会』，80，1 ページ．
(18) R. Kumar, *op. cit.*, p. 28.
(19) 小谷汪之『インドの中世社会』，71-80 ページ．および同「インド村落共同体論の再検討」『歴史学研究』364 号，1970 年 9 月，4-6 ページ．

(20) 「12種のバルテー職人」という言い方は慣習的なものであり，12という数字には象徴的な意味が込められていた．またそれに含まれる職種も村落によって多少の違いがあった．小谷汪之『インドの中世社会』，71ページ．
(21) 小谷汪之「インド村落共同体論の再検討」，6ページ．
(22) 同上論文，11ページ．
(23) 当該期デカンにおける市場組織については，小谷汪之『インドの中世社会』，87-107ページ参照．
(24) 深沢宏『インド社会経済史研究』，261ページ．
(25) 小谷汪之『インドの中世社会』，43ページ．
(26) 深沢宏『インド社会経済史研究』，23-6ページ．
(27) 小谷汪之『インドの中世社会』，264ページ．
(28) 以上のカーストと地域社会との関連については，同上書，153-169ページ参照．
(29) 深沢宏『インド社会経済史研究』，44-6ページ．
(30) 同上書，55ページ．
(31) 恩給村は他に宗教関係者によっても保有されたが，深沢氏によれば，恩給村は，デカンのアフマダナガル（Ahmednager）県では村落総数の6％，南マラータのダールワール（Dharwar）県では同じく13％を占めていた．H. Fukazawa, Western India, in D. Kumar (ed.), *The Cambridge Economic History of India*, Vol. 2, 1983, p. 181.
(32) 小谷汪之『インドの中世社会』，326-9ページ．
(33) 深沢宏『インド社会経済史研究』，45ページ．
(34) 同上書，55,6ページ．
(35) 同上書，57ページ．
(36) 同上書，97ページ．
(37) 同上書，116ページ．
(38) 深沢氏によれば，マハーラーシュトラにおける宰相支配地の1/3，南マラータにおける同じく1/4が知行地であった．H. Fukazawa, Western India, in D. Kumar (ed.), *The Cambridge Economic History of India*, Vol. 2, pp. 181, 2.
(39) 深沢宏『インド社会経済史研究』，117ページ．
(40) 同上書，125ページ．
(41) このことは，注(14)で紹介したチャップリンの観察記録からも窺える．
(42) 深沢宏『インド社会経済史研究』，403ページ．
(43) 1828年の一報告によれば，アフマダーバード県の5郡において，政府村落が208カ村であったのに対し，タールクダール村落は466カ村に上った．また1867年の報告では，同県の総面積の約半分がタールクダールの「土地財産」であるとされていた．同上書，356ページ．

(44) 同上書, 351-402 ページ.
(45) 同上書, 361 ページ.
(46) 分有農民は現地では, バーグダール (bhagdar) およびナルワーダール (narwadar) と呼ばれた. バーグ (bhag) およびナルワー (narwa) という語はともに「区分」・「持ち分」を, ダール (dar) は「保有者」を意味する. また同じく区分を意味するパーティー (pati) という語を用いて, パーティーダール (patidar) と呼ばれることもあった. 深沢宏『インド社会経済史研究』, 410 ページ参照.
(47) 同上書, 410 ページ.
(48) 同上書, 412-8 ページ.
(49) 深沢氏は, 1821 年の一報告書を引用して,「分有農民のほとんどが全部自作農民である状態は,『ブローチ県の(分有)村落に半数に妥当するにすぎず, 他の県ではほとんど存在しない』」と述べられている. 同上書, 420 ページ.
(50) 同上書, 421, 2 ページ.
(51) 同上書, 453 ページ.
(52) 小谷汪之「17・18 世紀グジャラートの政治経済」松井透・山崎利男編『インド史における土地制度と権力構造』, 1969 年所収, 221 ページ.
(53) N. Charlesworth, *op. cit*., p. 36.
(54) *Ibid*., p. 36.
(55) 小谷汪之「17・18 世紀グジャラートの政治経済」, 222 ページ.
(56) 同上論文, 219, 20 ページ.
(57) 小谷汪之『インドの中世社会』, 355, 6 ページ.
(58) N. Charlesworth, *op. cit*., p. 35.
(59) L. Prendergast & W. Steedman, *Report on the Town & Purgunnah of Broach*, 20 August 1805, para. 16. 深沢宏『インド社会経済史研究』, 361 ページ.
(60) 深沢宏『インド農村社会経済史の研究』, 1987 年, 111 ページ.
(61) *Gazetteer of the Bombay Presidency*, Vol. X, Ratnagiri, 1880, pp. 201-3.
(62) N. Charlesworth, *op. cit*., p. 30.
(63) B. H. Baden-Powell, *The Land Systems of British India*, Vol. 3, p. 289.
(64) N. Charlesworth, *op. cit*., p. 31.
(65) 深沢宏『インド農村社会経済史の研究』, 107-152 ページ.
(66) 同上書, 112 ページ.
(67) この点について, チャールズワースも, 1820 年代ラトナギリ県に関するイギリス人徴税役人の報告書を引用して, 同様の把握を示している. N. Charlesworth, *op. cit*., p. 31.
(68) 深沢宏『インド農村社会経済史の研究』, 151 ページ.
(69) 同上書, 151 ページ.

⑺⓪ N. Charlesworth, *op. cit*., p. 30.
⑺① 深沢宏『インド農村社会経済史の研究』，125, 6 ページ．

第4章　19世紀中葉ボンベイ管区における地税政策の展開

4-1　序
4-2　改革以前の地税制度
4-3　地税制度改革に込められた基本的政策志向
4-4　デカンにおける地税制度改革に伴う政策実態
4-5　在地領主制および中間的地主制支配地域における政策実態
4-6　地税制度改革に伴う諸政策結果——小　括

4-1　序

　本章の課題は，19世紀中葉ボンベイ管区における地税政策の展開について検討することにある．地税 (land revenue) は，植民地政府が様々な土地所有者のなかから特定の担税者を選び出し，金納原則により，また地域により様々な方式を通じて徴収したものであって，当該期植民地政府の歳入にきわめて大きな比重を占めていた．1861年より70年までの10年間をとってみれば，政府総歳入の43％が地税収入からなっていた[1]．地税の源泉とは，これを遡ってみれば，人口の圧倒的部分を占める小経営農民によって生み出される剰余生産物に行き着く．地税徴収とは，農民から直接的に，あるいは別の上級土地所有者を介して，農民的剰余生産物の一部を収取することにほかならない．従来の現地人国家もまた，様々な支配諸階級によって収取される農民的剰余生産物の分枝をもって，自らの存立基盤としてきたのであって，イギリスが主導する植民地国家もこうした特質をさしあたり継承するものであった．このことは，当時のインドが前近代社会であり，また圧倒的に農業社会であったことにもとづいている．とはいえ，植民地政府は従来の現地人国家が築いてきた地税収取システムを抜本的に見直し，大幅な制度

変革を成し遂げた．従ってこうした制度改革を含む地税政策は，それが植民地支配の存立を支える最大の歳入源を創出したことにより，またインド社会経済構造全体のうちに最も規定的な位置を占めた農業―土地所有構造の再編を課題として含んだことからも，当該期の植民地支配にとって最大の重要性を持つ政策の一つであり，同時にインド社会の構造変化にきわめて深い影響を与えた政策であったということができる．

　植民地期ボンベイ管区における地税制度は一般に，マドラス管区（Madras Presidency）のそれとともに，ライーヤトワーリー（raiyatwari）制度（個別農民査定制度）をもって特徴とするとされ，ベンガル管区（Bengal Presidency）のザミーンダーリー（zamindari）制度（地主―小作制度），北西州（North-Western Provinces）のマハールワーリー（maharwari）制度（村請制度）等とともに，植民地政府によって創出された主要な地税制度の一つをなしている．それは，様々な紆余曲折を経つつ，1830年代後半以降における管区税務官僚ゴールドスミッド（H. E. Goldsmid）およびウィンゲート（G. Wingate）らによる取り組みを通じて，その基本的内容が確定され，以後かなりの時間をかけ，また地域によって相当の偏差を伴いつつ，管区全体へと普及させられたものであった．本章では，1830年代後半以降のゴールドスミッドらによる基本的内容の確定過程およびその普及過程を含めた地税制度改革を検討対象とする．

　本章では，まず当該地税制度改革に先立つ地税徴収システムの変遷を概観した後，当該制度の基本的内容の確定に従事したイギリス人税務官僚の諸言説を手懸かりとして，当該地税制度が形成される上での前提となった基本的政策志向を明らかにする．それは第1部で検討された，本国側におけるインド植民地支配体制展開を導いた基本的政策志向を含む，地税政策の局面における，より具体的な政策志向である．続いて基本的政策志向の具体化過程＝政策実態が検討される．それは現実に施行された新たな地税制度の内容である．この点では，二つの局面が区別される必要がある．まず当該地税制度は，さしあたりデカン地方を念頭に形成され，この地方においていち早く実施に移された．そしてこの段階で形成された具体的内容が，他地域にも普及させられるべき基準となり，その意味でボンベイ管区全体の地税制度の基本的内容となった．以上より政策実態は，①さしあたりデカン地方を念頭に生み出された基本的内容の形成過程，②その基本的内容の他地域への普及過程，の二つの局面に分けて検討される必要がある．そして後者

については，前章で見た在地領主制および中間的地主制の支配地域という，デカン地方とは一定の相違を持つ領域において，特有の政策実態が展開されることになる．

　基本的政策志向および①の過程における政策実態を検討する上で，最も主要な史料となるのは，1847年にゴールドスミッド，ウィンゲートおよびディビッドソン（D. Davidson）の3者が共同作成し「管区南部税務長官」Revenue Commissioner, Southern Division に提出した，通称『共同報告書』 *Joint Report* と呼ばれる報告書[2]である．この文書は，新制度が一部地域ですでに実施されていた時点で，改めて制度の基本理念より主要規則までを総括的に示したものである．またそれに加えて，新制度導入時に郡ごとに税務官僚によって作成された『郡査定報告書』 *Taluka Settlement Report* も参照することができた．本章では，新制度の揺籃の地となったデカン＝マハーラーシュトラ地方のプーナ（Poona）県インダプール（Indapur）郡，および南マラータ地方のダールワール（Dharwar）県に関わる諸報告書[3]を参照した．これら以外にも，税務官僚の手になる様々な報告書・書簡等を利用する．またデカン地方以外への普及過程については，前章同様，深沢宏氏やチャールズワースなどによる諸研究を参照する．

　上記の諸史料を通じて最も活発に論陣を張っているのは，ウィンゲートである．そこから本章においても，彼の言説の検討に大きな比重が与えられることになった．ウィンゲートは技師出身で，1835年にゴールドスミッドが「税務長官補佐」Assistant to the Revenue Commissioner に任命されて制度改革の責任者となった際，彼を手助けする役割を与えられ，また上述の『共同報告書』の作成者の1人ともなっているように，当初より今回の改革の中心にいた人物である．さらに彼は報告書作成から4年後に，管区における地税政策の最高責任者の1人である「検地管理官」Commissioner of Revenue Survey の職位に就き，当該地税制度の定着に尽力することになる．かのロメッシュ・ダット（Romesh Dutt）は『インド経済史』において，ボンベイ管区の地税制度を検討した後，「ウィンゲート卿の名前は，マドラスのマンロー（T. Munro）および北西州のバード（R. M. Bird）の名前に比肩するものとしてボンベイで記憶されるであろう[4]」と記述し，彼をもってボンベイ管区の地税制度確定作業の中心人物であるとの理解を示している．

4-2 改革以前の地税制度

　19世紀中葉における地税制度改革を検討するに先立って，それ以前の地税徴収システムの特徴について，さしあたり植民地時代のイギリス人による観察記録の内容に沿いつつ，また後論に必要な限りで，そのあらましを述べておきたい．とはいえ，植民地化に先立つ旧制度の特徴は，イギリス人の観察記録より見出されるものであるため，むしろ彼らの旧制度に対する評価を多分に含むこと，そしてその評価の中心が，彼らが慣れ親しみ，正当と考える諸原理・諸観念に対する「逸脱」の指摘に集中したこと，その意味で旧制度が決して首尾一貫したものとして捉えられなかったことは当然であろう．従って，ここでの特徴づけは，植民地化に先立つ旧制度の特徴をある程度客観的に示すとともに，すでにそこに植民地政府による制度改革の特質もまた滲み出ていることを断わっておきたい．マラータ時代における特徴を検討した後，イギリス支配開始後の変遷についても述べることにする．マラータ時代における特徴については，南マラータ地方のダールワール県における宰相直轄地の事情を中心に素描したい．

(1) マラータ時代までの特徴

　大摑みにいって，イギリス人統治官僚のインド在来の制度に対する特徴づけは，次の諸点を強く問題視するものであった．①統一的で合理的な地税査定基準が存在せず，様々な制度の堆積を通じて，きわめて煩雑な特権や例外規定に満ちていること．②村落一括査定や連帯責任制のような個人の自由裁量を妨げる諸制度が優勢であること．③地税査定額が過重であること．

　ではマラータ時代において，個別農民に課される地税額はどのような経過を辿りつつ決定されたのか．この経過はかなり複雑な様相を呈していた．まず宰相政府が，かつて行われた検地や土質の区分にもとづいて，個々の農地までを捕捉する何らかの査定基準を持っていた．そして宰相政府はその基準に照らして，特定領域を管轄する自らの代官（徴税官）に対して，一定額の徴収を指示した．その

一方で政府による地税査定は，村落全体を対象に一定額を課す，村落一括査定として行われ，その際徴税官は，指示された査定額に配慮しつつも，他方でかなりの自由裁量権を持ち，また村役人との協議を通じて査定額を決定した．その後村役人が査定額を個別農民へ割り振るに当たっては，農民が抱えるそれぞれの状況に配慮が払われた．こうして宰相政府が指示する査定額は，かなりの自由裁量権を持つ幾重もの仲介者が介在することによって，きわめて間接的な形でしか個別農民の査定額に反映されなかったのである．

　続いて宰相政府が掌握していた査定基準の変遷を辿ってみよう．その査定基準は「本税」を構成し，政府はそれに加えて，自らの意向次第で随時に「追加税」を課した．宰相政府はこの両者にもとづいて，徴税官に一定額の徴収を指示した．記録によれば，ダールワール県において16世紀のヒンドゥー王国時代に，部分的な検地にもとづき，また土質の区分に従った何らかの本税が存在していた[5]．その後王朝が交替し，従来の本税に恒常的な追加税を加えた増税が図られたが，農民一揆を生むほど過重であったので，1670年追加税を吸収しつつ，総額を削減した新たな本税が設けられ，それは1686年以降のムガル支配時代にもさしあたり継承された[6]．ムガルの支配下において地域経済の荒廃が見られたので，1690年査定額の引き下げによって荒蕪地の開墾を促すことを目的として，16世紀の基準に追加税の一部を加えた比較的穏当な本税が新たに設定された[7]．この措置は農民の支持を集めたものの，まもなく追加税の賦課によって査定総額は大きく引き上げられていった．1752年マラータの支配が始まると，本税としては1690年のそれが継承されたものの，依然多くの追加税が賦課され，それによって査定総額は本税の2-3倍ともなった．とはいえ，その額は滅多に実現されることなく，何らかの減免が恒常的なものとなっていった[8]．以上より，宰相政府が徴税官に指示した査定額には，次の二つの特質があったといえる．第1に，かなり旧い時代における本税が長らく何らかの基準として温存されつつ，時代により，それを部分的に手直しすることによって本税が決められてきたこと．第2に，本税を上回る追加税の賦課と恒常的な減免とによって，本税の意義はきわめて希薄なものとなっていたこと．

　また査定に当たっては，農民の身分的区別にもとづいて，査定方式の異なる多様な土地種類が存在した．農民の区別とは，村落共同体の正規の成員と「よそ者」農民との区別である．前者は当地ではチャーリカール(chalikar, デカン=マハー

ラーシュトラではミラースダール）と呼ばれ，特別に重く査定され，放棄することの許されない土地（継承地）を保有し，かつ一括査定された村の地税納入に連帯責任を持っていた．後者は当地ではパーイカーリ（paikari, デカン＝マハーラーシュトラではウパリー）と呼ばれ，村落の遊休地を賃借・耕作した．彼らの賃借条件は村落自治機能を通じて決定され，その地代は村落一括査定額の一部に充当された．継承地の査定は，実際には支払が到底不可能なほど高かったので，チャーリカールには様々な種類の低査定地や地税免除地が与えられ，それらの異なった査定方式の耕地を併せ耕すことによって，ようやく全体額の支払が可能となった[9]．これらの土地種類以外に，村役人が保有した恩給地があり，それにも2種類があった[10]．以上に挙げた査定方式の異なる土地種類の多さも，イギリス人からは，複雑な例外規定として受けとめられた．

18世紀末厳しい財政難に見舞われたマラータ政府は，徴税請負制を実施して，マムラトダールの職位を廷臣の間で競売に附し，そのため査定額は無慈悲に引き上げられて，徴税業務は混乱を極めた．こうした過重査定によって，農民の逃散が相次ぎ，耕作面積は減少し，農民経済は疲弊に沈んだ．

(2) イギリス支配開始後の変遷

イギリス支配開始後，植民地政府はまず徴税請負制を廃止し，さしあたりそれ以前の制度に復すことを通じて事態の改善を図ろうとした．従って統治開始後暫くの間，抜本的な制度改革は行われなかった．マラータ時代の記録を鵜呑みにした名目的な高率の査定と，それに対する毎年の大きな減免が繰り返された．現地経済を沈滞から回復させることはきわめて困難であった．ダールワール県では，1843年の制度改革に先立って，耕作可能な政府地の半分以下しか耕作されていなかった[11]．

こうした経緯を辿るなか，1825年より，管区税務官僚プリングル（R. K. Pringle）によって，プーナ県インダプール郡を対象としつつ，「現地人にとってもヨーロッパ人にとってもまったく新しい方法[12]」と評価される地税制度が提起され，それは結局短期間のうちに挫折に終わったものの，30年代末以降のウィンゲートらによる制度改革に大きな影響を与えた．後に詳しく述べるように，この二つの試みは制度改革の基本理念において共通する点が多く，主要な相違は，プリング

ルが理論的に正しいとされた措置を性急に実行しようとして，現地社会実態との間に大きな齟齬をきたしたのに対し，後者は理論的性急さを排して，基本理念を生かす上での実際的配慮に富んでいたことに求められる．

　プリングルは本国におけるインド勤務職員の教育機関であるヘイリベリ・カレッジ（Hailybury College）で，校長マルサス（T. R. Malthus）の下，リカード（D. Ricardo）の『経済学および課税の原理』をはじめとする古典派経済学を学び，そこに含まれた個人主義的社会原理と経済学的法則認識への確信を育んだといわれる．そうした彼の観点からすれば，第1に，インド社会の共同体的編成，すなわち農民の緊密な相互依存関係やそれにもとづくと見なされた地税納入の連帯責任制は，個別農民の自発性の発揮を抑制する，社会発展の障害物であると評価された．そこから彼は，村落一括査定および納税の連帯責任制を取り止め，政府が個別農民の査定額を自ら決定し，彼らから直接徴収する，ライーヤトワーリー制度（個別農民査定制度）を提起した．第2に，査定額決定に当たっては，従来の統一的基準の欠如を批判して，古典派経済学の地代論に依拠した理論的な地代範疇を確立しようとした．すなわち，地代とは土地の肥沃度の相違の結果として地主に帰属する不労所得であるとの理解から，農民保有地を改めて検地し，それぞれの土地を肥沃度に従って正確に階層区分しつつ，各階層における平均的生産物価値と平均的耕作費用とを計算し，前者から後者を差し引いた純生産物（net produce）をもって担税能力の正しい基準とした．実際には彼はその55％を査定額とした．プリングルは理論に厳密に沿えば沿うほど査定の妥当性が大きいと考えていたので，生産物価値および耕作費用の算出は，殆ど実行不可能と思われるほど煩雑なものとならざるをえず，このことも彼の挫折を招いた要因となった．彼の挫折の要因としては，こうした方法的な難点に加えて，彼の算出方式によっても過重査定が解消されなかったこと，および彼の方式によっては現地人徴税役人を統制できず，従って政策意図が実際の査定に結びつかなかったことが挙げられる[13]．こうしてボンベイ管区の圧倒的部分においては，依然として基本的にマラータ時代以来の制度が継承されていたのである．

4-3 地税制度改革に込められた基本的政策志向

(1) 三つの基本的政策志向

　以上のような経緯を経つつ，1830年代後半より，ウィンゲートやゴールドスミッドらによる取り組みが，同じくプーナ県インダプール郡を対象として始められた．本節では，先の『共同報告書』をはじめとする諸文書における記述を手懸かりとして，彼らの制度改革に込められていた基本的政策志向を明らかにする．

　まず彼らは，『共同報告書』の冒頭に近い部分で，地税制度改革の政策課題に関わって，次のように述べている．「検地 (revenue survey) の主要な目的は，慣習的な地税を規制することに限定される．地税に関する規制は，次の3点を確保するためのものである．すなわち，政府にとっての十分な歳入，この国の農業資源の累進的な開発，および土地に関するあらゆる所有権その他の権利の保護である[14]」．この文言による限り，地税制度改革の主要な政策課題として，①政府による歳入確保，②インド農業の開発，③土地所有権の安定，の3点が念頭に置かれていたと理解できる．そしてこれら3点はいずれも，植民地支配全体にとってきわめて重要な，その支柱をなすというべき政策課題である．すなわち①は，自明であるが，植民地支配にとって不可欠な政府財政基盤確立の課題を示している．同時にそれは，「インドからの富の収奪」の維持・拡大という政策志向とも重なり合うものである．②は，当該期の植民地支配政策全体のうちに重要性を高めつつあった，植民地開発の課題の一端を示している．地税政策の目標にかかる課題が含まれていたことは，当該期の植民地支配が，インドの既存の社会経済構造や生産力構造をそのまま継承・維持するにとどまらず，それらの一層内部に入り込みつつ，それらの再編を展望するものとなっていたことを意味している．③は，特定の所有関係に基礎づけられた社会秩序を維持していくという課題を示している．それは，植民地支配の継続にとってきわめて肝要な，治安維持の課題に結びつくものである．総じて地税政策は，「政府財政基盤の確立」・「植民地開発」・「治

安維持」という，植民地支配政策全体の支柱をなす政策諸課題に関連づけられていたのである．われわれはまず，さしあたりこの3点をもって，地税制度改革に込められた基本的政策志向の主要な内容とすることができる．

ではこれら3点は相互にどのように関連づけられていたのか．ここではまず，これらのうちのより積極的な政策課題というべき，①と②との関連が注目される．彼らの構想を全体として見た時，この両者は，主観的には，どちらかに優位が置かれるのでもなく，また別々に追求されるのでもなく，まさに並行的・一体的に，すなわちインドの農業発展を通じて政府歳入の増加を図るという関係において捉えられていたことが分かる．というのも，彼らの言説を字義通り読む限りにおいて，彼らは，単なる歳入増加の達成という観点からすれば，余りに多くインド社会の本質的改造について語っており，他方財政収支に顧慮することなく，ひたすらインドの開発に邁進するというのでは，もちろんなかったからである．

ではインドの農業発展はいかにしてもたらされるのか．彼らはそれを，基本的に，各農民の個人的経営努力を引き出すこと，あるいは農民間の自由競争関係を促進することによって図ろうとした．この点は彼らの編み出した諸方策を貫く最も太い柱である．様々な制度改革は，この点を軸心として生み出されたといって良い．農民の個人的自由と相互の平等を保証し，農民間の自由競争の促進を通じて，真の農業発展の担い手を析出させること，ここに彼らの改革に込められていた基本的政策志向の重点があった．その背後には，私的諸個人の自由で主体的な向上心の発揮こそが社会発展の原動力であるという，プリングル同様の彼らの社会哲学があった．こうした観点に立つ時，連帯責任制に象徴される共同体的紐帯は，個人の自立を妨げる社会停滞の主因であり，身分制的・権威的社会秩序は，下層農民を抑圧しつつ，様々な特権や独占，あるいは例外規定を生み出すことによって，資源の合理的な利用を阻害する旧弊として捉えられることになった．

(2) ボンベイ管区における地税制度の特徴と自由主義・功利主義

(a) マハールワーリー制度批判

基本的政策志向のこうした内容は，ボンベイ管区以外の諸地域における地税制度に批判的に言及し，それらとの対比において，自らの制度を特徴づけ，正当化する言説において，とりわけ明瞭に表現されている．植民地政府による地税制度

の確定は，18世紀末のベンガル管区における作業を嚆矢として，以後領土拡大に沿って，マドラス管区，北西州へと及んでいくが，それぞれの地域において，統治官僚の理念，本国における支配的思潮，地域社会の特質，イギリス統治様式の成熟度等，多様な諸要因が絡み合いつつ，地域ごとにかなりの相違を含んだ制度が導入された．以下，他地域の地税制度に対する彼らの言及をまとめて示しながら，すでに述べた点を含めて，ボンベイ管区に適用された地税制度に込められた基本的政策志向について，より詳細に検討していきたい．

まず上述した，農民間の自由競争促進を通じて農業発展を図るという政策志向は，何より「ライーヤトワーリー制度」の採用に反映させられた．ライーヤトワーリー制度とは，既述のように，従来の村落一括査定を否定して，政府が個別農民の査定額を自ら決定し，地税を彼らから直接徴収することを主な内容とする．ウィンゲートらは，この制度との対比において，北西州の「マハールワーリー制度（村請制度）」およびベンガル管区における「ザミーンダーリー制度（地主―小作制度）」を批判した．そのうち北西州おいては，「地主同族団成員」あるいは「土地共同所有仲間」と呼ばれる，土地を共同的に所有する地主階層に，地税納入責任者の地位が与えられ，彼らが政府に対峙する排他的土地所有者として法認された．地税査定は，彼らが共同所有する土地区分全体（マハール mahar，多くの場合1村落が1マハールをなした[15]）に対し一括して行われ，同時に彼らの間での地税納入の連帯責任が求められた．こうして北西州では，西部インドに従来久しく見られてきた村落一括査定と連帯責任制とが，地主階層を対象としてではあれ，イギリス支配下においても踏襲されたのである．

ウィンゲートらはかかる制度を念頭に，ボンベイ管区におけるライーヤトワーリー制度の優位性を以下のように主張した．

「耕地（field，これについては後述参照――引用者）ごとの査定の一つの大きな利点は，それが村内のすべての保有者・耕作者に与える自由と独立である[16]」．

「耕地が1人によって保有されるので，自分の支払額について疑問の余地がないし，隣人からの抑圧や彼らの支払不履行によって，より多くを支払わされることはありえない[17]」．

「農民の責任を自らの土地だけに限定することは，思考や行動における自由で独立的な習慣を育むに違いない．それらはインド農民の間に甚だ欠けているものであり，長年の専制統治を通じて奴隷的な従属や無気力を生んできた[18]」．

以上に見られるように，ライーヤトワーリー制度にもとづいて農民に自由と自立性が与えられることが期待され，それらの欠如こそが，農民の久しい奴隷状態や無気力の原因であるとの認識が示されている．東洋社会の「停滞」を，もっぱら市民的自由の欠如より説明する論法は，時代は下るが，たとえばミル（J.S. Mill）の『自由論』においても，明瞭に見出すことができる[19]．
　連帯責任制に対する批判は，さらに進んで，彼らの基本的な社会哲学やイデオロギーの表白に導く．
　「連帯支払・連帯責任のシステムは，それ自体誤っている．連帯責任制は，産業および農業の改良にとって望ましくない．そうした改良は，自分自身の利益のために働く個人の努力が妨げられない程度に比例して，促進される[20]」．
　「責任および利害の共同所有・共同参加を含むような土地保有態様は，われわれには，自然に反するように思われ，特異な状況の圧力によってのみ生み出されるものである．事物の通常の進行においては（in the ordinary course of affairs），人間は当然自分自身の利害をできるだけ他人のそれと区別したいと考える．連帯責任制の下においては，勤勉な者は，自らが怠惰な者のために働いていることに気づく．他方で怠惰な者は，不足という，努力を強いられる刺激を決して感じることがない．こうした不都合は非常に強く感じられるので，そこから利害の分離が生まれ，あらゆる文明国において，個人的所有が一般的になった[21]」．
　前者の引用からは，私的利益の追求こそが社会発展の原動力であるという認識を，また後者からは，私的利害および私的所有を，文明社会の基本原理として当然のものと見なすという態度を見て取ることができる．誰しも気づくように，これらはともに，アダム・スミスが『国富論』の冒頭において，普遍的富裕の浸透をもって文明を野蛮と対比しつつ，その推進力をもっぱら分業の発展に，従って分業を惹き起こす原理としての人間の「自愛心」，すなわち自由な私的利益の追求に求めたことを想起させるものである．以下に続く内容こそ違え，「事物の通常の進行」という表現もまた，スミスの有名な字句[22]に甚だ似ていることはいうまでもない．こうしてわれわれは，ウィンゲートらによる村落一括査定および連帯責任制の批判のうちに，代表的な自由主義的社会理論および功利主義学説との基本的な共通理解を見ることができるのである．
　さらにウィンゲートは，北西州の社会を，いわば本国における旧救貧法体制に

も比すべきパターナリズムにもとづく社会として捉えている.

「北西州では,共同所有諸家族が協調および共感という親密な紐帯によって結びつけられ,貧者は富者によって支えられ,寡婦や孤児は,そうすることが当然とされる援助者に保護を求めるよう奨励される[23]」.

こうした言説には,本国において同時期に進行していた救貧法改正の基調が再現されているといっても良い.

(b) ザミーンダーリー制度批判

続いてウィンゲートらは,ベンガル管区におけるザミーンダーリー制度に対しても,ライーヤトワーリー制度に優位性を認める観点より,批判の矛先を向ける.ザミーンダーリー制度においては,地主階級に地税納入責任と政府に対峙する排他的土地所有権が与えられた.それに伴って農民はさしあたり,自らの土地所有権の法的根拠を失い,形式的には単なる小作人の地位に置かれることになった.またベンガル管区では,一旦与えられた地税査定額が恒久的に固定された.ザミーンダーリー制度においては,これらの措置を通じて,地主階級に,農民保護および農業改良における主導的役割が期待されたのである.しかし他方で政府部内にあっては,この時期までに,「改良地主」の期待は裏切られてきたとする認識が広まりつつあった.ウィンゲートらは,この制度を次の2点に亘って批判した.①査定額の恒久的固定にもとづく利益は,地主によって独占され,農民に与えられていない.②恒久的固定は,経営環境の変動次第で,負担増大や損失計上に結びつく危険性を含んでいるが,地主は負担増大を農民に一方的に転嫁することによってリスクから逃れることができる.

「土地が小規模な保有者に分割されている所では,地主がリスクを負うであろうと期待することはできない.というのは,彼らがリスクを小作人に転嫁し,自らの地代を確保することは,きわめて容易になしうるからである[24]」.

こうしてウィンゲートらは,地主階級に対する強い不信感を露わにしつつ,彼らを排除した上で,政府と農民とが直接的関係を結ぶことが肝要であると主張した.ウィンゲートらにとってライーヤトワーリー制度とは,こうした直接的関係を可能にする方策にほかならなかった.従ってこの制度は,彼らの言い分によれば,政府が農民から一方的に収奪を進めるものではなく,むしろ政府が農民の諸状況に細かく配慮しながら,彼らの経営意欲を引き出し,彼らをして農業発展に

貢献させることのできる制度であると主張された．ある有力な税務官僚は，こうした農民との直接的関係を持つ国家を，「全体的地主」universal landlord と表現している[25]．ウィンゲートらが，ライーヤトワーリー制度に，きわめて慈善的かつ社会改良的な「国家＝全体的地主」の理念を込めたことは，次の論述より窺われる．

「地代のすべて，あるいは大部分が，政府によって徴収される場合には，（地主―小作制の場合とは）まったく異なる．その場合，地代納入者と地代受領者との利害は同一である．政府にとって問題は，一つの地所が与える地代収入の確実性や額ではなく，国全体からの収入である．……農業に充用される資本の総量が減少すれば，それだけ地代収入は減少し，逆は逆である．……政府というものは，通常の地主と異なって，農民をして長期固定のあらゆる利益を享受させ，同時にそれに付随する不利益から免れさせる．こうして政府は，農民に対して，何らの損失の危険性も責任の増大も与えるものではない[26]」．

以上より第1に，ウィンゲートらの自由主義・功利主義は，国家の介入を排して，単に事態を既存の社会秩序の自由な運動に任せるというものでは決してなかった．むしろここでの含意に沿って表現すれば，それは，自由主義原理が十全に機能しうる，あるべき社会秩序の実現のために，積極的に国家権力を行使すべきであるという，いわば攻撃的な自由主義であった．こうした姿勢の背後には，インド社会は西欧近代社会とは本質的に異なったものであり，後者の原理にもとづいた大胆な社会改造が必要であるという，彼らの基本的認識が存在していた．ストークス (E. Stokes) が，ウィンゲートらの地税制度を，「きわめて権威主義的なアプローチ」として特徴づけているのは，この点を指摘したものである[27]．とはいえわれわれは，「国家＝全体的地主」理念に込められた含意を，国家主導による自由主義原理普及という点においてのみ理解することはできない．というのも，この政策方針は，より客観的に見れば，政府の統治権限が，あらゆる中間的な在地支配者を排除しつつ，農民レベルにまで直接的に浸透することを目的としているからである．「国家＝全体的地主」理念の持つより幅広い含意については，後に立ち入って検討することにしたい．

第2に，ここでのザミーンダーリー制度批判には，本国における支配的社会秩序を基礎づける寡頭制的土地所有構造を，社会発展の死重として批判し，借地農・小農の保護を主張していた本国急進主義者の観点と相通じるものがあるといえよ

う．本国急進主義者は，産業革命完遂後のイギリスにあって，いよいよ国家政策を規定する立場を占めつつあった産業資本の利害に沿いつつ，穀物法に代表される地主階級保護政策を批判し，自由貿易主義運動の先頭に立っていた．また彼らは，大土地所有構造を通じて，社会的剰余の相当部分が「不労所得」として地主階級の手に渡ること，および地代部分が累進的拡大傾向を辿ることによって，農業のみならず社会全体に亘って資本蓄積がそれだけ阻害されることを問題視していた．これらの諸点において彼らの主張は，産業資本の蓄積促進の観点より，イギリス資本主義の一層の合理化を提起するものであったといえよう．

　こうした本国急進主義者の影響がインド支配に及ぶに当たっては，とりわけ当時の代表的な功利主義思想家であり，また古典派経済学の普及に力を注いだジェームズ・ミル（James Mill）が大きな役割を果たした．彼はベンサムやリカードと私的な友誼を結びつつ，彼らの学説に深く傾倒し，1817年それらの影響下に大著『英領インド史』 The History of British India を書き上げた．そしてこの書物が呼び起こした評判が機縁となって，彼は1819年に東インド会社に入社した．ミルは入社後直ちに，通信委員会（Committee of Correspondence）配下の通信審査部（Examiner's Department）に配属され，さしあたり税務関係を担当しつつ，インドからもたらされる大量の文書に目を通し，かつインドへ送付する通信文（dispatch）の起草に携わった．彼は有能さを高く評価されて1831年通信審査部長（Examiner of Correspondence）に昇進し，36年在職中のまま亡くなっている．通信審査部員とは，会社が監督局に承認を求めて一旦提出する通信文の草稿の実質的な作成者であるといって良かった．というのも，通信文作成に必要な諸資料は彼らが集め整理したものであり，また取締役をはじめとする上役も，通信審査部に社内の精鋭を集めつつ，彼らに強い信頼を置き，高所より指示を与えるにとどまったからである．ある通信審査部長は，「通信委員会から何ら特別な指示もなく」，担当する分野については，自分がすべてのインドへの返書を作成したと株主総会で証言している[28]．

　ところでミルが，リカードとともに地主階級を「不労階級」として批判し，さらにリカードの地代論に沿って，地代は最劣等地における生産費のみに規定され，その限りで社会的な資本蓄積の動向に無関係であるから，地代をすべて租税として国家が吸収することが産業発展にとって最も合理的であると主張して，土地国有化論を展開したことは良く知られている．こうした見地からミルは，地税政策

に関わって，ライーヤトワーリー制度採用を強く支持し[29]，また地代理論に対する確信から，国家が「不労所得」としての地代を独占することの合理性と，農民をして「不労階級」にさせないために国家が地税率を統制すべきことを主張した[30]．ミルのこうした主張は，彼がプリングルによる地税制度改革の試みを高く評価したことにも表現されている．ストークスによれば，「ミルは（この改革に）大きな満足感を覚え，本国当局はプリングルが成し遂げた仕事に祝福を送った[31]」のである．さらにミルがプリングルに対して強い信頼を寄せていたことは，彼が1831年の議会委員会において，地代理論を実務的観点から説明させるためにプリングルを証言者として指名した[32]ことからも明らかである．

以上より，まずミルが，本国側にあってインド政策の形成に相当の影響力を行使しうる立場にあったこと，そしてミルの思想・学問上の信念からして，彼がライーヤトワーリー制度および「国家＝全体的地主」の理念を支持し，それらを含めて，功利主義哲学および古典派経済学の理念や学説に沿った諸政策を指示していったことは，間違いないと思われる．こうしてボンベイ管区におけるライーヤトワーリー制度の採用は，産業革命完遂後の本国における政策基調を一層強く規定しつつあった産業資本利害に沿いつつ，それをさらに急進的に推進しようとする思潮から大きな影響を受けていたのである．

他方で現実的問題として，従来の通説が一様に指摘するように，デカン地方において，ベンガルのザミーンダールのような，あまねく存在する確固とした地主階級が存在しなかったことも，ライーヤトワーリー制度採用の背景をなしていた．それを以下のウィンゲートの言説から確認できる．

「所有権を擁護し，農民を抑圧することなく，当地の大きな村落の徴税を喜んで請け負うような，相当規模の土地所有者も，他の資本家も殆どいない．事実がそうであるなら，そうした人々をザミーンダールにするといういかなる試みも，農業社会全体から最大の失望と狼狽をもって受けとめられることは確実である[33]」．

とはいえ，後述のように，彼らはボンベイ管区内の在地領主制および中間的地主制支配地域に対しても，さしあたりライーヤトワーリー制度導入を旨とする基本方針を持って臨んだのであり，その意味でライーヤトワーリー制度採用の方針は，地域的事情に関する考慮に先立って一旦形成されたものであった．彼らの基本的政策志向に関する限り，それをデカン地方特有の地域的事情から一方的に説

明することはできない．

　最後にマドラス管区の制度に対しては，地税査定を穏当な水準にとどめ，過重査定を避けるという方針の観点から批判が行われている．この方針もまた，ウィンゲートらによる制度改革の主柱の一つであった．この方針は，彼らにとって，農民の経営意欲を喚起し，かつそれだけ農民的土地所有権を強化する方策として理解されたと思われる．マドラス管区においては，いち早くライーヤトワーリー制度が実施されつつ，査定額は総生産物価値の45％に定められ，また比較的頻繁な査定額の改定が行われた．しかしながら，農民経済の復興や安定した地税徴収の点では，期待された結果が伴わず，むしろ北西州の方が良好であったようである．こうした事情から，政府部内にあっては，ライーヤトワーリー制度に懐疑的な空気も強かったのであるが，ウィンゲートは以下の発言において，マドラスの困難は過重査定によるものであると主張し，同時にライーヤトワーリー制度の優位性を再度強調している．

　「当局は，マドラスの惨めな状態からして，北西州の村請制度に大きな優位性を認めた．しかしながら，われわれの見解では，北西州の優位性は，課税額が穏当であることの結果であり，マドラスの劣った状態は，過重で寛容でない査定の誤りよりもたらされた．そこでは査定が抑圧的に過重であり，徴税官の裁量で年々大きな減免が行われ，それに伴って不正や悪行が頻発している．北西州の共同所有地に対して課税する際に含まれる諸利害の数の多さや複雑さは，次のような機会を多く生み出した．すなわち，より裕福で影響力ある成員による，より貧しい弱者に対する抑圧である[34]」．

(c) 自由主義・功利主義と商品経済関係の浸透

　以上総じて，ボンベイ管区における地税制度改革に込められていた基本的政策志向は，当時本国において支配的思潮に昇りつめつつあった自由主義的社会理念や功利主義的教説を強く意識しつつ形成された．これらの思潮は，産業革命を完遂した後のイギリス本国における，重商主義的諸規制の廃止および一連の自由主義的諸政策の創出を支えた思想的背景をなしていた．基本的政策志向は，こうした思潮から影響を受けつつ，農民の個人的自由の拡大や農民間の自由競争促進を通じて農業発展を図ることをもって，その中核的内容とした．そしてかかる基本的政策志向は翻って，これら社会原理を制約する共同体諸関係および身分制的・

権威的社会秩序を，葬り去られるべき旧弊として攻撃した．

　以上の中核的内容とは，これを経済学的に言い換えれば，あの「自由・平等・所有・ベンサム」をもって表現される，商品経済関係を構成する社会原理のうちに重なり合う．すなわちこの内容実現の経済的側面とは，インドにおける商品経済関係の浸透を意味する．そして商品経済関係の浸透は，共同体諸関係と身分制的・重層的土地所有を主要な構成原理とする封建社会が解体される上での，最奥の基礎過程をなす．とすれば，基本的政策志向は，上の内容を持つ限りにおいて，本質的に封建社会の基本原理と矛盾し，その実現は商品経済関係の浸透を通じて封建社会の解体を促すものであったということになる[35]．

　基本的政策志向に含まれた以上の内容は，当該期イギリスの対外政策全体を貫く政策志向の核心部分に良く合致したものであるといわねばならない．というのは，この内容は，産業革命を完遂したイギリスが，自国の生産力的優位を自覚するに至り，そこから自由貿易の強制を一つの武器としながら，世界諸地域を商品経済の世界的ネットワークとしての世界市場に統合させようとしていたことに重なり合うからである．そしてこうした国家的政策志向は，世界諸地域をイギリスにとっての製品市場および原料・食料供給地へと編成替えしていくという，イギリス産業資本の展望する世界戦略によって主導されていた．従ってかかる編成替えこそが，世界市場統合のより具体的な目標をなした．以上の意味において，ウィンゲートらの基本的政策志向は，イギリス産業資本の利害に沿った世界市場創設のための前提条件をインドにも及ぼすことをもって，その中核的内容としていたといえよう．

　とはいえ，ボンベイ管区における地税制度改革に込められた基本的政策志向を明らかにするに当たって，それが商品経済関係の浸透のみをもって尽きていると理解することはできない．わたくしはこれまで，基本的政策志向を，①政府財政基盤の確立，②植民地開発，③治安維持の3点において捉えながらも，そのうち①と②とが一体的・平行的に追求され，そこから②の目標に軸心が置かれたことに注目しつつ検討を行ってきた．しかしながら，他の2点もまた決して忽せにできない政策志向であることは疑いない．従って基本的政策志向は全体として，②に比重を置き，それを通じて①の促進をも図りつつ，同時に②との兼ね合いにおいて①・③を追求していくものであったといわねばならない．

　こうした観点に立ちつつ，基本的政策志向のレベルにおいて，これら3点間の

関連をいま少し詳細に検討しておきたい．まず①と②との関連において，地税徴収の本質が問題となる．わたくしは本章冒頭で，地税の源泉が農民的剰余生産物に行き着くことを指摘した．またわたくしは第3章で，植民地化に先立つ社会を封建社会と規定した．以上の理解より，植民地政府による地税徴収は，国家による封建地代の収取をもってその本質とし，その意味で地税徴収は，封建的土地所有関係を前提条件にしていた．ウィンゲートらが展望した「国家＝全体的地主」の理念にしても，この点からすれば，それは中間的上級土地所有を一切排除して，国家が唯一の上級土地所有者となることを意味する．しかるに彼らの基本的政策志向のうちに，封建社会の解体に結びつく内容が含まれていたとすれば，その内容と政府歳入確保という政策志向とはいかなる関係にあるのか．彼らの基本的政策志向を突き詰めていけば，封建社会を解体させるまでの農業発展を達成しつつ，政府歳入としては封建地代ではなく，資本制地代をもって充てるという展望が出てくるのかもしれない．とはいえ，彼らの基本的政策志向にここまでの展望が含まれていたかどうかは，にわかには判断しかねる問題である．仮に彼らが実態的には，封建的土地所有にもとづく地税徴収の継続を展望していたとすれば，事態の推移によっては，①と②との政策志向は相矛盾することになるであろう．次に②と③との関連についても，②の政策志向がきわめて大胆で大幅な社会改造を企図するものとなれば，現地住民からそれだけ大きな反発や抵抗が生み出され，治安維持の政策課題が揺がされることにもなる．またそうした社会秩序の混乱は，スムースな地税徴収を阻害することによって，①の政策課題にも困難を与えるであろう．以上の考察より，基本的政策志向のレベルにおいて，その主要な内容をなした諸点は，必ずしもすべてが一体的・並行的に実現されるとは限らず，場合により相互に対立・矛盾する諸側面を持っていたといえよう．さらに本書序章で記したように，基本的政策志向は，現地社会実態との相関＝絡み合いを通じて，具体的な政策実態を展開させる．従って，基本的政策志向の主要な内容をなす3点間の関連も，政策実態の展開のうちに，より具体的な表現を持つことになる．われわれは続いて，地税政策展開に伴う政策実態の検討に移らなければならない．

4-4 デカンにおける地税制度改革に伴う政策実態

　以上わたくしは，ボンベイ管区における地税制度改革に込められていた基本的政策志向において，植民地開発＝商品経済関係の浸透に軸心が置かれていたことを明らかにした．本節では，さしあたり，基本的政策志向のうちのかかる内容に沿いながら，その具体化・現実化過程＝政策実態について検討する．ここで検討される問題は，かかる内容の基本的政策志向が具体的にいかなる地税制度に結実したか，その結実過程において基本的政策志向と現地社会実態と間でどのような相関＝絡み合いが展開されたか，また確定された諸制度が，イギリス人官僚の主観的政策意図とは別に，いかなる客観的意味を持ったかといった点にある．同時にこうした検討を通じて，三つの基本的政策志向の間の関連も，政策実態のレベルにおいて，一層具体的に明らかにされる．なお本節では，デカンにおける政策実態を検討対象とし，他地域のそれについては，次節において扱うことにする．

(1) 地税制度確定における基本原則

　まず基本的政策志向のかかる内容は，より具体的には，すでに述べた点を含めて，相互に結びつきを持つ次の3点の基本原則を含んでいた．第1に，個別農民の私的自由を拡大し，かかる自由の発揮としての相互競争における諸条件を平等化し，競争を促進することである．第2に，自由競争の必要条件として，農民的土地所有権を明確に規定し，それを保護することである．第3に，農民的土地所有権の流動化，すなわち資力ある農民の土地集積を促す条件を創出することである．
　結果的に，こうした諸原則を体現するものとして，以下の諸制度が制定された．

《**第1の基本原則**》
　①村落一括査定および地税納入の連帯責任制が廃止され，代わって政府が個別農民ごとに査定額を自ら決定するライーヤトワーリー制度が導入された．査定単

位としては，土地細分化の阻止と土地所有権の流動化促進を目的として，最低経営面積というべき土地のまとまり（field）が改めて設定された．農民の耕す field の数は，自らの資力に従って，年々変更することができた．すなわち，field ごとの査定（field assessment）と年々の契約更新（annual lease）とを含んだ個別農民査定である．

②農民の競争条件を平等化するために，地税査定は基本的に，土地の肥沃度など農民の経営努力の及ばない土地の自然条件にもとづかされ，農民の努力の成果を利潤として留保させることが方針となった．

③従来共同体諸関係を総括する役割を果たしつつ，徴税業務に関して大きな権限を持ち，また農民より独自に役得を獲得してきた世襲役人層を，基本的に，政府より給与を与えられる政府業務の単なる補助者の地位に転換し，政府と農民との直接的関係の構築が目指された．

④地税制度の実行は，細部に至るまでできる限り，一般的で明確な諸規則の厳格な適用によることが追求された．それゆえ政府と農民との関係には，ある種の契約的合理性の形態が付与された．この法治主義というべき規則性の追求を通じて，従来ふんだんに存在してきた特権や例外規定を排除することが目指された．

《第2の基本原則》

①査定額決定に際して，従来の過重査定を解消し，穏当な査定を行うことが最大の眼目とされた．

②一旦決定された査定額は，以後30年間固定された．

《第3の基本原則》

①上の穏当な査定額決定とは，同時に地価を生ぜしめる水準での決定であることが求められた．

②定められた条件に違反した農民の納税不履行に対して，土地の没収および競売の励行が規定された．

以下では，これらの諸制度を生み出すに至った基本的政策志向と現地社会実態との絡み合いに留意しながら，これらの諸制度をより具体的に検討していきたい．

(2) 全体に対する徹底した検地

　まず最初に,「検地の緊急の必要性は疑いの余地がない[36]」とウィンゲートが述べるように，彼らは，抜本的な制度改革の前提条件として，イギリス人主導下の全耕地に対する徹底した検地が不可欠であると認識していた．従来の地税政策の弱点は，現地の事情を，あくまで旧い記録や世襲役人からの報告を通じてしか把握してこなかったことにあるとされ，また直接的な調査にもとづいて，一旦統一的な記録を作成しておけば，それ以外の作業はきわめて形式合理的に進めることができ，彼らの近代的観念にも合致すると考えられた．こうしてボンベイ管区では，相当の費用と労力を費やして，個別農民の保有地レベルに至る検地が実施された．

　検地に当たっては，各 field の位置，形状，面積を表示しつつ，それらを一つの地図の形式にまとめ，さらにそれを広げて郡全体に至る詳細な地図を作成することが目指され，また再測量の規定を設けて，測量の正確さが期された．さらに土盛りや隅石によって各 field の境界を明示し，かつ境界を維持していくことの重要性が強調された．

(3) 査定単位の設定

　次に，査定単位としての土地の一定のまとまり（field）が，政府の手によって新たに設定されたことに触れねばならない．従来の査定単位は1村落全体であったが，新制度の下で個別農民の保有地はどのように捕捉されたのか．この点で注目すべきは，土地の細分化による農業壊頽を避けること，および自由な土地所有権移転を通じて農民の経営能力と経営面積とを合致させることを目的として，農民の現状の保有地区分を踏襲せず，いわば経営能力本位の別の統一的土地区分が設定されたことである．すなわち，いわば通常の耕作様式の最低規模，その意味での標準的経営規模としての一定の土地面積に従って，あまねく土地を区分し，一方でそれより小さい経営規模を認めず，他方で基準以上の保有地を耕作する者に対しては，時々の経営能力次第で，そのまとまりに従って経営規模を変動させることが許された．その基準的経営規模とは,「資力に限界を持つ農民が1人で容

易に耕せる広さ[37]」，あるいは「1人の農民が1ペアの役牛によって耕せる広さ，およびその2倍まで[38]」と表現され，実際には，耕作の労力を規定する土質（軽さ・柔らかさ）を基準として，以下のような具体的数字で示された．乾燥地については，軽質地：20エーカー，中質地：15エーカー，重質地：12エーカー，多量の労力の必要な灌漑地は4エーカーとされた[39]．諸般の事情を考慮すれば，これらの規模は，1ペアの役牛を持つ1小家族の標準的な経営面積の下限にほぼ匹敵すると思われる．

既述のように，基準に満たない保有地の存在は許されなかった．『共同報告書』は，「もし資力が余りに小さくて，fieldの一断片しか耕せないのであれば，土地を取り上げ，ひとまとまりのfieldとして，より資力ある農民の手に移すのが全体の利益となる[40]」と述べて，貧農の土地喪失を積極的に容認する姿勢を見せている．それ以外でも，基準以下の小保有地は隣接地と合同されるべきこと，および1頭しか役牛を持たない農民は隣人とパートナーシップを組むべきことが定められた[41]．さらに相続に関して，実効の程は疑問であるが，「政府地の保有者が死亡した場合，土地はその長男または次男の名義となる[42]」という規則を定めて，ヒンドゥーの慣習とは異なる長子単独相続が求められたのである．

すでに示唆されたように，農民は，上のまとまりを単位として，保有地規模を年々変動させることができた．このようにして「農民の経営能力に従って土地を保有させる[43]」ことが目指されたのである．

(4) 査定額の決定

(a) 査定額決定方式の要点

彼らが編み出した査定額決定方式には，相互に矛盾し合うかのような二つの考慮が含まれていた．第1に，基本的政策志向に則りつつ，農民間における自由競争の促進およびそこでの競争条件の平等化に資すべき，理論的かつ統一的な査定原則を確立したいとする考慮である．この点に関わっては，とりわけプリングルに顕著に見られたように，古典派経済学の地代論が一つの有力な理論的基準となった．というのも，イギリス人税務官僚にとってこの理論は，インドにおいてその到来が望まれている近代的経済社会に関する法則的認識の産物と見なされ，この理論の適用がインドにおける近代的社会関係の創出・発展に貢献するであろう

と期待されたからである．第 2 に，スムースな徴税を行うために，現地社会実態に対する適応を進め，また査定官に一定の自由裁量の余地を与えようとする，プラグマティックな考慮である．前者は，統一的基準の欠如や支配者による恣意的決定をもって特徴づけられたインド在来の方法に対する批判から，後者は，余りに理論的厳密さを求めすぎて挫折したプリングルの方式に対する反省よりもたらされた．プリングルは，純生産物価値の理論的に厳密な把握を期して，生産物価値や耕作費用に関わるきわめて煩雑な測定作業を試み，彼の書き記した査定作業の説明書が長さ 30 ヤードにも及んだといわれる[44]ように，殆ど現実適応性を喪失した方法を提起したのである．

　これらの考慮に導かれた査定額決定方式には三つの要点があった．最初の二つは第 1 の考慮を反映し，3 番目はそれにとらわれない現実的配慮である．

　第 1 に，査定に当たっては「土地の生産性 (capabilities) だけを参考とし，個人の資産状況を考慮しない[45]」という表現に端的に示されるように，査定を，基本的に，土地の肥沃度など農民の経営努力の及ばない土地の自然条件にもとづかせ，農民の努力の成果を利潤として留保させることが方針となった．この方針は，リカードの差額地代論の影響を受けて，地代を土地の肥沃度の相違より生じる不労所得と捉えつつ，その部分を地税として吸収することによって，農民の競争条件が平等化されるという理解によって根拠づけられていた．この方針は，field ごとに土地の自然条件を調査し，それぞれを 9 つの階層区分のどれかに位置づけつつ，階層ごとに異なった査定レートを課したことに結びついた．

　第 2 に，ウィンゲートは，以上の方針ではプリングルと一致しつつも，彼の決定した査定額には大幅な修正が必要であるとした．ウィンゲートは，農民の競争条件平等化という原則からすれば，同額の耕作費用に対して同額の利潤が，すなわち同じ利潤率が，農民に対して保証される必要があると考えた．その観点から彼は，第 4 - 1 表の如き表を作成し，プリングルを批判した．同表では，左欄に年間 100 ルピーの支出によって耕作しうる土地面積をとりつつ，続いてプリングルの査定レートである純生産物の 55 ％の額，およびその場合に残される農民利潤と，これに対するウィンゲートの提起するレート，およびその場合の農民利潤とが対照されている．これによれば，プリングル査定の場合，農民利潤は優等地で多く，劣等地で少なく，両者にかなりの較差があるのに対して，ウィンゲート査定ではすべて同額の利潤が保証されている．この点において，ウィンゲートは頗

第4-1表　プリングル査定とウィンゲート査定との比較

土地の階層分け	面積(エーカー)	プリングル査定									ウィンゲート査定								
		エーカー当り査定額			査定額合計			利　潤			エーカー当り査定額			査定額合計			利　潤		
		Rs.	a.	p.	Rs.	a.	p.	Rs.	a.	p.	Rs.	a.	p.	Rs.	a.	p.	Rs.	a.	p.
黒土第1級	28.9	1	6	0	39	11	9	32	8	3	1	12	1	50	11	1	21	8	11
〃　第2級	29.4	1	1	3	31	10	9	25	11	2	1	3	6	35	13	0	21	8	11
〃　第3級	34.8	0	13	0	28	4	9	23	6	4	0	13	10	30	2	2	21	8	11
赤土第1級	29.3	1	1	9	32	8	6	27	0	7	1	4	9	38	0	2	21	8	11
〃　第2級	35.0	0	11	9	25	11	6	20	12	9	0	11	5	24	15	4	21	8	11
〃　第3級	40.7	0	7	9	19	11	3	16	12	5	0	5	10	14	14	9	21	8	11
砂礫第1級	40.4	0	10	0	25	3	6	20	6	1	0	9	7	24	0	8	21	8	11
〃　第2級	40.9	0	7	3	18	8	2	15	1	7	0	4	9	12	0	10	21	8	11
〃　第3級	43.8	0	5	6	15	1	0	12	5	3	0	2	2	5	13	4	21	8	11

注）　1ルピー (rupee) は16アンナ (anna)，1アンナは12パイサ (paisa) に相当する．
出所）　Letter from G. Wingate to R. Mills, 4 August 1838, *Indapoor Papers*, p. 129 より作成．

る理論的な主張を展開しつつ，プリングルを批判している．すなわちウィンゲートによれば，プリングルの誤りは，生産物価値から資本・労働に関するあらゆる費用を差し引いた価値である純生産物 (net produce) 概念と，農民にとって正当な利潤をも控除した後に残る価値である地代 (rent) 概念とを混同し，前者を基準としたところにあったとされる．ウィンゲートの理解では，最劣等地では費用および利潤がすべての生産物価値を吸収し，地代は生じない．しかるにプリングル査定は，そこに地税を課すことによって農民利潤までをも吸収し，結果的にそうした土地を耕作放棄に導いたというのである[46]．そこからウィンゲートは，劣等地の査定レートを大きく引き下げることの重要性を強調した．このようにウィンゲートは，彼なりの理論的な地代範疇を代位させることによって，プリングルを批判したのであり，その意味でウィンゲートにあっても，地代理論は何らかの程度で基準としての意義を持った．

　とはいえ他面で，プリングルとウィンゲートとでは，理論的基準へのこだわりの程度が相当に異なっていたと思われる．というのは，ウィンゲートは上表を作成するに当たり，おそらく，プリングル査定の前提となった土地階層ごとの生産物価値や耕作費用などの数値をそのままにして，単にエーカー当たり査定額を変動させたにすぎなかったと思われるからである．彼には，これらの数値を独自に

算出しようとした形跡はない．しかし，プリングルの試みに窺われるように，こうした数値の算出はきわめて困難なものであり，従ってウィンゲートの査定レートにあっても，実際にすべての階層に同じ利潤率が与えられるかどうかは保証の限りではない．このように考えると，ウィンゲートの真の意図は，理論的基準を振り回すこと自体ではなく，むしろプリングルの劣等地に対する査定が現実的に過重であったことを認め，そこから耕作放棄を避けるために劣等地の査定額を引き下げることの重要性を主張することにあったと思われる．この意味でウィンゲートの理論的基準に対するこだわりは，プリングルのそれに比べて，相当に弱いものであった．

ところで，両者のレートにおける最高地税レートと最低地税レートとの比率をとってみれば，プリングルで4倍，ウィンゲートで12倍強である．これに対し後に示す『共同報告書』に掲載された査定レートでは，比率は8倍となっている．『共同報告書』の査定レートが現実に適用されたとするなら，それは必ずしもウィンゲートが提起した査定レートと同一ではないかもしれない．とはいえ，先述のように数値は余り厳密なものにはなりえないのであるから，ここでは次の点を確認すれば十分である．すなわち『共同報告書』での比率はプリングル査定のそれに比べて大きく上昇しており，従って劣等地のレートを大胆に引き下げつつ，あらゆる農民にある程度の利潤を留保させるべきであるという政策方針が支持されたことである．

第3に，査定額決定のプラグマティックな側面である．ウィンゲートは，「査定額はあらゆる場合に推定にならざるをえない[47]」ことを認め，「最重要点は査定が過重にならないことであり，必要以上に低いことは比較的とるに足りないことである[48]」として，疲弊した農民経済の復興を可能にする程度の査定額の引き下げを何より重視したのであった．この点はすでに，上に示した地代論に対する彼の姿勢からも示唆されたところであるが，次の発言は，彼の理論的地代範疇に対する態度を良く示している．

「様々な種類の土地の真の地代（true rent）を確定することが困難であるので，われわれは，何らかの理論的な地代の一部をもって，査定基準とすることはなかった．しかしわれわれは，査定額を真の地代の一部とするという原理の正しさにはまったく同意する．そしてその50-80%がリベラルな査定であると信じ，それが実施されたら，農民に対し計り知れない恩恵がもたらされ，歴史に新し

い時代を開くことができるであろう[49]」．

　ここには，理論的地代範疇の導入を原理的には正しいとしながらも，農民の生産物価値や耕作費用を厳密に確定することは現実には不可能に近いこと，その意味でかかる範疇に必要以上にこだわることはできないという態度が表明されているといえよう．

　また彼には，先に示した土地の自然条件にもとづく査定を提起した際の発言を打ち消すかのような言説さえもある．すなわち「査定はいかに穏当で正当（just）であっても，公正（fair）ではない．家畜数や農具その他の農民の資力を考慮に入れねばならない[50]」．これは結局，農民経営を取り巻く自然条件をどのように評価してみても，現実にきわめて貧しい農民からの徴税は困難であること，そしてそうした農民をむやみに土地から追放することの弊害を何かしら意識した発言であるように思われる．

(b)　査定額決定に至る具体的プロセス

　続いて，彼らの方式における査定額決定に至る具体的プロセスを紹介したい．査定額は各 field ごとに与えられたが，査定方式は大まかに，各 field の自然条件を調査して9つの階層区分のどれかに位置づけ，また一定数の村落グループを単位として決定された最高査定額を基準にとりつつ，9階層間の相対的な査定額比率を示す一つの統一的スケールに従って，各 field の査定の絶対額が決定されるというものであった．また灌漑地については，独自の方式が考案された．

　まず土地の階層分けであるが，それは検地とは別の人員によって担われることによって公正が期された．土地の肥沃度は主に水分の吸収力・保存力に規定されるとされ，そこから土壌の質と深さをメルクマールに9つの階層が設定された．第4-2表が示すように，土質の相違として黒土・赤土・砂礫が区別され，同時に各土質の深さが基準値に従って区分されながら，階層分けが行われている．この9階層の区分は，「経験によってあらゆる実際的目的にとって十分な数の区別であると判明した[51]」ものであり，必要以上に細かく区分することが避けられた．そして各階層に，「現地人に最も分かりやすい価値尺度である[52]」1ルピー（16アンナ）を尺度として，「相対価値」relative value と称される階層間の査定額の相互比率が与えられた．この比率が，灌漑地などの特殊地を除くあらゆる耕地に当てはめられる統一的な比率となった．ここで第4-2表における，査定の相対価値お

第4-2表　土地の階層分けと査定額の相互比率

階層	相対価値	黒土	赤土	砂	礫
1	16	$1\frac{3}{4}$	—		
2	14	$1\frac{1}{2}$	$1\frac{3}{4}$		
3	12	$1\frac{1}{4}$	$1\frac{1}{2}$		
4	10	1	$1\frac{1}{4}$		
5	8	$\frac{3}{4}$	1		
6	6	$\frac{1}{2}$	$\frac{3}{4}$	1	
7	$4\frac{1}{2}$	$\frac{1}{4}$	$\frac{1}{2}$	$\frac{3}{4}$	
8	3	—	$\frac{1}{4}$	$\frac{1}{2}$	
9	2	—	—	$\frac{1}{4}$	

注）深さの単位はキュービット（腕尺，46〜56cm）であり，$1\frac{3}{4}$キュービットがおよそ3フィートであるとされている．
出所）*Joint Report*, p.304 より作成．

よび土壌の深さを示す諸数値を見ると，それらは概ね等差級数的に並んでおり，従ってこれらの数値の設定に際しては，各階層における生産物価値，耕作費用，あるいは利潤といった貨幣額にこだわることなく，単に機械的に数値を当てはめたことが明らかである．つまり彼らは，土地の自然条件の差異にもとづいた査定という原則を実現しつつも，その際地代論に沿った「純生産物」や「同一利潤率」といった概念には殆ど配慮を払わなかったのである．また査定に当たっては，肥沃度を低下させる7つの要因（石灰岩や砂の混在・表土の傾斜・土質の不統一・不浸透物の混在・水流に洗われる・湧水）がチェックされ，1要因につき1階層落として査定された．以上の調査は，各fieldを等面積に区分した小区分（compartment）ごとに行われ，それだけ厳密さが期された．小区分の設定は，「公正な平均価値の算出に必要な[53]」数だけに限定され，たいてい2エーカーを超えないものであった．調査の結果は，第4-1図のように記録された（詳細は図注参照）．その後，各小区分の数値を加重平均することによって，各fieldの査定額比率が決められた．

　以上の階層分けの手順作成における留意点の一つは，「人員が研修を受ければ実行可能となり，また彼らの作業を効率的にチェックしうるような，十分に明快な作業システムを編み出す必要性[54]」であった．この必要性は，プリングルの方法が「非常に多様な要素を考慮し，ために人員の能力・経験・道徳性に強く依存せざるをえなかった[55]」ことへの反省より生まれた．こうした作業の客観性・規則

第4-1図　耕地の肥沃度の調査結果

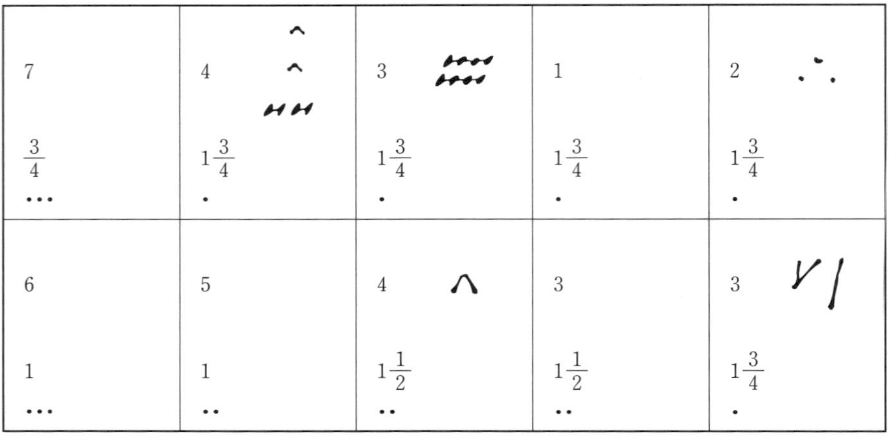

7 $\frac{3}{4}$ ...	4 ∧∧ ⋈⋈ $1\frac{3}{4}$ ·	3 ⋈⋈⋈ $1\frac{3}{4}$ ·	1 $1\frac{3}{4}$ ·	2 ∴ $1\frac{3}{4}$ ·
6 1 ...	5 1 ··	4 ∧ $1\frac{1}{2}$ ··	3 $1\frac{1}{2}$ ··	3 ⋈ $1\frac{3}{4}$ ·

注）　この図全体が一つの耕地（field）をなし，ここではそれが10の小区分（compartment）に分かれている．各小区分の左下の数字は土壌の深さを示し，その下のドットの数は土壌の質（ドット一つが黒土，二つが赤土，三つが砂礫）を表示する．右上に書き込まれた様々なマークは肥沃度を落とす要因を示し，1要因につき1階層落として査定された．以上の三つの要素を考慮して，左上に各小区分の等級が記入された．右下の小区分を例にとれば，ここでは土壌の深さは$1\frac{3}{4}$キュービットであり，土質は黒土（ドット一つ）であるので，以上からは第1級に階層分けされるべきであるが，同時に右上に二つの肥沃度を落とす要因（砂の混在，表土の傾斜）が記入されているので，階層を二つ落し，結局第3級の階層に属するものとして，左上にその旨表示された．

　各小区分の等級が決まれば，第4-2表の相対価値の数値を各等級の数にそれぞれ乗じ，その総計を小区分の数で除す，すなわち加重平均をとることによって，この耕地（field）全体の相対価値＝平均査定額比率が決定された．

出所）　*Joint Report*, p. 305.

性を求める努力の跡は，これまでの紹介からもある程度窺えるであろう．

　灌漑地の階層分けについては，詳しい説明を省略し，次の点のみを記しておきたい．すなわち灌漑が与える便益の程度を数値化しつつ，統一的な査定額比率を伴う明確な階層分けを行うための方策が多々思案されたが，結局，ケースごとの多様性が非常に顕著なことから，徴税役人が現地の事情を踏まえて，査定額を相当程度自由裁量的に決定すべきものとされた．ウィンゲートは，灌漑地の査定は

「大部分経験的なものである[56]」とした上で,「われわれの査定レートは非常に穏当なものであり,灌漑地農民により大きな利潤を与えることが意図されている.それは井戸の掘削を促すためである[57]」と述べて,灌漑地農民に特別な配慮を与えることによって,彼らが積極的に灌漑設備建設に投資することを期待したのである.

以上の土地の内的性質の調査に加えて,土地の外部環境として「気候」(主に降雨)および「市場との距離」が考慮された.これらの要素は,同じ郡内の村落を,これらの点で同等と評価されるいくつかのグループに分け,それぞれのグループに異なった最高査定額の絶対値を与えることによって,査定に反映させられた.例えば,ダールワール県フーブリー (Hooblie) 郡におけるグループ分けは以下の通りである.

第1級:山岳部にあり,降雨がより豊富で,フーブリーの町に隣接している17村落.
第2級:山岳部の麓に位置し,フーブリーの町から一定距離にある10村落.
第3級:平野部にあり,降雨が最も乏しい3村落[58].

こうして土地の自然条件が調査された上で,最後に各 field の査定の絶対額が決定された.それは,乾燥地および灌漑地を区別し,また上の村落のグループ分けを前提しながら,査定官が各グループの最高査定額の絶対値を決定することを通じて行われた.一旦最高額が決定されれば,後はそれを基準として,先の統一的な査定額比率のスケールに従って,各階層の査定の絶対額がいわば自動的に定められた.

いうまでもなく,この最高額の決定は「最も重要かつ困難な作業[59]」にほかならなかった.そして査定作業は,ここに至って,プラグマティックな要素を大幅に取り入れることになった.査定官は以下の諸要素を考慮しつつ,査定額を決定するものとされた.①過去における査定額および実際の徴税額.そしてこの両者および過去の耕作面積の変化をダイヤグラムにとって,それらの相互関係を追跡すること.②過去の住民の状況について調査すること.③隣接地域との比較を行うこと[60].これらはいずれも,理論的基準から一方的に演繹されるものではなく,それとは対照的な経験的現地実態をなしている.こうして査定の絶対額の決定に際しては,過重査定を避け,またスムーズな徴税が可能となるように,査定官に相当の自由裁量権を与え,かつ現地社会実態との適合性に強く配慮することが重

要な眼目となったのである．そしてこうした配慮は，マラータ時代までの地税査定においても重要な眼目となってきたことは疑いなく，その意味でウィンゲートらの査定方式は，マラータ時代までの査定方式の特質の一部を踏襲するものとなったといえよう．

こうした査定額決定方式のプラグマティックな性質は，他の税務官僚による評価にも窺うことができる．まずミルズ（R. Mills）は，「査定レートは現地の特殊事情および農民の疲弊した状態を考慮して決められた．それは査定官の判断と経験だけから決められ，データを用いた最良の方法が採用された[61]」と述べ，またレイド（L. Reid）は，一層適切に次のような評価を下している．

「現在のところ，査定レートと階層分けとの関係を知ることは困難である．別の徴税官（A. Nash を指す――引用者）の報告によれば，プリングルの失敗を導いたと同じ誤りを避けるために，査定レートは各 field の生産力の大まかな推定にもとづき，また9つの階層に与えられた，それぞれの比率によって決められた．これら諸階層の査定レートは，実際の生産物価値や耕作費用に関する何らかの非常に立ち入った調査を行うのではなく，現地調査および能力ある者の経験から引き出された．こうした査定レートが現実に適合するかどうかは，この困難でデリケートな仕事を任せられた者の能力にまったく依存している．その妥当性を確かめるには，かなりの年数を経ること以外に方法はない[62]」．

(c) **査定額決定方式の特質と現実的意義**

以上に示された査定額決定方式の形成過程は，この方式の特質に関わって，何を示唆しているのであろうか．そしてわれわれはすでに，この方式が現地社会実態に様々な配慮を払うことを通じて形成されたことを見てきたが，その上で，この方式にもとづいた査定額が眼前の農業構造に対して現実に与えられた時，それは現地社会実態の持つダイナミズムと相関しつつ，農業構造にいかなる影響を与えると考えられるであろうか．以下，査定額決定方式の特質およびその現実的意義について検討してみたい．

査定額決定方式の特質に関わっては，何より，プリングルによって熱心に取り組まれた「古典派経済学の地代論の適用」が困難を極め，結局ウィンゲートらによって地代論がまったく妥協的な形でしか生かされなかったことが問題となろう．こうした経緯は何を物語っているのか．それが示しているのはまず，ここで

の地代論が本来，いわゆる農業の三分割制にもとづく資本主義的農業構造を分析対象として導き出されたものであって，当然のことながら，インドの封建的農業構造には，かかる地代法則を作用させる客観的条件が存在しなかったことである．資本制地代としての差額地代は，土地の有限性を条件として，諸資本が等しく一般的利潤率を獲得した上で優等地に生じる超過利潤が地代に転化したものである．そして土地所有者（近代地主）は，差額地代に加えて，資本の有機的構成の工業部門と農業部門とにおける相違より生じ，また部門剰余価値量の差異を限度とする絶対地代を，それに上乗せして受け取る．同時に農業生産力の発展や農産物をめぐる需給関係などの地代率を規定する諸要因は，常に変動する可能性を持つが，それらの変動が平均利潤法則を通じて自然発生的に調節され，時々の適当な地代率が定まっていく．総じて資本主義的農業構造を前提すれば，土地所有者は利潤率をめぐる産業資本相互の競争の結果として定まる地代を受け取るのであり，彼が地代額を任意に規定することはできない．従って，政府の政策によってまず地代額を規定し，それを通じて耕作者に均等な利潤を保証しようとする発想自体が，地代論の本来の内容からすれば，転倒したものである．

　これに対して封建社会においては，封建地代が剰余生産物の正常的形態となり，封建的土地所有者（領主階級）は支配下の小経営農民より，経済外強制にもとづいて，全剰余生産物を封建地代として収取しようとする．同時に封建的土地所有者は，標準的小経営農民の維持・存続をもって封建地代収取の前提条件とするがゆえに，不作や天災に際しては収穫量に占める地代収取率を低下させ，逆に豊作や生産性上昇に当たっては収取率を上昇させることになる．すなわち彼らは常に農民の生産・生活状況を睨みながら，全剰余生産物が収取されるように収取率を変動させるのである．従って，当時のイギリス人税務官僚が口を極めて批判したマラータ時代までの地税率の絶え間ない変動とは，封建地代の収取にとっては，むしろその本来的様式をなしている．こうして封建地代の収取率は，全剰余生産物の収取が基準となりながらも，全社会的な競争関係を通じて，その意味で自然発生的に定まるのではない．それは，封建的土地所有者の側の苛斂誅求や，他方で農民の側からの一揆や逃散による抵抗といった，両者の間の様々な社会的関係を介しつつも，基本的に封建的土地所有者のイニシアティヴに委ねられている．その意味で，政府が地税率を決定するという手続きのなかに，すでに地税徴収が基本的に封建地代の収取にほかならないことが示されている．すでに述べたよう

に，ライーヤトワーリー制度にもとづく地税徴収の本質は，国家が唯一の封建的上級土地所有者となりつつ，その土地所有権にもとづいて直接農民より剰余生産物を収取することにあった．以上より，査定額決定方式が，マラータ時代までの方式の一定部分を踏襲しつつ，地域ごとに現地の諸事情を考慮に入れ，また査定官の自由裁量に大幅に委ねるものとなったのは，地税査定が基本的に封建地代の査定であることより必然化されたといえよう．

また理論的地代範疇の適用に伴う困難に関連して，次の点を付け加えておきたい．すなわちイギリス人税務官僚が，査定の前提となる農民経済を分析する際に，あらゆる諸要素の貨幣換算を企てたことの妥当性の問題である．小農民の生産物は相当部分が自家消費され，また農具等の生産手段が自作される場合も多い．小農民経済に少なからず含まれる非商品化要素を貨幣換算することはきわめて困難であり，どのように換算したところで，それは農民の生活実態を正確に反映しているとは限らない．従ってイギリス人税務官僚が独自に算出した農民経済における「生産物価値」や「耕作費用」などの様々な貨幣額も，それらが理論的地代範疇の適用にとってどれだけ有効であったかは大いに疑問であり，むしろ多くの混乱をもたらす要因ともなったと思われる．

同時に，査定額決定方式の内容は，三つの基本的政策志向の相互関係についても重要な示唆を与えている．すなわち，ウィンゲートらがプリングルの挫折を教訓としつつ，査定に当たって経験的要素を大幅に取り入れたことは，近代的社会原理の一気導入にあくまで執着することによって，地税徴収が大きな困難に遭遇するのを避けようとしたことに結びついている．つまり彼らは，政府歳入確保を目的としたスムースな地税徴収の実現にも，高い政策順位を付けたのである．ここで「スムースな」というのは，地税徴収を通じて現地社会に大きな混乱が生じないこと，すなわち社会秩序の維持という基本的政策志向の観点を含んでいる．従って彼らは，基本的政策志向としての，近代的社会原理にもとづく社会改造という課題に加えて，政府歳入確保および社会秩序維持の課題をも，査定額決定方式に関わる政策実態に反映させた．そしてとりわけ後者の二つの課題が，査定方式のプラグマティックな特質をもたらしたのである．

次に，以上の方式によって決定された査定額は，いかなる現実的意義を持ったと考えられるであろうか．この点ではまず，地税徴収が農民生産物のうちに占める割合，すなわち地税＝封建地代の収取率が問題となる．というのは，およそ封

建地代の収取率と社会変化との関係について，以下のような事情が指摘できるからである．まず封建社会が従来通り存続していくことを前提すれば，収取率は基本的に，小経営農民より全剰余生産物を収取する水準に定まっていく．もし封建地代の水準がそれ以下であった場合，その後の事態の変化には，当該社会構造の変化の方向性次第によって，次の二つの可能性が存在する．第1に，事態が封建社会解体の趨勢にあるとすれば，農民の手に「胚芽的利潤」が蓄積されつつ，農民的土地所有と領主的土地所有との矛盾が激化し，また経営拡大を志向する富農と，経営規模を縮小させ，さらには土地から切り離されていく貧農あるいは賃労働者とへの農民層の両極分解が惹き起こされていく．第2に，封建社会が存続するとすれば，農民の手に蓄積された富は，単に個人的に消費されるか，あるいは封建地代収取を目的とした土地購入に向かい，いわゆる中間的地主的土地所有を形成するが，その場合重層的な収取を合計した地代水準は，基本的に，全剰余生産物に等しくなる．もちろん封建地代の水準が低下して農民の手により多くの剰余生産物が残されること自体が，封建制を弛緩させ，やがてその解体を開始させる一つの契機となることはいうまでもない．

　以上の考察より，決定された査定額の現実的意義を検討する上で重要なのは，まず査定額が農民の生み出した剰余生産物との量的関係において，いかなる割合を占めていたかを見定めることである．リカード的地代範疇を成立させる客観的条件が存在せず，また地税査定が基本的に封建地代の査定であったことを考慮すれば，イギリス人税務官僚がこうした地代範疇を持ち込もうとしたこと自体よりも，むしろその結果として，いかなる水準の封建地代が設定されたかが重要である．その上で査定額の現実的意義は，当該期に封建社会解体の条件が存在していたかどうかという，事実の問題に照らして検討されねばならない．

　続いて，個々の農地をもっぱら肥沃度をはじめとする土地の自然条件を基準として階層分けし，階層によって異なる査定額を与えるという内容は，いかなる現実的意義を持つであろうか．この内容は，理論的地代範疇から受けた諸影響のなかでは，比較的良く実現に辿り着いた要素をなしている．封建社会において一般に地代が生産物量の一定割合として現れるのは，既述のように，農民の全剰余生産物の収取が目的とされるからである．その場合，土地の自然条件の相違は，他の経営条件を捨象すれば，異なった生産物量を生むから，この条件は従来においても査定に際して考慮さるべき一要素をなしてきたといえる．農民が生み出す生

産物量は，土地の自然条件に加えて，農具・肥料・灌漑・排水といった技術設備，あるいは農民の経営意欲などの様々な要素によって規定される．こうしたなかで，査定における階層区分の基準を，もっぱら，人為的努力によってはその差異を解消できない土地の自然条件という要素に置くことは，他のそれが可能な諸要素と階層区分との関わりを絶つことによって，それら諸要素を改良しようとする人為的努力を従来以上に引き出すことになるであろう．すなわちもっぱら土地の自然条件を基準とする階層区分は，それ自体としては，農民間の自由競争促進というウィンゲートらの政策志向に適うものであった．こうした階層区分基準の設定は，明らかに，新たな地税制度の重要な特徴の一つをなしていた．クライン(I. Klein)は，ウィンゲートらの地税制度が様々な妥協的性質や現実的配慮に満ちていたことを強調しつつも，なおかかる査定基準設定の革新性を指摘している．「彼らの方策は，各農民の収穫量の年々の変化よりも，農民を取り巻く現実の諸事情の変化に留意しようとした点で，なお革命的だったのである[63]」．同時に，既述の徹底した検地や査定手順の「システム化」のための諸工夫が，階層区分の厳密性を高め，その実効性をそれだけ強めたことも疑いない．

　しかしながら他方で，ここでも地代水準如何が問題となる．封建制下においても生産力上昇は生じ，その際封建的土地所有者が地代率の引き上げ (rack renting) によって事態に対処することは，きわめて一般的な反応であった．むしろ地代率を引き上げうるのであれば，農民による農業改良は封建領主にとって望ましいものである．とはいえ地代率引き上げによって再び全剰余生産物が収取されるならば，封建的諸関係は何ら動揺することなく，同時に農業改良は強く押さえ込まれるであろう．このように考えてくると，上述の査定基準変更が政策意図に沿って農業改良のための刺激として作用するためにも，査定レートの思い切った引き下げが必要であったといえる．プリングル査定の挫折は，彼が査定基準変更を実現しながらも，他方で過重査定を解消できなかったことよりもたらされた．従ってウィンゲートらが，査定基準変更に加えて，査定レートのかなりの引き下げを実現し，さらに一旦決定された査定額を30年間固定したことは，それら相まって，彼らが期待するインドの農業改良の実現に対して，より大きな可能性を与えるものであった．

　とはいえその上でさらに，可能性が現実性に転化するかどうかに関わって決定的に重要なのは，現地社会構造の変化の方向性である．というのも，既述のよう

に，地代水準引き下げや生産性上昇によって農民の手により多くの剰余生産物が残されることは，当該封建社会が解体の趨勢にあるかどうかに依存して，まったく異なった社会変化を生み出すからである．そしてわたくしは第3章で，植民地化に先立つ当該社会が基本的に，封建社会の枠内で社会構造を変化させる段階にあったことを明らかにした．こうした特質からすれば，ウィンゲートらの措置も，それがやにわに封建社会の急速な解体を促進することになったとは考えにくい．むしろそれが中間的地主的土地所有を形成する導因となった可能性も高いといわざるをえない．当該封建社会の本格的な解体のためには，一定の時間経過とともに，解体を一層強く促進する別の要因が必要ではなかったろうか．とはいえこれらの考察は推測の域を出ず，より重要なのは，地税制度改革後の現地社会が現実にいかなる変化を辿ったかを見定めることである．わたくしは第5章において，この点について若干の検討を行う予定である．

　総じて，ウィンゲートらの制度における査定額決定方式は，査定に当たって土地の自然条件を基準とするという原則を打ち立てたこと，および他方で具体的な査定額の決定において，経験的要素を重視しつつ，下層農民にも手厚い，査定額の相当の引き下げを行ったことに，主要な特徴があったということができる．彼らの取り組みに先立つ，プリングルによる理論的地代範疇適用の試みの挫折は，彼がインドに一気に導入しようとした近代的社会原理と現地社会実態との大きすぎる乖離より必然化された．そこからウィンゲートらは，地税査定が基本的に封建地代の査定であるという客観的事情に規定され，同時に政府歳入確保および社会秩序維持という基本的政策志向にも促されつつ，現地社会実態により適合的な方式を採用するよう努め，理論的基準については，これをきわめて妥協的に適用するにとどめた．しかしその限りにおいては，彼らは社会改造の企図に沿った現実的工夫を凝らした．とはいえ他方で，彼らが編み出した査定基準および査定レートの現実的意義は，現地社会構造の変化の方向性からも強く規定された．従って社会改造の企図が現実にどれだけ実現されるかは，制度内容からだけでは十分に判断できない．なお特定の制度内容が持つ現実的意義が現地社会構造の変化の方向性からも強く規定されるという事情は，査定額決定方式にとどまらず，本章で明らかにされる，あらゆる制度内容＝政策実態についても当てはまるであろう．

　こうしてウィンゲートらが編み出した査定額決定方式は，まずその形成を促した基本的政策志向において，農民間の自由競争促進という課題に加えて，政府歳

入確保および社会秩序維持という課題が考慮に入れられたとともに，その形成過程および現実的意義の両面において，現地社会実態からの強い規定性を受けていたのである．

(5) 30年間の査定額固定

　農民的土地所有権を保護し，農民による積極的な農業改良を促すために，一旦決定された査定額は，以後30年間固定されることが定められた．ウィンゲートの書簡によれば，政府は当初10年間の固定を想定していたようであるが，ウィンゲートはそれを強く批判し，経緯は不明であるが，結局彼の主張通り30年間の固定が約束されることになった．30年間の固定とは，いうまでもなく，「この期間中のあらゆる改良の利益が土地保有者に与えられ，何らの追加的課税も行われない[64]」ことを意味し，たとえば元来不毛地として査定が行われなかった土地を開墾すること，井戸や溜池を掘削して灌漑地へ転換すること，あるいは価値の高い果樹栽培を新たに始めること等によっては，査定額は変動しないとされた．

　ウィンゲートが30年間の固定を主張した際の論旨は次のものである．まず当局による10年間固定の提案については，固定期間が短すぎることを主張する．すなわち「10年では，住民の資力を大きく増加させること，そしてかなりの資本投下を含む恒久的改良を促すには不十分[65]」であり，また10年という中途半端な期間ではかえって，「期間終了後に地価上昇に比例して査定が引き上げられるのではないかという疑心を生み，われわれの意図が誤解され，目的を進めるより，むしろ妨げる[66]」．あるいは「灌漑地に転換するための井戸の掘削や築堤の建設は，長い年月をかけて償却すべき資本支出を必要とする[67]」がゆえに，10年では不十分である．またウィンゲートは次のように述べて，恒久的な査定額固定さえ辞さない態度を表明している．

　「農民をして農業に精励させるよう刺激を与え，土地改良に資本を引き付けるための最も確実な方法は，現在の査定額を恒久的なものであると宣言することによって，私的所有を創出することである．政府がそこまで妥協することができないなら，わたくしは少なくとも30年に延ばすことを強く主張する．30年は，この国の荒廃した資源が回復される猶予をもたらし，また土地改良投資に十分な報酬が得られるとの明確な見通しを農民に与える．この期間は，恒久的査定

額固定がもたらすであろう利点の多くを同様に生み出し，土地を販売されうるものにすることによって，土地を資力ある者の手に移し，相続習慣から生じる財産の細分化をある程度防ぐ．土地の細分化は，農民を単なる労働者の状態に永久にとどめ，富の蓄積およびそれに随伴する商業並びに製造業の発展を妨げる[68]」．

われわれはこうした文面から，ウィンゲートが，短期的な観点にもとづく政府による増収確保の方策を退け，むしろ長期的視野に立って，インドの農業改良を真剣に希求し，またそれを通じた政府歳入の安定確保を展望していたことを窺うことができる．そしてこうした彼の展望は，他の徴税官の見解と比較することによって，一層明確になる．すなわちミルズの見解である．彼は，政府歳入確保に対する不安を理由として，査定額の長期固定に反対した．

「（長期固定によって）政府は常に損失を被り，決して得をすることがないことを念頭に置かねばならない．貨幣価値が減少したとしても，換言すれば，土地生産物が高価であるとしても，政府は損失を埋めるために査定額を引き上げることはできない．逆に，貨幣価値が上昇しても，言い換えれば，生産物が非常に安価になったとしても，善政と人道性の観点からすれば，必ずや査定額を引き下げなければならないであろう．そうでなければ，耕地が放棄され，もし農民が従来の査定額を支払い続けるなら，彼らは破滅するに違いない．……30年の間に，住民の状態および政治状況に大きな変動が予想されるのであるから，わたくしは，政府がこのように長期の固定を約束する理由を理解することができない[69]」．

これに対して，別の税務官僚ウィリアムソン（T. Williamson）は，30年固定を支持し，ミルズの見解を，「こうした類の幻の利益の追求こそ，従来地域の改善を妨げてきたものである[70]」と一蹴し，ここに至っては，これまでの政策の枠組を超える思い切った措置を打ち出すべきことを主張したのである．

（6）一般的規則の尊重と特権・例外規定の不承認

農民の個人的自由が保証され，相互の自由競争が促進されるためには，農民的土地所有権をはじめとする農民の権利・義務に関わって，地税制度の内容が相当程度，一般的で厳密な規則として明確化され，同時にそれらが最大限尊重される

ことが必要である．それによって政府と農民との関係には，ある種の契約的合理性の形態が付与されることになる．それは逆にいえば，一般的規則からの逸脱を承認しないということ，すなわちこれまで許されてきた特権や例外規定を見直すことを意味する．こうした点は，すでに見た査定手順の「システム化」を含めて，ウィンゲートらの制度改革全体を通じた眼目となっていた．以上の植民地政府の方針は反面で，政府が住民自治にもとづく共同体的秩序の内部に介入し，それを揺がすことに結びつかざるをえない．一般的規則の厳格な適用とは，従来の共同体的社会秩序に代わって，契約的合理性にもとづく個人主義原理を住民の間に植え付けるものであった．

農民の私的自由の保障は，既述のように，ライーヤトワーリー制度採用において強く意図されていたが，それと重なりつつ，農民的土地所有権をある程度確実なものにし，それを保護することによっても促進されると考えられた．こうした意図は以下の諸論述に表現されている．

「農民は査定額を支払い続ける限りにおいて，当局によって権利を奪われたり，追放されることはない[71]」．

「農民はどのような方法で，いかなる作物を作るか，そしてどのような改良を施すかについて完全に自由であり，それによっては徴税額は影響されない[72]」．

「農民は，自身の勤労によって査定の支払手段を獲得し，他の誰に遠慮することもなく，自らが最良と思うやり方で勤勉に働く完全な自由を持っている．世界でこれほど農民が自立的であるところはない[73]」．

もちろん最後の言い方は，自らの制度を余りに過大評価するものであるが，要するに，農民的土地所有権を地税納入義務によって制約しながらも，他面その限りにおいて彼らの所有権を保護し，かつ農業経営に関わる自由を最大限保証することが方針とされたのである．

(a) 公文書にもとづく契約的合理性の形態の付与

続いて，政府と農民との関係にある種の契約的合理性の形態が付与されたことを，農民の土地保有状況が厳密な形式を通じて土地台帳に正確に記載され，その内容を基準として問題処理に当たることが制度化されたことにおいて確認したい．またここでは，土地台帳の正確な作成とその記載内容の厳密な遵守が，農民の土地所有権をそれだけ確実なものにし，ひいては，土地の自由な移転を促す条

件となると考えられた．

「field を保有する，あるいは土地に権利を持つ者はすべて，査定に立ち会うように求められ，また各 field の査定が保有者に対して十分に説明される．そして農民がその査定での耕作に同意すれば，翌年におけるその field の耕作者として土地台帳に名前が登録される．土地所有権に関するあらゆる係争は，その場でイギリス人役人によって処理される．土地台帳の写しが村書記によって保管され，彼は土地台帳に厳密に従って，耕作報告書を作成せねばならない．原台帳は県長が保管する．将来虚偽の土地台帳が原台帳と入れ替わらないように，原台帳が石版印刷される様式が指定される．村落の土地台帳の正しさが問題となった時にはいつでも，原台帳が参照される．もし土地台帳に名前が登録されていない者，あるいは不正や誤りによって登録された者の土地所有権が承認されることになれば，土地所有権は明確でも確実でもなくなり，結果的に自由に売買されたり，移転されうるものとならない．もし公的文書に記載されない所有権が認められたら，検地のもたらす最も重要な便宜が実現されないことになる[74]」．

以上の論述において，まず農民の同意を取り付けた上での登録様式が定められ，続いて土地台帳の厳重な管理の必要性が強調され，最後に土地台帳の正確さこそが，土地所有権を確実なものにし，ひいてはその移転を促す上での重要な条件であるとの認識が示されている．

また保有面積の変更について，次の内容の規則が定められた．すなわち，土地の放棄を望む農民は書類をもって期日（毎年5月1日）までに申し込まなければならない．村役人は前日に全農民を集め，翌日が受付の最終日であることを告げる．村書記は，定められた形式をもって，放棄される field の番号・面積・査定額を書類に記入する．放棄の請願書類は，1人以上の証人の面前で請願者によって署名され，認証される．村長および村書記がそれに副署し，書類は直ちに現地人徴税官（マムラトダールあるいはムハールクリー）に送られ，彼らによって承認されつつ，翌年分の村落土地台帳を変更するための証明書類として村役人に返送される．遊休地を新たに耕作する場合も同様の手順が踏まれる．村役人はこうした証明書類あるいはマムラトダールによる別の証明書類がなければ，土地台帳を変更することはできない[75]．

このように保有面積の変更が厳密に公的文書にもとづかされるとともに，広範

な関係者の承認を伴わせることによって，文書内容の確実性を高めることが意図された．後者は，一見したところ，農民の私的自由に対する制限であるかのように思われるが，現実に村役人の農民に対する伝統的統制および村落自治機能が一定程度存続している以上，むしろ諸関係者を巻き込み，相互に牽制させることの方が，文書内容の確実性を増すことになると判断されたと思われる．

(b) **特権・例外規定の不承認**

　ウィンゲートらによる私的自由と平等の保証および一般的規則遵守の原則からすれば，ミラースダール（チャーリカール）とウパリー（パーイカーリ）との身分的区別にもとづいて，両者の土地保有態様に大きな相違があること，それに関連して前者に多様な低査定地や地税免除地が与えられていること，そしてより一般的には，高率の名目的査定が与えられつつも，査定通り徴収されることは殆どなく，毎年大きな減免が繰り返されていることは，それらの原則に対する甚だしい逸脱にほかならなかった．まず低査定地および地税免除地の存在について，次のような批判が示されている．

　「過重査定の下においては，急速な耕地減少を避けるために，保証地（カウル）[76]が必要となる．農民は保証地の生産物があってはじめて，査定の満額を支払うことができる．それがなければ支払は不可能である．保証地が存在する所ではどこでも，過重査定を直ちに見出すことができる[77]」．

　「公正で平等な査定の下では，保証地は不必要であるだけでなく，有害である．保証地がもたらす不可避的な結果は，農民をして資力以上の土地を耕すことに向かわせ，それによって地域の農業発展を阻害することにある[78]」．

　「現地人徴税役人は，まもなく自身にとっての豊かな利潤源泉が減免措置にあることに気づき，例外なく減免の必要性を主張する．しかし他方で，彼らは減免による利益のほんの僅かの部分しか，減免措置が意図した者の手に渡らないようにする[79]」．

　ここでは，過重査定が低査定地を必要とし，低査定地の存在が過重査定を可能にするというように，両者が一体的に捉えられている．従来の地税行政は，より多くの徴税額を確保するという目的に偏ってきたため，ともすれば低査定地をみだりに付与して，ともかくも耕地面積を拡大させ，全体として徴税額が増えることを期待するものになりがちであった．しかしウィンゲートによれば，それはた

だ粗放的な経営を拡大することでしかなく，真の農業発展とはならないというのである．また減免という例外措置によって，現地人役人による関与の余地が広がり，それが彼らの不正利得と徴税額の減少を招いているとも指摘されている．従って，実質的な農業発展と安定的徴税のためには，過重査定を止め，実現可能な穏当な査定を行いながら，同時に農民には査定額の満額の支払を強制せねばならない．すなわち，いかなる土地であろうと査定方法に区別を設けず，あまねく穏当な査定に心懸け，かつ減免は原則として行わないこと，そして納税が不可能な貧農の保有地はより資力ある農民の手に移すべきことが方針とされたのである．

「減免の事項は上記の諸規則から意図的に外された．確定された査定額に対する減免は，通常の徴税業務に対する例外であり，特別で緊急の配慮によらなければ，行うべきでないと考える[80]」．

「農民は，遊休地を耕地化するに際しては，すべての土地に対して査定の満額を支払うことに同意せねばならない[81]」．

「今後農民は，利潤を伴って耕作しうると確信できる範囲以上の土地を耕作しないよう注意せねばならない．というのは，以後地税の満額の支払が，減免を受けることなく，政府によって厳格に強制されるからである．われわれはこうした措置によって，多くの貧農をして，彼らが利益を伴って耕作しうる資力を持たない土地を放棄させるよう促してきた．そうした土地保有は，彼らを支払不履行者にするだけであり，向上の機会を与えるものではない[82]」．

またウィンゲートは，ミラースダールが保持してきた身分制的特権をも批判の対象とした．その特権とは，ミラースダールが一旦土地を放棄し，仮にそれが現実に他人の保有下にあっても，きわめて長期に亘って，すなわちその子孫でさえ，土地を回復する権利を持ったことである．この制度が機能した背景については詳かにしえないが，おそらく旧来の共同体的秩序を維持するための一つの伝統的方策であったと考えられる．ウィンゲートはこの特権について次のように論及している．

「徴税業務においては，実際，ミラース地（ミラースダールの本来的保有地──引用者）とグトクール地（消滅家族地＝遊休地，主にウパリー農民が耕作した──同）との間に区別はない．ミラースダールは放棄した土地を将来いかなる時でも所有する権利を持つ．しかしながら，この権利は，もし土地が他人の所有物となっている場合には，政府によって認可されない．たとえ補償金を支払う

用意があったとしても，民事法廷の裁定によらなければ，所有できない．そうした復権の例はまれであり，かかる慣習は次第に廃れつつある．またミラースダールが査定額での耕作を拒否して，その土地を放棄したとしても，政府からも，新たな所有者からも，何の特別な配慮も与えられない[83]」．

こうして政府は，ミラースダールの土地回復の特権に対して，殆ど全面否定というべき扱いを与えたのであり，端的に言って，ミラースダールとウパリーとの身分制的区別を廃止し，両者を納税義務者として等しく処遇することを望んだのである．

(7) 土地所有権移転の促進

すでにしばしば指摘されてきたように，ウィンゲートらの制度改革は，自由な土地所有権の移転を通じて，資力ある農民の手に土地を集積させることに，一つの重要な政策目標を置いていた．こうした目標は，これまで述べてきた制度改革のあらゆる側面に，多かれ少なかれ反映させられていた．この点に関わって彼らは，均分相続という現地の相続習慣にもとづいて，土地の細分化が進行し，全農民の貧窮化がもたらされることに危惧の念を懐いていた．ここで改めて，こうした理解を示す部分を紹介すれば，次の通りである．

「土地が，被救恤民あるいは貧窮化した農民によって相続されないための，最も効果的な方法は，土地所有権移転に対して最大限の便宜を与えることである．農民が貧窮化すれば，彼らが土地を十全に耕作できないことによって，共同体から，そうでなければ生み出されていたはずの富が奪われることになる．それゆえ，土地は，より良くそれを利益に変えることのできる者の手に移されねばならない．インドの習慣および従来の租税制度は，こうした移転に逆らうものであり，それだけ上の方策を採ることが一層必要である[84]」．

以下では，土地所有権移転の促進に関わって，新たに次の２点を指摘しておきたい．第１に，地税滞納には厳しく対処することが求められ，土地の没収と競売が励行されることになった．従来，滞納を理由に農民が土地から追放されることは殆どなかったといわれている．記録によれば，「財産の差押えは，農民が地代を支払うことが可能であるのに，それを拒否する場合にのみ行われた．役人は（差押えを）こうしたケースに限定するように命じられ，当局の承認なしには強行す

ることができなかった⁽⁸⁵⁾」．既述のように，従来現地人政府は，地税査定からある程度自由に，いわば徴収できるだけを徴収し，残りを減免するというやり方に満足してきた．こうした姿勢は，いうまでもなく，標準的な小農民経営の維持を前提とする封建地代の収取においては，むしろ通常のやり方である．これに対してウィンゲートらは，減免を原則として廃止しつつ，「当局は，滞納額が査定額と同じになれば，農民を土地から追放する権利を持ち⁽⁸⁶⁾」，「一定期日までに滞納額が支払われねば，土地保有権は停止され，最高入札者に土地が売却される⁽⁸⁷⁾」ことを定めた．また農民への融資に関説して，「担保は厳密に求められるべきで，現在のように単なる形式と考えられてはならない⁽⁸⁸⁾」と述べて，債権・債務関係が契約合理的に取扱われることを求めた．最後に，土地所有権移転促進の結果について，次のような発言を見出すことができる．「このようにして土地が市場に出されることによって，商人や年金生活者および他の資力を持つ人々による土地購入が促され，農業と社会全体にとって大きな利益がもたらされるであろう⁽⁸⁹⁾」．

第2に，最後の発言とも関わるが，政府は農民に対する私的自由の保証の一環として，土地を小作人に又貸しすることの自由を公認している．

「われわれの査定は，あらゆる既存の権利を承認するものであり，所有者は自らの望む条件で，土地を小作人（under tenant）に貸し出す完全な自由を持つ⁽⁹⁰⁾」．「従属的小作人（inferior tenant）は，かなり大きな階級を形成し，あらゆる村に存在している．彼らは任意小作人であるか，あるいは特定の契約にもとづいて上位保有者の土地を耕作している．彼らは政府とは何の関係もない．検地記録に耕作者として彼らの名前が記載されること以外に，彼らに関する権利や保有態様については，何らの制限も存在しない⁽⁹¹⁾」．

これらの発言をまとめてみると，ウィンゲートらは，商人等の非農業階層を含めた富裕者が土地を集積し，それを小作人に貸し出すことを，認めないのではなく，むしろ自由な土地所有権移転の一環として積極的に肯定しているように見える．とはいえ彼らのこうした姿勢には，われわれにとってやや理解に苦しむ面がある．というのは，こうした土地所有権移転が結果的にいわゆる中間的地主制を形成させたとすれば，それは必ずしも農業改良に結びつかないとともに，かかる土地所有形態はライーヤトワーリー制度の理念からも外れると思われるからである．とはいえ彼らの姿勢は，次のように解釈できるのかもしれない．すなわち彼らが念頭に置いていたデカン地方においては，当時中間的地主制の展開が比較的

弱く，そこから彼らはおよそ中間的地主制発展の可能性を過小評価したこと，あるいは彼らは土地所有権移転はどのような形態であろうと，農業改良に結びつくと信じていたという解釈である．しかしながら，すでに査定額決定方式の特質に関連して示唆され，また次章でより具体的に触れられるように，今後デカン地方においても，次第に非農業諸階層や富農による土地集積が進み，彼らは集積した土地の多くを小作に出すことによって寄生地主化することが多く，こうした土地所有権移転によっては，真の農業改良や農民の状態改善に殆ど結びつかなかったと考えられる．そしてボンベイ政庁も，1875年のいわゆるデカン農民騒擾（Deccan Riots）から衝撃を受けつつ，79年，デカン農業者救済法（Deccan Agriculturalists' Relief Act）を制定して，とりわけ非農業諸階層による土地集積に制限を加えようとする．従って，仮に当該時点でウィンゲートらが自由な土地所有権移転を万能視する考えを持っていたとすれば，こうした理解は，その後の事態の推移を通じて再検討されることになったといわねばならない．以上の推移は，特定の政策実態の現実的意義が，それを導いた政策志向とは別に，現地社会構造の変化の方向性に強く規定されたことの例証をなしている．

(8) 世襲役人の統制

(a) 世襲役人統制の制度内容

既述のように，ウィンゲートらにとって，ライーヤトワーリー制度の導入とは，植民地政府が「全体的地主」となって，個別農民との直接的関係を構築することを意味していた．こうした観点からすれば，政府と農民との中間にあって，何らかの在地社会に対する統制権限（＝在地支配権）を行使し，また農民から剰余生産物の一部を受け取る諸階層は，基本的に排除されねばならないことになる．さらにこうした階層が地税業務上の諸権限を掌握することは，様々な特権や例外規定を生み出す温床となり，それだけ一般的諸規則の貫徹を妨げてきたと理解された．以上の政策方針にもとづいて，デカンに関しては，郡役人（郷主・郷書記）および村役人（村長・村書記）をいかに取り扱うかという問題が生じた．

まず1850年に作成されたゴールドスミッドおよびウィンゲート連名の書簡には次の件がある．

「世襲役人は，地税の一部や現物での役得，または地税免除あるいは有利な条件

での土地保有によって報酬を与えられてきた．こうした土地や役得は今なお殆どが保有されているが，彼らの職務の重要性は，時間の経過とともに，多かれ少なかれ薄れてきている．世襲役人のうちで重要なのは，パテールとクルカルニー，およびデーシュムクとデーシュパーンデである．前（二）者は，今でも権限を持つが，後（二）者は，有給の徴税および警察役人によって権限を奪われてきた．われわれの統治計画にとっては，後者は必要ないので，跡継ぎを残さず死亡した場合は，彼らの土地は政府に没収されるか，遊休地にされ，誰も後継者として任命されない．しかしながら，それ以外の欠員は埋められることになる．その場合，前任者の土地と特権を後任の者が引き継ぐか，あるいは土地を遊休地としつつ，代わりの報酬として貨幣給与が与えられることになる[92]」．

以上より，ウィンゲートらが，政府の統治業務にとって，郷主と郷書記を無用と見なし，他方村長と村書記の職位は存続させる方針を持っていたことが分かるが，彼らにとってその根拠は次の点にあったと思われる．すなわち，植民地政府自らが実施する検地および個別農民査定は，第3章で述べたような郡役人の徴税業務への関与を不要にするのに対して，村役人は，徴税業務における重要性は大きく削られるものの，他面でウィンゲートらの措置をもってしても，例えば村抱え職人の維持など，なお村落自治機能のかなりの部分の存続は認めざるをえず，そこから村落統治のために村役人を政府の下級役人として利用することが必要であると判断されたことである．

世襲役人の処遇は，地税制度改革と平行的に，かつ一応独立した問題として検討された．決定された処遇の最重要点は，従来彼らが共同体的職掌を名目とする様々な役得を地域住民より独自に徴収してきたことを取り止め，それに代わって，政府の歳入より政府の査定にもとづいた給与を与えるようにしたことである．その含意を，チョクシー（R. D. Choksey）の表現を借りて示せば，以下のようになる．「世襲役人は報酬を村落住民から直接得ているのであるから，村落自治の機能を通じて，彼らは村民の間の世論に影響されざるをえない[93]」．そこで「村落を一層集権化された統治に直接従わせるために」，上の措置をとるならば，「彼らは，政府から報酬を受取る役人として，今や精神的にも，経済的にも，自分たちの直接の上司に仕えざるをえなくなる[94]」．元来一方で政府役人，他方で地域社会の支配者および地域住民の代表者という二面性を有していた世襲役人を，報酬の面で

第4-3表　村役人の報酬

村長（パテール）の報酬
(1) 歳入比例給
　　　村の総歳入のうち1,000ルピーまで，その3％
　　　　　　1,000から2,000ルピーまで，その2％
　　　　　　2,000ルピーを超える部分，その1％
(1) 固定給
　　　総歳入が11から20ルピーの場合，1ルピー
　　　　　　21から50ルピーの場合，$2\frac{1}{2}$ルピー
　　　　　　51ルピーを超える場合，10ルピー

村書記（クルカルニー）の報酬
(1) 歳入比例給
　　　村の総歳入のうち1,000ルピーまで，その5％
　　　　　　1,000から2,000ルピーまで，その4％
　　　　　　2,000から3,000ルピーまで，その3％
　　　　　　3,000から4,000ルピーまで，その2％
　　　　　　4,000ルピーを超える部分，その1％
(1) 固定給
　　　総歳入が21から30ルピーの場合，2ルピー
　　　　　　31から1,000ルピーの場合，10ルピー
　　　　　　1,000から1,200ルピーの場合，60ルピー

出所　R. D. Choksey, *Economic History of the Bombay Deccan and Karnatak (1818-1868)*, 1945, p. 76 より作成．

政府側に引き寄せることによって，前者の機能に傾斜させることが狙いとされたといえよう．それは言い換えれば，世襲役人が保持してきた独自な在地支配権を制約し，それを政府の手に集中していくことを意味していた．

　ボンベイ政庁も，郷主および郷書記については，「従来郷主たちが果たしてきた職務は，新しい地税制度の導入によって，殆ど陳腐で意味のないものになった[95]」として，ウィンゲートらと同様，彼らの関与を排除する方針を定め，その上で彼らの収入については，恩給村・恩給地（＝「除外村」alienated village・「除外地」alienated land．既述のように，植民地政府によって，地税減免地は，「除外村」・「除外地」と呼ばれるようになった．以下では地税減免地を一括して「除外地」と表現する）の保有および現金・現物での役得の両者に亘って調査し，「徴税業務

から免除される代償[96]」として，収入の1/4程度を削減することにした．その限りにおいては，従来の除外地保有は安堵され，かつ政府歳入より一定の給与が与えられた．またそれらの権利は，男子相続人がいる限り，永久に保証された．こうして郷主ら郡役人は，従来保持してきた在地支配権を大幅に削減され，より局地的な地主階級あるいは年金取得者の地位に転換させられたのである．

続いて村役人への現金給与については，政府によって統一的な尺度が作られ（第4-3表)，その額はかかる尺度によって厳密に統制されることになった．その一方で彼らの保有地はすべて除外地とされ，かつその永代保有権が認められた．

(b) 世襲役人の統制とライーヤトワーリー制度

われわれは，以上に概観された世襲役人に対する処遇決定のプロセスより，ライーヤトワーリー制度に込められた基本的政策志向について，次のように理解を深めることができる．すなわち上のプロセスにおいて，政府はまず，ライーヤトワーリー制度の理念に沿って，世襲役人の地税業務への関与を排除し，政府の地税行政に関わる権限が直接農民にまで行き渡ることを目指した．とはいえチョクシーが「村落を一層集権化された統治に直接従わせる」ことをもって世襲役人統制の政策目標と理解しているように，政府が目指したのは，狭義の地税行政に関わる権限のみならず，世襲役人が従来保持してきた在地社会や住民に対する多様な支配・統制権限を彼らから奪い，それらを最大限政府の手に集中することであったといわざるをえない．確かにかかる世襲役人の統制政策は，農民の個人責任の明確化というライーヤトワーリー制度導入の「本来的」目的に関連づけて論じられていたものの，おそらく真の政策意図は，その範囲を超えていたであろう．つまりここでは，「政府統制権限＝植民地支配の草の根レベルへの浸透」が意図されているのである．そしてそれは，彼らが実現しようとした特定の社会改造の企図を含めて，むしろあらゆる政策目標実現のための，いわば大前提となるべき政策方針であったと思われる．従ってわれわれは，かかる政策方針を，政府の基本的政策志向のうちに加えることができるとともに，むしろそれを，政府歳入確保・植民地開発・治安維持という，これまで念頭に置かれてきた基本的政策志向のすべてに対しても，それらの前提となる，きわめて枢要な政策志向として位置づけなければならない．

以上の基本的政策志向の観点からライーヤトワーリー制度の意義を捉え直して

みれば，この制度は，他地域における地税制度以上に，この基本的政策志向にとって望ましい地税制度のあり方として評価されたと思われる．こうした理解に立つ時，ザミーンダーリー制度からライーヤトワーリー制度への方針転換のうちに，イギリスがインド植民地支配を一層強固に構築し，かつイギリスの国益をインドにおいて一層積極的に実現しようとしていたという事情が窺われるように思われる．総じてライーヤトワーリー制度導入に込められた政策志向には，農民的土地所有権を強化しつつ，個別農民に納税責任を負わせることによって彼らの自立性を高めるという，これまでわれわれが主として理解してきた内容に重なりつつも，それを超えて，政府統制権限の個別農民レベルに至る浸透という，植民地支配全体の強化に結びつく内容が含まれていたといえよう．さらにこの内容は，一般的諸規則の厳格な強制という政策方針にもまた，共通に込められていたと考えられる．

また上に述べた点に重なるが，ライーヤトワーリー制度導入が，政府歳入確保という基本的政策志向に関わっても，重要な意味を持っていたことを改めて指摘しておきたい．というのは，ライーヤトワーリー制度導入を，第3章で検討された農民的剰余生産物の収取関係の観点より捉えれば，それは要するに，あらゆる中間的封建的土地所有権を否定しつつ，植民地政府が唯一の封建的土地所有者となることによって，農民的剰余生産物収取権を独占することを意味するからである．とはいえ既述のように，政府は農民の経営意欲を喚起するという目的をはじめとする様々な考慮にもとづいて，査定額の大幅な引き下げを断行したことも事実である．従ってライーヤトワーリー制度導入が単に政府による増収確保政策としてのみ理解されてはならないことは，これまで論じられてきた通りである．しかしながら，さしあたり世襲役人の統制政策に関わる限りにおいて，ライーヤトワーリー制度導入は，彼らの剰余生産物収取権を強く制約し，それだけ政府の増収に貢献するものであった．後に詳述されるように，世襲役人の経済的基盤は相当程度温存されることになったとはいえ，それでも全体として彼らの手にする収入が減少したことは間違いないと思われる．

(c) 世襲役人の統制と現地社会実態

次に，世襲役人に対する処遇決定のプロセスは，植民地政府の政策志向と現地社会実態との絡み合いの観点から，いかに理解することができるのか．この点で

は，郡役人と村役人とに対する処遇の違いが問題となる．郡役人は何らかの在地支配権を伴う世襲役人としての地位そのものを概ね失ったのに対して，村役人は，少なくとも世襲役人としての地位を維持した．このうち村役人に対する措置は，既述のように，村落自治機能の一定の存続という現地社会実態より規定された結果であった．では郡役人に対するより徹底した措置はいかにして可能になったのか．ここで処遇決定に至る具体的経緯を示すことはできないものの，その前提条件として，第3章で見たように，デカンにおいては中央権力と農民との直接的関係が比較的濃厚であり，それを反映して，そもそも郡役人が地税徴収に当たって基本的に調停者の立場にとどまっていたこと，またその点を含めて，彼らの在地支配権が，在地領主や中間的地主として自らを確立した階層のそれに比べて，明らかに脆弱であったことを指摘しないわけにはいかない．在地社会に根づいた権力基盤という側面でのこうした弱さこそが，デカンの郡役人をして，強力な抵抗運動を組織できず，政府の政策方針に比較的容易に屈服させられる要因となったと思われる．

　さらにチャールズワースの理解によれば，デカンの郡役人の権力基盤はすでにマラータ末期において動揺に晒されていた．すなわち当該期，中央権力の在地支配権の強さを背景としつつ，剰余生産物の収取や様々な統制権限の帰属をめぐって，中央権力・郡役人・村役人・農民を巻き込んだ対抗・角逐が展開されていた．「中央政府は村長の行使する村落自治にもとづく自律性や行動の自由を制約すること」に，他方「農民大衆は自らに課せられる諸得分を最低限に押さえること」に，それぞれ明白な利害を持っていた[97]．そしてそれらの思惑を含みつつ，「政府と農民とのインフォーマルな同盟を通じて，一つの世襲役人層（郡役人を指す——引用者）の権限が，19世紀初頭までに相当に掘り崩されていた[98]」．他方で「村長はそれほど容易には犠牲にならなかった」．というのも，「彼らの存立基盤は村落の奥深くにまで浸透し，かつあらゆる統治・行政システムが彼らの協力を必要とした[99]」からである．以上のチャールズワースの諸理解が正しいとすれば，植民地政府による世襲役人統制政策とは，現地社会が自ら生み出した諸階層間の権力分布動向の変化に沿いつつ，それを一層前進させるものであったということになる．総じて政府が植民地支配の草の根レベルに至る浸透を企図していたとしても，その企図は，現地社会実態の動向に規定され，その動向との兼ね合いが許す程度においてのみ，実現されるものであった．

とはいえ他方で，村役人の処遇に関連して，彼らが独自に住民から徴収してきた得分を廃止し，代わって政府から給与を与えるようにしたことは，マラータ時代には試みられなかった新たな処遇内容をなし，それは村役人の村落に対する統制権限をそれだけ弱め[100]，さらには村落自治機能そのものをも何程か掘り崩す作用を果たしたと考えられる．グーハは，「村長の重要性の低下は，共同体としての村落の解体の反映である[101]」と述べている．

最後に，基本的政策志向と決定された処遇内容との関連を見る上では，ライーヤトワーリー制度導入の範囲が問題とされねばならない．上述の世襲役人統制政策においては，彼らが従来保有してきた除外地は，部分的に削減される場合があったものの，相当部分がそのまま承認され，従ってかかる除外地に対してはライーヤトワーリー制度は導入されなかった．それゆえ政府は，一方で現地社会実態との兼ね合いが許す範囲で世襲役人の在地支配権を奪ったものの，他方で彼らの地主的土地所有を根本的に切り崩すことはなく，また彼らが失った役得の一部を政府給与によって補塡したことも合わせて，世襲役人の一般農民に対する経済的優位性を温存したのである．

除外地は，既述のように，村落および郡郷レベルの世襲役人のみならず，きわめて多様な諸階層によって保有されてきた．世襲役人の除外地についての措置は，こうした除外地一般に関する検討と連動して決定された．ボンベイ政庁は，1840年代半ばに「除外地検討委員会」Inam Commision を設置して，この点の検討を開始した．政府は，当初より除外地としての特権をすべて廃止し，あまねくライーヤトワーリー制度を導入することは考えていなかったものの，各除外地の来歴を証明する文書を調査しつつ，除外地としての来歴年数を基準として，その年数の短いものについては特権を廃止し，正規の査定地に転換することを方針とした[102]．とはいえ保有者による調査に対する反発や不正申告が絶えず，作業は著しく難航した．そのうち政府は 1860 年代初めまでに，すべての除外地に対する完全な調査の実行を断念し，1863 年，より簡便な調査（「略式査定」summary settlement）を受け入れることを条件として，除外地としての世襲的権利を認める方針に転換した．こうして 60 年代までの取り組みの結果，「かなりの除外地特権が存続することになった[103]」．

チャールズワースは，60 年代初めにおける政府の判断の背景には，それに先立つ「大反乱」the Mutiny（1857 年）の影響があったと述べている[104]．北部イン

ドを中心に激しく燃え上がり，一時は植民地支配の存続までを脅かした大反乱においては，北部インドのタールクダールと呼ばれた在地領主階級が，自らの土地所有権を奪われつつあることに不満を持ち，反乱の遂行に主導的役割を果たした．植民地政府は，反乱の鎮圧過程において上の政策を大きく変更し，タールクダールの土地所有権を承認しつつ，むしろ彼らをして植民地支配体制の有力な支柱とすることを企図するようになった．そしてこうした政策転換は，インドの他地域についても連動して実行されることになる．従ってボンベイ管区における除外地に関する措置も，こうした植民地政府の全体的な政策転換に沿ったものであった．つまり世襲役人という在地社会に対して従来小さからぬ影響力を保持してきた階層をむやみに葬り去ることは，さしあたり植民地支配の存続＝治安維持という基本的政策志向の観点から得策ではないと判断されたのである．こうして植民地政府は，一方で世襲役人の持つ在地支配権の多くを剥奪しつつも，他方で除外地に対するライーヤトワーリー制度の導入を見送り，彼らの経済的存立基盤を相当程度温存することになった．とはいえ，除外地はデカンにおける農地全体のおそらく１割強を占めたにすぎなかった[105]のであるから，デカンが概ねライーヤトワーリー制度施行地域となったことは疑いない．すなわちデカンにおいてライーヤトワーリー制度が導入されなかった地域とは，基本的に例外にとどまったのである．

4-5　在地領主制および中間的地主制支配地域における政策実態

　本節では，タールクダール・分有・コートという３類型の村落における，地税政策展開に伴う政策実態について検討したい．また本節では，主に深沢宏氏およびチャールズワースによる研究を参照しながら考察する．デカンを念頭に置きつつ形成された地税制度の基本的内容は，デカンとは異なった特質を持つこれら地域に対して，どのように適用され，また適用の過程でいかなる変質を被ったのか．

(1) タールクダール村落における政策実態

　最初にタールクダール村落について検討しよう．まずタールクダールが保有してきた除外地については，上述の除外地一般に関わる措置に連動して，概ねそのまま保有が承認された．しかしそれ以外の所領については，政府は1862年まで「その法制的所有関係を確定することなく，それらの支配権を実質的に排除しようとする政策がとられた[106]」とされる．ここで支配権とは，彼らの持つ在地社会に対する統制権限を指しているが，「支配権を実質的に排除しようとする政策」として，1810年代に次の諸政策が実行された．①政府は，従来タールクダール村落に存在してこなかった村長・村書記を新たに任命した．彼らは県長に対して行政責任を負い，県長の意向が村落に反映させられる媒体となった．②イギリス式司法機関が導入され，それに伴ってタールクダールの住民に対する行刑権が撤廃された．③自らの領地周辺の政府村落より得てきた貢納が禁止された．④地税要求が引き上げられた[107]．タールクダールは，これらの政策を不満として散発的な反抗を試みたが，政府の圧倒的な武力の前には無力であった．他方で1820年代になると，ボンベイ管区知事エルフィンストン（M. Elphinstone）が在地支配者の既得権益の保護に一定の理解を示したことによって，タールクダールに厳しい上の諸政策にある程度の緩和が施された[108]．とはいえ，タールクダールの存立基盤を弱体化させる措置はその後も継続的に打ち出された．まずイギリス人官僚は次第に，タールクダールの土地所有権を，政府によって接収可能な単なる借地権として，すなわち基本的に政府に帰属するものとして見なすようになった[109]．次にタールクダールは，商工業者からの営業税と村民からの宅地地代の徴収を禁じられ，また除外地の削減を被った者もあった．以上の19世紀前半における諸措置に加えて，折からのデフレによって地税納入の実質的負担が増大し，タールクダールには全般的な衰退傾向が現れた．彼らのなかには，地税滞納を理由に政府によって臨時的に領地を接収されたり，あるいは高利貸に対する負債に圧倒されつつ，領地を売却する者が増えていった．また彼らは精神的にも，気力と矜持を失い，退廃していった．

　以上の諸経過を辿るなかで，政府は1862年，さしあたりアフマダーバード県のタールクダールを対象として，彼らの救済のための法律（Ahmedabad Talukdars'

Relief Act）を制定することになった[110]．それは以下の諸内容からなっていた．①政府が負債を審査して，正当な負債額を確定する．②所領を実質的な政府管理の下に置きつつ，タールクダールに負債返済を促す．政府は返済促進のために年利5％で資金を貸し付ける．③負債返済後，タールクダールは所領の「所有権」を承認される．ただし所領の分割・譲渡・売却には政府の同意が必要とされた．④タールクダール所領に課される地税は23年間固定される[111]．以上の諸内容をまとめれば，政府は，タールクダールを当面する経済的困難から救い出し，負債が返済された時点で彼らの地主的土地所有権を承認するものの，他面で彼らから剥奪した領主的権限＝在地支配権の回復を許さなかった．こうしてタールクダールは，1860年代以降，領主的権限の多くを剥奪された，いわば「純経済的な」中間的地主として存続することになったのである．タールクダールを存続させる方針が形成された背景には，先述した除外地に関する措置と同様に，「大反乱」に衝撃を受けた政府による治安維持を重視する政策方針があった．すなわち北インド同様，タールクダールをして植民地支配の支持基盤とさせることが企図されたのである．他方で政府は，タールクダール支配下の農民の小作権を強化する措置を講じた．すなわちタールクダールは小作農民を勝手に追放することを禁止され，また小作権の解消には6カ月の事前通告が必要とされた．さらに地代率に関わって，彼らは従来の「慣行的規則」の遵守を農民と互いに「誓約」させられ，これを一方的に破棄することを禁じられた[112]．

　その後アフマダーバード県のタールクダールは，アメリカ南北戦争時の「綿花ブーム」に伴う好況による恩恵を受けて負債返済を順調に進め，70年代には概ね地主的土地所有権を確保するに至った．さらにウィンゲートらによる地税制度改革を前提とし，1850年代から70年代にかけてグジャラートで実施された新たな地税査定は，地税の粗生産量に対する割合を大幅に引き下げた．その一方でタールクダールは，「慣行的規則」に従って，従来通り粗生産量の半分近くを地代として収取し続けたので，地代から地税を差し引いた彼らの収入は大きく増加することになった．こうしてタールクダールは，1860年代以降，地域における中間的地主階級として存続していった．

　以上の諸経緯をまとめてみると，まず政府は19世紀前半において，やにわにライーヤトワーリー制度導入を強行するものではなかったけれども，基本的にその理念に沿いつつ，タールクダールの在地支配権を剥奪し，また経済的存立基盤を

も弱体化させる措置を続けざまに講じた．とはいえ政府は，「大反乱」後の治安維持を重視する政策志向の強まりを受けて，タールクダールをして，より純経済的な中間的地主として存続させる方針を打ち出した．以上の諸経緯を，ライーヤトワーリー制度導入に込められた基本的政策志向の観点より整理すれば，一方で政府支配権限の在地社会への浸透，および（小作）農民の土地所有権強化の側面において，政策志向の一定程度の実現形態が認められるものの，他方で中間的地主的土地所有が維持され，ライーヤトワーリー制度そのものが導入されなかった点に，政策志向実現の大きな制約を見出すことができる．

(2) 分有村落における政策実態

続いて分有村落についての検討に移ろう．まず1820年代に分有村落を対象とする地税制度に大きな変更が加えられた．それはライーヤトワーリー制度の広範な導入にほかならない．ライーヤトワーリー制度導入は，中間的土地所有を排除して，政府と個別農民との直接的関係を構築するものであるから，その限りにおいて分有農民の持つ中間的地主的土地所有権は否定されることになった．スーラト県では138の分有村落のうち136カ村が，アフマダーバード県では26の分有村落のうち23カ村が，それぞれ「個別農民村落」に切り替えられた．またカイラ県では，この時点で分有村落は60カ村にまで減少した[113]．他方ブローチ県では，現地イギリス人官僚の強い意向によって，ライーヤトワーリー制度の本格的な導入が見送られた[114]．こうしてイギリス支配開始時に英領グジャラートに五百数十あるといわれた分有村落は，1820年代までに，主としてブローチ県の約300カ村，およびカイラ県の約60カ村を残すのみとなった．とはいえライーヤトワーリー制度が導入された村落において，分有農民の中間的地主的土地所有権がすべて排除されたと考えられてはならない．というのは，分有村落においてきわめて高い割合を占めていた除外地に対しては，ライーヤトワーリー制度が導入されず，それらは概ね低査定地としての特別な扱いを認められたからである．こうした扱いはその後も変わることはなかった．従ってライーヤトワーリー制度が導入された村落における分有農民の地主的土地所有権は，今や除外地に限定されることになったといえよう．

同時にこの時期政府は，各村落における世襲の村書記を廃止し，代わりに政府

より給与を与えられる官選村書記を任命し，村落統治の重要な一翼を担わせた[115]．この措置は分有農民の持つ村落管理権をそれだけ弱めるものであった．またカイラ県の分有村落の一部では，村落共有地に対する村長たちの共同管理権が否定された．これらの土地は「政府地」として接収されつつ，ライーヤトワーリー制度の下に置かれた．

その後エルフィンストンの「穏健主義」によって，カイラ県において分有村落の復活（約 60 カ村から 119 カ村へ）が見られた[116]ものの，他方で 1830 年代後半から 40 年代前半にかけて，残された分有村落に対しても，その解体を促すような措置が加えられた．ブローチ県においては，まず従来の村落一括査定に代わって，保有地面積と土質とを考慮しつつ，分有農民ごとの地税査定が行われるようになり，地税納入の連帯責任制を伴う「分有原則」が動揺に晒された．またブローチ県においても，村落の共有地が政府地に組み入れられた[117]．他方で折からのデフレによって地税納入の実質的負担が増大し，そこに地税納入の連帯責任制の解体が加わることによって，分有農民のなかには，地税納入に窮して土地を売却する者が続出した．以上の諸経過を通じて，1820 年代以降においても分有村落数の減少が続いた．ブローチ県の分有村落数は，1821 年頃の約 300 カ村から 1862 年の 244 カ村へと減少した[118]．

その後 1860 年代前半の「綿花ブーム」は農産物価格を急上昇させ，それだけ分有農民の経済的窮状を救うことになった．また 1850 年代から 70 年代にかけてグジャラートで行われた地税制度改革は，以下のような内容を分有村落に与えた[119]．①ブローチ県においては分有農民に対する個別査定が，カイラ県においては従来通り村落一括査定が行われた．なお査定額の決定方式は，デカンのそれを概ね継承しつつ，自然条件を基準とした土地の階層分けにもとづき，また経験的要素を重視したものであった．②査定額は 30 年間固定された．③除外地に対しては，正規の地税額の 1/4 が課された．④分有農民が小作農民から徴収していた「宅地地代」・「無礼料」・「礼金」の収取が禁止された．ただし「無償サーヴィス」の制度は廃止されなかった．⑤慣行的に永小作権を持つ者の権利が地権台帳に登録された．以上の内容を整理してみると，まず残された分有村落に対して新たにライーヤトワーリー制度が導入されることはなく，そこでの地主的土地所有が維持された．次にタールクダール村落と同様に，新たな地税査定によって地税の粗生産量に対する割合が大幅に引き下げられ，地代から地税を差し引いた分有農民の

収入は大きく増加することになった．除外地については，従来通り低査定地としての特別な扱いが認められた．他方で分有農民の持つ領主的権限が一層削減された．最後に小作農民の権利保護については，⑤の内容にその一端が見られるものの，他方で別の経緯によれば，地代率は基本的に分有農民と小作農民との交渉に任せられた[120]．

　総じて，まずイギリス支配開始時に存在した分有村落の，おそらく4割弱において，ライーヤトワーリー制度が導入され，そこでの除外地を除く支配地に関して，分有農民の中間的地主的土地所有権が否定された．またライーヤトワーリー制度が導入されなかった分有村落でも，分有農民の持つ村落に対する共同管理権や住民に対する領主的権限が大きく削減された．他方で除外地は，すべての村落においてライーヤトワーリー制度の導入を免れ，またブローチ県の244カ村およびカイラ県の90カ村が，様々な危機を乗り越えて，最終的に分有村落として生き残った．これらの分有農民支配地においては，純経済的地主的権利へと変質させられつつも，中間的地主的土地所有権が維持された．今仮に，イギリス支配開始時の分有村落数を580[121]，除外地面積の村落農地面積に対する割合を30％[122]とし，また各村落の農地面積がすべて等しく，除外地はすべて地主的土地所有として維持され，さらに村落共有地については考慮に入れないとして計算すると，イギリス支配開始時の地主的土地所有の約70％が維持されたことになる．やはり分有村落に対する措置においても，分有農民の土地所有権を，それに付随してきた領主的権限の多くを剥奪した上で，純経済的な中間的地主的土地所有権として存続させるという方策が主体となったといえよう．

(3) コート村落における政策実態

　1819年に植民地政府がコーンカン地方の統治を開始した時，イギリス人役人はまず，コートとは一体何者であるかという問題をめぐって苦慮することになった．というのも，この地方には，「コート村」以外に，コートのいない「農民村」やコートが村落の一部を支配する「混合村」が存在し，またコートや支配下の農民の存在態様も多様であり，さらにおそらくコート制自体がなお成長途上にあったと思われるからである．そこから政府は，まず農地に関する諸権利の調査・確認作業に着手しようとした．とはいえこの作業は試みられるたびに，コートたちの反

対に遭って中断を余儀なくされた．コートたちの反対理由は，政府内に反地主制的風潮が強いことを見越して，さしあたりライーヤトワーリー制度が導入されないとしても，調査作業に引き続いて，少なくとも小作農民に有利な地税制度が実施されるであろうという予想にあった．コートのなかには知的素養を持つブラーフマン出身者も多かったので，彼らはブラーフマンの人的ネットワークを利用しつつ，都市の世論に向けて盛んに啓蒙・宣伝活動を展開し，現地新聞の多くがコートを支持する論説を掲げたといわれる[123]．一方ボンベイ政庁にあっては，ウィンゲート・フランシス（J. T. Francis）・ワディントン（W. Waddington）ら，デカンの地税制度改革に携わった者からは，なお地主制存続に対する批判的見解が出されていた[124]が，他方で「大反乱」以降の治安維持を重視する政策志向も影響力を強めていた[125]．ボンベイ政庁は1874年，「コート検討委員会」Khot Commission を設置して検討を重ねたが，そこでは統一的見解をまとめるに至らなかった．こうした流れを受けてボンベイ政庁は1876年，対立する諸見解を折衷しつつ，以下のような一般的方針を決めた．①コートに対し，その直営地および村内の放棄地・無主地の所有権を承認するほか，コートを村落全体のいわば上級地主として認め，これに村落全体の地税納入責任を課する．②一時小作農民以外の小作農民については，小作期間の長短，小作地に関する権利の強弱などにもとづいて階層区分を行いつつ，階層別に占有小作権ないし永小作権を保証・保護し，さらに小作農民がコートに支払うべき地代額を確認する．③以上の地税・地代は30年間固定される[126]．その後政府は各村落に関する様々な調査・確認作業を行いつつ，1880年，上の諸原則をより具体化した「コート制度法」The Khot Settlement Act を制定した．

　総じてコート村落に対する措置の要点は，次の2点にあった．第1に，コートの村落全域に亘る中間的地主的土地所有権が承認・維持されたこと．第2に，政府が，ライーヤトワーリー制度の理念に沿って，慣習小作農の土地所有権を保護し，また地代率を統制しようとしたこと．なおコートの持つ在地支配権に関する措置については，十分詳かにできないものの，少なくとも上述の小作農民保護政策のうちに，コートの支配権を制約し，政府の統制権限を一層草の根レベルにまで浸透させようとする政策志向を窺うことができる．

(4) 中間的土地所有支配地域における政策実態

　以上本節では，タールクダール・分有・コートという3類型の村落における地税政策展開に伴う政策実態を概観してきたが，これら村落における問題の焦点はいずれも，在地領主および中間的地主として強固な在地支配を築いてきた諸階層をいかに取り扱うかということにあった．そしてこれら諸階層の取扱いには，その経過と結果の両方において，相当程度に共通する特質が認められた．以下これら3者に対する取扱いについて若干のまとめを行うが，その際タールクダール・分有農民・コートを一括して，「中間的土地所有者」と表現したい．というのも，これら3者は，在地社会に対する領主的権限の多寡において違いがあったものの，いずれも農民的土地所有と国家的土地所有の間に中間的封建的土地所有を形成し，支配下の農民より封建地代を収取しつつ，その一部を地税として国家に納入したことにおいて共通していたからである．

　植民地政府は，1850年代における「大反乱」の勃発まで，概ねこれら中間的土地所有者を有害無益な存在と見なし，彼らの土地所有権を剝奪する方向で政策を展開してきた．それは，ライーヤトワーリー制度導入を主軸とする地税制度の基本的内容の普及を目指すという方向性にもとづいたものであった．そのことは，上述の諸仮定を伴った計算によれば，分有村落の農地全体の約3割に対して実際にライーヤトワーリー制度が導入されたことより裏づけられる．ライーヤトワーリー制度が導入された領域においては，分有農民の中間的土地所有権は消滅した．他方で政府は，一部地域で現地統治官僚からの反対を受けたこと，現地事情の詳細な調査を優先したこと，あるいは導入に際して何らかの困難が予想されたことから，すべての中間的土地所有支配地域に対して，やにわにライーヤトワーリー制度の導入を強行するものではなかった．とはいえ，政府はそこでも，ライーヤトワーリー制度の理念に沿いつつ，中間的土地所有者の在地支配権と経済的存立基盤の両方を着実に弱体化していった．このことは，分有村落の残りの領域およびタールクダール村落について当てはまる．政府はコート村落に対しても，少なくとも上の両方の弱体化という方針を持ちつつ臨んだと思われるが，ここではコートからの他地域には見られない程の強い抵抗に遭い，作業は進捗しなかった．

　その後1857年に勃発した「大反乱」は，中間的土地所有者の取扱いに一定の方

針転換を与えることになった．その鎮圧過程以来，とりわけ治安維持の観点が重視されつつ，中間的土地所有者の植民地政府に対する不満を和らげ，ひいては彼らを植民地支配の有力な支持基盤として維持していこうとする政策方針が強まった．こうした方針にもとづいて，今や中間的土地所有者に対する取扱いは，一方で彼らの保持する在地支配権の剝奪とその政府への集中を引き続き進めながら，他方で彼らの経済的存立基盤を相当程度温存し，彼らをして純経済的な中間的地主へと転身させるという方向に変化していった．同時に政府は，小作農の権利に一定の保護を与え，かつ地代率を統制することによって，地主の地代徴収権に制約を課した．以上の措置を通じて，以前に比べて制約を加えられた形ではあれ，中間的土地所有が維持され，従ってライーヤトワーリー制度そのもののこれ以上の普及は見送られたのである．

　こうした「大反乱」以降の政策方針は，デカンにおいて除外地に対する措置を生み出したものと同様の背景にもとづいていたが，本節の対象となった諸地域においては，デカンに比べて，はるかに地域全体に亘り，かつ強固な中間的土地所有が形成されていたがゆえに，ライーヤトワーリー制度施行地域がむしろ例外となり，これら地域は全体的に，その内実は変質したものの，なお中間的土地所有支配地域としてこの後推移していくことになった．

　さらに以上の方針の背景には，コートによる地税業務展開に対する強力な抵抗運動が示唆するように，政府はよりスムースな地税徴収を可能にするためにも，中間的土地所有者に対する何らかの妥協を余儀なくされたという事情があったと考えられる．こうした事情は，ラトナギリ県でコートの抵抗運動によって地税徴収額がかなり減少した[127]反面で，タールクダール村落では，救済策を通じて彼らの経済状態が改善された結果，地税徴収額が増加に転じた[128]ことがよく物語っている．総じて中間的土地所有支配地域を対象とした地税制度改革においては，ライーヤトワーリー制度導入に込められた基本的政策志向に加えて，政府歳入確保および治安維持を求める基本的政策志向が政策実態に反映させられ，政策実態は，これら三つの基本的政策志向の間のバランスを踏まえたものとなった．また政策実態は，デカンに比べてはるかに全体的かつ強固な中間的土地所有の形成という，これら地域に共通する特質はいうに及ばず，各地域における中間的土地所有の独自な態様や，中間的土地所有者からの反応および抵抗運動といった現地社会実態からも強く規定された．こうした諸経緯の結果，ライーヤトワーリー制度

導入に込められた政策志向はまず，ごく部分的なこの制度そのものの導入，中間的土地所有者が持つ在地支配権の剝奪，および政府による小作農民の権利保護において，一定の実現形態を生み出した．しかし他面でこの政策志向は，殆どの地域に対してライーヤトワーリー制度そのものが導入されず，従ってそれら地域で中間的土地所有が維持された点において，実現を強く制約された．

こうしてデカンを念頭に形成され，ライーヤトワーリー制度導入を主軸とする地税制度の基本的内容は，中間的土地所有支配地域に対して，諸基本的政策志向間の相互調整，および現地社会実態からのレスポンスに規定されることによって，妥協的にしか適用されなかったのである．

4-6 地税制度改革に伴う諸政策結果 ── 小　括

(1) ボンベイ管区地税制度改革における政策実態

以上本章では，19世紀中葉ボンベイ管区における地税制度改革を検討対象としつつ，そこに込められた基本的政策志向，および基本的政策志向の具体化としての政策実態について明らかにしてきた．ここでこれまでの考察を大まかにまとめておこう．

まず基本的政策志向においては，「植民地開発＝商品経済関係を構成する諸原理の浸透にもとづく社会改造」という課題を基軸としつつ，それに加えて，「富の収奪」の維持・拡大とも結びつく「政府歳入確保」，「治安維持＝植民地支配の安定化」，「植民地支配の草の根レベルへの浸透」という三つの課題が念頭に置かれていた．そしてこれら基本的政策志向の間には，四つながらに，相互媒介と相互対立との両面に亘る諸関係が含まれていた．従って政府は，これら諸基本的政策志向の具体化過程＝政策実態を展開する当たって，それらの間の相互調整を図る必要があった．他方で政策実態は，それぞれの基本的政策志向に関わって，現地社会実態からの強い規定性を受けながら展開された．そこから相互調整は，より具体的には，かかる規定性にもとづいた政策実態のレベルにおいて図られねばなら

なかった．総じて政策実態は，いわば，一方の軸に諸基本的政策志向をとり，他方の軸に多様な現地社会実態をとった上で，両方に属する諸要素が座標軸平面上においてきわめて複雑に編み合わされることを通じて形成された．すなわち政策実態は，基本的政策志向と現地社会実態とが二元的に絡み合ったものであった．そしてこうした絡み合いは，地税制度内容の形成過程において展開されたのみならず，一旦形成された制度内容が現実的機能を発揮する上でも，同様に認められた．こうして政策実態は，植民地政府の基本的政策志向の観点からすれば，現地社会実態との間の妥協の産物であり，他方で現地社会実態からすれば，基本的政策志向に主導されつつ，何らかの社会改造の強制を含むものであった．

こうした絡み合いの過程においては，もちろん諸要素間にある程度の比重差が含まれていたとはいえ，どれかの要素が突出して重視されたり，逆に特定の要素が不当に軽視されたのではなく，全体として破綻のない諸制度を形成することに大きな配慮が払われた．ここで破綻の最たるものとは植民地支配の崩壊にほかならないから，その意味では植民地支配の維持が大枠となり，その範囲内において基本的政策志向と現地社会実態とが二元的に絡み合いを展開したということができる．

とはいえわれわれにとってとりわけ関心を引くのは，植民地開発＝商品経済関係を構成する諸原理の浸透にもとづく社会改造という基本的政策志向の帰趨である．この基本的政策志向は，インドをしてイギリスを中心とする世界市場編成に統合させるという，当該期イギリスの国家的政策志向に良く合致するものであった．ここで上の絡み合いを，かかる基本的政策志向の観点より再度整理してみよう．この政策志向は，これまで分析されてきたすべての地税制度内容に反映させられていた．すなわちそれは，まず何よりライーヤトワーリー制度の採用を促した．この制度採用の目的には，農民が享受する個人的自由の拡大や共同体諸関係の弱体化が含まれていた．またこの政策志向は，それに加えて，以下のような商品経済関係を構成する諸原理に導かれた制度内容を生み出した．①査定額決定方式における，土地の自然条件を基準とする土地階層区分および査定額の大幅な切り下げ，②30年間の査定額固定，③一般的規則の厳格な強制および契約的合理性の形態の付与，④土地所有権の移転促進策，⑤世襲役人および中間的土地所有者統制策．

とはいえ他面で，これらの制度内容は，上の政策志向が何の障害もなく貫徹さ

れた結果ではなく，他の基本的政策志向や現地社会実態との兼ね合いに制約されつつ形成されたものであった．まずライーヤトワーリー制度は，除外地および中間的土地所有支配地域の多くに対して導入を阻まれ，結局ボンベイ管区の農地全体の約 1/3 が非ライーヤトワーリー地域となった[129]．またそれ以外の，商品経済関係を構成する諸原理に導かれた諸内容は，それぞれの形成過程において現地社会実態に対する何程かの適応を強いられたとともに，それらが発揮する社会改造機能は，とりわけ現地社会構造の変化の方向性次第によって，所期の目的に沿うかどうかを強く規定された．この点の確認に当たっては，何より現実の構造変化そのものを見定めることが肝要であるが，前章で確認された当該段階の社会的特質からして，これらの諸内容が，商品経済関係の浸透にもとづく封建社会の解体という政策目標に対して，やにわに大きな貢献を果たしたとは考えにくい．

　最後に，ライーヤトワーリー制度が導入された地域においては，植民地政府が唯一の封建的上級土地所有者となりつつ，農民より封建地代としての地税の収取を続行し，その限りにおいて政府の地税徴収は，なお封建的土地所有構造を前提としていたことが銘記されねばならない．また中間的土地所有が存続した地域においては，封建的土地所有は依然として重層的であり，それだけより強固な封建的土地所有構造が維持された．第 4-2 図―(A)・(B)・(C)・(D)は，地税制度改革を経たボンベイ管区における土地所有構造，およびそれにもとづく農民的剰余生産物の収取関係を概念的に図示したものである．これらの図において以上の諸点が確認されるとともに，他方で前章に示された植民地化以前に関わる概念図との対比において，剰余生産物収取権が，ライーヤトワーリー制度施行領域を中心として，全般的に植民地政府の手により多く集積された反面で，中間的地主的土地所有が温存された領域では，収取権帰属の基本的形勢がなお維持されたことが分かる．

　総じて，ボンベイ管区における地税制度確定過程においては，まず当該期のイギリス資本主義の展開に呼応しつつ，近代的社会原理に沿ったインドの社会改造が何程か企図されていた．その改造は，インドをして世界市場に統合させる上での基礎条件をなすものであった．とはいえ他面でその企図は，何より植民地支配自体を維持し，また政府財政基盤を確立すべきとする他の基本的政策志向との兼ね合いによって制約され，さらに現地社会実態への適応を余儀なくされつつ，結局のところ，基本的政策志向より政策実態に移るにつれて，次第にトーン・ダウンしていったといわねばならない．とはいえ他方で，この地税制度に，近代的社

第 4-2 図　地税制度改革後における剰余生産物の収取関係

(A) デカン地方

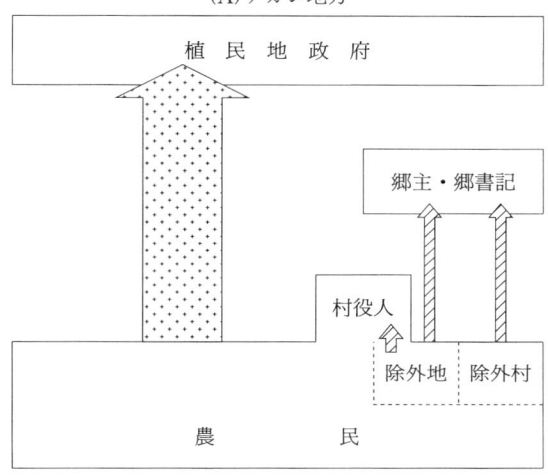

植 民 地 政 府

郷主・郷書記

村役人

除外地 | 除外村

農　　　民

(B) タールクダール村落

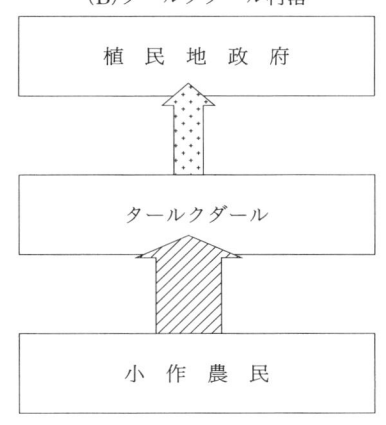

植 民 地 政 府

タールクダール

小 作 農 民

地税　　　　　地代

第 4 章　19 世紀中葉ボンベイ管区における地税政策の展開 | 235

4-2図 ②

(C) 分有村落

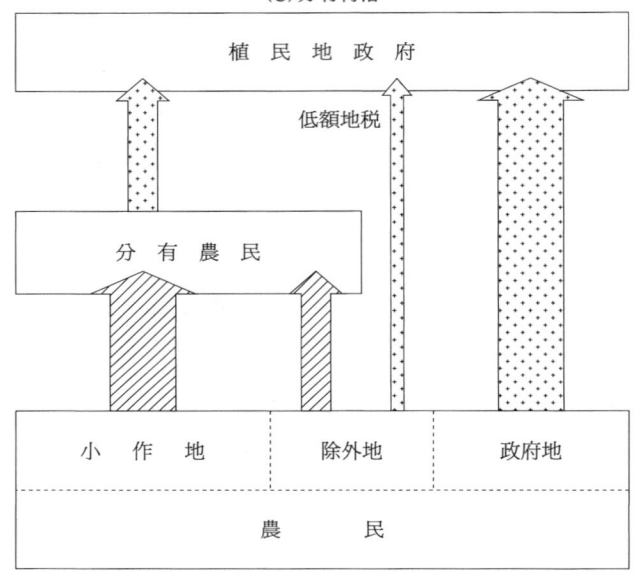

| 植 民 地 政 府 |

低額地税

| 分 有 農 民 |

| 小　作　地 | 除　外　地 | 政　府　地 |
| 農　　　　　民 |

(D) コート村落

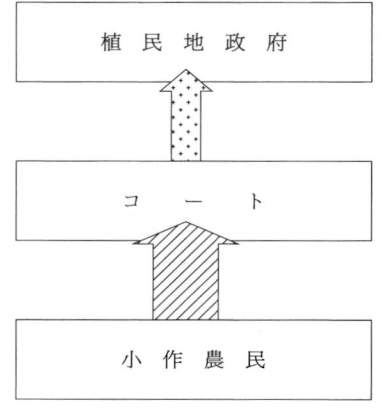

| 植 民 地 政 府 |

| コ　　ー　　ト |

| 小　作　農　民 |

会原理に沿った社会改造という企図を反映する制度内容が少なからず含まれ，それがかかる政策目標に沿って何らかの現実的機能を果たしたことも，決して否定できないところである．

(2) 地税制度改革と政府歳入確保

では，上のように展開された政策実態は，いかなる帰結＝政策結果をもたらしたのか．この点について検討することで，本章を終えることにしたい．政策結果の検討に当たっては，上の諸基本的政策志向に照らして，それらがどのように実現されたかを確認することが，検討の目的に適うことになる．まず植民地開発の課題については，すでに論じられた点に加えて，次章において現地社会の構造変化の実態について若干の検討が行われる予定である．次に治安維持の課題に関しては，この課題が諸制度内容形成に当たっての大枠をなしたこと，およびそれが制度内容の現地社会実態への適応を促した側面において，その実現形態を捉えることができることを指摘するにとどめる．また植民地支配の草の根への浸透という課題については，何よりライーヤトワーリー制度の広範な導入および一般的諸規則の厳格な適用において，その実現形態を見ることができるとともに，世襲役人および中間的土地所有者に対する統制策のうちに，その実現された面と制約された面との両面を窺うことができる．

では残る政府歳入確保という課題は，いかなる結果を伴ったのか．ここでは，新たな地税制度がこの課題に対して果たした現実的機能を捉えるために，政府歳入額の推移のみならず，地税制度にもとづいて設定された単位面積当たりの査定額，および徴税の対象となった耕地面積の変化をも考慮に入れて検討したい．マカルピンは，デカン＝マハーラーシュトラ地方および南マラータ地方に属する6県の，それぞれ二つの郡に関する『郡査定報告書』を史料として，こうした諸状況を表す数値をまとめて示している[130]．これらの郡の所在は，第3章における前掲第3-1図に示されている．これらの数値をグラフ化したのが第4-3図―(A)・(B)・(C)・(D)である．グラフにおいて査定改定が行われた時期が三角マークで示されており，それは世紀中葉とそれから30年を経過した世紀末とに存在するが，ここでは前者について検討する．また数値は5年ごとの平均値である．5年ごとというのは，例えば1850年代について，1851-5年と56-60年とが，それぞれひとま

第4-3図 地税制度改革の諸結果

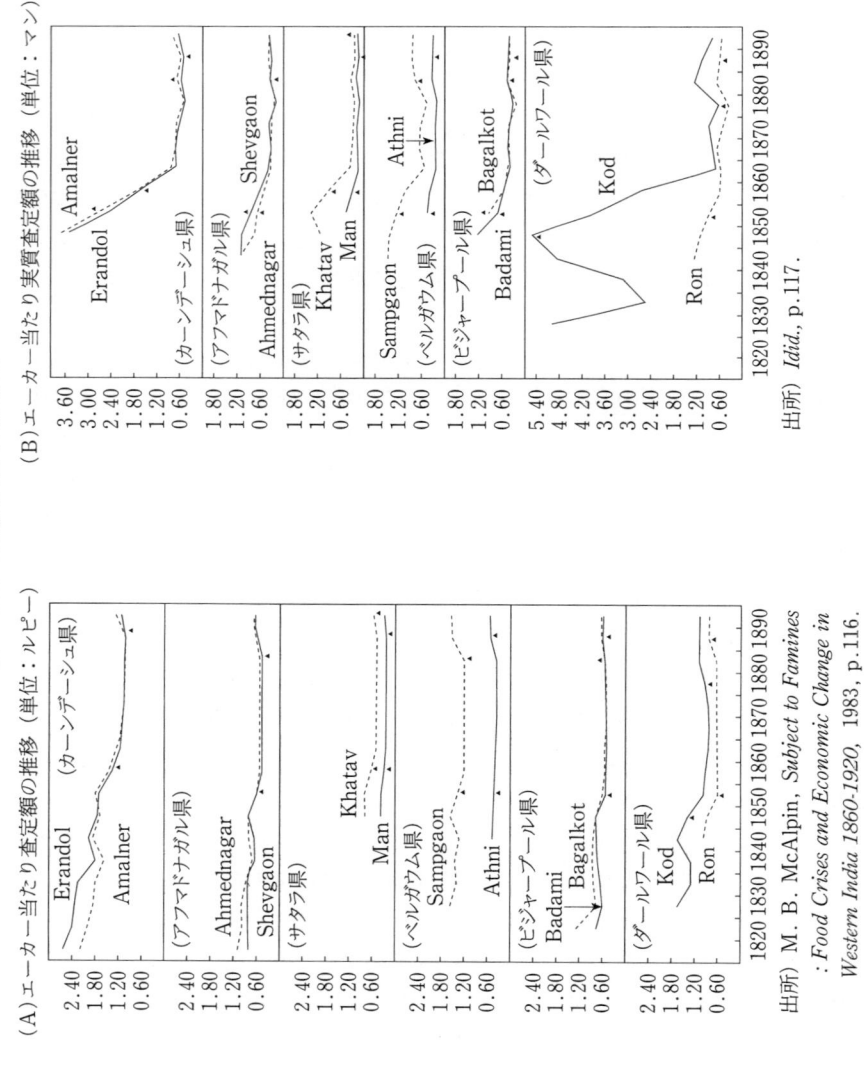

(A) エーカー当たり査定額の推移（単位：ルピー）

(カーンデーシュ県) Erandol / Amalner
(アフマドナガル県) Ahmednagar / Shevgaon
(サタラ県) Khatav / Man
(ベルガウム県) Sampgaon / Athni
(ビジャープール県) Badami / Bagalkot
(ダールワール県) Kod / Ron

1820 1830 1840 1850 1860 1870 1880 1890

(B) エーカー当たり実質査定額の推移（単位：マン）

(カーンデーシュ県) Erandol / Amalner
(アフマドナガル県) Ahmednagar / Shevgaon
(サタラ県) Khatav / Man
(ベルガウム県) Sampgaon / Athni
(ビジャープール県) Badami / Bagalkot
(ダールワール県) Kod / Ron

1820 1830 1840 1850 1860 1870 1880 1890

出所）M. B. McAlpin, *Subject to Famines : Food Crises and Economic Change in Western India 1860-1920*, 1983, p.116.

出所）*Ibid.*, p.117.

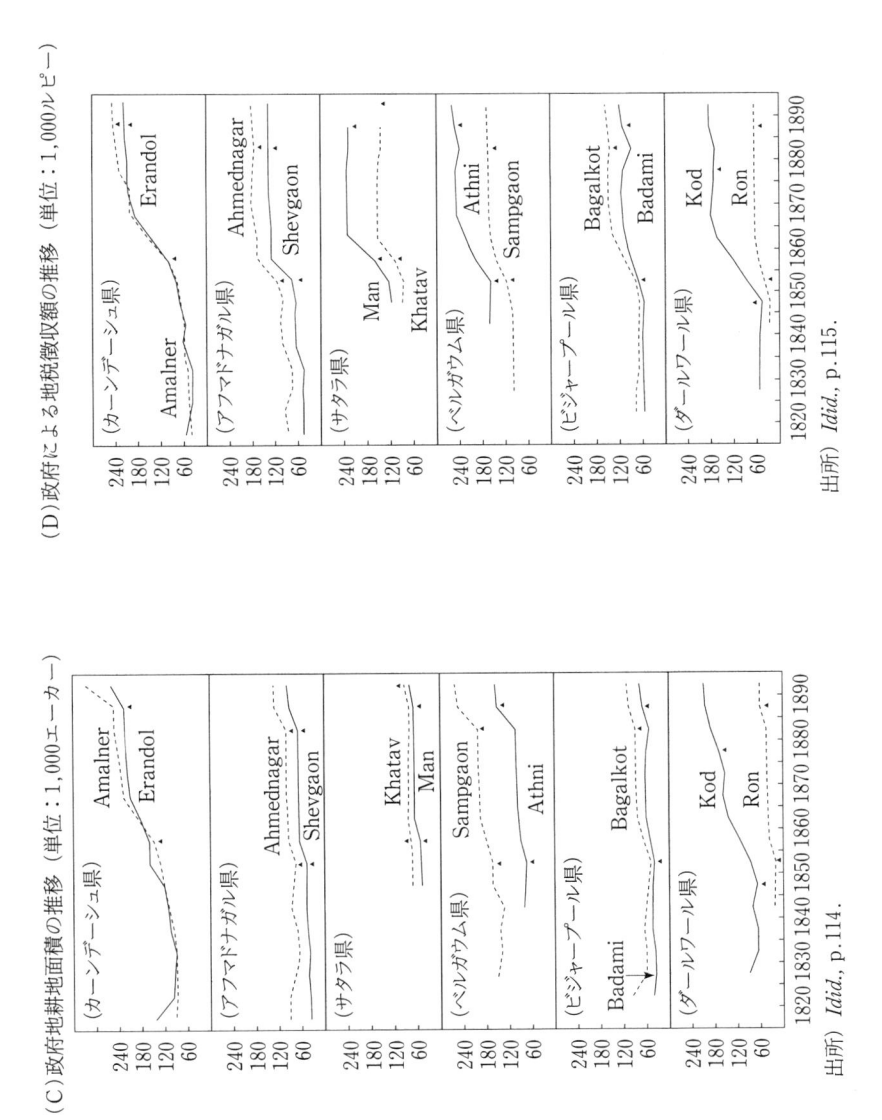

(C) 政府地耕地面積の推移（単位：1,000エーカー）　(D) 政府による地税徴収額の推移（単位：1,000ルピー）

出所）*Ibid.*, p.114.　出所）*Ibid.*, p.115.

第4章　19世紀中葉ボンベイ管区における地税政策の展開 | 239

とめにされて，その期間中の平均値が計上されたことを意味する．他の年代についても，1－5年と6－10年とが区別されている．グラフ上の点は，1－5年および6－10年のそれぞれ中間に打たれている．また三角マークも，査定改定時を含む5年区切りの中間に打たれている．従って以下，査定改定がもたらした変化を捉えるために，三角マークが付けられた時点に対して5年前と5年後とのグラフ上の数値を比較することにしたい．

まず(A)は，エーカー当たりの査定の絶対額の変化を示している．この数値は，すべての郡で低下しており，各郡の数値を二つの時期でそれぞれ合計しつつ比較した全体的低下率は，30.4％となる．次に(B)は，単なるエーカー当たり査定額の推移ではなく，担税者にとっての実質的な地税負担の変化を辿るために，主要な穀物の価格変化を考慮に入れて作成されたものである．すなわちここでの数値は，エーカー当たりの査定額を支払うために，それぞれの時期において販売されねばならなかった穀物の量（単位＝マン，1 maund＝37.3キログラム）を示している．基準となっている穀物は，当地方の主穀であり全域において栽培されたジョワール（jowar，雑穀）である．グラフによれば，地税の実質的負担の軽減率は，先のエーカー当たり査定額の低下率よりも大きなものになっている．数値の揃わない2郡を除く10郡の，査定改定時を挟んで二つの時期を比較したジョワール価格の郡平均上昇率は，58.6％である．この数字によって査定額の低下率を捉え直すと，地税の実質的負担の全体的軽減率は56.1％となる．事実がこの通りであるとすれば，担税者にとって地税の実質的負担は半分程度に軽減されたといえよう．ここで検討対象となっている地域がライーヤトワーリー制度施行地域であることを考慮すれば，農民はかかる実質的負担の軽減によって，以前よりずっと多くの剰余生産物を獲得したということになる．また非ライーヤトワーリー地域も含めて捉えれば，新たな地税査定は，剰余生産物のより多くの部分を現地住民の手に蓄積させることになったといえよう．他方で穀物価格の上昇は，一般的な景気上昇の結果であるが，同時に査定額の引き下げが好況を生み出す重要な呼び水となったことも疑いない．

次に(C)は，政府が正規の地税を課した「政府地」の面積の推移を示している．政府地は除外地を除く耕地を意味し，いうまでもなく耕地の大半を占めていた．政府地面積は査定改定を契機として大きく拡大し，査定改定を挟んだ二つの時期の間の全体的拡大率は69.8％に上る．他方でグーハは，同じく諸『郡査定報告書』

の数値にもとづき，かつそれらに独自な修正を加えつつ，デカンの30の郡における耕地面積が，1843/4年より73/4年に至る30年間に67％拡大し，かつこの拡大はいずれの郡でも，査定額引き下げ直後の一定期間に生じたと述べている[131]．グーハの推計は，マカルピンの数値にもとづく推計がかなり妥当なものであることを裏づけている．この耕地面積拡大は，従来の過重査定が解消されたことを受けて，逃散していた農民が帰村しつつ，彼らを含めて農民が遊休地を盛んに耕地化したことにもとづいている．また人口もこの時期かなり増加したようである．19世紀中葉に関しては信頼できる人口統計に乏しいのであるが，グーハは1840年代から70年代にかけての30年間に，デカンの人口は47％から59％程度増加したと推定している[132]．

　最後に，以上の諸変化を通じて，政府が実現した地税徴収額はいかなる推移を辿ったのであろうか．(D)は，12の郡より徴収された地税額の変化を示している．これによれば，地税徴収額は，郡によってばらつきがあるものの，二つの時期の間で概ね増加している．12の郡の地税徴収額を，査定改定を挟んだ二つの時期についてそれぞれ合計して比較すると，22.1％の増加が達成されている．他方で，上に示されたエーカー当たり査定額の低下率（30.4％）と耕地面積拡大率（69.8％）とから新たな地税徴収額を推計すれば，それは18.1％増加することになる．実際の増加率は，この推計値より若干高いものとなっている．もし政府が，査定額引き下げと耕地面積拡大とから導き出される増収以上のものを得たとしたら，それには，隠田を残さない徹底した検地，地税滞納に対して土地没収・競売も辞さず，査定の満額納入をあくまで強制する厳格な法治主義，および世襲役人が享受してきた諸役得の削減が，それぞれ何らかの程度で寄与していたと考えられる．

　以上総じて，政府は新たな地税制度にもとづいて，地税負担を大幅に軽減したにもかかわらず，主として負担軽減が呼び起こした耕地面積拡大によって，かえって増収を得ることができたのである．それは，この時期西部インドの農村調査を行ったマッケイ（A. Mackay）が，「政府はリベラルな政策によって何も失わなかった[133]」と記述している通りである．こうして19世紀中葉ボンベイ管区における地税制度改革は，新たな統一的制度の導入を通じて従来の制度的混乱に終止符を打ち，また地税レートの大胆な引き下げによって，従来過重査定がもたらしてきた農民の疲弊をある程度癒し，その上で政府に増収を与えた．地税制度改革は，これら諸点を通じて，またとりわけ今後長らく継承されるべき地税制度の根幹を

定立しえたことにおいて，植民地政府にとってかなりの成功と見なして良いものであった[134]。とはいえ，こうした成功の諸側面とは別に，地税制度改革の結果は，イギリスの基本的政策志向の観点からすれば，それを構成する諸内容の間での，および現地社会実態との間での，妥協の産物であり，他方現地社会実態から見れば，植民地支配の草の根への浸透を伴う，社会改造を強制される装置にほかならなかったのである．

第4章 註

(1) C. N. Vakil, *Financial Developments in Modern India, 1861-1924*, 1924, pp. 584, 607 より計算．

(2) H. E. Goldsmid, G. Wingate and D. Davidson, *A Report made to the Revenue Commissioner, Southern Division, under date 2 August 1847, relative to the objects of a Revenue Survey and Advantages of a Field Assessment, the manner in which the survey operations should be conducted and the future administration of the settlements effected, Selection of Papers Relating to the Revenue Survey and Assessment (India), British Parliamentary Papers*, Vol. LXXV, 1852/3. 以下 *Joint Report* と略記．

(3) G. Wingate, *Reports on the revenue survey settlements of the Hoobullee, Nuwulgoond, Kode and Dharwar Talookas of the Dharwar Collectorate*, 1853, *Selections from the Records of the Bombay Government*, new series, No. XII. 以下 *Dharwar Reports* と略記．および *Papers relative to the revision of the assessment of the Indapoor Talooka in the Poona Collectorate*, 1868, *Selections from the Records of the Bombay Government*, new series, No. CVII. 以下 *Indapoor Papers* と略記．

(4) R. Dutt, *Economic History of India*, Vol. 2, p. 65.

(5) *Gazetteer of the Bombay Presidency*, Vol. XXII, Dharwar, 1800, p. 440.

(6) *Ibid.*, p. 442.

(7) *Ibid.*, p. 443.

(8) *Ibid.*, p. 447.

(9) *Dharwar Reports*, p. 6. そうした土地種類を挙げれば，①カトグータ (kattguta, 低率定額地税地) は，追加税を免除された土地で，主にチャーリカールが保有し，②マクタ (makta, 低率地税契約地) は，耕作可能な遊休地を追加税なしで耕作できる契約地であり，③クールスール (kursul) は，チャーリカールだけが保有できる低査定地とされ，④

カウル (kaul, 保証地) は，遊休地の開墾を前提として，一定年数に亘って地税の年次累進が保証された土地であり，チャーリカールに役得として与えられた。①および②については，かなり多数のパーイカーリ農民も耕作していたといわれる．*Gazetteer of the Bombay Presidency*, Vol. XXII, Dharwar, 1800, pp. 447, 8.

(10) 低率地税を課せられるジョード・イナーム (jode inam) と，地税を免除されるサルヴァ・イナーム (sarva inam) である．

(11) *Gazetteer of the Bombay Presidency,* Vol. XXII, *Dharwar,* p. 453.

(12) R. D. Choksey, *Economic History of the Bombay Deccan and Karnatak (1818-1868)*, 1945, p. 90.

(13) プリングルによる地税制度改革について詳しくは，拙稿「植民地統治初期ボンベイ＝デカンにおける村落共同体と地税制度改革」『相愛大学研究論集』第9号，1993年3月，111-119ページ参照．

(14) *Joint Report,* p. 290.

(15) 小谷汪之『共同体と近代』，1982年，91ページ．

(16) H. E. Goldsmid & G. Wingate, *Report made to the Revenue Commissioner, under date 17 October 1840, Selection of Papers Relating to the Revenue Survey and Assessment (India)*, p. 366, *British Parliamentary Papers*, Vol. LXXV, 1852/3, p. 366. 以下 *Report by Goldsmid & Wingate* と略記．

(17) *Ibid*., p. 366.

(18) H. E. Goldsmid & G. Wingate, *Reply to Mr. Thornton's Memorandum of 11th July 1850, on the Bombay Plan of Survey and Assessment*, 21 December 1850, *Selection of Papers Relating to the Revenue Survey and Assessment (India)*, p. 448, *British Parliamentary Papers,* Vol. LXXV, 1852/3. 以下 *Reply to Mr. Thornton's Memorandum* と略記．

(19) 「改善を生む唯一の確実で永続的な源泉は，自由である．なぜなら，自由があれば，そこには，個人の数と同じだけの，改善の独立した中心となりうるものがあるからである．しかしながら，進歩の原理は，自由への愛，あるいは改善への愛のいずれかの形をとるにもせよ，習慣の支配に敵対し，少なくともそのくびきからの解放を含むものである．そして，この両者の争いが，人類の歴史のおもな関心の的となっている．世界の大部分は，正確にいうならば，歴史をもっていない．習慣による専制的な支配が完璧だからである．これが東洋全体の状態である．そこには，習慣が，すべての事がらにおける究極的なよりどころとして存在している．公正や正義は，習慣への一致を意味する．習慣の主張には，権力に酔った暴君ででもないかぎり，だれも反抗しようなどと思わない．そしてその結果は，われわれの見るとおりである」．J. S. ミル，早坂忠訳『自由論』中央公論社，296ページ．

(20) *Report by Goldsmid & Wingate*, p. 367.
(21) *Ibid.*, p. 367.
(22) 「それゆえ，事物の自然的運行 (the natural course of things) によれば，あらゆる発展的な社会の資本の大部分は，まず第1に農業にふりむけられ，つぎに製造業にふりむけられ，そして最後に外国商業にふりむけられる．……」アダム・スミス，大内兵衛・松川七郎訳『諸国民の富』(2)，岩波文庫，426ページ．
(23) *Report by Goldsmid & Wingate*, p. 369.
(24) *Joint Report*, p. 297.
(25) 税務長官ウィリアムソン(T. Williamson)の言葉．E. Stokes, *The English Utilitarians and India*, 1959, p. 123.
(26) *Joint Report*, p. 297.
(28) 通信審査部長ジョンソン(Samuel Johnson)による1813年の証言．C. H. Philips, *The East India Company 1784-1834*, 1940, p. 18.
(29) E. Stokes, *op. cit.*, p. 92. またストークスは，ミルがライーヤトワーリー制度を支持した背景には，ベンガル管区のザミーンダーリー制度を，「本国の嫌悪すべき地主貴族の雛形を創り出そうとする試み」と見なしていたことも含まれていたと述べている．*ibid.*, p. 87.
(30) *Ibid.*, pp. 91, 92, 116, 122.
(31) *Ibid.*, p. 100.
(32) *Ibid.*, p. 99.
(33) *Report by Goldsmid & Wingate*, p. 369.
(34) *Ibid.*, p. 368.
(35) イギリス側の事情をとってみれば，この商品経済関係を構成する社会原理は，封建社会の衰退・解体期以来イギリス社会の基礎構造において着実に発展・浸透を続け，重商主義期には産業資本の幼弱性を通じて国家的諸規制と共存しつつも，重商主義諸規制がその歴史的使命を終えるや，いよいよ国家政策までをも全面的にかかる原理に則って展開させるに至ったと理解することができる．こうしてウィンゲートらは，資本主義発展の最奥の基礎をなし，同時に今やイギリスにおいて国家政策の基調とまでになった商品経済関係を構成する社会原理を，インド封建社会に大胆に持ち込み，その浸透をもってインド封建社会を掘り崩すことを，基本的政策志向として掲げたということができる．
(36) *Dharwar Reports*, p. 10.
(37) *Joint Report*, p. 298.
(38) *Ibid.*, p. 299.
(39) *Ibid.*, p. 298.
(40) Letter from G. Wingate to E. H. Townsend, Revenue Commissioner, Southern

Division, 23 December 1848, *Selection of Papers Relating to the Revenue Survey and Assessment (India)*, p. 350, *British Parliamentary Papers*, Vol. LXXV, 1852/3. 以下 Letter from G. Wingate to E. H. Townsend と略記．

(41) *Joint Report*, pp. 298, 9.
(42) *Ibid.*, p. 314.
(43) *Reply to Mr. Thornton's Memorandum*, p. 450.
(44) R. D. Choksey, *op. cit.*, p. 91.
(45) *Dharwar Reports*, p. 18.
(46) Letter from G. Wingate to R. Mills, 4 August 1838, *Indapoor Papers*, pp. 138-140.
(47) *Dharwar Reports*, p. 15.
(48) *Ibid.*, p. 15.
(49) *Report by Goldsmid & Wingate*, p. 364.
(50) Letter from G. Wingate to R. Mills, 4 August 1838, *Indapoor Papers*, p. 136.
(51) *Joint Report*, p. 304.
(52) *Ibid.*, p. 304.
(53) *Ibid.*, p. 305.
(54) *Ibid.*, p. 303.
(55) *Ibid.*, p. 305.
(56) *Dharwar Reports,* p. 20.
(57) *Ibid.*, p. 20.
(58) *Ibid.*, p. 17.
(59) *Joint Report*, p. 309.
(60) *Ibid.*, pp. 309, 10.
(61) Letter from R. Mills to the Revenue Commissioner, 20 September 1838, *Indapoor Papers*, p. 142.
(62) Letter from L. R. Reid to John Vibart, 31 December 1838, *Indapoor Papers*, p. 157.
(63) I. Klein, 'Utilitarianism and Agrarian Progress in Western India', *Economic History Review*, second series, Vol. 13, No. 3, 1965, p. 584.
(64) Letter from G. Wingate to R. Mills, 4 August 1838, *Indapoor Papers*, p. 133.
(65) *Joint Report*, p. 313.
(66) Letter from G. Wingate to R. Mills, 4 August 1838, *Indapoor Papers,* p. 133.
(67) *Ibid.*, p. 133.
(68) *Ibid.*, pp. 133, 4.
(69) Letter from R. Mills to the Revenue Commissioner, 20 September 1838, *Indapoor Papers*, pp. 143, 4.

(70) Letter from T. Williamson to L. R. Reid, 12 October 1838, *Indapoor Papers*, p. 153.
(71) *Joint Report*, p. 314.
(72) *Report by Goldsmid & Wingate*, p. 366.
(73) Letter from G. Wingate to E. H. Townsend, p. 347.
(74) *Ibid.*, p. 349.
(75) *Joint Report*, pp. 315, 6.
(76) 保証地については注(9)参照.
(77) *Report by Goldsmid & Wingate*, p. 364.
(78) *Ibid.*, p. 364.
(79) *Dharwar Reports*, p. 8.
(80) *Joint Report*, p. 318.
(81) *Ibid.*, p. 315.
(82) *Dharwar Reports*, p. 22.
(83) *Reply to Mr. Thornton's Memorandum*, p. 451.
(84) Letter from G. Wingate to E. H. Townsend, p. 348.
(85) *Gazetteer of the Bombay Presidency*, Vol. XXII, Dharwar, p. 469.
(86) *Joint Report*, p. 314.
(87) Letter from G. Wingate to E. H. Townsend, p. 348.
(88) *Dharwar Reports*, p. 32.
(89) Letter from G. Wingate to E. H. Townsend, pp. 348, 9.
(90) *Report by Goldsmid & Wingate*, p. 363.
(91) *Reply to Mr. Thornton's Memorandum*, p. 450.
(92) *Ibid.*, pp. 451, 2.
(93) R. D. Choksey, *op. cit.*, p. 67.
(94) *Ibid.*, pp. 75, 6.
(95) *Papers relating to the settlement of the hereditary officers, watans in the Deccan and Gujarat (1863-1865)*, p. 2, *Selections from the Records of the Bombay Government*, new series, No. CLXXIV.
(96) *Ibid.*, p. 2.
(97) N. Charlesworth, *Peasants and Imperial Rule : Agriculture and Agrarian Society in the Bombay Presidency, 1850-1935*, 1985, p. 25.
(98) *Ibid.*, p. 25.
(99) *Ibid.*, p. 25.
(100) デカンのカーンデーシュ県では，新たな地税制度に対する，村役人に主導され，農民をも巻き込んだ大規模な抗議行動 (Khandesh Survey Riot) が発生した．すなわち 1852 年

同県ヤウール(Yawul)郡において，検地に訪れた役人に対して，1万人を超える住民が集結して検地中止を訴え，検地は一旦延期された。この騒擾は，チャールズワースによれば，諸権限および役得の削減に不満を持った「村役人の抵抗」によって組織されたものであった。多数の農民は村役人に扇動されて騒擾に参加した。騒擾は，首謀者である少数の村役人が捉えられるや，たちまち終息したとされる。こうして当地における新たな地税制度に対する抵抗運動は，その実施をくい止め，あるいは制度変更を強いるものとはならなかったのである。*ibid.*, pp. 49-52.

(101) S. Guha, *The Agrarian Economy of the Bombay Deccan 1818–1941*, 1985, p. 45.
(102) N. Charlesworth, *op. cit.*, p. 54.
(103) *Ibid.*, p. 55.
(104) *Ibid.*, p. 55.
(105) チャールズワースは，独立時のマハーラーシュトラにおいて，除外地に与えられた地税免除額の地税歳入総額に占める割合，および除外地の全農地面積に占める割合は，いずれも12-3％であったと述べている。*ibid.*, pp. 55-6.
(106) 深沢宏『インド社会経済史研究』，1972年，369ページ。
(107) 同上書，369, 70ページ。
(108) 同上書，371ページ。エルフィンストンの支配政策については，前掲拙稿，106-111ページを参照。
(109) 深沢宏『インド社会経済史研究』，374ページ。
(110) ブローチ県およびカイラ県のタールクダールに対しては，1877年，アフマダーバード県に関すると同様の内容を持った法律（「抵当土地資産法」Encumbered Estates Act）が制定された。N. Charlesworth. *op. cit.* p. 65.
(111) 深沢宏『インド社会経済史研究』，378ページ，およびN. Charlesworth, *op. cit.*, p. 64.
(112) 深沢宏『インド社会経済史研究』，397ページ。
(113) 同上書，427ページ。
(114) 同上書，427, 8ページ。
(115) 同上書，425, 6ページ。
(116) 同上書，429ページ。
(117) 同上書，433ページ。
(118) 同上書，434ページ。
(119) 同上書，436ページ。
(120) 同上書，443-6ページ。
(121) これまでの本章の叙述から，イギリス支配開始時に，ブローチ県に約300カ村，スーラト県に138カ村，アフマダーバード県に26カ村の分有村落が存在し，それらに，カイラ県においてエルフィンストン時代に119カ村にまで復活したとされる村落数を加える

と，全体で約 580 カ村となる．
(122) 深沢氏は，カイラ県のある村落を例にとって，除外地はそこでの分有地の 28％を占めたことを紹介しつつ，この割合を「ほぼ平均的な事例」であると推察されている．深沢宏『インド社会経済史研究』，431 ページ．
(123) N. Charlesworth, *op. cit*., p. 59.
(124) *Ibid*., p. 63.
(125) この時期地主的土地所有の擁護に傾いた，ボンベイ管区の有力なイギリス人官僚として，高等裁判所判事ウエスト (R. West) および 1877 年から 80 年までボンベイ知事であったテンプル (R. Temple) を挙げることができる．彼らは，1880 年の「コート制度法」（後述）制定に重要な役割を果たしたとされている．*ibid*., pp. 62, 3.
(126) 深沢宏『インド農村社会経済史の研究』，1987 年，113 ページ，および N. Charlesworth, *op. cit*., p. 58.
(127) N. Charlesworth, *op. cit*., p. 57.
(128) *Ibid*., p. 64.
(129) *Ibid*., p. 67.
(130) M. B. McAlpin, *Subject to Famines : Food Crises and Economic Change in Western India 1860-1920*, 1983, pp. 249–260.
(131) S. Guha, *op. cit*., pp. 58, 9.
(132) *Ibid*., p. 58.
(133) A. Mackay, *Western India, Reports addressed to the Chambers of Commerce of Manchester, Liverpool, Blackburn, and Glasgow*, 1853, p. 357.
(134) ナショナリスト的論者の草分けともいうべき，かのロメッシュ・ダットでさえ，次のようにボンベイ管区の地税制度を評価している．「ウィンゲートが彼の権力を穏健に，如才なく，かつ慈愛心を持って行使したこと，および彼が査定に当たって注意深い，熱心な調査を行ったこと，そして彼の査定がデカン農民を 20 年間苦めてきた誤った統治や抑圧から解放したことは，彼の名誉とすべきことである．ウィンゲート卿の名前は，マドラスにおけるマンロー，北インドにおけるバードの名前に比肩するものとしてボンベイで記憶されるであろう．それというのは，彼らの仕事には何ら重大な欠点がなかったからではなく，彼らが全体として，混乱と無秩序が支配的であったところにある秩序を生み出すこと，および今日まで存続しているシステムを作り上げることに成功したからである」．R. Dutt, *Economic History of India*, Vol. 2, p. 65.

第5章 植民地期西部インド農村社会経済構造の変容

5-1 序
5-2 19世紀中葉における経済膨張
5-3 1880年以降の経済構造変化
5-4 小　括

5-1 | 序

　本章の課題は，19世紀中葉より20世紀初頭にかけての西部インド農村社会経済構造の変容について検討することにある．とはいえ，この課題はきわめて大きな検討テーマをなし，綿密な実証作業に伴われるならば，少なくとも独立した一書を必要とするものである．また従来の研究史を振り返ってみると，序章で記した事情にも規定されつつ，各論者によってかなり異なった諸理解が示されてきたとともに，研究蓄積が全般的に薄く，なお未開拓の研究領域がふんだんに残されているという状況にある．そこで本章では，従来の主要な研究業績の内容を整理・検討し，当該期社会経済構造の変容における主要な趨勢について，何らかの見通しを得ることを目的としたい．本章での検討の中心に据えられる研究書は，N. Charlesworth, *Peasants and Imperial Rule : Agriculture and Agrarian Society in the Bombay Presidency, 1850-1935*, 1985である．チャールズワースの書物は319ページからなる大著であるとともに，内容の充実度からしても，今なお植民地期西部インド農村社会経済史研究における最高の研究業績といって良い．本章ではこの書物の内容を丹念に整理・検討することを中心としつつも，他の論者によ

る諸研究をも随時参照し，また可能な限り私見を付け加えることによって，当該期の社会実態解明に至る一過程としたい．

5-2 19世紀中葉における経済膨張

(1) 経済膨張の特質

　西部インド経済は，イギリス支配が開始・拡大されていく19世紀前半において，一般的に沈滞し，ある種の不況状況に見舞われた．その原因は，戦争に伴う社会的混乱に加えて，イギリス支配確立に伴って旧来の支配者層が没落し，彼らの奢侈的消費に需要を見出していた都市手工業が衰退したこと，およびイギリス支配初期における地税制度が，マラータ時代の徴税請負制を踏襲したり，あるいは旧来の記録を鵜呑みにすることによって過重査定に終始したことなどにあった．この間農民による耕作放棄や逃散が相次いで耕地面積は減少した．

　しかし当地経済は1840年代以降，地域による時差を含みつつも，不況を脱し膨張期を迎えることになる．耕地面積拡大，人口増加，物価上昇が開始され，それらはとりわけ60年代前半のアメリカ南北戦争に伴う「綿花ブーム」期において，大きな盛り上がりを見せた．経済膨張は70年代に入るや停滞し，やがて76-8年の大飢饉が当地を襲うことになる．この19世紀中葉における経済膨張の要因として従来指摘されてきたのは次の諸点である．①戦乱の終結に伴う社会的安定，②1830年代に始まる新たな地税制度の実施，とりわけそれが査定水準を大きく切り下げたこと，③鉄道や灌漑設備建設などの公共事業が開始されたこと，④60年代前半の好景気については何より，南北戦争勃発に伴う綿花輸出ブーム．

　チャールズワースの当該期に関する理解は，経済膨張の事実を示しつつも，そこに本質的な社会変化を認めないものである．彼は農業商業化という重要な指標を持ち出しつつ，当該期には「確実で恒久的な商業化の基礎となる質的変化が欠如していた」（p. 141. 以下本文中カッコ内のページ数はチャールズワースの前掲書におけるページ数を指す）と述べ，「農業経済における何らかの重要な革新は示

されず」(p. 142),「単なる経済活動の規模拡大」(p. 74)こそが経済膨張の本質であったとしている．この点の指摘に先立って彼は，経済膨張開始時点での社会的特質として，商品経済はイギリス支配に伴って新たに生み出されたものではないとはいえ，その浸透には大きな制限が課せられていたことを指摘している．それは次の諸点に表現される．①自給的食糧生産の優位．「商品作物栽培は，頼りになる食糧の供給がまず確保されて後にはじめて企てられた」(p. 79)．②農民の貧困および農業に対する自然条件の支配的影響．灌漑設備の欠如など生産条件の劣悪さのために，「ボンベイ農業は天候次第のギャンブルとなり」(p. 76)，そのため豊作時に生じた余剰も，不作時への備えや単なる浪費に充てられ，経営資源の蓄積や生産多様化に結びつかなかった．③物産輸送に適した道路の欠如やモンスーン時の交通途絶などに見られる交通手段の未整備 (p. 79)．④イギリスからの綿花需要動向に例示される，商品作物に対する海外需要の変動性や限定性 (p. 81)．チャールズワースによれば，当該19世紀中葉においても農村経済の以上の諸特質は根強く維持されたことになる．

後述のように彼は，農業商業化の推進力として国内鉄道網整備を重視するのであるが，当該期開通していたのは，ボンベイからアフマダーバードに至る「ボンベイ・バロダ・中央インド鉄道」，およびボンベイから東上して中央州に至る「大インド半島鉄道」という幹線鉄道に限られ，内陸各地を結ぶ支線鉄道が未整備であるのみならず，南コーンカンおよび南マラータ地方には未だ鉄道がまったく通じていなかった．こうした疎らな鉄道網によっては，農民生産と伝統的交易範囲を超える領域との恒常的接触はもたらされなかった．また地域的土地市場が80年まできわめて限定的なものにとどまったことも指摘されている (p. 140)．従ってクマール (R. Kumar) が言うところの，富農への土地移転に表現される「農民の階層分化」（後述）には否定的な解釈が下される．結局当該期の経済膨張は，地税引き下げをはじめとする農業拡大に有利な諸条件に綿花ブームが重なり合って生じたものであるが，それは「南北戦争という特異な状況」(p. 141) による，数年に限定された短期的なものにすぎず，加えて膨張は，先立つ「初期イギリス支配下における経済活動の低レベル」(p. 141) からの回復・復興という側面を持つことによって，基本的に「単なる量的拡大」として現れたというのがチャールズワースの理解である．

当該期の経済膨張をめぐっては，クマール，ハーネッティ (P. Harnetty) およ

びグーハ (S. Guha) によっても独自な理解が示されている．クマールは，当該期における法治主義にもとづく西欧的司法制度の導入や地税制度改革が大きな作用を果たすことによって，農村経済がある本質的な変化を被ったとの理解を示している．彼は，地税制度改革を主導した理念・原理そのものに比重を置いた理解を示しつつ，新たな制度によって農村社会の旧来の一体性・共同性が掘り崩される一方で，個人主義的な向上心や物欲が浸透し，社会階層間の対立が高まったことを指摘する．同時に彼は，農民間の競争促進を狙いとする諸制度内容は，結果的に「有力農民」に有利に作用し，彼らへの土地所有権の移転を促すことによって「富農層の成長を刺激した」と述べて，何程かの農民の階層分化が生じたとの理解を示している[1]．

続いてハーネッティは，綿花ブーム期の耕地拡大を強調しつつ，拡大は食糧作物等の綿花以外の作物を犠牲にした綿花栽培への集中ではなく，ブームのもたらした農産物高価格に刺激された全般的な耕地拡大であったと述べる[2]．またブーム終了後も綿花の栽培面積や海外輸出量，および他の作物を含めた耕地面積全体がブーム以前より高水準を保ったことから，ブームはそれが終了した後も，ある程度持続的な影響を農業生産に与えたとする[3]．これに対して膨張要因をもっぱら地税切り下げに求めるのがグーハである．彼の検討対象であるデカンでは概ね40年代に地税査定改定が行われた．彼は，耕地拡大が改定直後より始まりつつ，50年代に最も急速に進展し，綿花ブーム期以降では拡大はかなり緩やかになることを数字を挙げて指摘している[4]．同時に彼は，耕地拡大は主に劣等地への耕作拡延によって果たされたために，農業生産性の低下を招き，その意味でボンベイ農業の構造的脆弱性が強められたとしている[5]．

まず耕地拡大の要因に関しては，グーハの主張により説得力があると考えられる．ブーム期の高価格が農業生産を刺激したことは事実であるとしても，ハーネッティは60年代以降の管区全体の耕地面積のみを検討し，管区内各地域における査定改定の時期的相違を考慮に入れていない．査定改定はデカンを嚆矢としつつ徐々に他地域に広げられ，60年代以降でもなお残った地域に拡延されていくので，60年代の耕地拡大の要因をもっぱら綿花ブームに帰せるのは無理がある．この点ではデカンに限定しつつ査定改定期とブーム期との耕地拡大を比較したグーハの論証に説得力がある．また綿作は，ブーム期において，従来栽培に必ずしも適さないとされた地域にまで拡大したが，80年代以降では，栽培により好適な地

域に集中していく傾向を示した．このように綿作に関して，ブーム期とそれ以後ではかなり異なった状況が生じたことから，ブームが長期的に農業生産に影響を与えたとは考えにくい．次に劣等地への耕作拡大についてのグーハの議論は極端にすぎると思われる．明らかに査定改定に先立つ数十年間農村経済は過重査定の下で疲弊していた．既述のように，ダールワール県では査定改定直前で可耕地の半分しか耕作されず，またグーハの検討によれば，1840年から70年までの管区全体の耕地面積増加率は60-70％であった．従って当該期の耕地拡大は，多くの場合，既存の遊休地を耕地として吸収することを通じて果たされたといえよう．とすれば，耕地拡大は，従来過重査定によって局蹐せしめられてきた農村経済が，地税の大幅な切り下げによって潜在的な膨張力を解放され，既存の遊休地を耕地化していったことをもって，最も重要な特質としたと考えられる．そしてこうした耕地拡大に対して，時期的に重なり合った綿花ブームによる農産物の全般的価格上昇が，過程を一層促進することになったといえよう．

(2) デカン農民騒擾と農村経済の変容

　続いて以上の考察を踏まえつつ，クマールの主張する農村経済の「質的変化」について検討しよう．この点では，1875年のいわゆるデカン農民騒擾（Deccan Riots）に関する解釈が一つのポイントとなる．デカン農民騒擾というのは，農民負債の累増を背景として，金貸業者に対する反感が異常に高揚した結果，1875年5月から9月にかけデカン地域3県34カ村で，農民が町村に居住する金貸兼商人，特にマルワーリー（Marwari）やグジャラーティー（Gujarati）などの外来の商人を襲撃した事件のことである．農民は，金貸を威嚇して証文類を奪い取り，時にはその家財や商品を略奪し，家屋に放火し，あるいはその人身にも危害を加えたとされる．上記以外にも60カ村で一触即発の危機が生まれ，全体として千名近くの人々が官憲に捕えられた[6]．イギリス支配開始より50年，地税制度改革より30年を経過した時点におけるこの騒擾は，当該期農村経済のいかなる特質を反映していたのか．

　まずクマールによる理解の重点は，先の理解に沿って，騒擾を西欧的社会原理にもとづく諸制度改革が村落の一体性や共同性を掘り崩し，社会階層間の対立や分化を露わにさせてきたことの表現として捉える点にある．これに対してチャー

ルズワースは，当時土地市場はなお不活発であったとして，土地集積にもとづく階層分化の進展を否定しつつ，他方で騒擾における攻撃対象がもっぱら外来商人に集中し，いわば村ぐるみの外来商人への攻撃であったことを重視している．そこから彼は，騒擾の本質を「なお緊密に結合し，一体性を持った村落共同体のアウトサイダーへの反発」(p. 107) として捉え，騒擾は土地所有関係や社会的権力バランスの変化を示すものではないと主張する (pp. 115, 6)．村ぐるみの騒擾という特質は，深沢宏氏によっても概ね承認されている．深沢氏は，「反乱は一般に村落を単位として生じ[7]」，「村長など村落の首長が反乱を指導し，あるいはこれに参加していた[8]」場合もあったことを指摘しつつ，騒擾の重要な特質を，「農村の地縁的結合力が意外に根強く残存しており，それにもとづいて，いわば村ぐるみで，金貸しに対する反対運動が展開された[9]」ことに見出している．とはいえ深沢氏は他方で，「村の村民が全体としてこれに加わったとは必ずしも思われない[10]」と述べつつ，その理由として，村民のなかに負債を持つ者と持たない者との両者があったこと，そしてこの時点ですでに「負債を負い没落していく人々」と「金貸しを兼業し肥大していく人々」との分化が現れていたこと，また村役人も今や村落の代表者としてよりも，政府から給与を支給される官吏としての側面を強めたことによって，騒擾への参加を逡巡する動機が働いたことを指摘している[11]．総じて深沢氏の理解は次のようにまとめられる．すなわちイギリスによる様々な制度改革の影響下に，村落の一体性の解体や農民の階層分化がすでに何程か始まっていたものの，他方で農民騒擾は，当該時点でそれらが全面化しておらず，その限りで旧来の社会秩序が根強く残存していたことを示したと．

騒擾の背景が単一ではなく，様々な要因が複合したものであることは，各論者に共通理解である．既述の西欧的社会原理にもとづいた司法・地税制度改革に加えて，以下の諸要因が指摘できる．①再査定に伴う地税の引き上げ．地税査定の固定期間である30年が過ぎ，60年代末より地域ごとに逐次再査定が実施されたが，この時期すでに綿花ブームは終了し，当地にはブームからの反動によって物価下落などの不況状況が現れていた．しかるに再査定はブーム期の物価上昇を基準にして50-60％の引き上げを実施したため，農民の収益を一層圧迫することになった．②金貸業者による急速な信用収縮．金貸にとって農民に対する融資の目的は，元利回収とともに，返済に支障が生じた際に収穫物をわがものとし，その販売利益を得ることにあった．とはいえ物価下落は後者の思惑を鈍らせること

になった．元利回収の困難に陥った金貸業者は，土地取得に向かうことによって債権を保全するというより，ブーム期の信用膨張の反動もあって，ひたすら信用収縮に走った．信用収縮の対象には，農民にとって地税支払に充てられるべき融資も含まれていた．多くの農民はなお地税支払に当たって融資に依存せざるをえない状況にあったが，他方で新たな地税制度が滞納に対して土地の没収・競売の励行を定めていたがゆえに，金貸業者による信用収縮は農民にとって従来以上に怨嗟の的となった．以上の①・②の要因より，60年代のブームが終了したところに，時機悪しく地税引き上げが重なり，農民にとってブーム終了に伴う反動が一段と厳しいものとなったことが理解される．とすれば騒擾は，未曾有のブーム状況よりその厳しい反動への移行という10数年間の激しい経済変動との関連で検討される必要があると思われる．

　司法・地税制度改革は現実にいかなる作用を現地社会に及ぼしていったのか．これらの制度改革の基調に込められた伝統的社会原理を解体していく力能は，一様な経済状況の連続においてよりも，むしろ好況と不況との転換を含む激しい経済変動を通じてこそ，より強力に発揮されるといいうる．既述のように司法・地税制度改革を貫いた基調は，経済学的に捉えれば，商品経済社会の基本原理に重なり合うものである．伝統社会の一体性は，商品経済社会の基本原理と背馳し，後者の浸透によって動揺に晒される．同時に商品経済の特質は，生産の無政府性，すなわち激しい経済変動にあり，従って商品経済原理の浸透はそれ自身経済変動を生み出す要因となる．それゆえある地域において商品経済原理が浸透しつつあるところに，外部的要因による経済変動を含んで変動の波が生じた場合，経済変動は内部の商品経済原理と共鳴し合い，変動の振幅を大きく拡大させる．そして商品経済原理と共鳴し合い強められた経済変動こそが，伝統社会の一体性や共同性の解体を促すきわめて強力な要因となる．総じて，商品経済原理の浸透は，外部的要因による変動をも含んだ激しい経済変動と結びつくことによって，伝統社会を解体させる力能を大きく増すことになる．

　以上の考察を踏まえれば，地税制度改革以降の西部インド農村経済の基本的推移は次のようなものであったと想定される．まず地税査定の大幅な切り下げによって，従来過重査定下に局蹐せしめられてきた農村経済の膨張力が解放され，その際耕地拡大は当時なお広大に存在した遊休地によって比較的容易に吸収された．そこでは貧しい農民といえども，かつて自ら放棄した耕地を回復するなどし

て，耕地拡大の恩恵に浴しえたと思われる．経済膨張が従来の沈滞からの復興の側面を持ったこと，および膨張の余地が予め用意されていたことから，この間の農民間競争は激しいものとはなりえず，その意味で農民経営や村落構造の質的転換を促す諸力は弱かったといえよう．そして耕地拡大が一段落した後も引き続いて綿花ブームが農民経営を広く潤し，西部インド農村は60年代末まで深刻な不況を挟むことなく持続的な好況を享受した．ここまでの推移においては，制度改革に込められていた農民間競争を刺激し農民間格差を助長する諸要素は，もちろんその力能を発揮しつつあったとはいえ，他方で全体的かつ持続的な経済膨張によって，それだけ力能の発揮を弱められたと考えられる．確かに当該期の経済膨張には，チャールズワースが言うところの「単なる量的拡大」というべき側面があったのである．さてブームの終了による不況への移行は，ブームの盛り上がりが大きかっただけに，農民にとっては激しい経済変動となって現れた．従って制度改革に込められた力能は，ここに至ってこそ，大いに発揮されることになったといえよう．負債処理に対する厳密な法的手段の援用や，地税滞納には土地没収をも辞さない政府の厳格な徴収姿勢は，ここに至って，ある範囲の農民にとって，現実的脅威としての重みを著しく加えたと考えられる．

　以上より，騒擾の最大の要因は，未曾有の好況からの激しい反動を伴った不況への転換という大きな経済変動が，導入以来徐々に定着しつつあった制度改革の基調と結びつき，両者相まって，とりわけ変動への対応に苦慮し零落傾向を示し始めた農民に対して，きわめて厳しく作用したことにあったといえよう．同時に騒擾が多かれ少なかれ「村ぐるみ」の様相を呈したことは，制度改革の諸原理が現地社会実態に規定されつつ，両者の妥協にもとづく政策実態を生み出していたことに加えて，改革の基調より期待された村落の構造変化が，査定改定以来の好況の持続によって何程か緩和されてきたことを示唆している．とはいえこの時点での経済変動が，制度改革の基調とようやく結びつきながら，これを機に農民の階層分化等の構造変化を本格化させ始めていたことも十分推測しうるところである．騒擾は，クマールおよびチャールズワースいずれの理解とも異なり，「ある質的変化の端緒」として位置づけられねばならない．

5-3 | 1880年以降の経済構造変化

(1) 農民的商品経済の発展

　チャールズワースは，1876年に始まる飢饉が終了した後，1880年代より96年の大飢饉開始までの時期を，「新しい拡大期」と捉えている（p.126）．すなわちこの時期は，綿花ブームを含む世紀中葉の膨張期に比べてテンポは劣るものの，耕地拡大・人口増加・物価上昇が継続的に見られた時期であったとされた．同時に彼は，世紀中葉の膨張を「経済復興および単なる量的拡大」と捉えたのと対照的に，この時期に多面的な「構造変化」が生じたことを認めている．構造変化とは，主に次の3点に関わるものである．①商業的農業の発展，②土地保有態様の変化，③社会階層分化．そして1880年以降進行する構造変化は，世紀末の未曾有の大飢饉を挟みつつも，20世紀に入って大恐慌の影響が及ぶまで，すなわち1920年代まで基本的に継続すると理解されている．

　第1に，「商業的農業はかつてなく着実に発展した」（p.144）．既述のように彼は，19世紀中葉までの商品経済の発展には大きな制約があったという理解を示していた．従って彼にあって商品経済は，1880年以降，以前とはっきりと段階を画した発展を遂げたことになる．では彼は商品経済発展をどのような諸現象のうちに見出したのか．この点では，作物栽培の地域的な集中・特化の傾向が明瞭になったことが重視されている．これは，気候・土壌などの自然条件，および灌漑の普及や輸送の便宜拡大等の社会的条件において，栽培により有利な地域に特定作物の作付が集中する傾向を指し，いうまでもなく社会的分業の発展＝市場関係の拡大・深化を示すものである．例えば綿花は，グジャラートおよび南マラータ地方への集中が見られ，とりわけ北西グジャラートやスーラト県東部のタプティ（Tapti）河平原では，穀物栽培面積を浸食しつつ栽培が拡大された（p.150）．19世紀末以降これら綿作中心地における綿作の耕地面積全体に占める比率は大きく上昇し，それは綿花ブーム期のそれをも上回った（p.150）．ブーム期の巨大な綿

花需要が，自然条件に必ずしも恵まれない地域までをも綿作に動員することで充足されようとしたのに対して，当該期にはそれら地域の綿作比率はブーム期に比して大きく落ち込む一方で，自然条件に恵まれた地域では比率がかえってブーム期をも上回ったのである．従ってここから，新たな水準での生産の地域的特化をもたらすような社会経済構造の重要な変化を窺うことができる．また数少ないとはいえ水路灌漑が可能となった地域で，さらに鉄道輸送の便宜が加わったところでは，砂糖黍・タバコ・落花生などの商品作物栽培が発展した．中央グジャラートやカイラ県東部はタバコの，デカン南部のサタラ県は落花生の，それぞれ栽培中心地となった（p. 151）．そして生産の地域的特化の強まりは必然的に，地域間の過不足を均すべき，従来の市場範囲を大きく超えた，多様な作物を含む大量的な農産物移動を生み出した．その一例として，アフマダーバード県の綿作地帯では，グジャラート南部より新たに食糧が輸入されるようになったといわれる（p. 153）．より遠距離の移動については，鉄道の果たした役割が重要であったと思われる．また商品経済浸透の別の証左として，農産物価格変動における地域間の相関性の高まりも指摘されている．チャールズワースは，グジャラート，デカン，南マラータのそれぞれ1郡におけるジョワールの1866年より1910年に至る価格動向を示して，この点を実証している（pp. 132, 3）．

では商品経済浸透の推進力は何であったか．チャールズワースはそれをもっぱら，当該期の支線鉄道建設を含めた鉄道網の充実に求めている．「鉄道の拡張が，19世紀末インドにおける商業化の全過程を生み出した基本要因である」（p. 144）．とはいえ既述のように，世紀中葉の制度改革がようやく社会変化と本格的に連動しつつ，鉄道の影響力発揮の前提条件となったこともまた重視されねばならない．他方で支線鉄道建設を含めた鉄道網の充実が，商品生産・流通の促進に果たした巨大な意義について異論はない．以下チャールズワースの理解に沿って検討を進めよう．まず南マラータ地方にも初めて鉄道が延伸され，また幹線鉄道から分岐して内陸諸地域を結ぶ支線鉄道が各地で建設された結果，管区全体の鉄道距離は1880年代の10年間だけで，1,562マイルから2,661マイルへとほぼ倍増した（p. 144）．いうまでもなく鉄道は，従来の陸上および河川交通様式の諸制限を大きく突破し，輸送のコスト・スピード・信頼性のいずれの点でも格段に優れた輸送手段をなしている．同時に鉄道が，これまでの疎らな線ではなく，次第に面としての機能を発揮することによって，内陸奥地の村落市場や農民生産をより広くて深

い市場関係に包摂することに貢献したといえよう．事実，鉄道沿線の村落では荷車の所有が増加し，鉄道駅と村落市場や農民生産との連絡に用いられた(p. 145)．またサタラ県では「農産物を村落内で販売せず，荷車で運んでより大きな市場に売り込む」(p. 145)少数の富裕な農民も現れたとされ，一部の農民が市場機会を積極的に利用しようとしていたことが分かる．さらに農産物海外輸出ルートが鉄道輸送に，従ってボンベイ経由に集中するとともに，ボンベイに拠点を置くヨーロッパ系商社が，鉄道によってアクセス可能となった奥地に代理店や倉庫を設置することで，ボンベイ経由海外輸出の便宜を一層拡大した．こうした鉄道の役割を通じて，農村における海外輸出市場向け商品生産が促進された (p. 154)．サタラ県の次の事情は，鉄道が商業的農業発展を強く促進したことの一事例である．すなわちサタラ県は新たに「南マラータ地方鉄道」の通過域となったが，そのうち鉄道沿線となった南西部のヴァルヴァ (Valva) 郡では落花生やタバコ栽培が盛んになったのに対して，鉄道から遠い丘陵地域は依然として旧式の自給的農業にとどまった (p. 154)．従ってまた，農業商業化や経済膨張は，各地域で同様に生じたのではなく，鉄道からの距離等の社会的条件によって自然条件の差異が強化されつつ，地域的不均等を伴いつつ進行したのである．農業商業化ではグジャラートと南マラータがデカンに先行し，デカンではサタラ県が伝統的飢饉地帯に比べて急速であった．

(2) 土地所有権移転の活発化と小作制の拡大

　第2の構造変化は，土地保有態様に関わるものである．まず土地所有権の移転が活発化したことが指摘される (p. 167)．これは第1に，土地売買件数の増加によって確認される．土地売買件数を示す統計は十全ではないが，「確実な推計」として次の数字を挙げることができる．すなわち1880年に売買される土地は全体面積の0.4％を占めていたが，90年代末ではその割合は1.0％以上に増加した (p. 168)．第2に，土地抵当制が発展し，同時に抵当流れによる土地所有権移転が増加したことである．チャールズワースは「土地抵当は信用獲得のより一般的な手段となった」(p. 177) と述べつつ，農業商業化の進展がその促進要因となったことを示唆している．すなわち「農民自身が，商業化の進展および1880年から96年に至る経済膨張に影響されて，信用拡大のために土地を担保として差し出すよう

になった」(p.178).

　その上で土地商品化進展の背景として次の諸点が指摘できる．まず土地所有権獲得の動機として経営拡大を志向する場合があったことである．この点では，農業商業化の先進地域であるサタラ県において，地税改革を通じて村役人としての地位を保ったパテールや，自らの耕作地に対する所有権を強化された自耕作農民の上層（クンビー・カースト）が，商業的園芸農業の経営拡大を図るために土地取得を進めた事例が紹介されている(p.180)．次に土地抵当制発展の背景として，農民とりわけ富農による貸付業務が拡大しつつあったことが指摘できる（p.170）．貸付を行う富農は，商人兼金貸業者に比べて，土地所有権獲得への関心が高かった．すなわち後者が高利を伴った資金回収および収穫物の取得・販売に関心を集中することによって，土地抵当制によらず，個人的信頼関係にもとづきながら，むしろ農民との債権・債務関係を維持していこうとしたのに対して，前者は土地の小作地としての貸出に積極的な姿勢を見せたからである（p.179）．

　また対農民貸付における富農兼金貸業者のシェア拡大は，デカン農民騒擾に衝撃を受けた政府によって生み出された一連の立法措置によっても促進された．すなわち77年の民事訴訟法改正および79年のデカン農業者救済法（Deccan Agriculturalists' Relief Act）である．これら立法の中心的企図は，騒擾の経緯からしても，外来の金貸業者のような非農業的階層への土地所有権移転を規制・制限することに置かれた．すなわちウィンゲートらによる地税制度改革の基調となった，自由な土地所有権移転を万能視する考えは，大規模な農民騒擾が与えた植民地支配の安定に対する脅威を通じて，見直しを迫られたのである．とはいえ後述のように，それらの法律は決して土地所有権移転の抑制には結びつかなかった．ともあれ立法は，上の企図に沿って次の２点に重点を置いた．①農民の権利を強化しつつ，差押えや競売の条件を厳しくすること．②農民の無知につけ込んだ法的諸規定の濫用を防ぐために，債権・債務関係への公的監視を強めること．具体的には①の内容として，担保に入っていない土地の差押え・競売の禁止，農具・役畜の差押え・競売からの除外，債務を理由とする農民の逮捕・拘禁の禁止，農民が破産宣告を受ける途を開くといった規定が，また②の内容として，裁判所による債権・債務関係の追跡調査，債権・債務関係を記録させること，調停委員の任命，出訴期限の延長，民事裁判所の増設が定められた[12]．

　ではこれらの立法措置はいかなる結果をもたらしたのか．第１に，金貸業者は，

様々な規制を受けることによって，とりわけ従来の主流的な貸付形態であった個人的信頼関係にもとづく貸付に慎重な態度をとるようになった（p. 255）．他方で立法は，農民の借り入れの必要性そのものを緩和するものではなかったので，結果的に農民は借り入れに窮し，特に信用力に乏しい貧農が大きな打撃を受けた（p. 256）．第2に，金貸業者は慎重を期すために，貸付に当たって土地担保を重視するようになり，それはまた，抵当に入っていない土地の差押え・競売を禁止する規定によっても促進された．こうして上記立法措置は土地抵当制の発展に寄与し，結果的に立法の意図に反して土地所有権移転を活発化させる一要因となった（p. 256）．また土地抵当制の発展は，土地所有権獲得に積極的な富農兼金貸業者の貸付業務におけるシェアを拡大させた．第3に，貸付に当たって，農民の信用力や資産状況に関する詳しい情報の重要性が増した．この点では，外来の金貸業者よりも富農兼金貸業者の方が，業務展開に有利な条件を備えていた（p. 257）．こうして信用収縮は主に外来の金貸業者によって惹き起こされ，富農兼金貸業者のシェアが拡大した．総じてデカン農民騒擾を契機に制定された金貸業者規制法は，土地抵当制の発展と富農兼金貸業者による貸付業務拡大をもたらし，結果的にとりわけ富農兼金貸業者への土地所有権移転を促す一要因となったのである．

　以上の諸経緯を通じて，土地保有態様における変化として，1880年以降小作制が着実に拡大したことがチャールズワースによって指摘されている（p. 176）．とはいえこの点を統計的に確認することは決して容易ではない．その理由の一端は，地税徴収を重視し，かつ土地所有権の自由な移転促進を標榜していた植民地政府にあっては，地税納入義務を持つ者のみが土地所有権者として認められ，それを持たない小作人には余り大きな関心が払われなかったからである．チャールズワースは，1880年代より1910年代の間に小作人が大きく増加したことを示す幾つかの郡の統計とともに，プーナ県ジャンナー（Junnar）郡の『査定報告書』*Settlement Report* における記述を紹介している．後者は1883年に「土地の又貸し（sub-letting）の例は非常に少ない」と述べたのに対し，1916年には「土地の又貸しは広範に行われている」と記していた（p. 176）．

　次に小作制拡大は，農民にとっての地税負担率の変化と相関しながら進行した．19世紀中葉の改革以来地税査定は30年ごとに改定されることになったが，改定は直前の比較的短期的な経済状況を勘案して行われた．例えば綿花ブーム直後の改定は大きな引き上げを伴ったが，逆に世紀末の大飢饉直後の改定では引き上げ

率は低く押さえられた．ボンベイ管区の地税徴収総額を見ると，それは1856/7年から1890/1年までの30年余りの間に約60％増加した(p. 264)．とはいえ他方で，既述のように世紀中葉にかなりの耕地拡大が達成され，また世紀後半において農産物価格が着実に上昇したので，単位面積当たりの実質的地税負担の増加率は60％という数字を相当下回ることは疑いない．チャールズワースは「エーカー当たりの実質的地税負担は，19世紀後半を通じて，きわめて定常的であった」(p. 264)と述べている．さらに小作制拡大に拍車のかかる20世紀初頭においては，物価が一層急速に上昇し，「1900年から20年までにエーカー当たり実質的地税負担はかなり軽減された」(p. 265)．従って地税は農民の剰余生産物に対して，そのより小さな割合のみを占めるようになったのであり，それだけ地主取り分となりうる剰余部分が増加したといえよう．すなわち実質的地税負担の軽減は，地主制を存立せしめる条件をそれだけ整備したのである．

　以上の諸事情より示唆される地主―小作制の拡大は，当該期の農業構造変化に含まれた，次の特質を物語っている．すなわち，経済変動を通じて農民の間に「分化傾向」が現れ，また実質的地税負担の軽減によって農民の手により多くの剰余生産物が残されたとしても，それらの変化が，農民の資本家的農業経営者と近代的賃金労働者との分解に全面的に結びつくのではなく，上昇傾向にある農民による土地集積を通じて，なお小経営農民の維持を前提とし，彼らより剰余生産物を収取する中間的地主的土地所有形成へと向かうベクトルが根強かったことである．このベクトルは，当該期における現地社会構造が持った主要なダイナミズムが，なお小農民経営にもとづく封建的農業構造を再生産する方向性を含んでいたことに規定されたものである．農民間の「分化傾向」や農民的剰余の拡大が中間的地主的土地所有の形成に結びついた限りにおいて，地税制度改革後の農業構造変化は，改革の企図に沿った農業進化をもたらさなかったといえよう．

(3) 社会階層分化

　以上の諸変化を辿るなかで，当地の社会階層構造はいかなる変化を示していたのであろうか．この点についてのチャールズワースの結論的主張は，住民における何らかの経済格差の存在とその拡大傾向を認めつつも，他方で住民全体における繁栄の共有や所得水準の全般的上昇を強調し，かつ資本家的農業経営者と賃金

労働者とへの農民層両極分解について否定的な解釈を与えるものであり，総じて社会階層分化の顕著な進行を結論づけるものではない．

　まず階層分化において上昇を遂げていった人々──農村においては概ね「富農」と表現されうる──について，チャールズワースは「富農の実体はまったく多様」（p. 192）であり，「この言葉を正確にある社会階層の呼称とするなら，それはひどく誤解を招くものである」（p. 192）と述べて，富農概念を必ずしも明確にしていない．とはいえ彼の叙述には，以下のような富裕度を高めていった人々が描かれている．まずデカンでは，郷主および郷書記と呼ばれた在地領主層が村落支配力を大きく低下させたこともあって，納税義務者に選定されつつ自耕地に対する所有権を強めた一般農民（主としてクンビー・カースト）のなかから，商業的農業を積極的に展開し，あるいは金貸業務に力を注ぎつつ土地所有権を集積していった人々の台頭が指摘されている（p. 201）．またグジャラートでは，いわゆる分有農民が，「商業的農業発展の流れに巧みに乗りながら」（p. 202），経済的優位性を強めたとされる．とはいえチャールズワースにあっては，分有農民の富裕化と商業的農業発展との関連が具体的に分析されていない．深沢氏もまた，分有農民が「19世紀末から20世紀前半にかけて，英領グジャラートの代表的な富農層として発展して行くことになる[13]」という展望を示されたが，その詳細な分析は果たされなかった．この点の分析はわたくしにとっても今後の課題とせざるをえない．続いて社会的上昇を果たしていった住民には，元来下層カーストに属しながら，商業的農業において成功を収めた人々が含まれていた．すなわちプーナ県の水路灌漑地帯において砂糖黍栽培を行ったマーリ（Mali）や，同じくプーナ県西部の丘陵地で染色や皮なめしの原料となる果実（myrabolam）を栽培した，山間部族民（tribes）出身のコーリー（Koli）である（p. 165）．

　他方でチャールズワースは，マルワーリーやグジャラーティーのような外来の商人兼金貸業者による土地集積が増大したことを認めつつも，彼らによる集積は，当該期の土地集積全体にさほど大きな比重を占めるものではないとしている．というのは，彼らの土地集積は政治的・商業的中心地およびその周辺部に偏る傾向にあり，他方で商業的農業が発展した農村地域では，農民からの土地需要が強く，それだけ彼らによる土地獲得が困難であったからである（p. 199）．こうしてチャールズワースは，土地集積の推進者を，彼らよりもむしろ富農に求める理解を示した．

総じてチャールズワースは，商業的農業の積極的展開によって致富を果たした人々の存在を指摘しつつも，他方でクンビー・カーストや分有農民がイギリス支配政策を通じて土地所有権や様々な特権を維持・強化した側面を持つことから，「既存の村落指導者」(p. 203) にして「伝統的土地所有者」(p. 202) による「支配の継続」(p. 6) を主張し，新たな社会変化にもとづく階層構造変化を重視する立場をとっていない．とはいえすでに指摘したように，彼にあっては，社会的上位者と当該期の社会構造変化との関連に十分な分析が与えられていない．社会的上位者の顔ぶれが余り変化しなかったことと，彼らの存立基盤が従来通り維持・再生産されたこととは同じではない．彼の叙述を通じても，後者に少なからぬ変化が生じたことを読み取ることは可能である．さらにそこには，新たな社会変化を梃子に台頭を果たした人々の指摘も含まれている．従って社会階層構造の変化に関わって「既存の支配者の存続」を指摘するだけでは，一面的である．

　次にチャールズワースは，農民層の両極分解について否定的な解釈を示している．彼によれば，「農民層の恒久的な両極分解はもたらされず」(p. 185)，また「農業商業化の進展は小農民社会 (peasant society) を維持することに貢献した」(p. 94)．こうした理解の根拠とされたものは次の諸点である．

　第1に，農民は土地所有権を喪失した後に小作人となったケースが多く見られたことである．彼の理解に従って小作制拡大を認め，かつここで小作制の内容に詳しく立ち入らないとすれば，確かに小作農民は土地所有権を喪失しても，自らの耕作によって自立的再生産を果たす小農民の地位を保ったことは疑いない．

　第2に，いわゆる「土地無し労働者層」landless laboring class と規定される人々の間に生じた変化である．まずダラマ・クマール (D. Kumar) が南インドについて主張したように[14]，土地無し労働者といわれる人々は西部インドでも旧くから存在したこと，すなわち土地無し労働者層は，決してイギリス支配下に新たに創出されたのではないことが指摘される (p. 180)．そうした存在の事例としては，グジャラートのスーラト県を中心にブローチ県の一部にも見られたハーリ (hali) と呼ばれる人々があった．彼らはこの地方の先住部族民 (tribes) の出身で，アナヴィル・ブラーフマン地主やクンビー農民に親子代々従属し，住居・食事・前貸金などを与えられつつ農業労働や主人の家で家内仕事を行った．彼らは，人身的拘束のきつい奴隷に近い存在であった．

　なおここでハーリについて次の2点を指摘しておきたい．第1に，ハーリのよ

うな住民は，管見の限り，グジャラートの一部地方に中心的に存在し，デカンや南マラータ地方では比較的少なかったと思われることである．そしてこうした住民は，西部インド全体を通じて見た場合，南インドに比べて明らかに少数であった．第2に，ハーリの祖先は元来，定着農耕村落の外側で生活する「山の民」であった．ハーリはそうした「山の民」が徐々に農耕社会に包摂されつつ，その最底辺に位置づけられたものである[15]．以上の二つの事情より，当該期に至る西部インド農村社会全体において，ハーリのような住民が，どこでも，かつきわめて旧い時代より，農耕社会の支柱となり続けてきたと考えることはできない．この点に関わっては，南インドと西部インドを同列に論じることはできないであろう．

　続いてチャールズワースによって，従来土地無し労働者と見なされてきた下層民のなかから，新たに土地を所有したり，あるいは小作地を獲得することによって，いわば小農民として自立化していく人々が現れたことが指摘される (p. 183)．上述した灌漑地帯において砂糖黍栽培を進めたマーリが，その一例である．あるいは旧来の下層民や一旦零落して土地を失った農民が，出稼ぎによる賃労働を通じて貨幣を蓄えつつ，土地を購入したり，あるいは失った土地を買い戻した例もあるとされる (p. 184)．こうしてチャールズワースは，一方で「負債の累積にもとづいて下層へ零落する農民がいた」ことを認めつつも，他方で「農業経営拡大のために，（土地無し労働者の状態から）新たに小作地を借りる人々もいた」として，商業的農業の発展・農民負債の累増・小作制の拡大といった社会構造変化は，住民にとって「上方および下方への両方の変化に結びついた」と主張している (p. 185)．つまり彼によれば，社会変化は，土地を喪失し労働者に零落する農民とともに，旧来の土地無し労働者層から小農民に上昇する者との両者を生み出し，この二つの傾向が相殺された結果，土地無し労働者の顕著な増加は見られなかったということになる[16]．こうした理解は，今ここで南インドと西部インドとの区別を考慮しないとすれば，農民の存在態様が，以前から存在してきた一定数の「土地無し労働者層」の新たな動向からも規定されたことを示し，平板な小経営農民の両極分解論をはるかに超えるリアリティを持っている．

　とはいえ，その上で問題とされるべきは，「土地無し労働者層」の社会的規定性に変化がなかったかどうかという問題である．チャールズワースの叙述による限りでも，ボンベイの紡績工場で働くための出稼ぎ，および移民の増大 (pp. 119,

148）や，より自由な労働市場の形成に伴うハーリ・システムの崩壊（pp. 222, 3）が指摘されている．19世紀後半におけるハーリの変容および解体傾向については，プラカッシュ（S. Prakash）にも同様の指摘がある[17]．従って同じく「土地無し労働者」とされる人々であっても，当該期間を通じて，人身的拘束の強い家内奴隷的存在が徐々に影を潜め，代わって近代的賃金労働者としての態様に近づく者が増えるという変化が進行していたのではなかろうか．さらにチャールズワースは，工場労働者となった者でも，土地から完全に切り離されることなく農繁期に帰村して農作業に従事した場合については，むしろ彼らが農民の地位を保ったという側面を重視して理解している（p. 220）．とはいえ，やはりこうした存在は，「半プロ層」の形成として，従来の農民態様とは区別されるべきであろう．以上に示された農民の諸動向には，単に「小経営農民」と「土地無し労働者」との既存の比率が維持されたというにとどまらない，伝統的社会構造の解体を内容とする動態変化が含まれていたといえよう．

第3に，農業集約化の傾向が，小農民の維持に結びついたことである．ここではいわゆる「土地保有の細分化傾向」についての独自な理解が示されており，それとの関連で検討したい．周知のように，19世紀末以降の農業公式統計は，5エーカー以下の保有地の増加といった，「土地保有の細分化傾向」の急速な進展を示している．従来その要因は，均分相続の慣習や人口増加に伴う土地圧力の強まりにあるとされてきた．そして耕地の細分化は，インド農民窮乏化の端的な証明として捉えられることが多かった．

これに対してチャールズワースは，次のような独自な理解を示している．まず総耕地面積の推移と人口総数の変化とを対照すれば，農民1人当たり保有地規模の急速な縮小は起こりえないものである（p. 233）．公式統計は，農民1人当たりの保有地規模（holding）と，ひとまとまりの耕地としての耕作単位（plot）とを区別していない．現実に進行していたのは，一方で耕作単位の縮小であったとともに，他方で個々の農民が耕やす耕作単位数の増加であり，従来いわれてきた「土地保有の細分化」は前者のみから判断されたものである．すなわち農民は，空間的に離れた数カ村にも分散する，より小さな耕作単位をいくつか耕作するようになったのであり，それらを併せた保有地面積に大きな変化はなかった（p. 233）．ではこうした土地保有状況はいかにして生み出されたのか．ここで参考になるのは，この現象が灌漑地のような商品作物栽培に適した肥沃地においてより顕著で

あったことである（p. 235）．従ってこの現象は，商業的農業の発展および社会的流動性の高まりに伴って，農民が商品作物栽培に適した土地を村落の境界を超えて競って求めるようになったことを背景としていた．そして農民は小さな耕作単位に対して，労働や肥料をより集約的に投入することで生産性上昇を図ろうとした（p. 236）．こうしてチャールズワースによれば，商業的農業の発展は，農業の大規模化を推し進めたというよりも，むしろその「副産物」（p. 235）である耕作単位の縮小を通じて農業集約化を促進し，それだけ小経営の存続に貢献したのである．

　以上の理解が示しているのは，一方で「小経営の存続」が主要な趨勢であったこととともに，他方でその経営構造にまで立ち入ってみれば，それが以前に比べてかなりの変化を遂げたことである．すなわち以上の理解は，農業商業化の進展，および生産の集約化による農業生産力の発展を事実上強調するものとなっている．とはいえ「小経営の存続」を前提するならば，小農民経営には小さからぬ自給的生産＝消費部分が伴われるがゆえに，それだけ農民的商品経済の発展に制約が課せられたといわねばならない．なお以上に指摘された農業の集約化傾向については，チャールズワースも言うように（p. 298），近代アジア農村を通じた特質との関連で深められる必要がある．

5-4　小　括

　チャールズワースは，植民地支配下の西部インド農村経済について，19世紀中葉と1880年以降とを区別しつつ，後者の時期において，支線鉄道建設を含めた鉄道網普及を重要な契機として，多様な構造変化が生じたことを実証しようとした．明らかに彼はインド社会停滞論に与するものではなかった．伝統的社会構造が商品経済浸透を基礎過程として掘り崩され，社会的流動性が高まったとする理解は，彼の強調点の一つである．

　とはいえ他面で，経済発展や近代化の進行という基準に照らした時，彼の当該経済構造変化に対する評価は，決して積極的なものではない．すなわち農業技術の停滞・農民層両極分解の弱さに伴う小農経済の存続・伝統的村落指導者の生き

残りが強調されたからである．こうした彼の評価を受けとめる上では，まず彼の方法的観点に注意が払われねばならない．彼はこうした評価を下すに際して，二つ地域との国際比較の観点を念頭に置いていたと思われる．一つは日本の明治期以来の発展との比較である．彼によれば，インドと日本とは地主制支配社会を出発点とした点で共通であった．しかし日本の発展は，インドにいずれも欠如していた次の諸事情によって可能になったされる．①地場手工業部門の発達と農業発展とがリンクしていたこと，②生糸のように継続的な海外需要を享受した農産物があったこと，③政府が積極的な工業育成政策を実行したこと(p. 203)．第2に，西ヨーロッパの経済発展との比較である．すなわち彼は結論的主張として次の表現を用いている．「（西部インド農村では）経済的多様化や変化は起こった．しかし発展の見地からすれば，多くの西欧社会に見られた革命的結果は生まれなかった」(p. 1)．あるいは彼の両極分解否定論が，「インド農民は脱農民化したのでも，大規模な資本家になったのでもない」(p. 7) という表現をとる時，彼の念頭には西欧における分解の順調な進行がイメージされていたといって良い．両極分解の否定こそは，西欧と対比されたインド的特質として強調された点であった．

　しかしながら，すでに本書序論で指摘されたように，「植民地期における経済発展の有無如何」という問題と，「国際比較の観点から見た経済的推移の特質如何」という問題とは区別されねばならない．前者の問題に関しては，チャールズワースの分析を丹念に読む限り，当該期を通じて伝統的社会構造が弛緩・解体し，そのうちから新たな社会的生産力と，それを担う近代的社会関係とが，徐々にではあれ，発展してきたことを物語る数多くの事実を見出すことができる．その主要な内容は，農民的商品経済の発展，国内商品流通の拡大，家内奴隷的労働態様の解体，土地から切り離されつつある半プロ層の形成，農業集約化にもとづく生産力拡大などであった．わたくしは，これらの内容を理解するに当たって，チャールズワースが指摘した諸事実をむしろ素材として利用しつつ，必ずしも彼の理解にこだわることなく，わたくしなりの解釈を与えてきた．他面でインドが，上の内容を伴う経済発展を通じて，20世紀初頭までに急速な近代化を達成したとは到底いえないことも明らかである．その端的な証明の一つは，農民的剰余の拡大が，必ずしも全面的に農業構造の近代化に結びつくことなく，むしろ中間的地主的土地所有形成に向かう趨勢を示したことである．この点は，わたくしが第3章で確認した現地社会経済構造の変化の方向性が，19世紀中葉以降においても，なお根

強かったことを物語っている．本章では「国際比較の観点」に十分留意することができなかったとはいえ，この観点を深める上でも，まずもって，当該経済構造変化における「発展の側面」と「停滞の側面」とを正しく識別することが必要である．上記の二つの問題を混同しつつ，いきなり「インド的特質」の指摘にのみ傾斜することによっては，「国際比較」をも全うすることはできないであろう．

　総じて本章では，僅かな検討にとどまったとはいえ，地税制度改革後より20世紀初頭に至る西部インド農村社会経済構造の変容について，次のような見通しを得ることができた．第1に，徐々にではあれ，伝統的社会構造の弛緩・解体が進行し，それに代わって近代的社会関係の成長が認められたことである．第2に，中間的地主的土地所有の形成が示すように，伝統的社会構造の基本的特質を再生産させる方向性を持つベクトルもまた，依然として機能していたことである．当該期の社会経済構造の変化は，さしあたりこの二つの方向性を重層的に含みつつ進行したといえよう．最後に19世紀中葉における地税制度改革の諸内容は，世紀中葉を通じた持続的好況や，上の後者のベクトルを含めた様々な状況に規定されることによって，直ちに近代的社会改造を強力に推進するものとはならなかった．とはいえそれは，20世紀初頭までの長期をとってみれば，鉄道の普及等の他の諸条件とも組み合わされながら，近代的社会改造を促進する重要な要因の一つとなったと考えられる．

第5章　註

(1)　R. Kumar, *Western India in the Nineteenth Century : A Study in the Social History of Maharashtra*, 1968, ch. III.
(2)　P. Harnetty, 'Cotton Exports and Indian Agriculture, 1861-1870', *Economic History Review*, 24, 3, 1971, p. 415.
(3)　*Ibid.*, p. 415.
(4)　S. Guha, *The Agrarian Economy of the Bombay Deccan 1818-1941*, 1985, pp. 58, 9.
(5)　*Ibid.*, p. 83.
(6)　深沢宏『インド農村社会経済史の研究』，1987年，220ページ．
(7)　同上書，238ページ．
(8)　同上書，223ページ．

(9) 同上書, 224 ページ.
(10) 同上書, 238 ページ.
(11) 同上書, 239 ページ.
(12) 以上については, 同上書, 243 ページ参照.
(13) 深沢宏『インド社会経済史研究』, 1972 年, 456 ページ.
(14) D. Kumar, *Land and Caste in South India, Agricultural Labor in the Madras Presidency during the Nineteenth Century*, 1965.
(15) 小谷汪之『インドの中世社会』, 1989 年, 217-24 ページ参照.
(16) こうした現象については, 柳澤悠氏によって南インド・タミルナードゥ州を対象として詳細に実証されている. 柳澤悠『南インド社会経済史研究』, 1991.
(17) プラカッシュは, 19 世紀後半における商業的農業の発展が貨幣賃金を普及させることによって, ハーリ制度の変容を導いたとの理解を示している.「一旦商業的農業が拡大し始め, 食糧穀物が現金で購入されるようになると, ハーリの報酬は必然的に貨幣換算され, また雇用主の側も現金収入の増加によって貨幣賃金を支払うことが可能になる」. S. Prakash, 'The Evolution of Agrarian Economy in Gujarat 1850-1930', Ph. D. thesis, Cambridge University, 1983, p. 255. また彼は, 1879 年のカイラ県の記録を引用しつつ, ハーリの世襲的性格の希薄化を指摘している.「今や 20-25 ルピーの前貸のために1年以内の期限で働くことを誓約する貧しい労働者が存在する. その期間彼らは雇用主によって食事と衣類を提供される（傍点はわたくし）」. *Gazetteer of the Bombay Presidency*, Vol. III, Kaira, 1879, p. 63, quoted in ibid., p. 156.

第3部

植民地インドにおける綿花開発と世界市場統合

大インド半島鉄道（Great Indian Peninsula Railway）の西ガーツ山脈付近の光景（1860年代）
　（出所：I.J. Kerr, *Building the Railway of the Raj 1850–1900*, 1995）

第6章 インド綿花開発における諸困難と開発の本質

6-1　序
6-2　綿花開発の諸困難と農民経営構造
6-3　綿花開発の諸困難と国内流通・市場構造
6-4　綿花開発の諸困難と世界的市場構造
6-5　カーナックによる外国綿種移殖政策に対する評価
6-6　綿花開発の全体構造と本質

6-1　序

　第3部では，19世紀中葉より後半に至るインド綿花開発政策の展開を検討対象に据えつつ，序章で述べた方法的観点にもとづき，かかる局面より窺われるイギリス資本主義と植民地インド経済との絡み合いの諸相，およびその絡み合いを通じたインドの世界市場統合過程が持った特質について考察する．

(1)　インド綿花開発の諸前提と第3部の研究の目的

　植民地インドを対象とする綿花開発政策は，何より，本国イギリスにおいて産業革命を主導し，以来イギリスの基軸的産業となってきた綿工業の利害より要請されたものであった．イギリス綿工業にとって，原料たる綿花は国内ではまったく生産されず，その供給はことごとく海外に求められた．第6-1表は，産業革命期以来のイギリスの綿花輸入量および輸入先の地域別分布の推移を示したものである（1梱＝400重量ポンド）．輸入量は，産業革命の展開につれて順調に増大するとともに，1830年代あたりから増大のテンポを一段と速めた．1870年代後半の

第 6-1 表 綿花輸入先の地域別分布

(単位：1,000梱)

	アメリカ	ブラジル	英領西インド諸島	地中海諸国	インド	その他	合計
1786-90	0.1(0.2)	5(7.9)	45(70.8)	13(20.4)	0.5(0.8)		64
1796-1800	22(24.1)	11(11.4)	33(35.2)	17(18.5)	8(8.9)	1(1.9)	93
1806-10	107(53.1)	33(16.1)	33(16.2)	3(1.3)	26(12.8)	2(0.5)	202
1816-20	166(47.3)	55(15.9)	24(6.8)	1(0.3)	94(26.7)	10(3.1)	351
1826-30	434(74.5)	61(10.4)	13(2.2)	16(2.8)	56(9.6)	2(0.5)	582
1836-40	921(79.9)	52(4.5)	3(0.3)	19(1.7)	146(12.7)	10(0.9)	1,151
1846-50	1,247(81.1)	58(3.8)	2(0.1)	31(2.0)	196(12.8)	3(0.2)	1,537
1856-60	2,173(77.1)	55(1.9)	2(0.1)	90(3.2)	480(17.0)	22(0.8)	2,822
1866-70	1,411(43.2)	190(5.8)	8(0.2)	363(11.2)	1,218(37.3)	74(2.2)	3,265
1876-80	2,589(71.1)	85(2.3)	2(0.1)	402(11.0)	510(14.0)	51(1.4)	3,640

注) 数量は 5 年間の年平均値．またカッコ内は合計に占める割合（%）を示す．
出所) T Ellison, *The Cotton Trade of Great Britain*, 1886, repr. 1986, p. 86.

輸入量は，産業革命開始期である1780年代後半のそれに比べて，58倍にも達している．次に輸入先の地域別分布を見ると，当初英領西インド諸島からの輸入が多かったが，その後西インド諸島のシェアは急速に低下し，代わってアメリカ合衆国（以下「アメリカ」と表現する）・ブラジル・インド等からの輸入が増えていった．なかでもアメリカは1820年代後半以降全体の70-80％を供給するようになり，アメリカの圧倒的シェアが確立した．アメリカでは，元来の土地の低廉性に加えて，1793年ホイットニー（I. Whitney）によって鋸式綿繰機（saw-gin）が発明されたことにもとづいて，大規模奴隷制綿花プランテーションが急速に拡大し，安価なアメリカ産綿花が大量にイギリスに流入するようになった．これに対し他の地域は，ひとりインドを除いて，19世紀中葉には輸入先として殆ど姿を消すことになった．インド産綿花の輸入は，19世紀に入るや徐々に増大し，世紀前半を通じてほぼ10％余りのシェアを維持している．こうして19世紀中葉に至れば，イギリス綿工業に対する原料綿花供給は，アメリカをほぼ独占的供給者とし，それをインドが補完するという構造を持つことになった．とはいえそれは，イギリス綿工業にとって必ずしも綿花の安定供給を意味しなかった．というのも，何よりイギリス綿工業の発展がきわめて急速であったことに加えて，アメリカへの過度の依存が，当地における不作や政変等の不慮の障害を通じて，突然の供給量減少をもたらす危険性を孕んでいたからである．こうしてイギリス綿業資本によるイ

ンド綿花開発への期待は，世紀中葉までに大きく膨れ上がっていった．総じて，産業革命を主導してきたイギリス綿工業は，19世紀中葉に至って，いよいよ突発的膨張力を獲得し，それに伴って販売市場を一層広く世界諸地域に求めるとともに，原料綿花調達の拡大と安定を目指して，アメリカ南部に並ぶべく期待される別の供給源確保を望んでいた．いずれの願望にとっても，インドこそはその主要な標的にほかならなかった．この時期に至って英印関係は，本国の主導的産業資本たる綿業資本との一層強固な連携の下に展開されるとともに，それを通じてインドはますます緊密に世界市場に結びつけられていくのである．こうして綿花開発政策こそは，かかる英印関係の特質によって直接に導かれ，その展開と帰趨のうちに，この特質の具体的内容を形成していった政策であったといえよう．わたくしが綿花開発政策を検討する主要な目的は，この展開過程に含まれる，イギリスの支配的産業資本とインド植民地支配との関連，および前者の主導によるインドの世界市場統合の，それぞれ具体的な様相を明らかにすることにある．従って第3部では，さしあたりイギリス産業資本利害の展開を主軸に据え，かつそれと他の諸利害との絡み合いに留意しながら，検討を進めていきたい．

　他方インドは，いうまでもなく「人類史における綿工業の発祥地」として知られ，綿花はほぼインド全域で栽培されるとともに，殆どの農民が綿作に携わってきた．従来インドの在来綿工業は，主に以下の三つの部面において営まれてきた．①農家家内副業としての綿工業．農民は自ら栽培した綿花から，衣類をはじめ寝具・敷物・カーテン・覆いといった様々な日用品を自作し，また綿花の種子を家畜飼料として用いた．続いて概ね専業的かつ商品生産としての綿工業には，次の②・③が含まれていた．②農村に居住する紡績工および織布工カーストによって担われ，農村住民向けの粗布を生産する綿工業．第3章で述べられたように，彼らは，従来の農家副業から次第に専業化されつつ成立した，商品生産としての綿工業を担い，職種ごとに与えられた独自のカースト編成と営業独占権とに規制されていた．③一部の都市に居住する職布工カーストによって担われ，現地支配者層による奢侈的消費およびヨーロッパ輸出市場向けを含めた高級綿布を生産した綿工業．この綿工業は，製品特性からして，王侯貴族の居住地や海港地に立地することが多かった．また織布工は農村の織布工同様，共同体規制の範囲内で営業したものの，他面で彼らは熟練職人としての高い生活水準と社会的名声を享受していた．

インド産綿花が海外へ輸出される端緒は，18世紀末にイギリスの営む中国茶貿易の対価として中国へ輸出されたことによって与えられた．とはいえその輸出量は僅かなものであり，19世紀中葉までのインド産綿花輸出は，主としてイギリス綿工業からの需要に牽引され，その発展とともに拡大した．従ってインド産綿花は，イギリスへの輸出が増大するまで，殆ど国内で消費されたといえよう．

　さて上に示した在来諸綿工業のうち，③が生み出すヨーロッパ向け綿布こそは，17世紀以来長らくイギリスを含めたヨーロッパとインドとの貿易における主軸的商品となってきたものである．それはイギリスにおいて「キャラコ・ブーム」を呼び起こす程の人気を博した．イギリスの関連業者はこぞってインド産綿製品の模倣に励み，そのことが繊維産業における技術革新を生み出し，やがてそれを通じて産業革命が開始されることになる．マントウ(P. Mantoux)が言うように，イギリス綿工業とは，まさしく「インド貿易が生んだ娘[1]」にほかならなかった．こうして，インドは「綿工業の祖国」であるとともに，ヨーロッパから見て久しく「世界に冠たる綿工業大国」となってきたのであるが，イギリス産業革命による綿工業における機械制大工業の確立は，従来「東から西へ」向かっていた綿製品の流れを，「西から東へ」と逆転させた．綿工業の世界的産業覇権がインドからイギリスへと移行し，インドがイギリスにとって綿製品供給国から，綿製品市場および原料綿花供給地へと転換していったことは，機械制大工業が生み出す圧倒的な生産力に規定される近代的世界市場の創設を，何にも増して雄弁に物語る，世界史における最もドラマティックな転換の一つであるといって良い．われわれの検討対象となるインド綿花開発過程とは，こうした転換劇の重要な一局面をなすものである．さらに綿工業における世界的産業覇権をめぐっては，ここでのインドからイギリスへの覇権の移行を皮切りとして，以後様々な国・地域が盛衰を重ね，その覇権の帰趨が，時々の世界経済構造や政治的覇権を含めた世界秩序構造を強く規定することになる．そしてインド綿工業について見ても，それは19世紀を通じて，ひたすらイギリス綿工業に圧倒され衰退を続けたわけではない．19世紀後半以降インドにおいても機械制綿工業が徐々に発展し，やがてその発展は，イギリスとの経済関係や，アジア全域に亘る経済構造を大きく変えることになる．すなわち19世紀を通じた綿工業をめぐる英印関係史は，両国にとってそれぞれ「発展」・「衰退」・「復活」等の諸側面を含んだ，きわめて複雑な航跡を辿るのである．従ってわたくしがインド綿花開発過程を検討する別の目的は，世界産業史

上に特筆すべき，19世紀における英印両国綿工業の国際的隆替史を，さしあたりインド綿花開発の側面から窺われる限りで具体的に分析することにある．

(2) インド綿花開発の諸経緯

　イギリス綿業資本はインド綿花開発に何を期待したのか．すなわち彼らが綿花開発政策に込めた基本的政策志向とは何か．それは，まずさしあたり，イギリス綿工業の需要に適合した品質を持つインド産綿花をより多くイギリスへ輸出することにあったと表現できる．インド産綿花は，いわゆる短繊維綿花が多いために機械制紡績による高級品生産に不向きであるとされ，また紡績過程において高い割合で屑が発生するために生産効率に劣り，さらに様々な雑物が混入したり汚れが甚だしかったといわれている．そうした品質上の問題から，綿業資本は単に既存のインド産綿花の輸入増加をもっては満足せず，インド産綿花の品質改良が是非とも必要であると認識していた．とりわけ彼らは，現状において原料の主体をなすアメリカ産綿花と同様な綿種がインドにおいて栽培されることを望んだ．つまりアメリカ綿種をはじめとする優良な外国綿種のインドへの移植と普及に，彼らの基本的政策志向の重点が置かれたのである．以下，外国綿種の移植に関わる取り組みを中心として，南北戦争終結時に至る綿花開発の経緯を概観しておこう．

　北西州の東インド会社植物園の管理者にして当時綿花開発問題の権威者として知られていたロイル (J. F. Royle) によると，イギリスによるインド産綿花品質改良の試みは，1788年東インド会社取締役会が植民地政府に対し綿花栽培の拡大と品質改良に留意するようにとの通達を発したことに始まるとされ，以来西インド種・地中海種・南米種などの外国綿種の移植および関連諸設備の改良が，イギリス人のプランターや植民地政府官僚によって散発的に取り組まれた[2]．1829年取締役会は，イギリスで用いられるインド産綿花の少なくとも2/3が，「ジョージア・アップランド Georgia Upland 種」および「ニュー・オーリンズ New Orleans 種」というアメリカ綿種であるべきことを目標に掲げ，また間接的で気まぐれな品質改良策では効果がないことを指摘しつつ[3]，ここに植民地政府の費用で大規模な試験農場を作り，アメリカ綿種をはじめとする優良綿種の移植を積極的に図ることを決意した．こうしてボンベイ管区では3県に試験農場が設置されたが，そこでの結果は期待に沿うものとはならなかった．しかし1839年取締役会は，マ

ンチェスタやリヴァプールの商業会議所からの請願を受けたことにも促迫され，「アメリカからプランターを招くことによって，従来以上に徹底した試験栽培を行うこと[4]」を宣言した．こうして 1840 年以降綿花開発はいよいよ熱を帯び，ボンベイ管区では殆どの県に試験農場が作られ，また試験農場は周辺の藩王国領にも設置された．政府は試験栽培を繰り返すとともに，周辺のインド農民に対して栽培指導を行い，また外国綿種の栽培を試みる農民に補助金その他の便宜を供与した．同時にこれらの取り組みを通じて，在来綿種を含めたインド産綿花の質的低位性が，綿作地帯と輸出港との間の輸送・通信手段の不備にも起因していることが認識され，鉄道および道路の建設や港湾施設の整備などの大規模な公共事業が綿花開発の観点から強く主張されることになった．

とはいえ，綿花開発過程は数多くの困難や障害に満ちたものであり，期待されたような成果を上げるまでには至らなかった．そのうち 1860 年代に入りイギリス綿業資本を根底から震撼させる事態，すなわちアメリカ南北戦争勃発に伴うアメリカ産綿花の輸入途絶ないし激減が生じた．この「綿花飢饉」の期間中，インド産綿花には未曾有の需要が殺到し，インドにおいて「綿花ブーム」が盛り上がるとともに，イギリスにおいては，インド綿花開発の促進を求める声がまさしくピークに達したのであった．とはいえ南北戦争の終結とともに，アメリカ産綿花輸入が復活し，まもなくそれはかつてのイギリス市場における圧倒的地位を取り戻し，インド産綿花は再度きわめて副次的な地位に逆戻りすることになった．

(3) 第 3 部の研究における方法

さて本章に始まる研究において，本書全体の課題の一部をなす，先の二つの研究目的を果たすために，われわれはいかなる諸点に留意し，あるいはどのような手順を踏みつつ，インド綿花開発過程の分析に向かうべきであろうか．わたくしはまず，「外国綿種移植をはじめとするインド産綿花の品質改良，および品質改良された綿花のイギリス向け輸出の拡大」という基本的政策志向を基準にとった時，さしあたり 1860 年代までの時期において，綿花開発が大きな困難に遭遇し，結果的に成果の乏しいものとなってきたことに注目したい．他方で後述のように，この基本的政策志向は，実態的には，きわめて多様な政策課題を含み，従って広範囲に亘る政策実態を展開せざるをえないものであった．わたくしはさしあたり，

この政策志向実現に困難を与えた諸要因を追求することを目的とし，その政策志向に対応する広範囲に亘る政策実態を検討することを通じて，綿花開発の「全体構造」を視野に収め，かつ全体構造を構成する諸要素間の相互関係を解明することによって，綿花開発の「本質」に迫りたいと思う。以上に述べた，まずもって綿花開発の本質を見定めるという作業の必要性は，綿花開発が伴った次のような実態からも求められている。すなわち綿花開発政策は，一方で外国綿種移植に大きな精力を割きながらも，他方でその課題とも結びついて，全体としてきわめて多様で多面的な取り組みを展開した。この多面性ゆえに，一見したところでは，綿花開発の「全体構造」や「本質」は甚だ分かりにくいものとなっている。つまりインド綿花開発の実態とは，開発政策展開の起動力となった最も主要な政策志向が大きな困難に遭遇することによって，全体として行き詰まりを見せるなか，開発関係者が迷いに迷いを重ねつつ，ともかくも手当たり次第に開発の方策を提起し，また実際にきわめて多様な取り組みを試みたことにあった。

　以上の実態は，われわれが綿花開発の本質を見定めるという課題を持ちつつ同時代の諸文献に当たる際にも，痛感されざるをえない。18世紀末以来のインド綿花開発過程に関わっては，イギリス本国およびインドを通じて，夥しい数の諸記録・諸言説が残されているとはいえ，それらは扱う事実や分析基準，あるいは提起する展望においてきわめて多様であり，特定の文献のみをもってしては，開発の全体像や本質が甚だ見えにくいのが実状である。すなわちある文献はきわめて局地的で断片的な事実の羅列に終始し，あるものは自然条件（気候・土質・植生）に偏した考察を行い，別の文献は開発の障害と困難性ばかりを強調し，さらに現地事情に疎い本国関係者は高踏的・外在的な「開発願望」を吐露するにとどまるといった具合である。こうした事情は，外国綿種移植政策が現実に大きな困難に遭遇していたことに加えて，綿花開発の関連領域が実態的にきわめて広範囲に及んだこと，そしてその幅広い関連領域を踏まえて綿花開発の本質を見定めることが，同時代の開発関係者にとっても大変困難な課題であったことを反映している。

　以上の綿花開発の実態に照らして，われわれの分析は，いきなりすべての政策展開を対象とし，かつそれらの間の相互関係に顧慮することなく進められることによっては，十分な理解に到達することができない。わたくしはまずさしあたり，主に外国綿種移植政策が遭遇してきた諸困難の分析に課題を絞り込むことによって，綿花開発の全体構造および本質についての見通しを得たいと思う。その上で，

そこで得られた本質を基準にとって，様々な政策実態を評価し意義づけていくという手順がとられねばならない．

先にわたくしは，上述の基本的政策志向が広範囲に亘る政策実態に結びつくものであったと述べたが，それはどのような諸領域を含んでいたのであろうか．特定の品質を持ったインド産綿花がイギリスに向けて輸出される様子を思い浮かべるならば，インド産綿花は，以下のような諸過程・諸構造を経つつ輸出されたと考えられる．まずインド農民による綿花栽培過程，つまり農民的生産構造が起点となる．続いて綿花は綿繰り・整俵（プレス）等の加工過程を経つつ，輸出港に至るまで国内の様々な流通経路を辿る．同時に綿花の生産・流通過程はいずれも，国内の金融構造と関わりを持つとともに，それらはインド国内の綿花市場動向に強く規定される．さらに輸出港からイギリスに至る綿花輸出は，国際的な流通・金融構造がもたらす経路を通じて行われる．他面でリヴァプール綿花市場の動向に集約される世界的な綿花需給状況が，インド産綿花の輸出に，従って生産までを含めた全体構造に大きな影響を与える．このように上の基本的政策志向は，これらの広範囲に亘る諸構造と関連を持ちつつ，それぞれの構造に対応した政策実態を展開させるべきものであった．以上の考察を踏まえれば，インド綿花開発の全体構造は，論理レヴェルに従って，さしあたり次の三つの構造に整理・区分されうると思われる．すなわちそれぞれ綿花に関わる，①農民的生産構造（あるいは農民経営構造），②インド国内の流通・金融・市場構造，③世界的な流通・金融・市場構造，の3者である．この3区分は，本書序章で述べられた社会構造の総体把握の方法に則り，全体構造における最も基底的・一般的な構造より最も総体的・具体的な構造までを，論理レヴェルに従って大きく区別したものである．またこれら3者のうち①・②をまとめて「インド国内諸構造」，③を「世界市場諸構造」として区分することもできる．本書第3部では以下，これら三つ（ないし二つ）の区分を念頭に置きつつ分析を進め，インド綿花開発の全体構造に接近していきたいと思う．従って，インド綿花開発過程を検討対象とする以下の研究においては，イギリス資本主義と植民地インド経済との絡み合いだけではなく，この対象本来の性質によって，「世界市場諸構造」もまた分析対象に含まれねばならないことを銘記しておこう．われわれは，以下の研究を行うに当たって，一層グローバルな視野を持つことを求められるのである．

わたくしは綿花開発の本質を見定めるという困難な課題に挑戦する上で，この

点に示唆を与えてくれる数少ない文献のなかから，さしあたり次のものを一つの導きの糸として利用することができた．それは，1860年代後半に現地で綿花開発の指揮を執った，あるイギリス人植民地官僚が書き残した二つの報告書[5]である．著者はリヴェット・カーナック（J. H. Rivett-Carnac, 以下カーナックと略称する）という．カーナックは，中央州およびベラール（Central Provinces and Berars）を管轄地として，以前より地税制度改革の作業に従事していたが，1866年当地における綿花開発を指揮すべく新設された「綿花管理官」Cotton Commissionerに任命され，5年の在任期間を通じて精力的な活動を展開しつつ，1868・9の両年に，当地での綿花開発過程を総括する二つの報告書を作成した．カーナックはその後1871年，インド全体の綿花開発を統括する「インド政府綿花および商業管理官」Commissioner of Cotton and Commerce with the Government of Indiaの職位に就いたように，当該期の綿花開発の現地における最高責任者の1人であった[6]．

　わたくしがカーナックの報告書に注目する所以は，端的に言って，それが過去数十年に亙る綿花開発の諸経緯に一定の評価を与え，そこから従来の基軸的方針を見直しつつ，新たに明確な方向性を持った開発展望を示した点で，特筆に値すると思われるからである．さらにこの報告書で言及される論点が，農民的生産構造から世界的市場動向までを含み，上に示した全体構造の殆どをカヴァーしていることも，他の文献には見出しがたい特徴をなしている．従って彼は，綿花開発の全体構造をある程度踏まえた上で，明確な開発展望を示したといえよう．彼が示した開発展望とは，次の諸内容を含んでいた．①アメリカ綿種をはじめとする外国綿種の移植にこれ以上こだわるべきではないこと．②インド産綿花の販売市場としては，イギリスのみならず，大陸ヨーロッパや中国をも視野に入れるべきこと．③開発を促進する上では，農民的商品経済の発展や国内流通構造の革新を重視すべきこと．従来の開発の経緯に照らしたカーナックの展望における注目点は，何より，農民的生産構造に直接働きかけてもっぱら外国綿種栽培を強制することの無益さを深く認識し，開発の前進が農民経営を取り巻く幅広い全体構造の再編なしには何らありえないことを公言した点にある．わたくしは，カーナックのこうした認識はきわめて妥当性の高いものであったと考えている．わたくしは，カーナックが外国綿種移植という従来の基軸的方針に否定的評価を下すに至った事実認識を，先述した三つの論理レヴェルの区別に留意しつつ辿り，もってイン

ド綿花開発の全体構造と本質に迫りたいと思う．とはいえカーナックの報告書に示された諸事実は，この点の分析にとって決して十分なものではない．わたくしは他の関連文献をも広く利用しながら，分析を進めたい．

それに引き続いて，カーナックによる開発展望からも示唆を受けつつ，上に考察された綿花開発の本質を基準にとって，その後に亘る様々な政策実態が分析され，意義づけられねばならない．というのも，以下繰り返しを含むが，まず綿花開発政策は，農民に対する外国綿種栽培の強制のみに終始したのではなく，きわめて多様で多面的な取り組みを含んでおり，それら全体が綿花開発政策の展開にほかならないからである．そしてこれらの多面的な政策実態の現実的意義を見定めるためには，綿花開発の全体構造を踏まえた，その本質についての理解が前提されねばならない．従ってここでの政策実態分析とは，主にカーナックの開発展望に沿った政策志向と現地社会実態との絡み合いの分析である．とはいえ，カーナックの在任期間が5年という短期に終わったことから，彼の報告書には政策実態の具体的展開についてきわめて僅かな叙述しか含まれていない．わたくしは，この点でも他の関連文献を広く渉猟しつつ，ほぼ19世紀末までを範囲として政策実態を明らかにしたい．

ここでこれまでの研究史を一瞥するならば，従来インド綿花開発に触れた諸研究は，概ね以下の3種類の理解を示してきたと思われる．第1に，インド・ナショナリストや従属理論の論調に沿った諸研究は，綿花開発をインドが特異な「植民地的経済構造」へと編成替えされる上での重要な契機として位置づけつつ，その際暗黙のうちに，あるいは明示的にさえ，開発がさも順調に推移したかの如き理解を前提としてきた．近年における綿花開発に関する最も詳細な研究をなす，サティア (L. D. Satya) の著作[7]においてもなお，かかる理解が踏襲されている．第2に，ハーネッティ (P. Harnetty) の研究[8]をはじめとして，具体的事情に「偏見」なく多少でも踏み込んだ研究は，インド綿花開発の困難性を指摘しているとはいえ，綿花開発の全体構造や困難性の構造的諸要因を十分明らかにしていない．第3に，近年のケイン (P. J. Cain) およびホプキンズ (A. G. Hopkins) による研究を取り上げてみると，そこでは綿業資本をはじめとするイギリス産業資本が発揮したインド植民地支配政策に対する規定的影響が過小評価され，主にその点に関連させながら，綿花開発を含めたインド植民地開発の限界性が強調されている．とはいえ彼らの研究では，植民地経済の側からのレスポンスおよび開発を取り巻

第6-1図　中央州およびベラール（1870年前後）

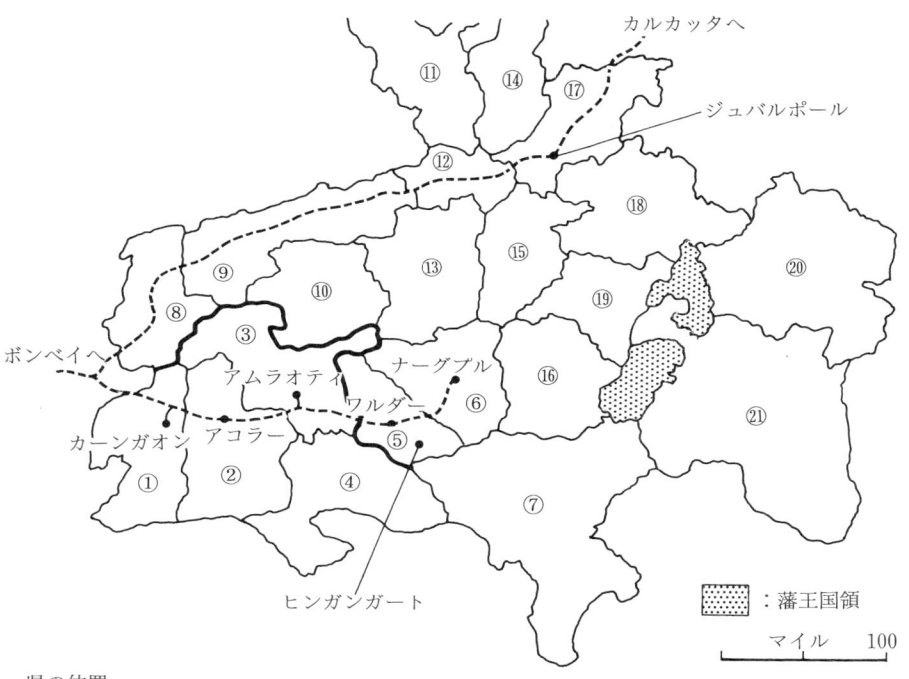

県の位置

ベラール
① Buldana
② Akola
③ Amraoti
④ Yeotmal

中央州
⑤ Wardha
⑥ Nagpur
⑦ Chanda
⑧ Nimar
⑨ Hoshangabad
⑩ Betul
⑪ Saugor
⑫ Narsinghpur
⑬ Chhindwara
⑭ Damoh
⑮ Seoni
⑯ Bhandara
⑰ Jubbulpore
⑱ Mandla
⑲ Balaghat
⑳ Bilaspur
㉑ Raipur

注）太線はベラールと中央州との境界線を示す．
点線は鉄道の路線を示す．

：藩王国領

第6章　インド綿花開発における諸困難と開発の本質

く世界市場状況が殆ど考慮されていないために，分析がそれだけ平板なものになっているといわざるをえない[9]．以下の研究で果たされる実証作業は，上の諸理解のいずれに対しても修正を迫るものである．

　以下の研究において検討対象となる時期は，カーナックの報告書が書かれた1860年代あたりより，ほぼ19世紀末までである．次に検討対象となる地域としては，カーナックの管轄地であり，かつインドの代表的な綿作地帯であった中央州およびベラールを中心とし，それに同じく代表的綿作地帯であったボンベイ管区における諸事情をも加えることにしたい．ベラール地方はハイデラーバードに拠点を置くニザム領から，中央州はマラータ同盟の一角を占めていたボーンスラ（Bhonsla）侯の所領より，ともに1850年代前半インド総督ダルフージー（J. R. Dalhousie）の政策によってイギリスに割譲された地域である．第6-1図が示すように，ベラールは西からブルダーナ（Buldana）・アコラー（Akola）・アムラオティ（Amraoti）・イォットマール（Yeotmal）の4県からなり，いずれも綿作を主体とする地域であった．また中央州では，南西部のナーグプル（Nagpur）県およびワルダー（Wardha）県を中心にその周辺部を含めて綿花が盛んに栽培された．

　本章では，外国綿種移植政策に伴う政策実態について分析し，それを踏まえて綿花開発の本質についての見通しを得る．続いて次章以降において，かかる本質を基準にとりつつ，カーナックの時期以降も含めた様々な政策実態を検討し，最終的に本章での分析と合わせ冒頭で述べた課題に答える．

6-2　綿花開発の諸困難と農民経営構造

　本節では，農民経営構造を検討対象として，外国綿種移植政策が直面した困難の諸要因を分析する．まずその点の分析に先立って，中央州およびベラールがインド有数の綿作地帯であり，同時に綿花の主要輸出産地であったことを示しておこう．1867/8年度において中央州の綿花栽培面積は約55万エーカー，ベラールのそれは125万エーカーに上り，両地域を併せた栽培面積は，インド全体の800万エーカー余に対して二十数パーセントを占めた[10]．また同年の両地域からの海外

輸出量合計は25万梱であり，それはインド全体の海外輸出量130万梱の19％に達する[11]．

既述のように，植民地政府は1840年代に入り，アメリカより綿花プランターを招聘しつつ，いよいよ本格的な外国綿種移植の試みに乗り出した．政府はプランターの指導下に試験農場を作り，様々な調査研究を行うとともに，そこでの成果を農民に周知させ，農民への直接的な栽培指導を試みた．また政府は外国綿種の種子を農民に配分しつつ，農民の収穫を政府が定まった価格で買い上げる契約栽培を展開したり，あるいは外国綿種栽培に対して市場価格に上乗せする助成金の支給や地税の減免などの便宜を与えた．以上の諸点において，従来の外国綿種移植の試みは，農民をして兎にも角にも外国綿種栽培に着手させることを目的とした，政府による「農民経営に対する直接的干渉」を少なからず伴うものであったといえよう．

とはいえ外国綿種の移植は，僅かの地域を除いて，成功とは言いがたいものであった．試験農場についても，設置後の諸経過を通じて，やがて閉鎖された地域が多かった．こうした移植の困難性の要因はきわめて多様であり，社会経済的諸要因については後に立ち入って検討したいが，第1に指摘されねばならないのは，インドの気候や土壌が多くの場合アメリカ綿種にとって不適当であり，綿木が十分生育しがたかったことである．数多い失敗のパターンとは次のようなものであった．すなわちモンスーン前の4月末あたりに播かれた種子が，その後の湿潤な気候を通じて順調に発芽し生育するように見えるものの，モンスーンが終了し秋の乾期に入って気温が急激に上昇し乾燥気候が続くなかで，綿木が枯れてしまったり，あるいは綿実を就けないなどの深刻な変調に見舞われるというものである[12]．こうした生育状況を生み出す主因は，アメリカ綿種の根が在来種に比べて短く，長い乾期を耐えしのぐことができないことにあった[13]．

これに対して，ボンベイ管区南部ダールワール（Dharwar）県は，アメリカ綿種の移植にさしあたり成功した数少ない地域の一つである．その大きな要因は，当地の気候の穏やかさにあった．当地は海岸線より70マイルの近距離にあり，西ガーツ山脈を越えて届く海風によって，乾期の灼熱がある程度癒やされ，また比較的湿潤な気候がもたらされた．とりわけ当地は，北東モンスーンの影響によって10月に降雨が期待できるという有利な条件に恵まれていた．こうした事情はアメリカ人プランターをして，「ダールワールのような年2回のモンスーンを持つ地

第6-2図　ボンベイ管区ダールワール県における綿花栽培面積
1842/3—1882/3　　　　　　　　　（単位：1,000エーカー）

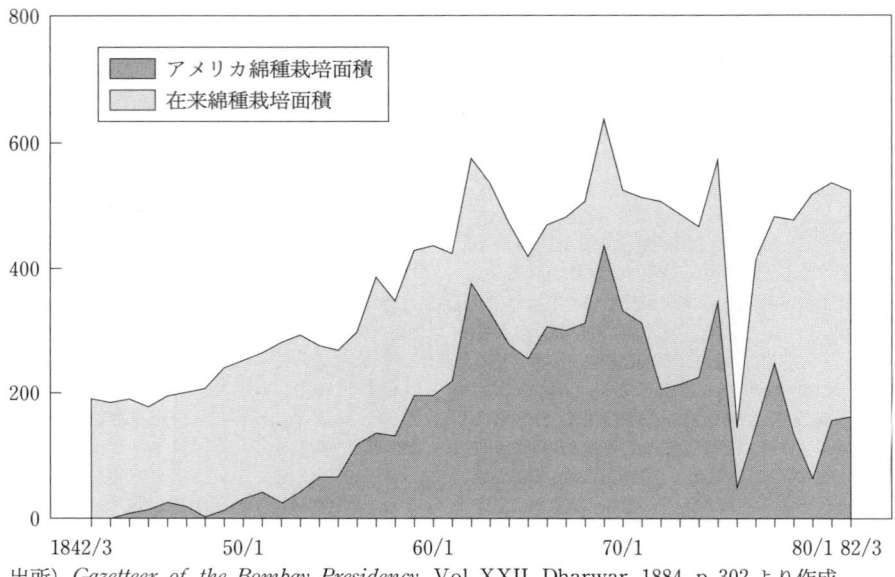

出所）*Gazetteer of the Bombay Presidency*, Vol. XXII, Dharwar, 1884, p. 302 より作成．

域でのみ，ニュー・オーリンズ種は成功する[14]」と言わしめたものであった．

　第6-2図は，ダールワール県における1842/3年より82/3年に至るアメリカ綿種およびインド在来綿種の栽培面積の推移を示したものである．当初殆ど栽培されることのなかったアメリカ綿種は，50年代半ばより栽培面積を順調に拡大し，面積は61/2年に在来綿種のそれを追い越し，最盛期の69/70年には在来綿種面積の2倍近くにまで達した．これに対して在来綿種栽培面積は50年代後半より減少傾向を辿った．しかしながら70年代に入ると，アメリカ綿種栽培は衰退に転じ，80年代の3年間における年平均栽培面積は最盛期の30％弱にとどまった．この間在来綿種栽培は76/7年の飢饉時にアメリカ綿種同様大きく落ち込むものの，基本的に増勢を続け，80年代の3年間の年平均でアメリカ綿種栽培の3.3倍の面積を獲得した．以上の推移より，ダールワール県におけるアメリカ綿種栽培は，確かに一時的にはかなりの普及を示したものの，それでも1870年代以降在来綿種栽培が復活し，やがてアメリカ綿種栽培を圧倒していったことが明らかである．従

って少なくとも70年代以降のアメリカ綿種栽培の衰退については，自然条件以外の要因が考慮されねばならない．また当県におけるアメリカ綿種栽培は必ずしも十分な収益を農民に保証せず，農民は収益を上げるためにクンプタ（kumpta）という名の在来綿種をアメリカ綿種と同じ畑で同時に栽培したり，あるいは綿繰りに当たって両種を混ぜ合わせ，こうして在来綿種が混じった綿花がアメリカ綿種として販売されることが多かったとされている[15]．このようにアメリカ綿種栽培は，気候や土壌が適合的でありさえすれば，必ず長期に亘って農民によって好んで取り組まれるというものとはならなかった．以上のダールワール県における事情にもとづけば，外国綿種移植の困難性の要因を，挙げて自然条件のみに求めることはできないということになる．従ってこの困難性がもたらされる上では，社会経済的諸要因もまた重要な作用を及ぼしたといわねばならない．わたくしは以下，こうした社会経済的諸要因について分析を進めていきたい．

まず上述のように，アメリカ綿種栽培は，農民に高収益を保証することで彼らによって積極的に取り組まれるものとはならなかった．このことは，後述されるように，リヴァプール綿花市場において，インド産アメリカ綿種がアメリカ産のそれに比べて，かなりの較差を伴った低い価格評価しか受けなかったのみならず，その価格がインド産の他優良綿種のそれさえも往々にして下回ったという事情から裏づけられる．こうした価格評価の原因は，アメリカ綿種をもってしても，インド産綿花に対して与えられてきた「低品質」という烙印が十分跳ね返されえなかったことにある．すなわちアメリカ綿種もまた，他の在来綿種を「低品質」にしたと同様の諸要因から強い影響を受けていたのである．では「低品質」とはいかなる内容を含み，それらはどのようにして生じたのであろうか．

まずその要因は，さしあたり，栽培から輸送に至る諸過程において，綿花が品質に顧慮されることなく，きわめてぞんざいに扱われたことにあった．例えば，すでに示唆されたように，アメリカ綿種と名付けられた綿花であっても，その中味が必ずしも純粋なアメリカ綿種とは言いがたかったことが指摘できる．アメリカ綿種は摘み取りや綿繰りなどの過程を通じて異なった綿種としばしば一緒に扱われ，両綿種の混合が生じた．また綿作に際して，農民の間に良質の種子を選んで翌年の栽培のために保存するという習慣が確立していなかったこともあって，摘み取りや綿繰りの過程において種子の混合が生じ，そうした種子から収穫される綿花の品質が低下した．まず摘み取り過程に関して，アコラー県でアメリカ綿

種栽培を指導した綿花管理官助手のバイラムジー (J. Byramjee) は次のように述べている．

「綿花が良質であることの条件は，十分な水分の供給とともに，翌年の播種のために種子の選択と保存に十全な注意が払われることにある．……私が聞くところによれば，アメリカでは綿花の摘み取りに雇われる者は，常に三つの籠を与えられ，綿花を品質に従って集め分けている．ベラールにおける摘み取りは，綿花の清潔さに何の配慮も与えられず，きわめて無差別に行われるので，良質な綿花と粗悪な綿花が一緒くたにされ，それによって本来の価値が大きく損なわれている．農民は朔が一つ一つ開いていくのに従って直ちに摘み取りを始めるのではなく，全部の朔が開き終わるまで待つので，最初に開いた鞘は地面に落ち，泥にまみれる．また農民は摘み取りの労働者を日賃金で雇うのではなく，出来高に応じた支払を彼らに与える．こうした支払形態を通じて，労働者の目的はできるだけ短時間に摘み取りを終わらせることに置かれ，摘み取りに十分な注意が払われることなく，純粋な綿花に様々な不純物が混ざり，価値が低下する[16]」．

また綿繰りについては，次のようなダールワール県のある綿繰り小屋 (gin house) についての観察記録がある．

「中庭に入ると，一方に粗悪な在来綿種の大きな滞積があり，その近くにほぼ同じ量の良質なアメリカ綿種の別の滞積がある．綿繰り小屋の正面の空き地で二つの滞積が一緒くたになって日に干されており，その混合物の上で綿繰り器が稼働している[17]」．

リーコック (S. Leacock) とマンデルボウム (D. G. Mandelbaum) の研究によれば，「綿花は穀物に次ぐ第二義的作物として，種子が広くばらまかれ，他の作物と同じ畑で栽培された．それは殆ど，あるいはまったく手が掛けられることなく，農民の都合次第で集められた[18]」．また綿花は摘み取られた後，地面に積まれるか，あるいは土の穴に入れられ，さらに風に飛ばされないように土塊で覆われることもあった．また綿花は戸外に置かれることで夜露に濡れた．これらはいずれも綿花の汚損を招く要因となった．以上の諸事実から示唆されるのは，農民が綿花の品質に大きな関心を払わないこと，すなわち農民的綿花生産の粗放的性格である．それは，在来およびアメリカ綿種の両方を通じた，インドにおける綿花生産の大きな特徴をなしていた．

そうした特徴をもたらした背景として当時よりしばしば指摘されてきたのが，中間商人による農民への吸着と支配である．農民はたいてい，仲介商人や村の金貸から貨幣や種子の前貸を受け，代わりに彼らの言い値で綿花を提供することを約束させられた．従って「農民の綿花栽培に対する利害関心は綿木が花を付ける前に消えてしまっている．こうした状況の下では，農民が注意深い栽培によって綿花の品質改良に努力することは期待できない．綿花は，良質であろうと粗悪であろうと，農民が必要に迫られて同意した契約がすでに定めている価格以上のものをもたらさない[19]」．また仲介商人や村の金貸は，都市の大商人・金融業者から融資を受けており，商業資本による収奪は重層的なものとなっていた．こうして「低価格が次々と押し付けられ，利益を上げるために品質が落とされ，それが一層の価格低下を招く[20]」という悪循環が生じた．

　なおここで綿作および綿花流通に関わる金融構造について一言しておけば，それは上に示されたように，仲介商人および村の金貸による農民に対する前貸を起点とし，そうした農民と直接接触する商人・金融業者が，都市の富裕な商人・金融業者よりさらに融資を受けるという構造を持っていた．都市の大商人のなかには，仲介商人より綿花を入手し，遠方に販売した者もいたと思われるので，金融構造は概ね流通構造と一体となりながら，重層化した商人兼金融業者の支配するところとなっていたといえよう．

　次にアメリカ綿種の綿繰りに関して，その設備が仲介商人のもとへ集中されていたことが，農民の彼らへの従属を深めた．アメリカ綿種は綿と種子とが強く結びついていたので，在来の綿繰り道具（チュルカ churka およびフットローラー footroller）では処理できず，強力なアメリカ式の綿繰り機（saw-gin）が必要とされた．高価な綿繰り機は，貧困な農民によっては購入されえず，主に仲介商人によって所有され，それだけ農民の商人への従属が深まった[21]．

　以上に見た中間商人の跳梁とは，経済学的にいえば，商業資本の自立的発展と規定される．それは小経営的生産様式に不可分な随伴物である．小経営農民は，生産の小規模分散性，およびそれと往々にして表裏をなす運輸・通信手段の未発達のために，作物販売および農業資材や生活手段の購入に際して，彼らの間を取り持つ商業資本に強く依存し，そのために彼らに従属せざるをえない．市場支配力は商業資本の手中にあり，彼らは小生産者に吸着しつつそれを収奪する．彼らの自立的発展は，小生産者の支配的存在とともに高まり，その分解とともに衰退

第6章　インド綿花開発における諸困難と開発の本質　289

する．ボンベイの主導的綿花商社の代表であり綿花栽培の手引書を著したカッセルズ（W. R. Cassels）は，正当にも次のように洞察している．

「この問題は，貧しく未発達な国であることと分かちがたく結びついた悪弊の一つである．それはある程度，土地が小地片として貧しい農民の間に分配されているあらゆる地域ではびこる．インドは，道路と通信手段の欠如によって，中間商人の楽園となっている[22]」．

他方で以上に見てきた栽培の粗放的性格は，主穀生産について同様に当てはまるというわけではなかった．カーナックは，当地の主穀をなすジョワリー（雑穀）栽培との対照において，以下のように記している．11月になって綿花の鞘がほころぶ時，ジョワリーもまた収穫期を迎える．良質な綿花を収穫するためには直ちに摘み取らねばならない．しかし商人に手渡す期限まで暫く猶予があり，またジョワリーも鳥による被害に遭っているとするならば，農民は主穀の収穫を優先する．主穀は遅れることなく刈り取られ，貯蔵され，この時期は「家族および家畜の１年の食糧の収穫で忙しい[23]」ことになる．他方その間に，綿花は地面に落ち，夜露に濡れ，泥やほこりにまみれる．商人との契約が重量ベースであるなら，それらの付着は重量を増すものとしてかえって歓迎されさえする．またジョワリー栽培においては，翌年の播種のために良質の種子を選別し保存することが一般に行われたと述べられている．次に同様の内容であるが，ダールワール県のイギリス人県長は，当地でのアメリカ綿種移植の成功を見越しつつも，「綿花は，人間と家畜のための食糧として必要不可欠な穀物生産に取って代わられるほどには，利益の上がるものではないことを忘れてはならない[24]」と忠告している．

以上の事情からは，綿花栽培の粗放的性格をもたらす要因として，中間商人による支配の影響のみならず，商品生産としての綿花栽培よりも自給用の穀物生産を優先せざるをえないという，農民的商品生産の低位性を窺うことができる．それは，彼らが零細な土地片を自ら耕作する小経営農民であることと不可分に結びついた特質である．カーナックは，農民をして主穀生産優先を改めさせることがいかに困難であるかについて，別の文書で次のように述べている．

「農民が綿花が熟すると同時に摘み取ることを学ぶならば，収穫物の傷みは小さくなる．しかしながら，太古以来ジョワリーの収穫が優先されてきた．……ジョワリーは人間と家畜の両方にとって切迫した必要性を持っているので，綿花の熟した鞘は摘み取りに適した状態になった後も暫く放置される．いくら教訓

が積み重ねられても，農民をして，彼らが最も便宜であると考えるシステムを放棄させることはできない[25]」．

なおここで家畜について言及されているのは，在来綿種の種子が家畜の飼料として重宝されたことを指しており，そのことも農民がアメリカ綿種よりも在来綿種を好んで栽培した理由の一つであった[26]．

カーナックは，上記諸要因以外にも，綿花開発に対する制約要因のうちで農民経営構造に関わるものとして，次の諸点を挙げている．度量衡の多様性，農民の間での頻繁な安息日の設定とそれによる作業の停滞，あるいは彼が「農民の消極的抵抗[27]」と呼んだヨーロッパ人の意向に沿わない農民の伝統的生活態度．

総じて，農民経営構造に関わる綿花開発に対する制約要因として浮かび上がってきたのは，何より農民が貧しい小経営農民の状態にとどまっていることであり，同時にそのことと表裏一体の特質であるところの，農民的商品経済発展の低位性，中間商人による農民への吸着と収奪，および農民の伝統的生活態度であった．わたくしは，第３章において，植民地化に先立つ西部インド農村社会経済構造を検討した際，小農民経営の支配的存在および農民的商品経済発展の低位性が，当該社会構造の重要な特質をなしていたことを確認した．すなわち上に示した諸制約要因の本質をなす貧困な小農民経営の支配的存在とは，インド全域に亘る農村社会経済構造において広く認められる，植民地化以前より持ち越された特質であるとともに，社会構造の総体把握の観点からすれば，当該社会構造の最も一般的で基底的な特質を構成している．こうしてインド綿花開発は，インド在来社会における最も奥深い特質との矛盾関係に直面したのである．

6-3　綿花開発の諸困難と国内流通・市場構造

続いて，インド国内の綿花・綿製品に関わる流通および市場構造を検討対象として，綿花開発の制約要因について考察しよう．本節では中央州の事情を中心に検討する．なお叙述の都合上，市場構造の検討から始めたい．

(1) 綿花・綿製品に関わる在来の市場構造と現地綿工業

　まずカーナックは，綿花・綿製品をめぐる市場構造に関連する，次のような問題に関心を示している．すなわち既存の綿花生産量のうちから，どれだけの「域外輸出可能な綿花」を確保しうるかという問題である．域外輸出可能な綿花とは，収穫量から現地での消費量（農民の自家消費や，商品としての綿製品生産による消費）を差し引いたものである．1866/7年度における中央州の域外綿花輸出量は8万1000梱と記録されるが，うち約2万梱は，中央州で収穫される世評の高い綿花の銘柄名を刻印することを目的として，近隣領から一旦中央州に持ち込まれたものであった．これらの綿花のうち7万3000梱がボンベイ市場に運ばれ，それらはたいてい「大インド半島鉄道」Great Indian Peninsula Railway（以下GIP鉄道と略記）のナーグプル支線によって輸送された．残りの5,000梱が北西州へ，また3,000梱がマハナディ（Mahanuddy）河を下ってベンガルへ運ばれた[28]．

　では1866/7年における中央州産綿花の域外輸出量6万1000梱は，当地の綿花生産量にどれだけの割合を占め，またこの数量は「域外輸出可能な綿花」に照らしていかなる意味を持つのか．カーナックはこれらの点について以下の計算を行っている．彼はまず中央州の近年の綿作面積をおよそ60万エーカー，通常の気候の年におけるエーカー当たり収穫量を80重量ポンドと見なして，それらを掛け合わせた12万梱をもって年間綿花総生産量とした．従って66/7年の域外輸出量は生産量のおよそ半分を占めたことになる．他方でカーナックは，中央州の人口が800万人であり，衣料その他の用途に1人当たり年間3重量ポンドの綿花消費が必要であるとして，綿花の現地消費量は6万梱に上ると算定する．より詳しく述べれば，当地は1万5000梱の綿花量に相当するイギリス産綿製品を輸入する一方で，それと同量の綿花を要する現地産綿製品をベラール・ボンベイを中心として域外に輸出した．すなわち当時の中央州では，イギリス製品が現地住民の綿製品需要の1/4を賄ったものの，現地の綿工業も依然根強く，それはイギリス製品と原料綿花にしてほぼ同量の現地産綿製品を域外に輸出していた．こうしてカーナックは結局のところ，12万梱の綿花生産量に対して，6万梱が現地消費されるために，輸出可能な綿花はそれを差し引いた6万梱であると見なしたのである[29]．従ってこの数量に照らせば，66/7年の域外輸出実績は限度一杯の数量であり，従

ってこれ以上の輸出増加が期待されがたいとともに，不作等の障害が起これば輸出量は大きく落ち込む可能性が高いということになる．

以上の連関が示すように，綿花栽培面積に変わりがないとすれば，域外輸出量は現地における綿花消費量に大きく影響され，後者は現地における綿工業の動向に規定される．カーナックによれば，「この地方には非常に大きく安定した綿花消費がある．……当地の綿布生産業の動向は（われわれにとって）最大の関心事であり，それは綿花輸出のあらゆる問題に影響を与える[30]」．同時に現地綿工業の存在が，綿花輸出のみならず，イギリス産綿製品輸入にとっても主要な障害となることはいうまでもない．

カーナックは，当地の綿製品消費構造および綿工業の動向について，以下の観察を示している．「ナーグプル地方ほど住民が現地産綿布を愛好し，また良質綿布の現地生産が，イギリス製品の浸透によって，これほど影響を受けていない地方はインドには他にない[31]」．現地産綿布で根強い需要を持つのは，まずドーティやサリーのような高級衣料に使われる上質の綿布であった．

「マンチェスタの工場が，現地人の上層部分に対して，ジャガーナーティー（jagernathee）と呼ばれる上等な綿布を売り込むことにいかに成功したとしても，それは，ナーグプル・ウームレア（中央州——引用者）における美しいドーティその他の綿布生産に影響を与えることにはまだ成功していない[32]」．

ナーグプルの高級綿布は，中央州内のみならず，ベラール・ナーシク・ボンベイ・プーナ・ハイデラーバードなどの中央州周辺の各地にも送られ，「当時あらゆる上流のマラータ人が着用していた[33]」といわれている．こうしてまず高級衣料の分野に関して，イギリス製品による代替は相当に困難な状況にあった．

同時に丈夫な粗布からなる実用衣料や普段着においても，現地産綿布は根強い需要を保持していた．それは「洗濯人の乱暴な扱いにも耐えつつ，日差・雨露・寒さをしのぐことができる[34]」ゆえに，「農民その他の激しい労働を行う勤労大衆によって大いに好まれ，……（彼らには）比較的薄手で上等に見えるイギリス産綿布は適当ではない[35]」．こうして「われわれの機械製綿製品は（これら粗布を）まだ駆逐できていないのである[36]」．カーナックは，この粗布が当地では，主にナーグプル県およびチャンダー県のジャングル地帯の村落に住むデール（Dher）と呼ばれる部族（outcaste）によってほぼ専一的に作られたと記述している[37]．彼らは主に紡績および織布によって生計を立て，地域の定期市（週市）で綿布を販

売するとともに，原料綿花を購入した．

　以上のように当時中央州には，高級衣料および実用衣料という製品分野を中心として，綿花を現地消費する伝統的な手工的綿業が根強く残存していた．こうした綿工業の存在によって，当地で生産された綿花の域外輸出の可能性はそれだけ限定されたのである．

　次に，こうした綿工業および綿作を取り巻く在来の市場構造とは，外国綿種移植をも制約する要因にほかならなかった．というのは，綿作農民にとって国内販路が確保されていたために，彼らの間ではアメリカ綿種の栽培を忌避し，在来綿種の栽培に執着する傾向が生まれたからである．ロイルは1851年の著作において，ダールワール県の事情について次の事実を指摘している．すなわち農民にとって，清潔で良質な綿花であれば現地織布工が使用する糸の紡績用に有利に販売できたので，彼らはアメリカ綿種が在来綿種より50％高値でなければ在来綿種の栽培を継続したという事実である[38]．またリーコックとマンデルボウムの研究によれば，「在来綿種は，短繊維であるにもかかわらず，繊維がアメリカ綿種よりも強いので手紡績により適していると思われ，従って近隣の手織工に綿花を販売する商人は，長繊維のアメリカ綿種を買付けようとはしなかった[39]」．あるいは「インドには政府以外に外国綿種を需要する市場がないので，商人はそれを嫌々ながらに購入し，たいてい在来綿種以上の価格を付けることはなかった[40]」．

　また以上の分析には含まれなかったものの，とりわけカーナックの時期以降において，いわゆる民族資本によって経営される機械制紡績業・織布業が大きな成長を遂げることが，ここでの問題に重大な影響を及ぼすことになる．カーナックも次のように述べて，それらの成長が綿花開発に対する重大な阻害要因となりかねないことに危惧を表明している．

> 「近年管区の首都や奥地中心都市で，いくつかの大規模な紡績および織布工場が建設された．それらは少なからぬ綿花を使用する．かなりの量の綿花が港に着く前に消費される．これらの綿布および綿糸製造は成功裏に営まれており，やがてヨーロッパ産綿製品に対するインドの需要に明瞭な影響を与えるかもしれない[41]」．

　わたくしは，第8章において，中央州における機械制綿工業の発展が綿花開発に与えた影響について詳しく検討する予定である．

(2) 綿花・綿製品をめぐる在来の流通構造

次に綿花・綿製品の流通構造について検討しよう．この点で一つの示唆を与えてくれるのは，当時農村において一定地域範囲を対象として数多く点在していた定期市（週市）の様子である．カーナックは，チャンダー県チムール（Chimmoor）郡ジャムールゴッタ（Jamoorghotta）村において毎週水曜日に開かれた週市に関する史料を紹介している．第6‐2表は，この週市において商人が開設した店舗について，品目別に分類し，かつその数を示したものである．まずここでは合計1,424の店舗が開かれ，衣料や食料をはじめとして広範な日用品が商われたことが分かる．一回の週市への平均的参加者数は約8,000人に上るとされた[42]．とはいえジャムールゴッタ村は，「週市が開かれることを除いては大したことのない村」であり，「デールによって作られた綿布を求めて農民が集まる数多くの場所の一つでしかなかった[43]」と記述されているように，こうした定期市は近隣で相当数開かれていたようである．

上表における綿布の項目に注目すると，その店舗数合計は521に上り，全体の37％を占め，綿布交易がこの週市で大きな役割を果たしていたことが分かる．そのうち現地産高級綿布を扱かったと思われる店舗は166，粗布を扱うデールの店舗は350に達し，両製品とも盛んな交易の対象となった．これに対して「イギリス産綿布等を売る店」は僅か五つにすぎない．この数は，イギリス製品が中央州における綿製品消費の1/4を賄ったという事情からして，少なすぎるといわねばならない．従ってイギリス産綿布の主要な販売経路は，こうした農村の定期市とは別にあったと予想される．とはいえ他面でこの事情は，農村の貧しい住民の間ではイギリス製品への需要が余り大きくなかったことを示唆しているように思われる．次に綿花を扱う店舗もまた，綿布のそれに比べてかなり少ない．後述のように，ここでの店舗当たりの販売量はきわめて小さかったので，綿花流通の主要ルートは，まず仲介商人によって農民より直接集荷され，そのまま仲介商人のルートを通じて紡績工に配布されるものであったと推測される．とはいえ，貧しい織布工であるデールの場合には，相当部分の原料がこうした定期市で調達されたようである．

続いて上表の営業内容に関する記述から，綿花・綿製品に関わる市場参加者の

第6-2表　ジャムールゴッタ村の週市における店舗

品目	営業内容	店舗数	小計
綿布	現地で製造された高価なターバン・ドーティ・ショールを売る店	25	
	イギリス産綿布等を売る店	5	
	上質の現地産綿布の織布工	110	
	現地産の捺染・染色された綿布を売る染色屋	26	
	婦人向けの彩色綿布を売る店	5	
	自ら製造した粗布を売るデール	350	521
鉄製品	車輪のタイヤ・鍬の歯・斧等の大量販売	75	75
穀物	卸売商	25	
	小売業	5	30
食糧	糖蜜販売	75	
	塩販売	30	
	魚販売	34	139
綿花	卸売商	25	
	綿糸販売	26	51
その他	ズック袋販売	5	
	亜麻布販売	4	
	荷車用の未加工木材を持つ大工	15	
	竹販売	7	
	籠・マット販売	15	
	アヘン販売	1	
	タバコ販売	25	
	かぎタバコ販売	6	
	香料・薬味販売	25	
	皿販売	20	
	油・油粕販売	70	
	毛布販売	16	
	真鍮販売	13	
	金・銀匠	14	
	両替商	10	
	小売行商人	14	
	香水販売	10	
	食糧雑貨商	65	
	野菜販売	160	
	靴・皮革製品販売	14	
	陶器販売	3	
	牧草販売	96	608
店舗数合計		1,424	

出所) *Carnac Report for 1867*, pp. 18, 9.

特徴について検討してみよう。まず綿布販売者では、製造業者兼商人すなわち生産した綿布を自ら市場に運んで販売する人々が主体となっていた。綿布店舗総数の88％が、「上質の現地産綿布の織布工」および「自ら製造した粗布を売るデール」によって開設されている。また350店舗と最大数を開設したデールのうち、44名のみが恒常的な市場参加者であり、彼らは自分の荷車にかなりの在庫を積んで市場を訪れ、そこで数日滞在した[44]。しかしそれ以外の圧倒的多数は、「貧しい階級であり、僅かの綿布の包みを背負って[45]」やって来る人々であった。デールは綿布の販売に成功すれば、綿花商人から「次週の仕事[46]」のためだけの原料を購入して帰っていった。また「上質綿布の織布工」にしても、彼らが生産者を兼ねていたことから、その販売量は小さいものであったと考えられる。次に綿花販売人について、彼らはヒンガンガート（Hingunghat, ワルダー県南部）のような近隣地域より、自ら荷車に綿花を乗せて市場に来る人々であるとされている[47]。彼らが持ち込んだのは、せいぜい1台の荷車に積めるだけの綿花に限られていた。最後に綿布購入者については、まずこの週市における購入者を詳かにする記述は与えられていない。しかし既述のように、当地産綿布はボンベイやプーナで大いに需要されたことから、こうした遠方向け商品は比較的富裕な仲介商人によって購入されたと思われる。その一方で近隣住民のなかには、必要な綿布を自ら定期市で購入し手づから持ち帰る人々が多数存在した。カーナックの報告書によれば、定期市の場所は違うが、ベラール農民は「自分のドーティや妻の美しい色彩のサリーが欲しいと思えば、自らワルダー河左岸の定期市へ赴き、商品を手に提げて帰ってくる[48]」と記述されている。

　以上から窺われる農村の定期市における綿布交易の特徴は、第1に、綿布がそこで売買される商品の主軸となっていたこと、第2に、零細な現地生産者と消費者としての農村住民とが直接向き合う、小規模な取引が主体となっていたことにある。後者の特徴は綿花交易にも当てはまった。

　とはいえ、現地綿工業によって生産された綿製品および現地で栽培・販売された綿花のうち、どれだけの部分がこうした定期市に集められたかについては、判然としない。本章でのこれまでの検討からしても、それらの相当部分が県レヴェルを超えた交易に付されたことは間違いない。とりわけ鉄道が開通した60年代末以降では、そうした比較的遠距離の交易が大きく発展したと予想される。しかしその場合でも、綿製品がより広範囲に亘る国内市場の内部で販売・消費されたこ

とは疑いなく，また綿花の一部についてもそうした可能性がある．従ってたとえ綿製品および綿花が中央州の域外に輸出されたとしても，それらが国内で消費されたのであれば，イギリス産綿製品の浸透およびインド産綿花のイギリス向け輸出拡大という政府の規定的目的は実現されないことになる．その上で，ここでの定期市の様相は，現地綿工業によって生産される製品の一部が，なお伝統的・局地的な流通組織を通じて販売され，地域住民の綿製品需要の少なくない部分を満たしていたことを示唆している．すなわち上の定期市に関わる史料から確認できるのは，こうした伝統的流通・市場構造が，なお部分的に，在来綿工業の存立基盤となっていたことである．

次に，前節で検討されたように，流通経路が中間商人によって支配されたことは，イギリス人から見て，ごまかしや綿花の粗略な扱いと映るものを生み出した．綿花がルーズに梱包されていることを利して，輸送途中で粗悪な綿花や他の不純物を混ぜることが頻繁に行われたのである．カーナックの表現を借りれば，既存の綿花生産および流通システムは，「農民およびその収穫綿花を一定数の金貸の権力の掌中へと投げ入れる[49]」ものであり，「こうしてわれわれの綿花は，すでに農民の畑を離れる前から傷つけられるとともに，長い陸送過程を通じてあらゆる汚濁やごまかしを被る機会を経た後に，ボンベイ市場で売られ，リヴァプールに持ち込まれるのである[50]」．

総じて在来綿工業が存続する限り，それに結びついた，綿花・綿製品に関わる，これまた在来の国内流通経路および消費市場が少なからず存続し，それらの存続は綿花開発にとっての重大な制約要因となったのである．

以上の点に加えて，カーナックは，インド奥地の綿作地帯への運輸・通信手段の不備を主因として，ヨーロッパ人による奥地生産地での活動がきわめて制限されていること，またそれを通じて，在来の伝統的社会関係が変革されないで維持されていることを，綿花開発を押しとどめる障害として重視した．

「物産を輸送する際の不確実性と困難は非常に大きい．詐欺やごまかしのシステムは大変巧妙で複雑なので，言語や住民に関する詳しい知識を持たないヨーロッパ人では，それに首尾良く対抗できるとは思われない．すべての営みが現地人商人の手中にあり，よそ者を排除することが彼らの利害関心となるのである[51]」．

われわれはこれまでの分析を踏まえて，インド綿花開発の本質について，次の

ような考察を加えることができる．まずインドこそは「綿工業の祖国」であり，また久しく「世界に冠たる綿工業大国」であり続けてきた．このことに伴ってインドには，インド特有の綿製品および綿花生産構造があり，またそれらの構造に規定されるところの，綿工業・綿作に関わる，これまた特有の流通・市場・産業構造が厳として存在してきた．そしてそれらの諸構造は，独自の諸関係を通じて相互に固く結合しつつ，インドにおける「綿工業および綿作に関わる在来の全体構造」を構成してきた．インドをして，イギリスに対する綿製品供給地から綿製品市場および綿花供給地へと転換させるという，インド綿花開発に込められた基本的政策志向とは，結局のところ，インドがこれまで長年に亘って築き上げてきた「綿工業および綿作に関わる全体構造」を，まさしく全体として再編することを課題として求められるものとなっていた．インド綿花開発とは，その本質からして，まさにインドが「綿工業の祖国」にして「世界に冠たる綿工業大国」であったことに対応する，きわめて遠大な政策諸課題を含まざるをえないものであった．われわれはこの点に，インド綿花開発のきわめて重要な本質を見出すことができる．そしてこうした本質に照らす時，農民経営構造に直接干渉し，兎にも角にも農民をして外国綿種栽培に着手させるという，綿花開発における従来の基軸的方針が，いかに無力で無益なものであったかはすでに明らかである．

6-4 綿花開発の諸困難と世界的市場構造

　続いてわたくしは，インド産綿花をめぐる世界的な市場構造を検討対象として，綿花開発の諸困難についての考察を一層深めていきたい．なお念のため一言しておけば，ここでいう「世界的市場構造」とは，別言すれば，世界的な需給状況＝市場動向を意味している．わたくしが本章の冒頭において三つの構造を区別した際，それは世界的な流通・金融構造と並んで，「世界市場諸構造」に属するものとされた．そのうち世界的な流通・金融構造については，実はカーナックの記述が殆ど及んでいない．わたくしはこの二つの構造については，後に第9章でまとめて検討することにしたい．さてインド産綿花をめぐる世界的市場構造とは，何より，その主要な消費者であったイギリス綿工業によるインド産綿花に対する需要

構造に規定されていた．そして時々のイギリス綿工業による需要状況に，インド産綿花の生産状況が噛み合わされることを通じて，インド産綿花をめぐる世界的市場動向の時々の変化が惹き起こされた．その動向が主に表現される場所は，リヴァプール綿花市場にほかならなかった．わたくしはまず，イギリス綿工業によるインド産綿花に対する需要構造を分析し，その後かかる需要構造にも規定された，リヴァプール綿花市場におけるインド産綿花をめぐる市場動向について検討したい．

(1) イギリス綿工業によるインド産綿花需要構造

1860年代末以降におけるイギリス綿工業による綿花需要全体の大きな特徴は，南北戦争終結に伴って綿花飢饉もまた終了し，アメリカ南部において綿花の生産再開および一層の増産が進められるなかで，アメリカ産綿花への圧倒的依存という綿花飢饉以前の状況が復活したことである．綿花飢饉時を除くならば，19世紀中葉におけるイギリス綿工業による綿花需要＝消費構造は，以下のような特質を持っていた．まずインド産綿花は一般に，短繊維であること，および繊維の均質性が欠如しているために，低番手の糸を除いて機械紡績には不向きであるとされた．とはいえ他面でインド産綿花は，「短繊維に撚りを多くかけることによって，長繊維と同じくらいの強さ[52]」にすることができた．しかしながら，その操作はインド産綿花から一層多くの屑を発生させ，それだけ生産効率を低下させた．このこともインド産綿花が好まれなかった理由の一つとなっていた．総じてインド産綿花は，最低番手の糸を除いて単独で使用されることは殆どなく，最も一般的な使用法となったのは，上の操作を通じて他の中・長繊維綿花と混ぜて用いられることであった．エリソン(T. Ellison)は，「各綿種を異なった割合で混合することによっても同じ品質の糸が生産できたので，混合のあり方は，時々の各綿種の価格にも依存していた[53]」と述べ，インド産綿花であっても，その価格がアメリカ産綿花を大きく下回り，生産効率の低下を補うほどであれば，アメリカ産綿花と混合して使用されたとしている．そうした事例は，例えば1881-2年に見られたようである．「もしアメリカ産綿花が不作によって収量に乏しく高価で，同時にインド産綿花の供給が増大したならば，1881-2年の場合のように，アメリカ産綿花とインド産綿花との混合物が用いられる[54][55]」．

以上の事実にもとづけば，インド産綿花への需要の多寡は，アメリカ産綿花に対するインド産綿花の相対価格の動向によって左右されたことになる．マンチェスタ商業会議所会頭バズリー（T. Bazley）は，1848年，「インドにおける綿花栽培に関する特別委員会」Select Committee on the Growth of Cotton in India で証言を行った際，上の事情を第6-3表を示しながら説明している．この表は，紡績業者が20番手の糸を紡ぐ際に，アメリカ産綿花価格との比較において，インド産綿花にどれだけの価格ならば喜んで支払うことができるかを，彼らに一目で知らせるために作られたものである．この表によれば，「スーラト綿」からは1重量ポンド当たり12オンスの糸が生産され，他方「アップランド綿」では同じく13 ½ 重量オンスの糸が生産される．こうした生産効率を前提に，例えば表の一番上で左右に並んだ数字によれば，「スーラト綿」が1重量ポンド当たり3ペンスである時，「アップランド綿」が3 ½ペンスまでであるならば，後者のみを購入するのが有利であること，逆にいえば，後者の価格が3 ½ペンスを超えれば，その価格差に応じてインド産綿花購入を増やすことによって利益が得られることが示されて

第6-3表　インド産綿花とアメリカ産綿花との相対価格表

（単位：ペンス）

スーラト綿	アップランド綿
3	3 $\frac{1}{2}$
3 $\frac{1}{8}$	3 $\frac{3}{8}$
3 $\frac{1}{4}$	3 $\frac{3}{4}$
3 $\frac{3}{8}$	4
3 $\frac{1}{2}$	4 $\frac{1}{8}$
3 $\frac{5}{8}$	4 $\frac{1}{4}$
3 $\frac{7}{8}$	4 $\frac{1}{2}$
4	4 $\frac{3}{8}$
4 $\frac{1}{8}$	4 $\frac{5}{8}$
4 $\frac{1}{4}$	4 $\frac{3}{4}$
4 $\frac{1}{2}$	4 $\frac{7}{8}$
4 $\frac{3}{4}$	5 $\frac{3}{8}$
5	6

出所）*Report from the Select Committee on the Growth of Cotton in India*, p. 49, Evidence of T. Bazley, 3 March 1848.

注）1重量ポンド当たりスーラト綿は12オンス，アップランド綿は13½オンスの糸を産する．

いる．この表では 15 対の価格事例が示されており，各対の表示された価格差があれば，インド産綿花への代替の動機が生まれたことになる．そしてアメリカ産綿花の価格動向を規定するのは，アメリカでの綿花栽培における生産性・品質および作柄の状況，並びにイギリスにおけるアメリカ産綿花の在庫量などである．従ってこれらアメリカ側の諸事情こそ，イギリス綿工業のインド産綿花に対する需要量を強く規定する要因となったといわねばならない．その意味でインド産綿花は，イギリス綿花市場に対する規定力の点で，きわめて弱い立場に置かれていた．

　以上の本国における綿花需要構造は，元来インド産綿花の品質上の劣位より生じているとはいえ，同時にそれは，インド綿花開発の目的が，インドでの綿花生産における生産性向上および品質改良によって，それだけ確実に達成されるとは限らないことを意味している．というのは，目的達成は，アメリカ産綿花の価格および品質の動向によっても強く左右されたからである．つまりアメリカ産綿花の価格低下や品質向上が生じれば，目的達成はそれだけさらに遠大な課題となるのである．アメリカ産綿花との厳しい競争は，インド綿花開発全体を制約する，まことに手強い障害にほかならなかった．

　ヴィクツィアリ (A. M. Vicziary) によれば，イギリスの紡績業者は綿花調達に当たって，「一番安い既存の市場から購入することを最優先し[56]」，インド綿花開発促進のために必要以上のコストを支払おうとはしなかった．すなわちイギリス綿業資本は，インド植民地政府に綿花開発の必要性を訴えながらも，そのために自らの利害を犠牲にすることはなかったのである．こうした事情は，今対象商品が農産物であって工業製品ではないことを問わないとすれば，植民地とは区別された，自国内の産業振興のために，強力な保護育成政策が往々にして実行されることと対照的である．ここにインド綿花開発の持った，ある種の植民地的特質を窺うことができよう．あるいはこの事情は，当時のイギリス本国における支配的思潮であった自由主義理念が植民地政策に適用された具体例であるのかもしれない．とはいえ他面で，綿業資本の姿勢は，彼らもまた世界的規模での市場競争を戦っていたことからすれば，ある程度当然の態度であったと解釈できる．インド綿花開発も，明らかに，世界市場競争と無縁なものではありえなかった．綿花開発は，現状において圧倒的優位を占めるアメリカ産綿花および世紀後半以降大きな需要を獲得していくエジプト産長繊維綿花等，世界諸地域が産出する綿花との，冷徹な市場メカニズムにもとづく国際競争を前提に進められねばならなかった．

カーナックもまたこの点を深く認識していたことは，以下の彼の発言から窺える．
「インド産綿花の将来は，本国および大陸ヨーロッパの紡績業者による消費，並びに<u>他の綿花生産地との競争</u>（傍点は引用者，以下同様）にかかっている[57]」．
「現在取り組まれているすべてのことは，われわれの綿花供給を質・量ともに向上させ，<u>他国の綿花と成功裏に競争できる地位に持っていくこと</u>によって，綿花栽培に対する動機を恒久的に保証し，もってランカシャ綿業資本およびインド農民の両方の利益を図っていくことである[58]」．
「もしアメリカからより品質に優れ安価な綿花が入手できるとしたら，本国の紡績業者がインドを見捨てたからといって，彼らを責めるべきではない[59]」．

以上に見たインド産綿花の需要構造の特質は，開発過程に不確実性や不安定性の様相を刻み込み，インド農民に対して，輸出市場の不安定性を印象づけることによって外国綿種栽培を忌避させる要因ともなった．ボンベイ在住の綿花輸出業者ブライス（A. C. Brice）は1863年，ヨーロッパは「ひどく不確実で不誠実な市場である．それゆえその需要を満たすという特別な目的のためには，比較的僅かの綿花しか栽培されていない[60]」と述べている．また綿花飢饉が終了し，アメリカ産綿花の輸入が復活するなかで，インド産綿花価格は暴落し，多くの綿花貿易業者の倒産を生み出したが，関係者の間には「南北戦争の最中にはインド綿花開発は熱心に取り組まれたのに，終結するや無視された[61]」と「裏切られた思い」を懐く者も多かった．ヴィクツィアリはこうした事情から，イギリス綿工業によるインド産綿花への需要を，「長期的には限定的，短期的には変動的[62]」という表現で特徴づけたのである．インド綿花開発は，インドにおける諸事情によって制約されるのみならず，本国側の事情を含めた綿花をめぐる広く世界的市場動向からも強い制約を受けていたといわねばならない．

(2) リヴァプール綿花市場におけるインド産各綿種に対する価格評価

では以上のような需要構造にも規定されながら，インド産各綿種は，リヴァプール綿花市場においてどのような価格評価を受けたのであろうか．ここでは，インド産綿花全体とアメリカ産綿花とを比較するとともに，インド産各綿種間の比較，とりわけインドで栽培されたアメリカ綿種と他の在来綿種との比較に留意しつつ検討を行いたい．

第6-3図は，カーナックが掲載した，1866年12月より1868年6月までの42の時点における4品種に亘るアメリカ産およびインド産綿花のリヴァプール市場での価格の推移（1梱＝400重量ポンド当たり）を示したものである．ここに挙げられたアメリカ産綿花は「中品等のニュー・オーリンズ種」であり，この綿種こそイギリスで大量に消費された標準的綿花の一つにほかならなかった[63]．インド産各綿種の品質については，大まかに，ソー・ジン・ダールワール（saw-gin-Dharwar）種はダールワール県に順化したニュー・オーリンズ種であり，ヒンガンガート種は在来綿種のなかで最良の綿種の一つとされ，またドーレラ（Dhorela）種はインド国内において広く消費された，在来綿種のなかで平均的品質を持つ綿花である[64]．上図において，まず綿花価格は期間を通じて4品種ともほぼ同様の趨勢を辿って変動している．この変動はリヴァプール市場に到着する綿花量の推移に応じたものであり，そうした季節的変動においてはアメリカ産綿花とイ

第6-3図　リヴァプール綿花市場における諸綿種価格の推移
1866年12月－1868年6月

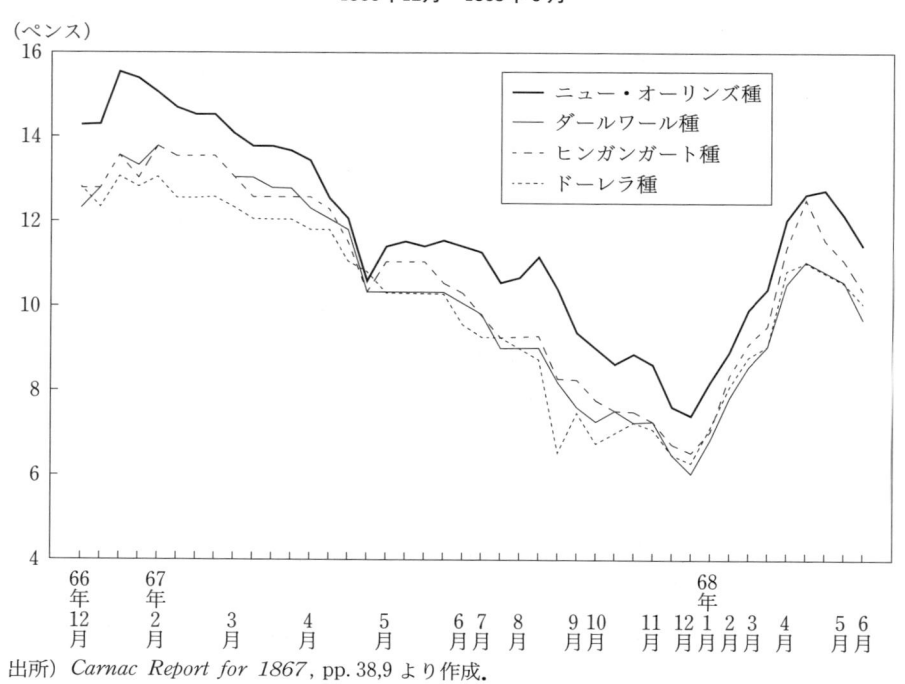

出所）*Carnac Report for 1867*, pp.38,9 より作成．

ンド産綿花との間に大きな相違はなかった．その上で第1に，アメリカ産綿花とインド産綿花全体とを比較してみると，1867年4月頃に両者が著しく接近し，また68年4月頃ヒンガンガート種のみがニュー・オーリンズ種に肉薄したのを除いて，両者はかなりの価格差を持ちつつ推移している．時々の最高価格のインド産綿種にとって，次位のインド産綿種との間よりも，ニュー・オーリンズ種との間により大きな価格差がある．従って本国市場においては，最良のインド産綿種といえども，アメリカ産綿花に比べて，価格上明瞭な差別的評価を受けたといえよう．第2に，三つのインド産綿種のなかでは，概ねヒンガンガート種が最高価格で推移している．そして前述のように，68年4月にはヒンガンガート種が他の在来綿種を引き離してアメリカ産綿花に肉薄したのである．アメリカ綿種にしてインドで栽培されたダールワール種は，インドの平均的綿種であるドーレラ種よりは高価格であるものの，ヒンガンガート種を下回る評価しか受けていない．以上の諸点を裏づけるように，期間を通じた平均価格は，ニュー・オーリンズ種が1梱当たり11$\frac{1}{2}$ペンスであるのに対して，インド産綿種は価格順に，ヒンガンガート種10$\frac{1}{2}$ペンス，ダールワール種10$\frac{1}{4}$ペンス，ドーレラ種10ペンスとなっている．ニュー・オーリンズ種とヒンガンガート種との間に最大の較差が付くとともに，ダールワール種はヒンガンガート種以下の価格にとどまったのである．

続いて第6-4図は，1870年代前半の4年間におけるインド産各綿種のリヴァプール市場における価格推移（1梱当たり）を示したものである．ここでは上の3綿種と並んで，ともに在来綿種のなかで最良品種に数えられるブローチ種とアムラオティ種を加えて表示した．前者はボンベイ管区グジャラートを，後者はベラールを産地とし，両綿種とも毛筋の長さがほぼ1インチに達し，ともに30番手前後の糸に紡がれる綿花であった．ブローチ種が2度，ヒンガンガート種とアムラオティ種がそれぞれ1度最高価格をつけたのに対して，ダールワール種はいずれの年次においても2位以下にとどまっている．4年間の価格を平均すれば，ここでもヒンガンガート種が首位を占め，続いてブローチ種，アムラオティ種，ダールワール種，ドーレラ種の順となり，平均価格において三つのインド在来綿種がダールワール種を上回る価格評価を得ていたことが分かる．

諸困難に抗してインドへの移植に成功したアメリカ綿種であっても，本国での評価が決して期待通りにならなかったことは，カーナックが引用する当時の綿花貿易関係者の証言からも窺うことができる．リヴァプールの有力な綿花商人であ

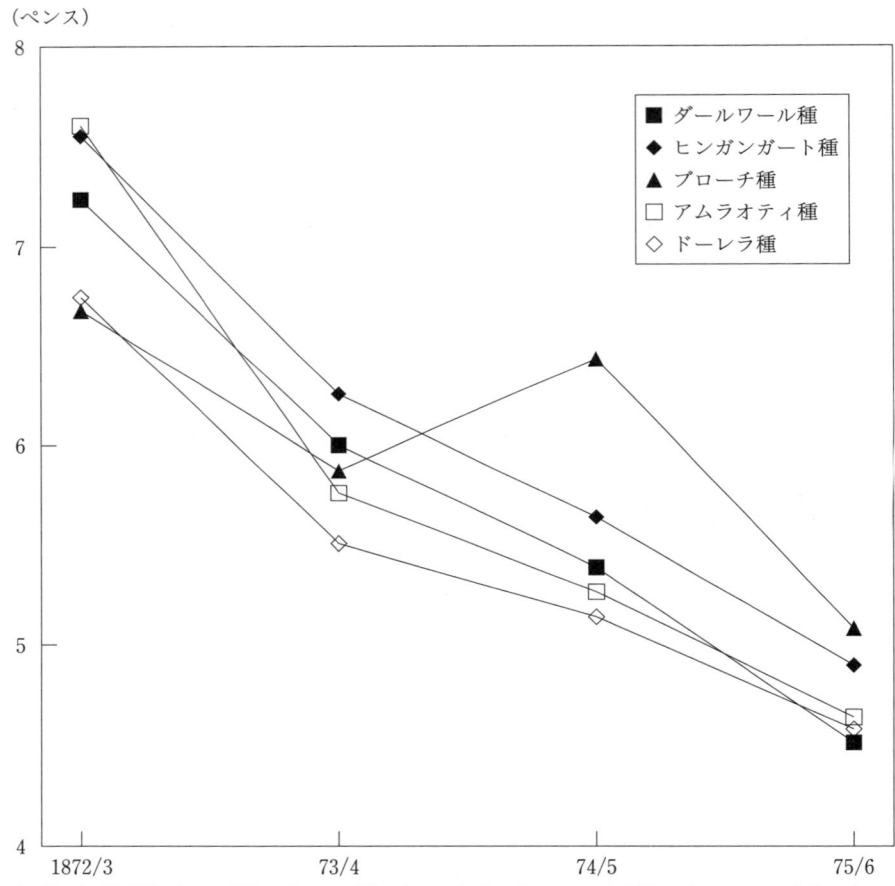

第 6-4 図　リヴァプール綿花市場におけるインド在来各綿種の価格推移
1872/3―1875/6

(ペンス)

凡例：
- ■ ダールワール種
- ◆ ヒンガンガート種
- ▲ ブローチ種
- □ アムラオティ種
- ◇ ドーレラ種

出所) A. M. Vicziary, 'The Cotton Trade and the Commercial Development of Bombay, 1853-1875', Ph. D. thesis, University of London, 1975, p. 92 より作成．

るサミュエル・スミス（Samuel Smith）は，次の見解を示して，ヒンガンガート種を高く評価した．

「わたくしはヒンガンガート種の栽培拡大を聞いて嬉しく思う．それは在来綿種のなかで最良のものである．良質のヒンガンガート種はアメリカ綿種にほぼ匹敵する．それはアメリカ綿種の少なくとも 3/4 の働きをする．……わたくしは

ダールワールのアメリカ綿種を余り評価しない．それは繊維がひどく損傷を受け，イギリスの紡績業者によって好まれない[65]」．

マンチェスタの綿業関係者を中心として 1857 年に設立され，本国におけるインド綿花開発推進のための中心的ロビーとなってきた綿花供給協会（Cotton Supply Association）のインド代理人でさえ，ダールワール種がヒンガンガート種に比べてリヴァプール市場での評価において変わるところがなく，またアメリカ綿種移植がそのための努力やコストに引き合わないことを指摘している．

「消費者がヒンガンガート種に代えてソー・ジン・ダールワール種を喜んで受け取るかどうかという質問に対して，われわれは間違いなくそうではないと考える．というのは，リヴァプール市場においてヒンガンガート種はダールワール種とまさしく同じだけの評価を受けているからである．……われわれはこの問題に深く関わっている人々の努力によって，（アメリカ綿種移植に伴う）すべての困難がやがて克服されるとは考えないだけでなく，得られるであろう結果が望ましいものであるとか，あるいは生産費に引き合うであろうとは予想しない．……われわれはむしろすべての努力が，すでに栽培されている良質の綿種の改良に向けられるべきであると考える[66]」．

さらにフランスへの綿花輸出を担った大陸ヨーロッパ系商社 Messrs. Jules Seigfried & Co. の社員もヒンガンガート種を高く評価している．

「この綿種を購入したフランスの製造業者はその品質に大変満足したので，同綿種を 500 梱追加注文した．……自分の紡績に携わった経験からすると，フェアからグッド・フェアに格付けされるヒンガンガート種は中品等のアップランド種に匹敵し，また中品等のニュー・オーリンズ種にさほど引けをとらない．……わたくしは製造業者にとって最良の綿花として常にヒンガンガート種を挙げる．それが入手できないなら，アムラオティ種を選ぶ．それはフランスではソー・ジン・ダールワール種よりも好まれている．大陸ヨーロッパの紡績工場において綿花清浄の新しいシステムが設置されたことからして，わたくしはダールワール種の方が良質のアムラオティ種よりも優れているとは考えない[67]」．

以上に見てきたように，諸困難に抗して何とかインドで収穫されイギリスへ輸入されたアメリカ綿種であっても，依然としてインド産綿花全体に与えられてきた「低品質」という烙印を覆すことができず，ためにその価格評価はアメリカ産綿花との間で明瞭な較差を付けられるとともに，他のインド産綿種と比べても，

その栽培に優位性を与えるものとはなりえなかった．そうした状況から，この時点に至ると，イギリス本国の関係者の間でさえ，アメリカ綿種移植の困難性を重視し，在来綿種の品質改良に力点を移行すべきとする見解が現れ，またとりわけ大陸ヨーロッパでは，インド在来綿種に適した紡績機械の導入が進められることによって，在来綿種改良への期待が高まっていたのである．

6-5　カーナックによる外国綿種移植政策に対する評価

(1)　カーナックによる外国綿種移植政策に対する否定的評価

　以上わたくしは，外国綿種移植政策を基軸とするインド綿花開発過程が遭遇した困難の諸要因を，インド社会構造の最も基底的な部面の一部をなす綿作構造より，インド綿花をめぐる世界的市場構造に至るまでの，綿花開発のまさしく全体構造に亘る諸側面に即して明らかにしてきた．こうした広範囲に亘る構造的な諸困難を背景とする以上，外国綿種移植政策は，それが試みられた多くの地域で，政府による農民に対する栽培の「強制」と，それに対する農民の強い「反発」を伴わざるをえなかった．ボンベイ管区アフマダーバード県で綿花開発を担当したイギリス人役人は，「ある種の投機としての外国綿種栽培に対する農民の打ち勝ちがたい反対[68]」に言及し，またカーンデーシュ県のアメリカ人プランターは次のように述べて，外国綿種栽培が政府の強制なしにはありえないことを指摘している．

　「1850年から53年にかけてのニュー・オーリンズ種栽培の拡大は，前の県長エルフィンストンの命を受けたマムラトダール (mamlutdar) およびマハールカリー (mahalkuree，ともに政府の代官—引用者) の尽力によるものである．エルフィンストンは彼らに，農民に対して外国綿種の優位性を印象づけさせ，あらゆる手段を使って栽培を奨励するように命じた．……もし農民の自由にさせておいたら，ニュー・オーリンズ種の栽培はすぐに止んでいたであろう．……農民は綿木が生育する保証がないことから，例外なく栽培に反対していた．……

わたくしの考えでは，ニュー・オーリンズ種栽培に対する農民の拒絶には根拠があるように思われる[69]」．

では，結局のところ，カーナックは外国綿種移植政策に対していかなる判断を下したのか．彼の判断とは，在来綿種のなかにアメリカ綿種と大差のない良質な品種があることを認め，そうした品種の普及と品質改良に力を注ぐべきことを強調し，他方外国綿種移植については，その大きな困難性を深く認識しつつ，さしあたりインドの気候風土との適合性に関する実験のみに取り組みを限定するものであった[70]．全体としてカーナックは，外国綿種移植の緊要性を認めず，むしろ在来綿種の品質改良に期待しつつ，それに関わって，農民経営そのものへの直接的な干渉を企てるよりも，農民経営を取り巻くより全体的な諸環境の変革を重視した．この方針は，多面的ながら総花的ともいえた従来の綿花開発の経緯に照らして，彼なりに取り組みに整理を加え，一つの新たな展望を切り開いたものであったといえよう．

カーナックはまず，彼の着任以前に当地で取り組まれた外国綿種移植の試みに関説しつつ，それを指導したフォーブス（G. F. Forbes）の言葉を引用している．フォーブスは，ボンベイ管区の綿花管理官であり，当時この問題の権威者として知られていた人物である．

「ニュー・オーリンズ種の導入は，当初農民とは無関係に，（もっぱら）政府によって進められねばならない．というのは，農民が必要とされる栽培規模に関心を持つとか，あるいは成功を疑っているに違いない綿種の栽培のために自ら土地を提供することは期待できないからである．彼らが栽培の価値を十分判断できる機会が来るまでは，そうである[71]」．

続いてフォーブスは，望ましいのは，「農民が栽培の成功を眼にして確信を持ち，自らの意志で栽培拡大を試みる[72]」ことであると述べる．すなわちフォーブスの理解とは，当初は政府による積極的な働きかけが必要であるとしても，綿花開発が農民に対する栽培強制に終始しているうちは，何らの実質的な前進も得られないというものであった．続いてカーナックは，彼以前に当地で綿花開発を管轄したジョーンズ（Mr. Jones）による外国綿種移植の試みに関する報告を引用しつつ，以下のように結論づけている．

「わたくしの見解では，ニュー・オーリンズ種の実験は，現在までのところ決定的に有利というものではない．エーカー当たりの収量に関しては，去年の収穫

は惨めなほど僅かであった．今年はようやく地域全体の平均に達したばかりである．それは良く選別された畑で最大限の注意を払いつつ栽培された結果である．繊維は弱い．色彩と清潔さの点は良好であるが，それは注意深い栽培によるものである．清潔さという利点にもかかわらず，価格はヒンガンガート種よりも幾分安い．以上よりわたくしは，農民に外国綿種栽培を強制するいかなる試みも行われるべきではないという結論に達した．取り組みは，それ自身の長所にもとづいて自然に任せられるべきである．……これ以上の政府の実験は有害ではないとはいえ，わたくしは必要ないと考える．……政府の関心はとりわけ，在来綿種の品質改良に向けられるべきである[73]」．

(2) カーナックによる在来綿種品質改良の提起

こうしてカーナックは，外国綿種移植の緊要性を否定し，在来綿種の品質改良に取り組みを集中すべきことを公言した．では彼は，在来綿種品質改良のためにいかなる方策を提起したのか．彼の提起は，農民経営への直接的干渉という側面においては，従来に比べきわめて限られた活動のみを含んでいた．その内容とは，在来綿種の種子の選別育成と農民への配布であった．より具体的には次の内容を指す．「政府試験農場の機能をまったく種子育成農場としてのそれに限定し，純粋な種子の生産のみをもって努力の対象とする[74]」．そのために在来綿種で「大きな鞘を付けている最も優良で健康的な綿木[75]」が一定数選ばれ，それらの綿木から採取された種子が翌年の播種のために保存されるとともに，そうした種子は綿作中心地に設置された7カ所の種子育成農場に移され，より純粋な種子の生産を目指して，注意深い栽培と系統的な選別が行われる．

ここで問題となるのは，カーナックにあって以上の方策が，良質在来綿種のイギリス向け輸出拡大という政策課題に照らして，どこまで有効なものとして提起されていたかということである．彼は，農民が政府より支給された良質在来綿種の種子を喜んで播き，それが順調に生育し，結果的に良質在来綿種のイギリス向け輸出が拡大することに，どれだけの確信を抱いていたのか．カーナックは以上の計画に着手しながら，まもなく任務を離れたので，その後の経緯については語られていない．とはいえ，これまでに検討されたアメリカ綿種移植政策に関わる諸事情から勘案すれば，そこに現れた諸困難のうち，自然条件に対するアメリカ

綿種の不適合を除く，いわば社会経済的諸要因はたいてい在来綿種の品質改良およびイギリス向け輸出拡大という課題にとっても当てはまる．確かに在来綿種はアメリカ綿種と比べれば，農民にとって栽培方法に習熟し，また国内市場がすでに確保されていることから，栽培拡大に乗り出し易いという利点を持っている．とはいえ，本国の綿業資本が要求したのは，既存の栽培方法と生産諸条件の単なる量的拡大ではなかったはずである．その要求は，イギリス綿工業需要に適合的に品質改良された綿花の輸出拡大にほかならなかった．これまでの分析に従えば，綿花生産における既存の諸条件をいくらかでも改良に向けて変革しようとすれば，たちまち移植の困難をもたらしたと同様の諸要因が多かれ少なかれ作用することは疑いない．従ってカーナックの提起は，さしあたりこうした諸要因の強さを問わない限りにおいて，在来綿種の方がアメリカ綿種よりも改良の余地が大きいと判断したという以上のものではない．すなわち彼の提起はむしろ，上の内容以外の方策を斥けることによって，農民経営そのものに干渉しつつ，あるべき経営様式を農民に押し付けていくことがいかに無益であるかを，事実上公言したものとして理解されねばならない．

6-6 綿花開発の全体構造と本質

冒頭において本章の課題は，さしあたり1860年代末あたりまでを時期的対象としつつ，インド綿花開発の困難を生み出してきた諸要因を，開発の全体構造に亘って，かつ全体構造を論理レヴェルに従って三つに区分しつつ析出することにあると述べた．農民経営構造は，貧困な小経営農民の支配的存在と，それに伴う農民的商品生産の低位性および中間商人による農民支配を，国内の流通・市場構造は，現地手工的綿業の存続にもとづく伝統的な流通・市場構造，中間商人の跳梁，および運輸・通信手段の未発達を，世界的市場構造は，冷徹な市場メカニズムにもとづく厳しい国際競争を，それぞれ特質として有し，それらの特質が，外国綿種移植政策を基軸とする綿花開発過程が遭遇した困難の諸要因を構成した．これらのうちまず農民経営構造は，インドが基本的に封建社会の枠内にあったことを表現する．次にそれと国内流通・市場構造を併せたものは，それら相互で固く結

びつきつつ，従来インドが封建社会にとどまりながらも，「世界に冠たる綿工業大国」として久しく君臨し，それに伴って綿工業・綿作に関わる独自の生産・流通・市場・産業構造を構築してきたことを表現している．

以上の分析より，綿花開発の本質とは，封建的社会構造の最奥の基礎をなす「小農民経営構造」，それに規定された綿工業・綿作に関わる「在来の流通・市場・産業構造」，および綿花をめぐる「世界市場における競争構造」という，その順番に従って綿花開発の全体構造における，最も基底的・一般的な構造より，最も具体的・総体的な構造に至る三つの構造と関連を持ち，それらによって規定されながら，同時にそれらを望ましい方向に再編していくことをもって課題とした点にあったということになる．従って，従来の基軸的方策，すなわち他の諸構造との関連に考慮することなく，いきなり農民的生産構造に干渉しつつ，もっぱら外国綿種栽培のみを農民に強制するという方策は，まったく無力・無益な方策にほかならなかった．綿花開発は，外国綿種移植を進めていくためにも，全体構造に亘る再編を要請されていたのである．

第6章　註

(1) P. マントウ，徳増栄太郎他訳『産業革命』，236 ページ．
(2) 1788 年から 1850 年に至る綿花開発の経緯については，J. F. Royle, *On Culture and Commerce of Cotton in India and Elsewhere*, 1851, pp. 86-90 の年表を参照．
(3) W. R. Cassels, *Cotton : An Account of its Culture in the Bombay Presidency*, 1862, p. 17.
(4) J. F. Royle, *op. cit.*, p. 89.
(5) *Report of Mr. H. Rivett-Carnac, Cotton Commissioner for the Central Provinces and the Berars, on the Operations of his Department for the year 1867* (*British Parliamentary Papers,* Vol. XLVI, 1868/9). 以下 *Carnac Report for 1867* と略記．
　Reports of Mr. H. Rivett-Carnac, Cotton Commissioner for the Central Provinces and the Berars, on the Operations of his Department for the year 1868-69 (*British Parliamentary Papers,* Vol. L, 1871). 以下 *Carnac Report for 1868-9* と略記．
(6) P. Harnetty, *Imperialism and Free Trade : Lancashire and India in the Mid-Nineteenth Century*, 1972, p. 93,6.
(7) L. D. Satya, *Cotton and Famine in Berar 1850-1900*, 1997.
(8) P. Harnetty, *op. cit.*.
(9) 彼らによるインド植民地支配論における中心的主張については，第1章で触れたので，ここでは繰り返さない．ここで問題としたいのは，彼らによる「インド植民地開発論」で

ある．彼らは，19世紀中葉において「開発政策」や「社会改良 improvement 計画」が展開されたことを認めつつも，その特質として，それらが「限定的な成果しかあげえなかった」(P. J. Cain and A. G. Hopkins, *British Imperialism : Innovation and Expansion 1688-1914*, 1993, p. 327) こと，従って「野心的な開発計画の限界性」(*ibid*., p. 327) を強調している．そしてインド社会の構造変化についても，「インドは1世紀に亘るイギリス支配によって影響を受けたものの，変容を被るまでには至らなかった」(*ibid*., p. 327) との理解が示されている．とはいえ，これらの理解は，インドの現地社会実態を殆ど分析することなく提示されているので，余り説得力があるとはいえない．他方でこのことは，彼らが「われわれの関心の対象は帝国主義の原因にあるのであって，帝国主義の諸結果や支配を受けた現地の歴史にはない」(*ibid*., p. 50) という方法的限定を設けていることからすれば，彼らにとっても了解済みのことなのかもしれない．いずれにせよ，彼らの理解は，それを「植民地開発論」として見るならば，きわめて一面的なものである．むしろ彼らの研究全体の流れを見渡した時，「開発計画の限界性」は，植民地支配政策に対する産業資本家層による規定性の弱さの傍証として位置づけられているかのような印象を受けざるをえない．しかしいうまでもなく，「植民地支配政策の主導者は誰か」という問題と，「なぜ開発政策が限界性を持ったか」という問題とは，区別されねばならない．前者の問題についてのわたくしの理解は，すでに第1部で示された．後者の問題に関して，仮にそうした限界性が存在したとするならば，その要因解明のためには，開発政策に対する現地社会実態からのレスポンスおよび開発を取り巻く世界市場状況が積極的に分析対象に据えられねばならない．以下では，こうした課題を果たすことによって，「インド植民地開発論」を前進させることを目的としたい．

(10) *Carnac Report for 1867*, p. 8.
(11) *Ibid*., p. 9.
(12) J. F. Royle, *op. cit*., p. 335. ボンベイ管区の各県におけるアメリカ綿種栽培の経緯を分析したカッセルズの書物 (W. R. Cassels, *op. cit*.) によれば，以下の県で同様の現象が見られた．ブローチ県 (*ibid*., p. 45)，カイラ県 (*ibid*., p. 81)，サタラ県 (*ibid*., p. 84)，カーンデーシュ県 (*ibid*., p. 97)，ベルガウム県 (*ibid*., p. 112)．
(13) S. Leacock & D. G. Mandelbaum, 'A Nineteenth Century Development Project in India : The Cotton Improvement Programme', *Economic Development and Cultural Change*, Vol. III, 1954-55, p. 341.
(14) *Gazetteer of the Bombay Presidency*, Vol. XXII, Dharwar, 1884, p. 291.
(15) P. Harnetty, *op. cit*., p. 85.
(16) *Carnac Report for 1868-9*, p. 30.
(17) *Gazetteer of the Bombay Presidency*, Vol. XXII, Dharwar, 1884, p. 294.
(18) S. Leacock & D. G. Mandelbaum, *op. cit*., p. 337.
(19) *Carnac Report for 1867*, p. 64.
(20) S. Leacock & D. G. Mandelbaum, *op. cit*., p. 342.
(21) W. R. Cassels, *op. cit*., p. 147.
(22) *Ibid*., pp. 289, 90.
(23) *Carnac Report for 1867*, p. 64.
(24) W. R. Cassels, *op. cit*., p. 149.
(25) *Bombay Gazette*, 1 Jan. 1870, 2, quoted in A. M. Vicziary, 'The Cotton Trade and

the Commercial Development of Bombay, 1853-1875', Ph. D. thesis, University of London, 1975, p. 43.
(26) *Gazetteer of the Bombay Presidency*, Vol. XXII, Dharwar, 1884, p. 298.
(27) *Carnac Report for 1867*, p. 65.
(28) *Ibid.*, p. 17.
(29) 以上の推計については，*ibid.*, p. 19.
(30) *Ibid.*, p. 17.
(31) *Ibid.*, p. 17.
(32) *Ibid.*, p. 18.
(33) *Carnac Report for 1868-9*, p. 18.
(34) *Ibid.*, p. 85.
(35) *Carnac Report for 1867*, p. 18.
(36) *Carnac Report for 1868-9*, p. 85.
(37) *Carnac Report for 1867*, p. 18.
(38) J. F. Royle, *op. cit.*, p. 347.
(39) S. Leacock & D. G. Mandelbaum, *op. cit.*, p. 342.
(40) *Ibid.*, p. 342.
(41) *Carnac Report for 1868-9*, p. 86.
(42) *Carnac Report for 1867*, p. 19.
(43) *Ibid.*, p. 19.
(44) *Ibid.*, p. 18.
(45) *Ibid.*, p. 18.
(46) *Ibid.*, p. 18.
(47) *Carnac Report for 1867*, p. 18.
(48) *Carnac Report for 1868-9*, p. 17.
(49) *Carnac Report for 1867*, p. 65.
(50) *Ibid.*, p. 65.
(51) *Carnac Report for 1867*, p. 65.
(52) *Economist*, 23 May 1857, pp. 559ff, quoted in A. Silver, *Manchester Men and Indian Cotton, 1847-72*, 1966, pp. 293-5. 翻訳は森芳三『イギリス綿花飢饉と原綿政策』，1996年，324ページによる．
(53) T. Ellison, *The Cotton Trade of Great Britain*, 1886, repr. 1986, p. 40.
(54) *Ibid.*, p. 41.
(55) ここで，19世紀中葉以降の，世界主要地域における綿作・綿工業の特質と，それにもとづいた各地域綿工業の世界市場に占める位置について，体系的な見取図を示された川勝平太氏の研究について触れておきたい．氏の研究の力点は，インドを発祥地とする綿作・綿工業が長い時間をかけて東西へと別のルートを辿りつつ伝搬し，その結果西欧と東アジア（中国・朝鮮・日本）とでは，原料綿花の繊維長の相違を主要なメルクマールとする，異なった「木綿複合」（植生―綿業技術―服飾文化―消費類型）が形成され，両者は一体化を強めた世界市場においても，相互に混じり合うことなく，しばし「棲み分け」を続けたことの論証にある．こうした世界的な「木綿複合」体系において，インドは両者の特質を兼ね備えた「混合型」として位置づけられた．本書の視野は東アジアにまで及ぶも

のではないので，こうした川勝氏の壮大な体系的理解全体についてコメントする能力はわたくしにはない．ただ氏が，イギリス綿工業によるインド産綿花の需要構造，およびインド綿花開発における取り組みの内容について関説されている箇所については，疑問なしとはしないので，その点を指摘しておきたい．まず氏は，「イギリス綿業は，価格は安くとも短繊維綿花は原綿として排除する技術構造を持っていた」（川勝平太「アジア木綿市場の構造と展開」『社会経済史学』第47巻第2号，1981年8月，99ページ）がゆえに，インド綿は「綿花飢饉のときですら（！）在庫となるばかりでイギリス綿業の原綿の主流となったことはない」（同論文，97ページ）と述べられ，イギリス綿工業にとってインド産綿花は，紡績技術が短繊維綿花を受けつけないことを理由として，殆ど使用不可能であったかのような理解を示しておられる．だが後に本書第8章で示されるように，綿花飢饉時に大量に輸入されたインド産綿花は，イギリス綿工業によって実際に大量に消費された．このことが可能になったのは，本文中に記したようなイギリス綿工業によるインド産綿花の需要＝消費構造があったからである．氏には，使用法次第によって，ある程度多様な綿種を加工しうるという，紡績技術上の一定の幅についての考慮が欠如している．次に氏は，インド綿花開発における取り組みの内容を，「染色体数の異なる新世界綿と旧世界綿とをかけあわせ」（同論文，98ページ）たことに見出し，かつこれら綿種間の「不稔性の障害のために」，綿花開発の成功は「ついに果たせなかった」と述べられている（同論文，97ページ）．つまり氏は，綿花開発の取り組みはもっぱら異綿種間の交配を試みることに終始し，また開発の挫折はそれが生物学的に不可能であったことに起因するという理解を示しておられる．管見の史料による限り，確かに異綿種間の交配が試みられたことは事実であるが，外国綿種移植政策の主軸となったのは，外国綿種の種子を輸入しつつ，農民をしてそれを播種・栽培させるように促すことにあった．そうであったからこそ，例えばダールワール県でのような，一時的にせよ，アメリカ綿種栽培のかなりの普及が見られたのである．また綿花開発には，カーナックが主張したように，インド在来良質綿種の栽培拡大を図るという内容も含まれていた．総じて川勝氏にあっては，インド綿花開発をめぐる問題が，きわめて狭い範囲の植物学的内容に限定して捉えられたために，それ以外の綿花開発に関わる多様な諸側面が視野に入りにくくなっている．本書第3部は，イギリス綿工業によるインド産綿花の需要構造および綿花開発における取り組みの内容を正しく捉えつつ，綿花開発が持ったより幅広い歴史的意味を考察するものである．

(56) A. M. Vicziary, op. cit., p. 40.
(57) *Carnac Report for 1868-9*, p. 71.
(58) *Ibid*., p. 75.
(59) *Ibid*., p. 93.
(60) A. C. Brice, *Indian Cotton Supply. The Only Effectual and Permanent Measure for Relief to Lancashire*, 1863, p. 30, quoted in A. M. Vicziary, op. cit., p. 39.
(61) *Times of India*, 6 Jan. 1873,3, quoted in A. M. Vicziary, op. cit., p. 92.
(62) A. M. Vicziary, op. cit., p. 39.
(63) 森芳三，前掲書，251ページ．
(64) これらの綿種について，1932年江商株式会社によって発行された『印度綿花事情』によって，それぞれの特徴を述べておこう．ドーレラ種はイギリス領ボンベイ管区グジャラート北部および藩王国領カーティワール半島・カッチ地方を産地とする．それは「色ダルで，葉埃・種子およびボールの破片等の雑物を多く混入している」が，「毛筋強く強靭で

約7/8インチの長さを有し，20番手内外の紡績ができるためその需要多い」(同書，60ページ)とされ，インド民族紡績業のみならず，日本・中国・ヨーロッパでも需要が多かった．ソー・ジン・ダールワール種はアメリカ式の綿繰機（saw-gin）を用いたためにその名があった．またヒンガンガート種は中央州ワルダー県の同名地方を主産地とし，インド中央部全般で栽培される広義のウムラ綿に含まれる綿種である．その特徴は，「ベラールの色白物より尚一層純白で色艶があることと，葉埃が殆どないこと」(同書，36ページ)であり，「毛筋はベラール品より長く細く柔く，インド在来綿種で最も良好な綿種」(同書，36ページ)とされた．

(65) *Carnac Report for 1867*, p. 27.
(66) *Ibid*., p. 40.
(67) *Ibid*., p. 28.
(68) W. R. Cassels, *op. cit*., p. 73.
(69) *Revenue Consultations*, Vol. XXXIII, 1854, pp. 203,4, quoted in *ibid*., p. 98.
(70) *Carnac Report for 1867*, p. 23.
(71) *Ibid*., p. 37.
(72) *Ibid*., p. 37.
(73) *Ibid*., pp. 37,8.
(74) *Ibid*., p. 24.
(75) *Ibid*., p. 25.

第7章　農民的商品経済の発展と国内綿花流通構造の再編

7-1　序
7-2　カーナックによる現状評価と開発展望の基本線
7-3　農民的商品経済の発展と地税制度改革
7-4　奥地綿作地帯に至る鉄道建設と綿花流通構造の再編

7-1　序

　本章の課題はまず，カーナックによって提起された開発展望の基本線について検討することにある．開発の本質と展望とは本来表裏一体のものであり，われわれはカーナックの開発展望に関する検討を加えることによって，開発の本質を一層明瞭に示すことができる．続いてカーナックの開発展望を主要な基準にとり，また彼の示す諸事実からも示唆を受けつつ，綿花開発過程に含まれた様々な領域における政策実態を明らかにするという作業を進めたい．本章では，農民的商品経済の発展および国内綿花流通構造の再編という，二つの政策志向に対応する政策実態について検討する．その他の政策志向および政策実態については，次章以降で取り扱う．

7-2 カーナックによる現状評価と開発展望の基本線

　まずカーナックは，僅か数年の在任とはいえ，その間の綿花開発の進捗状況をいかに捉えていたのであろうか．彼は1869年の報告書の末尾で，「幸運な諸事情のおかげで，ある程度の改良が広く認められている」，あるいは「僅かの前進であっても，それは将来における一層の改良への希望を持たせるものである[1]」と述べて，何らかの前進があったとの理解を示している．しかし同時に彼は，「この2度目の報告書でも，大きな前進や非常に驚くような結果を指摘することができなかった[2]」とも述べ，総じて前進はきわめて限られたものであり，成果がなかったわけではないが，決して期待に沿うほどのものではないと総括している．本章以降における諸政策実態の検討とは，彼がどのような局面に開発の前進面を見出し，またいかなる事情にその限定性を認識したかを明らかにすることでもある．

　わたくしはすでに綿花開発の諸困難の本質について分析してきたが，そこでの分析内容に沿うかのように，カーナックは改めて「長年奥地でのビジネスの前進を妨げてきた二つの大きな障害[3]」を挙げている．一つは「農民が置かれた状況(の悪さ)」であり，他は「奥地へのアクセスの困難」である[4]．彼にとってこの2点が綿花開発の困難における枢要点として認識されていたことは，彼が「この二つの障害は大変強力なので，両方が同時に取り除かれない限り，開発の前進は不可能である[5]」と述べていることからも裏づけられる．

　前者の内容は，農民が貧困で抑圧された状態にあることを問題視したものであり，本書第3部の方法的観点からすれば，農民経営構造に関わる特質と理解される．カーナックはこの点に関してより具体的に，「わたくしはインド産綿花品質改良の試みがインドの住民を犠牲にして行われることに強く反対する．彼らの利害に配慮し，それを守ることがわれわれの第1の職務である[6]」と述べている．すなわち彼は，農民が貧困や抑圧から解放され，その状況が改善されることを，綿花開発にとっての重要な必要条件と見なしていたのである．続いて彼は別の箇所で，「われわれの綿花貿易は主として，農民をして綿花栽培に向かわせるために彼らに与えられる誘因にかかっている[7]」と述べつつ，この「誘因」とは，「本国での

価格からあらゆる諸経費を差し引いて農民に与えられる対価[8]」，あるいは「農民が受け取る大きな配分[9]」であるとしている．以上に示された認識は，綿花開発の本質および展望に関わって，次の事情を示唆している．すなわち綿花開発において，綿花栽培が従前通りインド小経営農民を主体として行われる限り，綿花栽培が政府の望むような様式に近づくためには，その様式が商品生産者としての農民にとって有利なものでなければならないという事情である．この事情は，まず綿花開発の最も一般的な本質が，インド農民をして綿花の商品生産を行わせることにあったことにもとづいている．またこの事情は，従来取り組まれてきた農民に対する栽培強制という方策が無益であり，およそ実現不可能な試みであったことからも明瞭になったものである．従ってこの事情が現実化されるためには，その前提条件として，農民が，収益性に機敏に反応しつつ自主的に栽培意欲を喚起される，自由で自立的な商品生産者であることが必要になってくる．カーナックにあっては，こうした農民こそ，そのあるべき姿であり，そうした農民の創出こそが最も効果的な開発方策であると捉えられた．彼は上記の「誘因」とは，「政府役人の努力がいかに熱意に溢れ賢明なものであったとしても，改良にとってそれ以上に重要で効果的な[10]」開発手段にほかならないとしている．こうしてカーナックは，農民経営構造において商品経済関係が一層深く浸透していくことをもって，開発展望の柱の一つに据えたのである．かかる開発展望の内容は，前章において確認された，農民経営構造に関わる綿花開発の制約要因に完全に対応するものとなっている．

　さらに以上のカーナックの認識は，農民経営構造以外の諸構造に関わる再編を含めた，次のような開発展望の基本線を示唆している．すなわち基本線は，農民的商品経済の発展を基礎過程とし，かつその上に積み上げられた諸構造を全体として合理化・効率化することによって，イギリス本国の綿花需要がよりストレートに農民経営構造に伝わるようにすることに据えられねばならないことである．外国綿種栽培の強制の失敗という事実は，綿花開発が栽培主体として従前通りインド小経営農民に依拠する限り，「強制」ではなく，彼らを取り巻く諸構造全体の再編にもとづいた「市場原理による誘導」を通じてのみ，綿花栽培構造における変化が期待されうることを示していた．事実カーナックは，これまでの開発政策のうちで彼が有意義であったと判断できる部分として，次の内容を挙げている．「多くの政府役人が，市場圧力がより直接的に届くようにし，その影響を減退さ

せる障害を取り除くことによって，栽培に対する大きな誘因（農民に利益を与えるような価格）がより完全に作用するために，全力を尽くしてきた（傍点は引用者）[11]」．

他方で，こうした展望にもとづいて彼が危惧したのは，収益を与えるような価格という誘因が失われた時，「農民は種蒔きに余分な資金を投入することはないので，他の作物の栽培へ移行」し，「栽培が疑いなく減少する[12]」ことであった．ここには，綿花開発は市場諸力が社会深部にまで一層ストレートに浸透することを必要条件とするものの，他面それが実現された場合，もし綿花価格が低下するならば，農民は綿花栽培から他の作物栽培へ移行するであろうとの認識が示されている．この認識はまさしく市場経済の本質を言い当てたものといえよう．

後者の「奥地へのアクセスの困難」とはいうまでもなく，奥地綿作地帯への運輸・通信手段の未整備を指し，国内の流通・市場構造に関連深い特質である．カーナックは，とりわけこの点の改善に高い評価を与えていた．彼はまず「改良は外国綿種の導入によるものではないし，また綿木の栽培が突然大きな変化を被ったことによるのでもない[13]」と述べて，外国綿種移植の試みが成果に乏しかったこと，および農民の綿花栽培様式自体には大きな変化がなかったことを確認している．続いて彼は，「改良の大きな要因」が，「綿花貿易が，新たな途中での品質低下の機会の少ない経路で行われるようになったという事実，および本国市場に現在届けられている綿花が，栽培地で収穫される状態にずっと近くなったこと[14]」にあったとし，奥地への運輸・通信手段の改良に伴う国内綿花流通構造の再編を高く評価したのであった．以上の引用から示唆されるように，綿花流通構造再編の主眼とは，奥地綿作地帯と輸出港とを直結する迅速な輸送手段を創設しつつ，それを通じて流通経路を効率化・合理化し，もって綿花の流通途中での品質低下を防ぎ，同時にイギリス本国からの需要を最大限効率的に綿花輸出に結びつけることにあったといえよう．その課題は他面で，インド人商人が支配してきた在来の流通経路に対抗しつつ，ヨーロッパ人商人が農民との取引より輸出に至る全過程を掌握する新たな流通経路を創設することでもあった．以上の政策課題もまた，すでに確認された綿花流通構造に関わる開発の制約要因に完全に対応している．

以上全体として，カーナックの諸理解および前章で考察された綿花開発の本質にもとづけば，ここで開発展望の基本線は，農民的商品経済の発展を基礎過程と

し，その上でインド国内・外に亘る綿花流通構造をできるだけ効率化・合理化することによって，イギリス本国からの綿花需要を最大限有効に綿花生産構造にまで浸透させつつ，それを通じてインド国内の綿花生産構造および綿花市場構造をイギリスにとって有利なものへと再編することに置かれたといえよう．こうしてカーナックの現状認識が明確に主張していたように，今や開発政策の主軸は，農民的生産構造に対する直接的干渉ではなく，農民的商品経済の発展および国内・外に亘る流通構造の効率化・合理化に与えられることになったのである．

　またこうした展望に導かれた綿花開発は，全体として「市場原理による誘導」を梃子として，綿花生産構造の再編より世界市場における優位性の獲得までを果たそうとするものであった．そしてこの基本線が妥当である根拠とは，経験的には外国綿種栽培の強制の失敗にあったとともに，原理的には，綿花開発がそのあらゆる側面において世界市場までを含めた商品経済のネットワークの基礎上において展開されたという事情にある．つまり綿花は，インドにおいて商品として買い付けられ，続いて商品としてインド国内および世界的な流通経路を辿り，最後に商品としてイギリス綿工業によって消費された．逆に表現するならば，外国綿種栽培の強制のように市場原理からはみ出した方策は，たとえ一時的には何らかの成果を収めることがあったとしても，その成果は決して長続きはせず，従ってこうした方策は開発の主軸たりえない．こうした事情の広がりは，いうまでもなく，綿花開発の主体をなす当のイギリス資本主義がまた，かかる基礎上で運動していることを起点としてもたらされた．以上の意味において綿花開発は，植民地政府によって強権が発動される諸局面を含みつつも，基本的に，インドをしてその深部に至るまで商品経済の世界的ネットワークとしての世界市場に統合させることをもって，基軸的な政策課題としていたといわねばならない．要するにインド綿花開発は，インドの深部に至る世界市場統合をもって，その重要な本質とせざるをえないものであった．そしてかかる開発の本質は，近代的世界市場を前提とする，あるいはその拡大に伴って行われる，広く経済開発一般についても多かれ少なかれ当てはまると考えられる．

　続いて本章では，上の開発展望の基本線より導かれる，二つの構造における政策実態について検討していきたい．

7-3　農民的商品経済の発展と地税制度改革

　カーナックは，農民の状況を改善しその自立性を高めた，近年における二つの事情を高く評価している．一つは1860年代に中央州およびベラールにおいて実施された地税制度改革であり，他は南北戦争時の「綿花ブーム」が当地の農民に与えた繁栄である．彼は「数年前まで当地の農民は幾分惨めで抑圧されていた[15]」と述べつつ，その表現を以下の諸点に見出した．①農民の土地保有態様が安定的でないこと．②農民が多額の負債を抱えていること．③地税の分割納入が農民の手元に資金がない時期に課されるので，そこからも農民による商人や村の金貸への依存が不可避なものになっていること[16]．カーナックによれば，地税制度改革は，とりわけ①・③の状況に改善をもたらし，また「綿花ブーム」は，農民の手に多額の貨幣を流入させることによって②の状況を改善した．

　わたくしはすでに第4章で，ボンベイ管区を対象として，地税制度改革における政策実態およびそれがもたらした諸帰結について検討した．また第5章において，地税制度改革後ボンベイ管区農村経済の変容についても，僅かながら考察した．従って本章では，これまでの諸検討を援用しつつ，中央州およびベラールにおける地税制度改革の内容については，必要最小限の説明を加えるにとどめる．

　まずベラールでは，ボンベイ管区と同様に，ライーヤトワーリー制度導入を主軸とする改革が行われた．記録によれば，イギリス人官僚が当地の地税制度改革に踏み出した時，中央州と同様のマルグザーリー制度（後述）とボンベイ管区と同様のライーヤトワーリー制度とのどちらを採用するかという問題が生じ，1860年植民地中央政府は一旦前者の導入に傾いたものの，現地統治官僚より強い抗議が持ち上がり，翌年それを尊重することにより，ボンベイ管区と同様にライーヤトワーリー制度導入が決定された[17]．ベラールでの地税制度改革に関する管見の記録による限り，当地での改革はボンベイ管区における基本的内容と同様の理念・方法によって行われた．

　次に中央州では，結果的にボンベイ管区の中間的土地所有支配地域における改革に近い形がとられた．中央州における改革については，若干の説明が必要であ

ろう．まずマラータ時代末期，当地では徴税請負制がかなり普及していた．請負人となったのは，村落一括査定に伴って納税責任者となっていた村長（パテール）とともに，他の多様な社会階層の人々であった．ハーネッティはその状況を次のように表現している．「マラータ統治下のナーグプル地方では，短期のリースにもとづく搾出地代（rack-renting）のシステムが支配的であった．パテールの職位は頻繁に交代され，多くの投機家が従来のパテールを追い出して，徴税請負権を獲得した．彼らの多くは宮廷との間の情実によって職位を獲得した．彼らのうち相当数がブラーフマンであり，他にはマラータ貴族やボーンスラ宮廷の寵臣などがいた[18]」．

政府は 1860 年代における地税制度改革において，まずパテールを含む徴税請負人（マルグザール malguzar）を地税納入義務者と定め，「地税納入義務に服す完全な土地所有権[19]」と表現される権利を与えた（「マルグザーリー制度」malguzari settlement）．この結果耕作農民はマルグザールに対して地代を支払う小作農の地位に置かれることになった．こうした制度が導入されるに際して，従来当地において中間的土地所有がどの程度強固に形成されてきたかについては，詳かにしえない．しかし諸文献を参照する限り，特に顕著な中間的土地所有が形成されていたとは思われない．むしろそれは，徴税請負制実施にも促されつつ，形成途上にあったというのが大方の事実であったろう．従って当地では，政府の政策判断にもとづいて，地主的土地所有が半ば人為的・強行的に創設されたとも表現できる．こうした判断の背後には，すでにボンベイ管区に即して検討されたように，大反乱以降における治安維持を重視する政策志向の強まりがあった[20]．

地税査定に当たっては，各地主の保有地を単位として個別に査定を行うとともに，ここでも「古典派経済学の地代論の適用」が試みられた．まず土地が検地され，次に肥沃度を基準として土地の階層区分が行われた．続いて当地では各階層について平均的生産物価値と平均的耕作費用とが計算され，両者の差額（地主の「assets」と表現された）の概ね半分をもって査定額とすることが方針とされた．「assets」の計算は，その本来の性質からして厳密なものにはなりようがなく，また政府査定役人が現地の諸事情を考慮しつつ，かなりの自由裁量にもとづいて査定を行ったので，現実にはその査定は「きわめて曖昧な想定にもとづいていた[21]」．そして設定された査定額は，「大部分のケースで既存の査定額を維持し」，「先立つ 40 年間に支払われてきた査定額のほぼ同額を保ったものにすぎなかっ

た(22)」といわれている．また今後の地主主導による農業改良を期待して，査定額は以後30年間固定された．

　最後に，改革によって小作農の地位に落とされた耕作農民の土地所有権については，その権利関係の明確化とある種の小作農保護を目的として，1859年に制定されたベンガル借地法（Bengal Tenancy Act）を拡張しつつ，小作人に関していくつかの類型化が行われた．①分割地所有農（plot proprietor）は，自ら土地所有権を持ちつつ，政府より個別に課された地税額をマルグザールを通じて支払い，相続および移転可能な権利を持つ．②絶対占有小作農（absolute occupancy tenant）は，地主の先買権（pre-emption）の制約下にあるが，相続および移転可能な権利を持ち，地主に支払う地代額は地税査定に連動して固定される．③占有小作農（occpancy tenant）は，12年間の継続的な耕作によってその権利を取得し，相続可能な権利を持つ．地代額は地税査定時に固定されるが，10年以上の間隔で査定役人によって引き上げられる．④普通小作農（ordinary tenant）は，相続可能な権利を持ち，地代額は地主によって設定される(23)．以上に示されたように，政府は④を除き相当数の小作農に占有小作権を与え，かつその地代額を政府の統制下に置きつつ，相当期間固定することを定め，地主による恣意的な引き上げを抑止しようとしたのである．

　以上が両地域において1860年代に行われた地税制度改革の概要である．カーナックは，こうした改革に関して次のコメントを与えている．第1に，改革によって，「農民は土地保有態様に関するすべての不安から解放された(24)」．第2に，「地税の納入時期が再調整の上固定され，その結果農民には他に先立って自分の作物を販売する猶予が与えられた．それは農民の金貸に対する負担を軽減するのに役立った(25)」．こうしてカーナックは，綿花開発促進の観点より，19世紀中葉の地税制度改革に対して積極的な評価を与えたのである．われわれはまずこのことをしっかりと銘記しておきたい．次に制度改革に関わる全体的評価としては，前者のコメントがより重要であると思われる．そしてそこで指摘された農民的土地保有態様の安定化こそは，農民的商品経済発展にとってのきわめて枢要な条件にほかならない．おそらくカーナックにあっては，次の点において，制度改革が農民的土地保有態様の安定化に寄与したものと理解されたと思われる．すなわちボンベイ管区における改革に即して詳述されたように，当地における改革もまた，農業―土地所有構造の何らかの近代化を政策目標の一部に掲げつつ，マラータ末

期以来の久しい制度的混乱に終止符を打ち，また共同体諸関係と相反する契約的合理性の導入，地税査定額の大幅な引き下げ，査定額の 30 年間の固定，そしてライーヤトワーリー制度の導入および地主支配地における小作農民の権利保護といった，新たな諸制度内容を実施したことである．

　また現実に，これもまたボンベイ管区と同様に，地税制度改革後暫くは，改革による秩序の安定と査定額引き下げとによって，逃散していた農民の帰村が見られ，耕地面積が拡大した．さらに改革と時期的に重なり合った南北戦争に伴う綿花ブームは，綿花価格をたちまち数倍に引き上げ，またそれが呼び水となって物価の一般的騰貴が生じ，結果的に固定された地税の実質的負担が軽減された．従って改革後暫くは，綿花ブームの影響も加わって，農民の生活状況には一定の改善がもたらされたといえよう．カーナックは，南北戦争が当地の農民に与えた影響について，次のように述べている．「南北戦争は，綿花価格を引き上げ，農民の手に未曾有の富を注ぎ込むことによって，農民がよほど向こう見ずで浪費家でない限り，彼らを金貸 (mahajun) の借金簿の網目から解放した[26]」．カーナックの時期においては，綿花ブームに伴う好景気の記憶がなお新しく，またその余韻も幾分残っていたと思われ，このこともカーナックが地税制度改革に積極的な評価を与えた背景となったと思われる．

　とはいえ，ボンベイ管区における地税制度改革の現実的意義について明らかにされたように，改革は現地社会の根底的近代化を課題として掲げつつも，他の政策志向および現地社会実態からの制約を受け，結果的にこの課題を実現していく能力において，かなり妥協的・制約的なものにとどまった．従ってわれわれは，カーナックの評価を手放しで受け入れることはできない．確かにこの後当地方においても，ボンベイ管区と同様に，地税制度改革を一つの促進要因とし，それに他の諸要因が加わりながら，徐々に農民的商品経済が発展していったことは疑いないと思われるものの，他面で相当程度の自給的生産＝消費部分を伴う小農民経営の支配的存在が長期に亘って維持されたがゆえに，農民的商品経済の発展は決して急速なものとはなりえず，むしろ強い制約を持ち続けたといわねばならない．

7-4 奥地綿作地帯に至る鉄道建設と綿花流通構造の再編

　既述のようにカーナックは，当該期における綿花流通構造再編の進展を綿花開発の前進面として高く評価した．再編の目標とは，ヨーロッパ人輸出商が，新たな輸送手段の創設にもとづいて，奥地綿作地帯への進出を果たしつつ，従来跳梁をきわめてきたインド人中間商人を最大限排除し，農民との取引より輸出に至るまでの流通の全過程を支配することにあった．
　こうした目標のためには「大きな綿花集散地への鉄道支線の延長が最大の重要性を持つ[27]」とカーナックが述べるように，綿花集散地への鉄道連絡が様々な側面において大きな役割を果たした．以下，主にカーナックの理解に沿いながら，鉄道が果たした役割を中心に検討していきたい．
　ベラールおよび中央州南西部の綿作地帯における鉄道輸送は，ボンベイを起点として東上してきた大インド半島鉄道（GIP鉄道）のナーグプル支線によって中心的に担われた．それは，カーンデーシュ県のボーサウール（Bosawul）で本線から分岐してベラールを東西に横断し，中央州のワルダー県を通ってナーグプルに至る路線で，1867年に全通した．また70年代初めに国有鉄道として，この路線の途中より綿花集散地であるベラールのカーンガオン（Khangaon）およびアムラオティに至る二つの短い支線が建設された．GIP鉄道は必ずしも主要な綿花集散地を経由地として選びつつ建設されてはいなかったので，こうした支線の建設や鉄道駅までの道路整備が必要とされたとはいえ，当地より海外に輸出される綿花は殆どがGIP鉄道を経由してボンベイ港へ運ばれた．

(1) 綿花輸出港への輸送の便宜拡大

　鉄道の役割としてまず指摘されうるのは，それが輸送を迅速化・効率化したことである．鉄道開通以前，道路事情の悪い地域では，綿花はたいてい雄牛の背に乗せて運ばれた．それは，少量しか輸送できない，雨季には輸送困難である，埃が付着する，1日に2度水分補給のため荷が積み降ろしされる，雄牛が綿花を食

うといった不都合を伴った．また1頭当たりの積載量は240～50重量ポンド，また1日の行程は僅か8～9マイルにすぎなかった．2頭立ての荷車が通れる道路を持つごく一部の地域では，雄牛の背に比べて能率が上がったとはいえ，それでも1台当たりの積載量は1,500重量ポンド，1日の行程は20マイルにすぎなかった[28]．なお荷車とそれが通行可能な道路には，鉄道開通後において，最寄りの鉄道駅までの輸送手段として新たなきわめて重要な役割が与えられることになることを付記しておきたい．以上のプリミティヴな輸送手段はさらに，輸送コストを割高なものにするとともに，何人もの仲介商人の介在を許すことで，彼らによって粗悪綿花その他の不純物が混入される機会を多く提供した．

鉄道開通の結果，「ボンベイからカーンガオン・アムラオティ・ヒンガンガートなどの代表的な綿花集散地への行程は，かつては月単位で計算する距離であったが，今やボンベイから1日または1日半で旅行できるものになった[29]」．また「鉄道と道路による輸送手段の改良によって，従来重くのしかかっていた奥地での綿花栽培に伴う諸経費が徐々に削減されつつある[30]」と評価された．後者の事情は，綿花調達コストを引き下げるとともに，「農民に与えられる対価」を増やすことで綿花栽培の促進要因となることが期待された．こうして「鉄道が徐々に，しかし確実に，綿作地帯の中心部で機能するようになり[31]」，上述の輸送途中での汚濁・損傷・中間商人によるごまかしも解消に向かったと予想される．

(2) ヨーロッパ系商社の奥地綿作地帯進出と買付方式の変化

鉄道建設によって奥地綿作地帯へのアクセスは大きく改善され，それに伴ってヨーロッパ系輸出商社の奥地進出が可能となり，彼らは今や海港地での綿花買付に代わって，奥地での買付を行うようになった．20世紀初頭におけるベラールのブルダーナ県に関する記録は，次のように述べている．

「市場へのアクセスの困難性はベラールへの鉄道開通によって取り除かれた．……こうして多くの商人にとって本人がこの地域へ綿花の買付に来ることが可能になり，彼らは今や良く組織された市場で農民と直接対面して取引を行っている．そこでは取引は何らの仲介者による介入もなく行われている．こうした事情を通じて，今や農民が自分の持ち込む綿花の品質に直接的な強い関心を持つという，（綿花貿易にとっての）大きな利益が生み出された．農民はヨーロッ

パ人商人が綿花の品質次第で価格を付けることを知っているので，綿花を素早く摘み取り，埃にまみれさせないようにすれば，農民はそれだけ高い価格を実現できるのである(32)」．

この記述からは，鉄道の開通を通じた次のような諸変化を読み取ることができる．ヨーロッパ系商社の奥地進出・彼らと農民との直接取引の開始・綿花市場の組織化・農民による綿花の品質に対する関心の高まり．

第1に，従来主にボンベイ市場で綿花を買付けていたヨーロッパ系商社が，奥地綿作地帯に支店あるいは代理店を設置するようになった．第7-1表は，カーナックの記述に現れた，ブルダーナ県の中心的綿花集散地カーンガオンに設立された外国企業のリストである．この表には，綿繰りおよび製俵工場，銀行，鉄道会社と並んで，ブース商会 (Messrs. Booth & Co.) 以下七つのヨーロッパ系商社を見出すことができる．また20世紀初頭の記録によれば，これらの商社に加えて，当時の代表的なヨーロッパ系綿花商社であったラリィ・ブラザーズ (Ralli Brothers) 商会およびフォルカート・ブラザーズ (Volkart Brothers) 商会が，カーンガオンをはじめとして県内の鉄道駅周辺に七つの代理店を持ち，また同じく代表的なヨーロッパ系商社であったガッダム商会 (Gaddum & Co.) およびブリュエル商会 (Bruel & Co.) も，カーンガオンで取引を行ったとされている(33)．カーナックもまた，カーンガオンは「ベラールのみならず，インド最大の綿花市場であり(34)」，「近年その綿花市場としての重要性がボンベイのヨーロッパ人商人

第7-1表 カーンガオンに設立されたヨーロッパ系企業

(1) Messrs. Booth and Co.
(2) Messrs. Roghe and Co.
(3) Messrs. C. Smith and Co.
(4) Steuart Macnaghten
(5) Messrs. Jules, Seigfried and Co.
(6) Messrs. A. C. Brice and Co.
(7) Messrs. Bomanjee, Touche and Co.
(8) Berar Ginning and Pressing Company
(9) The Mofussil Ginning and Pressing Company
(10) Bank of Bombay の支店
(11) Great Indian Peninsula Railway Co. の代理店

出所）*Carnac Report for 1868-69*, pp. 54, 5 より作成．

によって認識され，過去2年間にいくつかの企業が当地に拠点を置いた[35]」と記述している．こうして綿花買付のために設立されたヨーロッパ系商社の支店・代理店は，中央州・ベラールの綿作地帯における主要諸都市に広がり，「ヨーロッパ人買付代理人を通じて奥地で綿花を購入するシステムが着実に前進している[36]」と評価された．同時にカーンガオンに関して，「ボンベイに所在する多くのインド系商社がここに支店を持ち，また綿花買付シーズンには彼らの代理人が居住した[37]」と述べられているように，ヨーロッパ系商社のみならず，ボンベイの有力なインド系商社も積極的な奥地展開を試みていたことが分かる．

次に，こうして奥地に支店・代理店を置いた綿花商社は，いかなる方法で綿花を買付けたのであろうか．ここではまず，ヨーロッパ系商社にとって最も望ましいと思われた買付方法を示してみよう．それは，「公設綿花市場」public cotton market の創設による市場の新たな組織化によるものであった．公設綿花市場創設の目的は次の点にあった．まず地方政府の監督の下に，取引や品質検査の様式にある程度の規則性を持たせつつ，参加者をして平等・公正に取引を行わせること．次に取引を最大限そこに集中することによって，地域の需給関係を迅速かつ円滑に調整することである．公設綿花市場は，「鉄道の導入に引き続いて」，「多くの重要な町あるいは鉄道駅のすぐ近くに設立された[38]」といわれ，鉄道によるアクセスを通じてヨーロッパ系商社が参入し易い地点が選ばれた．さらにそれは，旧来の流通経路から比較的自由であることによって，自ら販売活動を行う綿作農民にとって利用し易いものとなり，ヨーロッパ系商社と農民との直接取引の場となることが期待されていた[39]．カーナックの報告書のなかに，ベラールにおけるそのうちの成功例と思われる公設綿花市場の様子を伝える記述を見出すことができるので，やや長文に亘るが，ここで紹介しておきたい．

「夜中を通じて綿花を積んだ荷車の隊列が続々と市場町に入ってくる．それは現地人役人 (darogah) や彼の助手に先導されながら街路を抜ける．あるいは雄牛の背に乗せられた少量の綿花が広場の中央に積まれる．夜が明けるや，市場は買付人とその付添人，書記，ブローカーなどで活気に溢れ，取引が始まる．前夜のうちに，一定量の綿花買付を命じ，イギリスからの最後のアドヴァイスを伝える電信が受信されている．（取引が始まると）買付人は荷車の周りをめぐりながら，綿花を吟味しオファーを行う．最初の取引に伴う価格が概ねその日のレートとなり，それはたちまちに市場を駆けめぐり，たいていの買付人がその

レートの前後で取引を行う．とはいえもちろん，レートはその後の情報によって変動することがある．ボンベイから来た商人と農民とは市場で直接対面する．綿花を梱包するズック製の袋に裂け目が入れられ，商人は綿花袋の中心部に手を差し入れ，サンプルを取り出す．商人は今や，サンプルの品質に従ってオファーを行うのであって，この点にこそ新しいシステムの利点がある．農民は自分の綿花の価格が品質次第であることを知り，こうして農民をして栽培や摘み取りに注意を払わせる大きな誘因が与えられた．他方買付代理人は綿花の選択にできる限りの注意を払わねばならない．さもなければ彼はボンベイの依頼者からの期待に沿えないからである．複数の買付代理人の存在は競争を生み出し，それはすべてを良い方向に導く．綿花を梱包するのに必要な袋の数が確定すると，朝食が用意される．その後ボンベイへの通信文が作成され，それから今朝契約された綿花が計量される時刻となる．農民は綿花を計量所に持ち込み，その日の仕事で最も大変な作業が始まる．綿花袋はそれぞれ，秤に掛けられる前に，2回目の検査を受ける．もし量の不足や何らかの混入物が発見されると，直ちに商品としてはねられ，別の場所に置かれる．合格した綿花は秤に掛けられる．すべての計量が終了した後，農民には，総重量，重量単位 (bhoja) 当たりの価格レート，および販売総額を記したメモが渡される．農民はこのメモを提示して，近くの小屋で真新しいルピー貨を持って待機している出納係より支払を受ける．……計量を受け契約された綿花はその後，半締上げまたは完全締上げを受けて梱包される．夕方までに，昨日購入され整俵過程を経た綿花梱の計量，および今日購入された綿花の検査が終了する．各梱の重量と梱数が送り状に記載され，綿花は荷車に積まれて最寄りの鉄道駅まで運ばれ，そこから直ちにボンベイに向けて発送される[40]」．

　この公設市場ではヨーロッパ系商社と綿作農民との直接取引が行われ，インド人中間商人の関与が排除された．他面でこうした取引が可能になるには，農民がある程度裕福で，地域の仲介商人からの前貸による支配を受けず，また自ら上手に綿繰りして市場に運ぶことが前提条件となっていた．次に取引は，多数の関係者が集まるなかでの公開競争によって行われた点で，きわめてフェアーなものであった．こうした取引によって，ヨーロッパ系商社は綿花の品質を自ら確認でき，また農民も公正な価格を受け取ることができた．さらに契約後の品質検査・計量・支払・発送において，不正を防ぐための厳格な諸手順が設定された．またこうし

た取引方式が，農民をして一層注意深い栽培を行わせる誘因となることが期待されていた．以上の確立された取引所組織に近いものの形成が，カーナックの言う「僅かの前進」における重要な一局面をなすことは疑いないところである．

とはいえ，前章で明らかにされたように，当該の 1860・70 年代あたりにおいて，当地での中間商人の跳梁は甚だしく，上述のような公設市場を通じた取引は，地域全体の取引に決して大きな割合を占めることはなかったといわねばならない．まず公設綿花市場については，旧来の流通経路に固執するインド人商人による反発や妨害によって，その多くが十分な機能を果たすことができなかったといわれている[41]．上の事例を含むベラールおよび中央州は，こうした試みの嚆矢を担い，当該期いくつかの成功例を見出しうる数少ない地域とされるが[42]，他の地方では上のような事例は殆ど存在しなかったと思われる．またヴィクツィアリはボンベイ管区を検討対象として，20 世紀初頭に至るまでインド人中間商人の排除は限定されたものであり，とりわけ農民との取引部面において彼らの強みが根強く維持されたとの理解を示している．「確かにヨーロッパ系商社は今では，奥地において自己勘定でヨーロッパへ直接輸出される綿花を購入している[43]」とはいえ，「20 世紀初頭までボンベイ管区の綿花の大部分は村落で販売された．ヨーロッパ系商社が村落にまで買付代理人を派遣したことを示す証拠はないので，村落レベルでの金融と販売はインド人商人の手中にあったと考えられる[44]」．1870 年代中葉のカーンデーシュ県では，収穫を自身で綿繰りした上で自ら販売に赴いた農民は全体の 5％を占めたにすぎず，また同時点のダールワール県フーブリでは，「農民は村落においてインド人商人に綿花を販売した．僅かの富裕な農民だけが，自身および周辺の畑の収穫を集荷し，クムタ（Kumta）のような遠方の市場へ運んだ[45]」とされている．こうして自ら綿花市場に出向いて販売活動を行う農民は少数に留まり，全体として「ヨーロッパ系商社は，綿繰りされた綿花をインド人商人から購入するのを常態とし，場合によって綿繰り業者から直接購入することもあった[46]」と述べられている．以下に検討されるように，ヨーロッパ系商社主導の新たな流通経路確立という政策目標にとって，中央州およびベラールの事情はボンベイ管区の多くの地域のそれよりも先行していたとはいえ，農民生産の直接的包摂こそが最も困難な課題となっていたことに変わりはなかった．

(3) ヨーロッパ系商社による綿花整俵工場の設立

　上述のように農民との取引部面においては，依然としてインド人商人による掌握が支配的であったとはいえ，ヨーロッパ系商社は，奥地綿花市場においてインド人商人より繰綿を買い付けるという段階より前進し，綿繰りおよび整俵（締上）の過程において，次第に自前の工場を奥地に建設していった．ここでは両者のうち時期的に先行した，整俵工場建設を中心に検討したい．なお綿繰りおよび整俵過程は，機械ないし道具を用いた綿花の加工過程であるので，流通過程よりも生産過程というべきものである．とはいえ以下では，農民による綿作過程と区別し，またこれらの過程の相当部分が綿花商人によって担われたことから，便宜的に流通過程の再編に関わらせて論じたい．

　従来整俵はボンベイ等の海港地でのみ行われ，従って当地では1865年あたりまで綿花はすべてドクラ（dokra）と呼ばれる未整俵の梱包で運ばれていた．第7-2表は中央州およびベラールにおける稼働中の整俵機数の推移を示している．整俵機は1867年に至って初めて登場し，それは僅か数年のうちに大きく増加した．整俵には完全締上（full press）と半締上（half press）との2種類があり，前者では蒸気力の利用が進んでいたと思われる．半締上はドクラの約3倍の密度を持ち，1台で1日の昼夜作業によって100梱を整俵できたが[47]，それはそのまま輸出されるのではなく，ボンベイで一旦開封され，検査を受け完全締上された後に輸出された．完全締上は半締上の2.5倍の密度を持ち，ボンベイでも開封されることなく，そのまま輸出された．従来未整俵の綿花こそ，中間商人による粗悪綿花その他の雑物の混入および水打ちなどのごまかしの温床と目され，整俵の発展

第7-2表　中央州およびベラールにおける整俵機数の推移

	完全締上 (full-press)	半締上 (half-press)	整俵機数合計
1866	0	0	0
67	3	43	46
68	20	98	118
69	23	147	170

出所）*Carnac Report for 1868-9*, p. 47 より作成．

第7-3表 輸出綿花梱包様式の割合の変化

(単位：％)

	未整俵	半締上	完全締上
1865-6	100		
66-7	85	13	2
67-8	27.5	55.5	17
68-9	8	66	26

出所）*Carnac Report for 1868-9*, p. 48 より作成．

はこうした中間商人の跳梁を抑制する有効な手段の一つとなった．前掲第7-2表にもとづけば，1867年に3台であった完全締上機は2年後には23台まで増加し，同じく43台であった半締上機も147台まで増加し，両者を併せた整俵機の全体数は僅か3年のうちに0台から170台にまで増えている．第7-3表はベラールおよび中央州より域外へ輸出された綿花の梱包様式の変化を示すが，1865/6年にはすべての綿花が未整俵で輸出されていたのに対して，その後整俵が急速に普及し，3年後の68/9年には全体の66％が半締上俵で，26％が完全締上俵で輸出され，未整俵は僅か8％にまで減少している．当地において60年代後半こそは，整俵の大きな普及を見た時期であった．

　続いて第7-4表は，1880年代末における両地域に立地した綿花整俵工場の一覧表である．この表では，まず工場が両地域の主要な綿花集散地に集中立地している様子が見て取れる．次に工場経営者名において，ヨーロッパ系商社が圧倒的多数を占め，かつ同名の商社が繰り返し登場していることが分かる．複数以上の工場を経営する商社を列挙すれば，A. W. Campbellが5カ所，Bruel & Co. とGaddum Bythell & Co. がそれぞれ3カ所，Ralli Brothersが2カ所で工場を所有し，それら四つの商社によって表の工場数全体の46％が所有されている．これらの商社はいずれも当時の代表的なヨーロッパ系綿花輸出商社であり，この表に示された限り，当地の整俵工場はこうした有力商社による寡占的支配の下にあったといえよう．またこの表に挙げられた工場が完全締上のみを行うのか，あるいは半締上を含めて行うのかは不明であるが，仮に完全締上のみであったとしても，時期を追って完全締上の割合が高まっていることから，これらの有力ヨーロッパ系商社は当地域の整俵過程全体における重要部分を掌握しつつあったといわねばならない．ヴィクツィアリは，蒸気力を使用した完全締上工場の普及こそは，「奥

第7-4表　中央州およびベラールにおける整俵工場

所在地		名　称	経営者名
中央州	Wardha	(1) Mofussil Co.	A. W. Campbell
	〃	(2) Jadhowji Press	Mooljee Jaita & Co.
	Hingunghat	(3) Warwick's Press	Natives
	〃	(4)	Ragchund Mehta
ベラール	Amraoti	(5) Harvey & Sabapathy Press Co.	A. Sabapathy Moodliar & Co.
	〃	(6) Mofussil Co.	A. W. Campbell
	〃	(7) New Berar Press Co.	Gaddum Bythell & Co.
	〃	(8)	Ralli Brothers
	〃	(9) Volkart United Press Co.	Breul & Co.
	〃	(10) West P. Press Co.	E. A. West
	Akola	(11) Harvey & Sabapathy Press Co.	A. Sabapathy Moodliar & Co.
	〃	(12) Hingoli Press Co.	Breul & Co.
	〃	(13)	Bharmal Bojraj
	〃	(14) New Akola Press Co.	Natives
	Akote	(15) New Berar Press Co.	Gaddum Bythell & Co.
	Budneira	(16)	
	Dhamamgaum	(17)	Breul & Co.
	〃	(18)	Motilal Balkissen
	〃	(19)	Moojiram Buldeo
	Khangaon	(20) Mofussil Co.	A. W. Campbell
	〃	(21) New Berar Press Co.	Gaddum Bythell & Co.
	〃	(22) Khangaon Press Co.	Breul & Co.
	〃	(23) French Press Co.	Booth & Co.
	〃	(24) English Press Co.	Wadia
	Karinja	(25) Mofussil Co.	A. W. Campbell
	〃	(26) New East India Press Co.	Mooljee Jaitha & Co.
	Murtizapore	(27) New East India Press Co.	Mooljee Jaitha & Co.
	Sheagaon	(28) Mofussil Co.	A. W. Campbell
	〃	(29)	Ralli Brothers

出所)　*Indian Cotton Statistics : Statistical Tables Relating to Indian Cotton, Indian Spinning and Weaving Mills, their Production and its Distribution, with a List of the Steam Presses in the Country*, 1889, pp. 131, 2 より作成.

地において綿花がヨーロッパ人商人によって購入された比率の指標[48]」であると述べている．すなわち整俵工場に対する寡占的支配とは，当該期におけるヨーロッパ系商社による流通支配力増大の象徴的存在にほかならなかった．

　整俵の発展は，整俵の持つ本来の意味によっても，その過程を掌握するヨーロッパ系商社の流通経路に対する支配力を高めるものであった．というのは，整俵された綿花は輸出に至る途上での必要に応じた品質検査を受けるのが困難なので，奥地において綿花が誰によって買付・格付・整俵されたかという点，すなわち整俵に至る諸過程を取り扱った業者の信用が，その綿花の品質を保証する指標として重視されたからである．とりわけ完全締上された綿花に関しては，そのままの形態で輸出されるために，この点は一層重要になった．海外の消費者からすれば，届けられる綿花の品質保証の程度は，ボンベイ等の輸出港で最終的に船積を行った業者の信用のみならず，今や奥地で綿花を買付けた業者の信用からも判断されることになったといえよう．こうした事情において，ヨーロッパを本拠に世界的な営業ネットワークを持ち，またインドで自前の機械制整俵工場をいくつも経営し，さらに資本の豊富なヨーロッパ系有力商社が，高い信用を勝ち得，競争上有利な立場を占めたことはいうまでもない．これに対してインド人商人にあっては，まず高価で複雑な機構を持つ完全締上機は，零細な資本しか持たないがゆえに所有しがたいものであった．とはいえ他方で植民地政府は，地域全体における綿花の品質向上および流通合理化という目的から，インド人商人が扱う綿花もまた整俵されることを望んだ．カーナックは，インド人商人でも所有可能な半締上機を彼らの間に普及させるために，主要なインド人綿花商人とヨーロッパ系商社とによる会合を設定したり，半締上機の実演を行う展示会を開催した[49]．インド人商人は，当初既存の流通経路に固執して整俵に消極的であったが，そのうちヨーロッパ系商社の取引様式に適応しようとする者も現れ，やがてインド人商人の間にも整俵がかなり普及することになったと思われる[50]．こうしてヨーロッパ系商社との角逐を通じて，インド人商人に主導される流通経路もまた革新の歩みを開始したのである．しかしながら，それでもインド人商人によって半締上された綿花は，「不正な梱包がしばしば行われるために，ボンベイではそうした綿花の取り扱いを嫌がる風潮があった[51]」といわれ，一般に製俵の普及がインド人商人の流通支配力を低下させる作用を果たしたことは否めないところである．

　最後に，整俵された綿花こそは，鉄道輸送に好適な梱包様式にほかならなかっ

た．その意味で鉄道と整俵工場とは，相互に便宜を提供し合う表裏一体の関係にあった．すなわち綿花整俵は重量密度の高い輸送を可能にすることで鉄道輸送の効率性を高めたとともに，他面でそのことによって鉄道会社は整俵された綿花を運賃面で優遇することができ，整俵の一層の発展に貢献した．

既述のように鉄道が開通した当初，当地の綿花はすべて未整俵で輸送されていた．収穫された綿花は毎年1月から4月にかけて鉄道駅に集中的に持ち込まれたが，嵩張る未整俵綿花であること，また折からの車両や設備の不足によって，その量は直ちに輸送できる能力を超え，駅周辺に長期に亘って滞貨として留め置かれることになった．こうした事態は，滞貨中に雨・埃・白蟻・火災などによる綿花の損傷を招いたとともに，常時変動する市場に機敏に対応すべく迅速な輸送を望んでいた綿花商人にとって大きな不都合をなしていた．政府は規則正しく順番待ちさせる「政府綿花置場」government cotton yard を設置して対応に努めたとともに，他方で綿花整俵の急速な普及が，鉄道輸送の効率性を格段に高めることによって，こうした不都合を解消していった．

次に鉄道会社の運賃政策に関わる事情を示そう．既述のように容積あたりの重量密度の高い整俵綿花は，鉄道会社にとって経営上有利な商品であった．鉄道会社は，とりわけ輸送効率を大きく高める完全締上綿花の増加を望み，そのために半締上綿花に対して割増運賃を課すことがあった．例えばボンベイ管区カーンデーシュ県では，1870年GIP鉄道によってインド人商人が持ち込む半締上綿花に対して割増運賃が課され，そのためこの年の半締上綿花の輸送が大きく落ち込むことになった[52]．こうした鉄道会社の措置は，せいぜい半締上機の採用によって何とかヨーロッパ系商社に対抗しようとしていたインド人商人に，大きな打撃を与えるものであった．ヴィクツィアリは，蒸気力を使用した機械制完全締上工場の普及こそは，「綿花輸送が鉄道によって取って代わられた程度の指標[53]」であったと述べているが，機械制整俵工場と鉄道とは，まさしく表裏一体となって，それらを掌握するヨーロッパ系商社の流通支配力を高めたのである．

またカーナックは，綿花の品質低下の問題に関わって，以上の諸内容を持つ新たな流通経路が，それを防ぐ上での最も効果的な手段となりうると述べている．すなわち，農民から自ら品質を確認して買い付け，完全締上を施し，それを鉄道輸送に託す奥地のヨーロッパ人買付人こそが，綿花の品質低下を防ぐ「最も有能で，直接利害を持ち，従ってあらゆる意味で最も効率的な検査官である[54]」．さら

に本節では詳しく触れられなかった綿繰り工場の設置もまた，流通構造再編のもう一つの基軸をなしたことはいうまでもない．

　総じて，奥地に至る鉄道建設をもって起点とする国内綿花流通構造の再編は，以下のような内容を持っていた．まず鉄道建設は，インド人商人の関与を大幅に後退させる新たな輸送経路を生み出した．またそれはヨーロッパ系商社による奥地進出を可能にし，彼らは当該時点では僅かの地域に限られるとはいえ，自らの影響力の下に公設綿花市場を創設して，インド人中間商人を排除しつつ，農民との直接取引を開始した．同時に彼らは，奥地に整俵工場を建設することによって，綿花流通過程の重要部分を掌握するとともに，整俵工場は鉄道会社との間で相互に便宜を提供し合うことを通じて，自らの存立基盤を固めていった．鉄道建設・ヨーロッパ系商社の奥地進出・彼らによる製俵（および綿繰り）工場の設立は，まさしく三位一体となって相互に強め合いつつ，新たな綿花流通経路創設の基軸となったのである．

　以上の内容を持つ再編は，綿花開発促進に関わる政策課題に対して，次のような意義を持っていた．第1に，再編は，旧来のインド人商人主導下に組織されてきた流通構造と対抗しつつ行われ，それを衰退させることでヨーロッパ系商社の流通支配力を高めるものであった．それによってヨーロッパ系商社は，農民生産に最大限接近しつつ，自ら品質を確認した上で買付けた綿花を，インド人商人の関与を許すことなく，自らの主導下にヨーロッパまで持ち帰るという目標に向かって一定の前進を遂げた．第2に，再編は，流通の効率化と迅速化を伴い，インド産綿花に対する海外需要を効率的に綿花輸出に結びつけるという政策目標に貢献した．従ってそれは，インド奥地をして世界市場に一層緊密に統合させる，新たな国内流通構造構築における重要な里程標をなすものであった．

　とはいえ，カーナックが自らの見出した前進を僅かのものと把握したように，ヨーロッパ系商社主導の新たな綿花流通経路が当該期において綿花流通全体に占めた意義を過大評価してはならないであろう．当該期は，ヨーロッパ系商社主導による流通構造再編が，鉄道建設を起点として，ようやく開始されるに至った時期として理解されねばならない．従ってこの後とも，インド人仲介商人との角逐およびそこでのヨーロッパ系商社の苦闘は，新たな事態の展開を交え，またきわめて複雑な様相を呈しながら，引き継がれていくのである．とりわけヴィクツィアリが指摘するように，農民生産に対する直接的包摂こそが，最も困難な課題と

して最後まで残ることになったであろう．その主因は，ヨーロッパ系商社が農民経営構造をめぐる諸事情になお疎かったこととともに，農民が貧困な小経営農民の状態にとどまり，それゆえ彼らの状態を知悉するインド人仲介商人に依存せざるをえなかったという事情にあった．なお農民生産の包摂という課題に関わる当該期以降の展開については，次の変化が指摘されている．すなわちヨーロッパ系商社は，インド人商人をして，自己勘定にもとづく独商商人の地位より，ヨーロッパ系商社の単なる買付代理人の地位へと転換・従属させることによって，徐々にではあれ，農民生産包摂に一層接近することになったことである[55]．

　最後に，当該時点において中央州およびベラールが，以上の再編において，他地域に比して先行的な地域の一つをなしていたことは疑いない．それは鉄道輸送の有利性が他地域より早期に発揮され，それに牽引され一体となりながら，再編が可能になったことにもとづいていた．すなわち比較的早期に鉄道が建設されたことに加えて，当地はボンベイから峻険な西ガーツ山脈を挟んで300〜500マイルという決して近くはない鉄道距離にあり，また安価な小型船舶による海運にも恵まれず，競争相手は旧来の雄牛の背のみという地理的事情が，鉄道輸送の有利性をたちまちに発揮させ，他地域以上に際立たせたのである．

第7章 註

(1) *Reports of Mr. H. Rivett-Carnac, Cotton Commissioner for the Central Provinces and the Berars, on the Operations of his Department for the year 1868-69* (*British Parliamentary Papers*, Vol. L, 1871), p. 94. 以下 *Carnac Report for 1868-9* と略記．
(2) *Ibid.*, p. 94.
(3) *Report of Mr. H. Rivett-Carnac, Cotton Commissioner for the Central Provinces and the Berars, on the Operations of his Department for the year 1867* (*British Parliamentary Papers*, Vol. XLVI, 1868/9), p. 64. 以下 *Carnac Report for 1867* と略記．
(4) *Ibid.*, p. 64.
(5) *Carnac Report for 1868-9*, p. 65.
(6) *Ibid.*, p. 71.
(7) *Ibid.*, p. 69.
(8) *Ibid.*, p. 69.
(9) *Ibid.*, p. 75.
(10) *Carnac Report for 1867*, p. 66.

(11) *Carnac Report for 1868-9*, p. 74.
(12) *Ibid*., p. 75.
(13) *Carnac Report for 1867*, p. 64.
(14) *Ibid*., p. 67.
(15) *Ibid*., p. 64.
(16) *Ibid*., p. 64.
(17) *Central Provinces District Gazetteers, Amraoti District*, 1911, p. 296.
(18) P. Harnetty, 'A Curious Exercise of Political Economy: Some Implications of British Land Revenue Policy in the Central Provinces of India 1861-1900', *South Asia*, 6, 1976, p. 16.
(19) P. F. McEldowney, 'Colonial Administration and Social Developments in Middle India, the Central Provinces, 1861-1921', Ph. D. thesis, University of Virginia, 1980, p. 249.
(20) 当時中央州の査定役人として勤務していたグラント (C. Grant) は後に次のように述懐している。「全般的にアナーキーな状況は，当局の締め付けが緩められるや否や，多くの人々によって，住民の間でのリーダー不在に原因があるとされた。そのために住民は僅かな不満分子にも簡単に踊らされるのである。また 1861 年から 2 年にかけての飢饉の経験から，強力な所有者階級が存在せねば，地域をあまねく混乱や飢餓に陥れる組織的叛乱には効果的に対抗できないことが理解された」。*Legislative Council Proceedings*, 6 Aug. 1880, quoted in P. Harnetty, *op. cit*., p. 16.
(21) *Central Provinces District Gazetteers, Nagpur District*, 1908, p. 233.
(22) *Ibid*., p. 233.
(23) 以上は主として P. Harnetty, *op. cit*., p. 17, および P. F. McEldowney, op. cit. pp. 258-60 による。
(24) *Carnac Report for 1867*, p. 66.
(25) *Ibid*., p. 66.
(26) *Ibid*., p. 66.
(27) *Carnac Report for 1868-9*, p. 52.
(28) A. Guha, 'Raw Cotton of Western India: 1750-1850', *Indian Economic and Social History Review*, Vol. IX, 1972, p. 21.
(29) *Carnac Report for 1867*, p. 66.
(30) *Carnac Report for 1868-9*, p. 96.
(31) *Carnac Report for 1867*, p. 66.
(32) *Central Provinces District Gazetteers, Buldana District*, 1910, pp. 267,8.
(33) *Ibid*., p. 276
(34) *Carnac Report for 1868-9*, p. 55.
(35) *Ibid*., p. 54.
(36) *Ibid*., p. 68.
(37) *Ibid*., p. 54.
(38) A. M. Vicziary, 'The Cotton Trade and the Commercial Development of Bombay, 1853-1875', Ph. D. thesis, University of London, 1975, pp. 279,80.
(39) 1870 年のイギリス議会資料には公設綿花市場設置の目的が次のように表現されてい

る.「ヨーロッパ人商人をして，農民と直接的取引を行わせ，また現地の中間商人やブローカーの束縛から解放させること」. *British Parliamentary Papers*, 1870 (c. 213) L Ⅲ, p. 279.
(40) *Carnac Report for 1867*, pp. 66,7.
(41) A. M. Vicziary, op. cit., p. 283.
(42) こうした意図を持った最初の市場は,「1866/7年あたりにベラールおよび中央州で創設され」,「当時カーンガオンおよびジャルガオン(Jalgaon, カーンデーシュ県――引用者)の市場は成功例と見なされた」. ibid., p. 280. またベラールのアムラオティ県では, 19世紀末までに六つの公設綿花市場が設立され, それらは綿花管理官によって任命された小委員会によって管理され, 地方行政府の管轄下に置かれた.
(43) A. M. Vicziary, op. cit., p. 287.
(44) Ibid., p. 289.
(45) Ibid., p. 289.
(46) Ibid., p. 289.
(47) *Carnac Report for 1868-9*, p. 48.
(48) A. M. Vicziary, op. cit., p. 263.
(49) Ibid., p. 262.
(50) 1872年 Gaddum & Co. の支配人であったバイセル (J. Bythell) は次のように述べている.「今季インド人商人は, 奥地で完全締上が大きなシェアを占めていることに気づくようになり, 初めて自分のアムラオティ綿花を品質に従って選別し, 締上の上それぞれの格付票を付け, ヨーロッパ人買付代理人が行うのとまったく変わらないリヴァプール標準の格付を保証しようとしている」. *Times of India*, 15 March 1872, 3, quoted in ibid., p. 263.
(51) *Administration Report of the Cotton Department for the year 1869-70*, p. 6, Appendix J.
(52) *Ibid.*, p. 6, Appendix J.
(53) A. M. Vicziary, op. cit., p. 264.
(54) *Carnac Report for 1868-9*, p. 68.
(55) 木下悦二「日本商社のインド綿花買い付けの機構」アジア経済研究所『日印綿業交渉史』, 1960年, 第3章.

第8章 綿花・綿製品市場構造の再編と現地綿工業の動態

8-1　序
8-2　国内綿花・綿製品市場に関する現状認識と期待
8-3　鉄道建設とイギリス産綿製品の流入
8-4　インド産綿花輸出およびイギリス産綿製品流入の停滞と現地綿工業の動態
8-5　インド産綿花の世界的市場構造に関する展望と市場動向
8-6　在来種粗綿花栽培の復活と拡大
8-7　中央州域外貿易構造の変容と小麦生産・貿易の推移

8-1 序

　第6章で触れられたように，カーナックは1860年代後半の時点で，インド国内綿花市場構造に注意を向けつつ，当時とりわけ中央州に見られた伝統的な手工的綿業の根強い残存を，綿花開発に対する重大な障害として認識した．すなわちそれがもたらす綿花需要は，農民の間に外国綿種栽培に対する消極的態度を生み出し，また市場の競合を通じて綿花輸出を抑制した．続いてカーナックは，綿花をめぐる世界的市場構造にも目を向けつつ，それが冷徹な市場メカニズムと厳しい国際競争をもって本質としていることを洞察していた．では奥地に至る鉄道開通とそれに伴うヨーロッパ系商社の奥地進出は，在来の国内綿花・綿製品市場構造にいかなる影響を与えつつあったのか．またカーナックは，綿花をめぐる世界的市場構造に対してどのような対応策をもって臨んだのか．本章の主要な課題は，中央州を主な検討対象とし，また時期的にはカーナックの時期よりおよそ19世紀末までをとりつつ，国内綿花・綿製品市場構造，および綿花をめぐる世界的市場

構造の諸変化について検討することにある．その際わたくしは，国内・外に亘る綿花・綿製品市場構造を強く規定したインド綿工業の動態的変化について，当該期における機械制綿工業の発展を含めて，並行的に分析を進めていきたい．以下，まずカーナックによる国内綿花・綿製品市場構造に関する現状認識および今後に対する期待を示し，その後彼の期待を基準にとりつつ，19世紀末に至る国内市場構造の変化について検討する．続いてカーナックの綿花をめぐる世界的市場構造に関わる展望を示すとともに，この構造における諸変化を辿る．さらに以上の綿花・綿製品市場構造に関する検討を行った後，視野をより広げつつ，それらの商品を含めた中央州の全体的な域外輸出・入構造についての分析を行う．

8-2　国内綿花・綿製品市場に関する現状認識と期待

　カーナックは，近年における中央州およびベラールの綿花市場構造の変化について，以下のような観察を示している．
　第1に，奥地での綿花買付人の数が増加し，買付をめぐる競争が高まったことが指摘された．それは価格上昇をはじめとして，農民にとって有利な状況を生み出した．
　「カーンガオン，アコラー，アムラオティ，ヒンガンガートはすでに訪問不可能な市場ではなく，それらの市場ではここ2-3年において，ヨーロッパ人商人とインド人商人とを問わず，買付人の数がきわめて顕著に増加している．買付代理人の間の競争は大変活発である．農民にとっては，競争を通じて高価格が保証されるだけでなく，直ちに販売が可能となる市場を選好できるようになった[1]」．
　第2に，上の引用にあるように，綿花を持ち込む市場が農民によって選ばれるようになり，そこから綿花取引がより重要な大規模市場へ集中する傾向が生まれたことが指摘された．それは，従来の局地的な綿花取引を出発点とし中間商人に支配されてきた流通経路が，世界市場を含めたより広域に亘る市場動向に反応することによって，何程か流動化しつつあったことを意味している．
　「現在ワルダー，アコラー，シーガオン(Sheagaon, 中央州ブルダーナ県――引

用者）は，ある程度の綿花取引が行われていることを誇りにしている．それは以前周辺の村々で行われていた小規模な取引がこれらの町に集中したものである．……（しかし）農民は片道12マイル節約されるにもかかわらず，シーガオンよりもカーンガオンに綿花を持ち込むことを好む．というのは，カーンガオンの方が買付人の数が多く，他の市場よりも一般に高い値が付くからである[2]」．

第3に，奥地における綿花買付競争の高まりは，資力に乏しい現地紡績工の原料調達に支障を与えたと理解された．すなわち資力に優るヨーロッパ系商社の進出は，原料調達の局面を通じて，伝統的綿工業に困難を与えることになったのである．

「綿花市場が沈滞している方が貧しい紡績職人にとっては有利である．というのは，その方が十分な原料を手当できるからである．年の後半に価格が上昇し，ボンベイ市場向けの買付が盛んになると，綿花は大量には入手できなくなる[3]」．

最後に，次の内容は，現実の変化というよりも，カーナックが，鉄道建設の進展を踏まえつつ，今後に生じるべき綿花・綿製品市場の変化として期待したものである．その期待とは，鉄道建設を通じてイギリスとインドとの間の農工国際分業関係が深化・発展し，その結果イギリスにとって有利な現地の市場・産業構造が創出されることを内容としていた．カーナックはこの期待について，当該時点でいまだ鉄道連絡のなかったワルダー県南部の代表的綿花集散地であるヒンガンガートおよびその周辺地域を念頭に，次のように自らの考えを展開している．まず現在ヒンガンガート市場に集められる綿花は，在来の悪路を通って運ばれている．また隣接するチャンダー県の南西にはニザム領エデュラハード（Edulahad）地方が広がり，そこではヒンガンガート市場向けの最高級品質の綿花が生産されている．他方でチャンダー県とその周辺は，現地住民の間に根強い需要を持つ実用衣料を生産するデールと呼ばれる部族の拠点となっている．彼らは主に紡績や織布で生計を立てており，そのため当地で栽培される綿花の大部分が現地で糸や布に変えられている．従ってここではヨーロッパ産（主にイギリス産）の綿製品は僅かしか消費されていない．カーナックは以下のように述べて，鉄道建設によってこうした状況が大きく変わることを期待した．

「もしこの地方に鉄道支線がつけば，ヨーロッパ産綿製品が輸入され，かつそれ

が現地産綿布よりも安価に販売される可能性がある．その結果，綿花のより大きな供給が確保される——現在糸にされている部分が輸出される——だけでなく，現在紡績や織布に従事している多数の人々が農業労働者となり，ジャングル地帯が開墾され，耕地が拡大されることになるであろう[4]」．

見られる通り，カーナックは，鉄道建設にもとづいて，イギリス産綿製品流入の増加→伝統的綿工業の衰退→綿花輸出の増加および農業発展という，産業構造の編成替えがもたらされることを期待したのである．カーナックが鉄道建設と在来綿工業駆逐とを結びつけて捉えていたことは，次の記述からも窺える．

「現地産綿布の製造に関しては，この地方（ナーグプル地方を指す—引用者）は例外であると信じる．紡績と織布は多かれ少なかれインド全域で営まれているが，それらはヨーロッパ産綿製品によって急速に駆逐されつつある．鉄道が開通した所では，このことは必ず生じている（傍点は引用者）[5]」．

以上に示した国内綿布市場に関するカーナックの理解は，まず鉄道建設等にもとづいて海外からの綿花需要がインドの一層奥深くへと浸透し，それに沿う形で在来の市場構造が再編されつつある事実を指摘し，同時にそこにイギリス産綿製品流入の大きな拡大が加わるならば，それを通じて在来綿工業の衰退がもたらされ，結果的にインドが綿花輸出地として特化される方向で産業構造が再編されることを期待したものといえよう．

本章の前半では，こうしたカーナックの期待を検証していくことにしたい．結論的にいえば，まずカーナックの理解が，1860年代後半という時点で示されたことに注意が必要である．すなわちカーナックの期待はこの時点までは現実の推移にかなり沿うものであったが，その後の事態の変化を通じて，彼が期待した市場・産業構造の再編には大きな限定が伴われることになった．カーナックの時点とは，綿花飢饉時の記憶がなお新しく，その余燼も何程か残っていたこと，また鉄道開通後のより長期的な事態の展開に先立つ時点であったことを特徴としている．この時点以後国内綿工業は，様々な諸要因に促されつつ動態的な構造転換を遂げ，総体としては維持されることになった．また鉄道の役割も，時期が進むにつれ，現地綿工業の発展に寄与する側面を持ち始めた．こうして，カーナックによるインドをして綿花輸出地へと特化させるという展望は，きわめて困難な課題となっていくのである．

8-3 鉄道建設とイギリス産綿製品の流入

(1) 19 世紀初頭の現地綿工業と綿花飢饉の影響

　まず 19 世紀初頭における中央州の在来綿工業の状況について概観することから始めよう．在来綿工業の中心地は，ナーグプル県およびワルダー県からなる中央州南西部にあった．世紀初頭当地には数多くの手紡工とともに，主に 2 種類の手織工カーストが知られていた．一つは，東インド会社を通じたヨーロッパ輸出市場向けおよび現地支配者層の奢侈的消費に供された高級綿布を生産する手織工であり，コシュティ（Koshti）と呼ばれる階層が中心となっていた．彼らは都市部に居住する熟練職人であり，高い生活水準と社会的名声を享受していた．他方，農民をはじめとする一般大衆が普段着として消費する粗布を生産したのが，マハール（Mahar）やデールと呼ばれる農村に居住する手織工であった．彼らは一般に下層カーストに属し，織布以外にも多様な雑役に従事した．このうち高級綿布生産は，19 世紀前半において「緩やかな衰退[6]」を辿ったとされる．ヨーロッパ向け輸出は世紀転換期に最盛期を迎えるが，以後イギリスにおける綿工業の発展やそれに伴う保護貿易の強化によって衰退に向かっていった．また 1820 年代以降植民地支配の浸透を通じて周辺の現地支配者層の没落が進み，同時に鉄道開通以後ほどではないにしろ，イギリス産綿製品の流入が開始され，これらの事情も高級綿布生産に打撃を与えた．とはいえ他方で，1830 年代には中央州全体として，「生産は非常な高レヴェルにあった[7]」という評価もあり，この時点で在来綿工業が壊滅的状況にあったということはできない．

　1860 年代前半イギリスに発生した「綿花飢饉」は，当地にも「綿花ブーム」を呼び起こし，それは全体として現地綿工業に困難を与えるものとなった．「現在の（綿花）価格においては，人々は綿花を糸にするよりも，そのままボンベイへ送ることを好む[8]」という事態が生まれ，綿花の域外輸出量が急増するとともに，綿花価格が著しく騰貴した．それは手紡工に加えて，とりわけ下層の織布工に対し

て原料調達の困難をもたらすことになった．当時の記録によれば，「綿糸価格の大きな上昇の結果，多くの手織工が仕事を失い，鉄道建設その他に雇用を見つけるために家を出た[9]」，あるいは「手織工のような職人階級は，相当程度以前の職を失い，農村で農業労働その他に従事している[10]」とする記述を見出すことができる．このように綿花飢饉時における海外からのインド産綿花に対する需要はきわめて強く，その強さは，カーナックが見出した綿花の海外輸出に関わる在来の構造的諸困難をある程度突破しつつ，綿花輸出の増加と在来綿工業の困難とを生み出すほどのものであった．カーナックの開発展望とは，綿花飢饉時に見られたような海外需要がもはや望めない時点にあって，インド国内の生産・流通・市場構造を再編し，綿花の海外輸出に関わる構造的諸困難を取り除くことによって，海外需要を最大限効率的に綿花輸出に結びつけることにあったといえよう．

(2) 鉄道建設とイギリス産綿布流入

次に，奥地に至る鉄道建設とイギリス産綿布流入との関連について検討しよう．まず結論的にいえば，鉄道建設は確かに，イギリス産綿布の流入を強く促す要因となった．では流入は具体的にどのような状況を通じて果たされたのか．従来の諸研究でこの点に触れたものはきわめて少ない．本章では中央州の事情に即して，域外との間の貿易統計より示唆される諸点に限定しつつ検討してみたい．

当地では1860年代を通じて，遠くボンベイ港およびカルカッタ港と連絡する鉄道の域内への延伸が果たされていった．以下は既述の点を含むが，まずボンベイを起点に北東に伸びてきたGIP鉄道は，1863年5月までに，ボンベイ管区の北東端にして中央州およびベラールと境を接するカーンデーシュ県ボーサウールまで延伸された．同鉄道はボーサウールで2路線に分岐し，中央州の北辺を進むGIP鉄道本線は，ホーシャンガバード (Hoshangabad) 県・ナルシンプール (Narsinghpur) 県を東上しつつ，70年3月までに中央州の北端に近いジュバルポール (Jubbulpore) に到達した．他方ベラールを東西に横断しつつ中央州ナーグプルに至る支線が，67年2月までに完成した．またカルカッタを起点とする「東インド鉄道」East Indian Railway (以下EI鉄道と略記) が，67年8月までにジュバルポールに到達し，GIP鉄道との連絡が果たされた．こうして1870年までに，中央州を貫くとともに，その奥地ナーグプルを結ぶ諸鉄道が完成し，それらによって中央州

第 8-1 図　中央州におけるイギリス産綿布輸入量および再輸出量
1863/4―1899/1900
（単位：1,000 マン）

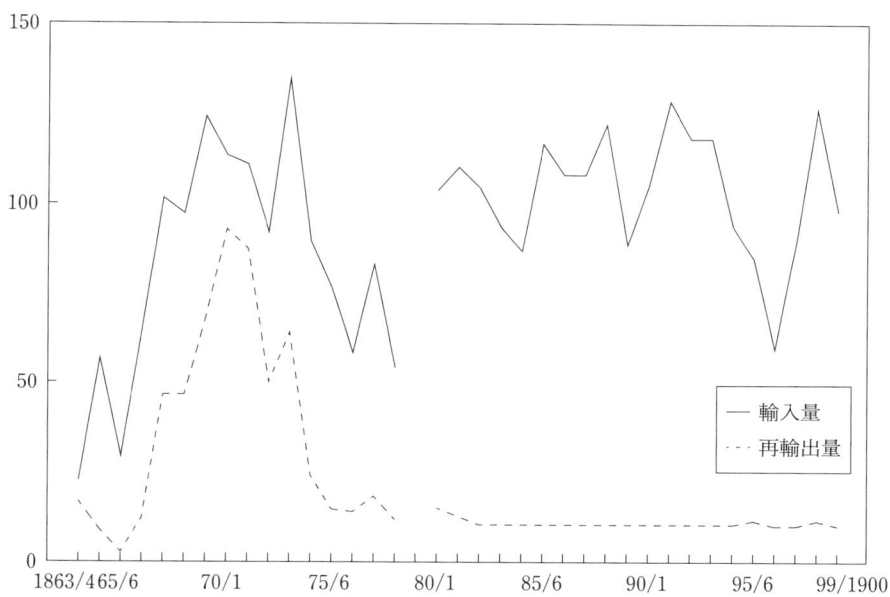

注）1884/5 年以降の中央州の貿易に関しては鉄道輸送統計のみが利用できた．他方それに先立つ 1880/1 年から 1883/4 年までの 4 年間の貿易統計には，鉄道輸送統計と並んで，近隣諸地域との間の鉄道に依らない貿易統計が含まれている．従ってこの 4 年間については両者を合わせた数値を計上するとともに，1884/5 年以降については，鉄道輸送量に，それに先立つ 4 年間における鉄道に依らない貿易量のほぼ年平均量（輸入量は 3,000 マン，再輸出量は 10,000 マン）を一律に加えて計上した．とはいえこの修正が決して全体の趨勢を変えるほどのものではないことはいうまでもない．

出所）1863/4 年から 1883/4 年までは *Report on the Trade and Resources of the Central Provinces* 各年，1884/5 年から 1899/1900 年までは *Report on Railway-Borne Traffic in the Central Provinces* 各年より作成．

とボンベイ港およびカルカッタ港とが直結されることになった．

　第 8-1 図は，1863/4 年より 1899/1900 年に至る中央州全体におけるイギリス産綿布の輸入量および再輸出量を示したものである．まず輸入量の全体的趨勢からして，以下の三つの時期区分が必要であると思われる．(1) 1870 年あたりまでの急速な増大，(2) 73/4 年のピーク以後数年間の減少，(3) 1880 年以降の長期に亘る，直前の時期を上回る水準での安定あるいは停滞．1863 年より 70 年までは，まさし

第8-1表 経路別に見た中央州へのイギリス産綿布輸入量の推移
1864/5—1873/4

(単位：マン)

		1864/5	65/6	66/7	67/8	68/9	69/70	70/71	71/2	72/3	73/4
北方	①	20,157	8,708	11,114		18,724	33,252		15,444	12,982	27,933
		14,093	*6,181*	*6,464*		*17,414*	*31,010*		*15,018*	*12,700*	*27,706*
					↑	(17,060)	(31,005)		(15,018)	(12,700)	(27,706)
西方	② 北部	13,859	6,818	30,404		65,073	73,966		79,030	66,749	89,763
				(30,404)		(65,073)	(73,966)		(79,030)	(66,749)	(89,763)
				↑	↑		↑ ↑				
	③ 南部	23,698	11,505	9,148		10,495	15,076		13,496	10,173	13,387
				(7,191)		(9,726)	(12,463)		(13,085)	(9,914)	(13,171)
		↑	↑	↑ ↑							

注) ①における斜体数字はジュバルポールへの輸入量を表す．
出所) *Report on the Trade and Resources of the Central Provinces*, 1865, 66, 67, 69, 70, 72, 73, 74.

く当地での鉄道延伸期に当たり，急速な輸入量拡大は鉄道建設に強く促されたものであった．この時期を二分して比較すれば，64/5年から66/7年までの3年間の年平均輸入量が4万9千マン（1マン maund＝約37.3キログラム）であるのに対して，以後71/2年までの5年間のそれは10万9千マンに達し，2倍以上に増加している．第8-1表は，上述の三つの鉄道路線を念頭に，輸入経路を区別しつつ輸入量の推移を示したものである．①は北方，すなわち主にベンガル管区・連合州・北西州方面から中央州北部地域への輸入量を，②・③はともに西方，すなわち主にボンベイ管区・ベラール方面からの輸入量を示すが，鉄道の分岐に従って②はGIP鉄道本線に沿う中央州北部地域への，③はナーグプル支線沿いの南部地域への輸入量を表している．全体を通じてカッコ内の数字は，統計から判別できる限りでの鉄道による輸送量を示している．また①では鉄道による輸入が集中したジュバルポールへの輸入量を別記した．最後に矢印は鉄道の延伸が行われた時期を示してる．

まず①の経路に関しては，67年8月のEI鉄道のジュバルポール到達を画期として，大きな変化が生じている．第1に輸入量が増大した．開通以前の3年間の年平均輸入量が1万3千マンであるのに対して，開通後5年間では2万2千マンに増加している．第2に，綿布輸入が鉄道沿いのジュバルポールに集中するようになった．ジュバルポールへの集中度は，開通以前3年間の66.9％から開通後5年間の95.9％へと上昇した．それに伴ってカッコ内の数字が示すように，輸入綿

布の殆どが鉄道で輸送されるようになった．

　続いて②の経路を通じた輸入量もまた，鉄道の延伸に歩調を合わせ，そして①以上のテンポで増大した．66年9月山岳部を越えてGIP鉄道本線が中央州内に乗り入れたことと時を同じくして，その年の輸入量は前年を大きく上回り，また68年2月の延伸も同様の結果をもたらした．64/5・65/6年の年平均輸入量1万マンに対して，68/9年以降の5年間のそれは7万5千マンに達している．さらにこの地域でも，輸入綿布は殆ど鉄道によって輸送されるようになったことが分かる．

　最後に③の経路に関しては，かなり様相が異なるように思われる．ナーグプル支線はベラールで延伸を重ねつつ66年7月に中央州に乗り入れるものの，当該期間を通じて中央州への輸入量は大きな変化を見せていない．その理由は，他の輸入経路との比較において，輸入綿布の域外への再輸出と関連させて考察されねばならない．前掲第8-1図に示されたイギリス産綿布再輸出量は，鉄道延伸期において，輸入量より緩やかなテンポではあれ，輸入量同様急速な増大を見せている．それは殆どが，中央インドおよびラージャスターンの諸藩王国領を主体とする中央州に対する北方諸地域へ向けられた．1864/5年より1875/6年まで（1870/1年を除く）の11年間の年平均で，再輸出量の96.3％が北方諸地域向けであった[11]．従って，①・②の輸入経路における鉄道延伸を契機をする輸入量の急速な増大は，北方諸地域への再輸出需要に強く支えられ，また③の経路における輸入量停滞は，再輸出地域を殆ど持たなかったことが大きな原因となっていた．

　とはいえ他方で，より長期をとってみれば，中央州におけるイギリス産綿布消費量が，鉄道延伸を境に増加したことも事実である．1866/7年までの4年間と，同種の統計によってカヴァーされるそれ以後12年間（1875/6年まで）との年平均域内消費量（輸入量−再輸出量）を比較すると，前者の3万2千マンに対して，後者は4万9千マンと，約1.5倍に増加しているからである．こうして1860年代後半における中央州への鉄道延伸が与えた影響については，即座の変化と，より時間をかけた変化とに区別して理解する必要があると思われる．すなわちそれは，短期的には，他地域への供給を含めたイギリス産綿布輸入の鉄道輸送への集中を生み出し，またより長期的には，イギリス産綿布の域内消費量拡大をもたらした．

　次に中央州へのイギリス産綿布輸入量は，1873/4年をピークに以後数年間減少することになるが，その主要な理由は，1874年GIP鉄道本線より分岐してラージャスターンに伸びる鉄道が開通したことにあった[12]．この鉄道開通によって，北

第8-2図　中央州における国内産綿布の域外輸出・入量
1863/4―1899/1900　　　　　　　　　　（単位：1,000マン）

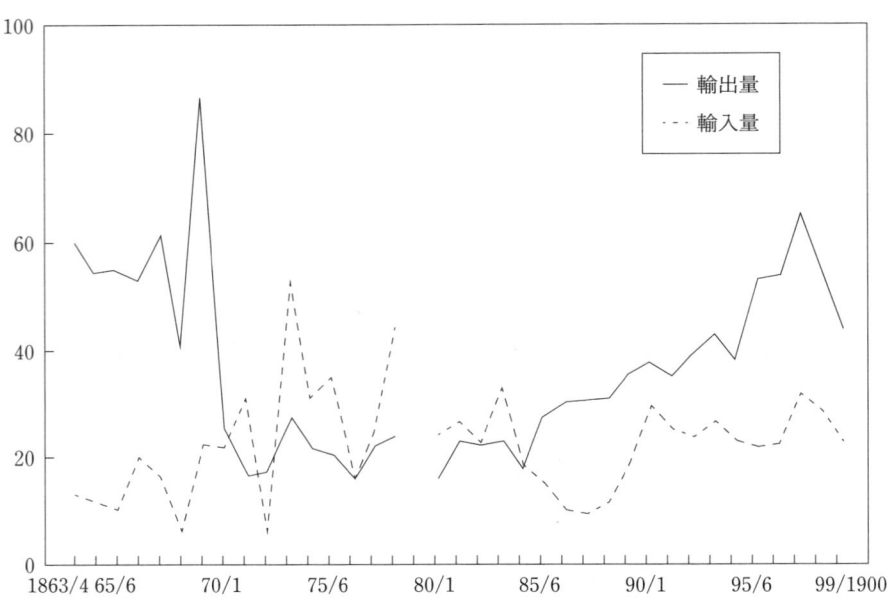

出所）1863/4年から1883/4年までは *Report on the Trade and Resources of the Central Provinces* 各年，1884/5年から1899/1900年までは *Report on Railway-Borne Traffic in the Central Provinces* 各年より作成．

方諸地域へのイギリス産綿布輸入は，中央州を素通りして，直接それらの地域へもたらされることになったのである．中央州からの再輸出量は，73/4年の6万4000マンから，翌年には2万5000マン，78/9年には1万1000マンにまで減少している．

　ところが1880/1年以降の趨勢を見ると，輸入量が1895/6年前後の落ち込みを除いて，70年代後半の水準を上回る10万マン前後で安定（停滞）的に推移する一方で，再輸出量はきわめて低い水準に終始している．以上の趨勢からは，80/1年以降イギリス産綿布の域内消費量が，それ以前よりも高い水準にシフトしたことを窺うことができる．その理由は何であろうか．ここでは二つの要因を考慮すべきであると思われる．まず，後述するように，当該期において域内綿布消費量全体が増大傾向にあったことである．次に，第8-2図に示されたインド国内産綿布の輸出・入量の変動である．中央州から域外への国内産（＝中央州産）綿布輸出

量は，1860年代には高い水準にあったが，1870年代に入るや大きく減少し，暫く低水準を続ける．とはいえそれは，80年代後半より増加に転じ，90年代後半より増加のテンポを速めることになる．他方で域外からの国内産綿布輸入量は，それとはほぼ逆の趨勢を示している．すなわち70年代に入って輸入量が増加し輸入のピークがもたらされる．しかしそれは83/4年より数年間減少に転じ，以後盛り返すものの，70年代の水準に達することなく推移している．70年代における国内産綿布輸入増加は，60年代末の鉄道開通によって促されたものであった．次に輸出・入のバランスを見れば，60年代における大幅な輸出超過，70年代および80年代前半の輸入超過，そして80年代後半以降の輸出超過の復活およびその拡大と，相互に対照的な三つの時期に明瞭に区分できる．

　以上の諸経過は次の2点を示唆している．第1に，80年代以降のイギリス産綿布域内消費量の高水準へのシフトについては，国内産綿布の輸入超過量が80年代に入る頃までに減少していることから，そのシフトはある程度，国内産輸入綿布消費がイギリス産綿布消費によって取って代わられたことにもとづくと理解できる．この点は，70年代においてイギリス産綿布が国内産綿布を駆逐していった様子の一端を表現している．第2に，以上のきわめて明瞭な時期区分のうちに，中央州における現地綿布生産の動態の基本線を推測することができる．すなわち綿布生産は，60年代において大量の域外輸出を行うほどの活力を有していたが，70年代に入る頃より活力を弱め，国内産綿布の輸入超過を許すまでに衰退傾向を辿った．しかしそれは，80年代前半までに何らかの構造転換を果たすことによって活力を復活させ，以後域外輸出量増加および輸出超過へと転じていったという推測である．

　以上の検討より，1870年代までのイギリス産綿布流入過程に関して確認できるのは，次の3点である．第1に，中央州におけるイギリス産綿布消費は1880年までに大きな増加を果たし，その過程を通じて確かに，イギリス産綿布と現地産綿布との角逐が強まり，現地綿布生産に重大な困難が与えられた．イギリス製品は同品質の現地製品に比べ30％安価であるとされ[13]，それは主に鉄道が「内陸輸送の高コストという保護[14]」を現地手織工から奪ったことにもとづいていた．加えてイギリス製品は，「その斬新さや見た目の良さによって大きな市場シェアを獲得した[15]」．こうして手織工のなかには，イギリス製品との競争関係を通じて苦境に陥る者もあったと思われる．例えば1872年の記録には次の記述がある．「コシュ

ティは，インドの他地方で高級品を生産する手織工と同様に，マンチェスタが大量に送り込む派手な商品と競争することができない．最近彼らのうち相当数が主にベラールに移住し，そこで日雇労働者として良い賃金を得ている[16]」．グーハは，1860年代における中央州の手織工の状況を次のようにまとめている．「手織工は，一方での綿花および食糧の高価格と，他方でのより安価な輸入品と競争する必要性とに挟撃され[17]」，ナーグプルの手織工数は1860年代末において20年代と比較して相当な減少を示し[18]，また彼らの所得も「破滅的に減少した[19]」．とはいえ他方で綿花飢饉の終了が，綿花価格下落および綿花の域外輸出比率低下をもたらすことによって，在来綿工業の困難をそれだけ緩和したことも考慮しておかねばならない．

第2に，イギリス産綿布の域内消費の大きな増加は，鉄道建設を契機としつつも，それとまさに同時的に生じたというよりも，一定期間に亘る国内産綿布との角逐過程を通じて果たされていったというべきである．その角逐過程は，イギリス産綿布および中央州産綿布に加えて，国内産輸入綿布をも含んで展開された．以上の事実は，鉄道が果たした役割について重要な示唆を与えている．すなわち鉄道開通は，それ自体としては輸送の効率化および運賃コスト切り下げをもたらすにとどまり，こうした鉄道によって提供される輸送の便宜拡大は，イギリス産綿布だけによって享受されたのではなく，国内産綿布もまたその恩恵に与ったことである．中央州現地生産は，鉄道開通の結果として，二つの対抗勢力からの圧迫を受けることになった．

第3に，イギリス産・国内他地域産・中央州産の3者に亘る角逐は，鉄道延伸によって大きく増幅されつつ，1860年代後半以降十余年に及んだと考えられるが，その時期は，単に中央州における綿布生産の衰退過程としてのみ理解されてはならない．というのは，その角逐過程がもたらしたのは，一方でイギリス産綿布消費拡大であったとともに，他方で現地綿工業における何らかの重大な構造転換であり，後者の結果として，80年代以降におけるイギリス産綿布輸入の停滞が生じたと推測されるからである．

総じて1870年代末までの推移は以下のようにまとめられる．まず19世紀前半，主にヨーロッパ向け輸出品および国内支配者層向け奢侈品生産において国内綿工業に衰退の様相が現れた．そして世紀中葉になると，綿花飢饉が下級品生産をも含んで原料調達の困難をもたらし，また鉄道開通は，即座には運賃コストの低下

にもとづいてイギリス産綿布流入量を大きく拡大させつつ，同時に一定期間の角逐過程を通じて，やがてその域内消費量を増大させた．こうして世紀中葉における二つの事情が加わることで，現地綿工業は鉄道開通後暫くの間，世紀初頭に比べて，高級品生産を中心に明らかに衰退の様相を呈していた．こうした事態の推移こそが，カーナックの期待に現実味を与えていたのである．とはいえ角逐過程は同時に，現地綿工業がイギリス産綿製品の流入増加に対応しつつ，自らの構造転換を図っていく過程でもあった．

8-4 インド産綿花輸出およびイギリス産綿製品流入の停滞と現地綿工業の動態

(1) 綿花海外輸出の低迷

　次に 19 世紀末までをとって，綿花の栽培面積および域外輸出・入量の推移の側面から検討してみると，いかなる事情が見えてくるであろうか．第 8-3 図は，中央州の綿花飢饉時以降における綿花の栽培面積，域外輸出・入量，および輸出量から輸入量を差し引いた域外純輸出量の推移を示したものである．まず栽培面積は，綿花飢饉時に急増しつつ 70 年代末まで拡大傾向にあったが，その後 20 世紀に入って急速な拡大が現れるまでの長期間，停滞的に推移している．続いて域外純輸出量を見れば，それは綿花飢饉時をピークとしつつ，以後減少・停滞を続け，70 年代後半に一定の回復を見るものの，80 年代以降小さからぬ変動を伴いつつも全体として停滞基調で推移している．その後 90 年代末より，一転して急速な拡大が開始される．

　第 1 に，70 年代後半における域外純輸出量の回復は，この時期が現地綿工業の困難が増した時期に当たることを何程か反映していると考えられる．

　第 2 に，とはいえ綿花飢饉終了より 90 年代末の輸出拡大に先立つ時期を全体として眺める時，中央州の綿花域外純輸出量が低迷し続けたことは疑いない．

　さらに中央州の事情に，ベラールおよびボンベイ管区のそれを加えて検討してみるとどうであろうか．第 8-4 図は，綿花飢饉直前より 20 世紀初頭に至る 3 地

第 8-3 図　中央州における綿花栽培面積および綿花域外輸出量・輸入量・純輸出量
1863/4—1902/3

（単位：1,000エーカーおよび1,000マン）

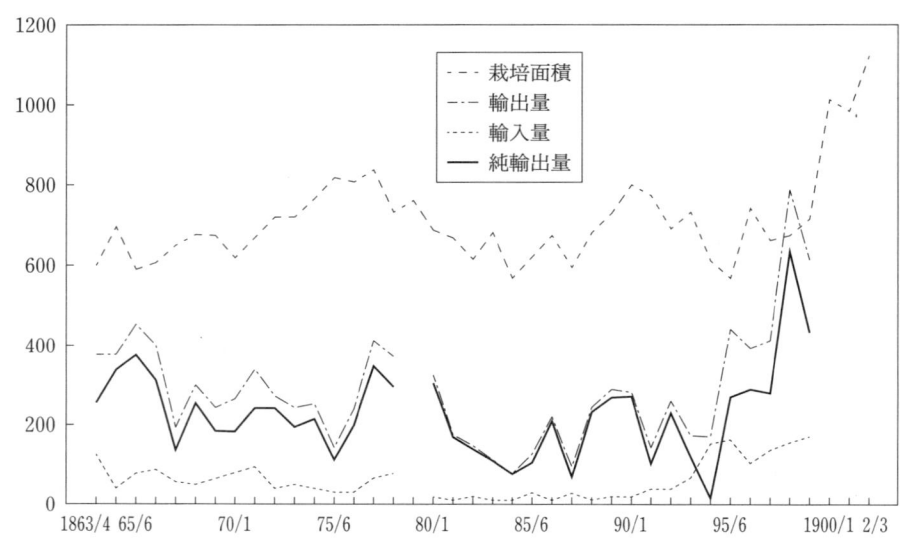

凡例：
- 栽培面積
- 輸出量
- 輸入量
- 純輸出量

出所）綿花栽培面積については，M. B. McAlpin, 'The Impact of Railroads on Agriculture in India, 1860-1900: A Case Study of Cotton Cultivation', Ph. D. thesis, University of Wisconsin, 1973, p. 165 より，綿花輸出・入量に関しては，1863/4年から1883/4年までは *Report on the Trade and Resources of the Central Provinces* 各年，1884/5年から1899/1900年までは *Report on Railway-Borne Traffic in the Central Provinces* 各年より作成.

域の綿花栽培面積の推移を示したものである．3地域を併せた総栽培面積は，綿花飢饉時に急増し，その後若干落ち込むものの，すぐさま拡大を再開し，1890年に至るまで基本的に増勢を続けている．90年代に飢饉の影響もあって減少するが，1900年前後より再度増勢に転じることになる．90/1年の面積は，綿花飢饉時のピークである64/5年のそれに比べて約2倍にも達している．3地域のうちベラールとボンベイ管区はかなりの増勢にある．他方で既述のように，中央州全体では停滞傾向にあるものの，そのなかでナーグプル県やワルダー県は増加を示している[20]．従って世紀後半における綿花栽培は地域的特化を強める傾向にあったといえよう．

これら3地域の綿花が海外に輸出される場合には，いずれも圧倒的にボンベイ港より輸出されたが，ボンベイからの綿花海外輸出量の動向を示したのが第8-5

第 8-4 図　ボンベイ管区・ベラール・中央州の綿花栽培面積
1860/1―1902/3

(単位：1,000,000エーカー)

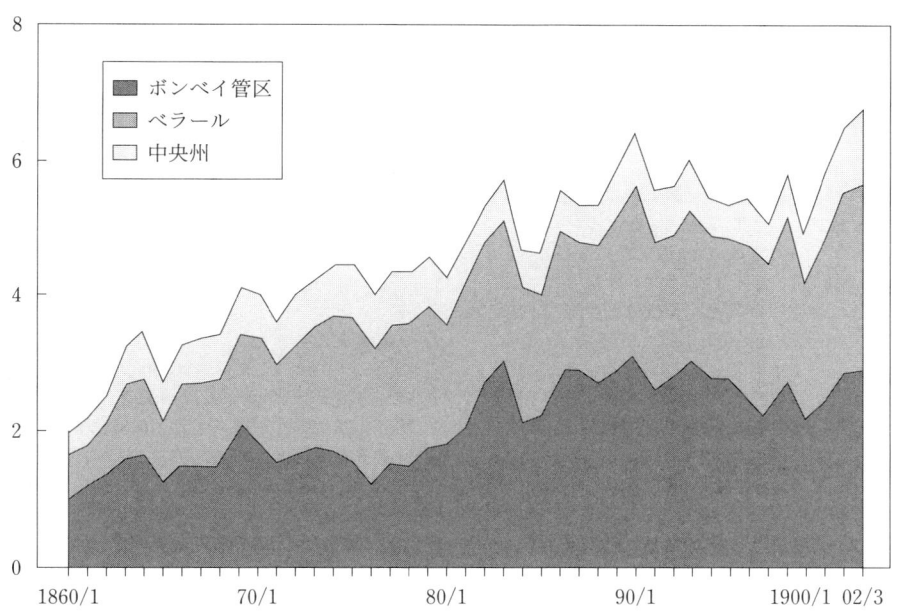

出所）M. B. McAlpin, 'The Impact of Railroads on Agriculture in India, 1860-1900 : A Case Study of Cotton Cultivation', Ph. D. thesis, University of Wisconsin, 1973, pp. 150, 156, 165 より作成．

図である．まず総輸出量は，綿花飢饉時にイギリス向けが大きく増加し，その後暫く若干の増加を示すものの，70年代以降になると，大きな振幅を伴いながら，全体として停滞傾向を続ける．とりわけイギリス向けは，綿花飢饉時のピークをその後回復することなく，70年代末まで一貫して減少し，80年代初めに一時的に盛り返すものの，以後再び減少を辿った．ボンベイより輸出される綿花には，上の3地域以外に周辺の藩王国領で生産されるものが含まれるが，それら地域の綿花栽培面積が大きく減少したとは考えられない．従って綿花飢饉終了時より世紀末に至る時期を通じて，この3地域を併せた，一方での綿花栽培面積の増加と，他方での綿花海外輸出量の停滞との対照が明瞭である．

　以上の中央州および他の2地域を含めた綿花の生産・貿易動向より，カーナックに課せられた主要な政策課題であるインド産綿花海外輸出の拡大，とりわけイ

第 8-5 図　ボンベイからの綿花海外輸出量
1858—1887　　　　　　　　　　　（単位：1,000梱）

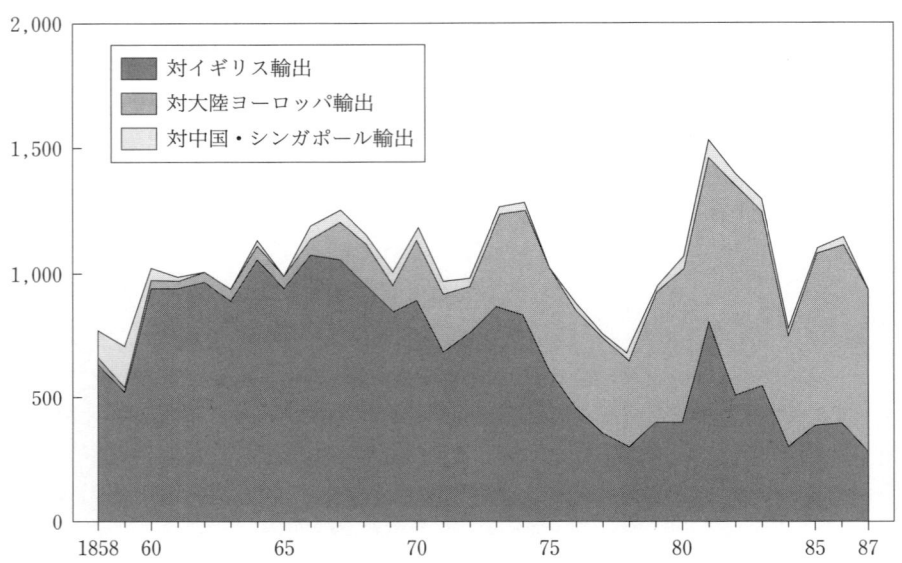

出所）*Indian Cotton Statistics : Statistical Tables to Indian Cotton, Indian Spinning and Weaving Mills, their Production and its Distribution with a List of the Steam Presses in the Country*, 1889, p. 56 より作成．

ギリス向け輸出の拡大は，19世紀末までの時期において，まさしく期待を裏切る経過を辿ったといわねばならない．この時期3地域を併せれば，国内綿工業による綿花消費＝綿製品生産量はほぼ一貫して増加し，その意味で国内綿工業は決して衰退したとはいえないのである．

(2) 現地綿紡績業の動態

では中央州において1880年代以降明瞭となる現地綿工業の復活および構造転換とは，いかなる内容を含んでいたのか．まず紡績過程に関しては，いわゆるインド民族資本によって機械制紡績工場が漸次創設され，それが1870年代後半より大きな飛躍を遂げていったことが重要である[22]．中央州における機械制紡績工場は，1879年の時点で1工場，3万弱の紡錘数を擁し，その後1889年までに3工場，6万7千余の紡錘数へと発展した[21]．第8-6図は，綿花飢饉終了時より80年代

第8-6図　国内紡績工場綿花消費量とインド全体の綿花輸出量
1864/5－88/6　　　　　　　　（単位：1,000,000梱）

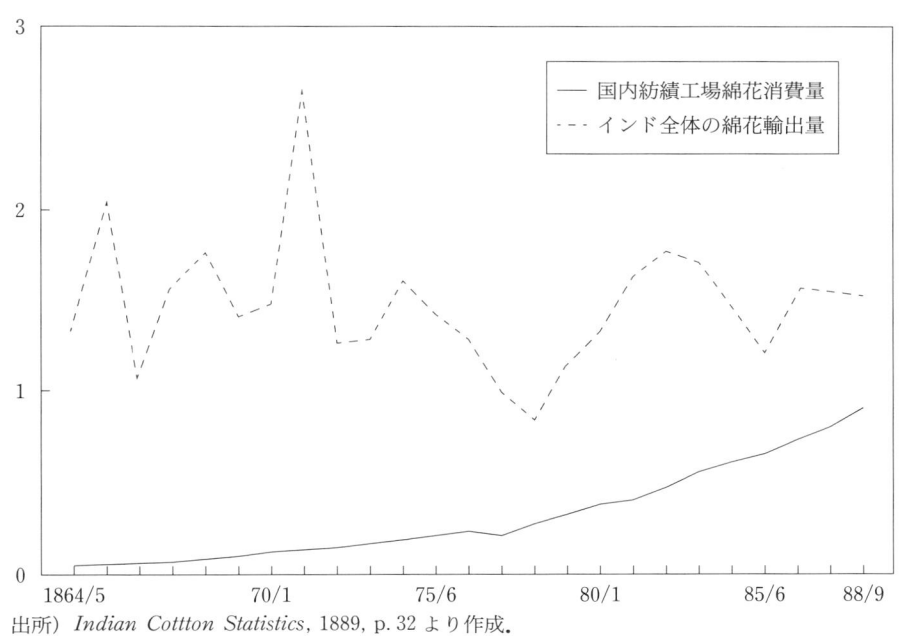

出所) *Indian Cottton Statistics*, 1889, p.32 より作成．

末に至るインド全体における綿花海外輸出量と国内紡績工場による綿花消費量とを比較したものである．インド全体の綿花海外輸出量も，ボンベイからのそれと同様に停滞的であるのに対して，紡績工場綿花消費量は，1864/5 年にはとるに足りないものであったのが，その後漸次増加し，1870 年代後半より増加のテンポを速めながら，1888/9 年には輸出量に対する割合で 58％にまで拡大している．

その一方で手紡績は，とりわけ商品生産としては，20 世紀初頭までにひどく衰退したようである．その衰退は，機械製綿糸による手紡糸に対する代替の進行過程にほかならなかった．1883 年の中央州に関する記録は，「イギリス産輸入綿糸およびナーグプルの紡績工場が生産する機械製綿糸との競争の結果，手紡績は重大な衰退を被った[22]」と述べており，また 1898 年の同じく中央州に関する記録には，以下の記述が見える．

「機械製綿糸は完全に手紡糸を駆逐した．その優れた品質，高い均質性，安い価格が手織工を引き付けた．……手紡績は，金持ちの娯楽としてか，あるいは内

第8-2表　中央州における現地紡績工場綿糸生産量および機械製綿糸消費量の変化

(単位：マン)

	現地紡績工場綿糸生産量	機械製綿糸消費量		
		国内産綿糸	イギリス産綿糸	消費量合計
1876/7-78/9 (年平均)	23,485	31,210 (60.1%)	20,695 (39.9%)	51,905 (100.0%)
1886/7-88/9 (年平均)	90,788	107,570 (78.0%)	30,265 (22.0%)	137,835 (100.0%)

出所）*Report on the Trade and Resources of the Central Provinces*, 1877, 78, 79. *Report on Railway-Borne Traffic in the Central Provinces*, 1887, 88, 89. *Indian Cotton Statistics*, 1889, p. 107.

陸の僻遠な村落で手織工家族の家庭内において行われている（だけである）。後者では妻が夫の必要とする綿糸を紡ぐのである。……手紡工の大部分は手紡だけでは生活できず，それに他の職業，最も一般的には農業労働を加えることによって，なんとか生計を立てている[23]」。

では手紡糸に置き換わった機械製綿糸のうち，イギリス産輸入綿糸とインド国内工場製綿糸とは，それぞれどのような割合を占めていたのであろうか．第8-2表は，1870年代後半と80年代後半における，中央州に立地する機械制紡績工場綿糸生産量（ただし70年代は79年のみ）に加えて，中央州における機械製綿糸消費量をイギリス産綿糸と国内産綿糸とを区別しつつ示したものである．なお紡績工場生産量については，エリソンの計算例に倣って，綿花消費量を示す統計数字の87.5％をもって計上した[24]．またイギリス産綿糸消費量としては，その輸入量から域外輸出量を差し引いた純輸入量を，次に国内産綿糸消費量としては，中央州紡績工場生産量に輸入量を加え，それから域外輸出量を差し引いたものを計上した．国内産輸入綿糸もまた殆ど機械製であったと考えられる．まず中央州紡績工場綿糸生産量は，この10年間に4倍近い顕著な増加を達成している．次に機械製綿糸消費量を見ると，イギリス産，国内産ともに増加しつつ，その合計量は5万2千マンから13万8千マンへと2.7倍に増加し，機械製綿糸への代替が急速に進みつつあったことが分かる．とはいえ増加率では国内産がより高く，消費量全体に占める割合を見れば，イギリス産は70年代末の39.9％から80年代末の22.0％へと割合を大きく減少させているのに対し，国内産は60.1％から78.0％へと割合を高めている．こうして80年代末までに，国内産綿糸が当地で使用される機

械製綿糸の大部分を占めるようになっていったといえよう．

　また国内産綿糸輸入量と中央州紡績工場綿糸生産量とを比較すれば，後者の方が伸びが大きい．両者の比率は70年代後半の1：2.5から80年代後半の1：3.4へと変化している．中央州紡績工場が創設以来地元で着実に市場を獲得していったことが分かる．この事情は，生産能力で優位を占めるボンベイ紡績企業にあっても，輸送および賃金コスト上の不利のために奥地市場では地元企業に対抗しえず，それをも一つの背景として，それらの企業が70年代後半より中国および日本市場向け綿糸輸出に主力を傾けていったことの反映である．その後中央州機械制紡績業はさらに生産能力を高め，1890年代より域外への綿糸輸出を急速に拡大していくことになる．

　以上より，当地における機械製綿糸による手紡糸に対する代替は，概ね次のような過程を辿ったと考えられる．まず鉄道開通とともにイギリス産綿糸輸入が拡大し，それは一定程度手紡糸を駆逐する機能を果たした．しかしその後国内機械制紡績業が飛躍的な発展を遂げ，手紡糸に対する代替は，世紀末に近づくほど，イギリス産綿糸よりも国内産機械製綿糸によって行われるようになった．

　こうした事情を生み出した主要な背景の一つとして，インド綿糸市場に対するイギリス産輸入綿糸の製品分野上の偏りが指摘できる．イギリス紡績業は元来，欧米の綿糸市場構造に規定されて細糸生産を主要な目的とし，そこからインドに輸入される綿糸も30番手前後以上の中・細糸が中心となり[25]，また価格も高かった．これに対して農村に大量に存在する手織工は原料として太番手粗糸を使用していたために，輸入綿糸の需要は伸び悩んだ．他方国内機械制紡績業にとっては太糸こそが主力製品分野であり，それらは，農村の手織工を含めた幅広い国内織布業をして自らの製品をもって手紡糸に代替させることを通じて，存立基盤を固めていったのである．

(3)　現地綿織布業の動態

　次に中央州における綿織布（綿布生産）業の状況について検討しよう．この点でとりわけ関心を引くのは，手織工がいかなる命運を辿っていたかという問題である．わたくしはすでに，綿布の域外輸出・入状況を手懸かりに，中央州の綿布生産が70年代に入る頃より暫く衰退の様相を呈したものの，80年代前半までに

第 8 - 3 表　中央州における綿糸および綿布消費量推計の変化

(単位：マン)

	1876/7—78/9 (年平均)	1887/8—89/90 (年平均)
①綿花栽培面積	787,000(エーカー)	664,000(エーカー)
②綿花生産量	458,781	427,399
③綿花純輸出量	278,453	186,288
④域内綿花消費量	180,328	241,111
⑤域内綿糸生産量	157,787	210,972
⑥綿糸純輸入量	28,419	45,590
｛イギリス産	20,695	29,672
｛国内産	7,724	15,918
⑦域内綿糸消費量	186,206	256,562
⑧綿布純輸入量	58,406	83,102
｛イギリス産	50,071	102,491
｛国内産	8,335	−19,389
⑨域内綿布消費量	244,612	339,664
⑩人口	11,549,000(人)	12,945,000(人)
⑪1人当たり綿布消費量	1.744(lbs.)	2.161(lbs.)

注) 人口は，1881年および1891年の数値を計上した．
出所) M. B. McAlpin, 'The Impact of Railroads on Agriculture in India, 1860-1900: A Case Study of Cotton Cultivation', Ph. D. thesis, University of Wisconsin, 1973, pp. 165, 188.
Report on the Trade and Resources of the Central Provinces, 1877, 78, 79.
Report on Railway-Borne Traffic in the Central Provinces, 1888, 89, 1900.

活力を回復したことを推測した．以下では，このことを70年代末と80年代末との綿布生産量そのものに関する推計により再確認するとともに，その諸要因について考察を進めたい．第 8 - 3 表は，70年代末と80年代末のそれぞれ3年間における年平均綿糸消費量＝綿布生産量を推計したものである．なお中央州におけるエーカー当たり平均綿花収量については様々な数字がある．まず1880年代末の記録は42重量ポンドの数字を挙げているが[26]，それは高級綿種にして面積当たり収量の少ないヒンガンガート種を対象としたもので，中央州の平均値とはなりえない．カーナックは60年代末の時点で，80重量ポンドという理解を示している[27]．他方グーハは近年の研究において，60年代末を45重量ポンド，80年代末を53重量ポンドと見なしている[28]．ここでは80年代末についてグーハの数字を採用しよう．また綿花飢饉終了後，栽培方法の改善というより，イギリス向け輸

出の減少に伴って，高品質綿種栽培の衰退および収量のより多い粗綿種栽培の拡大が見られたという事情から，70年代末の数字を，80年代末より低い48重量ポンドと見なして計算する．こうして計上された綿花生産量（②）から綿花域外純輸出量（③）を差し引けば，域内綿花消費量（④）を求めることができ，その数値の87.5％をもって域内綿糸生産量（⑤）とする．この数値に綿糸純輸入量（⑥）を加えれば，域内綿糸消費量（⑦）を得ることができる．この数値によれば，70年代末が年平均18万6千マン，80年代末が25万7千マンとなり，この間に38％の増加が達成されている．これらの数字はほぼ域内綿布生産量と見なすことができるので，当該期を通じて中央州の綿織布業は衰退したのではなく，拡大を遂げたといえよう．

ではこうした変化を通じて手織工はいかなる命運を辿っていたのか．それは決して駆逐されたのではなく，維持された，あるいはむしろ増加した可能性が高いといえる．というのは，力織機や飛杼の導入による在来織布工程の合理化は主要には20世紀に入ってから進行し，織布工程は19世紀後半を通じて相当部分が在来型の手織によって担われていたからである．グーハの示す数字によれば，80年代末において，中央州の工場製綿布生産量は手織綿布生産量の1割にも満たない[29]．こうしてグーハは，1870年から80年代後半までの期間における中央州の事情について，綿工業全体の従事者数は減少したものの，その減少は「まったく手紡工の減少にもとづき」，他方で手織工は「実際増加しており[30]」，「生き残った[31]」とまとめている．

続いて以上に示された19世紀後半における手織工の「生き残り」の諸要因について検討しよう．それはまた，80年代以降においてイギリス産綿布の域内消費量が停滞した諸原因を検討することでもある．

第1に，インド産綿花に対する内外の需要構造の変化が挙げられる．前掲第8-3表による限り，上述の変化に与って最も力のあったものは，綿花域外純輸出量の減少である．綿花域外純輸出量は，綿花生産量に対する割合で，60.7％から43.6％へと大きく減少している．これに伴い域内綿糸生産量が増加した．では綿花需要構造はいかなる変化を遂げたのか．既述のように，当該期中央州のみならず，インド全体において綿花の海外輸出量は停滞的になり，インド産綿花に対する海外需要は伸び悩んでいた．他方で国内綿花需要に関しては，まず住民による綿布消費水準の上昇が，それを増大させる基礎的条件となったと考えられる．前掲第

8-3表において，域内綿糸消費量＝綿布生産量に綿布純輸入量（⑧）を加えて域内綿布消費量（⑨）を計算すると，それは二つの時期を通じて，24万5千マンから34万マンへと39％増加している．さらにこの間中央州の人口数（⑩）が12％ほど増加したことを踏まえつつ，綿布消費量をそれぞれの時期の人口数で除して1人当たり綿布消費量（⑪）を求めると，それは70年代末が1.74重量ポンド，80年代後半が2.16重量ポンドとなり，24％の増加を遂げている．こうして人口増加に加えて，住民による1人当たり綿布消費水準の上昇が，綿花純輸出量を低下させ，域内綿花消費量を増加させた重要な要因であったといえよう．なお1人当たり綿布消費量の増加が，いかなる理由にもとづき，またどのような背景を持っていたかは分明ではない．今後の課題としたい[32]．以上，国内綿花流通構造の効率化を通じて海外需要を最大限海外輸出増加に結びつけるというカーナックの方針にもかかわらず，海外需要の伸び悩みと国内需要の強さとが，彼の方針の現実化を押しとどめたのである．

　ここで前掲第8-3表に関して興味深いのは，二つの時期を通じてイギリス産綿布の純輸入量が増加していることである．すなわち当該期における域内綿布生産量の推移は，イギリス産綿布域内消費量のそれと相反関係にあるのではなく，両者がともに増加するものとなっている．他方で既述のように，80年代に入って以降イギリス産綿布輸入は長期的な停滞を続け，また国内産綿布貿易は80年代半ば以降入超より出超に転じ，ともに域内綿布生産の発展を物語っている．以上からは，次のような70年代後半から80年代前半にかけての，綿布需要および綿布生産構造の変化を窺うことができる．まず70年代は総じて輸入綿布との競争を通じた域内綿布生産の衰退期であったが，他面で域内綿布需要＝消費量は拡大傾向にあり，イギリス産および国内他地域産綿布の輸入拡大は，域内綿布生産の衰退のみならず，綿布需要の拡大からも促進された．そのうち域内綿布生産の構造転換＝生産力拡大が開始されたが，それは暫くの間域内綿布消費量の拡大に支えられて，イギリス産綿布純輸入量の増加と併存しつつ進行した．とはいえ生産力拡大は以後一層の進展を見せ，それは80年代に入る頃までにイギリス産および国内他地域産綿布輸入量を停滞ないし減少させるまでになり，80年代半ばより綿布の域外輸出拡大を達成していった．全体として，域内綿布生産をめぐる変化は，イギリス産綿布消費と域内産綿布消費との対抗関係からだけではなく，域内における綿布消費量の全体的増加からも，大きな影響を受けていたといえよう．

第2に，手織工の「生き残り」の要因として，彼らが安価なイギリス産および国内産の機械製綿糸を原料に使用するようになり，それだけ手織工の輸入綿布に対する競争力が強められたことが指摘できる．この点を裏づける一つの状況は，綿布と綿糸との間で，域外輸出が拡大に向かう時期が異なっていることである．まず域外綿布輸出は80年代半ばより拡大に向かい，前掲第8－3表に示された80年代末までの変化において，綿布貿易は早くも出超に転じている．他方綿糸貿易はこの時期なお入超量を増加させており，綿糸の域外輸出が拡大に向かうのは90年代に入って以降である．こうした両者における域外輸出拡大開始時期のズレは，綿布生産が，域内機械製綿糸生産拡大のテンポを上回って輸入綿糸を含めた機械製綿糸の利用を進め，それを通じてより早く生産力拡大を果たしたことを示唆している．とはいえ90年代以降の域外綿糸輸出の増加はきわめて急速であり，原料綿糸に占める域内産機械製綿糸の割合も急速に高まっていったと思われる．

　第3に，先述のように，イギリス産綿布輸入の拡大に伴って，イギリス製品と手織製品との間の競争が高まったことは事実であり，イギリス製品が安価であったことによっても，手織工は製品価格を下げ，所得減少を甘受することで存続を図ろうとした．手織工の存続は，過度労働および過少消費によっても支えられていたのである．グーハは，1870年前後における中央州の手織工について，彼らの経済的困難の一因が，「外国との競争によって製品価格引き上げを妨げられたこと」にあり，「綿布生産量は綿花飢饉以前とほぼ同じであるが，真の所得はかなり減少した[33]」と述べている．またハーネッティも，手織工の対応策の一つとして，彼らが「伝統的な職業を失うよりは，競争力を保つために価格を下げ，より低い生活水準を甘受しようとした[34]」ことを挙げている．旧来の手織業を捨てて農業労働等へ移行することに対する抵抗感は，農村部の下級品生産者よりも，都市部の高級品生産者においてより強かったといわれている[35]．

　最後に，イギリス産輸入綿布は，インドにおける製品市場の一部特定分野においてのみ優位を獲得し，それ以外の幅広い製品分野において，在来の手織生産が比較的良く維持されたことである．また手織工も，競争圧力を避けるために，輸入品の影響の比較的小さいそれらの分野へと，自ら生産領域を移していった．すなわち主にインド人の「衣服の因習的様式への偏愛，カースト間の衣料上の微細な差異[36]」にもとづいて，綿布市場における市場分割＝「棲み分け」が現れたのである．これらの事実は，近年の研究においてとりわけ注目されてきた点である．

柳澤悠氏の研究によれば，19世紀後半におけるイギリス製品と国産品との競合関係について，以下の特徴が見られた．①イギリス産綿布の流入による打撃は，女性用織物に対してよりも男性用織物に対して大きかった．②男性用であっても儀式用の高級なドーティやアンガヴェシュトラムでは，手織業の独占が続いた．③男性用織物生産のなかでは，細糸のドーティ生産への打撃が最も大きく，従って都市住民の衣服への影響が顕著であった．④中・低番手の糸からなる農村部下層階級の男性用織物への影響は小さく，その分野では手織業が残存した(37)．以上より，イギリス製品による駆逐が進んだ製品分野とは，主に「都市向け高番手男性用白布(38)」にあり，その要因は，イギリス製品が安価であることに加えて，都市上層男子がジャケット・ズボン・コートといった西洋風の衣服を着用し始めたことにもあった．他方国産品が根強い需要を保ち，手織工による製品分野移動の対象となったのは，主に次の3分野である．①女性用衣服全般（下級品＝「安いプリントされた製品」を除く(39)）．②絹や金・銀糸による縁取りや刺繍が付いた男性の儀式用高級綿布．①・②に対する需要は，輸入品では真似のできない手工的雅趣が好まれたことにもとづく．③厚手で耐久性・保温性に優れ，同時に安価な，農村および下層の勤労大衆向け粗布．また小池賢治氏の研究によれば，インドへ輸入される「ランカシャ綿布は，19世紀後半において，未晒綿布60％，晒綿布20％，色綿布20％と比較的安定した構成を保ち(40)」，1875/6年度の輸入綿布のうち「80％は上中階層の普段着用の上等綿布とされ，勤労大衆にとって外国製品を普段着とすることは，少なくとも1880年頃までの段階においてきわめてまれであった(41)」．

　以上の諸点に関して，中央州およびベラールの事情に即して検討しよう．ここでは，20世紀初頭に編纂された各県別の『地誌』*District Gazetteer*における関連する記述をまとめてみたい．まず中央州ナーグプル県では，当時高級綿布生産の根強い残存が見られた．コシュティによって担われた高級綿布生産は，「1872年以前において機械製品との競争を通じて不況に陥った」ものの，「近年回復しつつある(42)」．すなわちコシュティの人口は，72年の3万2千人から1901年の4万4千人へと40％近く増加した(43)．彼らが作る製品は，絹や金レースの縁取りが付いたサリー・ドーティ・スカーフ等であり，それらはボンベイやプーナをはじめとして国内各地へ輸出された．原料綿糸は機械製であった．また手織工は，「織機を捨てようとはせず，工場で働くよりも低賃金に甘んじている(44)」．他方で下層住民向

けの粗布を作るマハールの存在も記述されている．次に同じく中央州ワルダー県に関しては，以下の記述がある．「紡績工場の創設に先立つ時期には，たいていの大規模な村落に多くの手織工がいたが，その職業は現在衰退しつつある[45]」．また「手紡績は産業として現実には消滅しており，……織布はすべて工場製綿糸によって行われている[46]」．コシュティとマハールの存在は記述されているが，「高番手の綿布はワルダーでは殆ど作られていない[47]」．ベラールのアムラオティ県に関しては，高級綿布および粗布の両方に亘る手織工の残存が記されつつも，むしろそれらの衰退を記述する調子が高い．「趣向が変わり，市場は貧しいコシュティを敬遠しつつある．上級カーストはもはや（伝統的な）多色の衣服を着用せず，また下級カーストは他所でより安く買う[48]」．コシュティによる「作業が遅く旧式の手織は，蒸気力に対して競争上不利である．彼らの世界市場における地位は非常に弱まったので，その優れた熟練の対価となる所得は，不熟練の農業労働者のそれよりも低い[49]」．また「より粗末な手織綿布は，依然として地域の需要に対して供給されている[50]」が，そこで記述されている製品とは，衣服ではなくカーペットや寝具である．さらに同じくベラールのブルダーナ県に関する記述によれば，コシュティ等によって絹の縁取りを付けた高級綿布からサリーやターバンが作られ，またマハールによって下層住民のための粗布が「地域全体において[51]」作られていた．他方で「鉄道開通以来，当地で糸が紡がれることはなくなり，輸入綿糸のみが用いられている[52]」．

　以上の諸記述から確認しうるのは，次の諸点である．第1に，いずれの県に関しても手織工の残存が記述されるとともに，それが縁取りを付けた高級綿布および大衆向け粗布という二つの製品分野において際立っていたことである．第2に，手織工は低所得に甘んじ，生活条件が悪化していたこと．第3に，手織工の原料としては，機械製綿糸への代替がほぼ完了していたこと．第4に，手織工の残存の程度について，県によって相違があったように思われることである．ナーグプル県では高級綿布生産がかなり盛んであったと記述されているが，他方ワルダー県では高級綿布は殆ど作られず，またアムラオティ県に関しては高級綿布および粗布の両方に亘る生産不振が記述されている．これらの点はいかに理解されるべきであろうか．まずこの時期における手織工の衰退に関わっては，イギリス産輸入綿布によるよりも，国内産機械製綿布の浸透による影響の方が強かったと思われる．というのは，20世紀に入る頃よりボンベイの諸工場を中心として，国内紡

績企業は国内市場向けに自家織布化政策を本格化し，またイギリス産綿布輸入量はすでに停滞的となっていたからである．また県別の相違については，アムラオティ県に関する「下級カーストは他所でより安く買う」という記述が，一つの示唆を与えるように思われる．すなわちその相違は，県を超えた人の往来や流通の発達が，インド国内での綿布生産における何らかの地域的分化・特化を促しつつあったことの結果として理解できるのではなかろうか．従って一部の県における綿布生産の不振は，国内全体の綿布生産が維持されたことと矛盾するものではない．以上，『地誌』に含まれた諸記述による限り，中央州およびベラールにおける手織工の「生き残り」の背景として，先に述べた諸要因の多くが妥当することが確認できたと思われる．

　総じて，主として中央州の事情によれば，まず19世紀前半においてインド在来綿工業は，海外輸出向けおよび国内奢侈的消費向けの分野で明瞭な衰退の様相を呈した．次に綿花飢饉は一時的ではあれ，現地綿工業に原料調達の困難をもたらし，その打撃となった．さらに世紀中葉以降における鉄道開通は，イギリス産綿製品流入を増大させることを通じて，開通後暫くの期間において現地綿工業の一定部分が駆逐される要因となった．とはいえその後，まずインド産綿花に対する海外需要が伸び悩み，またインド独自の綿製品市場構造にもとづくイギリス製品と国産品との「棲み分け」が進展することによって，イギリス製品輸入の停滞と国内綿工業の存続とが促された．さらに19世紀後半を通じて国内機械制紡績業の勃興と発展が成し遂げられ，また国内織布業も国内産機械製綿糸を原料として利用することによって存続を図った．それらの結果，国内綿工業の衰退は全体として，部分的なものにとどまった．19世紀末までに国内綿工業は，紡績および織布に亘る機械制綿工場の数を増加させつつ，イギリス製品流入拡大を阻止するまでに，存続および発展を遂げていった．他方で以上の諸経緯は，鉄道が果たした役割についても重要な示唆を与えている．すなわち鉄道の普及は，19世紀中葉までは主にイギリス産綿製品の浸透を促進する機能を果たしたものの，世紀後半になると，むしろインド機械制綿工業に対して，原料および製品輸送の部面においてきわめて大きな便宜を提供し，その発展に貢献する役割を果たした．

　こうして，鉄道開通を契機に，インドをして綿花輸出地として特化させるという産業構造再編の展望は，一時的には実現の方向に進んでいるかに見えたものの，とりわけインド産綿花に対する海外需要の低迷とインド綿工業における諸対応お

よび新たな発展によって，時期が下るにつれ，ますます実現から遠ざかっていったといわねばならない．全体として，イギリス植民地支配は，イギリス産綿製品のインドへの大量売り込みに成功したとはいえ，それでもなおインド国内綿花・綿製品市場構造を自らの望む姿に完全に再編することはできず，またインド綿工業の新たな動態的発展を阻止しえなかったのである．

8-5 インド産綿花の世界的市場構造に関する展望と市場動向

(1) カーナックによる世界的市場構造に関する展望

インド綿花開発の本来的・規定的目的は，イギリス綿工業の需要に適合的に品質改良された綿花のイギリス向け輸出拡大にあった．本来開発は，イギリス市場を念頭に置いて提起されたものであり，それゆえにこそ，外国綿種の移植および普及に開発政策の基軸が据えられてきたのである．しかるにカーナックは，インド産綿花の世界的市場構造（＝世界的需給状況あるいは市場動向）に関する展望において，重大な方針転換ともいうべき提起を行っている．すなわちインド産綿花の販売先としては，イギリス市場のみにこだわるべきではなく，大陸ヨーロッパ市場を中心として世界に広く販売市場を求めるべきであるという主張である．

「万が一マンチェスタがわれわれの地位を葬り去る計画を持っていたとしても，インド産綿花貿易は，マンチェスタにのみ，その存続を負っているというわけではない．仮にマンチェスタがわれわれを無慈悲に見捨てたとしても，中国および大陸ヨーロッパに，インド産綿花の大きな市場を見出すことができる．インド産綿花は繊維が短いけれども，他国の綿花より安価である．それは大陸ヨーロッパの紡績業者の需要に適合していないわけではない．中国に関しては，われわれの地位は良好である．大陸ヨーロッパに関しては，スエズ運河開通と南ヨーロッパとの直接貿易の徐々なる拡大が，われわれの貿易に利益を与え，マンチェスタが突然インドを見捨てたことのショックを和らげるであろう[53]」．

「インド産綿花が大陸ヨーロッパにおいて強い地位を築きつつあることに気づく必要がある．インド産綿花は今や，運輸・通信手段の改良および生産者と購入者との直接取引を可能にする諸設備のおかげで，以前よりもずっと混じり物が少なく，使いやすい状態で大陸ヨーロッパに届けられている[54]」．

われわれは，以上に示されたカーナックの方針をいかに理解すべきであろうか．まずこの方針の特質は，世界的市場構造に対して積極的に再編の斧を振るうよりも，むしろ既存の構造への適応を図るという点にある．ところでこれまでの検討に明らかなように，綿花開発に関わる全体構造に含まれる諸構造は，それぞれ孤立的に存在するのではなく，まさしく相互規定関係を通じて他の諸構造と結び合っていた．それゆえにこそ開発は，これら諸構造全体に対する再編を要請されていたのである．この点を踏まえた上で，カーナックが世界的市場構造の再編を企図しなかった理由を考察すれば，それは主に次の2点にあったと思われる．第1に，カーナックに与えられた立場とそれに伴う諸権限の制約性である．すなわち彼はインドの一特定地域における綿花開発を指揮する立場にあり，そうした立場からして，広大無辺な世界的市場構造の再編に対して自らの権限が及ぶとは考えにくかったであろう．第2に，綿花開発の最終的な目標達成に関する見通しである．世界的市場構造とは，「世界市場諸構造」に含まれる，最も総体的・具体的な市場構造である．従ってそれは，インド国内における生産・流通・市場・産業構造を自らのうちに包摂している．同時に綿花開発は，それら「国内諸構造」の再編状況にも規定されつつ，世界的市場構造が「イギリス向け輸出拡大」の方向へと変化することをもって最終的な目標とする．しかるにカーナックにとって世界的市場構造それ自体が自ら再編に乗り出す対象とならないとすれば，彼は「国内諸構造」の再編状況を考慮し，それを判断材料として世界的市場構造の今後を予測しつつ，それに適応していく以外にとるべき態度を持たない．彼が見出したのは，一方でインド国内諸構造の再編が決して期待通りの進展を見せないという状況であったとともに，他方でイギリス市場におけるアメリカ産綿花との競争が依然として厳しさを失わないままで，大陸ヨーロッパや中国が現実にインド産綿花に対して少なからぬ需要を示していることであった．彼はこうした綿花開発をめぐる全体状況を見越した上で，イギリス市場についてはある程度見限り，現実に需要を示している市場を重視することになったといえよう．

とはいえここでカーナックの立場を離れつつ，仮に世界的市場構造がそのまま

「市場原理」に任せられるのではなく，そこに何らかの「介入」や「働きかけ」が加えられるならば，事態は別のものとなろう．ここで「介入」や「働きかけ」とは，例えば，イギリス綿業資本がインド産綿花を市場価格より高値で買い取るとか，あるいはインド植民地政府が輸出奨励金を供与するといった，「世界的市場構造に対する介入政策」を指す．しかしながらインド綿花開発過程を通じて，こうした政策は殆ど発動されることがなかった．なお既述のように，経済開発一般を考慮する時，それにとってカーナックの基本線がより本質的・普遍的な開発政策をなすことは疑いない．とはいえこうした介入政策が発動されることは歴史上現在に至るまで決してまれではない．以上の点を承知した上で，こうした政策が発動されなかった背景を検討してみよう．

　この背景としては，さしあたり次の3点が考えられる．第1に，当時イギリスでは自由貿易主義が国是とされ，その政策の万能性を信じる風潮が強かったこと．第2に，介入政策は，イギリス綿業資本あるいはインド植民地政府に負担を強いるものとなること．第3に，この点が最も重要であると思われるが，インド綿花開発のそもそもの発端において，イギリス綿業資本が開発に期待したのは，インドのアメリカに対する「代替的供給地としての充実」であって，そこには，いかなる事情があろうと輸入綿花はインド産綿花でなければならないという意味での切実な開発意欲が欠けていたこと．カーナックの開発展望とは，こうした開発の前提条件そのものに規定されつつ，同時に現実における長年の試行錯誤の結果として生み出されてきたといっても良い．そして実際に，アメリカ南北戦争終結後，アメリカ産綿花の輸入が再開され，アメリカが以前の圧倒的供給者としての地位を取り戻す頃には，確かに本国においてインド綿花開発を求める声はトーン・ダウンを始めていた．この点で象徴的なのは，カーナックが当地を離れて間もない1872年，本国における開発推進の中心的ロビーとなってきた「綿花供給協会」が解散を決めたことである．とはいえ他面で，イギリス綿業資本の利害に立った時，カーナックの開発展望が，綿花開発にとってのみならず，イギリス産綿製品のインド市場への浸透という目的にとっても，主軸的方策とならざるをえなかったことが忘れられてはならない．こうして綿業資本にとっては，イギリス市場に対する世界各地からの綿花供給の状況次第によって，カーナックの方針をやむをえないものとして承認する余地が存在していたのである．

　続いて，カーナックをして上の方針提起を行うことを可能にした現実的条件に

ついて検討しよう．この点ではまず最初に，大陸ヨーロッパ諸国が逐次産業革命を開始し，原料綿花需要を高めつつあったことが挙げられる．またそれら諸国では，イギリスに比べて良質綿花へのこだわりが小さかったと思われ，それだけインド産綿花を受け入れる条件が揃っていた．カーナックは「インド産綿花は大陸諸国の多くの工場に良く適合している[55]」と述べつつ，その理由として次の点を挙げている．「フランスおよびドイツの工場の多くは，アメリカ産長繊維綿花の不足が感じられ始めた後に建設された．従って紡績機械は短繊維綿花に適すように作られている．またインド産綿花には安価であるという長所もあるために，それら諸国で好まれる[56]」．大陸諸国における紡績機械の特性そのものについては詳らかにしえないものの，そこでの原料綿花の使用および需要状況に関して以下の諸点を推測することができるがゆえに，カーナックの指摘は妥当性を持ったと思われる．第1に，すでに第6章で述べられたように，イギリスにおいてインド産綿花の最も一般的な使用法となったのは，各国産綿花の価格動向に強く左右されながら，アメリカ産綿花のような中・長繊維綿花に混ぜて使われることであった．おそらくこうした使用法は，大陸ヨーロッパの綿工業においても，同様に用いられたと思われる．第2に，ファーニー（D. Farnie）によれば，綿花飢饉時のイギリス・オルダム（Oldham）において，地元繊維機械メーカーであったプラッツ・ブラザーズ商会（Platt Bro. & Co.）が紡績機械をインド在来綿花に適合させることに成功し，その結果オルダムでの綿花飢饉の影響は他の綿工業都市よりも軽微であった[57]．こうしてカーナックがいうように，イギリスを含めたヨーロッパ全体において，綿花飢饉を契機として，インド産綿花に対して従来以上に適合的な紡績機械の開発が進んでいた．第3に，大陸ヨーロッパの綿業資本が良質なイギリス産綿製品との競争によって圧迫を受けていたとすれば，彼らが生産費を低廉化し，あるいはより低級な製品の市場における優位性を確保するために，安価なインド産綿花に注目し，それに適合的な紡績機械の採用を進めていったことは十分ありうるといえよう．そして現実に，後に示されるように，1870-80年代の大陸ヨーロッパ綿工業全体において，イギリスを数段上回る量のインド産綿花が消費され，また原料綿花に占めるインド産綿花の割合もイギリスよりはるかに高いものとなっていた．同時に大陸ヨーロッパ綿工業においても，上述のインド産綿花の使用法に規定されつつ，世界市場におけるアメリカ産綿花の需給状況次第では，生産効率に優るアメリカ産綿花への志向を強めることになったであろう．従

って先のカーナックの言にあるように，大陸ヨーロッパ市場を確保するためにも，インド産綿花の生産および流通構造を合理化・効率化することが求められていたのである．

次に，上の事情と関連しつつ，スエズ運河開通をはじめとする当該期の「交通革命」が大陸ヨーロッパとインドとの直接貿易にきわめて大きな便宜を与えたことが，カーナックの提起を可能にした別の現実的条件をなしていた．従来大陸ヨーロッパ諸国とインドとの貿易は，喜望峰経由の帆船航路により，かつ多くの場合イギリスを中継地としつつ行われてきた．スエズ運河開通は，何にも増して，大陸ヨーロッパの地中海側海港地とインド，とりわけボンベイとの距離を大きく縮めることになった．従って汽船の帆船に対する優位性もまたこのルートにおいて最も高くなり，運河開通後インドとの直接貿易を担う新造汽船が陸続として就航した．こうしてスエズ運河開通を通じて，インド産綿花は，大陸ヨーロッパ諸国にとって，それだけ一層注目に値する存在となったのである．

(2) 19世紀後半におけるインド産綿花をめぐる世界的市場動向の変化

ではインド産綿花をめぐる世界的市場構造は，実際にどのように変化したのか．ここでは綿花飢饉以降ほぼ1880年代に至る変化を，諸統計にもとづいて確認しておこう．まず前掲第8-5図によって，ボンベイよりイギリスおよび大陸ヨーロッパに対して輸出された綿花量を見れば，綿花飢饉以降における輸出動向はカーナックの展望に沿うものであったことが分かる．イギリス向け輸出量は1860年代末より顕著な減少を示し，他方大陸ヨーロッパ向け輸出は，まさにその時期スエズ運河が開通したことも手伝って，大きく拡大していった．両地域に対する輸出量は1877年に逆転し，88年に大陸向け輸出量はイギリス向けの2.8倍に達している．ここで1880/1年のボンベイ輸出統計にもとづいて大陸ヨーロッパの綿花輸出先を多い国から順に挙げると，イタリア，フランス，オーストリア，スペイン，ドイツ，ロシア，ベルギー，オランダ，スウェーデンとなる[58]．地中海側に海港地を持つ，あるいはそれに近い南ヨーロッパ諸国が上位にあることが分かる．

次に第8-4表は，1871年より84年までをとって，イギリスおよび大陸ヨーロッパにおけるインド産綿花の輸入量並びに消費量を比較したものである．なお以下「消費量」というのは，エリソンによる原表において「消費者に届けられた量」

第 8-4 表 イギリスおよび大陸ヨーロッパのインド産綿花輸入・消費量

(単位：梱)

		1871	1872	1873	1874	1875	1876	1877	1878	1879	1880	1881	1882	1883	1884
①	イギリスの輸入量	1,235,940	1,288,120	1,068,690	1,040,920	1,054,570	775,660	522,270	432,160	503,130	569,610	537,650	1,052,160	688,400	801,450
②	同消費量	530,000	687,000	686,050	671,380	661,500	502,210	324,800	188,110	223,430	254,730	240,690	465,050	403,990	380,330
③	国内消費率 (②/①, %)	42.9	53.3	64.2	64.5	62.7	64.7	64.8	43.5	44.4	44.7	44.8	44.2	58.7	47.5
④	大陸の輸入量	302,000	408,000	221,090	396,820	487,930	451,130	474,970	447,260	445,670	581,710	627,560	720,780	904,010	816,060
⑤	イギリスからの再輸出量	519,000	534,000	412,600	501,000	497,130	378,180	272,960	191,030	305,050	320,560	281,560	412,490	409,410	412,680
⑥	大陸での消費量	727,000	806,000	764,660	905,030	984,200	893,670	780,170	640,360	746,600	891,320	858,390	1,139,260	1,329,500	1,200,940
⑦	消費量のイギリスに対する比率	1.37	1.17	1.15	1.35	1.49	1.78	2.40	3.40	3.34	3.50	3.57	2.45	3.29	3.16

出所：T. Ellison, *The Cotton Trade of Great Britain*, 1886, repr. 1986, Statistical Table No. 4, 5 より作成。

第 8-5 表 イギリスおよび大陸ヨーロッパにおける各地域産綿花の消費量

(単位：梱、カッコ内は%)

		1871	1872	1873	1874	1875	1876	1877	1878	1879	1880	1881	1882	1883	1884
イギリス	アメリカ産綿花	1,888,000 (58.7)	1,377,000 (42.8)	1,691,920 (53.2)	1,726,990 (53.6)	1,705,280 (54.8)	1,976,770 (62.9)	1,950,700 (66.2)	2,107,030 (78.6)	2,139,080 (78.6)	2,433,140 (77.9)	2,551,000 (77.7)	2,338,480 (69.8)	2,563,230 (73.8)	2,566,350 (72.1)
	インド産綿花	530,000 (16.5)	687,000 (21.4)	686,050 (21.5)	671,380 (20.9)	661,500 (21.2)	502,210 (15.9)	324,800 (11.0)	188,110 (7.0)	223,430 (8.2)	254,730 (8.2)	240,690 (7.3)	465,050 (13.9)	403,990 (11.6)	380,330 (10.7)
	その他産綿花	797,000 (24.8)	1,151,000 (35.8)	805,740 (25.3)	824,760 (25.5)	748,340 (24.0)	665,980 (21.2)	670,040 (22.8)	387,170 (14.4)	359,850 (13.2)	435,390 (13.9)	492,680 (15.0)	546,610 (16.3)	506,930 (14.6)	611,190 (17.2)
	消費量合計	3,215,000	3,215,000	3,183,710	3,223,130	3,115,120	3,144,960	2,945,540	2,682,310	2,722,360	3,123,260	3,284,370	3,350,140	3,474,150	3,557,870
大陸ヨーロッパ	アメリカ産綿花	1,116,000 (47.4)	765,000 (34.7)	880,390 (41.6)	1,019,820 (42.7)	1,049,170 (42.9)	1,180,470 (47.0)	1,031,370 (47.3)	1,470,970 (61.9)	1,584,020 (61.6)	1,489,690 (56.5)	1,714,710 (58.5)	1,565,200 (51.6)	1,838,610 (53.4)	1,600,650 (51.3)
	インド産綿花	727,000 (30.9)	806,000 (36.6)	764,660 (36.1)	905,030 (37.9)	984,200 (40.2)	893,670 (35.5)	780,170 (35.8)	640,360 (26.9)	746,600 (29.0)	891,320 (33.8)	858,390 (29.5)	1,139,260 (37.6)	1,329,260 (38.6)	1,200,940 (38.5)
	その他産綿花	511,000 (21.7)	632,000 (28.7)	473,620 (22.3)	463,460 (19.4)	413,210 (16.9)	439,200 (17.5)	434,560 (19.9)	264,910 (11.2)	241,750 (9.4)	254,600 (9.7)	357,000 (12.2)	327,620 (10.8)	273,070 (7.9)	315,880 (10.2)
	消費量合計	2,354,000	2,203,000	2,118,640	2,388,310	2,446,580	2,513,340	2,180,450	2,376,240	2,572,370	2,635,610	2,930,100	3,032,080	3,441,180	3,117,470

出所：T. Ellison, *The Cotton Trade of Great Britain*, 1886, repr. 1986, Statistical Table No. 4, 5 より作成。

と表現された数値にもとづいている．またイギリスに輸入された綿花であっても，相当部分が大陸に再輸出されたので，両地域における輸入量と消費量との間にはかなりの較差があった．まずイギリスの輸入量および国内消費量はともに 1876 年あたりから減少・停滞傾向にある．同時に国内消費率も 78 年以降それ以前の 60％代より 40％代へと低下し，再輸出の割合が一層高まる傾向にあった．これに対して大陸ヨーロッパでは，まずインドからの直接輸入が大きく拡大した．それは期間を通じて 2.7 倍に増加している．ここでは 80 年代に入ってからの増加がとりわけ著しい．直接輸入量は 1880 年にイギリスのそれを初めて上回り，以後もほぼ同様の状況が見られる．次に両地域におけるインド産綿花消費量を比較すれば，大陸ヨーロッパはすでに 1871 年の時点でイギリスを上回り，78 年以降イギリスと比較してほぼ 3 倍以上のインド産綿花を消費するようになっている．

　続いて第 8-5 表は，同じく 1871 年より 84 年までをとりつつ，イギリスおよび大陸ヨーロッパにおける，各地域産綿花消費量，それらの消費量全体に占める割合，および綿花消費の全体量を示したものである．まずイギリスの綿花消費に占めるアメリカ産の割合は，当初ほぼ 50％代で推移していたが，76 年に 60％代に乗り，さらに 78 年以降 70％代を確保することによって綿花飢饉以前の水準に復帰している．一方インド産の割合は，当初は 20％を超える年が多かったが，77 年以降ほぼ 10％前後に低下し，これまた綿花飢饉以前の水準に戻っている．他方で大陸ヨーロッパにおける綿花輸入先分布の推移を見ると，まずアメリカ産は当初 40％代前半を占める年が多かったが，78 年以降，60％代の年を含めて 50％を上回るようになり，全般的に割合を上昇させている．これに対してインド産の割合は，ほぼ 30％前後以上という，イギリスに比べて相当に高い水準で概ね安定的に推移している．またアメリカ・インドを除く他地域産の割合は低下傾向にある．こうして大陸ヨーロッパの綿花消費は，一方でアメリカ産の割合を上昇させつつも，他方で綿花消費の全体量がイギリスを上回る速さで拡大したこと，およびアメリカ・インドを除く他地域産の消費が伸び悩んだことを通じて，インド産の割合を維持するものとなっていた．すなわち大陸ヨーロッパの綿工業は，アメリカ産綿花と並んでインド産綿花にも着目・期待しつつ，後者の消費拡大に支えられながら，イギリス以上のテンポで生産を拡大していったといえよう．その後 20 世紀に入ると，日本がインド産綿花の顧客として大きく登場することになる[59]．

　では，イギリス向け綿花輸出の衰退と，他方での大陸ヨーロッパ向け輸出の拡

大という帰結は，本来の開発目的から逸脱した，開発の単なる「挫折」としてのみ捉えられるべきあろうか．ここではイギリスがインド植民地に対して持った，より幅広い「国益」の観点から検討される必要がある．周知のように，インドは植民地支配時代を通じて，「本国費」をはじめとして様々な利潤・利子・配当からなる巨額の本国送金を強制された．本国送金は，インドが稼ぎ出す莫大な対外貿易黒字との振り替えを通じて行われた．インド貿易黒字確保は，植民地支配政策のうちに一貫して高い優先順位を与えられた基軸的政策であった．さらにインド貿易黒字はやがて，20世紀初頭までに確立する「多角的貿易決済機構」において要の位置を占め，それによって「ポンド体制」を，従っておよそ「パクス・ブリタニカ」を支える不可欠の要素となる．従って，インド産綿花輸出がたとえイギリス向けにおいて衰退することがあったとしても，それが広く世界諸地域に向けて盛んに行われることは，インド貿易黒字確保政策に対して重要な貢献をなすことになったといわねばならない．インド綿花開発過程の帰結は，綿花のイギリス向け輸出増加という本来の政策志向にとっては概ね挫折に終わったものの，他方で「インドからの富の収奪」および「多角的貿易決済機構の堅持」という，この後ますますイギリスの国益全体にとって基軸的意義を占めていく政策志向の観点からは，むしろ積極的に受け止められるべき内容を持っていたのである．とはいえ他面でその帰結は，イギリス綿工業にとってライヴァルとなる他国綿工業の発展に貢献することになったことも否めないところである．

8-6 在来種粗綿花栽培の復活と拡大

以上に示された綿花開発過程における展望および実態に亘る諸展開につれて，アメリカ綿種をはじめとして，諸困難に抗しつつ栽培されてきたイギリス市場に適した綿種が，次第に栽培面積を減少させ，代わって他の海外市場および国内市場向けの粗綿花栽培が拡大していった．ここで，これまでに検討された綿花市場構造の諸変化を前提として，それよりもたらされた綿花栽培構造の変化について若干辿ってみたい．

すでにわたくしは，第6章において，アメリカ綿種移植に成功した数少ない地

域であるボンベイ管区ダールワール県において，一旦定着したかに見えたアメリカ綿種栽培が1870年代以降衰退に転じ，他面で在来綿種栽培の復活・拡大が顕著に見られたことを示した．

　また在来綿種栽培においても，良質綿花から粗綿花への移行が生じた．ここではベラールのアムラオティ県における事情を中心に検討しよう．当地で栽培された在来綿種には大きく二つの種類があった．一つはバニー (bani) 種と呼ばれる良質綿花であり，他はジャリー (jari) 種と呼ばれる粗綿花で，前者には在来綿種で最も良質といわれたヒンガンガート種が含まれていた．20世紀初頭の記録によれば，その時期までにバニー種栽培はひどく衰退し，またジャリー種栽培においても一層の粗綿花への移行が生じた．ヒンガンガート種は長く艶やかな繊維を持ち，「純粋種であれば40番手の糸に適している[60]」といわれた．バニー種は，そうした高品質によって「工場制紡績および織布がインドで大きく発展するずっと以前，イギリスに大量に輸出されていた[61]」．しかしそれは当該期，「純粋種としてはまったく栽培されず」，「当県からほぼ完全に駆逐された[62]」と記されている．他方ジャリー種栽培に関しては次の記述がある．「それは30年前には比較的良質で，16から20番手の糸に紡がれ，イギリスへ輸出されるためにボンベイ市場へ送られた．しかし現在のジャリー種はずっと短繊維である．繊維は粗く短いので，せいぜい10番手までの糸に紡がれるだけである．それはランカシャの紡績工場での使用に適さないので，もはやイギリスに市場を見出すことはない[63]」．こうしたジャリー種の一層の粗綿花化に至った契機は，1873年ボンベイ管区カーンデーシュ県より白い花を付ける White Flowered Cotton と呼ばれるジャリー種の別種が移入されたことにある．この綿種は次第に栽培面積を拡大し，20世紀初頭においてジャリー種栽培の70-80％がこの綿種で占められていた[64]．それは以下の諸特徴を持つことで，農民によって好んで栽培されたという．

　①当地の気候・土壌に容易に順応し，不順な気候から受ける影響が他綿種より小さいこと．

　②栽培期間が短くて済むこと．これにより農民は，市場が充溢する前に他綿種に先んじて出荷することによって高価格を期待できた．

　③種子に対する繊維の量的割合のきわめて高い大柄な莢が実り，単位面積当たりの収穫量が多かったこと．それは，繊維の長さと面積当たり収穫量との反比例関係という，あらゆる綿種に当てはまる一般的特質の反映であった．また繊維の

長い良質綿花はそれ以外にも，余分の栽培技術や手間を必要とし，粗綿花に比べて生産コストが一層高くなった．他方で長繊維綿花栽培にきわめて適合的な自然条件を持つエジプトが，1880年までに生産および輸出を大きく拡大させ，そこで栽培される綿花の価格が世界市場における良質綿花の新たな低価格水準を作ったといわれる[65]．インドにおける良質綿花に対する輸出圧力は，エジプト産綿花との競争によっても低下したのである．

④粗綿花にもかかわらず，海外市場および国内紡績工場向けに良好な価格で容易に市場を見出すことができたこと．海外市場とは主にドイツおよび日本市場を指し，それら諸国では粗毛織物生産用に羊毛と混ぜて使用されたいわれる[66]．また国内需要に関しては次の記述がある．「インドには短繊維綿花を使用するために特別に作られた大量の機械が存在し，そのことによって，この綿種には品質に不釣り合いな価値が与えられている[67]」．すなわち低番手綿糸・綿布生産を主体とするインド機械制綿工業の成長は，それに伴う綿花需要の増大を通じて，国内の綿花栽培構造に重大な変化をもたらしたのである．

こうしてカーナックの時期以降，インド産良質綿花に対する海外需要が低迷する一方で，粗綿花に対して大陸ヨーロッパ・日本および国内からの需要が高まるという，諸綿種をめぐる市場構造の変化が惹き起こされ，この変化が従来カーナックが見出していた構造的諸困難に加わることによって，特定地域において一旦定着したかに見えたアメリカ綿種栽培でさえ，在来綿種栽培の復活を許しながら衰退し，また在来綿種栽培においても，一層の粗綿花への移行が生じた．他方綿作農民の利害からすれば，粗綿花栽培は，自然条件との適合性，単位面積当たり収穫量，および生産コスト等の点で元来有利なものであった．そして綿花市場構造の変化は，農民経営構造に対して，この元来の有利性がますます現実に発揮されるように作用した．まさしく農民経営構造は，「市場原理に誘導される」ことによって，とはいえアメリカ綿種栽培ではなく在来粗綿花栽培拡大の方向性において，「スムースな」転換を遂げていったのである[68]．

8-7 中央州域外貿易構造の変容と小麦生産・貿易の推移

　ここで，1860年代より1900年前後までの時期をとって，中央州における綿花以外の諸商品を含めた域外輸出・入の全体的状況について若干の検討を行いたい．わたくしは本書第3部の冒頭において，綿花開発における基本的政策志向を明らかにしたが，その後の諸分析を含めて考察すれば，綿花開発は，その点を含めて以下の3点の，より広い内容に亘る経済的支配意図に結びついていたと思われる．①綿花開発における基本的政策志向をなしてきた，イギリス綿工業の原料需要に適合的な外国綿種という特定商品の生産・輸出を促進すること．②インドをしてイギリスの工業製品市場および原料・食糧供給地となすこと．別言すれば，英印間の農工国際分業関係の深化を図ること．ここでは英印貿易関係の編成替えが政策課題となり，綿花以外の諸物産を含めたイギリス向け一次産品の開発および輸出拡大が目的となる．③インド貿易黒字という，およそ「パクス・ブリタニカ」を支える根幹的条件を確保すること．ここではインドの広く世界諸地域との貿易構造全体の再編が政策課題となり，貿易黒字獲得のためには一次産品に限らない諸商品の輸出にも意義が与えられる．綿花開発の帰結は，①の政策意図を概ね挫折に終わらせ，それに連動して綿花貿易自体としては②に関しても十分な成果を伴わせなかった．結局綿花開発は，19世紀末以降では，主に③の政策意図に貢献するものとして展開した．

　以下中央州における域外貿易の全体状況を検討する意義は，第1に，上の②・③の政策意図が，綿花以外の諸商品に関わる状況を含めた中央州のより全体的な事態のうちに，どのように展開されたかを検証することである．第2に，これまでの分析から浮かび上がってきた綿花開発過程の諸特質を，他の諸商品に関わる状況の変化と照らし合わせながら，一層明確に，またより一般化して理解することである．

第 8-7 図　中央州における域外輸出・入量の推移
1863/4―1903/4
(単位：100万マン)

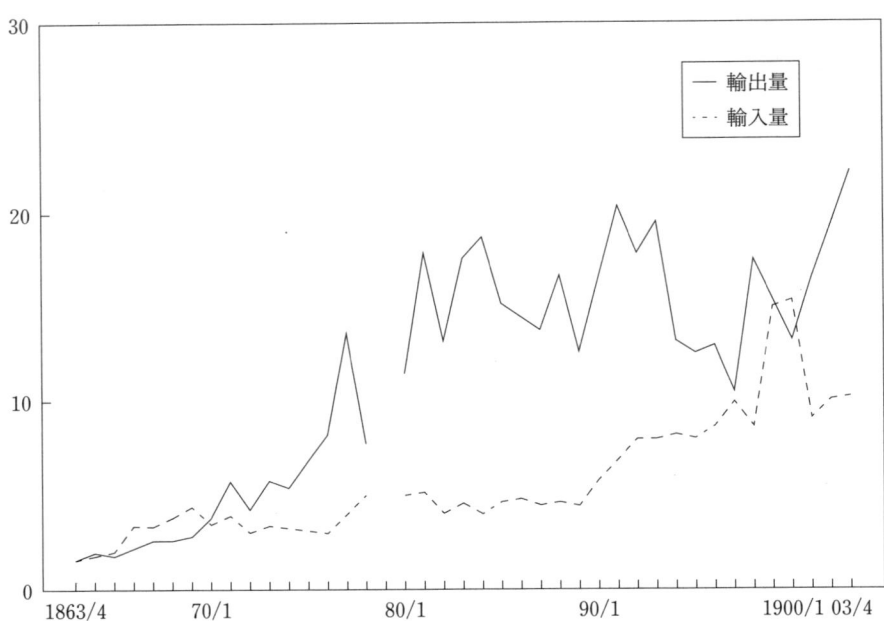

出所）1863/4年から1883/4年までは *Report on the Trade and Resources of the Central Provinces* 各年，1884/5年から1903/4年までは *Report on Railway-Borne Traffic in the Central Provinces* 各年より作成．

(1) 中央州域外貿易構造の変容

　中央州では既述のように，1870年までに中央州とボンベイ港およびカルカッタ港とを直結する鉄道が建設された．以下に検討される中央州域外貿易構造は，鉄道建設の進展より大きな影響を受けながら，変容を遂げていった．

　第 8-7 図は，1863/4 年より 1903/4 年までの中央州における域外輸出・入量の推移を示したものである．60 年代においては輸入量が輸出量を上回るテンポで増加したものの，70 年代から 80 年代前半にかけて輸出量が目覚ましく拡大した．その後輸出量は増加のテンポを落とし，90 年代中葉にはかなりの減少を示すが，20 世紀に入るや新たな拡大に転じていった．他方輸入量は，70 年代から 90 年代初頭

第 8-8 図　中央州における域外輸出・入額の推移
1863/4―1903/4
（単位：100万ルピー）

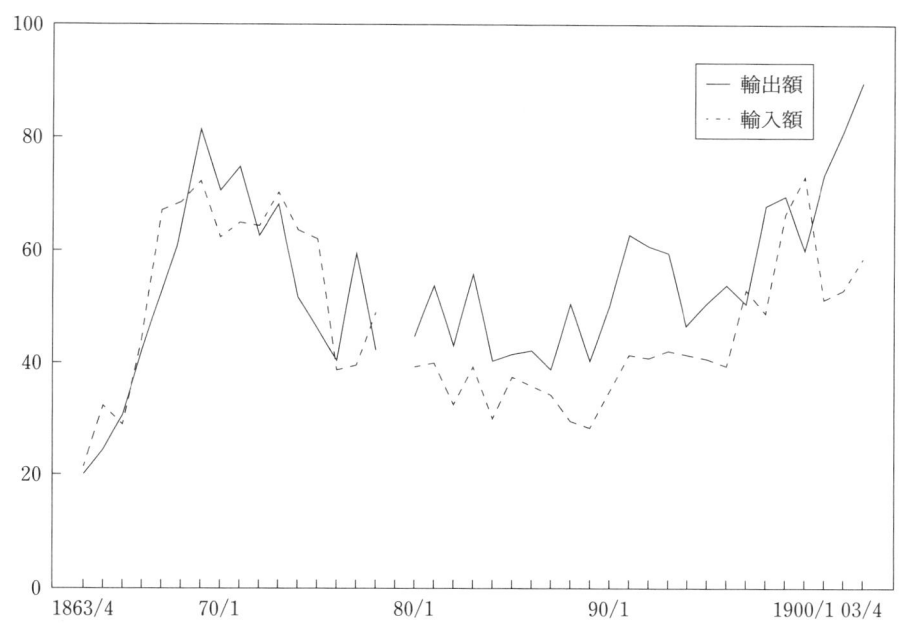

出所）1863/4年から1883/4年までは *Report on the Trade and Resources of Central Provinces* 各年，1884/5年から1903/4年までは *Report on Railway-Borne Traffic in the Central Provinces* 各年より作成．

まで比較的僅かな増加にとどまるものの，90年代以降大きな拡大が達成された．期間全体を通して見れば，輸出・入量とも，決して一本調子の拡大ではないにしろ，顕著な増加を示したことは疑いない．期間の最初と最後の年を比べれば，輸出は19倍，輸入は7.4倍もの増加を達成したのである．

次に第 8-8 図は，同期間における域外輸出・入額の推移を辿ったものである．ここでは60年代において輸出・入額ともに著しい増加が見られたものの，70年代および80年代を通じて両者とも70年前後のピークを下回る水準で推移し，その後90年代末より明瞭な拡大基調に転じている．とはいえ期間の最初と最後の年を比較すれば，輸出額は4.6倍，輸入額は2.9倍に増加し，輸出・入は価額の推移においても期間を通じて相当の拡大を示したといえる．次に輸出・入額のバランスを見れば，70年代まででは入超の年が出超の年を上回っているが，80年代以降，

世紀末の数年を除き，出超が定着し，出超額も増加傾向にあることが分かる．また重量の推移と価額の推移とを見比べると，両者が相当期間に亘って異なった趨勢にあることが見て取れる．すなわち 60 年代における重量の緩やかな増加に対する価額の急激な増加，また 70・80 年代の主に輸出量拡大による重量の顕著な増加に対する価額の停滞の，それぞれ対照が明瞭である．

以上に概観した重量および価額の諸変化を説明する上では，時期をいくつかに区切って検討する必要があると思われる．重量と価額とで趨勢を異にするとはいえ，両者の推移においては概ね，① 1860 年代，② 70 年代および 80 年代，③ 90 年代以降という三つの期間の間に区別がある．同時に輸出・入バランスの観点からは，70 年代までと 80 年代以後とを区別せねばならない．また時期区分を通じて重量と価額との趨勢が異なっていることから，取引される商品構成の変化を辿ることが重要であると考えられる．

第 8-6 表は，1860 年代中葉，70 年代初頭，80 年代初頭および 90 年代末という四つの時期をとって，それぞれの輸出・入額において上位を占めた諸商品を順位に従って並べ，それぞれの価額を示すとともに，各商品の前の時期からの増減額，および各商品貿易額の全体に占める割合を算出したものである．また第 8-7 表は，1882/3 年時点における各商品の単位重量当たり価額を示し，これによって諸商品を高価値・中価値・低価値の 3 ランクに分類した．

まず 60 年代中葉の特徴を見よう．この時期は既述の幹線鉄道でさえ未完成で，鉄道普及以前の諸特徴がなお根強かったと思われる．輸入では，塩を除いてイギリス産製造品を中心に高価値商品が上位を占め，国内産中価値商品が続いている．輸出では，綿花が綿花飢饉の影響もあって，全体の 1/3 という大きな割合を占めるとともに，国内産（現地産）綿布輸出も多額に上っている．またアヘンとともに，イギリス産高価値商品の再輸出が上位にあり，綿花を除く国内産中・低価値商品の輸出はより下位にとどまっている．全体として，輸出・入に亘ってイギリス産製造品を中心とする高価値商品が大きなウエイトを占めるとともに，多額の綿花および現地産綿布輸出が行われた点に特徴があるといえよう．貿易の高価値商品への偏りは，主に輸送手段の未発達に起因するものであった．すなわち価値の割に嵩張り重量のある中・低価値商品は，鉄道以前の輸送手段によっては遠距離貿易に包摂されることが困難であった．また伝統的手工的綿業が活力を保持していたことも当該期の重要な特質である．最後に貿易額のバランスでは入超とな

っている．以上の諸事情をイギリスの政策意図の観点より捉えれば，イギリス産製造品輸入および綿花輸出の比重が高い点において成果があったとはいえ，英印農工分業関係の形成については，なお不十分さを多く残したものであったといえよう．

　次に70年代初頭に移ろう．この時期は鉄道建設が進み，海港地との連絡が果たされた直後に当たる．まず輸出・入ともに前の時期に比べて，貿易額がほぼ倍増したことが大きな特徴である．それは何よりもアヘンの輸出・入額が飛躍的に増加したことが要因となっていた．とはいえそのアヘンとは，中央州西方の藩王国領で生産されつつ，中央州ニマール県の鉄道駅に運ばれ，そこからボンベイに向け鉄道で輸送されたものであって，いわば一時的通過にすぎず，中央州の産業構造との関連は薄い[69]．

　次に輸入においては，イギリス産の金属製品および綿布が著しく増加し，鉄道建設がイギリス産製造品輸入を強く促進したことを物語っている．60年代を通じた貿易量に対比した貿易額の飛躍的増加は，ずば抜けた高価値商品であるアヘンの貿易量拡大を主因とし，それに同じく高価値商品であるイギリス産製造品輸入増加が加わることによってもたらされた．他方輸出では，上の状況に対応してイギリス産綿布再輸出が拡大したことを別にすれば，それ以外の商品構成に大きな変化が生じている．すなわち前の時期の主要輸出品であった綿花および現地産綿布輸出額が顕著に減少し，代わって小麦・砂糖・他の食糧穀物などの中・低価値農産物の輸出が伸びている．これらの農産物のうち相当部分が海外へ輸出された．綿花輸出減少は綿花飢饉の終了にもとづき，また綿布輸出減少は，イギリス産を主体に国内他地域産を含めた綿布輸入増加によって現地綿工業が打撃を受けたことを反映していた．他方で中・低価値農産物の輸出増加は，価値の割に嵩張り重量のあるこれら商品が，鉄道という効率的な輸送手段によって初めて本格的に域外輸出対象商品となったことを意味している．全体として60年代中葉より70年代初頭に至る時期は，アヘンの貿易額著増を別にすれば，イギリス産製造品の輸入増加，域内産中・低価値農産物の輸出増加，および綿花・現地産綿布の輸出減少によって特徴づけられ，綿花輸出減少を除いてそれらはいずれも鉄道開通に強く促された変化であった．そしてそれらの変化は，綿花輸出減少を他の中・低価値農産物輸出の増加で補いつつ，植民地支配政策意図に沿って，英印間での農工分業関係を深化させるものであったといえよう．

第 8-6 表　中央州の域外輸出・

1864/5・5/6・6/7年の平均			1871/2・2/3・3/4年の平均		
品　目	価額	割合(%)	品　目	価額(増減)	割合(%)
輸　入			輸　入		
①金属製品	6,831	19.3	①アヘン	23,315(+19,699)	34.8
②イギリス産綿布	5,266	14.9	②金属製品	16,185(+ 9,354)	24.2
③塩	4,193	11.9	③イギリス産綿布	10,055(+ 4,789)	15.0
④アヘン	3,616	10.2	④塩	4,652(+ 459)	6.9
⑤イギリス産雑貨	2,466	7.0	⑤砂糖	2,725(+ 412)	4.1
⑥砂糖	2,313	6.5	⑥国内産綿布	1,808(+ 745)	2.7
⑦綿花	1,721	4.9	⑦イギリス産雑貨	1,753(− 713)	2.6
⑧家畜	1,156	3.3	⑧ココナッツ	1,198(+ 675)	1.8
⑨香料	1,127	3.2	⑨綿花	962(− 759)	1.4
⑩国内産綿布	1,063	3.0	⑩小麦	407(+ 253)	0.6
その他	5,630	15.9	その他	3,911(− 1,719)	5.8
総　額	35,380		総　額	66,971(+31,591)	
輸　出			輸　出		
①綿花	10,555	32.4	①アヘン	33,393(+27,714)	48.9
②アヘン	5,679	17.4	②イギリス産綿布	5,256(+ 4,191)	7.7
③国内産綿布	5,267	16.2	③綿花	5,243(− 5,312)	7.6
④金属製品	1,931	5.9	④小麦	3,775(+ 2,935)	5.5
⑤イギリス産綿布	1,065	3.3	⑤砂糖	2,996(+ 1,989)	4.4
⑥砂糖	1,007	3.1	⑥他の食糧穀物	2,543(+ 2,036)	3.7
⑦米	982	3.0	⑦イギリス産雑貨	2,246(− 1,169)	3.3
⑧イギリス産雑貨	948	2.9	⑧金属製品	2,025(+ 94)	3.0
⑨小麦	840	2.6	⑨国内産綿布	1,506(− 3,761)	2.2
⑩乳脂	660	2.0	⑩乳脂および油	1,096(+ 436)	1.6
その他	3,636	11.2	その他	8,248(+ 4,612)	12.1
総　額	32,569		総　額	68,327(+35,758)	
入超額	2,811		出超額	1,356	

出所）*Report on the Trade and Resources of the Central Provinces*, 1865, 66, 67, 72, 73,

入における商品構成の変化

(単位：1,000ルピー)

1880/1・1/2・2/3年の平均			1896/7・7/8・8/9年の平均		
品　目	価額(増減)	割合(%)	品　目	価額(増減)	割合(%)
輸　入			輸　入		
①イギリス産綿布	9,104(－　　951)	24.0	①鉄道資材	6,302(＋5,109)	13.8
②砂糖	4,246(＋1,521)	11.2	②穀物および豆類	5,408(＋4,057)	11.8
③塩	4,136(－　　516)	10.9	③金属製品	5,318(＋2,988)	11.6
④金属製品	2,330(＋13,855)	6.1	④塩	4,999(＋　　863)	11.0
⑤果実・野菜・ココナッツ	1,745(　－　　)	4.6	⑤砂糖	4,027(－　　219)	8.8
⑥ジュート製品	1,633(　－　　)	4.3	⑥イギリス産綿布	3,974(－5,130)	8.7
⑦鉄道資材	1,549(　－　　)	4.1	⑦乳脂および油	3,113(＋2,633)	6.8
⑧国内産綿布	1,352(－　　456)	3.6	⑧綿花	2,129(＋1,662)	4.7
⑨イギリス産綿糸	1,303(　－　　)	3.4	⑨イギリス産綿糸	2,086(＋　　783)	4.6
⑩アヘン	1,071(－22,244)	2.8	⑩国内産綿糸	1,326(＋　　676)	2.9
⑪小麦	1,043(＋　　636)	2.8	その他	6,970(－1,436)	15.3
その他	8,405(＋4,494)	22.1			
総　額	37,917(－29,054)		総　額	45,652(＋7,735)	
輸　出			輸　出		
①小麦	13,750(＋9,975)	29.9	①綿花	6,985(＋3,184)	12.5
②油脂種子	8,606(＋7,676)	18.7	②油脂種子	6,981(－1,626)	12.5
③綿花	3,801(－1,442)	8.3	③米	5,153(＋3,130)	9.2
④米	2,023(＋　　984)	4.4	④鉄道資材	4,983(＋3,790)	8.9
⑤豆類	1,636(　－　　)	3.6	⑤小麦	4,737(－9,013)	8.5
⑥染料	1,522(＋1,282)	3.3	⑥乳脂および油	4,727(＋3,533)	8.5
⑦アヘン	1,231(－32,162)	2.7	⑦皮革	2,603(＋2,051)	4.7
⑧国内産綿布	1,212(－　　294)	2.6	⑧国内産綿布	2,312(＋1,100)	4.1
⑨乳脂および油	1,194(　－　　)	2.6	⑨豆類	1,802(＋　　166)	3.2
⑩鉄道資材	1,193(　－　　)	2.6	⑩金属製品	1,703(＋　　970)	3.0
⑪他の穀物	1,057(－1,486)	2.3	⑪国内産綿糸	1,194(＋　　903)	2.1
その他	8,726(＋　　478)	19.0	その他	12,722(＋3,996)	22.8
総　額	45,950(－22,377)		総　額	55,902(＋9,952)	
出超額	8,033		出超額	10,250	

74, 81, 82, 83 および *Report on Railway-Borne Traffic in the Central Provinces*, 1897, 98, 99 より計算。

第8-7表　各商品の重量当たり価額
(単位：ルピー／マン)

高価値商品	
アヘン	290
イギリス産綿布	85
イギリス産綿糸	70
国内産綿布	50
国内産綿糸	30
金属製品	20.6
中価値商品	
乳脂および油	17.3
綿花	17
香料	16
皮革	15
果実・野菜・ココナッツ	10.5
砂糖	9.5
ジュート製品	6
低価値商品	
塩	3.6
鉄道資材	3.5
油脂種子	2.9
小麦	2.3
米	2.3
豆類	1.6
他の穀物	1.6

注）一つの商品に複数の価額を異にする同類商品が含まれる場合は，それら価額を単純平均した．
出所）*Report on the Trade and Resources of the Central Provinces*, 1883 より計算．

続いて80年代初頭ではどうであろうか．まずアヘン貿易額の大幅縮小を主因として，輸出・入額が大きく減少している．アヘン貿易の縮小は，藩王国領アヘン生産地への新たな鉄道建設によって中央州への一時的輸送の必要性が低下したことが原因と思われる．全体的な貿易額減少は輸入においてより甚だしく，当該期においては従来と異なり，かなり大きな出超額が記録されている．

輸入においては，金属製品が大きな減少を被り，またイギリス産綿布も僅かながら減少に転じている．金属製品減少の理由は詳らかにしえないが，今後持ち直す時期もあり，このままのテンポで減少が続いたわけではない．綿布の僅かな減少については，すでに検討されたように，新たな鉄道開通による他地域向け綿布輸入の素通りが輸入を大きく減少させた反面で，中央州内におけるイギリス産綿布消費はなお拡大を続けており，僅かな減少は両者が相殺された結果であった．とはいえ同時にイギリス産綿糸輸入が拡大していることから，現地織布業がそれを原料とした構造転換を開始していたことも分かる．また砂糖，果実・野菜・ココナッツ，ジュート製品といった国内産中価値商品輸入が増加し，輸入総額に占めるイギリス産製造品の割合が低下したことも注目される．

次に輸出では，何より前の時期に確認された趨勢が一層強められたことに特徴がある．すなわち小麦に加えて油脂種子も顕著に増加し，それぞれ輸出額の1・2位を占めるとともに，それ以外にも米，豆類が上位に入り，これら4種の低価値農産物を併せて輸出総額の56.6％に達している．このうちとりわけ小麦と油脂

種子は大量に海外に輸出された．これに対して綿花および現地産綿布は一層の減少を被っている．70年代を通じた，とりわけ輸出量の急増およびそれと対照的な輸出・入額の減少は，アヘン貿易の縮小を主因としつつも，それに加えて低価値農産物が輸出の太宗を占めていったことから生み出された．以上より70年代初頭より80年代初頭に至る時期の主要な特徴は，アヘン貿易額の減少を別にすれば，何より海外市場向けの小麦および油脂種子を中心として低価値農産物輸出が著増したこと，そして結果として従来にない大きな出超額が記録されたことにある．これらの特徴は，イギリス産綿布の域内消費がなお拡大を続けたことも含めて，英印間の農工分業関係を一層深化させるとともに，いよいよインドの出超構造の発展に貢献する変化にほかならなかった．農工分業関係の深化および出超額の増加は，綿花に代る食糧・原料品の輸出増加という，一次産品輸出における商品構成の変化によって果たされた．とはいえ他面で，現地綿工業の構造転換および国内産中価値商品の輸入増加という，英印農工分業関係の深化に反する変化もまた開始されていた．

　最後に90年代末を検討しよう．この時期では前の時期に比べて輸出・入額ともに増加しているが，増加額は輸出の方が大きく，それに伴って出超額も拡大している．輸入では，まずイギリス産綿布輸入の減少がきわめて顕著なものとなったことが注目される．輸入額は前の時期の半分以下に落ち込むとともに，順位も6位にまで後退している．これもすでに検討されたように，とりわけ80年代以降現地綿工業が，機械制紡績業の勃興や織布における機械製綿糸の利用などを通じて新たな復活・発展を遂げたことの反映である．この発展に伴って，原料機械製綿糸輸入がイギリス産および国内産を通じて拡大した．次に穀物および豆類の輸入が拡大したことも当該期の特徴である．これは当該期が天候不良に伴う深刻な飢饉を含んでいたことにもとづいていた．すなわち当該飢饉時においては，鉄道を通じて，食糧価格が高騰した地域に対して，遠方より大量の食糧が運び込まれたのである．ダービィシャー（I. D. Derbyshire）は，連合州を検討対象として，鉄道網整備が進んだ1880年代以降，こうした穀物貿易が大きく発展したことを詳しく実証している．彼はそれを，'long distance crop failure grain trade' と呼んだ[70]．こうした現象は，この時期以降に見られた新たな飢饉対応策をなし，鉄道の普及がもたらした変化の一つであった．同時に飢饉の発生は，食糧農産物貿易において，輸入を拡大させる一方で，輸出の停滞をもたらすことになった．それ

に伴って飢饉時において，80年代以来出超額を増大させてきた輸出・入バランスが，前後に対して例外的に入超に転じている．それでも90年代末の出超額は80年代初頭を僅かに上回っており，それは飢饉終了後再度大きな拡大に転じていく．

次に輸出では，まず綿花輸出が拡大に転じたことが特筆される．これは日本をはじめとして世界各国で新たに工業化が進展したことにより，90年代末より綿花の世界的需給が逼迫し，インドで2度目の綿花輸出ブームが開始されつつあったことを表現している．続いて油脂種子，米，小麦といった低価値農産物が上位にあることは前の時期と変わりないとはいえ，それぞれの品目における動向には大きな違いが生じた．すなわち小麦は顕著な落ち込みを呈し，油脂種子も減少しているのに対して，豆類は僅増となり，他方で米が大きな拡大を達成している．このうち小麦・油脂種子・米の大きな変動は，海外輸出市場動向の変化より強く影響されたものであった．また輸出において注目さるべきは，現地産綿布および綿糸輸出が増加に転じたことである．当該期イギリス産綿布輸入が大きく落ち込む一方で，現地綿工業の新たな発展が一段と加速され，綿布は80年代後半より，綿糸は90年代より輸出を拡大していった．綿糸輸出には大量の中国市場向けが含まれていた．

以上より80年代初頭より90年代末に至る変化は，現地綿工業の復活および発展の加速，2度目の綿花輸出ブーム，飢饉に伴う食糧農産物の大量輸入，低価値農産物海外需要の変動といった諸要因によって主導され，その結果上位商品群は，輸出・入ともに，高・中・低価値に亘って諸商品の間にシェアを分散させ，その意味で多様化を強めることになった．輸入においては，高価値商品のうち前の時期に首位を占めたイギリス産綿布が割合を大きく下げた一方で，低価値商品である鉄道資材や同じく国内産穀物・豆類が新たに1位・2位を占め，また原料綿糸の割合が上昇した．輸出では，高価値商品である現地産綿布・綿糸および中価値の綿花・乳脂・皮革などが増加し，従来輸出の太宗を担ってきた低価値農産物の割合が低下した．これらの変化は，上述の②の支配政策意図にもとづき，かつ鉄道開通以来80年代まで発展を続けてきた貿易パターンに綻びが見えつつあったことを示している．すなわちイギリス市場に直結し，イギリスとの農工分業関係に枠付けられ，また限られた諸商品に集中された貿易に代わって，より多様な商品より構成され，かつ国内市場およびイギリス以外の海外市場と結びつきの強い諸商品を多く含んだ貿易が発展していったのである．貿易商品の多様化，並びに

国内市場およびイギリス以外の海外市場との貿易拡大は，ともに鉄道の普及によって強く促進されたものであった．こうしてイギリスは，この時期以降もインド貿易黒字額を増加させていくとはいえ，そこにはイギリスの当初の政策意図に沿わないインドの貿易・産業構造上の諸変化もまた孕まれていったのであり，別言すれば，イギリスはこうした諸変化をある意味で甘受しながら，貿易黒字拡大を実現していったのである．

以上総じて，60年代における鉄道建設の進展は，中央州の域外貿易の規模を格段に拡大するとともに，貿易構造の顕著な変容をもたらした．まず鉄道は，建設以来 80 年代あたりまで，イギリスの当初の意図に沿って，英印農工国際分業関係を強力に深化・発展させた．この変化は，綿花輸出の低迷にもかかわらず，それに代わって小麦と油脂種子が海外輸出商品の太宗となるという，一次産品輸出における商品構成の変化を通じて果たされた．とはいえ他方で，ほぼ 90 年代に入る前後より，農工分業関係に沿わない諸変化が生まれ，鉄道の普及はそれらを強める方向にも作用した．そのなかでインドは，海外輸出貿易規模をさらに拡大させるとともに，国産綿製品という工業製品の輸出拡大を含めて，輸出における商品構成をなお一層変えることによって，全体として出超額の拡大を達成していったのである．

(2) 小麦生産・輸出の推移

では以上の諸変化が辿られるなかで，中央州における綿花以外の諸商品に関わる状況はいかなるものであったのか．ここでは小麦を検討対象として概観してみたい．小麦は，1870 および 80 年代において，綿花に代わって中央州から海外へ輸出される商品の太宗を占めた商品である．第 8-9 図は，小麦の域外輸出量の推移を辿ったものである．ここで特徴的なのは，鉄道建設を契機として輸出拡大が開始されたこととともに，輸出量が期間を通じて大きな変動を繰り返していること，従って決して一本調子の拡大を遂げてはいないことである．

小麦は従来ほぼ中央州全域で栽培されていたが，1870 年ボンベイより東上してきた大インド半島鉄道が中央州の北端ジュバルポールまで到達する頃より，とりわけその沿線である中央州北部地域において小麦栽培が顕著に拡大し，またボンベイ経由のイギリスを含めたヨーロッパ市場向けを主体として，域外輸出が飛躍

第8-9図　中央州における小麦の域外輸出量の推移
1863/4―1920/1　　　　　　　　　　（単位：100万マン）

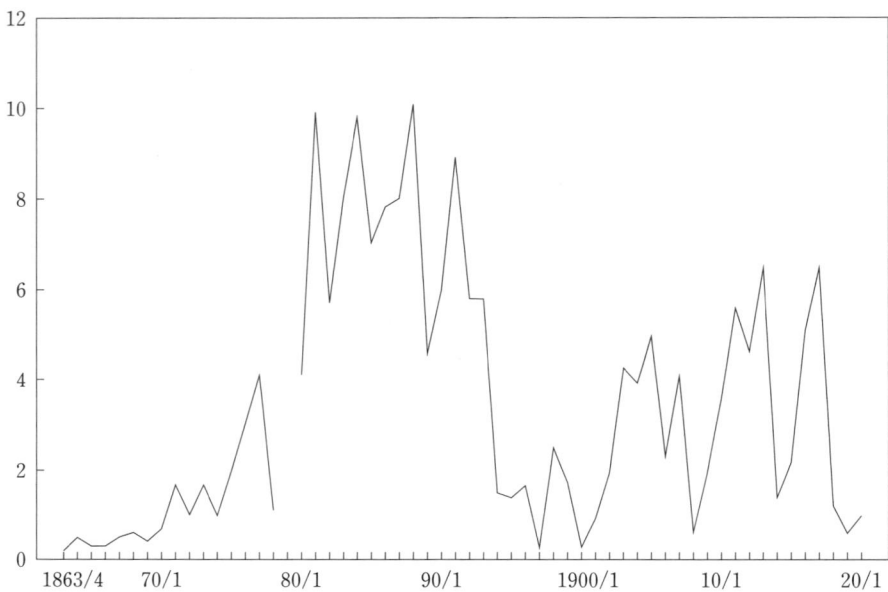

出所）1863/4年から1883/4年までは *Report on the Trade and Resources of the Central Provinces* 各年，1884/5年から1899/1900年までは *Report on Railway-Borne Traffic in the Central Provinces* 各年，1900/1年以降は P. Harnetty, 'Crop Trends in the Central Provinces of India, 1861-1921', *Modern Asian Studies,* 11, 3, 1977, pp. 376, 7 より作成．

的に増加した．ヨーロッパ向け輸出拡大は，イギリス以外の諸国を含めた工業化の進展に伴う食糧需要拡大を前提条件とし，そこにスエズ運河開通や大洋汽船の就航，およびインド内陸部への鉄道建設といった，世界的な「交通革命」が加わることによって可能になった．小麦輸出拡大は，鉄道によって結びつけられた海外需要の膨張から，強く牽引されたのである．またそれに伴って，栽培される小麦の品種に大きな転換が生じ，海外市場向け生産への傾斜が強まった．すなわち従来栽培面積の殆どを占め，チャパティーを作るのに適していることで現地で好んで消費された，穀粒の固い品種（gehun）に代わって，パン食の原料となり，イギリスにおける製粉機械に良くなじむ，穀粒の柔らかい品種（pissi）が，栽培面積を大きく拡大した．従来後者は，面積当たり収量・味わい・栄養価の点で前者

第8-8表　中央州における小麦各品種の栽培面積および割合

(単位：エーカー)

	Pissi	他の小麦	Wheat-Gram	総栽培面積
1886-7	1,978(48.9)	1,530(37.8)	541(13.4)	4,048
87-8	2,711(57.2)	1,446(30.5)	579(12.2)	4,735
88-9	2,322(57.4)	1,209(29.9)	513(12.7)	4,045
89-90	2,302(56.2)	1,319(32.2)	477(11.7)	4,098
90-1	2,201(54.1)	1,244(30.6)	623(15.3)	4,068
91-2	2,008(50.0)	1,277(31.8)	735(18.2)	4,020
92-3	2,256(52.7)	1,287(30.0)	741(17.3)	4,284
93-4	2,076(50.5)	1,235(30.1)	799(19.4)	4,110
94-5	1,624(45.8)	965(27.2)	954(26.9)	3,543
95-6	1,276(44.9)	755(26.6)	810(28.5)	2,841
96-7	887(42.7)	518(25.0)	670(32.3)	2,075
97-8	965(41.9)	602(26.1)	738(32.0)	2,304
98-9	1,107(41.3)	679(25.4)	886(33.2)	2,673
99-1900	747(42.3)	324(18.3)	694(39.3)	1,764

注) カッコ内は，総栽培面積に対する割合（％）を示す．
出所) P. Harnetty, 'Crop Trends in the Central Provinces of India, 1861-1921', *Modern Asian Studies*, 11, 3, 1977, p. 345 より作成．

に劣ると見なされ，「1860年代においては，まったく栽培されないか，あるいは一部の土質の悪い土地でのみ栽培されていた」[71]．第8-8表は，1886/7年より99/1900年に至る，中央州における小麦品種別の栽培面積および割合を示したものである．右端の「Wheat-Gram」とは，gram（ひよこ豆）と一緒に同じ畑に播種された小麦を指している．この栽培方法は小麦の単位種子量当たり収穫量を増大させたといわれ，従来当地の小麦栽培において広く用いられてきた．従ってpissi以外の項目が，上述の穀粒の固い品種をなしている．小麦輸出は，ロシアの不作と重なり合った1888/9年にピークを迎えるが，その時期までにpissiは栽培面積の6割弱を占めるに至っている．

しかし小麦輸出は，90年代に入って崩落というべき減少を辿り，以後それまでのピークを回復することなく，増減を繰り返している．90年代における急減は，まず何より，中央州における天候不良による凶作の連続およびそれに伴う飢饉を原因とした．飢饉時には自給用食糧を確保するために，小麦に代わって雑穀や豆類への転作が広く進行した[72]．また飢饉終了後もかつてのピークを回復しえなか

った原因としては，世界小麦市場において，他生産国，とりわけ急速に栽培を拡大しつつあったアルゼンチンとの厳しい競争に直面したことが挙げられる[73]．この時期以降，インドはイギリス小麦市場において，アメリカ・ロシア・アルゼンチン・カナダの後塵を拝し続けたといわれる[74]．以後繰り返し現れる輸出量回復は，例えば世紀末の米西戦争時の僅かな回復のように，主に他生産国における不作や変事による世界市場の逼迫よりもたらされた．またそうした輸出の増減に連動して栽培面積も変動した．ダービィシャーは，当時のインドからの小麦輸出は，インドとイギリスとの価格差に対応して一時的な膨張と収縮を繰り返す'gap filling trade'にとどまったと指摘している[75]．すなわち他国の不作がイギリスにおける価格を上昇させるほど，またインドでの豊作が価格を低下させるほど，インドからの輸出が促進され，逆の場合は縮小したというのである．

　以上の諸事情を含め，中央州の小麦生産をめぐる状況の変化に関して確認されるべきは次の諸点である．第1に，小麦生産は統合を強める世界小麦市場に組み込まれ，その荒々しい変動の波を正面から受け，それに強く規定されるようになったことである．小麦輸出は海外需要の変動に応じて激しい増減を繰り返した．

　第2に，世界市場において他国の後塵を拝するという，インドの地位を決定づけた基礎的要因は，農業の技術・設備に劣った貧困な小農生産にもとづくインド小麦栽培が，生産性や品質の点で他の主要輸出国に太刀打ちできなかったことにあったといわねばならない．

　第3に，海外輸出は停滞していたものの，他方でインド各地への鉄道延伸を通じて，小麦の国内市場が拡大・深化し，国内市場に向けた小麦貿易が活発化した．それはとりわけ，当時の都市化の進行に伴う都市部での小麦消費増加に対応する鉄道輸送拡大や，飢饉時における鉄道による穀物の遠距離輸送発展のうちに表現された．国内市場拡大は，海外需要低迷と相まって，小麦に対する輸出圧力を低下させた．そうした市場構造の変化を反映して，前掲第8-8表に示されるように，輸出のピーク時以降，とりわけ90年代後半より，ヨーロッパ市場向けの穀粒の柔らかい小麦品種（pissi）が栽培の面積および割合を急速に低下させた一方で，伝統的な穀粒の固い品種とgramとの混合栽培が大きく面積および割合を復活させていった．

　以上に概観された小麦の生産および貿易をめぐる状況の展開が，綿花の生産および貿易をめぐる状況を推転させたと同様の諸要因・諸特質に規定されていたこ

とは明白である．

第 8 章 註

(1) *Reports of Mr. H. Rivett-Carnac, Cotton Commissioner for the Central Provinces and the Berars, on the Operations of his Department for the year 1868-69* (*British Parliamentary Papers*, Vol. L, 1871), p. 20. 以下 *Carnac Report for 1868-9* と略記．
(2) *Ibid.*, pp. 57,8. あるいは同様の変化の表現として，取引上の利益を与える市場に農民の間に高い評判が立ち，その地域の銘柄の刻印を受けるためにも，従来近隣のマイナーな市場に持ち込まれていた綿花が，遠方にもかかわらず，そうした市場に運ばれるようになったことがある．「『アムラオティ』はインド産綿花の最高銘柄の一つであり，農民も奥地で営業する商人も，ベラールのはるか域外にある，近いけれどより無名な市場に運ぶよりは，ベラールの市場に持ち込み，アムラオティ産として通用させることを望む大きな誘因を持っている」．*ibid.*, p. 21.
(3) *Report of Mr. H. Rivett-Carnac, Cotton Commissioner for the Central Provinces and the Berars, on the Operations of his Department for the year 1867* (*British Parliamentary Papers*, Vol. XLVI, 1868/9), pp. 20,1. 以下 *Carnac Report for 1867* と略記．
(4) *Carnac Report for 1868-9*, pp. 49,50.
(5) *Ibid.*, p. 85.
(6) P. Harnetty, '"De-industrialization" Revisited ; the Handloom Weavers of the Central Provinces of India, 1800-1947', *Modern Asian Studies*, 25, 3, 1991, p. 459.
(7) S. Guha, 'The Handloom Industry of Central India : 1825-1950', *Indian Economic and Social History Review*, 26, 3, 1989, p. 299.
(8) *Ibid.*, p. 301.
(9) Judl. Dept., Vol. 12 of 1864, quoted in *ibid.*, p. 302.
(10) *Report on the Census of the Central Provinces* effected on 5 November 1866, p. 9, quoted in *ibid.*, p. 302.
(11) *Report on the Trade and Resources of the Central Provinces* 各年より計算．
(12) ニマール県カンドワー (Khandwa) から分岐して北方に向かい，ラージャスターン諸藩王国領に囲まれた英領飛地アジメール (Ajmer) までを結ぶメーター・ゲージのラージプターナー＝マールワー (Rajputana＝Malwa) 路線が，「ボンベイ・バロダ・中央インド鉄道会社」Bombay・Baroda and Central India Railway Company の手によって完成された．
(13) P. Harnetty, *op. cit.*, p. 463.
(14) S. Guha, *op. cit.*, p. 301.
(15) P. Harnetty, *op. cit.*, p. 463.
(16) *Central Provinces Census of 1872*, p. 37, quoted in S. Guha, *op. cit.*, p. 303.
(17) S. Guha, *op. cit.*, pp. 301,2.
(18) *Ibid.*, p. 302.

(19) *Ibid*., p. 303.
(20) *Indian Cotton Statistics : Statistical Tables to Indian Cotton, Indian Spinning and Weaving Mills, their Production and its Distribution with a List of the Steam Presses in the Country*, 1889, pp. 166,7.
(21) *Indian Cotton Statistics*, 1889, p. 107.
(22) *Report of Central Provinces Administration Department*, 1882-3, p. 126, quoted in S. Guha, *op. cit*., p. 305.
(23) A. Blennerhassett, *Monograph of the Cotton Fabrics of the Central Provinces*, 1898, pp. 2,3, quoted in S. Guha, *op. cit*., p. 306.
(24) エリソンは1876/7年より84/5年に至る各年のインド全体における綿糸生産量を，一律に各年の綿花消費量の87.5％とすることによって計上している。T. Ellison, *The Cotton Trade of Great Britain*, 1886, repr. 1986, p. 317.
(25) 1905/6年から1909/10年に至るボンベイ管区へのイギリス産白色綿糸輸入量において，その98.7％までが26番手以上の中・細糸で占められていた。*Annual Statement of the Trade and Navigation of the Presidency of Bombay for the year 1909-10*, p. 135より計算。
(26) *Indian Cotton Statistics*, 1889, p. 23.
(27) *Carnac Report for 1867*, p. 19.
(28) S. Guha, *op. cit*., p. 306.
(29) *Ibid*., p. 306.
(30) *Ibid*., p. 307.
(31) *Ibid*., p. 309.
(32) カーナックはナーグプル周辺地域の手織生産について，「それは主に高級品（絹の縁取りをした高級ドーティ）を生産し，その製品は，綿花の豊作によって富裕になった周辺地域およびベラール農民が現在では買うことのできるものになっている」と述べ，綿花ブームで潤った農民が，以前は買えなかった高級品を手に入れるようになったことを指摘している。*Carnac Report for 1868-9*, p. 85. またハーネッティは，鉄道建設などの公共事業に雇用される住民の購買力が増大し，彼らが「より上位の階層が着ているサリーに似せた製品を夫人のために欲しがるようになった」と述べ，それに対して手織工は絹糸で縁取られたサリーを綿糸によってイミテートした製品を作って需要に応えたという。P. Harnetty, *op. cit*., p. 461. さらに柳澤悠氏は，マドラス管区を対象としてではあるが，「下層民の自立化に伴う消費生活様式の多様化」との関連を示唆されている。柳澤悠「植民地期南インド手織業の変容と消費構造」『東洋文化研究所紀要』第118巻，1991年，105ページ。
(33) S. Guha, *op. cit*., p. 305.
(34) P. Harnetty, *op. cit*., pp. 463,4.
(35) *Ibid*., p. 469.
(36) 小池賢治「インド綿業と市場問題」『アジア経済』第16巻第9号，1975年9月，37ページ。
(37) 柳澤悠，前掲論文，70ページ。
(38) 同上論文，73ページ。
(39) 同上論文，70ページ。

(40) 小池賢治, 前掲論文, 37 ページ.
(41) 同上論文, 37 ページ.
(42) *Central Provinces District Gazetteers, Nagpur District*, 1908, pp. 178,9.
(43) *Ibid.*, p. 179.
(44) *Ibid.*, p. 179.
(45) *Central Provinces District Gazetteers, Wardha District*, 1906, p. 141.
(46) *Ibid.*, p. 141.
(47) *Ibid.*, p. 141.
(48) *Central Provinces District Gazetteers, Amraoti District*, 1911, p. 240.
(49) *Ibid.*, p. 240.
(50) *Ibid.*, p. 240.
(51) *Central Provinces District Gazetteers, Buldana District*, 1910, p. 248.
(52) *Ibid.*, p. 248.
(53) *Carnac Report for 1868-9*, pp. 75,6.
(54) *Ibid.*, p. 92.
(55) *Ibid.*, p. 93.
(56) *Ibid.*, p. 93.
(57) D. A. Farnie, *The English Cotton Industry and the World Market 1815-1896*, 1979, p. 159.
(58) *Annual Statement of the Trade and Navigation of the Presidency of Bombay for the year 1880-81*, 1881, p. 169.
(59) インド産綿花輸出に占める日本市場の割合は, 1903/4 年には 22.2％となり, さらに 1912/3 年には 48.7％にまで増加している. A. S. Pearse, *Indian Cotton*, 1915, p. 240 の表より計算.
(60) *Central Provinces District Gazetteers, Amraoti District*, 1911, p. 193.
(61) *Ibid.*, p. 193.
(62) *Ibid.*, p. 193.
(63) *Ibid.*, pp. 191,2.
(64) *Ibid.*, p. 192.
(65) A. M. Vicziary, 'The Cotton Trade and the Commercial Development of Bombay, 1853-1875 ', Ph. D. thesis, University of London, 1975, p. 108.
(66) *Central Provinces District Gazetteers, Amraoti District*, 1911, p. 192.
(67) *Ibid.*, p. 192.
(68) この点に加えて, 植民地政府の主導下に促進されたアメリカ綿種栽培も, 政府の熱意が冷めた後に, むしろ現地機械制紡績業からの需要によって一定程度存続し, その綿花がインド産綿製品の品質改善に役立つという結果をもたらしたことが注目される.「現在 (1884 年), ソー・ジン・ダールワール綿種は, イギリスの紡績業者によっては殆ど使用されていない. ……この綿種の純白さが混綿に適当なので, おそらく生産量の半分以上がボンベイの紡績工場でそのために使用されている. またそれは, 強靭かつ比較的長繊維であることから, 30 番手までの太・中番手の紡績用としてボンベイ工場で大量に使用されている」. *Gazetteer of the Bombay Presidency*, Vol. XXII, Dharwar, 1884, p. 361. また小池賢治「インド綿業と市場問題」『アジア経済』第 16 巻第 9 号, 1975 年 9 月, 36, 40,

43ページ参照.
(69) アヘンの対中国輸出は1858年の天津条約で合法化され，当該期はその拡大期に当たっており，それにニマール県に最寄駅を持つ鉄道開通が加わることで，当地への一時的通過が一気に拡大したものといえよう．
(70) I. D. Derbyshire, 'Opening Up the Interior : The Impact of Railways on the North Indian Economy and Society, 1860-1914', Ph. D. thesis, Cambridge University, 1985, pp. 190-203.
(71) P. Harnetty, 'Crop Trends in the Central Provinces of India, 1861-1921', *Modern Asian Studies*, 11, 3, 1977, p. 345.
(72) *Ibid.*, p. 348.
(73) *Ibid.*, p. 347.
(74) I. D. Derbyshire, op. cit. pp. 185, 6.
(75) Ibid., p. 186.

第9章　インド産綿花貿易における国際的商業・金融組織の変容

9-1　序
9-2　19世紀後半における綿花輸出商人の変容
9-3　19世紀後半インド産綿花貿易における国際的商業・金融組織の変容
9-4　小　　括

9-1　序

　本章は，インド綿花開発に関わる「世界市場諸構造」分析の一環として，綿花貿易を媒介した国際的な商業・金融組織の変容について検討することを課題とする．この検討課題は，これまでに繰り返されてきた開発展望の基本線の観点より表現すれば，綿花に関わる世界的流通・金融構造がいかに効率化・合理化されていったかを見定めることである．

　われわれが検討対象としているインド産綿花輸出とは，いうまでもなく，インドとヨーロッパという，大洋を挟んで地理的に遠く隔たった地域間で営まれる国際貿易であった．国際貿易には，それを媒介し可能にする，独自な商業・金融組織が伴われる．ここで国際貿易に伴う商業組織とは主に，貿易取引における売買形式に規定された，貿易を担う諸企業の組織形態およびそれら企業間の商業的諸関係を指している．また金融組織とは，貿易金融・決済方式に規定された，金融的側面における，貿易企業および金融機関の組織形態並びにそれら企業間の諸関係を指している．なお貿易取引における「売買形式」および「貿易金融・決済方式」はともに，「貿易制度」の主要な要素をなす．これらの組織は，国際的な商業・

金融のネットワークとして自らを展開している．国際貿易の拡大・発展は，こうしたネットワークの拡大・発展と表裏一体であり，それらを通じて世界市場は緊密性・一体性を高めていく．世界市場における緊密性・一体性の高まりをもって「世界市場の発達」と呼ぶならば，こうしたネットワークの拡大・発展こそは世界市場の発達の重要な指標をなしているといえよう．

　大洋を越える遠距離国際貿易は，様々な形態をとりつつ，かなり旧い時代より営まれてきたとはいえ，イギリス産業革命を起点として形成された近代的工業生産力は，その飛躍的な膨張力にもとづいて，国際貿易の規模を格段に拡大するとともに，自らに相応しい新たに迅速で効率的な国際的商業・金融組織を次第に生み出していった．これら組織の発展は19世紀末までに，およそ次のような貿易制度の変遷にもとづいて進行した．①18世紀末までの，貿易商人による商品の自己勘定買，および予測需要＝揚地売買にもとづく冒険取引制度．②19世紀初めに発達した，売買形式としての委託販売制度，および貿易金融・決済方式としての委託荷見返前貸制度．③19世紀中頃以降発達した，売買形式としての注文取引＝積地売買，および貿易金融・決済方式としての荷為替信用制度．こうしてイギリス産業革命を起点に創設された近代的世界市場は，自らに対応するより迅速で効率的な貿易制度として，まず19世紀初めに②を生み出し，続いて一層の世界市場の発達に伴って，世紀中頃より③を普及させた．そして③が，現在に至る貿易制度の中心的要素の原型となったことは周知のところである．

　インド産綿花貿易の拡大は，以上のような貿易制度およびそれにもとづく国際的商業・金融組織の発展に沿いながら果たされてきた．あるいは，インド産綿花貿易がこれらの発展を促す主要な局面の一つとなったといっても良い．インド綿花開発推進は，世界市場諸構造に関わって，こうした国際的商業・金融組織を効率化・合理化していくことを政策課題として含んでいた．われわれはこれら組織の再編過程を分析することによって，インド綿花開発過程を「世界市場の発達」過程と一層密接に関連づけて論じることができる．

　ここでの政策課題は，第7章で検討されたインド国内における綿花流通構造の再編過程と同様に，インド人商人の影響力を排除しつつ，ヨーロッパ人商人に主導される独自に効率的な流通経路を創設することに置かれていた．そして現実に1870年代以降，ヨーロッパ系商社はインド人輸出業者の関与を排除して，インド産綿花輸出貿易に対する支配権を確立することになる．わたくしはこの事実に着

目しつつ，まずヨーロッパ系商社の支配権確立過程を，ボンベイよりリヴァプールに至る綿花輸出を担った貿易業者がいかなる商人によって構成され，またその構成がどのように変化したかを辿ることによって具体的に示す．続いてその変化がいかにして可能になったのかを，上記の 19 世紀における国際的商業・金融組織の発展過程を踏まえて明らかにしていきたい．本章における検討時期は，19 世紀中頃から後半に置かれる．また本章では，インド産綿花輸出に圧倒的シェアを占めたボンベイの事情に大きな関心を払いたい[1]．なおカーナックの記述はこの領域にまでは及んでいない．わたくしは独自に史実を検討しつつ，上記課題に接近する．

9-2　19 世紀後半における綿花輸出商人の変容

(1) 綿花飢饉前後におけるインド産綿花貿易の状況

　まずここで，1860 年代前半におけるいわゆる綿花飢饉時の状況を振り返っておきたい．というのは，当該期インドにおける「綿花ブーム」とその終焉・反落という貿易状況の大きな変動が，インド産綿花輸出システムの変革に小さからぬ影響を与えたからである．アメリカ南北戦争は，イギリス綿工業に対してきわめて深刻な打撃を与えたものの，反面で代替的供給地インドにおいて「綿花ブーム」を現出させ，インドの綿作農民や綿花輸出業者を異常な好況に導いた．イギリスによるインド産綿花輸入は，綿花飢饉時において量的に大きく拡大した．1864 年の輸入量は 60 年のそれに対して 3.2 倍となり，またイギリスの綿花輸入量全体に占める割合も，60 年の 16.7％に対し，61 年から 65 年までそれぞれ 32.5，74.2，72.0，51.1％となって[2]，インドは輸入先において断然首位を占めるに至った．さらにイギリス国内消費量に占めるインド産綿花の比率は，綿花飢饉に先立つ 5 年間（1857-61）に年平均で 12.5％であったのに対して，1862 年からの 5 年間では年平均で 54.8％にまで上昇している[3]．またインド産綿花のリヴァプール市場における価格も，60 年を 100 として，61 年から 64 年までそれぞれ 124，212，466，

521となった[4]．1864年のインド産綿花輸入量は，60年のそれの約3倍に増えているので，価額ベースにすれば，インド産綿花輸入は15倍程度に拡大したといえよう．

　こうしたブームは，インド最大の綿作地帯を擁するボンベイ管区において，とりわけ大きな盛り上がりを見せた．まずボンベイから輸出される品目に占める綿花の比率が大きく上昇した．1860/1年に価額にして38.4％であった綿花の比率は，1863/4年から65/6年までの3年間に70％前後で推移した[5]．またボンベイ管区全体における綿作面積も，1864/5年までに1860/1年に対して約1.5倍に拡大した[6]．このようにボンベイ管区においては，イギリスに向けた綿花の生産と輸出が急激に盛り上がり，暫しの好景気が管区を潤したのである．

　しかしながら綿花輸出ブームは，南北戦争終了とともに，すみやかに消滅に向った．リヴァプール市場におけるインド産綿花価格は，60年代後半においては綿花飢饉以前に比べかなりの高水準を維持することができたものの，70年代に入るや急速に低下していった．それは，ピークである64年を100として，71年には27.0，76年には20.9，81年には20.4，84年には18.3にまで低落した[7]．次に輸出量については，既述のように，1870年代以降インド産綿花のイギリス向け輸出は減少するものの，他方で大陸ヨーロッパ諸国向け輸出拡大が前者の減少をある程度補い，両地域を併せた輸出量はほぼ横這いの状況を続けることになる．とはいえ，輸出価額の低迷が重量のそれよりも数段顕著であったことは疑いなく，そのことは，1870年代以降における，この貿易における競争激化とそれに伴う貿易システムの抜本的合理化の進行を示唆している．

(2) ボンベイ綿花輸出商人の構成の変化

　以上に見てきたように，インド産綿花貿易の状況は，綿花飢饉時の「綿花ブーム」およびその後暫く続いたブームの余韻を経て，1870年代中頃までに新たな変化を開始していた．そうした変化に歩調を合わせるかのように，ボンベイより綿花を輸出する貿易業者の構成においても重要な変化が生じた．それは一言にして，ヨーロッパ人の経営になる一握りの大規模貿易商社が，インド人輸出商を排除してボンベイ綿花輸出貿易を完全に支配するようになったことである．第9-1表は，1851，61，75年において，ボンベイよりリヴァプールに向けて綿花を輸出し

第 9-1 表　リヴァプール向けボンベイ綿花輸出商の構成

			輸出商の数	輸出量合計（梱）	輸出商当り平均輸出量（梱）	輸出量全体に占めるシェア（％）
一八五一年	I	10,000梱以上	—			
	II	5,000梱以上	4	25,449	6,363	30.2
	III	1,000梱以上	12	22,255	1,854	26.4
	IV	500梱以上	17	11,668	686	13.9
	V	100梱以上	95	19,164	202	22.8
	VI	100梱未満	100	5,627	56	6.7
	合計		228	84,163	369	
一八六一年	I	10,000梱以上	12	270,625	22,552	35.1
	II	5,000梱以上	25	165,918	6,639	21.5
	III	1,000梱以上	97	226,087	2,330	29.3
	IV	500梱以上	76	55,254	721	7.2
	V	100梱以上	222	47,607	214	6.2
	VI	100梱未満	116	5,423	47	0.7
	合計		548	770,914	1,407	
一八七一年	I	10,000梱以上	14	340,131	24,295	62.2
	II	5,000梱以上	10	65,747	6,574	12.0
	III	1,000梱以上	40	71,768	1,794	13.1
	IV	500梱以上	35	24,541	701	4.5
	V	100梱以上	173	37,514	217	6.8
	VI	100梱未満	149	8,338	56	1.5
	合計		421	548,039	1,302	

出所）A. M. Vicziary, 'Bombay Merchants and Structural Changes in the Export Community 1850 to 1880', in K. N. Chaudhuri & C. J. Dewey (ed.), *Economy and Society*, 1979, p. 166.

た商人（商社）を，それぞれの輸出量に応じてグループ化しつつ，各グループの人数を示したものである．まず各年次を通じて，取扱量におけるある程度の集中現象が認められる．すなわち少数の大規模輸出商が輸出量全体（各グループの輸出量合計をさらに合わせたもの）に高いシェアを占める一方で，少量の輸出を行う多数の商人が存在するものの，後者の輸出量全体に占める割合はきわめて小さい．

　続いて各年次を比較しよう．まず61年を51年と比べると，輸出量全体および輸出商の人数が大きく増加し，61年において綿花輸出が繁栄期を迎えていること

が窺われる．輸出量全体は9倍に拡大し，商人の数も2.4倍に増加している．その要因は，何より南北戦争直前の不穏な政情を通じて，またクリミア戦争に刺激さたヨーロッパ全体の工業生産拡大によって，インド産綿花への需要が高まったことにあった．こうした輸出量全体の著増に関わって，61年においては，新たに10,000梱を超える大量の綿花を輸出する商人が現れている．従来こうした大規模輸出商は中国向けにのみ存在したとされ[8]，この時期リヴァプール向けにおいて現れたことは，イギリスとの綿花貿易拡大を端的に物語っている．次に，グループⅡおよびⅢ，すなわち1,000梱から10,000梱未満の綿花を輸出する商人もまた輸出量を顕著に拡大している．輸出量は，グループⅡで6.5倍，グループⅢでは10倍に拡大した．また両者を併せたシェアは先年とあまり変わっていない．つまり両グループもまた，好景気の恩恵を大いに受けて，輸出量を顕著に拡大したのである．この結果，61年の上位輸出商への集中度は51年に比べてかえって低下している．先年において上位16の商社によって全体の57％が占められていたのに対し，61年には上位37社によって同じ割合が占められているからである．その一方で，1,000梱未満のグループⅣ，Ⅴ，Ⅵ，すなわち下位3グループは，人数こそ大きく増えたものの，それらを併せたシェアは43.2％から14.2％へと顕著に低下した．従って61年においては，51年と比較して，グループⅢ以上の上位商人への集中が強まったものの，他面でそれら上位商人の間では集中傾向は余り見られず，グループⅢまでの上位グループがそれぞれ肥大化したといえよう．つまり61年までの特徴は，全体として大規模商人への集中傾向が強まりつつも，ブーム期の好景気のために，いわば中堅商人もまた輸出額を大いに拡大した点にあった．

次に75年においては，61年と比較して，かなり異なった状況が生まれている．まず61年に比べ輸出量全体および輸出商の人数が減少し，一時のブームが去ったことが分かる．この年の特徴は，何よりグループⅠへの著しい集中の進展にある．グループⅠに属する14の商社だけで全体の62％が占められ，また不況下にもかかわらず，このグループの平均輸出量はかえって増加している．これに対しブーム期に肥大化したグループⅡおよびⅢは，この年までに人数，輸出量を大きく低下させ，輸出量全体に占めるシェアも著しく落ち込んでいる．両者を併せたシェアは50.8％から25.1％へと半減した．第9-2表は，同じく1875年における，ボンベイより大陸ヨーロッパへの輸出について同様の類別を施したものである．ここではグループⅠへの集中は一層著しい．すなわち最上位12社によって全体の

第 9-2 表　大陸ヨーロッパ向けボンベイ綿花輸出商の構成（1875年）

		輸出商の数	輸出量合計（梱）	輸出商当り平均輸出量（梱）	輸出量全体に占めるシェア（％）
I	10,000梱以上	12	267,452	22,288	86
II	5,000梱以上	3	24,469	8,156	8
III	1,000梱以上	6	12,682	2,114	4
IV	500梱以上	4	2,555	639	1
V	100梱以上	15	3,129	208	1
VI	100梱未満	9	332	37	0
	合　計	49	310,619	6,339	

出所）A. M. Vicziary, 'Bombay Merchants and Structural Changes in the Export Community 1850 to 1880', p. 169.

86％が占められている．以上に示されたように，ボンベイ綿花輸出商は19世紀後半において，年次を追うごとに大規模商社への輸出量の集中を進めつつ，とりわけ1860年代前半の「綿花ブーム」とその崩壊を経験することによって，集中過程を一気に加速し，70年代にはグループIを中心とする少数の巨大商社によって，輸出全体の大半が担われるという顕著な寡占構造を持つに至ったのである．

続いて第9-3表は，先の表にインド人商人（インド系商社）とヨーロッパ人商人（ヨーロッパ系商社）との区別を加えたものである．上述の変化を通じて，インド人商人とヨーロッパ人商人とはそれぞれどのような役割を果たしたのであろうか．まず単純に商人の数に着目すれば，各年次を通じてインド人商人が圧倒的に多いことが分かる．どの年次でもヨーロッパ系商社の比率は1割に満たない．次に輸出量全体に占める両者の比率に注目すれば，まず61年まではインド人商人全体のシェアが過半を占めている．51年が55.6％，61年が67.3％である．この間のシェア拡大は，主にI～IIIの比較的大規模なインド人商人の数が増えたことにもとづいていた．従って相当規模の綿花貿易を行いつつブームで潤ったインド人商人が少なくなかったことが窺われる．また小規模なインド人商人も加えると，インド人商人の全体数は，51年に比べて300人増え，2.4倍に増加している．ブームがいかに多くのインド人商人を綿花貿易に引き寄せたかが分かる．

しかし75年になると様相は一変する．まずヨーロッパ系商社全体のシェアが72.1％に達し，インド人商人全体のシェアをはるかに凌駕している．輸出商の人数では，61年と比較して，ヨーロッパ人が1名しか減っていないのに，インド人

第 9-3 表　リヴァプール向けボンベイ綿花輸出における
インド人輸出商とヨーロッパ人輸出商の構成

		輸出商の数			輸出量およびシェア		
		インド人輸出商	ヨーロッパ人輸出商	総数	インド人輸出商	ヨーロッパ人輸出商	輸出量合計
一八五一年	I						
	II	1	3	4	8,115(9.6)	17,334(20.6)	25,449
	III	5	7	12	6,233(7.4)	16,022(19.0)	22,255
	IV	14	3	17	9,335(11.1)	2,333(2.8)	11,668
	V	90	5	95	17,588(20.9)	1,576(1.9)	19,164
	VI	90	2	100	5,554(6.6)	73(0.1)	5,627
	合計	208	20	228	46,825(55.6)	37,338(44.4)	84,163
一八六一年	I	7	5	12	128,799(16.7)	141,826(18.4)	270,625
	II	17	8	25	109,561(14.2)	56,357(7.3)	165,918
	III	78	19	97	176,190(22.9)	49,897(6.5)	226,087
	IV	72	4	76	52,625(6.8)	2,629(0.3)	55,254
	V	216	6	222	46,022(6.0)	1,585(0.2)	47,607
	VI	115	1	116	5,373(0.7)	50(0.0)	5,423
	合計	505	43	548	518,570(67.3)	252,344(32.7)	770,914
一八七五年	I	1	13	14	19,617(3.6)	320,514(58.5)	340,131
	II	2	8	10	10,689(2.0)	55,058(10.0)	65,747
	III	34	6	40	56,448(10.3)	15,320(2.8)	71,768
	IV	32	3	35	22,517(4.1)	2,024(0.4)	24,541
	V	165	8	173	35,329(6.4)	2,185(0.4)	37,514
	VI	145	4	149	8,114(1.5)	224(0.0)	8,338
	合計	379	42	421	152,714(27.9)	395,325(72.1)	548,039

注) 表右半分における数字は梱数，カッコ内は各年次の輸出量全体に占めるシェア(%)を示す．
出所) A. M. Vicziary, 'Bombay Merchants and Structural Changes in the Export Community 1850 to 1880', p. 170.

は126名減少し，不況の影響は圧倒的にインド人商人に現れているといえる．規模別に人数の変化を見ると，インド人商人では，下位の2グループを併せた人数は余り変化していないのに対し，上位4グループにおける減少が甚だしい．とりわけグループ I は7名から1名へ，グループ II は17名から2名へと激減し，インド人大規模輸出商が姿を消しつつあることが分かる．これに対してヨーロッパ人商人では，グループ I が5名から13名へと急増しつつ，その最大人数を擁し，グ

ループⅡは同数，グループⅢは 19 名から 6 名へと大きく減少し，グループⅣ以下は余り変化がない．すなわちヨーロッパ人商人では，とりわけグループⅠへの集中が進んだといえよう．こうしてグループⅠ全体では 14 人中 13 人が，グループⅡでも 10 人中 8 人がヨーロッパ人商人によって占められ，大規模輸出業者は殆どヨーロッパ系商社によって構成されるに至ったのである．

　以上の変化は，いうまでもなく，ヨーロッパ系大規模商社が輸出量全体において高いシェアを獲得したことを意味する．グループⅠのヨーロッパ系商社 13 社によって全体の 58.5％が，グループⅡの 8 社を併せた 21 社によって全体の 68.5％が占められている．従って上述した少数の巨大商社による寡占構造とは，ヨーロッパ系巨大商社が成長し，インド人商人のシェアを奪いつつ，ボンベイよりリヴァプールに至る綿花輸出貿易に対する支配を確立したことをもって，その内実としたのである．

　第 9-4 表は，1875 年における大陸ヨーロッパ諸国への輸出に関して同様の類別を行ったものであるが，以上の特質はここにおいて一層甚だしい．インド人商人の輸出量全体に対するシェアは僅か 1.3％にすぎず，98.7％がヨーロッパ系商社によって占められていた．さらにインド人商人は最上位のグループⅠおよびⅡにまったく存在せず，グループⅠに属するヨーロッパ系商社 12 社のみによって全

第 9-4 表　大陸ヨーロッパ向けボンベイ綿花輸出におけるインド人輸出商とヨーロッパ人輸出商の構成（1875年）

	輸出商の数			輸出量およびシェア		
	インド人輸出商	ヨーロッパ人輸出商	総数	インド人輸出商	ヨーロッパ人輸出商	輸出量合計
Ⅰ	—	12	12	——（—）	267,452(86.1)	267,452
Ⅱ	—	3	3	——（—）	24,469(7.9)	24,469
Ⅲ	1	5	6	1,200(0.4)	11,482(3.7)	12,682
Ⅳ	1	3	4	504(0.2)	2,051(0.6)	2,555
Ⅴ	11	4	15	2,029(0.7)	1,100(0.4)	3,129
Ⅵ	7	2	9	286(0.0)	46(0.0)	332
合計	20	29	49	4,019(1.3)	306,600(98.7)	310,619

　注）表右半分における数字は梱数，カッコ内は輸出量全体に占めるシェア（％）を示す．
　出所）A. M. Vicziary, 'Bombay Merchants and Structural Changes in the Export Community 1850 to 1880', p. 171.

第 9-5 表　ボンベイにおける主要ヨーロッパ系綿花輸出商社およびその輸出量（1874年8月1日～75年7月31日）

単位：梱

商　社　名	イギリス向け輸　出　量	大陸ヨーロッパ向け輸　出　量	合　計
1. Gaddum	128,496	50,501	178,997
2. Peel Cassels	76,056	3,160	79,216
3. Knoop & Co.	2,667	50,976	71,643
4. W. Nicol	20,799	38,571	59,370
5. Ralli Brothers	45,110	12,237	57,347
6. George Lockhardt	3,247	44,371	47,618
7. W. A. Graham	41,433	700	42,133
8. Killick Nixon	39,677	1,200	40,877
9. Jules Seigfreid	900	39,962	40,862
10. H. Clason	3,400	35,510	38,910
11. Ewart Latham	18,674	18,350	37,024
12. A. Kunkler	11,971	21,943	33,914
13. Wallace and Co.	24,844	2,855	27,689
14. E. Spinner	4,663	19,322	23,985
15. Ritchie Steuart	12,533	10,256	22,789
16. Volkart Brothers	5,817	16,297	22,114
17. Austrian Trading Co.	1,590	18,491	20,081
18. Vinay and Co.	78	19,825	19,903
19. Stearns Hobart and Co.	16,647	500	17,144
20. P. & O. Transshipments	──	16,665	16,665
21. Campbell Mitchell	16,382	──	16,382
22. Finlay Scott	11,434	2,794	14,208
23. Lyon Bros.	14,106	──	14,106
24. L. S. Macnaghten	9,778	1,150	10,928
25. Finlay Muir	10,028	379	10,407
26. G. Sigg	──	8,045	8,045
27. Lawrence and Co.	5,059	──	5,059
28. A. Blascheck	400	3,410	3,810
総　　計	543,780	447,471	981,252

出所）A. M. Vicziary, 'The Cotton Trade and the Commercial Development of Bombay, 1853-1875', Ph. D. thesis, University of London, 1975, p. 200.

体の86.1%が，グループⅡに属する3社を併せた同じく15社によって94.0%が占められている．以上の事情は，グループⅠに属するヨーロッパ系巨大商社にとって，大陸ヨーロッパ向け輸出の意義が他の商社以上に大きかったことをも示唆している．従って大陸ヨーロッパ向け綿花輸出は，とりわけこれらヨーロッパ系巨大商社の手によって大きく切り開かれてきたと考えられる．

第9-5表は1874/5年におけるヨーロッパ系綿花輸出商社上位28社の名称と，それぞれのイギリスおよび大陸ヨーロッパ向けの輸出量を示したものである．ここで目につくことは，相当数の商社にあって，両地域への輸出量に偏りが見られることである．28社のうち23社において輸出量に1桁以上の偏りがあり，両地域へともに大量に輸出する商社は5社にすぎない．また23社のうちイギリスへの輸出に偏るものが12社，大陸に偏るのが11社であり，両者は数にして拮抗している．従ってこの時期ボンベイからの綿花輸出を支配した上位巨大商社は，イギリスか大陸ヨーロッパかのどちらかに拠点を持ち，拠点を置く方の地域への輸出を主力としていたといえよう．その意味でインド産綿花貿易は，決してイギリス系商社が大陸ヨーロッパ系商社を排除して，それを独占しようとしたのではなく，両者がほぼ平等にアクセスできるものとなっていた．そこから，インド人商人を含めた業者間の競争の帰趨を決した要因を検討する際しては，単に植民地支配権力との癒着関係が指摘されるだけではなく，より経済合理的な要因もまた重視されねばならないと思われる．

9-3 19世紀後半インド産綿花貿易における国際的商業・金融組織の変容

(1) 委託販売制度の衰退

ヨーロッパ系巨大商社による寡占的支配確立の背景には，様々な要因が絡み合っていた．そこには，工業化のイギリス以外の諸国への波及，それにもとづくインド産綿花に対する需要構造の変化をはじめとして，当時の「交通革命」，およびそれに促された国際的な商業・金融の新たなネットワークの形成など，19世紀後

半における広く世界市場構造全体に関わる重要な諸変化が控えていた．それらの変化を通じて，世界諸地域を結ぶ物流・信用・情報のネットワークが一層の広がりと速さとを伴いつつ革新され，世界市場における競争が激しさを増していったのである．以下，売買形式および貿易金融・決済方式を主要要素とする貿易制度の変遷を辿り，また上記の世界市場構造の諸変化に関連させつつ，それらに規定された国際的商業・金融組織の変容を分析することによって，ヨーロッパ系巨大商社による寡占的支配確立の背景を明らかにしていきたい．

リヴァプールにおける綿花輸入は，19世紀初頭から1860年代初めまで，主要には貿易制度としての「委託販売制度」system of consignment に依拠して行われてきた．それは，19世紀前半における各種商品の国際的取引に特徴的な制度であった．綿花を例にとりつつ委託販売制度の大要を示そう．まず現地の綿花商人や綿花栽培業者が，綿花の販売を貿易商人に「委託」consign し，貿易商人（委託商人）は，委託荷を担保として，委託者に自己宛あるいは輸入国の代理人宛に為替手形を振り出すことを容認する．委託商人はその綿花が売れるであろうという予測の下に，綿花の予想価格の2/3ないし3/4まで，その手形を引受ける．すなわち輸出金融としての前貸を行う．実際の販売の後，販売価額と前貸額との差額が清算されるとともに，委託商人は委託販売手数料を徴収する．まずこの制度における売買形式は，外地からの確定的な注文によらず，売手の側の予測需要にもとづき，また現実の売買は輸入された後に行われるという揚地売買であった．従来貿易商人は輸出に際して自己勘定買にもとづく冒険取引 (adventuring) を行ってきたが，それに比してこの制度では，貿易商人にとって，市況の変化や輸送途中の事故に由来する危険負担から逃れることができ，それだけ大量で迅速な取引を行うことができた．次にこの制度における貿易金融・決済方式は，金融専門機関に任せられるのではなく，貿易商人が自身で為替手形を引受け，かつ差額の精算を行うことを内容とした．つまり貿易商人は，委託販売という商業機能と為替取扱・精算という金融業務を兼ね行う存在であった[9]．この貿易金融・決済方式は通常，「委託荷見返前貸制度」と呼ばれている．以下では，かかる制度を含めて，19世紀前半の貿易制度を「委託販売制度」として表現する．

19世紀前半イギリスは，機械制大工業の生み出す生産力の飛躍的発展に適した信用制度の構築・整備を急いでいた．まずイングランド銀行への発券集中と厳しく制限された金準備発行によって金本位制が確立され，もってイングランド銀行

券の国民的統一通貨としての地位に保証が与えられた．他方イングランド銀行の割引政策によって統制されるところの，ロンドン貨幣市場を頂点とする手形割引＝短期流通信用の網の目が張りめぐらされ，それを通じて株式銀行間での工業地域と農業地域とを結ぶ資金移動が図られ，国内の資金循環が円滑化された．委託販売制度より生み出されるロンドン宛スターリング手形は，マーチャント・バンカー，輸入商社，商品ブローカーらによる引受信用の連鎖を通じて，内国手形の流通という現象形態を持ち，その流通は国内の資金循環と密接にリンクさせられた．こうしてイギリス産業資本の突発的膨張力およびそれに伴うイギリス海外貿易の飛躍的拡大は，ロンドンに集中する豊富な貨幣資本によって下支えされることになり，委託販売制度は，こうしたイギリス国内における信用制度の整備と相互媒介的に発達しつつ，近代的世界市場の創設を担う国際貿易制度となったのである．

　アジア貿易において委託販売制度は，1850年代初頭まで，イギリス東インド会社による本国送金手段確保を目的とした担保前貸制度 (hypothecation system) を主要な形態としていた．この制度においては，まずインドの輸出業者が会社に船荷証券と保険証書を引き渡して商品を委託し，かつロンドンの代理人宛のスターリング為替手形を振り出した．会社は委託商品を担保に商品価値の2/3を超えない範囲で手形を引受け，業者に前貸を行った．その後会社は本国で船積書類と引き換えに前貸の返済を受けた．会社はこの取引を通じて，インドでルピーを支出し，イギリスでポンドを獲得することで本国送金を果たすことができたのである[10]．他方でインドにおいては，18世紀末より代理商社（Agency House）と呼ばれる，数名のヨーロッパ人のパートナーシップにもとづく私的な企業組織が発達していた．それは第1部で検討されたように，元来東インド会社からライセンスを受けてアジアで私的に活動した私商人たちの企業組織であり，海上貿易・内陸商業・各種金融活動などを幅広く営むとともに，会社の商業活動の衰退・停止を通じて大きく成長していった．代理商社と東インド会社とは，対ヨーロッパ貿易および為替取扱業務をめぐって競合する関係にあり，また本国自由貿易主義者からの批判，すなわち担保前貸制度は停止されたはずの会社貿易の部分的継続であり，会社の送金利害が優先されることで英印貿易の自由な拡大が阻害されるとする批判が高まり，担保前貸制度は1850年に廃止された．こうして50年代以降，委託販売制度は代理商社の仲介によって遂行されるようになった．

代理商社はこの時期までにアジアやヨーロッパに支店や代理人，あるいは取引先を持つ世界的なネットワークを築いていた．それによって代理商社は，イギリス国内の流通・信用制度に自己の活動をリンクさせることができた．そのリンクは，とりわけ1830年代前半における次の事情によって強められた．すなわち東インド会社の貿易活動停止とそれに続く厳しい商業恐慌が，アジア内部を主要な活動範囲とし，かつ会社への貸付などを通じて会社と結びつきの強かった従来型の代理商社の多くを倒産に追込み，その後本国綿製品の委託販売を請け負うなど，本国の商社や金融業者と深く結びついた代理商社が登場してきたことである．これに対してインド人商人でそうしたネットワークを持つ者は少なく，たいていのインド人綿花輸出商は代理商社に販売を委託することになった．この委託販売制度の存在こそが，多数のインド人商人が綿花輸出貿易に参入できた現実的条件をなしていた．委託販売制度においては，代理商社と輸出商の両者が責任を分かち合うことによって，前者による信用供与と後者の貿易参入とが容易に行われたのである．こうして「綿花貿易に関する専門知識を持たない，英語その他の外国語ができない，とりわけ僅かの資本しか持たないインド人商人にとって，遠距離貿易に参入することが可能になった[11]」．

　またこの制度は，インドの商習慣とも結びついて，複雑な仲介者の系列を生み出し，結果的に責任の所在を曖昧にすることになった．まず委託される綿花の品質について保証を行う人物が必要とされた．従来東インド会社は委託荷の価値を自ら検分していたが，代理商社はそうした検分を行わず，他方でインドにおける商取引の伝統もあって，保証人が求められることになった．その伝統とは，商取引の安全性を取引形式の厳密さよりも取引相手の人間性に求めるという傾向，すなわち善良と判断された人物だけが取引を行いうるという習慣（シャーshahと呼ばれた）であった．保証人にはボンベイの著名な大商人や奥地大商人のボンベイ代理人が当たることが多かったが，海外の事情に疎い人物の信用に依拠した品質保証が，綿花輸出という不確定要素の多い遠隔地貿易にとって適当であったかどうかは大いに疑問である．また輸出商はなじみの金融業者（シュロッフshroff）をブローカーとして綿花買付を行い，またシュロッフは奥地大商人のボンベイ代理人となることがあったため，場合によってはシュロッフが輸出商の買付ブローカーと保証人とを兼ねることになり，綿花取引を強く差配することになった．こうした保証人やブローカーの関与によって輸出商の仕事は著しく減り，「輸出商の

唯一の機能は，様々な仲介者に命令を下すことだけにあった(12)」という評価さえある．この事情も，種々雑多な商人を安易に綿花輸出に参入させる要因となったのであり，他面で危険負担や責任の所在を，分散させるとともに曖昧なものにした．多くの投機的要素に満ちた60年代の「綿花ブーム」は，以上の商業組織によっても大きく増幅されたのである．

　委託販売制度は1860年代以降，国際貿易の一層の拡大と迅速化に適した商業・金融・情報伝達システムの創出に伴って，急速に衰退に向かった．世界市場構造の革新こそが，委託販売制度を衰退させた主因であるが，その点の検討に先立って，インド産綿花輸出に関わって従来の制度に孕まれていた弱点を指摘しておきたい(13)．

　第1に，70年代以降リヴァプール市場でのインド産綿花に対する需要が落ち込むなかで，製品の品質がより厳しく問われるようになったが，インドにおける品質の吟味は十全には行われなかった．委託販売制度の特質にもとづいて安易に信用が供与されたのみならず，保証人制度において，保証が口頭で行われることが多く，また保証書が添付された場合でも十分な内容を伴わなかったため，委託荷の品質や価値をめぐって代理商社と保証人の間に深刻な不一致が生み出されることがあった．

　第2に，輸出業者にとっては，容易に貿易に参入できる反面で，不利な状況を余儀なくさせられる場合があった．委託者である輸出業者は海外での販売に殆ど関与することができず，販売実績が前貸額に満たない時は，代理商社が戻り手形（redraft）を振り出して委託者に補塡を求めたが，補塡は代理商社の海外代理人が誠実に，かつ正当な注意を払って販売を行ったという相互理解を前提とした．しかしながら，不確定要素の多い遠距離貿易であってみれば，市況の判断や販売行為の妥当性について委託者と海外代理人との見解が相違し，補塡をめぐって対立が生じることがあった．また手形は現地の為替銀行によって割り引かれたが，銀行はシャーの原則に従って，零細で信用に乏しい委託者よりも，むしろ関与する代理商社に対する信用にもとづいて割引を行ったので，万一代理商社が倒産した時には，担保とされた委託荷は銀行が所有し，委託者に返還されなかった．もちろん，委託販売制度にもとづいて，船積原価のすべてが前貸されなかったことも，輸出商にとって資金回収の面で不利であった．

　第3に，代理商社にとっても，インドに特有な責任の所在の曖昧さが不都合に

結びついた．すなわち委託者がパートナーシップを組んでいる際，その構成員を正確に特定できない場合があり，損失補塡に支障をきたした．それは，パートナーが頻繁に替わること，商人の登録制度が欠如していること，現地人商人に関する情報が乏しいことなどにもとづいていた．

第4に，60年代後半，「綿花ブーム」の崩壊に伴って金融恐慌が発生し，保証人ともなるべき多くの主導的企業が倒産するなど，ボンベイのインド人商業界に大きな混乱が生じた．こうして「1860年代の綿花輸出ブームおよびその崩壊を通じて，安定した貿易諸制度に対する願望が強められた[14]」のである．

以上に見てきたように，委託販売制度の下での安易な信用供与および価値実現の不確実さに加えて，この制度に対応すべきインド在来の商業組織の，少なくともヨーロッパ人商人の観点からする未整備が，「綿花ブーム」の崩壊という経緯を通じて，委託販売制度の限界性を一層明瞭にしていったといえよう．

(2) 「交通革命」と注文取引＝積地売買の発展

1850・60年代の世界市場はしばしば「交通革命」によって特徴づけられてきた．それは，各大陸における鉄道の普及，鉄製蒸気船による大洋航海の開始，および海底ケーブルの敷設による大陸間電信網の創設等を内容とする．1869年のスエズ運河開通は，ヨーロッパとアジアとの距離を一気に縮め，蒸気船の普及に大きく貢献した．

1830年代までイギリスからインドへの行程は通常，東インド会社所属船で喜望峰を経由して片道6カ月以上を要し，その上インドのモンスーンの影響によって往復行程には約2年の歳月がかかった．インドに至る蒸気船の実験は1830年前後より開始され，40年代にはスエズとボンベイを結ぶ定期汽船運航が実現した．それは主に郵便物と旅客を運び，50年代半ばにはロンドンからボンベイへの旅程は1カ月に短縮された．69年のスエズ運河開通は，イギリスとインド，とりわけボンベイとの距離を大幅に縮めた．それは開通以前の10,667マイルから6,224マイルに短縮され，汽船の帆船に対する優位が最も大きくなったボンベイ航路では，直ちに新造汽船が進出した．開通の翌年に早くも船舶の28％が汽船となり，また80年代初めには英印間の貿易量全体の85％が運河経由となり，さらに90年代初期にはボンベイからの貨物はすべて汽船で運ばれた[15]．同時に既述のように，運

河開通は大陸ヨーロッパとインドとの直接貿易を強く促した．従来喜望峰経由の帆船航路が不確実なこともあって，大陸ヨーロッパへの輸送に当たっては，一旦物産がイギリスに荷揚げされた後に大陸へ再輸出されたが，今や大陸ヨーロッパの買い手は，圧倒的に短くなった新航路を利用して物産を直接自国に託送させるようになった．また大陸ヨーロッパへのインド産綿花の直接輸送は，設立間もない運河会社にとって重要な収入源となった[16]．

インドでは1854年にアジアで最初の電信が通じ，翌年のカルカッタ―ボンベイ間をはじめとして，主要都市間の電信網が整備されていった．1862年から64年にかけてカラチからペルシャ湾沿いにファーウまで1,450マイルの海底ケーブルが敷設され，そこからは地上線を伝わってイギリスと結ばれた．さらに1870年にはスエズからアデンを経てボンベイに至る海底ケーブルが敷設され，ボンベイから発せられた電信は，そのケーブルを通った後，スエズからアレクサンドリアまで地上線を通り，さらに海底ケーブルでマルタ，ジブラルタルを経てイギリスに到達した．こうした効率的な電信網によって，通信は5時間で確実に運ばれるようになった[17]．

大洋汽船航路および大陸間電信網は，ほぼ同時期に大西洋を隔ててアメリカとヨーロッパの間をも結んだのであるが，こうした運輸・通信システムの画期的改良は，国際貿易の環境を格段に緊密なものとし，それに伴って従来の委託販売制度に代わる新たな貿易制度を生み出すことになった．その制度とは，売買形式としての注文取引にもとづく積地売買，および貿易金融・決済方式としての荷為替信用制度であった．同時にそれらは，従来の「現物取引」に加えて，取引の範囲拡大を示す「先物取引」が広く行われるようになったことにも関連していた．まず綿花を対象とする「先物取引」の発展過程について検討しよう[18]．

蒸気郵便船や電信の発達によって，綿花の現物が到着するはるか以前に，綿花供給地の状況に関する情報がリヴァプール綿花市場に届くようになった．帆船時代には，両者は同時期にリヴァプールに到着していたので，取引は既着の綿花の取引，すなわち「現物取引」以外になく，市場価格は「一時点における同市場内での綿花の需給関係に支配されるにとどまっていた[19]」．しかし今や現物綿花のみならず，「追って市場に到着すべき綿花」cotton to arrive つまり帆船で大洋を「航行中の綿花」cotton afloat や，輸出地で積載中の綿花についての情報が，相場に大きな影響を与えるようになり，市場価格の変動がはるかに激しく大きな

ものとなった．そのため綿花商人は，綿花の積載から到着に至る長期間における大幅な価格変動に伴うあらゆる危険を甘受しなければならなくなった．英米間貿易においては，こうした危険から逃れるために，「洋上取引」すなわち「既積品」cargo afloat の船積書類による売買が行われるようになった．この方法においては，委託商品が船積された後，委託商人がサンプルをニューヨークあるいはリヴァプールにいち早く送り，積荷がサンプルと一致しているとの所有者の保証の下で，船積書類と引き換えに売りに出された．売買が成立しない場合には，従前通り到着後委託商品として販売された．これは一種の「先物取引」というべきもので，それ自身きわめて投機性の強いものであった．綿花飢饉による価格急騰は綿花に対する盛んな投機を生み出し，今や「航行中の綿花」のみならず，「何カ月も先に船積される綿花」までが取引の対象となり，綿花売買は「現物取引」の範囲を大きく超えることになった．とはいえ，こうした「先物取引」の盛行によってブーム終了後の市況の崩落はきわめて深刻なものとなり，多くの綿業関係者の破滅を惹き起こしたのである．

　1860年代以降における電信の世界的なネットワークとしての発展は，やがて市況情報と現物との到着時間差を決定的なものとし，同時に迅速な情報伝達を可能な限り拡大することによって，先物取引に規則性と永続性を与えることになった．こうして general contract，すなわち「基準品種のみを指定し，積込船名も明示せず，単に通常2カ月の積込日のみを約定する[20]」取引の普及に見られるように，取引対象が特定綿花から非特定綿花へと拡大されることを通じて，先物取引にますます大きな一般性が付与された．そしてこのことが条件となって，現物取引に逆方向の先物取引を組み合わせる，取引保険たる「繋ぎ取引」hedging が発達し，取引の安全性が増していった．

　以上のような綿花取引の範囲拡大を背景として，紡績業者や綿花輸入商は，次第にリヴァプール市場での現物取引より，注文取引にもとづく自己勘定での綿花買付に移行していった．つまり従来の委託販売制度による揚地売買に代わり，注文取引にもとづく積地売買が行われるようになった．リヴァプールの綿花輸入商は，綿花輸出地に自己の支店や代理商を置いて，それら購買代理人に直接注文を発し，自己勘定買をさせるようになったのである．その諸背景をまとめれば次のようになる．まず本国の輸入関係者の立場からすれば，以下の3点がその背景となった．第1に，先物取引の盛行に示されるように，交通革命を通じて世界的な

市況に関する確かな情報が入手しうるようになったこと．第 2 に，紡績業者が資本蓄積を進め，信用力を増したこと．第 3 に，先述した先物市場の成熟に伴う取引保険の発達があったこと．続いてインドの輸出商の立場からすれば，ブームが終焉し市況が悪化するなかで，確かな注文と早期の資金回収が望まれていたという事情である．1867 年 5 月 2 日付『タイムズ・オブ・インディア』 Times of India 紙には，次の記述が見える．

「もし本国での消費者の需要を正確に知っている輸入業者が，綿花を内陸ルートで送りたしという注文を付した信用状を送付するなら，ボンベイの商人は疑いなく，喜んでそうしたビジネスを可能な限り手早く行うであろう．しかし，ボンベイ商人の直接的あるいは二義的な責任にもとづいて喜望峰経由で綿花を輸出することは，現在の市況やストックの急速な滞積を正しく見通している者にとっては，まったく問題にならない[21]」．

このようにボンベイの輸出商人は，注文取引およびスエズ運河経由による，確実かつ迅速な取引を望むようになっていたのである．総じて，世界的な市況に関する情報伝達が格段に迅速かつ緊密になることによって，世界市場における競争が激化し，取引は何より，迅速さ，機敏さ，確実さを必要とすることになったのであり，委託販売制度の衰退，従って注文取引＝積地売買の発展は，こうした世界市場の緊密化の端的な表現にほかならなかった．またその発展は，より緊密な世界的ネットワークを新たに構築するに至った，ヨーロッパに本拠を置く産業資本・商業資本の一層の成長をも雄弁に物語っていた．

(3) ヨーロッパ系商社のインド進出

リヴァプールやマンチェスタを含んだヨーロッパに本拠を置く国際的商社は，上述した注文取引＝積地売買の発展に対応して，1850 年代から 60 年代にかけて，ボンベイ等インドに自己の支店を設置し，あるいは代理商社などのヨーロッパ系企業を明確に自らのパートナー＝購買代理人として位置づけるようになった．つまり国際貿易企業の組織形態は，注文取引＝積地売買の発展に応じて，はるか大洋の向こうにまで自らの支店・代理店を設置するという，グローバルな膨張を遂げたのである．すでにわたくしは，第 7 章において，国際的綿花商社の奥地綿作地帯での諸活動について検討した．以下に検討される，これら商社のインド進出

とは，彼らの奥地展開の直接的な前提条件をなすものであった．

　これらの国際的商社は，出身地や元来の事業内容においてはきわめて多様でありながら，近代的世界市場の拡大・深化に伴って様々な活動を国際的に展開し，そのうちからイギリスにおける著名なマーチャント・バンカーやインドの重要な経営代理人を輩出していくことになる．とはいえ，これまで史料的制約もあってか，これら商社に関する立ち入った検討に乏しく，本章においても，若干の商社について簡単なプロフィールを紹介するにとどめる．

　前掲第 9-5 表で第 5 位に位置するラリィ・ブラザーズ商会[22]は，元来エーゲ海のキオス島を発祥地としつつ，19 世紀前半にイギリスに進出したギリシャ系商社の一つである．キオス島はギリシャで最も商業の盛んな土地で，商人達は 18 世紀から地中海地域に広く支店網を築き，穀物貿易などに従事してきた．彼らはイギリス産業革命の展開とともに綿製品をはじめとするイギリス産工業製品を扱うようになり，当初はライプチッヒでドイツ系商人より購入していたが，次第にロンドンおよびマンチェスタに支店を設けて直接購入するようになっていった．ラリィ商会は，1818 年にロンドン支店を，1828 年にマンチェスタ支店を設け，イギリスから綿糸をレヴァントおよびドイツに輸出する業務を始めた．こうして商会は地中海地域，中東，ロシア，イギリスなどにグループ企業を持つようになり，このうちイギリスに進出したラリィ・ブラザーズ商会が，1851 年にカルカッタ，60 年にカラチ，61 年にボンベイ支店を設置したのである．その主要な業務は，イギリス産綿製品をインドに輸出し，インドの綿花・穀物・油脂種子などを持ち帰ることにあった．商会は 1870 年あたりまでは綿花輸入に主力を注いだが，その後インド産小麦の輸入に比重を移し，それ以外にもジュート・米・麻袋をインドから輸入し，「インド最大の商社[23]」にして「ロンドンで最も著名なギリシャ系商社[24]」といわれたのである．またカルカッタ支店は，銀行業・紡績工場経営・石炭採掘業などに対して産業投資を展開した[25]．

　第 15 位のリッチィ・スチュアート商会は，グラスゴウを発祥地とするジェームズ・フィンリィ商会（James Finlay & Co.）とパートナーシップを組んで設立された企業である．同時にジェームズ・フィンリィ商会のインド支店たるフィンリィ・ミュアー商会およびフィンリィ・スコット商会の二つも，同じく第 9-5 表にボンベイの主導的綿花輸出商社として名を連ねている．フィンリィ商会の創始者ジェームズ・フィンリィは繊維製品の行商人であったといわれるが，息子カーク

マン (Kirkman Finlay) の代になって，商会はグラスゴウのアークライト型紡績工場を買収し，綿糸をドイツのパートナーを通じて大陸ヨーロッパに輸出し始めた．さらに商会は，リヴァプール・ニューヨーク・ニューオーリンズに支店を開設しつつ，「アメリカ産綿花取引における主導的イギリス系輸入商社の一つになった[26]」．カークマンは，グラスゴウ市長および庶民院議員として東インド会社の貿易独占権に反対するキャンペーンを指導する一方で，マンチェスタの商人兼キャラコ捺染業者であったバールトン (Henry & James Barton) とパートナーシップを組んでインド以東のアジア貿易に乗り出した．彼らは1816年にボンベイ向けの試行的な綿糸輸出を企てたが，その際の貨物上乗人であった人物（リッチィ・スチュアートであると思われる）が，ボンベイに定着し，カークマンらをパートナーとしてリッチィ・スチュアート商会を設立したのである[27]．商会は，「おそらくその殆どがフィンリィの紡績工場で作られ，彼らのリヴァプールの倉庫から積出された綿糸からなる捺染布の取引で成功を収めた[28]」．さらにジョーンズ (C. A. Jones) の研究によれば，ジェームズ・フィンリィ商会のボンベイ支店であるフィンリィ・クラーク商会 (Finlay Clark & Co.) が，1862年という綿花飢饉の最中に，グラスゴウにあるグループの紡績工場に対する綿花供給を目的として設立され，それはたちまちヨーロッパ向けインド産綿花の最大の輸出商社になったといわれる[29]．こうしてフィンリィ・グループは，イギリス産綿製品のアジア向け輸出とともに，綿花・茶・絹などのアジア物産をヨーロッパに輸入することを主要業務としたのであるが，19世紀後半には，綿製品貿易における競争が激化したため，新たな利潤源泉を求めて，直接投資を含む広範な企業活動をアジアにおいて展開することになった．「フィンリィ・グループの茶農園への投資は1898年までに436万ポンドに達し，農園ではおよそ7万人の労働者が雇用された．彼らはまた，1873年以降カルカッタのジュート工場に，1882年からは海運業に，1902年からはボンベイの紡績工場に，それぞれ多額の投資を行った．そして彼らは，様々なロンドンの保険企業グループのインドにおける代理人となった[30]」．

前掲第9-5表において16位に位置するフォルカート・ブラザーズ商会[31]の創始者ソロモン・フォルカート (Solomon Volkart) はスイスに生まれ，若き日にイタリアのオリーブ油を扱う貿易商社やスイスの染色および捺染工場で働いた後，1840年代末よりスイス産業革命の一環として綿工業が急速に発展してきたことから，綿製品および綿花貿易の有望性に目をつけた．同時に1849年イギリスの

航海条例が廃止されたこともあって，インドと大陸ヨーロッパとの直接貿易を企図し，1851年に弟とともに出生地ヴィンターツールおよびボンベイを拠点としてフォルカート・ブラザーズ商会を設立した．以来商会は，コロンボ・コーチン・カラチ・マドラス等に支店を開設してインド貿易の拡大を図るとともに，1868年にはロンドンに進出した．インドでは，1864年インド半島南端近くにティネヴェリ整俵会社（Tinnevelly Press Co.）を設置し，またベラール地方に綿花買付代理店を置いたのをはじめとして，内陸の綿作地帯に整俵工場および綿花買付代理店を次々と設置していった．こうしたヨーロッパ系商社による奥地綿作地帯への進出については，すでに第7章で検討された通りである．商会はさらに1870年代ベラールに紡績工場を設立している．

以上に示されたように，ヨーロッパ系の主要商社は，元来の出身地や営業内容は多様であっても，次の点で共通点を持っていた．すなわち，たいていが，産業革命をリードした綿工業の発展に伴って重要性を獲得した綿製品輸出および原料綿花輸入貿易に参入し，綿工業の一層の膨張がインドを含むアジア地域を貿易対象に組み込んでいくなかで，アジアへの商業拠点の設置を促され，以後それを足場として，産業投資を含めた広範な企業活動を展開していったことである．綿花輸出を支配したヨーロッパ系商社のインド拠点は，ヨーロッパにおける綿工業の発展の直接的な派生物であるとともに，ヨーロッパ人がアジアにおいて一層多様で広範な貿易・金融・産業活動を展開し，アジアを世界市場に格段に緊密に結びつけていく上での足場となったといえよう．すなわちインド産綿花輸出貿易に対する支配の確立は，ヨーロッパ資本によるアジア展開の，まさしく橋頭保の一つとなったのである．

(4) 植民地銀行の進出と荷為替信用制度の発展

ヨーロッパ系商社の支店・代理店網のアジアにおける確立にもとづく注文取引＝積地売買の発展は，同時にそれに適合的な貿易金融・決済方式としての荷為替信用制度の普及を伴っていた．

荷為替信用制度の大要は次のものである．注文取引にもとづいて売買契約が成立した後，輸入業者がその内容に沿った信用状の発行を自分の取引銀行に依頼する．信用状を受け取った輸出業者はその内容に従って船積書類（船荷証券・保険

証書）を整え，信用状発行銀行を名宛人とする為替手形（通常はロンドン宛スターリング為替手形）を振り出して，自分の取引銀行あるいは信用状指定銀行に呈示する．銀行は船積書類と引き換えに手形を買い取り，次に手形金額を信用状発行銀行の預金口座より引き落し，さらに書類を信用状発行銀行に送付する．発行銀行は輸入業者による代金支払と引き換えに書類を引き渡す．マーチャント・バンカーは，信用状の発行，手形引受および手形買取を通じて過程に介入し，彼らの高い信用力と豊富な資金によって取引は一層円滑に行われる．マーチャント・バンカーが引受けた手形は，満期前にロンドン割引市場において有利に換金されえた．こうして荷為替信用制度は，次の諸点において，委託販売制度の諸限界を乗り越え，一層進んだ貿易金融・決済方式となった．①信用状をはじめとする書類の形式を厳密に整備したこと．②船荷証券および保険証書を担保物権として譲渡することにより取引の安全を図ったこと．③銀行信用を通じて積荷原価の満額を融資したこと．④銀行間振替決済を通じた円滑な決済を行ったこと[32]．

　荷為替信用制度の中心的内容が，銀行間振替決済にあることはいうまでもない．荷為替信用制度においては，貿易商人が貿易金融・決済業務で主要な役割を果たすことから解放され，代わって国際的ネットワークを確立した金融専門機関が金融業務をほぼ専一的に担った．つまり荷為替信用制度の普及は，金融機関相互の国際的ネットワークの確立を前提条件としていた．そしてこの条件は，19世紀中頃以降における次の事情によって満たされた．まずマーチャント・バンカーが自らの商業機能を縮小しつつ，金融業務に専門化していったこと．彼らは自身で，国際的な金融ネットワークを構築していた．また植民地銀行（colonial bank）・海外銀行（foreign bank）が漸次設立され，それらによる海外支店・代理店網の整備が進んだことである．そして金融機関相互のネットワークはそれだけにとどまるものではなかった．これら海外で活動する金融機関は，ロンドンに本拠を置く大預金株式銀行との間で，融資や取締役相互派遣を通じて強い提携関係を結び，さらに預金銀行の背後には，それらに対する「最後の貸し手」たるイングランド銀行が控えていた．こうして19世紀後半において，「イングランド銀行―ロンドン株式銀行―植民地・海外銀行（およびマーチャント・バンカー）という英国銀行制度の近代的世界大的体系[33]」が成立したのである．

　上の世界的体系においては，ロンドン宛スターリング為替手形が事実上の国際通貨＝金融資産となり，そのことが銀行間振替決済を広く普及させると同時に，

世界諸国の債権・債務および対外支払準備をロンドンに集中させ，もってロンドンに「世界の清算所」たる地位を与えた．またイングランド銀行は，かかるロンドンの地位を前提として，ロンドン割引市場を介して「世界の中央銀行」としての機能を果たすことになる．こうして荷為替信用制度の普及は，パクス・ブリタニカの一層の成熟を示す，イギリスを中心とした新たな国際的信用制度の構築と表裏一体の関係にあったのである．

アジアにおいては，1851年のオリエンタル銀行（Oriental Banking Corporation）を嚆矢として，以後陸続と植民地銀行・海外銀行が設立され，貿易金融・決済方式の主体は荷為替信用制度に移行していった．こうしてアジアにおける貿易金融・決済方式も，イギリスの「世界大的銀行体系」に包摂されていったのであり，ヨーロッパ系商社は，こうした国際的金融組織に対して，自らのこれまた国際的な支店・代理店網を重ね合わせることによって，この組織の供与する便宜を十全に享受することができた．こうして注文取引および荷為替信用制度にもとづく新たな貿易制度が旧来の委託販売制度にとって代わり，後者を通じて綿花貿易への参入を許されてきたインド人輸出商は，いよいよそこから排除されることになったのである．

9-4　小　　括

以上本章では，1870年代にインド産綿花輸出においてヨーロッパ系商社がインド人輸出商を排除して寡占的支配を確立することに注目しつつ，その背景を，19世紀後半における世界市場構造の諸変化——大陸ヨーロッパ諸国の産業革命，交通革命，貿易制度の革新，国際的商業組織の発達，イギリスを中心とする国際的銀行体系の確立等——の検討を通じて考察してきた．本章で検討されたインド産綿花輸出における国際的商業・金融組織の変容は，インドを含んだ世界市場における緊密性・一体性の高まりの表現であるとともに，イギリスを中心とした欧米先進諸国が一層の主導性を発揮しつつ，世界諸地域をその主導下に再編していく過程の一局面をなしていた．

全体的にこれら組織の再編は，綿花開発に関わる他の諸構造の再編過程との比

較において，さしあたりスムースに展開されたといって良いであろう．その背景は，何より，16世紀以来のインドからヨーロッパへの直接的な，つまり長らく喜望峰を経由した輸出貿易が，その初発よりヨーロッパ人商人の一方的発意にもとづき，もっぱら彼らが独自に構築した国際的商業・金融組織を通じて行われてきたことにある．つまりこの再編は，インド人にとって元来なじみの薄い領域を対象としたがゆえに，インド人に主導される既存の構造との対抗関係をそれだけ僅かしか含まなかったのである．インド人商人は，従来アジア内部における遠距離貿易に伴う国際的な商業・金融組織を自ら構築してきたとはいえ，ヨーロッパ向けの直接的な輸出貿易は，当初よりそれらに殆ど包摂されることがなかった．この事情は，インドの経済活動全体にとって，ヨーロッパとの直接貿易が長らくさほど大きな意義を占めてこなかったことを反映していた．再編の前提となった委託販売制度においても，上の特質が継承されつつ，インド人商人が委託者となり，他方でヨーロッパ系代理商社が委託商人となって，両者の間で役割が分担された．ここでインド人商人は，委託商人としての機能に必要なヨーロッパとの間の国際的な商業・金融組織を自ら構築することはなく，それらは代理商社の主導下に形成された．他方で代理商社は，インド人商人による委託商品の提供とリスク負担によって，自らの貿易をそれだけ拡大することができた．こうして19世紀中頃以降の注文取引および荷為替信用制度にもとづく新たな国際的商業・金融組織の発展は，インド人商人が従来与ることの少なかった領域における革新を内容としていたがゆえに，比較的スムースな進行を遂げることができたのである．

第9章 註

(1) インドの全綿花輸出量うちボンベイから輸出されたものの割合は，1860/1年からの5年間で年平均82.5％，65/6年からの5年間で68.6％，70/1年からの5年間で72.7％に達する．A. M. Vicziary, 'The Cotton Trade and the Commercial Development of Bombay, 1853–1875', Ph. D. thesis, University of London, 1975, p. 74, Table I より計算．
(2) T. Ellison, *The Cotton Trade of Great Britain*, 1886, repr., 1986, Statistical Tables, No. 1 より計算．
(3) *Ibid*., Statistical Tables, No. 4 より計算．
(4) A. M. Vicziary, op. cit., p. 45, Table III より計算．
(5) *Annual Statement of the Trade and Navigation of the Presidency of Bombay for*

the year 1874-75, 1875, p. xxv の表より計算．
(6)　M. B. McAlpin, 'The Impact of Railroads on Agriculture in India, 1860-1900 : A Case Study of Cotton Cultivation', Ph. D. thesis, University of Wisconsin, 1973, p. 156 の表より計算．
(7)　A. M. Vicziary, op. cit., p. 45, Table III より計算．
(8)　A. M. Vicziary, 'Bombay Merchants and Structural Changes in the Export Community 1850 to 1880', in K. N. Chaudhuri & C. J. Dewey(ed.), *Economy and Society*, 1979, p. 166.
(9)　委託販売制度については，徳永正二郎『為替と信用』, 1976 年, 第 4 章を参照されたい．
(10)　担保前貸制度については, 中里成章「ベンガル藍一揆を巡って(1)」『東洋文化研究所紀要』第 83 巻, 1981 年, 132-136 ページ参照．
(11)　A. M. Vicziary, 'Bombay Merchants and Structural Changes in the Export Community 1850 to 1880', p. 175.
(12)　*Ibid*., p. 177.
(13)　以下の事情については，A. M. Vicziary, 'The Cotton Trade and the Commercial Development of Bombay, 1853-1875', pp. 203-212 参照．
(14)　B. R. Tomlinson, *The Economy of Modern India, 1860-1970* (*The Cambridge History of India* III), 1993, p. 111.
(15)　A. J. H. レイサム（川勝平太・菊池紘一訳）『アジア・アフリカと国際経済 1865-1914 年』, 1987 年, 16, 19 ページ．
(16)　D. A. Farnie, *East and West of Suez : The Suez Canal in History 1854-1956*, 1969, ch. 6.
(17)　D. R. ヘッドリク（原田勝正・多田博一・老川慶喜訳）『帝国の手先』, 1989 年, 193 ページ．
(18)　以下，リヴァプール綿花市場における「先物取引」の発達については, 中川敬一郎『イギリス経営史』, 1986 年, 第 2 章, および徳永正二郎, 前掲書, 第 5 章参照．
(19)　中川敬一郎, 前掲書, 106 ページ．
(20)　同上書, 115 ページ．
(21)　*Times of India*, 2 May 1867, quoted in A. M. Vicziary, 'Bombay Merchants and Structural Changes in the Export Community 1850 to 1880', p. 180.
(22)　以下のラリィ商会についての記述は，S. Chapman, M*erchant Enterprise in Britain*, 1992, pp. 153-6 を参照．
(23)　*Ibid*., p. 281.
(24)　*Ibid*., p. 209.
(25)　*Ibid*., p. 255.
(26)　*Ibid*., p. 95.
(27)　C. A. Jones, *International Business in the Nineteenth Century*, 1987, p. 55.
(28)　S. Chapman, *op. cit*., pp. 95,6.
(29)　C. A. Jones, *op. cit*., pp. 149,50.
(30)　S. チャップマン（布目真生・萩原慶喜訳）『マーチャント・バンキングの興隆』, 1987 年, 271 ページ．
(31)　以下のフォルカート・ブラザーズ商会についての記述は，George Reinhart, *Volkart*

Brothers in Commemoration of the Seventy-Fifth Anniversary of the Foundation,
　　　1926, pp. 17-23 を参照．
(32)　荷為替信用制度にもとづく新たな国際的信用制度については，徳永正二郎，前掲書，第
　　　6 章参照．
(33)　同上書，309 ページ．

第3部のまとめ

　本書第3部における検討の主軸は，次の2点に置かれていた．第1に，綿花開発の「本質」を見定めることであり，第2に，その「本質」に照らして，様々な政策実態およびそれらの諸帰結を意義づけることである．
　第1の課題においてわたくしは，外国綿種移植政策が遭遇した諸困難を分析し，その諸要因が農民経営構造より世界市場諸構造に至る，すなわち綿花開発に関わって，最も基底的な要素より，最も総体的な要素に至る全体構造に亘って存在することを見い出した．外国綿種移植の困難をもたらした諸要因は主に次の3点のうちに存在した．①「封建制下における小農民経営の支配的存在」，②「綿工業の祖国」であるインドが，諸構造を堅く結合させながら長年に亘って構築してきた，インド国内の「綿工業・綿作に関わる既存の生産・流通・市場構造」，③厳しい国際競争を含んだ綿花に関わる「世界市場諸構造」．綿花開発の重要な本質は，こうした諸特質を持つ全体構造に対する全般的再編を要請されたことにあった．他面で綿花開発の前進のために，これら全体構造の再編がどの程度必要となるかについては，これら諸構造のうちの特定の構造における事情によっても左右された．というのは，綿花飢饉時にはイギリス本国からの需要が例外的に強く，その強さは他の諸構造に孕まれた困難性をある程度突破しつつ，イギリス綿工業によるインド産綿花の大きな消費に結びついたからである．しかし綿花飢饉時の状況は，長期に亘った綿花開発過程全体にとっては，一時的ないし例外的な現象にすぎず，それ以外の時期においては，全体構造の再編に本腰を入れない限り綿花開発における何らかの前進はおぼつかなかった．
　以上の構造的諸困難を前にして，開発展望の基本線は，農民的商品経済の発展を基礎過程としつつ，その上で国内・外に亘る流通構造を効率化・合理化することによって，イギリス本国からの需要を最大限生産構造にまで浸透させ，それを通じて生産・市場構造を再編するという，「市場原理」にもとづいた方策に向かわざるをえなくなった．開発が市場原理を基軸に据えざるをえなかったことの最奥の根拠は，インドにおける綿作からイギリス綿工業による綿花消費に至るすべて

の過程が，商品経済の基礎上で行われたことにある．こうした開発の特質は，近代的世界市場を前提とし，あるいはその拡大に伴って行われる経済開発である限り，本質的に伴われるものであった．その意味で綿花開発は，インドにおいてその深部に至るまで商品経済を浸透させ，もってインドを世界市場に緊密に統合することを課題としていた．

　以上のように理解された綿花開発の本質および開発展望の基本線は，綿花開発のみならず，およそ植民地における経済開発全般にも通じる，以下の諸特質を示唆している．上に述べた内容を含めて，再度整理してみよう．

　第1に，植民地における経済開発であっても，特定の社会構造を他と切り離して，そこだけに特化した再編を達成することは困難であること．植民地における特定の社会構造は，他の諸構造と相互規定的な結びつきを持ち，それらが相まって植民地社会の独自な全体構造を形成している．この点においては，植民地社会と他の社会との区別はない．植民地社会に含まれるダイナミズムとは，こうした全体構造が持つ特質の発現にほかならず，従って開発のかかる特質は，植民地支配が現地社会のダイナミズムから強い規定性を受けつつ遂行されることの，別の表現である．

　第2に，植民地における経済開発の成果は，開発が近代的世界市場を前提とし，あるいはその拡大に伴って行われる限り，市場原理に適うものでなければならないこと．別言すれば，植民地政府が自らに集中させた強権を発動して，市場原理からはみ出した「成果」を強行的に実現したとしても，その「成果」は長続きせず，またそうした開発政策は結局のところ主軸たりえない．もちろんこの特質は，植民地政府が現実に何ら強権を発動することがないとか，あるいはその発動がまったく無意味であることを示しているのではない．強権の発動が開発にとって意味を持つのは，長期的に見て市場原理に適った成果を生み出すような条件整備に発動が向けられる場合である．

　第3に，上の二つの特質を前提すれば，経済開発は，植民地社会の深部に至るまで商品経済を浸透させ，もって植民地社会を世界市場に緊密に統合することを課題とせざるをえないこと．開発過程の時々におけるこの課題の必要性の程度は，開発に関わる諸構造の特定部分の状況に規定されて，様々でありうる．しかし開発が一層徹底的に進められるとすれば，あらゆる開発はいずれこの課題に直面せざるをえない．その意味でこの課題は，植民地における経済開発一般に本質的に

含まれるものである．

　第4に，上の特質は要するに，植民地における経済開発は本質的に，植民地社会の根底的近代化を課題として含まざるをえないことを意味する．ここで根底的というのは，社会深部に至る商品経済の浸透が課題とされることを指している．同時に開発は，それが厳しい国際競争を前提としていることからも，開発対象となる物産の生産における生産力拡大をも要請する．そしてこの生産力拡大は，植民地国内における流通・市場構造を，開発にとって有利なものに再編するという課題からも必要とされる．すなわち開発の前進は，開発が市場原理を前提として行われる以上，当該生産における生産力拡大に強く依存しているのである．そして生産力の水準は，生産構造を主体としつつも，それを含めた社会諸構造全体によって規定されている．こうして開発は，商品経済の社会深部に至る浸透に加えて，社会構造全体の再編を通じた生産力拡大をも課題に据えざるをえないのである．

　以上に確認された経済開発の諸特質は，およそ経済発展に関わって，他の多くの社会にも当てはまる，より普遍的な発展法則が植民地インドにも貫徹していたことを示唆する点で重要である．インドが植民地であったことを根拠として，宗主国イギリスがインドに対して，思い通りのあらゆる経済構造を，たとえそれがいかに「偏倚的」であろうとも，必ず押し付けることができたとする理解は，まったく実態を無視したものである．

　では上に示した綿花開発の本質および開発展望の基本線に照らした時，19世紀末に至る政策実態およびその帰結はいかなるものであったのか．わたくしは，中央州およびベラールを検討対象としつつ，社会構造上論理レベルを異にする諸領域における，それぞれ以下の政策課題に対応する政策実態を分析した．①農民的商品経済の発展，②国内流通構造の再編，③国内市場構造の再編，④世界的市場構造への対応，⑤国際的商業・金融構造の再編．

　全体としてこれらの政策実態および帰結は，まず「イギリス綿工業の需要に適合的に品質改良された綿花のイギリス向け輸出拡大」という，当初の基本的政策志向の観点からすれば，カーナック以後においても，それ以前と同様に，きわめて成果に乏しいものに終始した．とはいえ他方で，上の諸政策課題は，領域ごとにかなり大きな差異を持ちつつも，僅かな前進までを含めて表現すれば，いずれの領域においても，何らかの程度で実現への接近が見られた．あるいは少なくと

も，開発展望の基本線に導かれた諸政策実態がそれぞれ，既存の構造に小さからぬ変化を与えたことは疑いない．とはいえ同様の内容の言い換えであるが，それらの政策実態の多くが，課題の十全な達成を遂げることがなかったこともまた銘記されねばならない．

　以下それぞれの領域における政策実態および帰結を，その前進面と限界面との両方に亘って，再度まとめて示そう．まず①から④に至る国内諸構造に関しては，主に地税制度改革および鉄道建設が課題の前進に対して重要な役割を果たした．それらはいずれも，在来社会の基底部に働きかけ，それを解体する方向性において作用を及ぼしたことによって積極的意義を担った．前者は自由主義的諸原理を通じて伝統的社会紐帯に解体作用を及ぼし，後者は商品流通一般を促進するとともに，ヨーロッパ系商社の奥地進出およびイギリス産綿製品のインドへの浸透にとって不可欠の役割を果たした．

　①の農民的商品経済の発展については，その緩やかな発展が見られた．しかし他面で小農民経営の支配的存在という特質の継続は，商品経済発展に大きな制約を課すことになった．同時に農民経営構造に関わって，農民による綿花栽培は，他の諸構造からも影響を受けつつ，イギリス市場に適した綿種よりも，国内市場およびイギリス以外の海外市場に適した綿種の栽培へますます傾斜していった．②の国内流通構造の領域においては，鉄道建設・ヨーロッパ系商社の奥地進出・公設綿花市場の創設・ヨーロッパ系商社による機械制製俵工場建設などを通じて，ヨーロッパ系商社主導の新たな流通経路構築に向けて前進が遂げられた．とはいえ，こうした経路構築における最大の難関は，小農民経営の支配的存在を要因とする，農民生産に対する直接的包摂の困難性にあった．次に③の国内市場構造においては，鉄道建設を主要な契機として，1880年あたりまでイギリス産綿製品の浸透とそれに伴う現地綿工業の駆逐が進んだ．しかしそれ以後，イギリスからの綿花需要が低迷したこと，および現地綿工業が動態的発展を遂げたことを通じて，綿花の国内消費拡大と海外輸出停滞がもたらされた．④の世界的市場構造に関しては，まずこの領域では「市場介入政策」にもとづく積極的な再編の取り組みが余り行われなかった．その結果，綿花の輸出先としては，大陸ヨーロッパの比重がやがてイギリスのそれを上回り，さらに時期が進めば日本が最大の輸入先として登場した．とはいえ，イギリス向け輸出量減少が他地域向け輸出量増加によって補われることによって，綿花はインドの主要輸出産品としての地位を維持した．

⑤の国際的商業・金融組織の再編においては，従来の委託販売制度より，注文取引・荷為替信用制度にもとづく新たな貿易制度への革新が達成され，革新に適合的な商業組織を構築したヨーロッパ系巨大商社が，インド人輸出商の関与を排除しつつ，インド産綿花輸出業務に対する支配を確立した．この課題達成は，インド人が元来この領域に殆ど関与してこなかったことを背景として，他の領域に比べてスムースに進行した．つまりイギリス主導による構造再編は，インド人が伝統的に強固な構造を構築し，あるいは彼らが主体的に関与している領域においては，インド人主導下の既存の構造とのそれだけ厳しい対抗関係を強いられ，結果的にイギリスの企図する再編がきわめて不十分なものに終わる場合が多かった．イギリス主導による再編は，それだけ現地社会実態から強い規定性を受けていたのであり，別言すれば，その再編能力は，あらゆる既存の構造を自らの意のままにできるほど高いものではなかった．

　ここで以上の諸政策実態を踏まえて，カーナック以後においても依然として，「外国綿種のイギリス向け輸出拡大」という本来的政策課題が達成されなかったのはなぜであるかという問題を考察してみたい．もちろんこの点に関わっては，カーナック以前の事情の分析を通じてすでに明らかにされた諸要因の多くが，上の諸政策実態に示されるように，決して十分に解消されることなく，依然としてこの課題に対する強い制約要因となり続けたことは疑いない．従ってここでは，それらの要因を繰り返すのではなく，むしろカーナック以後の社会構造変化にもとづいて新たに重要性を増した要因について検討したい．

　第1に指摘されうるのは，農民的商品経済を含めて，社会全体を通じて商品経済関係が浸透するなかで，商品経済に特有な市場（生産）の無政府性が強められたことである．すなわち地税制度改革や鉄道建設によって促進された商品経済の発展は，それ自身が持つ市場の無政府性を通じて，かえって，多側面に亘って上の政策課題に沿わない諸変化を生み出すことになった．まずカーナックがすでに洞察していたように，農民の間では市場動向次第で栽培作物を頻繁に変更する傾向が強まり，それだけ綿花栽培の強制がますます困難になった．また鉄道によって促進された商品流通の発展および迅速化は，インド綿工業に対して，その原料綿花・綿糸の調達および綿製品の販路開拓において多大な便宜を提供した．同時にそれは，多様な諸農産物の市場を大きく拡大することによって，栽培次元における綿花と他農産物との競合を強めた．さらに商品流通の発展は全体として，国

内市場の拡大・深化を促し，それだけ海外輸出圧力を弱めることになった．最後に，新たな綿花流通経路を構築しつつあったヨーロッパ系商社もまた，決して綿花貿易のみに拘泥するものではなかった．彼らは綿花貿易の収益性が悪化すれば，その流通経路を活用し，かつ国内全体に亘る商品経済の発展を前提として，他の諸物産の取引や別の様々な企業活動に容易に転じていった．こうしてインド現地社会の新たなダイナミズムを構成しつつあった商品経済の発展は，イギリスの政策意図実現を一面で促進しつつも，他面でそれに相反する諸変化をも生み出したのである．

　第2に，以上に表現された市場統制の困難性を強めた本質的な要因の一つがまた，結局のところ，小農民経営の支配的存在にあった．無政府性に支配され，競争を本質とする市場経済において，優位を占めるための必要条件（十分条件ではない）は，他の競争対象（ここでは他の栽培作物・他の流通組織・他の生産国など）に対する生産力的優位である．また生産規模拡大や生産の何らかのより広い組織化は，市場支配力と結びついて，市場の無政府性に対抗しうる要素ともなる．ところが，イギリスの主導する綿花開発は，栽培主体として，大規模な効率的経営の対極にある小農民経営に依然として依拠したことによって，インド綿花生産をして他の競争対象に対して優位に立たせることができず，またとりわけ他国との競争において決定的な劣位に陥らさざるをえなかった．同時に小農民経営に依拠した商品生産という特質は，別の側面において，市場の無政府性を一層強めた．というのは，小農民経営は土地をはじめとする生産諸手段との結合にもとづいて自立的に再生産されうるために，その生産内容を外部からの指揮・命令によって統制することがきわめて困難だからである．

　総じて，インド綿花開発は，その本質に従って，インドにおいて，農民的商品経済までも含めた社会全体に亘る商品経済・商品流通を発展させることを課題とせざるをえなかった．しかし他面で現実に実現された商品経済発展は，なお小農民経営の支配的存在が維持されたこととも結びついて，かえって，市場の無政府性を通じて，政策課題に沿わない多くの諸変化を生み出した．そしてそのなかには，インド民族資本によって経営される機械制綿工業の発展のように，インドの将来的自立の基礎となる変化も含まれていた．植民地支配はインド綿工業の成長に対して，一方で自由貿易政策の強制によって打撃を与えつつも，他方で植民地開発の推進によって，結果的にその成長条件の一部を創出していったのである．

植民地開発とは，植民地支配の維持・強化にとって，まことにパラドキシカルな歴史的役割を果たすものにほかならなかった．

以上の諸経緯を通じて，インド綿花開発の「成果」は，時期が進むにつれ，イギリス綿工業に対する原料供給よりも，インドの貿易黒字獲得に貢献するものへと傾斜していった．こうした推移は，イギリスの政策意図が，現地社会実態との接触あるいはそれとの格闘を通じて，実態に適応せざるをえなかったことの帰結であり，従ってそれは，イギリスの政策意図とインドの社会実態との相互規定関係より生み出されたといわねばならない．

他方でインド貿易黒字獲得という政策課題実現に対して，上述の諸政策実態における前進面が，概ねすべて促進要因として機能したことが銘記されねばならない．インドにおける商品経済・商品流通の発展，ヨーロッパ系商社主導下の迅速で効率的な国内流通経路の構築，国際的な商業・金融組織の革新は，さしあたり綿花開発を規定的目的とし，その政策展開に伴って進展してきたものの，イギリスにとってそれらの意義は，綿花開発の当初の政策課題が挫折するとともに潰えたのでは決してなかった．むしろそれらは，インドをしてその深部に至るまで世界市場に統合させ，かつそれを通じて，イギリス資本がアジアにおいて一層多様な活動を展開し，またイギリス主導の新たな世界市場編成が形成される上での，不可欠の前提条件となった．ここで新たな世界市場編成とは，主に「多角的貿易決済機構」にもとづく「ポンド体制」の構築を指している．インド綿花開発は，当初の規定的目的の観点からすれば，概ね挫折に終わったものの，インドの世界市場への緊密な統合，および「パクス・ブリタニカ」の新たな編成の実現にとっては，小さからぬ成果を生み出したのである．

さらにインド綿花開発の「成果」がインド貿易黒字獲得への貢献に傾斜していったことは，イギリス本国側におけるインド綿花開発をめぐる諸事情によっても促された．それは以下の諸点を内容とする．①アメリカ等他地域からの綿花供給が確保された上で，インドに対して「代替的供給地としての充実」を求めるという元来の政策志向．②イギリス綿工業が高級品生産へと傾斜しつつ，エジプト産長繊維綿花などの一層良質な綿花に対する需要を強めていったこと．③本国および植民地政府，並びにイギリス綿業資本が，インド綿花開発に伴う経費負担増大に消極的であったこと．これら諸点は，イギリス側関係者が開発に当たって，必ずしも長期的展望を持つことなく，いわば「利用できるものだけをできるだけ安

第3部のまとめ 429

価に利用する」という態度を貫いたことを意味する．われわれはこの点に，植民地開発に特有の腐朽的性格を見出すことができよう．

　次に上述の開発の帰結をもたらした本国側における別の事情とは，イギリスが19世紀末までに「産業帝国」より「金融帝国」へと移行し，それに伴って，本国がインド植民地支配に対して期待する「国益」の中心的な内容が，ますます「インドからの富の収奪」および「多角的貿易決済機構の堅持」に置かれるようになったことである．こうしてインド綿花開発の帰結は，現地社会の持つダイナミズムによって規定されていたとともに，本国側における諸基本的政策志向間のバランスの観点を通じても促されたのである．われわれはこうした事情において，地税政策の展開と綿花開発政策の展開とが共通の特質を持っていたことを確認することができる．

　本書第3部によって解明された以上の諸事実は，従来のインド綿花開発に関する通説的理解に重大な修正を迫るものである．まず綿花開発の成功を前提しつつ，開発を通じてインドが「低開発」あるいは「植民地的偏倚性」を強制されたことを力説するインド・ナショナリストおよび従属理論的論調に対しては，開発の困難性とそこでの普遍的発展法則貫徹の局面が，他方開発の挫折をもっぱらイギリス本国での支配的利害集団相互の社会力学（シティ金融資本の優位と産業資本の従属）に関連させるケイン・ホプキンズの「ジェントルマン資本主義論」に対しては，産業資本利害にもとづいた開発政策の真摯な実行，および開発政策の帰結が，イギリスの支配政策意図のみならず，それとインドの社会実態との相互規定関係からも生み出されたこととが，それぞれ対置されねばならない．さらにモリス流の解釈が，綿花開発を通じてインドの近代化が促進されたことを強調するならば，それには，近代化の歩みの遅々たること，および綿花開発過程を通じて植民地開発に特有な腐朽的性格が伴われたことが対置されねばならない．

終章　19世紀インド植民地支配の本質と
　　　　世界史的意義：総括

　これまで本書では，第1部より第3部までに亘って，産業革命期イギリス東インド会社の動態，19世紀中葉西部インドにおける地税政策の展開，19世紀後半における綿花開発政策の展開という，三つの検討テーマに即し，それぞれにわたくしなりの結論的主張を付しながら，分析を進めてきた．ここで本書を締め括るに当たって，それらの結論的主張を改めて相互に突き合わせ，また序章に述べられた課題との対応関係に留意しながら，本書の分析全体が示唆するところの，19世紀インド植民地支配の本質および世界史的意義について，まとめて考察してみたい．とはいえ，いうまでもなく，本書のきわめて限られた内容からして，かかる問題を隈なく論じることは到底できない．その意味で以下の考察は，何らかの程度で試論的かつ部分的なものにとどまることを断っておきたい．

　本書は，次の3点をもって主要な方法的特徴とした．第1に，インド植民地支配の本質を，「イギリス資本主義と植民地インド経済との相関」＝「イギリス・インド経済史の相関」に見出しつつ，その内容を，特定の政策の展開に伴う，「基本的政策志向―政策実態―政策の帰結」という一連のプロセスの分析を通じて明らかにすること．第2に，その分析内容を，イギリスを中心とした世界市場編成（＝「パクス・ブリタニカ」の基礎構造）の創出・変容過程という側面からも位置づけること．第3に，インド社会経済構造の推移を，「封建社会から資本主義社会への移行」という基本線に沿って把握すること．

　ここで「基本的政策志向―政策実態―政策の帰結」という一連のプロセスと，

終-1図 インド植民地支配をめぐる諸規定関係
世界市場編成（パクス・ブリタニカの基礎構造）

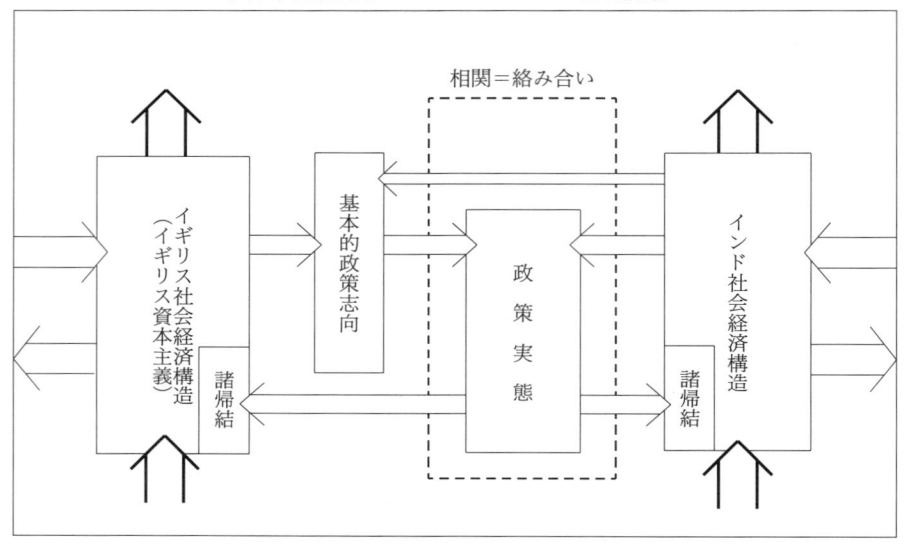

相関＝絡み合い

イギリス社会経済構造（イギリス資本主義）／諸帰結／基本的政策志向／政策実態／インド社会経済構造／諸帰結

イギリス・インド両社会経済構造および世界市場編成との間の諸規定関係について，序章で述べた点を含めて，再度まとめておきたい．終―1図はこうした関係を示したものである．まずイギリス・インド両社会経済構造は，それぞれ世界市場編成の構成要素をなすとともに，それに規定されながら，独自の構造的特質＝ダイナミズムを持ちつつ運動している．基本的政策志向は，一方で主要にはイギリス資本主義のダイナミズムによって導かれながら，他方ですでに，より一般的・抽象的な内容ではあれ，インド側の事情からも規定されつつ形成される．続いて基本的政策志向は，現地社会実態との相関（＝政策実態）を通じて特定の帰結をもたらし，同時にそれらの帰結は，イギリス・インド両社会経済構造のうちに反映される．すなわちイギリス・インド両社会の構造的特質＝ダイナミズムは何らかの程度において，それらの帰結によって規定されている．こうして特定のイギリスおよびインドの社会経済構造が，「基本的政策志向―政策実態―政策の帰結」という一連のプロセスの前提となるとともに，逆に一連のプロセスの帰結が両構造に反映されることによって，前提そのものを規定する．つまり両社会経済構造

は，一連のプロセスの前提であるとともに，その帰結の反映を含んだものである．同時に両構造は，英印関係以外から与えられる諸規定にもとづいて，インド植民地支配に対して不断に新たな要素を付け加える．総じてイギリス・インド両社会経済構造は，一連のプロセスを挟んで相関しながら，同時に世界市場編成との間で相互規定関係を持つ．本書の主要な課題は，以上の諸規定関係を具体的な対象に即して解きほぐし，そこに含まれた諸特質を析出することを通じて，インド植民地支配の本質と世界史的意義に接近することにあった．

　基本的政策志向の主要な前提であると同時に，政策の諸帰結の反映をも含んだイギリス資本主義は，19世紀を通じて，大きく次の三つの時期区分に対応する構造変化を遂げたと考えられる．①産業革命完遂（1820年代）に先立つ「重商主義期」，②世紀中葉における，「世界の工場」イギリスに対応する，「産業資本主義期」，③世紀末以降の，産業覇権喪失を経てレントナー化が進行する，「金融資本主義期」．そしてイギリスは各時期に，それぞれの構造に対応する海外支配体制を構築し，同時にその体制が世界市場編成を強く規定した．

　他方で本書の分析全体を通じて，植民地支配の起動力となった基本的政策志向として，さしあたり次の四つの内容が浮かび上がってきたと思われる．①治安維持を中心とする社会秩序の安定＝植民地支配自体の維持．これはいうまでもなく，他の基本的政策志向を含めた，植民地支配全体にとって大前提となる政策志向である．②植民地統治権限の草の根への浸透．これは，より具体的な，あらゆる政策意図実現を促進する条件となる政策志向である．③インドからの富の収奪の維持・拡大．その主要な内容は，植民地政府による租税収奪の拡大，および世界市場向け輸出産品の確保・開発にもとづくインド貿易黒字の維持・拡大である．④本国産業資本の利害に沿ったインド産業構造の編成替え．その内容は，インドの販売市場化および原料供給地化であり，別言すれば英印間農工国際分業関係の拡大・深化である．

　上のうち時々のイギリス資本主義の特質をより強く反映する基本的政策志向は，③および④である．以下まず，この2点に焦点を当て，かつイギリス資本主義およびイギリスの構築した海外支配体制の構造変化を概観しながら，基本的政策志向の推移について整理しよう．ウェルズリの政策構想に示されるように，産業革命完遂に先立つ重商主義体制下にインド領有の開始・拡大を果たしたイギリスにとって，さしあたり③が最も規定的な政策志向となったと考えられる．重商

主義体制は，一方で産業革命を温室的に促進するとともに，他方で産業資本の幼弱性を前提とするがゆえに，市場支配力を掌握する商人・金融業者による，産業資本利害から相対的に自立した利害展開を必然的に生み出す．つまり重商主義体制は，外国貿易商を中核とする商人・金融業者に主導されながら，彼らの利害に沿った国際的商業独占および植民地支配体制構築を志向することを通じて，結果的に産業資本の蓄積を促進する．この体制は，インド支配に関わって，イギリス産業資本の利害と相反する工業製品（綿製品）輸入を含めた，インド産品の輸入および再輸出の，他のヨーロッパ諸列強との対抗における独占を目指しつつ，かかる貿易拡大にもとづく貨幣的富の集積をもって主要な政策課題とした．こうして当該期のインド支配は，本国における「インド収奪体制」を創出した．

その後イギリスは産業革命の進展・完遂を通じて，工業生産力における世界的優位を獲得しつつ，「世界の工場」の地位に就いた．イギリスは，かかる優位にもとづいて重商主義体制を脱し，経済政策の基調を自由主義原理に転換するとともに，対外的には自由貿易政策の普及・強制を主な武器としつつ，自国を唯一の工業国とし，他国をイギリスに対する工業製品市場および原料・食糧供給地とする「古典的世界市場」の構築に向けて邁進した．こうした経過において，インド支配に関わっては，④の基本的政策志向がいよいよ重要性を高めた．とはいえ他方で，本国政府および産業資本はともに，決して③の政策志向を否定することなく，むしろそれとの親和性を保持していた．こうして19世紀中葉までの，重商主義体制の解体に伴う体制的転換期を通じて，イギリスは③と④とを両全させることをもって，基本方針とした．③にもとづく利害は，19世紀中葉イギリス資本主義の構造的一環に定置された．

1870年代に始まる「大不況」期以降イギリスは，生産の集積・集中にもとづいて新たな重化学工業化を達成していったアメリカおよびドイツの追い上げを受け，やがて工業生産力において両国に凌駕されるに至った．また米・独に続いて，ロシア・イタリア・日本なども工業化の歩みを開始した．イギリスは対外貿易において，工業製品輸出を減少させただけでなく，自由貿易政策を堅持したことも相まって，その輸入を増大させ，かつ後進農業諸地域からの食糧輸入が，当該期の「交通革命」を通じて大きく拡大したため，貿易収支において大幅な赤字を計上することになった．こうしてイギリスを単一の工業国とする古典的世界市場の形勢が崩れ，世界市場は複数の工業的中心国と新たに世界市場に編入された後進

農業諸地域とが相互に複雑な貿易関係を取り結ぶ多元的な構造を持つに至った．

とはいえ以上の変化は，ただちに「パクス・ブリタニカ」の終焉をもたらすことはなかった．イギリスは貿易収支の赤字を，貿易外収支の黒字および利子・配当などの海外投資収益によって十二分に補塡しつつ，巨額の国際収支余剰を計上し，かかる余剰をさらなる海外投資に振り向けた．こうしてイギリスは，自らの存立基盤を，「産業国家」から「利子取得国家」・「海外投資国家」へと転換させていった．また貿易決済のためにイギリスより支出されたポンド資金は，当該期に特有な世界貿易構造にもとづいて，諸地域間の貿易決済を媒介しつつイギリスに還流した．かかるポンド資金の世界的循環のメカニズムによって，ポンド通貨への信任が維持され，それは拡大する世界経済において基軸通貨としての地位を一層強めた．こうしてイギリスは，国際通貨ポンドの供給国として，国際決済資金の膨張と収縮を統御する世界の金融センターの役割を果たすことによって，なお世界経済の中心に君臨した．イギリスは「世界の工場」の地位からの後退を余儀なくされたものの，他面でシティ金融資本に主導される「世界の銀行家」としての地位を一段と強化することによって，「ポンド体制」に支えられたパクス・ブリタニカの新たな編成を構築しえたのである．

以上のパクス・ブリタニカの編成替えが，20世紀初頭までに確立する独自な世界貿易・決済構造，いわゆる「多角的貿易決済機構」によって下支えされ，かつこの機構においてインドが「鍵」の位置を占めたことは，研究史上もはや周知の事実に属する．ポンド資金の世界的循環とは，まずイギリスが大陸ヨーロッパの工業諸国およびアメリカに対して貿易収支赤字を決済すべく資金を移転させ，続いてそれら諸国がインド・オーストラリア等の原料・食糧供給国に対する入超を決済し，最後に原料・食糧供給国がイギリスに対して工業製品輸入に伴う入超および貿易外の諸支払を決済するというものであった．インドは，大陸ヨーロッパ諸国・アメリカをはじめとする世界諸地域より獲得した巨額の貿易黒字をもって，大量のイギリス産工業製品輸入の決済，およびイギリスに対する「本国費」等の貿易外支払に充当することによって，イギリスの対外支払勘定の40％以上をファイナンスした[1]．イギリスが20世紀初頭までに，かかるインドの役割を前提として，自由貿易政策の堅持を通じた多角的貿易構造の維持をもって国家的基本方針に定置したことは，こうした方針に反して帝国アウタルキーの建設を主張した，かのチェンバレン・キャンペーンが，1906年の総選挙において一敗地に塗れたこ

とより明瞭に実証されている[2]．こうした諸経緯において，インド支配に伴う基本的政策志向の重点は，イギリスの対外支払遂行に資すところの，インドによる「貿易黒字確保」および「イギリス製品輸入の継続」に置かれることになったと考えられる．

　イギリス資本主義およびイギリスによる海外支配体制の構造変化に規定された，三つの時期における基本的政策志向を以上のように整理すれば，まずイギリスがこれら諸時期を通じて，一貫してインドの貿易黒字獲得にもとづいた「富の収奪」を追求したことが明らかである．とはいえ他方で，収奪を媒介する貿易の内容には時期ごとに相違があった．重商主義期においてはインド産工業製品（綿製品）の本国輸入が主軸となったのに対し，産業資本主義期には三角貿易を含みつつも，全体として英印農工国際分業関係により強く枠付けられた貿易が媒介手段となり，さらに金融資本主義期には多角的貿易構造に沿って，工業製品（機械製綿製品）輸出を含めつつ，インドの一層広範な世界諸地域への輸出拡大が収奪を媒介した．次にイギリス産業資本利害に主導される「インドの販売市場化」という政策志向もまた，時期ごとの相違を含みつつも，概ね一貫して追及されたといえる．イギリスは重商主義期においてかかる政策志向を有していたものの，他面で商業資本利害の優位性および産業資本の生産力的低位のために，それを十分に実現できなかった．産業革命の完遂はこうした制限を解消し，インドへの大量の工業製品輸出が達成された．その後金融資本主義期になると，シティ金融資本利害が優位に立ちながらも，対インド輸出は多角的貿易構造の一環に位置することによって重要性を保った．こうして19世紀を通じたインド支配に伴う基本的政策志向には，時期により比重および内実を異にしつつも，「富の収奪」と「販売市場化」という二つの政策課題が，ほぼ一貫して併存していた．他方でとりわけ世紀中葉には，産業資本利害に主導される「インドの原料供給地化」も強く要請された．

　これら③・④の政策志向は，具体的な政策実態において，相互媒介と相互対立との両者を含んで展開された．ここからイギリスは，二つの政策志向の兼ね合い・両全に留意しつつ，そのことに規定された特有な貿易諸関係を構築することになった．さらに基本的政策志向に関わっては，先に挙げたなかの③・④以外の二つの政策志向もまた，両者に劣らない重要性を持っていた．イギリスの基本的政策志向とは，①の植民地支配維持を大前提としつつ，その上で②の植民地統治権限

の浸透を進め，かつそれを梃子として，主要な経済的課題である③・④を含む諸政策課題を果たそうとするものであったといって良い．インド支配に伴う基本的政策志向は，以上の意味において，複合的なものであった．同時にさしあたりこれら四つの基本的政策志向について見る限りでも，それらは四つながらに，相互媒介と相互対立との両面を含んでいたことから，イギリスは政策実態に照らしながら，諸基本的政策志向間のバランスに留意せねばならなかった．「基本的政策志向の複合性」および「諸基本的政策志向間のバランスの観点」の確認は，インド植民地支配の本質に関わる，本書の結論的主張の一つである．

次に基本的政策志向と現地社会実態との相関としての政策実態は，いかなる特質を有していたであろうか．本書では，19世紀中葉から後半に時期的中心を置きつつ，地税政策および綿花開発政策に伴う政策実態が検討された．政策実態の特質は，まず一般的に表現されるならば，一面で現地社会経済構造に対して積極的な改造作用を及ぼし，決してそれへの適応に終始するものではなかったものの，他面で現地社会実態からの規定性を受けることによって，イギリスが意図した通りの社会改造の実現を必ずしももたらさなかったことにあった．基本的政策志向は，現地社会実態との絡み合いを通じて，少なからず，挫折・妥協・意図せざる帰結を余儀なくされた．地税政策および綿花開発政策展開に即してかかる事情のすべてを繰り返すことは避けるが，例えば「地代論」適用の挫折，ライーヤトワーリー制度導入の部分的な回避，あるいは外国綿種栽培強制の失敗は，元来意図された政策の実行そのものが大きな困難に遭遇した事例をなし，また中間的地主制の発展，インド機械制綿工業の発展，およびインド国内市場の拡大は，一旦意図通り実行された政策がかえって意図に反した帰結を促した事例をなしている．ここで「基本的政策志向の複合性」および「それらの間のバランスの観点」を踏まえるなら，政策実態とは，基本的政策志向と現地社会実態との「二元的絡み合い」にほかならなかった．特定の支配政策は，その実行を諸基本的政策志向間のバランスの観点および現地社会実態からのレスポンスより制約されるとともに，その帰結を現地社会の持つダイナミズムによって規定された．

では「二元的絡み合い」を経て生み出された政策実態は，より具体的に，いかなる方向性を持ち，またどのような現実的作用を果たしたのか．まず「販売市場化」および「原料供給地化」は，インドにおける商品経済関係の社会深部への浸透，および国内・外に亘る流通構造の効率化を通じて，インドをして世界市場へ

緊密に統合させることをもって，自らの実現の基礎条件とした．また「富の収奪」も，それがインド産品の対外輸出に媒介される限り，同様の条件を必要とした．かかる基礎条件が求められた最奥の根拠は，イギリス資本主義が商品経済の基礎上で運動しているがゆえに，その利害に導かれた経済的支配意図の実現もまた，商品生産・流通を前提とせざるをえないことにあった．世紀中葉ボンベイ管区における地税制度改革は，商品経済関係を構成する諸原理に重なり合う制度内容を少なからず実現した．また綿花開発における外国綿種栽培強制の挫折は，開発がインドにおける根底的近代化の進行なしには，殆ど何らの前進も遂げえないことを明瞭に示し，カーナックによる方針転換を必至のものとした．カーナックはかかる事情から，地税制度改革および鉄道建設に，開発促進にとっての積極的意義を与えた．他方現実に，19世紀後半を通じた西部インド農村社会経済構造は，地税制度改革や鉄道普及を重要な要因としつつ，商品経済関係発展を基礎過程とする封建的社会構造衰退の趨勢を示した．こうしてイギリスの経済的支配意図の実現は，原理的にインド封建社会の基本構造と矛盾する側面を持ち，かつその意図に導かれた政策実態は，現実に何らかの程度で封建社会解体を促す作用を果たした．またこの事情を「インドからのレスポンス」の側面から捉え直すならば，次のように表現できる．すなわちインドの封建的社会構造は，イギリスの経済的支配意図実現との矛盾関係を通じて，それを制約しつつ，他面で政策実態に規定されながら，自らのうちに資本主義的社会関係の萌芽を植えつけられていったと．

とはいえ，かかるイギリス支配が果たした近代化促進作用については，次の2点に亘る特質もまた銘記されねばならない．

第1に，とりわけ比較史的観点を交えて眺めた時，この作用が決して強力とは言いがたく，結果的に近代化進行のテンポが緩やかなものにとどまったことである．この事情は先の「二元的絡み合い」の帰結であるとはいえ，その要因には，イギリス支配が，何より植民地支配維持を大前提とし，かつ諸政策志向間のバランスを追求することによって，必ずしも近代化推進に一意専心するものではなかったことも含まれていた．まず「富の収奪」に関わって，その主要契機である租税収奪は，むしろ封建的土地所有構造を前提条件とし，かつ社会秩序の安定に支えられたスムースな徴税を要請した．つまり「富の収奪」と「近代的社会改造」とは相矛盾する側面を持った．また英印農工分業関係の構築は，インド在来工業に打撃を与えるとともに，近代的工業発展をも阻害した．この政策志向は，世紀

末以降,「富の収奪」確保を目的とする,インドの工業化を承認ないし促進しつつ輸出拡大を図ろうとする路線との対立を生み出した.

他方で綿花開発の経緯が示すように,植民地開発はイギリスの国益実現を規定的目的とし,かつイギリスの推進する世界的な経済戦略の一環に位置づけられていたがゆえに,それらの事情次第によって安易にトーン・ダウンする可能性があった.すなわちインド植民地開発は,植民地支配特有の腐朽性を帯びていた.総じてイギリス支配の果たした近代化促進作用とは,仮にこれを,現地住民が主権を掌握しつつ国民国家を形成し,もって自国の近代化に邁進することのできた諸国の事情と比較するならば,明らかに制約されたものであった.

第2に,イギリスは経済的支配意図の実現のためにインド社会の根底的近代化を図らざるをえなかったとはいえ,他面で近代化の現実的進行は,商品経済に特有な市場の無政府性の高まりを伴った.イギリスはかかる無政府性を統御できず,結果的に,インドの将来的自立にとっての基礎条件ともなるべき,支配意図に沿わない諸帰結が生み出された.この意味で近代化促進作用とは,植民地支配の維持・強化にとってパラドキシカルな歴史的役割を果たした.同時にこの帰結は,イギリスが特定商品の開発に当たって,生産を主要には,なお支配的に存在する小農民経営に依存せざるをえないために,そこでの生産内容を,市場圧力を通じて,いわば「間接的」にしか規定しえないという事情からも促進された.こうした生産の組織化は,資本主義的生産にもとづくそれとの対比において,イギリスによる現地生産過程掌握の不徹底性を物語っている.当該期のイギリス支配は,その経済的支配意図実現に際して,インドに厳として存在する封建的社会構造に規定されることによって,さしあたり商品経済関係の浸透を通じた,そのレヴェルでの諸商品・諸生産組織の世界市場への包摂を主要課題とせざるをえず,その課題の先にある,資本主義的生産にもとづく,より「直接的」な生産過程掌握は部分的なものにとどまった.この特質は,当該期のインドに対する資本輸出が,なお間接投資を主体としたという歴史段階に対応している.また外国資本と民族資本とを問わず,それらが「賃労働」に依拠した生産を組織した場合でも,労働力調達に困難が生じたり,あるいは「帰郷」傾向を持ち,農民的生活様式を引きずる未陶冶の労働力を管理することは容易でなかった[3].われわれは以上の生産過程掌握のあり方のうちに,その後戦間期より本格化しつつ今日に至る直接投資の発展＝産業的多国籍企業の成長に照らして,19世紀イギリス植民地支配の持つ

た歴史的過渡性を見出すことができる．

　続いて支配政策の諸帰結は，イギリス・インド両社会経済構造にどのような規定性を返したのか．まずインド社会経済構造に与えた規定性については，政策実態展開の舞台がインドにほかならなかったことから，諸帰結はその構造変化を強く規定した．インド社会経済構造の変化に関して何より重要なのは，植民地支配に先立つインドが封建社会の段階にあったことに照らして，その後「封建社会から資本主義社会への移行」がいかに進行したかを見定めることである．インドは植民地支配の果たした近代化促進作用の影響下に，従来の封建的社会構造を緩やかに解体させる趨勢を示した．他面でインド社会経済構造をより総体的に検討するならば，とりわけ他国との比較において，そこに植民地支配に特有な諸相をより多く検出することができるであろう．しかし本書ではかかる諸相に深く立ち入ることなく，むしろ先の移行における最も基底的な側面の動向を検証するにとどめた．本書で示唆されたのは，移行が現実に進行したという事実とともに，それが大きな制約に伴われたことである．

　次にイギリス資本主義に与えた規定性を検証しよう．この点に関わっては，まずイギリス資本主義のうちに「富の収奪利害」が一貫して定置されたことが問題となる．第1部で述べたように，「富の収奪」の前提条件は，膨大な剰余生産物を生み出すという特質を持つインドの領有にあった．インド領有の維持は，イギリスが重商主義体制を脱した後も，この体制の主導者の末裔を含む収奪利害関係者による致富を継続させ，また彼らを引き続きイギリスの支配階層のうちにとどめた．イギリス産業資本は，自らとは区別される収奪関係者が支配階層にとどまったことによって，それだけ社会的影響力を制約された．さらに既述のように，「富の収奪」と「英印農工分業関係の構築」とは，インドでの政策実態において相矛盾する側面を持った．こうしてインド領有の維持は，イギリスにおいて，産業資本とは区別される，重商主義体制以来の収奪関係者を支配階層のうちに温存させるとともに，インドにおいて，産業資本利害の貫徹を抑制する要素を含む政策実態を生み出した．世紀中葉のイギリス資本主義には，インド領有の維持にもとづいて，産業資本利害の社会的規定性が何程か制約されるという特質が含まれていた．イギリス産業資本は全体として，一面でインドを販売市場および原料供給地として利用し，かつ収奪利害に一定程度参与することによって，インド領有をもって自らの蓄積基盤としながらも，他面で収奪利害の温存によって，その利害貫

徹を何程か押し止められたのである．

　同時にイギリス産業資本が植民地インドをもって蓄積基盤としたことは，彼らをして，旺盛な技術革新の敢行によって世界市場競争に立ち向かうことをある程度回避させえたという意味で，彼らの蓄積様式にある種の寄生的・腐朽的性格を植えつけたといえよう．そして「富の収奪」が，文字通りの寄生的収奪にほかならないことはいうまでもない．「富の収奪」による利益は，イギリスの支配階層の間に配分された．こうしてインド領有の維持は，19世紀イギリス資本主義のうちに腐朽的性格を刻印し続けたのである．

　次に，インド支配は，三つの時期における，イギリスによる海外支配体制のいずれにおいても重要な意義を担っていたが，各時期に亘るイギリス資本主義およびイギリスによる海外支配体制の構造変化は，それに先立つ時点までのインド支配政策の諸帰結を前提条件とし，それによって促進された．つまりイギリス資本主義の構造変化とインドにおける政策の諸帰結とは，相互規定的な関係にあった．まずこの関係の存在は，イギリスが三つの時期を通じて「富の収奪」を継続的に追求したことから明らかである．続いて三つの時期における基本的政策志向には相互に相違が含まれていたとはいえ，「産業資本主義期」における英印農工分業関係の構築は，「重商主義期」における領土的支配の拡大＝政治主権掌握の前進を前提条件とし，また「金融資本主義期」におけるインドの「多角的貿易決済機構における鍵」としての役割は，「産業資本主義期」における商品経済関係浸透や流通構造効率化の一定程度の達成を前提条件として生み出された．イギリス植民地支配は，インド領有開始以降，各時期において相互に相違を含んだ基本的政策志向に主導されながらも，他面でそれらの実現の基礎条件として，植民地支配権力の草の根への浸透，および商品経済関係発展や流通構造効率化にもとづくインドの世界市場への統合をもって，一貫して政策課題としてきた．こうして達成された政策の諸帰結の堆積こそが，各時期におけるイギリス資本主義およびイギリスによる海外支配体制の構造変化を下支えする条件となった．従って「産業資本主義期」から「金融資本主義期」に至るパクス・ブリタニカの構造変化もまた，イギリス資本主義の変容のみならず，インドにおける「基本的政策志向と現地社会実態との絡み合い」を通じた諸帰結からも規定されつつ生み出されたといえよう．

　総じてインド植民地支配の諸帰結は，19世紀イギリス資本主義に対して，腐朽的性格を刻印するとともに，海外支配体制を含めた構造変化における重要な前提条

件をなし続けたのである．

　以上わたくしは，「基本的政策志向―政策実態―政策の帰結」という一連のプロセスを辿り，そこに含まれた諸特質をまとめながら，同時にこのプロセスと，イギリス・インド両社会経済構造および世界市場編成との間に結ばれた様々な相互規定関係に整理を加えてきた．本書の観点によれば，これらの諸特質および諸相互規定関係こそが，19世紀インド植民地支配の重要な本質を構成する．

　最後にわたくしは，19世紀インド植民地支配の世界史的意義を考察する上で，主にそれが近代的世界市場の発達および変容のうちに占めた位置に注目したい．この点については，すでに上の諸整理を通じて言及されてきたところであるが，ここで改めて簡潔にまとめておこう．近代的世界市場は，さしあたり各国・各地域の多様な社会構造を前提としつつ，それぞれに特有な生産・流通の組織化に伴われた対外的経済諸関係によって編成される．とはいえ近代的世界市場とは，本質的に商品経済の世界的なネットワークであり，各国・各地域において商品経済関係および資本主義的社会関係が発展するに従って，その広さと深さを増す条件を獲得する[4]．イギリスは，自らの経済的支配意図実現がかかる世界市場に媒介されることにもとづいて，少なからぬ場合において，商品経済関係の浸透および国内・外の流通構造効率化を通じたインドの世界市場への統合をもって，支配意図実現の基礎条件とせざるをえなかった．この意味でイギリスによるインド植民地支配は，明らかに，近代的世界市場発達の一翼を担った．とはいえ他面で，植民地支配の果たすインド近代化促進＝封建社会解体作用における諸制約は，それだけインドの世界市場統合を，従って近代的世界市場発達をも制約した．

　次に，19世紀における世界市場は，より具体的な編成において，三つの時期に亘るイギリス資本主義の構造変化に強く規定された．すなわち19世紀の世界市場編成は，「パクス・ブリタニカ」の基礎構造をなした．他面で既述のように，この編成は，インド植民地支配構造との間で相互規定的関係を持ちつつ変化を遂げた．インド植民地支配の諸特質・諸帰結は，「パクス・ブリタニカ」の基礎構造としての世界市場編成を規定し，その変化における重要な前提条件を生み出し続けたのである．

終章　註

(1) S. B. ソウル，久保田英夫訳『イギリス海外貿易の研究 1870-1914』，1980年，81ページ．
(2) 詳しくは，桑原莞爾『イギリス関税改革運動の史的分析』，1999年参照．
(3) 19世紀アッサムの茶プランテーションにおける労働力調達の困難性を分析したものとして，野村親義「19世紀インドにおける労働市場と商人」『社会経済史学』第65巻第1号，1999年5月，また20世紀初頭ボンベイ紡績工場における労働者管理の困難性を分析したものとして，杉原薫『アジア間貿易の形成と構造』，1996年，第11章がある．
(4) 各国政府による独自な対外経済政策の実行によって，世界市場の広さと深さが規定される余地があることはいうまでもない．

あとがき

　わたくしは今を去ること20年前の学部学生時代，われわれの世代では若干珍しい部類に入るかもしれないが，故大塚久雄氏の諸著作に限りない学問的興味を覚え，経済史研究を志した．大学院入学後，さしあたり近代イギリス経済史の再検討を課題に据えつつ，東インド会社史研究に手を染めた．その後インド植民地支配のよりトータルな把握を思い立ち，徐々にインド側の事情にも一層立ち入った検討の目を向けるようになった．そして序章で記したように，従来のインド植民地支配史研究が，英―印両国のナショナリズムにも媒介されながら，諸理解の大きな亀裂をきたしていることを知るに及び，敢えて大仰に表現すれば，「20世紀末に生きる日本人」の立場から，従来の諸研究にない新たなインド植民地支配史研究の視角を定立できないものかと思案するようになった．この課題の重要性は，インド植民地支配が，いわゆる南北問題をはじめとして，現在に至る世界経済の構造的特質を論じる上で，何らかの基準となるべき歴史事例として繰り返し引き合いに出されるのを見るにつけ，強く感得された．とはいえこの課題は，もとより浅学非才なわたくしには手に余るものと思われ，研究の進展はきわめて遅々たるものにとどまってきた．本書は，いかにかぼそいものであろうとも，英印両経済史の間に糸を架け渡すこと，そしてインド植民地支配を世界市場発達史のうちに位置づけることを目的としている．もとよりかかる目論見がどれだけ成功しているかは，読者諸賢のご判断に委ねるほかない．忌憚のないご批判・ご叱正をお待ちしたい．今後は，英印両経済史に架け渡した糸をより太く，明晰なものとし，かつ一層広範囲に架け渡すことを課題として，精進を重ねていきたい．

　本書は，わたくしがこれまでに公表してきた諸論文を基礎として，それらに大幅な加筆・修正を施すことによってできあがった．とはいえそれら諸論文のなかには，文字通り「原型をとどめない」ものも多い．参考のために，そのうちの主

要な論文について初出を示せば以下の通りである．なお終章は，今回新たに書き下したものである．

序章
「インド植民地支配史研究に関する方法論的考察」和歌山大学経済学会『経済理論』第291号（1999年9月）．

第1部
「1800年前後における英領インドの拡大とイギリス東インド会社」京都大学経済学会『経済論叢』第136巻第1号（1985年7月）．
「イギリス東インド会社と在インドのイギリス人私商人」京都大学経済学会『経済論叢』第137巻第6号（1986年6月）．
「産業革命期イギリスのアジア進出と東インド会社の位置(1)・(2)」京都大学経済学会『経済論叢』第143巻第2・3号（1989年2・3月），第143巻第6号（1989年6月）．

第2部
「植民地化以前西部インド農村社会経済構造の特質(1)・(2)」和歌山大学経済学会『経済理論』第292号（1999年11月），第293号（2000年1月）．
「19世紀中葉ボンベイ管区における地税制度改革とその理念」和歌山大学経済学会『経済理論』第264号（1995年3月）．
「植民地期ボンベイ管区農村経済に関する一考察」和歌山大学経済学会『経済理論』第289号（1999年5月）．

第3部
「19世紀中葉インド中央州およびベラールにおける綿花開発とその諸困難(1)・(2)」和歌山大学経済学会『経済理論』第278号（1997年7月），第279号（1997年9月）．
「植民地インドにおける綿花開発と世界市場統合(1)・(2)・(3)」和歌山大学経済学会『経済理論』第281号（1998年1月），第283号（1998年5月），第284号（1998年7月）．
「19世紀後半インド綿花輸出市場組織の変容と世界市場」経済史研究会編『欧米資本主義の史的展開』，思文閣出版，1996年2月所収．

本書は、いかに未熟なものであろうとも、わたくしがこれまで長年に亘って多くの方々より授かってきた深い学恩の賜である。これを機会に、お世話になってきた方々に改めて謝意を表したい。まずわたくしは、学部演習への参加を許されて以来、今日まで一貫してご指導を賜ってきた尾﨑芳治先生に衷心より感謝申し上げる。先生は、ひときわ仕事の遅いわたくしを常に寛容の姿勢をもって見守って下さるとともに、いついかなるところにあっても、わたくしたちに対して、ご自身の学問的確信を、ほとばしる情熱を込めて忌憚なく披瀝された。わたくしは、先生の達成された理論的高みに比べ本書の内容が余りに貧しいことを恥じ入るほかないとはいえ、それでも、先生の示されてきた研究姿勢、すなわちあらゆるドグマ的なシェーマを排し、史実を丹念に掘り起こしながら、同時にそれらに最大限経済理論の光を当てることを通じて整序された歴史像を描き出すという姿勢をもって、自らの指針としえたことの幸せを感じている。またわたくしの研究生活は、先生を中心とする「京都大学経済史研究会」における鍛錬抜きには到底成り立たなかった。同研究会に集う、本多三郎・加藤房雄・清水克洋・阿知羅隆雄・幸田亮一各氏をはじめとする同学の方々から受けた深い学恩に改めて感謝したい。さらに中村哲・渡邉尚両先生からは、大学院時代以来、お会いするたびに励ましを賜ってきた。

　柳澤悠・中里成章・杉原薫・脇村孝平・秋田茂各先生からは、わたくしの未熟な質問に対して懇切な答えをいただくなど、研究上の有益な助言を賜ってきた。杉原・脇村両先生には、ロンドンでの史料蒐集に当たって、ひとかたならぬお世話をいただいた。またロンドン大学東洋アフリカ学院のピーター・ロッブ（Peter Robb）先生からは、同校での研修に際して、学問上のアドヴァイスとともに、多くのご配慮を賜った。さらに応地利明・東田雅博両先生には、本書への図版収録に当たって、ご協力を賜った。

　現在の職場である和歌山大学経済学部の、伝統に裏づけられ、学問的真摯さに満ちた雰囲気は、わたくしの研究意欲をいやがうえにも高めてくれた。様々なご配慮を賜ってきた教職員の皆さんに心より感謝申し上げたい。わけても経済史を専攻される、高嶋雅明・今井武久・上村雅洋各先生、および同じ経済学科に所属される大泉英次・山田良治両先生から受けた日頃の励ましに謝意を表したい。

　また本書の出版を快く引き受けて下さった京都大学学術出版会の方々、とりわけ編集の任に当たられた鈴木哲也氏に厚くお礼申し上げたい。氏の卓抜な編集手

腕から多くのことを学ばせていただいたとともに，氏のご配慮を通じて，著者として実にのびのびと仕事ができたことを申し添えたい．

なお本書の刊行に際しては，日本学術振興会より平成11年度科学研究費補助金「研究成果公開促進費」の交付を受けた．記して関係各位・各機関に謝意を表したい．

最後に私事に亘るが，わたくしにとって最初の著書である本書を，これまでに受けてきた慈愛と寛容に対する感謝の念を込めて，今，郷里で静かな余生を送る，父豊樹，母美代子に捧げることをお許し願いたい．

2000年1月

今 田　秀 作

索引（人名索引／事項索引）

人名索引

ヴァーキル，C. N.　108
ヴィクツィアリ，A, M.　302, 303, 331, 333, 336, 337
ウィンゲート，G.　142, 174, 175, 178, 180, 182-185, 187-190, 193, 195-197, 200, 202, 204, 206-210, 212-218, 225, 229, 244, 258, 260
ウェルズリ，R. C.　33, 38-43, 44, 47, 49-51, 53-60, 62, 64, 65, 68, 73, 75, 76, 78, 79, 81, 84, 98-105, 109, 114, 117-119, 121, 126, 140, 433
エリソン，T.　300, 358, 371, 392
エルフィンストン，M.　119, 168, 224, 227, 247, 308
大塚久雄　36
カッセルズ，W. R.　290, 313
金子勝　77, 112
グーハ，S.　4, 222, 240, 241, 252, 253, 352, 360, 361, 363
クマール，D.　264
クマール，R.　168, 251, 252, 253, 256
クロムウェル，O.　34
ケイン，P. J.　21, 37, 38, 131-133, 282, 430
小谷汪之　140, 143, 146, 148, 149, 159, 160, 161, 164, 168, 169, 270
ゴールドスミッド，H. E.　142, 174, 175, 180, 216
コーンウォリス，C.　40, 41, 121
サザランド，L. S.　37
サティア，L.　282
シヴァージー・ボーンスレー　138
ストークス，E.　185, 187, 244
スミス，A.　36, 83, 84, 105, 123, 129, 183, 244
スミス，S.　306
ダット，R.　175, 248
ダルフージー，J. R.　284
ダンダス，H.　40, 100, 104-108, 111, 112, 114-119, 121, 123
チャールズワース，N.　4, 159, 160, 162, 163, 170, 175, 221-223, 247, 249, 250, 251, 253, 256-259, 261-268
チャンドラ，B.　5, 12-20, 23, 24
チョクシー，R. D.　217, 219
デーヴィス，R.　87

ナポレオン，B.　42, 43, 53, 78, 117, 121
パーカー，J. G.　85, 86, 91, 93, 95, 124
ハーネッティ，P.　251, 252, 282, 323, 363, 392
バズリー，T.　301
ピット，W.(小ピット)　35, 39-41, 81-84, 95, 98, 99, 103, 104, 106, 107, 111, 115-120, 123, 129, 130
ファーニー，D.　370
ファーバー，H.　64, 124
フィリップス，C. H.　37, 66, 122
深沢宏　140, 151, 157-159, 162, 163, 168-170, 175, 223, 247, 248, 254, 263, 270
プリングル，R. K.　178, 179, 181, 187, 194-196, 197, 202, 204, 206, 207, 243
ブーン，J. M.　85, 92, 93
ベーデン・パウエル，B. H.　162
ホイットニー，I.　274
ホバート，R.　122
ホプキンズ，A. G.　21, 37, 38, 131-133, 282, 430
マカルピン，A.　4, 237, 241
松井透　5, 7, 11, 20
マッケイ，A.　241
松田智雄　36
マルサス，T. R.　179
マントウ，P.　276
ミル，J.　186, 187, 244
ミル，J. S.　183, 243
モリス，M. D.　1-20, 23, 24, 430
柳澤悠　270, 364, 392
ライチョウドリ，T.　5
リヴェット・カーナック，J. H.　273, 281, 282, 284, 290-295, 297-299, 303-305, 308-311, 315, 317-322, 324-326, 328, 329, 331, 335-337, 341-344, 346, 353, 355, 360, 362, 367-371, 376, 392, 397, 425, 427, 438
リカード，D.　179, 186, 195, 205
ロイル，J. F.　277, 294
ロストウ，W. W.　5

事項索引

[数字・アルファベット]

1784年体制→ピット法体制　39, 82
1813年の特許状更新→特許状更新　121, 122
1人当たり生産・所得　5-9, 13, 14
Ahmedabad Talukdars' Relief Act　224
Fort William College　47

Shipping Interest　90 →会社海運

[ア]

アジア三角貿易　114
アジア物産　42, 43, 49, 51, 52, 62, 70, 71, 98, 99, 103, 111, 128, 415

アナヴィル・ブラーフマン地主　264 →地主
アヘン　70, 114, 115, 380, 383, 384, 393
アメリカ人商人　64
アメリカ南北戦争　225, 250, 251, 277, 278, 300, 303, 322, 325, 369, 397, 398, 400
アメリカ綿種　277, 281, 285-291, 294, 303, 305-311, 313, 315, 374-376, 393 →外国綿種
　　──の移植　285
アワド征服　67-70, 100
アングロ・マラータ戦争　140 →グジャラート征服
　　第1次──　140
　　第2次──　68, 140
　　第3次──　140
イギリス
　　──（本国）急進主義者　185, 186
　　──・インド経済史の相関　6, 9, 12, 23-25, 134, 190, 191, 202, 431-433, 437
　　──からの綿花需要　251, 426
　　──によるインド植民地支配の世界史的意義　24
　　──による領土的支配　123
　　──のアジア支配　82, 98
　　──のアジア政策　76, 103, 106, 119, 129
　　──のアジア貿易　57, 70, 71, 113, 114
　　──によるインパクト　6, 10, 12, 18, 20, 21, 25
　　──の政策目標　16
　　──の対外戦争　87, 98, 102, 110
　　──産業資本　21, 36, 129, 130, 132, 189, 275, 282, 407, 434, 436, 440
　　──産綿糸　358, 359, 384
　　──産綿製品　114, 292, 293, 298, 341, 344, 345, 353, 366, 367, 369, 370, 414, 415, 426
　　──支配による近代化・工業化の「抑圧」「流産」　17, 18
　　──支配の開発的側面　23
　　──支配の収奪的側面　23
　　──資本主義　2, 21, 23-26, 36, 37, 131-134, 186, 234, 273, 280, 321, 431-434, 436, 437, 440-442
　　──植民地支配　3, 10, 20, 25, 367, 439, 441, 442 →植民地支配
　　──植民地政府　6, 10, 11, 12, 16, 17, 18, 26, 44, 67, 132, 138, 145, 173, 174, 176, 178, 181, 190, 210, 216-218, 220, 221, 223, 228, 230, 231, 233, 234, 242, 261, 277, 285, 302, 321, 335, 369, 393, 424, 429, 433 →植民地政府
　　──人私商人　39, 57, 58, 63, 64, 67, 68 →私商人
　　──人駐在官　43
　　──直轄領　25, 137
　　──本国の綿花需要　319
　　──本国政府の直轄植民地　35
　　──綿業資本　106, 132, 274, 277, 278, 302, 369, 429
　　──綿工業　51, 106, 107, 111, 115, 119, 120, 129, 273, 274-277, 299, 300, 302, 303, 311, 315, 321, 367, 374, 377, 397, 423, 425, 429 →綿工業
　　イギリス東インド会社　1, 25, 26, 31, 33-44, 46, 47, 49-53, 56-131, 133, 186, 277, 315, 328, 336, 337, 345, 391, 407, 408, 410, 411, 415, 416, 431
　　──勤務の文官・武官　86
　　──職員の貯蓄　72, 73 →会社職員の貯蓄, 送金, 富の収奪
　　──と私商人との相互依存性　67, 71, 76
　　──の会社貿易　49, 51, 53, 57, 60-63, 65-67, 70, 73, 74, 85, 86, 88-90, 93-95, 97, 98, 102, 103, 107, 109-111, 113, 114, 120-123, 127, 130, 407 →会社貿易, 私貿易
　　──の海運　86, 89-95, 98, 103, 122 →会社海運, 海運関係者の利害
　　──のインド貿易　34, 42, 51, 53, 57, 60, 113, 114, 122, 126, 128, 276, 416
　　──の会社船　58, 59, 61-63, 66, 79, 89, 90, 101, 122 →会社船
　　──の株主　51, 81, 85, 95, 96, 97, 102, 109, 110
　　──の公債　71, 73, 88 →会社公債
　　──の後半史　34-36, 38, 39, 129
　　──の財政　49, 57, 60, 117-119
　　──の財政構造　46, 49
　　──の財政難　49, 50, 56, 57
　　──の資本金　50, 57, 95, 96
　　──の商業活動　34, 39, 41, 49, 50, 72, 82, 83, 84, 99, 101, 110, 116, 118, 120, 407
　　──の商業資金　50, 62, 65
　　──の職員　46, 47, 58, 61, 68, 72, 73, 82, 90-93, 98, 102, 106, 108, 179
　　──職員任命権　82, 85, 92, 95, 106
　　──の人員配置　49
　　──の前半史　36
　　──の中国貿易　51, 53, 70
　　──直轄地　43 →会社直轄地
　　──手形発行　63, 65, 73
　　──の統治機能　34, 39, 41, 47, 49-53, 56, 57, 67, 72, 73, 76, 82-84, 90, 104, 110, 120
　　──の統治費用　50, 115, 117
　　──取締役会　39, 40, 41, 62, 67, 77, 79, 81, 82, 85, 86, 88, 98, 105, 106, 121, 277 →取締役会
　　──の貿易独占権　33, 39, 58-67, 70, 71, 73, 75, 76, 79, 82, 90, 98, 100-103, 105, 106, 114, 118, 119, 121, 126, 415 →貿易独占権
　　──の膨張政策　50, 51, 58-60, 65-67, 70, 75, 98-102, 104, 105, 120, 121, 130
　　──の保護国　43, 44, 84 →保護国
　　──の領土的支配　34, 41, 43, 44, 46, 49, 50, 62, 66, 67, 70, 71, 75, 78, 90, 99, 105
インド統治機関としての──　34, 39, 41, 49, 57, 75, 76
　　──経営論争　39, 81

事項索引　449

——のインドにおける財政赤字　73
　——のインドにおける財政難　49-51
　——のアジアにおける資金勘定　52
　——の本国での勘定　52, 53, 80
　——の本国における財政難　66
　——の本国における資金勘定　52, 66
　——の本国における財政収支
　——に対する政府の統制　34, 35, 77, 82-84, 104, 116, 120, 216
委託荷見返前貸制度　396, 406
委託販売制度　396, 405-413, 417-420, 427
一時小作農民　229
一揆　203
イナーム　145 →恩給地
インヴェストメント　42, 49, 50, 53, 56, 57, 60, 99, 110, 116
イングランド銀行　406, 407, 417, 418
インド
　——・ナショナリスト　1, 3, 12, 62, 282, 430
　——からの送金→富の収奪，送金　38
　——からの富の収奪　103, 107-109, 111, 114, 119, 129, 130, 132, 134, 180, 374, 430, 433 →富の収奪，送金
　——収奪体制　133, 434
　——成金　61 →ネイボッブ
　——のレスポンス　12, 18, 20, 22, 23, 25, 26, 232, 282, 313, 437, 438 →イギリスのインパクト
　——の近代的工業　17, 438
　——の植民地化　9, 11, 13, 16, 20, 26, 44, 137, 142, 147, 152, 155, 159, 160, 161, 166, 167, 190, 207, 234, 291 →植民地化
　——の世界市場への組み入れ　24, 429, 437, 439, 441, 442 →世界市場
　——経済・——社会の構造的特質　9, 10, 14, 23, 25, 174, 308, 431, 439, 440
　——経済の後進性　11, 13, 15
　——国内の綿花市場　280 →国内綿花市場
　——産小麦　414
　——在来綿種　278, 286-288, 291, 294, 303-306, 308-311, 316, 375, 376 →在来綿種，綿花
　——産綿花　70, 274, 276-278, 280, 281, 287, 298-305, 307, 315, 318, 337, 341, 346, 353, 355, 361, 366-371, 373, 374, 391, 393, 395-398, 400, 405, 409, 411, 413, 415, 416, 417, 418, 423, 427——産綿製品　34, 51, 60, 66, 70, 98, 106, 107, 111-115, 121, 122, 129, 130, 276, 393
　——史の時代区分　140
　——社会の「内的ダイナミズム」　6, 10, 12
　——植民地開発　313 →植民地開発
　——植民地国家＝「夜警国家」論　11, 17
　——植民地支配　1-4, 20-24, 26, 33, 35, 37, 38, 66, 132, 137, 174, 220, 275, 282, 312, 430, 431, 433,

437, 442 →植民地支配
　——をめぐる同時代的論争　1, 3-5, 20, 23
　——征服戦争　36, 42, 43 →征服戦争
　——直轄化　34, 105-107, 119
　——統治改善法　35
　——独立　1-4, 11-13
　——農業開発　180 →農業開発
　——負債　53, 55-57, 101, 108, 109, 117
　——物産　42, 51, 61, 66, 73, 74, 113
　——物産開発　70 →物産開発
　——貿易　34, 42, 51, 53, 57, 60, 62, 63, 65, 74, 88, 89, 95, 101, 106, 113, 114, 121, 122, 126, 128, 276, 416
　——黒字　374, 377, 429, 433
　——の開放　93-95, 115, 121, 122
　——民族資本　356, 428 →民族資本
　——綿花開発　273, 275-280, 282, 291, 298, 299, 302, 303, 307, 308, 311, 315, 321, 367, 369, 374, 395, 396, 428, 429, 430 →綿花開発
　——綿工業　106, 276, 342, 366, 367, 427, 428 →綿工業
　——領有　43, 85, 88, 94, 97, 102, 103, 105, 107, 110, 111, 115, 122, 129, 130, 132-134, 433, 440, 441
　北——　43, 138, 225, 248
　西部——　4, 9, 25, 43, 67, 135, 137, 138, 140, 166, 167, 182, 234, 241, 249, 250, 255, 256, 264, 265, 267, 268, 431
　南——　43, 264, 265, 270, 392
インフラ建設　16
ヴィクトリアン・ブーム　35
ウェルズリの本国召還　118, 119, 121
ウパリー　144, 177, 178, 212, 214
　——職人　146
　——農民　144, 168, 213
運輸・通信手段　9, 289, 298, 311, 320, 368
英印貿易　39, 42, 57-64, 66, 105, 109, 114, 126, 377, 407 →インド貿易
英印貿易参入を求める請願書　63 →私商人
営業独占権　146, 147, 275 →ワタン
英仏抗争　41
英仏第2次百年戦争　42
エジプト産長繊維綿花　302, 376, 429
エスクワイア　97
オリエンタル銀行　418
恩給村　149, 150, 153, 154, 157, 162, 169, 218
恩給地　145, 146, 149, 150, 153, 154, 157, 159-164, 166, 178, 218 →イナーム

［カ］
カースト　143, 144, 146-149, 263, 275, 345, 363, 365, 366
　——の「頭」　148 →メータル
　——集会　148

──集団　148
海運関係者の利害　98, 103, 122
海外銀行　417, 418
海外投資国家　435
外国綿種　273, 277, 278, 281, 282, 285, 294, 299, 303, 308, 310, 312, 315, 319-321, 341, 367, 377, 427, 437, 438 →アメリカ綿種
　　　　──移植　278, 279, 281, 284, 285, 287, 294, 308-312, 315, 320, 423
会社海運　86, 89-95, 103 →イギリス東インド会社, 海運関係者の利害
会社公債　71 →イギリス東インド会社
階層分化　254, 263
　　村民の──　254
　　農民の──　251, 252, 254, 256
カウル　212, 243 →保証地
家族集団　142 →大家族, ジャター
合本企業　78, 81
寡頭制的土地所有　185
カトグータ　242 →低率定額地税地
家内自給的生産・消費　147
金貸業　14, 253-255, 260, 261, 263 →金融構造
　　──者規制法　261
貨幣や種子の前貸　289 →前貸
カルナータカ地方　138, 140, 141
灌漑　9, 17, 200, 201, 206, 250, 251, 257, 258
　　──地　194, 198, 200, 201, 208, 263, 265, 266
　　──地農民　201
乾燥作物　141
監督局　40, 63, 82-84, 99, 100, 103-105, 116, 118, 119, 121-123, 186
飢饉　7, 14, 141, 250, 257, 259, 261, 286, 339, 354, 385, 386, 389, 390
機械制製俵工場　426
機械制大工業　14, 276, 406
機械制紡績　277, 294, 356, 358, 359, 366, 385, 393
機械製綿糸　357-359, 363, 365, 366, 385
機械制綿工業　276, 294, 342, 366, 376, 428, 437
基本政策志向　21, 22, 23, 25, 26, 129, 130, 133, 134, 174, 175, 180-182, 187-192, 194, 204, 207, 219, 220, 222, 223, 226, 231-234, 237, 242, 244, 277, 278, 280, 299, 377, 425, 430-436, 437, 441
機密委員会　83, 84
キャラコ論争　112
キャラコ・ブーム　276
救貧法　184
　　──体制　183
共同体　143-145, 147-149, 152-154, 157, 163, 166, 179, 192, 210, 213, 214, 217, 222, 275
　　──諸関係　141, 143, 147, 149, 152, 188, 189, 233, 325
　　──的紐帯　181

──的土地所有　145, 152, 153 →土地所有
──内分業　144, 146, 148
──の「固有の二元性」　143
在地──　141, 154, 156
村落──　141-146, 148, 150, 152, 154, 168, 243, 254
郡郷──　9, 141, 148-150, 154
『共同報告書』　175, 180, 194, 197
銀行間振替決済　417
均衡財政主義　6, 17
近代化促進作用　438-440
近代的工業生産力　24, 396 →生産力
近代的資本主義　2 →資本主義, 産業資本主義
近代的社会関係　194, 268, 269
近代的世界市場　24, 25, 35, 276, 321, 396, 407, 414, 424, 442 →世界市場
金融（構造）　26, 37, 38, 61, 72, 87, 88, 96, 125, 280, 289, 299, 331, 395-397, 405-407, 409, 410, 413, 416-419, 425, 427, 429, 430, 435, 436
　　──業者　37, 86, 88, 91-95, 97, 102, 289, 408, 433, 434
　　──資本主義期　433, 436, 441
クールスール　242 →チャーリカール, 低査定地
グジャラーティー　253, 263
グジャラート地方　67, 156, 159, 167
　　──征服　67, 68
グトクール地　213 →消滅家族地＝遊休地, ウパリー農民
クルカルニー　144, 217 →村書記
郡郷共同体　9, 141, 148-150, 154 →共同体
軍事費　49, 56, 115
軍事保護条約　43, 44, 69, 118, 119
クンビー・カースト　159, 260, 263, 264 →農民カースト, カースト
郡役人　149, 150, 153, 154, 162, 164, 166, 216, 217, 219, 221 →郷主, 郷書記
経済開発　321, 369, 424, 425
経済的後進性　15
経済発展　5-7, 11, 13-20, 267, 268, 425
ゲヴェーレ的土地所有権　152 →土地所有
検地　175-177, 179, 180, 193, 198, 206, 211, 215, 217, 241, 247, 323
現地社会実態の規定性　208
現地人政府　138, 215
工業化　14, 17, 386, 387, 405, 434, 438
　　──社会　6
　　──阻止政策　18
耕区　142 →タル
耕作権　143, 152
耕作放棄　196, 197
郷主　149, 152, 160, 163, 216-219, 263 →デーシュムク, デサーイー
郷書記　149, 152, 163, 216-218, 263 →デーシュパーン

事項索引　451

デ, マジュムダール
後進性　11, 13, 15 →経済的後進性
公設綿花市場　329, 331, 337, 339, 340, 426
耕地の拡大（耕地面積の拡大）　9, 160, 241, 250, 252, 253, 255-257, 262
耕地の細分化　14, 266
交通革命　371, 388, 405, 410, 412, 418, 434
合同東インド会社　34, 77, 95 →イギリス東インド会社, 東インド会社
功利主義　181, 185-188
　──学説　183
港湾の整備　278
コシュティ　345, 352, 364, 365
ゴータ　145 →村落集会
古典的世界市場　434
コート　155, 161-164, 166, 223, 228-231
　　　──検討委員会　229
　　　──制度法　229, 248
　　　──村落　161-164, 167, 228-230
コーリー　38, 263 →カースト
コーンカン地方　155, 161, 228
国際的商業組織・国際的金融組織　418
国内総生産　13
国内綿花市場　341, 344
国内綿製品市場　341-343, 366, 367, 383
『国富論』　36, 183
「国民的経済成長」　16, 19
小作（制）　14, 145, 159, 160, 185, 216, 225-227, 229, 231, 259-262, 264, 265, 323, 324
　　　──人　155, 158-162, 164, 184, 215, 261, 264, 324
　　　──農民　145, 159, 162, 164, 225, 227-229, 232, 264
　　　絶対占有──農　324
　　　占有──農　324
個人主義原理　210
国家的土地所有　230
古典派経済学　179, 186, 187
　──の地代論　179, 194, 202, 323
個別農民査定制度　174, 179, 192, 217 →地税
小麦　141, 383-390
　　　──生産／──生産・輸出　341, 377, 387, 390
　　　──貿易　390
混合村　162, 228

[サ]
宰相政府直轄地　151, 154 →マラータ
在地共同体　141, 154, 156 →共同体
在地領主　150, 153-156, 158, 159, 164, 175, 187, 221, 223, 230, 263
在来綿工業　275, 298, 344-346, 352, 366
在来綿種　278, 286-288, 291, 294, 303-306, 308-311, 375, 376 →インド綿花
先物取引　411, 412

査定　145, 150, 154, 163, 175-179, 182, 184, 188, 191-202, 204-215, 217, 220, 222, 227, 233, 237, 240, 241, 248, 250, 253-255, 261, 323-325, 339
　　　──改定　237, 240, 241, 252, 253, 256 →地税制度
　　　──額の決定／査定額決定方式　179, 194, 195, 202, 204, 207, 216, 227, 233
砂糖黍　141, 258, 263, 265
ザミーンダーリー制度　182, 184, 185, 220, 244 →地主-小作制度
ザミーンダール　68, 156, 187 →大土地所有者
サルヴァ・イナーム　243 →ジョード・イナーム
産業革命　2, 6, 14, 15, 24-26, 31, 35, 59, 82, 95, 103, 106, 107, 112, 119, 129-133, 186-189, 273-276, 370, 396, 414-416, 418, 431, 433, 434, 436
「産業国家」　435
産業資本主義　25 →資本主義
産業資本　37, 38, 87, 129-133, 186, 187, 203, 244, 275, 313, 413, 430, 433, 434, 436, 440
　　　──主義期　433, 436, 441
ジェームズ・フィンリィ商会　414, 415
ジェントルマン資本主義／ジェントルマン資本主義論　4, 21, 37, 38, 131, 132, 430
ジェントルマン資本家　37, 38, 131, 132
自給経済　147
市場地　144
　　　──の書記　144 →マハージャン
　　　──の長　144 →セーテー
私商人　58-63, 65-73, 75, 76, 79, 86, 93-95, 101, 102, 108, 109, 122, 123, 407
　　　──参入政策　60
　　　──の英印貿易参入　118
　　　──の成長　60, 61, 65, 66, 71, 73, 102, 120
　　　──の送金　62-65, 102, 111 →送金
　　　イギリス人──　39, 57, 58, 63, 64, 67, 68
　　　デンマーク人──　64
市場の無政府性　427, 428, 439
支線鉄道　251, 258 →鉄道
シティ　37, 38, 86-88, 90, 92, 93-95, 430, 435
　　　──金融資本　37, 430, 435
地主　37, 38, 92, 155, 156, 158-164, 166, 168, 179, 182, 184-187, 190, 203, 216, 219, 221, 225, 226, 228-231, 244, 262, 323, 324
　　　──小作関係　159, 160
　　　──小作制度　174, 182 →ザミーンダーリー制度
　　　──支配地における小作農民の権利保護　325
　　　小──　159
　　　──制　14, 159, 160, 163, 229, 262, 268 →小作制
　　　──的土地所有　160, 162, 163, 222, 225-228, 234, 248, 323
　　　──同族団成員　182
　　　──の先買権　324
　　　──の地代徴収権　231

アナヴィル・ブラーフマン―― 264
私貿易 58-60, 66, 68, 70-74, 90, 93, 101, 109, 113, 114, 127, 130
　英印間―― 73
　――を通じた送金 122 →送金
司法・地税制度改革 254, 255
資本主義的農業構造 203
ジャーギールダール 150 →知行領主
社会階層 92, 153, 262-264, 323
　――間の対立 252, 253
　――の分化 257, 262, 263
社会的生産力 7, 8, 13, 14, 20, 268 →生産力
ジャテ 142 →家族集団, 大家族
重商主義／重商主義時代 25, 42, 43, 133, 244, 433, 434, 436, 440, 441
　――的角逐 42, 43, 132, 133
　――的規制 188
　――的国家体制 35, 132, 133
　――的植民地建設 43
　――的植民地帝国 87, 98, 102
従属理論 282, 430
集約的農業経営 141
手工の綿業 14, 294, 311, 341, 380
自由主義／自由主義原理 83, 105, 107, 129, 132, 181, 185, 188, 302, 426, 434
　――的社会理論 183
自由貿易 36, 130, 189, 369, 407
　――政策 428, 434, 435
　――主義運動 186
シュロッフ 408 →金融業者
上級土地所有権 9, 152, 153 →土地所有, 封建地代収取権
商業革命 87, 88
商業資本 49, 50, 110, 289, 413, 436
　――としてのイギリス東インド会社 49, 50
　――の自立的発展 289
　――の優位性 436
商業的農業 9, 14, 141, 160, 257, 263-267, 270
　――の発展 9, 160, 257, 259, 263, 265, 270
商業的園芸農業 260
小経営農民 141, 143, 144, 153, 173, 203, 205, 262, 265, 266, 289-291, 311, 319, 338, 428 →農民
小地主→地主 159
商人兼金貸業者 260
　――による土地集積 263
小農民 9, 204, 264-266 →農民
　――経営／――経営の支配的存在 9, 141-143, 147, 215, 262, 267, 291, 325, 423, 426, 428, 439
　――経済 204
商品経済 146, 147, 189, 232-234, 244, 251, 255, 257, 258, 267, 319, 321, 424, 425, 427-429, 437-439, 441, 442
　――関係の浸透 148, 188, 189, 191, 234, 439, 442

　――の浸透 147, 425
商品作物栽培 159, 160, 251, 258, 266, 267
商品生産者兼販売者 146-148
消滅家族地 144, 147, 155, 168, 178, 211, 213, 217, 241-243, 253, 255 →遊休地
ジョード・イナーム 243 →サルヴァ・イナーム
除外村 218
除外地 145, 160, 218, 219, 222-228, 231, 234, 240, 247, 248
　――検討委員会 222
織布工 275, 295, 297, 345
植民地 2-4, 7, 10, 12, 13, 15-17, 20, 21, 23, 25, 27, 35, 76, 77, 88, 115, 129, 137, 138, 168, 174, 176, 243, 249, 268, 271, 273, 281, 282, 302, 322, 341, 359, 374, 383, 392, 413, 417, 424, 425, 433, 436, 440
　――インド経済 23-25, 134, 273, 280, 431
　――化 9, 11, 13, 16, 20, 26, 137, 142, 147, 152, 155, 159-166, 167, 190, 207, 234, 291
　――開発 180, 189, 191, 219, 232, 233, 237, 313, 428-430, 438, 439 →商品経済関係の浸透
　――の限界性 282
　――銀行 416-418
　――経済 5, 15, 16, 20, 282
　――国家 10-12, 17, 18, 173
　――支配／――支配政策 1-4, 6, 10-12, 21-24, 77, 83, 167, 174, 180, 181, 219-221, 223, 225, 231-234, 237, 242, 260, 267, 313, 345, 374, 384, 405, 424, 428, 429, 433, 434, 436, 438-442
　――政府 6, 10, 11, 12, 16, 17, 18, 26, 44, 67, 132, 138, 145, 173, 174, 178, 181, 190, 210, 216-218, 220, 221, 223, 228, 230, 231, 233, 234, 242, 261, 277, 285, 302, 321, 335, 369, 393, 424, 429, 433
　――による地税制度改革 176 →地税制度改革
　――的偏倚性 430
ジョワリー（雑穀） 290
人口 7, 8, 22, 41, 132, 141, 143, 155, 163, 173, 241, 266, 292, 362, 364
　――希薄社会 143, 155
　――増加 7, 250, 257, 266, 362
スエズ運河開通 367, 371, 387, 410
西欧近代社会 185
西欧的司法制度 252
政策実態 22-26, 174, 175, 190, 191, 204, 207, 216, 223, 224, 226, 228, 230-234, 237, 256, 278-280, 282, 284, 317, 318, 321, 322, 423, 425-427, 429, 431, 432, 436-438, 440, 441
政策の帰結 25, 431, 432, 430, 441
生産関係 8, 9, 14
生産手段 7, 8, 204
　――の分配＝所有関係 8, 14
生産の編制 8, 9, 14
生産力 7-10, 13-16, 20, 24, 36, 126, 129, 167, 180, 189,

事項索引 | 453

202, 206, 268, 276, 362, 363, 406, 425, 428, 434, 436
近代的工業―― 24, 396
整俵 280, 330, 332, 333, 335-337, 416
征服戦争 34, 39, 41, 49, 57, 67, 72, 76, 99, 119
政府財政基盤の確立 180, 189
政府歳入の確保 181, 190, 204, 207, 209, 219, 220, 231, 232, 237
政府支配権限の在地社会への浸透 226
政府地 145, 178, 194, 227, 240
積地売買 396, 410-413, 416
セーテー 144 →市場地の長
世界市場 24, 25, 77, 189, 233, 234, 275, 280, 284, 299, 302, 312-314, 321, 337, 342, 365, 368, 370, 376, 390, 395, 396, 406, 409, 410, 413, 416, 418, 423, 424, 429, 431-434, 437, 439-442
――統合 24, 189, 271, 321, 341, 359, 383, 413
インドの――統合 24, 25, 26, 273, 275, 442 →インドの世界市場への組み入れ
世界的市場構造(綿花の) 273, 299, 308, 311, 341, 342, 367, 368, 369, 371, 425, 426
「世界の銀行家」 435
「世界の工場」 35, 433, 434, 435
世襲役人 143, 144, 149, 152-154, 162, 163, 164, 166, 192, 193, 216-223, 233, 237, 241
――の統制 216, 219-222
絶対王政 36
絶対占有小作農 324 →小作農, 占有小作農
前期的商業資本 36, 37, 85, 99, 100, 107, 129
宣言法(英領インドの安全にとって必要と判断された軍隊を派遣し維持する費用を, インドの歳入より支払うことを命じる, 監督局の権限を確認する法律) 115, 116
先進国―途上国関係 3
船舶管理人 89, 90
専門職従事者 37, 92, 97, 102
占有小作農 324
送金 56, 61-67, 72, 73, 98, 102, 103, 107, 108, 111, 114, 115, 122, 127, 129-133, 407
非合法の―― 64
――貿易 62, 110, 111
粗放的農業 141, 143
村書記 144, 145, 157, 163, 211, 216, 217, 224, 226, 227 →クルカルニー
村長 144-146, 157-159, 161-164, 166, 211, 216, 217, 221, 222, 224, 227, 254, 323 →パテール
村長補 144 →チョーグラー
村民の階層分化 254 →階層分化
村落一括査定 144, 145, 176-179, 182, 183, 191, 227, 323 →査定, 地税制度
村落一括賦課 158 →地税制度
村落管理 157-159, 162, 227
村落共同体 141-146, 148, 150, 152, 154, 168, 243, 254 →

共同体, 郡郷共同体
――内の計画的分業 146
――の正規の成員 143, 144, 177 →チャーリカール, ミラースダール
村落共有地に対する共同管理権 227, 228
村落市場 258, 259
村落自治 142, 145, 178, 212, 217, 221, 222
村落集会 145, 150 →ゴータ, パンチャーヤト
村落内における工業(工業生産) 146, 147
村落におけるサーヴィス業 146

[タ]
多角的貿易決済機構 374, 429, 430, 435, 441
多角的貿易構造 435, 436
タールクダール 155-158, 160, 161, 164, 166, 169, 223-226, 230, 247
――村落 156, 157, 164, 169, 224, 227, 230, 231
――直営地 157
ダールワール種 305, 307
ダーレーカリー 162
――農民 162, 163
大インド半島鉄道 251, 292, 326, 387
大家族 142 →家族集団, ジャター
大規模公共事業 250, 278, 392
大土地所有者 97, 156
大反乱 (the Mutiny) 222, 223, 225, 226, 229, 230, 231, 323
対仏大同盟 42
代理商社 407-409, 413, 419
脱農民化 268
タバコ 88, 141, 258, 259
タル 142 →耕区
短繊維綿花 277, 315, 370, 376
担保前貸制度 122, 407, 420
治安維持 17, 160, 162, 180, 181, 189, 190, 219, 223, 225, 226, 229, 231, 232, 237, 323, 433
地域社会 147-149, 152, 182, 217
知行地/知行制度 150, 151, 154, 161
知行領主 149-154, 161, 164, 169 →ジャーギールダール
地税制度 9, 26, 49, 138, 142, 144, 145, 147, 149, 150, 152, 154, 155, 157-164, 166, 168, 173-176, 178, 180-182, 185, 187, 188, 190-192, 195-197, 203, 204, 206, 209, 210, 212, 214, 216, 218-221, 223-227, 229-234, 237, 240, 241, 243, 246-248, 250-256, 260-262, 285, 322-325
――査定 154, 177, 182, 188, 192, 202, 204, 205, 207, 215, 225, 227, 240, 254, 255, 261, 323, 324
――改定 9, 252
――額 142, 176, 184, 325
――基準 176
――制度改革 174, 176, 180, 181, 187-189, 191, 207, 217, 225, 227, 229, 231, 232, 234, 237, 241-

243, 252, 253, 255, 260, 262, 269, 281, 322-325, 426, 427, 438
──政策 17, 25, 26, 132, 134, 135, 137, 173-175, 180, 186, 190, 193, 223, 230, 430, 431, 437
──納入責任 182, 184, 229
──納入の連帯責任制 142, 179, 191, 227
──免除地 178, 212
地代 144, 155, 157, 159, 161, 162, 168, 178, 179, 184-187, 190, 195-197, 199, 202, 203, 205-207, 213, 214, 224, 225, 227-229, 231, 323, 437
──額 203, 229, 324
──理論 187, 196
チャーリカール 177, 178, 212, 242, 243 →ミラースダール
中間商人による農民への吸着と収奪 291
中間的地主的土地所有 166, 167, 226, 228-234, 237, 322, 323 →地主
中間的地主制 155, 161, 163, 164, 175, 187, 215, 216, 223, 437 →地主
中間的封建的土地所有 167, 205, 207, 220, 226, 230, 262, 268, 269
中国茶貿易 71, 112, 276
中国貿易 34, 51, 53, 61, 70, 76, 80, 113, 114, 121-123
──開放 106
注文取引 396, 410-413, 416, 418, 419, 427
長期の懐妊期間 6, 11
逃散 203, 241, 250, 325
長繊維綿花 300, 302, 370, 376, 429
徴税請負制 178, 250, 323
徴税官 150, 152, 176, 177, 188, 202, 209, 211 →マムラトダール
徴税権 34 →ディーワーニー
チョーグラー 144 →村長補
通行税 69
摘み取り（綿花の） 287-290, 328, 330
デール 293, 295, 297, 343, 345
ディーワーニー 34 →徴税権
定期市 147, 293, 295, 297, 298
低査定地 178, 212, 226, 228, 242
低率地税契約地 242 →マクタ
低率定額地税地 242 →カトグータ
手織工 294, 345, 346, 351, 352, 357-359, 361, 363-366, 392
デカン＝マハーラーシュトラ地方 175, 237
デカン 138, 140-143, 148-153, 155, 156, 160-163, 166-169, 174, 175, 177, 178, 187, 191, 215, 216, 221, 223, 227, 229, 231, 232, 241, 243, 246, 252, 253, 258, 259, 263, 265
──型村落 162, 163, 166, 167 →農民村落
──農業者救済法 216, 260
──農民 143, 248
──農民騒擾 216, 253, 260, 261

──封建社会 152, 154, 155, 164
デサイー 149, 160 →郷主
デーシュパーンデ 149, 217
デーシュムク 149, 217
鉄道／鉄道建設 9, 14, 16, 17, 108, 132, 250, 251, 258, 259, 267, 269, 278, 292, 297, 326-330, 335-338, 341, 343-346, 348, 349, 351-353, 359, 365, 366, 378, 380, 383, 384-388, 390-393, 410, 426, 427, 438
──網整備 251, 385
──輸送 258, 259, 326, 335, 336, 338, 349, 390
支線── 251, 258
手紡糸 357-359
手紡績 294, 357, 365
伝統社会 255, 266-269
──の一体性 255
デンマーク東インド会社 64
デンマーク人私商人 64
統治機関としてのイギリス東インド会社 34, 39, 41, 47, 49-53, 56, 57, 67, 72, 73, 76, 82-84, 90, 104, 110, 120 →イギリス東インド会社
「統治と商業との矛盾」 57
統治費用 50, 115, 117 →イギリス東インド会社の財政
道路建設 278, 326
得分 145, 149, 164, 166, 222 →ハック
都市市場 147
土地共同所有仲間 182
土地国有化論 186
土地所有 97, 143, 155, 156, 158, 164, 166, 167, 173, 182, 187, 190, 203, 204, 215, 234, 254, 264
──権 138, 166, 180, 184, 192, 193, 204, 211, 214-216, 223, 224, 229, 230, 259-261, 263, 264, 323, 324
上級──権→封建地代収取権
──権の移転 214, 233, 252, 259
農民の──権 210, 226, 324
──構造 141, 174, 186, 234, 324
農民的── 152
排他的──権 184
身分制的・重層的── 189
領主的──権 151, 152, 154, 158
土地生産性 160
土地担保 261
土地抵当制 259-261
土地無し労働者 264-266
土地の階層分け 198, 227
土地の差押え・競売の禁止 260, 261
土地売買 147, 259
土地保有の細分化 266
特許状更新 34, 58, 79, 120, 121, 123, 124
富の収奪 103, 107, 108, 113, 132, 133, 232, 436-438, 440, 441 →送金
取締役会 39-41, 56, 62, 67, 77, 79, 81-88, 90, 92-95, 98-

事項索引 | 455

106, 115-122, 125, 126, 128, 277 →イギリス東インド会社
———宛為替手形 53
———におけるウェルズリ批判 118, 119
———の膨張政策批判 100, 102
———の人的構成 86
———の貿易独占権維持要求 101, 102
奴隷的労働者 160 →ハーリ

[ナ]
内陸関税 67, 69 →通行税
ナショナリスト史家 12 →インド・ナショナリスト
ナポレオン戦争 42, 43, 53, 117, 121
ナルワーダール 170 →分有農民
荷為替信用制度 396, 411, 416-419, 421, 427
日用品交易 147
ニュー・オーリンズ種 286, 304, 305, 307-309
ネイボッブ 61 →インド成金
ネーミア学派 37
農業
———開発 180
———技術 14, 143, 267
———経営構造 141, 160
———構造 9, 14, 141, 202, 268
———の近代化 268
———集約化 9, 266, 267, 268
———商業化 250, 251, 259, 260, 264, 267
———生産性 252
———生産の増加 15
———生産力 155, 203, 267
———発展 161, 166, 181, 182, 184, 188, 190, 212, 213, 268, 344
農工国際分業 343, 377, 387, 433, 436
農工分業関係 383-387, 438, 440, 441
農村社会経済構造 135, 137, 141, 142, 166, 249, 269, 291, 438
農民
———一揆 177 →一揆
———貸付 260
———カースト 144 →クンビー・カースト
———間格差 256
———間の(自由)競争 181, 182, 188, 194, 206, 207, 252
———経営構造 26, 273, 280, 284, 291, 299, 311, 312, 318, 319, 338, 376, 423, 426
———経済 7, 147, 178, 188, 197, 204
———コミュニティ 159 →クンビー・カースト
———層の両極分解 205, 263-265, 267, 268
———生産 204, 251, 258, 259, 331, 337, 338, 426
———負債 14, 253, 265
———村 161, 228
———村落 155, 162, 226 →デカン型村落

———的商品経済 257, 267, 268, 291, 317, 319-322, 325, 423, 425-428
———発展の低位性 291
———的商品生産 281, 290, 311
———的剰余生産物 152, 158-160, 163, 164, 166, 173, 190, 220, 234, 262, 268
———的生産構造 280, 281, 312, 321
———的土地所有 152, 155, 166, 188, 191, 205, 209, 210, 220, 230, 324 →耕作権
———的綿花生産の粗放的性格 288
———による耕作放棄 250 →耕作放棄
———の階層分化 251, 252, 254, 256 →階層分化
———の私的自由 191, 210, 212
———の逃散 178 →逃散
———の伝統的生活態度 291
———の土地集積 191
———の土地所有権 210, 226, 324 →土地所有権
———の貧困 251
———間の分化 262 →階層分化
———保有地 143, 179
小——— 9, 204, 264-266
小経営 141, 143, 144, 153, 173, 203, 205, 262, 265, 266, 289-291, 311, 319, 338, 428
ノース規制法 35, 77, 78, 85
鋸式綿繰機 274 →綿繰

[ハ]
パーイカーリ 177, 178, 212, 243 →ウパリー
———農民 243
バーグダール 170 →分有農民
ハーリ・システム 160, 264-266, 270 →奴隷的労働者
排他的土地所有権 184 →土地所有
配当制限法 35, 56, 95
売買形式 395, 396, 406, 411
パクス・ブリタニカ 2, 24, 25, 35, 374, 377, 418, 429, 434, 435, 441, 442
ハック 145 →得分
パテール 144, 217, 260, 323 →村長
パルガナ 148, 149
バルテダール 146 →村抱え職人
反英闘争 2
藩王国 44, 138, 140, 156, 167, 278, 315, 349, 355, 383, 384, 391
パンチャーヤト 145 →村落集会
半プロ層 266, 268
「比較経済史学」 4, 36, 37
東インド会社→イギリス東インド会社
———=「前期的商業資本」説 36, 59, 83
東インド鉄道 346
非合法の送金 64 →私商人、送金
ピット・インド法 35, 39-41, 81-84, 95, 98, 99, 103, 104, 106, 116, 117, 120, 123, 129, 130

――体制　39, 82, 107, 118, 120
ピューリタン革命　34
ヒンガンガート種　304-307, 310, 316, 360, 375
貧農　194, 205, 213, 261
フォルカート・ブラザーズ商会　328, 415, 416, 420
腐朽的性格　430, 439, 441
物産開発　70
部族民　263, 264
船積書類　407, 412, 416, 417
富農　205, 216, 251, 252, 259, 260, 263, 331
　　――兼金貸業者　260, 261
ブラーフマン・カースト　159, 162, 229, 323 →カースト
プラッシーの戦い　34
フランス東インド会社　64
フランス綿工業　51 →綿工業
プランテーション　17, 274, 442
分業関係　114, 144, 343, 377, 383-387, 433, 436, 438, 440, 441
分有　89, 110, 120, 158, 159, 161, 166, 170, 223, 227, 230, 248 →分有農民, 分有村落　158, 159, 164, 166, 167, 226-228, 230, 247
分有農民　155, 156, 158, 159, 161, 163, 164, 170, 226-228, 230, 263, 264 →バーグダール, ナルワーダール
　　――の土地所有権　228
　　――の富裕化　263
ヘイリベリ・カレッジ　179
ベンガル　34, 46, 60, 67-69, 72, 78, 99, 140, 174, 182, 184, 187, 244, 292, 348
　　――借地法　324
　　――総督　38, 40, 41, 78, 82
　　――地方　34
　　――領有　1, 41, 50, 55, 62, 87, 106
貿易
　　――開放　34, 106, 114, 119, 121
　　――金融・決済方式　395, 396, 406, 411, 416-418
　　――制度　395, 396, 406, 407, 411, 418, 427
　　――独占権　33, 39, 58, 60-62, 64, 65, 79, 82, 90, 101-103, 105, 106, 118, 119, 121, 415
　　――独占権修正　33, 39, 58-60, 63, 65-67, 70, 71, 73, 75, 76, 98, 100, 101, 105, 106, 114, 126
封建社会　9, 19, 140, 144, 152, 167, 189, 190, 203, 205, 207, 224, 244, 311, 312, 438, 440, 442
　　――から資本主義社会への移行　25, 431, 440
封建地代　9, 153, 154, 164, 190, 203-205, 207, 215, 230, 234
　　――収取権　152
封建的国家構造　150, 151
封建的支配者　9
封建的社会構造　10, 144, 312, 438-440
封建的小農民　146
封建的剰余生産物収取権　151
封建的土地所有構造　167, 234, 438

封建的土地所有者　203, 206, 220
封建的農業構造　143, 203, 262
封建的農村社会　143
紡績工　265, 275, 295, 307, 343, 357-359, 365, 375, 376, 393, 414-416
法治主義　192, 241, 252
ホールカル戦争　119
北西州　174, 175, 182-184, 188, 277, 292, 348
牧畜　143
保護国　43, 44, 84
保証地　212, 243 →カウル
本国送金　37, 62, 98, 103, 109-111, 114, 120, 122, 127, 131, 374, 407 →送金
本国費　108-110, 118, 374, 435
ポンド体制　374, 429, 435
ボンベイ・バロダ・中央インド鉄道　251
ボンベイ　25, 26, 67, 68, 78, 124, 137, 138, 140, 142, 149, 156, 167, 168, 173-175, 179, 181, 182, 187-189, 191, 193, 216, 218, 222-224, 229, 232, 234, 241, 243, 248, 251, 259, 262, 265, 277, 278, 284, 285, 290, 292, 293, 297, 299, 303, 305, 308, 309, 313, 315, 322-332, 335, 336, 338, 343, 345-348, 353-355, 357, 359, 364, 365, 371, 375, 378, 383, 387, 392, 393, 397, 398, 400, 401, 403, 405, 408, 410, 411, 413-416, 419, 438
　　――管区の農村社会経済構造　26, 137
　　――管区地税制度改革　232 →地税制度改革
　　――農業の構造的脆弱性　252

［マ］

マーチャント・バンカー　407, 414, 417
マーリ　263, 265
マイソール戦争　99, 100
前貸　60, 61, 110, 122, 264, 270, 289, 330, 406, 407, 409
　　――なき貿易　49, 50
マクタ　242 →低率地税契約地
マジュムダール　149 →郷書記
マドラス管区　138, 174, 182, 188, 392
マハージャン　144 →市場地の書記
マハールワーリー　174
　　――制度　181, 182 →村請制度
マムラトダール　150, 178, 211, 308 →徴税官
マラータ・カースト　144, 149, 162 →カースト
マラータ　67, 80, 118, 138, 140, 141, 145, 150, 151, 156-158, 160, 161, 169, 176-179, 202-204, 221, 222, 250, 258, 259, 284, 293, 323, 324
　　――宰相政府　150, 153, 164
　　――宰相直轄地　176
　　――戦争　68, 118
　　――中央政府　163, 167
　　――連合　67, 118, 140, 151, 284
マルグザール　323, 324
マルグザーリー制度　322, 323

事項索引　|　457

マルワーリー　253, 263
南マラータ地方　138, 160, 175, 176, 237, 251, 257, 258, 265
　　　──地方鉄道　259
身分制的・権威的社会秩序　181, 189
身分制的・重層的土地所有　189 →土地所有
ミラースダール　143, 168, 177, 212-214
　　　──農民　143, 144, 147, 162, 168
ミラース地　213 →ミラースダール
民族資本　294, 439
ムガル帝国　34, 138, 140, 150, 155-157, 177
　　　──帝国直轄領　151
ムスリム（諸）王朝　138, 148-150, 161
村請制度　174, 182, 188 →マハールワーリー制度
村抱え職人　146, 162, 217 →バルテダール
村市場　147
村役人　144, 145, 149, 150, 152, 153, 157, 162, 166, 177, 178, 211, 212, 216, 217, 219, 221, 222, 246, 247, 254, 260 →村長, 村書記, 村長補
メータル　148 →カースト
綿花
　　　──開発　271, 273, 277-282, 284, 291, 294, 298, 299, 302, 308, 309, 311, 312, 315, 317-321, 324, 326, 337, 341, 359, 368, 369, 374, 377, 383, 413, 418, 423-425, 428-430, 438
　　　──開発政策　25, 26, 132, 134, 137, 273, 275, 277, 279, 282, 430, 431, 437
　　　──飢饉　278, 300, 303, 313, 315, 344, 345, 346, 352-356, 360, 363, 366, 370, 371, 373, 380, 383, 397, 398, 412, 415, 423
　　　──供給協会　307, 369
　　　──栽培　69, 141, 252, 277, 280, 284, 289, 290, 293, 301-303, 318-320, 327, 341, 354, 355, 374, 376, 406, 426, 427
　　　──栽培の粗放的性格　290
　　　──市場　280, 287, 300, 302, 303, 321, 328, 331, 332, 342, 343, 374, 376, 411
　　　──の生産・流通過程　280
　　　──ブーム　225, 227, 250-254, 256, 257, 261, 278, 322, 325, 345, 392, 397, 398, 401, 409, 410
　　　──・綿製品市場構造　341, 342, 359, 367, 383
　　　──輸出　250, 280, 293, 307, 320, 337, 341, 344, 346, 373, 383, 386, 387, 397-399, 405, 408-410, 416
　　　──ブーム　250, 386, 398, 410
　　　──流通に関わる金融構造　289
綿業資本　26, 37, 111, 127, 134, 275, 277, 282, 302, 303, 311, 369, 370
綿工業　9, 273, 275-277, 292-294, 297-299, 312, 314, 341, 343-345, 352, 353, 356, 359, 361, 366, 370, 373, 374, 383-386, 415, 416, 423, 426
　　　　イギリス──　51, 106, 107, 111, 115, 119, 120, 129, 273, 274-277, 299, 300, 302, 303, 311, 315, 321, 367, 374, 377, 397, 423, 425, 429
　　　　インド──　106, 276, 342, 366, 367, 427, 428
　　　　フランス──　51

［ヤ］
夜警国家　6, 11, 17
遊休地　144, 147, 155, 168, 178, 211, 213, 217, 241-243, 253, 255 →グトクール地
　　　──の耕地化　213, 253
油脂種子　384-386, 387, 414
輸出金融　122, 406
　　　──としての前貸　406
輸出商品の確保・開発　111
ヨーロッパ（市場）向けインド物産　66
ヨーロッパ系商社　259, 307, 327-333, 335-338, 341, 343, 396, 397, 401, 403, 405, 406, 413, 416, 418, 426-429
　　　──の寡占的支配　333, 335, 405, 406, 418
揚地売買　396, 406, 412
「よそ者」農民　177 →パーイカーリ, ウパリー

［ラ］
ライーヤトワーリー　174, 234, 240
　　　──制度　179, 182-185, 187, 188, 191, 204, 210, 215, 216, 219, 220, 222, 223, 225-234, 237, 240, 244, 322, 325, 437 →個別農民査定制度
ラリィ・ブラザーズ商会　328, 333
落花生　258, 259
「利子取得国家」　259, 435
リヴァプール綿花市場→綿花市場
リッチ・スチュアート商会　414, 415
略式査定　222 →査定, 地税
領主的土地所有　152, 205 →地主
　　　──権　151, 152, 154, 158 →土地所有
領土拡大　39, 42, 84, 104, 107, 119, 182
領土的支配　34, 41, 43, 44, 46, 49, 50, 62, 66, 67, 70, 71, 75, 78, 90, 99, 105, 130, 441
理論的地代範疇　204, 205, 207
レッセ・フェール　6, 11
連帯責任制　147, 158, 176, 179, 181-183 →地税納入の連帯責任制
労働の社会的生産力　7, 8
労働力　7, 8, 439, 442
ロンドン宛スターリング手形　407
ロンドン東インド会社　76 →イギリス東インド会社

［ワ］
ワズィール　68
綿繰り　280, 287-289, 316, 328, 330-332, 337
　　　──機／──道具　289
ワタン　143, 146, 147, 148 →営業独占権
ワタンダール　143

［著 者］
今田　秀作（いまだ　しゅうさく）
1956年　広島県に生まれる
1980年　京都大学経済学部卒業
1985年　京都大学大学院経済学研究科博士課程単位取得
現　在　和歌山大学経済学部教授　博士(経済学)京都大学より
勤務先住所　和歌山市栄谷930　和歌山大学経済学部
　　　（〒640-8510）
E-Mail：imada@emily.eco.wakayama-u.ac.jp

パクス・ブリタニカと植民地インド
―――イギリス・インド経済史の《相関把握》―――　　　ⓒ Shusaku Imada 2000

平成12年(2000)年3月25日　初版第一刷発行
平成14年(2002)年3月25日　初版第二刷発行

　　　　　　　著　者　　　今田秀作
　　　　　　　発行人　　　佐藤文隆
　　　発行所　　京都大学学術出版会
　　　　　　　　　京都市左京区吉田本町
　　　　　　　　　京都大学構内（〒606-8501）
　　　　　　　　　電話（075）761-6182
　　　　　　　　　FAX（075）761-6190
　　　　　　　　　E-mail Kyoto-UP @ mal.seikyou.ne.jp
　　　　　　　　　振替 01000-8-64677

ISBN 4-87698-093-4　　　印刷・製本　㈱太洋社
Printed in Japan　　　　　　定価はカバーに表示してあります